Asturias: el declive de una

Asturias:
el declive de una región industrial

Holm-Detlev Köhler (dir.)

Colaboradores:

José Manuel Agüera Sirgo
Sabine Arnicke
Patricia Latorre
Simone Rißmann
Rubén Vega García

EDICIONES TREA, S. L.

La publicación de este libro ha sido posible gracias a la colaboración de la

UNIVERSIDAD
DE OVIEDO

Primera edición: noviembre de 1996

Donoso Cortés, 7, bajo
33204 Gijón (Principado de Asturias)
Tel.: (98) 513 34 52. Fax: (98) 513 11 82

DIRECCIÓN EDITORIAL: Álvaro Díaz Huici
PRODUCCIÓN: José Antonio Martín
CUBIERTAS: Impreso Estudio (Oviedo)
CORRECCIÓN: M.ª Fernanda Poblet
IMPRESIÓN: Artes Gráficas Noega, S. L. (Gijón)
ENCUADERNACIÓN: Encuadernaciones Cimadevilla, S. L. (Gijón)

Depósito legal: As.-2.855-1996
I.S.B.N.: 84-89427-15-1

Impreso en España – Printed in Spain

Prólogo

Estudiar el «declive de una región industrial antigua» es un proyecto tan duro como delicado, que no por ello deja de ser perpetuamente estimulante y continua fuente de entusiasmo. La «dureza» se muestra desde la misma tentación de suavizar el título y rebautizarlo en algo así como «el cambio de una región industrial tradicional». Simultáneamente se siente la urgente demanda de «soluciones de expertos» rápidas para crisis estructurales prolongadas. Todo ello resulta ineludible cuando hay que trabajar con problemas irresolutos, tanto de naturaleza práctica como científica, con pérdida de identidad, destrucción de puestos de trabajo, migración y muchos otros fenómenos de carácter «industrial tradicional» en cuyo centro se sitúan las posibilidades de futuro de muchas personas y que, a pesar de todo, precisan la perspectiva distanciada y analítica del investigador para integrar las líneas de conocimiento en el entramado inabarcable de problemas y procesos que se solapan.

Asturias, con sus ciento cincuenta años de tradición en la minería del carbón y en el acero, se encuentra desde ciertos puntos de vista entre los ejemplos paradigmáticos de este tipo de región que desde los años setenta ha proporcionado trabajo y quebraderos de cabeza a una comunidad científica considerablemente arraigada. Igualmente estuvo ausente durante largo tiempo en los estudios internacionales de economía comparada, aun cuando los estudios asturianos tenían considerable nivel, tanto en calidad como en cantidad, pese a estar marcados por un procedimiento excesivamente tecnocrático y científico-económico. Por tanto, nuestra tarea consistía en integrar a Asturias en el debate comparado internacional y en ampliar y enriquecer el horizonte analítico de las investigaciones existentes sobre Asturias. Para ello organizamos, entre otras actividades, dos congresos internacionales: uno en la cuenca del Ruhr y otro en Langreo, pretendiendo el presente tomo ser un paso más en este camino.

En las páginas que siguen se reúnen los resultados de un proyecto de investigación que ha durado dos años y medio y ha sido llevado a cabo por un equipo interino de científicos y científicas de las Universidades de Bochum y Oviedo, así como por la Fundación Hans-Böckler. El núcleo y el punto de partida fue un encargo de investigación efectuado por la Fundación Volkswagen al Instituto de Investigación del Movimiento Obrero Europeo de la Universidad del Ruhr en Bochum. El Consejo de la Presidencia de este instituto reunió un grupo de investigación interdisciplinar asesorado por los catedráticos Helga Grebing y Dietmar Petzina, en el que se conjuntaban expertos de las ciencias políticas, económicas e históricas y de la antropología cultural de los dos países. De esta forma cristalizó una relación de investigación bilateral y bilingüe que exigía un trabajo de coordinación tan fatigoso como enriquecedor en todos los aspectos. Su éxito no habría sido posible sin el resuelto apoyo de D. Lorenzo Pueyo Casaus, Vicerrector de Investigación de la Universidad de Oviedo, y de Werner Fiedler, de la Fundación Hans Böckler.

Junto a los autores y las personas mencionadas, han colaborado temporalmente en áreas concretas del proyecto Marina Caba Rall, Marion Bönnighausen, Raúl Hidalgo Canessa y Beatriz Prieto Toraño, quienes han aportado su compromiso y sus conocimientos de forma fructífera. Asimismo son merecedores de un especial agradecimiento por parte del equipo del proyecto los profesores y profesoras y los empleados y empleadas de las áreas de Historia Contemporánea y Sociología de las Facultades de Geografía e Historia y de Ciencias Económicas de la Universidad de Oviedo, por el apoyo personal prestado y los estimulantes debates abiertos. En un proyecto en el que se han realizado más de cien entrevistas individuales y en grupo, personales y abiertas, innumerables visitas a instituciones, archivos y empresas, y múltiples contactos a nivel local, regional e internacional, resultaría imposible enumerar exhaustivamente a los destinatarios de nuestro agradecimiento. Sólo nos resta destacar la cordialidad y hospitalidad de los habitantes de una región que permitieron a un grupo de investigadores mayoritariamente extranjeros acceder a su forma de vida, a sus problemas e ideas.

Los diferentes capítulos fueron elaborados de acuerdo con la división interna del trabajo realizada para el proyecto, y en todos los textos redactados por personas distintas del coordinador se indican sus respectivos autores o autoras. Asimismo a mí me incumbió la tarea de ajustar global y pormenorizadamente los diferentes capítulos para garantizar la coherencia interna y concisión necesarias. Por cuanto la responsabilidad final, en particular por todos los errores e insuficiencias que se hubieran deslizado, recae sobre mi persona.

Oviedo, Septiembre de 1996
Holm-Detlev Köhler

Siglas y abreviaturas utilizadas

AP Alianza Popular
APMA Asociación Patronal de Mineros Asturianos
ASATA Agrupación de Sociedades Asturianas de Trabajo Asociado
ASPROCON Asociación de Promotores y Constructores
ATA Asociación de Trabajadores de Asturias
BCI Banco de Crédito Industrial
CC. OO. Comisiones Obreras
CE(E) Comunidad (Económica) Europea
CES Consejo Económico y Social
CGT Confederación General de Trabajadores
CNT Confederación Nacional del Trabajo
CSI Corriente Sindical de Izquierda
CSI Corporación de la Siderurgia Integral
ElCom El Comercio
ENSIDESA Empresa Nacional Siderúrgica, S. A.
EPA Encuesta de Población Activa
EPI Empresa Pública Industrial
ERA Estrategias de Reindustrialización de Asturias
FADE Federación Asturiana de Empresarios
FEDER Fondo Europeo de Desarrollo Regional
FEMETAL Federación de Empresarios del Metal y afines
FEOGA Fondo Europeo de Orientación y Garantía Agrícola
FICYT Fundación para el Fomento de la Investigación Científica Aplicada y la Tecnología
FIES Fondo para la Investigación Económica y Social
FPE Fondo de Promoción de Empleo
FPSS Fundación Pública de Servicios Sociales
FSA Federación Socialista Asturiana
FSE Fondo Social Europeo
FUCOMI Fundación Comarcas Mineras
IFR Instituto de Fomento Regional
INEM Instituto Nacional de Empleo
INI Instituto Nacional de Industria
IU Izquierda Unida
LVA La Voz de Asturias
MTSS Ministerio de Trabajo y Seguridad Social
NE La Nueva España
ONG Organización No Gubernamental
PAUR Plan de Actuaciones Urgentes
PCA Partido Comunista de Asturias
PCE Partido Comunista de España
PCPE Partido Comunista de los Pueblos de España
PEG Plan Estratégico de Gijón
PILES Plan de Inserción Laboral y Empleo Social
PNIC Programa Nacional de Interés Comunitario
PSOE Partido Socialista Obrero Español

PSP Partido Socialista Popular
PP Partido Popular
PYMES Pequeñas y Medianas Empresas
SADEI Sociedad Asturiana de Estudios Económicos e Industriales
SAL Sociedad Anónima Laboral
SFDL Servicio de Formación y Desarrollo Local
STDL Servicio Técnico de Desarrollo Local
SODECO Sociedad para el Desarrollo de las Comarcas Mineras
SOMA Sindicato de los Obreros Mineros de Asturias
TNC Transnational Corporation (Empresa Multinacional)
UGT Unión General de Trabajadores
UNINSA Unión de Siderúrgicas Asturianas
USO Unión Sindical Obrera

Advertencia

La parte empírica de la presente obra se basa en más de cien entrevistas abiertas individuales y de grupos, realizadas entre el otoño de 1993 y 1995. Así, contiene muchas citas de las transcripciones originales, manteniendo el lenguaje de los entrevistados. Estas citas llevan al final las referencias de los investigadores; por ejemplo, «Intens.» «Hunint.», «Intempr.», que permiten la recuperación de las citas. En las entrevistas de grupos, las distintas personas están distinguidas por números o por la letra inicial de su nombre. Las transcripciones de la mayoría de las entrevistas individuales y de grupos están documentadas en tres tomos (alrededor de mil páginas) en las facultades de Geografía e Historia y de Ciencias Económicas y Empresariales (área de Sociología) de la Universidad de Oviedo. Las entrevistas individuales con representantes de organismos sociales, económicos o políticos no están incluidas en dicha documentación por respeto a la discreción personal (son las que figuran como *entrevista propia*).

Por otra parte, las citas bibliográficas de obras inglesas, alemanas y francesas las hemos traducido al español, traducción de la que nos responsabilizamos.

[redacted]

Índice

Prólogo 7

Siglas y abreviaturas utilizadas 9

I. **Introducción** 13
II. **Regiones industriales tradicionales** 17
III. **La Asturias industrial** 27
1. Formación histórica de la región 27
2. La formación histórica de los agentes sociales 33
3. El franquismo 40
4. Asturias en la democracia 50
5. Asturias: ¿una región de antigua industrialización? 85
IV. **La reconversión industrial de Asturias** 87
1. Los distintos enfoques del papel del sector público industrial 88
2. La empresa pública en Asturias 90
3. HUNOSA 92
4. Siderurgia 98
4.1. La evolución del sector siderúrgico 98
4.2. La reestructuración siderúrgica de 1984 108
4.3. El Plan de Competitividad de la Siderurgia Integral 112
4.4. ENSIDESA en la economía de Asturias 120
5. Crisis y reestructuración de la construcción naval 122
6. Armamento 131
7. Consideraciones finales 134
V. **ENSIDESA: un consorcio siderúrgico en crisis** 139
1. Introducción 139
2. La fundación en la fase autárquica 140
3. La apertura económica de los años sesenta 145
4. Crisis y medidas de adaptación hasta 1990 149
5. El «Plan de Competitividad» de 1992 159
6. Observaciones finales 167
VI. **La empresa minera HUNOSA** 171
1. Introducción 171
2. Desde la fundación hasta la reconversión 173

3. Crisis abierta y «reconversión» ... 189
4. Los sindicatos mineros y sus afiliados ... 197
5. El futuro de las cuencas ... 205

VII. Cambio sociocultural en Turón: una región minera afectada por el declive de la hulla ... 213
1. El valle del Turón y su población ... 214
2. La política empresarial de Hulleras del Turón ... 217
3. Un capítulo negro de la historia ... 222
4. La autarquía: represión y control social ... 224
5. La ola de emigración de los años sesenta ... 230
6. La democracia: el auge de las asociaciones vecinales ... 236
7. El cierre de los pozos ... 239
8. Cambio sociocultural ... 245

VIII. Gijón en el declive industrial de Asturias ... 251
1. La ciudad ... 251
2. El pasado industrial de Gijón ... 253
3. El proceso de desindustrialización ... 259
3.1. La irrupción de la crisis industrial ... 259
3.2. La reconversión industrial y movilización social ... 262
3.3. Gijón en el marco de la crisis regional ... 267
4. Los diagnósticos ... 269
5. La política de desarrollo local ... 272
6. La percepción de los gijoneses ... 276
6.1. Caracterización de los barrios estudiados ... 276
6.2. La percepción del declive ... 281
7. Conclusiones ... 291

IX. DuPont y Suzuki: dos multinacionales en una región de antigua industrialización ... 295
1. Introducción ... 295
2. DuPont ... 297
2.1. La llegada de un gigante químico ... 297
2.2. Relaciones laborales ... 302
2.3. DuPont y la región ... 313
3. Suzuki ... 320
3.1. «Vienen los japoneses» ... 320
3.2. Reestructuración de las relaciones laborales ... 327
3.3. ¿Efectos de difusión? ... 342
4. Observaciones finales comparadas ... 344

X. Política regional en el cambio estructural ... 349
1. Nuevas tendencias en la política regional ... 349
2. Agentes de la política regional ... 358
3. La política regional española en relación con Asturias ... 365
4. La entrada de la CE en Asturias ... 369
5. El origen de la política estructural regional en Asturias ... 381
6. Ámbitos políticos e institucionales seleccionados ... 392
6.1. Formación profesional y cualificación ... 392
6.2. Universidad e investigación ... 398
6.3. Economía Social ... 404
6.4. SODECO: Sociedad para el desarrollo de las cuencas mineras ... 410
7. Consideraciones finales ... 419

XI. El discurso de crisis en la región ... 423

XII. Bibliografía ... 445

Capítulo I
Introducción

La crisis estructural de las «regiones industriales tradicionales» ha llevado aparejada una crisis de los intentos de explicación de la ciencia económica, por más que muchos dogmáticos del neoliberalismo y políticos de orientación semejante quieran ignorar esta última. Los modelos orientados a las ventajas comparativas de costes y las teorías macroeconómicas generales no han sido capaces de explicar las diferencias regionales de desarrollo. Adaptándose a ellas, los esquemas tradicionales en política estructural, de política global y sectorial de promoción del desarrollo llegaron a sus propios límites (cfr. cap. X). En nuestro estudio seguimos ampliamente la tendencia general resultante de este doble cambio estructural de realidad económica y teoría económica, una orientación a la teoría local microeconómica, pero no sin anunciar ciertas reservas.

La búsqueda de los «factores invisibles en el desarrollo económico local» llevó a los investigadores involucrados a la «importancia de desplazar el análisis del nivel de la economía y la industria al nivel de la empresa» (Doeringer y otros, 1987, p. 63). Pero simultáneamente aumenta el entrelazamiento internacional de las economías regionales y, en consecuencia, disminuye la competencia nacional por el control. Las regiones, sus políticas y sus agentes deben definirse de nuevo, y están sujetos a nuevas obligaciones estructurales. El cambio estructural regional no sólo designa un proceso de sustitución de lo viejo por lo nuevo, sino también la reorganización de interrelaciones de producción integrales y de redes institucionales. El que de ahí se desarrolle una dinámica que fomente la acumulación es una cuestión necesariamente abierta que se substrae a los determinismos sociotecnológicos, como pueden ser las soluciones de fórmula patentada.

Los autores del presente estudio han tratado la problemática del cambio estructural de las regiones industriales tradicionales en la región de Asturias, dedicada a la industria pesada y emplazada en el norte de España, una región relativamente pequeña (10.565 km^2, 1,1 millones de habitantes) y geográficamente apartada. Aquí se concentran los típicos problemas estructurales de las regiones industriales tradicionales en un espacio muy reducido y con una explosividad muy especial.

Asturias podrá padecer múltiples déficit y fenómenos de crisis pero, sin embargo, no adolece de falta de fundados análisis de su situación. El declive industrial y los problemas derivados del mismo han sido ampliamente detectados con antelación, y las razones de la ausencia e insuficiencia de contramedidas comienzan en las estructuras de desplazamiento colectivo y terminan en las constelaciones políticas concretas. En 1966, en la revista de la oposición democrática en el exilio *Cuadernos de Ruedo Ibérico* apareció un artículo titulado «Asturias frente a su reconversión industrial». En 1975 un grupo de intelectuales presentó una visión de futuro titulada «Asturias año 2000», con una probable variante pesimista y una deseable variante optimista. La pesimista partía de un declive continuado de la región, «basta con que las cosas sigan como hasta ahora» (Brugos, 1994, p. 52). En 1977 la Sociedad Asturiana de Estudios Económicos e Industriales (SADEI) presentó el detallado estudio «Asturias ante Europa». Desde entonces no se ha interrumpido la cadena de diagnósticos, mayoritariamente orientados por criterios económicos y estadísticos. Por contra, nuestro estudio arranca donde terminan los trabajos mencionados: en las condiciones de trabajo y de vida de los afectados y en las condiciones y bloqueos para una superación política y social del cambio estructural de la industria.

La libertad que posee el enfoque científico respecto a la presión del asesoramiento político-técnico nos permitió dirigir nuestra atención a factores estructurales y a las estrategias de los diferentes agentes, a menudo contrapuestas, y encontrar respuestas a cuestiones como por qué lo técnicamente necesario o recomendable no se llevó a la práctica o se realizó de forma insuficiente o demasiado tarde, o por qué en Asturias quedaron sin efecto las fórmulas de éxito recogidas de otras regiones. El método de estudio generalizador que elegimos, que comienza desde los niveles más bajos (empresa, barrio) para ir ascendiendo progresivamente, pretendía ayudar a superar una esterilidad perfectamente observable del discurso científico sobre las antiguas regiones industriales y el desarrollo regional, y al mismo tiempo ampliar la base para ulteriores investigaciones con una perspectiva comparada.

Nuestros estudios de las historias de cuatro empresas a lo largo del cambio estructural regional colocan a las empresas en un campo de conflictos entre relaciones internas y externas. Por lo tanto, son a la vez historias de empresas y explotaciones e historias económicas y sociales. Las empresas se consideran como el campo de actuación de agentes sociales en funcionamiento y como agentes regionales en el marco de estrategias de política empresarial en disputa con estructuras regionales. Todas las empresas estudiadas componen una parte de estructuras empresariales de rango superior, ya sean *holdings* estatales (INI/AIE, CSI) o empresas multinacionales. Sus estrategias son, de forma muy particular en el caso asturiano, procesos parciales del desarrollo regional, factores de influencia central en la política regional, en la constitución de agentes regionales y en la conciencia regional. Estos influjos se hacen directamente palpables en los estudios de zonas urbanas. Y a la inversa, las condiciones regionales determinan las estrategias empresariales y de explotación.

Esta constelación multiestrato nos llevó a aplicar un instrumental teórico igualmente variopinto, no siempre fácil de coordinar. Así, por ejemplo, en los análisis de empresa confluían elementos extraídos de la sociología industrial con los procedentes de la historia oral o del análisis económico del mercado. Con el fin de evitar el peligro de una querencia demasiado ecléctica, aglutinamos planteamientos específicos de cuestiones, métodos de estudio e hipótesis teóricas de explicación en bloques temáticos y capítulos individuales.

De forma absolutamente consciente no nos limitamos a los fenómenos «industriales tradicionales», sino que contrastamos estos con las tendencias más «modernas» y con más perspectiva de futuro (como la introducción de nuevas técnicas de gestión en filiales de empresas multinacionales), para arrojar luz sobre el cambio de estructuras desde diferentes ángulos.

Por cuanto respecta a la metodología, las actividades de investigación generalmente al uso (estudio y evaluación de bibliografía, archivos, prensa, documentos) las completamos con dos formas de investigación social empírica que ocuparon un lugar central en nuestro trabajo: una mezcla de entrevistas cualitativas y el procedimiento inductivo. El método casuístico inductivo trata de enfrentar la insuperable complejidad y multiplicidad de los fenómenos reales, no mediante una visión grosera superficial, sino mediante una observación de detalle seleccionada. A la desventaja de quedar limitado a unos pocos objetos seleccionados (en nuestro caso, empresas y zonas urbanas), se contrapone la ventaja de poder registrar ampliamente los aspectos, dimensiones, principios estructurales, facetas, etc. más significativos de la realidad social. Asimismo hemos colocado todo el conjunto en una relación histórica y sociológica, para lo cual nos hemos apoyado fundamentalmente en trabajos ya existentes sobre el tema, convenientemente refundidos de acuerdo con nuestros fines y perfeccionados con los resultados de nuestra investigación.

Las formas de entrevista utilizadas abarcan desde los cuestionarios normalizados hasta los debates en grupo, que se grabaron en vídeo y transcribieron para poder ser evaluados (ver tomo de documentación), pasando por entrevistas abiertas a expertos con la única guía de una línea directriz («entrevistas prospectivas») y un gran número de entrevistas individuales abiertas con los involucrados. Todas ellas se realizaron en el entorno cotidiano habitual de los encuestados. Las diferentes formas utilizadas debían completarse razonablemente más allá de los debates metodológicos acostumbrados, con lo cual las entrevistas cualitativas abiertas revelaron ser mucho más fértiles que los métodos normalizados. Incluso el director ejecutivo de la compañía McKinsey de Japón, Kenichi Ohmae, observó al respecto:

> En todo caso creo que se aprende más... cuando se charla durante dos horas con tres amas de casa que si sobre el mismo tema se efectúa una encuesta con mil participantes (Ohmae, 1991, p. 84).

El procedimiento casuístico significa dar una clara preponderancia al análisis micro frente al macro. Este último no se omite, si bien es cierto que se sitúa al final de un procedimiento ascendente que se inicia en la casuística concreta. Por cuanto respecta al análisis de política regional, Rodríguez Saiz y otros (1986, p. 109) ya había constatado las ventajas de los estudios a escala micro:

1) Nos ayudan a comprender el proceso de decisión realizado por las unidades económicas. Es decir, cómo asimilan las empresas los beneficios, ventajas y disuasiones inherentes a la política regional...
2) Constituyen una valiosa aportación para determinar la situación de supuesta ausencia de política regional...
3) Proporcionan información útil para medir la intensidad de ciertos instrumentos, ya que dicha medida dependerá de cómo son asimilados los mismos en el proceso de decisión de las unidades empresariales...
4) Aumentan nuestro conocimiento sobre determinadas relaciones causales y sobre el desfase temporal que las mismas conllevan.

La adaptación del procedimiento al objeto de estudio de cada caso hará que el lector detecte un estilo diferente en cada uno de los capítulos. Con gran esfuerzo hemos tratado de explorar y agotar el mundo de la vida cotidiana de los trabajadores y trabajadoras (relativamente escasas en número) en las cuatro empresas estudiadas, logrando extraer una gran diferenciación, incluso entre casos aparentemente similares como los de ENSIDESA y HUNOSA, o los de DuPont y Suzuki. Los estudios en barrios, diseñados metodológicamente de forma similar a los análisis realizados de las plantillas, amplían la base social de los mundos experienciales y completan las formas observables de tratamiento de las crisis.

Al contraste con las condiciones «objetivas», que se deriva de los análisis de costes, mercados y estructuras, o de las relaciones de fuerzas políticas, no le sigue ninguna lógica (deductiva) mecánica, sino una dinámica muy diversificada de procesamiento y modificación de la realidad. Los diferentes mundos experienciales se transforman en contrastes políticos e institucionales, como muestran tanto la contemplación histórica como el análisis de las actividades actuales de política regional. Una prueba de que las duras realidades (por ejemplo, la modificación de las condiciones del mercado mundial o el significado de la política europea) y las responsabilidades políticas claramente definibles no se desvanecen, son ante todo los análisis de la política de reconversión industrial y de los diferentes niveles de política regional estructural.

Capítulo II

Regiones industriales tradicionales

El cambio estructural, los desplazamientos regionales y sectoriales, la emigración e inmigración de inversiones y mano de obra, constituyen componentes esenciales de la economía capitalista y no son ni nuevos ni extraordinarios. «Lo que distingue las tendencias actuales son la naturaleza y el ritmo de los cambios» (Rodwin, 1989, p. 11). Lo decisivo no es el hecho en sí, sino la profundidad y, sobre todo, la velocidad del proceso. Desde los años sesenta los países ampliamente industrializados no sólo han atravesado crisis coyunturales, sino también crisis estructurales de sectores industriales y regiones otrora vanguardistas. En los años setenta este problema se agudizó en la medida en que las fases de recuperación coyuntural no podían cubrir ya los problemas estructurales de las denominadas «regiones de antigua industrialización»,[1] y por el hecho de que a la minería y a la industria textil se sumaron los sectores del acero y de la construcción naval. Estos sectores pioneros para la denominada «segunda revolución industrial», también llamada «fordismo» (cfr. Köhler, 1993, pp. 40-57; Hirsch, 1995), no podían ya sanearse mediante la tradicional política global y de crecimiento.

La política económica tuvo que desarrollarse inopinadamente para convertirse en política regional y estructural en el contexto de una política industrial activa (cfr. cap. X.1), algo que anteriormente sólo le había correspondido hacer, en el mejor de los casos, al sector agrario, como víctima del cambio a una sociedad industrializada. Este problema se hizo aún más peliagudo en los años ochenta debido a dos evoluciones complementarias: la internacionalización de la economía y la cristalización simultánea de grandes bloques económicos regionales. La ampliación

[1] Nosotros mantenemos aquí este término, ya establecido y habitual en la bibliografía de lengua alemana, aun cuando algunos autores critican con razón la connotación de «anticuado» que tiene el calificativo «antiguas», y hablan en su lugar de «regiones industriales tradicionales» (cfr. Albers 1994, p. 214).

de la CE hacia el sur enriqueció el espacio económico de Europa occidental con algunas regiones de antigua industrialización estructuralmente débiles, precisamente en los países que en su conjunto presentaban un retraso de desarrollo. El problema de la «cohesión» y de una política estructural regional eficaz pasó a figurar en el orden del día en todos los planos políticos, desde el municipio hasta la Comisión Europea, con una interdependencia creciente.

En general las regiones de antigua industrialización se caracterizan por una presencia superior al promedio de industrias procedentes de la época temprana de la industrialización (minería, sector textil, acero, construcción naval). Por contra, adolecen de falta de empresas modernas de alta tecnología y servicios, y en general de una estructura económica competitiva a nivel internacional. Adicionalmente, del declive de los mencionados sectores industriales se derivan problemas específicos por cuanto respecta a infraestructura, mercado de trabajo, contaminación medioambiental y previsión social. La estructura social, las formas de vida y vivienda, la cultura regional, se modifican, algo que los afectados experimentan como una pérdida. Independientemente de estos problemas comunes, entre las denominadas «regiones de antigua industrialización» existen considerables diferencias; por ejemplo, por cuanto se refiere a identidad regional, a potencial político, a colaboración de las diferentes corporaciones regionales, a la proporción de empresas públicas y privadas, etc.

En el proceso de conceptualización del objeto del problema que suponen las «regiones de antigua industrialización», en el transcurso de los últimos veinte años han ido cristalizando diferentes corrientes, de las que aquí vamos a esbozar brevemente las más habituales.

1) Los esquemas de clasificación *estadísticos* y administrativos se proyectan ante todo con objetivos políticos prácticos. Por ejemplo, Gillespie y otros (1985) aplicaron criterios operacionales que criban las regiones con proporción industrial superior al promedio y pérdida de puestos de trabajo continuada para tratar de definir regiones de antigua industrialización en los países europeos. Los más conocidos en este ámbito son los criterios de adjudicación que aplica la Comisión Europea para los recursos de los fondos estructurales (cfr. cap. X.4). El punto de partida para determinar regiones del objetivo 2 (regiones de antigua industrialización) son, por consiguiente, los valores promedio de la CE, respecto a los cuales las regiones afectadas tienen que destacar por tener tasas de desempleo notablemente elevadas, un porcentaje elevado de empleo industrial y, simultáneamente, por sufrir un descenso de los puestos de trabajo industriales. La creciente complejidad de las constelaciones de problemas de las regiones industriales llevó a la comisión de la CE a introducir criterios adicionales más flexibles y específicos de cada país (cfr. Moys, 1995; Schoneweg, 1993) y mostró la limitación generalizada de los criterios de determinación puramente técnicos.

2) Por lo general las explicaciones *económicas* tienen como punto de partida consideraciones descriptivas según las cuales, más allá de las oscilaciones coyunturales, los

indicadores económicos (crecimiento, ingresos, desempleo, migración, productividad) de las regiones industriales se desarrollan crónicamente de forma peor que los valores nacionales e internacionales que sirven de comparación (cfr. p. ej. Vázquez, 1994c). Esto se relaciona con el perfil de especialización por sectores de la región; es decir, del predominio de las industrias tradicionales. En los intentos de explicación teórica de mayor alcance, la mayoría de las veces se recurre a versiones de la hipótesis trisectorial, de la teoría del «ciclo del producto», o de la teoría de Mancur Olson de la «acción colectiva».

La *teoría de la terciarización*, que en su forma popular se remonta al ministro de planificación francés de la época de la posguerra, Jean Fourastié, afirma que a lo largo del progreso tecnológico, a medida que aumentan los ingresos se reduce relativamente la demanda de bienes agrícolas e industriales, mientras que el sector de servicios se enfrenta a una demanda de tendencia insaciable y extiende continuamente su cuota porcentual. A esto se añade el menor crecimiento de la productividad laboral, que permite al sector terciario absorber el excedente de mano de obra de los otros sectores. Las economías regionales y nacionales deben seguir esta evolución cuasi natural si desean mantener o mejorar sus posiciones relativas de bienestar.[2]

El economista y sociólogo americano Mancur Olson achaca el declive de las naciones prósperas del pasado (perspectiva que también puede trasladarse a las regiones) a una «esclerosis institucional», es decir, al arraigado poder de aparatos antiguos encostrados y burocratizados y de cárteles (grandes empresas, estados, sindicatos) que impidieron la necesaria renovación por miedo a la pérdida de privilegios y canales de influencia inveterados.

La *teoría de ciclo del producto* (cfr. Vázquez Barquero, 1990, p. 45), desarrollada en estrecha relación con las teorías de los ciclos largos (de cincuenta a sesenta años de duración) del desarrollo económico (Kondratiev, Schumpeter), subdivide el ciclo productivo en una fase de innovación, una de difusión, una de madurez y una de estancamiento. Según esta teoría, los productos introducidos en la era temprana de la industrialización (textiles, carbón, barcos, etc.) pasan después a su fase madura: sus posibilidades de continuar desarrollándose se han agotado ampliamente, sus mercados se han saturado y deben ceder a nuevas innovaciones en productos y procesos. A continuación, el fomento de estas innovaciones se sitúa en el centro de todos los esfuerzos de política regional, siendo el reverso con posibilidades de futuro de un proceso de «destrucción creadora» (Schumpeter) de las industrias e instituciones antiguas. En la teoría de ciclo del producto resulta interesante que a las distintas fases se les atribuye un patrón de comportamiento (tipos de empresas originales) de los agentes regiona-

[2] Por el contrario se adujo, entre otras, la crítica de fundamento empírico de que las naciones industrializadas de Alemania, Japón y el norte de Italia atravesaron un desarrollo considerablemente más favorable que los Estados Unidos y Gran Bretaña, altamente terciarizados.

les dominantes (cfr. Steiner, 1990, pp. 114 y s.). A la conducta orientada al riesgo y la innovación le sigue una producción parcialmente estandarizada debido a la adaptación a las condiciones de competencia, y finalmente, el «fallo por edad». El vínculo con la esclerosis senil de Olson, que lleva al predominio de las cuestiones redistributivas de grupos egoístas sobre los criterios generales de eficiencia, resulta evidente.

Un rasgo significativo de las explicaciones de carácter económico, de las que aquí sólo hemos mencionado brevemente las más habituales, es la transposición que realizan de modelos teóricos generales a fenómenos regionales, sin desarrollar una teoría específica de la región. La región se presupone como un espacio económico predeterminado, pero no se explica en su gestación, particularidad e independencia y dinamismo. Otra objeción es la que se refiere a la analogía implícita con procesos determinados naturalmente, un traslado de los procesos de envejecimiento biológicos a los procesos económico-sociales. «No obstante, el argumento con él relacionado del necesario declive de las regiones industriales más antiguas, no es concluyente. En el ámbito de la economía no existe ningún proceso de envejecimiento natural de una región» (Petzina, 1992, p. 103), sino únicamente existen factores siempre concretos que deben explorarse y que son los que aceleran y retardan el continuo proceso de regeneración. A modo de ejemplo, mencionemos que Lyon o Barcelona se cuentan hoy día entre los denominados «motores de la UE», si bien por propia tradición son regiones de antigua industrialización.

3) En el curso de la diferenciación de esta disciplina, las conceptualizaciones *históricas* han redescubierto la región desde los años setenta y su tendencia a la «historia cotidiana», desprendiendo la «historia natal» de su estrecha tradición. Estas conceptualizaciones acentúan la madurez de las regiones, la identidad regional, más allá de los límites técnicos, geográficos y administrativos.

> Nosotros partimos de la hipótesis de que las regiones no son tanto entidades (en cierta medida objetivas) determinables mediante datos cuantificables y límites administrativos, sino que más bien existen en esencia como mundos conceptuales y escalas de percepción, como los denominados «mental maps» en las mentes de las personas. Se trata, por tanto, de retículas ordenadoras mentales que ayudan de forma muy especial a distinguir el «nosotros» del «otro»... La región como espacio de actuación del hombre (Reulecke, 1993, p. 21).

Para analizar las regiones industriales son de capital importancia la formación de su identidad en el transcurso de la revolución industrial y la formación de los agentes sociales de la sociedad burguesa.

> En las regiones cristalizaron relaciones de interconexión específicas y una estructura económica y social específica, y con ello una estructura espacial funcional con carácter y cohesión propios. Las regiones desarrollaron un saber hacer, un estilo, y en consecuencia, también un

> nombre que era consustancial a las mismas...; se convirtieron en el punto de referencia decisivo para los procesos de formación de clases y las relaciones entre las clases, para la orientación y los modos de comportamiento colectivos, para la cristalización de nuevas élites, para las estructuras de comunicación, las formas de conciencia, y las mentalidades (Schulze, 1993, p. 28).

Enlazando con los trabajos pioneros de Sidney Pollard, Pat Hudson (1989) fue el que más lejos llegó definiendo la industrialización como fenómeno regional y no nacional. Los sectores, grupos de población y territorios seleccionados (siempre unas pequeñas minorías dentro de sus respectivos contextos nacionales) caracterizan la historia de la industria más bien como figura nacional o estatal, puesto que esencialmente es una historia de la formación de diferencias e identidades regionales.

> La Revolución Industrial fue... un proceso de industrialización de las regiones. La Revolución Industrial es un fenómeno regional (Pollard, 1980, p. 12).

Esta «proposición antinacional o antiestatal» (Maluquer de Motes, 1988, p. 24) se dirige a todas luces de forma demasiado unilateral contra la «agregación» de la perspectiva nacional estatal, y olvida que el surgimiento del capitalismo conllevó a todos los niveles una redefinición de los espacios y la disolución de las fronteras tradicionales. La cristalización y formación de regiones, y sus relaciones mutuas crecientemente polarizadas, son sólo el reverso del desarrollo nacional y estatal y de una nueva división internacional del trabajo. Frente a los conceptos estadísticos y económicos, la perspectiva histórica tiene el indiscutible mérito de haber destacado el carácter de proceso y la relatividad de la categoría «región».

4) Paralelamente a la globalización de la economía y a su diferenciación territorial desde el plano local hasta el internacional, pasando por el regional y nacional, se desarrollaron *conceptos teóricos interdisciplinares* (que por desgracia, en la práctica, adolecían de fuertes propensiones de economía política) para explicar nuevas tendencias del desarrollo capitalista. En el centro de esta formación teórica se sitúan dos hipótesis que se han tratado bajo los conceptos de «teoría de la regulación» y «especialización flexible». Ambos intentan comprender el desarrollo regional como un componente integral del desarrollo capitalista universal, enlazando así elementos micro y macroeconómicos con elementos históricos y socioculturales. Aquí las regiones de antigua industrialización emergen como elemento de desplazamientos de alcance mundial de las jerarquías regionales, en el que primero se consigna un aumento generalizado de la competencia internacional e interregional, y en el que en segundo lugar nuevas regiones flexibles con capacidad de adaptación y modernización, o *industrial districts* como se denomina a la «tercera Italia» o al *sunbelt* de los Estados Unidos, dejan a la zaga a las regiones económicas tradicionales encostradas. En este proceso, nuevos centros metropolitanos se completan con redes de alta tecnología de pequeñas empre-

sas de base artesanal (cfr. Piore/Sabel, 1989; Sabel, 1989; Hirst/Zeitlin, 1989; Storper/Scott, 1992). Por lo tanto las regiones de antigua industrialización, que fracasan en la reconversión hacia la producción especializada y flexible en pequeñas series, se ven amenazadas de sufrir un declive imparable en la lucha internacional de competencia, en la que las actividades industriales que exigen un intenso trabajo se ven relegadas a los cuchitriles y subcontratas de los países subdesarrollados.

> Por un lado, la economía global representa un conjunto especializado de sistemas de producción regional, cada uno de los cuales se rige por su propio sistema de acuerdos transnacionales intra-regionales y actividades de mercado local. Por otro lado, las regiones están imbricadas en una red internacional de nexos interindustriales, flujos de inversión y migración poblacional. A nivel global existen acuerdos institucionales críticos —la empresa multinacional, la subcontratación internacional como sistema emergente, alianzas estratégicas entre empresas, los acuerdos internacionales, etc.— que juegan un importante papel mediador... La geografía económica contemporánea ha de tomarse no como un sistema centro-periferia, ni siquiera como una agregación de naciones-estados, sino como un mosaico global de economías regionales (Storper/Scott, 1992, p. 11).

Sin pretender negar las diferencias fundamentales existentes entre las hipótesis mencionadas (la teoría de la regulación se fundamenta más bien en una crítica al capitalismo, mientras que la especialización flexible esboza un modelo futuro de desarrollo francamente positivo de la modernización capitalista), hay sustanciales coincidencias analíticas.

Naturalmente, hipótesis globales tan amplias adolecen siempre de dos problemas: que se les escapan los detalles de los casos individuales y que en todo momento sólo pueden proporcionar resultados parciales; es decir, nunca pueden estar realmente a la altura de sus pretensiones globales e integrales. Pero igualmente hay que atribuirles el mérito de dar a los análisis regionales una perspectiva general y de no esconder de inmediato la cara con argumentos microanalíticos en la lucha por alcanzar explicaciones teóricas a un mundo cada vez más complejo e interdependiente. Además componen un contraargumento digno de ser tomado en serio contra las reducciones demasiado unilaterales del mundo en historias locales aisladas.

> Toda sociedad existe en el espacio, y al mismo tiempo los espacios se generan socialmente por las tecnologías existentes y las relaciones de producción y de clases... Los espacios son construcciones sociales, y toda sociedad compleja conforma una red de diferentes vinculaciones espaciales: vecindades, barrios, regiones monetarias, ciudad y campo, regiones lingüísticas y culturales, estados, zonas residenciales y de trabajo, espacios económicos... La multiplicidad de espacios simultáneamente existentes es, por decirlo de alguna forma, un principio constructivo de la sociedad moderna. Cuando este principio entra en fases de cri-

sis estructurales y de transformación como ocurre en la actualidad, se desplaza también la acostumbrada estructura socioespacial (Hirsch, 1995, p. 133).

Llegados a este punto no podemos soslayar el hecho de que la problemática de las regiones de antigua industrialización no se limita únicamente a los antiguos países industriales, sino que también ha alcanzado en la época de la posguerra al Japón industrializado (cfr. Rodwin, 1989, pp. 3-4). Así, Itoh (1992) describe el cambio estructural de la economía japonesa como una tendencia a la desregulación, al debilitamiento sindical y a la polarización social, en la que las regiones dedicadas a la minería, a la construcción naval, el acero y la petroquímica, sufrieron la carga de tasas de desempleo superiores al promedio y los problemas sociales consiguientes.

Todo cuanto puede aplicarse al concepto de «región» se aplica de manera muy especial a la categoría de «antigua región industrial»: depende siempre de la intención investigadora correspondiente y es «siempre históricamente relativa y contingente» (Hudson, 1989, p. 3; cfr. también Grebing, 1990, p. 7).

> Las regiones no son entes constantes; sus fronteras y su carácter no pueden definirse definitivamente, sino que están sujetas a transformaciones; las regiones van formándose y también pueden diluirse (Schulze, 1993, p. 22).
>
> ¿Qué es una región?, ¿cuál es su tamaño?, ¿cómo puede delimitarse? Las regiones no son ni magnitudes dadas por naturaleza, ni magnitudes autodefinidas. Su definición depende siempre del planteamiento... En épocas pasadas las regiones se han definido por el radio de acción hasta el que podían transportarse bienes de primera necesidad: la leche se agriaba, la cerveza perdía su fuerza, la carne y el pan se echaban a perder, y todo ello determinaba el radio de una región económica. Todo cuanto influye en el tamaño de una región estaba siempre ligado a obstáculos de movilidad (Steiner, 1990, p. 18).

Para definir este concepto hay que prestar una atención muy especial a dos componentes. Por un lado, una prospección del cambio estructural de las regiones de antigua industrialización exige siempre un procedimiento interdisciplinar y, por tanto, también un concepto de región; por otro lado, el concepto «antigua región industrial» se caracteriza precisamente por el hecho de que las fronteras regionales varían a consecuencia de los desplazamientos entre sectores económicos, de la relación ciudad-campo, y por la migración; se trata por tanto de un proceso social, y no de una categoría estática. Neil Evans llamó la atención sobre otros dos peligros: el funcionalismo/determinismo y la observación aislada de una región:

> El estudio de los temas regionales contemporáneos saca a la luz algunas advertencias y problemas. Debemos evitar el dar personalidad propia y relevancia a las regiones para luego culpabilizarlas por su falta de desarrollo o bien alabarlas por los éxitos logrados. Las

regiones no son actores; sus habitantes sí lo son... Las personas, con o sin regiones, son quienes toman las decisiones: el análisis de las estructuras de clase y poder no es algo que deba obviarse. Ninguna región es una isla económica, por lo que el flujo de capital, el trabajo y los recursos son aspectos importantes a tener en cuenta (Evans, 1989, p. 224).

Quedan por considerar estas objeciones si se aceptan provisionalmente conceptos viables y útiles de regiones industriales tradicionales, como el siguiente de Landabaso/Díez (1989, p. 45; cfr. también Hesse, 1988, p. 580; García Blanco/Gutiérrez, 1990, p. 3; Argüelles Vélez, 1994, p. 1.010; Castillo/Rivas, 1988, p. 117):

Espacios económicos (regiones o áreas que vertebran colectividades definidas económica y/o culturalmente) que, en el pasado, han constituido los centros neurálgicos motores del desarrollo industrial de sus respectivos países y sin embargo, en la actualidad, atraviesan una etapa de falta de dinamismo económico que se manifiesta en un relativo estancamiento o descenso de las principales variables macroeconómicas con respecto a su correspondiente media nacional y/o comunitaria y, muy especialmente, en una incapacidad patente de reabsorber sus elevados excedentes laborales en el corto y medio plazo a través del incremento de capacidad de las actividades productivas existentes o la creación de otras alternativas.

A esta definición se atribuyen los correspondientes catálogos de problemas, que por lo general abarcan los siguientes elementos (cfr. ERA, 1994, Doc. de Síntesis, pp. 56 y ss.):

- Surgimiento de nuevas zonas de crecimiento en regiones no industrializadas; desplazamiento de las actividades económicas.
- Perfil de especialización unilateral en industrias de la fase temprana de industrialización; falta de diversificación; dependencia de pocas grandes empresas.
- Alto grado de protección estatal e intervencionismo; iniciativa privada débilmente desarrollada.
- Cualificación unilateral de la mano de obra.
- Carencias de infraestructura.
- Medio ambiente deteriorado y condiciones de vivienda deficitarias.
- Patrón de comportamiento defensivo y de conservadurismo estructural de los agentes sociales.

En nuestro estudio esta definición orientada de modo muy económico y funcional se amplía con un concepto integral de cambio estructural regional de las regiones de antigua industrialización:

En este proceso de transformación no sólo han variado las estructuras económicas de las regiones económicas afectadas, sino que igualmente hay repercusiones sobre las estructuras sociales, las formas de comunicación, los patrones de orientación y comportamiento colectivos, las formas de vida y las perspectivas de vida de las personas; resumiendo, sobre todo el entramado político y sociocultural de las regiones... Por añadidura, algunas regiones podrían incluso desmoronarse y llegar a desaparecer en su organización anterior de estructura territorial. El denominado cambio estructural regional, concepto que entre tanto ha degenerado en expresión manida, utilizada con bastante arbitrariedad, significa en su sentido más amplio la suma e interdependencia de todos estos procesos de cambio en el tiempo y en el espacio (Schulze, 1993, p. 29).

Para captar las diferencias sectoriales y temporales dentro de las regiones de antigua industrialización se diferencian «dos generaciones» (Köhler, 1995):

— ***Zonas de primera generación***: las comarcas mineras que sufren la crisis del carbón desde los años cincuenta con la mecanización, el surgimiento de muchos productores baratos en el mundo y la competencia de otras fuentes energéticas. Últimamente el carbón sufre también la presión ecológica del problema del efecto invernadero como materia prima que más dióxido de carbono emite.

— ***Zonas de segunda generación***: las comarcas siderúrgicas, navales y textiles que sufren las crisis de estos sectores a partir de los años setenta. Estas crisis tienen sus orígenes en la aparición de nuevos competidores en el mercado mundial (países de nueva industrialización) y en avances tecnológicos que reducen y sustituyen la demanda de estos productos.

La mayoría de las regiones afectadas, y entre ellas Asturias, reúnen en sí ambas generaciones, y por ello desde los años setenta padecen una acumulación de problemas estructurales regionales. En las comarcas mineras se añade el hecho de que la crisis estructural del sector a menudo comenzó en los años veinte, y hasta los años sesenta permaneció parcialmente oculta sólo debido a coyunturas especiales de las épocas de guerra y posguerra, al crecimiento de las industrias complementarias y a las medidas de apoyo estatales (cfr. Lee, 1993). Esta circunstancia es aplicable de manera especial a Asturias, como se mostrará en el siguiente capítulo.

Un fenómeno interesante que aparece en la bibliografía de las regiones de antigua industrialización es la ausencia de la cuestión de la mujer, aun cuando emerge en varios pasajes centrales de forma tanto lógica como empírica. A nuestro parecer, uno de los rasgos distintivos de las regiones de antigua industrialización es el hecho de que se trata de sociedades particularmente machistas. El trabajo industrial tradicional en la minería, en la siderurgia o en los muelles es «trabajo duro para hombres», y por lo tanto los patrones de comportamiento correspondientes se hallan fuertemente enraizados. La tasa de mujeres profesionalmente activas es inferior al promedio, y además se concentra en actividades profesionales tradicionalmente reservadas a la mujer. Por otro lado, a la mujer le corresponde desempeñar un papel central en la superación de los problemas sociales derivados. Sin querer o sin ser capaces de explorar aquí esta laguna de la investigación de las industrias antiguas, tampoco deseamos adherirnos al mal ejemplo de omitir esta problemática.

El objeto del siguiente capítulo es el grado en que Asturias se encuentra inmersa dentro de este patrón de las regiones de antigua industrialización.

Capítulo III

La Asturias industrial

III.1. FORMACIÓN HISTÓRICA DE LA REGIÓN

> ¿Y qué remedio sería el más eficaz para dar actividad a todos los que en este país habitamos y salir de la inacción? No conozco otro más eficaz que el poder y la protección de nuestro amable soberano (Lope José Bernardo de Miranda y Quirós, párroco de Leces, 1797).
> No hay otro modo de socorrer a una provincia que carece de capitalistas (Gaspar Melchor de Jovellanos, Cartas a Ponz, 1793).

Si se quiere elaborar el perfil histórico y socioeconómico de Asturias como premisa insoslayable para analizar procesos concretos de reconversión y experiencias, primero debe definirse la Asturias industrial recurriendo a las consideraciones conceptuales expuestas en el capítulo precedente. Y sólo en una escasa medida se trata de definir la historia industrial; más bien lo importante es realizar la necesaria delimitación del marco analítico y seguir las huellas de las tradiciones que repercuten hasta nuestros días. Por ello nuestra principal atención se dirigirá a la cristalización y desarrollo de los agentes sociales.

Primero, la Asturias industrial es históricamente joven; y en segundo lugar no es en modo alguno idéntica a la Asturias como región política o administrativa, como formación geográfica u otras concepciones de homogeneización regional.

> Entre la cordillera cantábrica y el mar, entre Galicia y la antigua región de los cántabros, quedó delimitada como provincia administrativa desde el siglo XIX la región asturiana a la que la geografía separó de las demás casi con verdaderas fronteras naturales por los cuatro puntos cardinales. En relación con el resto de las provincias norteñas de la Península, Asturias fue dotada de una gran extensión territorial desarrollada predomi-

nantemente en el sentido de los paralelos y disponiendo en consecuencia de considerable longitud de costa.

El litoral astur, suficientemente recortado para que en el fondo de sus abrigos —ninguno de ellos muy profundo— surgieran media docena de villas portuarias en la Baja Edad Media cuya evolución posterior prosiguieron a saltos de prosperidad y decadencia, nunca representó para la región un papel tan primordial como lo fue para las demás provincias cantábricas. Papel aún de menos relieve ha representado la zona meridional en la que se suceden y alinean sierras y macizos montañosos de gran altitud en cuyas vertientes ha venido pastando una ganadería en decadencia y en donde se reanudó la resistencia contra los musulmanes en el primer tercio del siglo VIII. Finalmente, entre la cordillera interior y el sector litoral se extiende una zona con tendencia a reducirse en los bordes orientales y occidental, en la que se suceden pequeñas elevaciones sobre la línea costera que los geógrafos han denominado peculiarmente «rasa asturiana», escasas reducidas cuencas, y estrechos valles fluviales paralelos entre sí y en su tramo alto, y convergentes en el resto de sus respectivos cursos. Fue a lo largo de estas cuencas fluviales que surcan el centro de la región: las del Nalón y Caudal-Aller principalmente, en donde se localizaron los yacimientos carboníferos que posibilitaron a partir de la segunda mitad del siglo XIX, modificaciones substanciales tanto en el paisaje como en las formas de vida tradicionales (Ruiz, 1968, p. 15).

Los orígenes de la región industrial de Asturias hay que establecerlos en el proceso de industrialización del siglo XIX.

Hace doscientos años, la población y las actividades estaban homogéneamente repartidas en el territorio. Después, la explotación del carbón, la industrialización y la polarización de la red de comunicaciones han ido concentrando personas, infraestructuras, riqueza y deterioro en los municipios del área central. En las últimas décadas asistimos a un nuevo proceso de superior concentración en el sector septentrional de ese área, paralelo a la crisis y abandono de las cuencas mineras.

El equilibrio territorial que Asturias conoció antes del siglo XIX reposaba, en síntesis, en una producción dispersa de carácter rural fundada sobre recursos más o menos ubicuos y se concentraba en una organización administrativa y económica, en la que al nivel aldeano más elemental se superponían jerárquicamente las villas, y en un escalón superior, la ciudad de Oviedo y el puerto de Avilés, los dos únicos núcleos que en la Edad Media y Moderna tenían mercado diario y comercio fijo. El equilibrio se mantenía, no obstante, en un estado muy elemental de diversificación productiva, comercial y social, en el cual las actividades agrarias y ganaderas generaban, aún en el siglo XVIII, un 75% de las rentas del trabajo (Maurín Álvarez, 1992, pp. 65-69).

Esta exposición de un «equilibrio en la pobreza» (Velarde Fuertes, 1994, p. 16) apunta ya al hecho de que la vía de industrialización seguida por Asturias no se trata en modo alguno de una transición desde la producción artesanal preindustrial a la manufactura industrial temprana en el sentido del concepto de «protoindustrialización» (cfr. Hudson, 1989; González Enciso, 1984; Ocampo Suárez-Valdés, 1994), sino de una ruptura radical con la sociedad antigua. El gran ilustrado asturiano Jovellanos aseguraba a fines del siglo XVIII que «en ninguna provincia de España estaba la industria más atrasada que en Asturias... Ni de la tierra, cultivada con esmero y con frecuencia que hacía posible un abonado copioso y el régimen de lluvias; ni de las manufacturas, en las que trabajaron artesanos innovadores y capaces; ni del comercio interior ni del exterior pudieron acumularse beneficios que permitieran incrementos de inversión capaces de originar cambios en la economía asturiana» (Anes, 1994, pp. 74-80). «Asturias... demuestra que no es capaz de generar excedentes comercializables para desarrollar un comercio activo y/o una industria poderosa y de futuro. Y esto es a la vez causa y efecto de su carencia de hombres de empresa» (Barreiro, 1988, p. 47). Dado que no había fuerzas endógenas que pudieran despertar a Asturias de su letargo medieval, sólo quedaba un agente que pudiera movilizar los dos recursos centrales de la industrialización, como son el carbón y la mano de obra: el Estado.

La dinastía de los Borbones había introducido en el siglo XVIII la planificación, pero a Asturias no le tocó el turno hasta fines de dicho siglo. «El impulso definitivo lo darán la Secretaría de Marina y Antonio Valdés y Bazán, decididos a impulsar la modernización de la industria militar incorporando la hulla, el vapor y el horno alto» (Ocampo Suárez-Valdés, 1994, p. 116). En 1794 se fundaron las Reales Fábricas de Armas de Oviedo y de Trubia, que marcaron el inicio de Asturias como centro de la producción armamentística. Asimismo, el primer esfuerzo de industrialización emprendido posteriormente estaba abocado al fracaso. La tentativa de canalización del río Nalón, a través del cual debía transportarse el carbón hasta el puerto de San Esteban de Pravia, demostró ser una gigantesca inversión fallida que puso provisionalmente fin al proyecto de conformar un sector público del carbón y del acero en 1803. «Asturias aplazó los verdaderos comienzos de su industrialización hasta la mitad del siglo XIX» (Ojeda, 1994a, p. 36). «El fracaso técnico de la fusión de mineral de hierro con coque, el de canalizar el río Nalón, las dificultades de la Hacienda Real a finales del siglo XVIII y a comienzos del siglo XIX, y la invasión francesa quebraron las esperanzas» (Anes, 1994, p. 77).

Los problemas de transporte e infraestructura, el retraso tecnológico, la dependencia de las decisiones del Estado centralista y el fracaso de las inversiones económicas debido a intereses políticos particularistas ya existieron en el comienzo de la historia industrial asturiana y nunca desaparecerían de la misma. Así, la construcción del puerto industrial de Gijón (Musel) duró más de treinta años (1873-1907), y el proyecto de autovía del Cantábrico elaborado en 1964 por el Ministerio de Transportes aún no se ha concluido, sufriendo un nuevo retraso en 1995 debido a dificultades presupuestarias. Estos dos proyectos de infraestructuras (seleccionados aquí entre muchos sólo como ejemplos ilustrativos) mostraron la debilidad política de la región hacia el exterior y los bloqueos localistas mutuos o recíprocos hacia el interior, retrasaron persistentemente el desarrollo de Asturias y significaron desventajas competitivas nunca superadas respecto a otras regiones.

Cuando a mediados del siglo XIX pudo por fin despegar la industrialización, el Estado, embarcado en esa época en guerras (1797-1808 contra Inglaterra; 1808-1814, guerra de la Independencia contra Napoleón; y la primera guerra carlista, en 1833-1839) y debilitado por la pérdida de todas sus colonias continentales de ultramar, debía solucionar al menos el problema del transporte y la tecnología. Pero carecía del dinero necesario para ello debido a los gastos bélicos, al desmoronamiento del comercio con América, a las consecuencias de la recesión que afectaba a toda Europa, y al injusto y obsoleto sistema fiscal (los propietarios no pagaban nada). Sólo con la venta de bienes públicos en la segunda fase de la «desamortización» de 1855-1867 (cfr. Fontana, 1981, pp. 176, 197), logró los recursos para la necesaria ampliación de la red ferroviaria. En 1825 la Ley de Minas puso fin a la extracción del carbón con métodos preindustriales de las «minas de paisanos», «al subordinar el régimen de concesiones al cumplimiento de determinados requisitos técnicos y fiscales» (Ocampo Suárez-Valdés, 1994, p. 120). En 1842 se inauguró la carretera carbonera para transportar el carbón de Langreo al puerto gijonés; en 1856 siguió la línea ferroviaria que, con un trazado paralelo, afianzó la predilección de que fue objeto la cuenca del Nalón frente a su vecina cuenca del Caudal. Una razón de fondo para favorecer esta predilección en las inversiones en infraestructura fue el parentesco de la reina con un príncipe que poseía minas en el valle del Nalón. Al mismo tiempo, el alto horno de la compañía Asturian Mining Company inaugurado en 1848 tuvo que pararse un año después porque no se había construido la vía ferroviaria Mieres-Gijón-Avilés (cfr. Anes Álvarez, 1988 y 1985, p. 256). La Ley de Ferrocarriles de 1855 estableció el marco institucional para la ampliación del sector económico, que pudo superar tanto la barrera del transporte como la de la demanda (cfr. García Alonso, 1986, p. 111).

En 1828 el Gobierno había encargado a una comisión la captación de inversores extranjeros para las minas asturianas, comisión que tras grandes esfuerzos y tras claudicar a las concesiones más inimaginables (p. ej., 25 años de exención fiscal) consiguió finalmente despertar el interés de capitalistas belgas, ingleses y franceses por Asturias. Como consecuencia, en Londres se fundó la Asturian Mining Company (1844), en Bélgica la Real Compañía Asturiana de Minas (1853) y en París la Empresa Carbonera de Siero y Langreo (cfr. Ojeda, 1994b). Pero para que el «despegue» pudiera establecerse realmente, junto a inversiones propias, a la ampliación de la infraestructura, a las subvenciones y a la captación de capitalistas extranjeros, el Estado tuvo que jugar su última y decisiva baza: la protección frente a la competencia extranjera mediante aranceles desorbitados.[1]

En su afán por centrarse en los empresarios (y no en las empresas), el economista asturiano Álvaro Cuervo García desconoce este destacado papel desempeñado por el Estado, si bien describe correctamente el predominio ejercido por las personalidades empresariales foráneas:

> Desde las investigaciones sobre los yacimientos hulleros de Guillermo Schultz y Adrianne Paillette, que son base para su explotación y el proceso de industrialización de Asturias, éste ha sido llevado a cabo por hombres e instituciones foráneas, como el banquero sevillano Aguado (1833), la Real Compañía Asturiana de Minas de capital belga (1844), el inglés John Mauby (Asturiana Mining Company 1844), el banquero francés Numa Guilhou (Compagnie Minière et Metallurgique des Asturies 1874), el riojano Pedro Duro (1857) (Metalúrgica Duro) y la sociedad francesa Minas y Fábricas de Moreda y Gijón (1879).
>
> A finales del siglo pasado el estancamiento del capital extranjero se vio compensado con la llegada de los capitales coloniales, que unidos al proteccionismo aduanero de Cánovas, hicieron posible una diversificación industrial: Hilados y Tejidos (La Algodonera 1890), La Estrella (1893), La Manjoya (Oviedo), fábricas de sidra, azucarera, gas, electricidad y vidrio. Gijón comienza a ser uno de los primeros núcleos fabriles. De nuevo surgen hombres nacidos fuera de Asturias, como José Tartiere, Policarpo Herrero y Pedro Masaveu, que van a desarrollar su capacidad empresarial aquí. No ha existido, sin embargo, un núcleo empresarial asturiano (Cuervo, 1995b).

En los años sucesivos Asturias, y en particular el valle del Nalón, fue ascendiendo hasta convertirse en el centro español de la minería y la siderurgia, y durante un breve período de tiempo pareció que podría seguir el camino de la industria pesada más importante de Europa. Pero a mediados de los años ochenta perdió la carrera en beneficio de la provincia vasca de Vizcaya.[2] Con la introducción del proceso Bessemer, que redujo drásticamente la proporción de hulla utilizada en la producción de acero, el mineral de hierro vasco y la cultura empresarial más desarrollada (incluido un

[1] El predomino del capital extranjero en la minería española ha llevado a un debate sobre las desventajas que ha tenido para un «desarrollo sostenible» de la industria española. Una perspectiva más bien modesta debería, cuando menos, plantear la cuestión de las posibles alternativas, habida cuenta de la carencia de capital y disposición inversora nacionales, y adicionalmente razonar por qué los empresarios españoles no pudieron siquiera aprovechar las minas explotadas para instaurar una industralización perdurable (cfr. Maluquer de Motes, 1988).

[2] A partir de este instante algunos autores (Del Castillo/Rivas, 1988; Pérez González, 1992) hablan de la cornisa cantábrica (Vizcaya, Cantabria, Asturias) como una «macro-región industrializada» interdependiente, de lo cual hay algunos indicadores (p. ej., auge común en torno al cambio de siglo y declive a partir de los años sesenta); pero en su conjunto más parece una construcción teórica artificial con poca capacidad enunciativa analítica.

continuo tráfico comercial con Inglaterra) desplazaron el centro de la industria pesada al área de Bilbao. Las minas asturianas fueron mayoritariamente compradas por empresarios vascos que deseaban aprovecharlas para sus fábricas. «Asturias se convertía desde la última década del siglo XIX en región exportadora de materia prima —la hulla— y productora de un tipo de aceros —los semiacabados—: si al principio los carbones habían traído hasta Asturias diversas fábricas para beneficiarlos, al final otras industrias llevaban los carbones y los aceros de Asturias para transformarlos» (Ojeda, 1985, p. 2), y ello sólo porque el Estado guardaba las distancias respecto al carbón inglés, más barato y de mayor calidad. El hecho de que todo ello discurrió en el marco de un proceso de industrialización muy limitado e inhibido se muestra al efectuar una comparación con los países industriales que se situaban a la cabeza de Europa en esa época de despegue inducido por el carbón.

Tabla 1: **Producción de carbón en algunos países europeos (1875-1913)**
(miles de toneladas)

Año	España*	Reino Unido	Alemania	Francia
1875	667 (509)	99.760	28.330	11.840
1913	3.783 (3.098)	287.410	273.650	40.190

*Entre paréntesis, importaciones.
Fuente: García Alonso, 1986; Nadal, 1991.

De esta forma, la andadura de Asturias para convertirse en una región económica líder en el entorno nacional se vio truncada antes de haber empezado realmente. Si bien la industrialización marcó la región desde mediados del siglo pasado, ésta fue siempre precaria y dependiente de la protección estatal y de las coyunturas económicas excepcionales (guerras). A diferencia de otras regiones industriales tradicionales, que crearon un complejo integral de industria pesada y se convirtieron en motores del desarrollo económico de sus economías nacionales (cfr. los artículos de Hesse, 1988, y Schulze, 1993), el complejo minero-siderúrgico asturiano ya se había derrumbado a fines del siglo XIX.

El resultado de este accidentado proceso de industrialización fue una nueva estructura territorial y social, fuertemente polarizada, para Asturias, con la zona industrial situada en el centro y dos áreas agrícolas (persistentemente atrasadas) que conforman las periferias este y oeste. El propio centro industrial estaba articulado en dos campos de acción, lo que motivó que los sociogeógrafos hablaran del «ocho asturiano» (cfr. Maurín Álvarez, 1994, pp. 74 y ss., Köhler, 1994, p. 28). En la circunscripción sur del mismo se ubican las dos cuencas mineras del Caudal y del Nalón; la capital Oviedo marca el punto de intersección; y en la esfera norte se sitúan las dos importantes ciudades portuarias e industriales de Avilés y Gijón.

Para Asturias el resultado de esa combinación de factores es un *modelo industrial* basado en la explotación de una materia prima, el carbón, que sostiene una siderurgia de base; un *modelo territorial* norte-sur desde las cuencas hulleras hasta los puertos de extracción, con aislamiento y atraso económico en las alas, y un *modelo político* basado en la subordinación a Madrid por la dependencia de las políticas protectoras y —ya en nuestro siglo— nacionalizadoras. Y este esquema, cerrado ya al acabar la pasada centuria, no ha hecho más que concretarse en nuestro siglo, hasta conformar una región sin tejido industrial diverso, sin integración territorial y sin verdadera identidad política, subordinada a la economía pública española: seguramente en Asturias se ejemplifica como en ninguna otra región el fracaso del modelo de la primera industrialización (Ojeda, 1994a, p. 47).

Esta estructura jerárquica multidireccional de Asturias no variaría esencialmente en el posterior transcurso de la historia industrial. Todos los agentes política y socialmente relevantes se formaron en la Asturias industrial. La imagen de la región, los discursos, etc., todo se centralizó en torno a la industria, que además se convirtió en destino de la inmigración procedente de las regiones periféricas. No obstante, en tiempos recientes se ha producido un desplazamiento de fuerzas dentro del ocho asturiano desde las comarcas mineras a las costeras, y también en las «alas» las vías de comunicación y el turismo han activado más intensamente las franjas costeras.

III.2. LA FORMACIÓN HISTÓRICA DE LOS AGENTES SOCIALES

Desde el advenimiento de los mineros se producen en cadena una serie de sustituciones que van destrozando la sociedad arcaica y campesina. El silencio se verá rasgado por los pitidos de la locomotora y los barrenos de la dinamita, la rubia sidra se trocará en aguardiente enloquecedor, la boroña de maíz en el pan blanco de trigo, los juegos de bolos y barra se arrinconarán ante los naipes; además, unos transcurrían al aire libre y los otros exigían tupida atmósfera de la taberna. El pintoresco traje aldeano se olvidará ante el pantalón largo y la boina, la madreña dará paso a la bota de montar y, lo que se dirimiera a garrotazos de avellano, ahora se verá enturbiado por la aparición de la navaja y el revólver.

Se presenta a los mineros como responsables de ese proceso de destrucción inmisericorde de naturaleza y conciencias… Aquel hombre ya no era hombre, sino un pedazo de carbón con brazos y piernas… un tipo de personaje, surgido del carbón, caracterizado, a brocha gorda, por ser esencialmente el malvado. Negativo en su comportamiento y en sus hábitos, tocado siempre por rasgos brutales y afanes destructivos. Pendenciero, borracho, ávido por el juego y el dinero fácil, maneja hábilmente las armas blancas, asesina demasia-

> do a menudo, egoísta sin finalidad alguna, desprecia la vida propia y la de los demás. Contagia de su maldad a quienes lo rodean y al entorno, desencadenando la tragedia inevitablemente (Delmiro, 1994, p. 628).

La cita precedente ilustra el carácter traumático que para la sociedad agraria tradicional tiene la irrupción de la minería y las formas de vida a ella asociadas, así como el reflejo que esto encuentra en la literatura de la época. Por regla general, la industrialización constituye la otra cara de la cristalización de la sociedad burguesa, caracterizada por la formación de las clases sociales correspondientes y los conflictos. Surge una nueva dinámica social debido a la superación de las barreras feudales aristocráticas y a la explosión del conflicto de intereses entre la burguesía, que pugnaba por el poder y la hegemonía, y el emergente movimiento obrero. Este conflicto de clases ocupa un puesto central en una permanente presión innovadora y de adaptación, no sólo en el aspecto económico, sino también en el social, cultural y político.

Bajo esta perspectiva, la industrialización inducida por el Estado central con captación de capital extranjero apunta a una debilidad estructural de las fuerzas sociales de Asturias en el transcurso de la industrialización. La sociedad industrial fue casi encasquetada a Asturias desde fuera, y sólo tras una tibia reacción fueron formándose las correspondientes clases y agentes sociales. A esto se añaden otros factores que a lo largo de todo el siglo XIX garantizaron una permanente hegemonía de la aristocracia dentro de la sociedad asturiana y que retrasaron fuertemente la formación de clases. La revolución liberal de la agricultura española (desamortización = privatización de los bienes de la iglesia y la nobleza) no produjo en Asturias una capitalización, sino que dejó prácticamente intactas las tradicionales estructuras arcaicas del minifundio y de la economía de subsistencia (cfr. Moro, 1994a y b). «El campesinado, tras la desamortización, siguió siendo generalmente un colono, obligado a pagar a la burguesía compradora las rentas que antes entregaba al clero. Además, su situación se vio empeorada, porque esta clase social intentó por todos los medios subir las rentas al labrador» (Moro, 1981, p. 193). No fue hasta el siglo XX cuando los campesinos se especializaron casi exclusivamente en el sector ganadero y lechero, lo que aportó excedentes de producción al mercado y las ciudades. Los pocos grupos adinerados (comerciantes, burgueses ricos, repatriados de América) imitaron las costumbres y usos aristocráticos invirtiendo su dinero en adquisiciones de tierras improductivas y en casas de indianos. La tesis corriente que afirma que en el inicio de toda industrialización se sitúa la transformación de la agricultura (Maluquer de Motes, 1988, p. 14) debe revisarse en el caso asturiano.

En las regiones mineras se añade la resistencia a la proletarización opuesta por la población. Hasta bien entrado el siglo XX se mantuvo la figura del «obrero mixto», un tipo de obrero de la minería que paralelamente sacaba adelante con su familia su pequeña explotación agrícola.

Los mineros son en su mayor parte hijos de familias labradoras a quienes la comuna y la casería dan elemento de vida que sumar al jornal (M. Gimeno y Azcárate: *La criminalidad en Asturias (1883-1897)*, Oviedo, 1900, p. 24, cita según Ruiz, 1968, p. 33).

Esto planteó a los empresarios considerables problemas de disciplina (p. ej., absentismo después de las fiestas de los pueblos y durante la época de cosecha) que sólo fueron desplazándose paulatinamente con las olas de inmigración y los aumentos de sueldo (cfr. Sierra Álvarez, 1994, Shubert, 1984). Prácticas como las fiestas con excesivo consumo de alcohol, el absentismo laboral de los lunes, la frecuentación de las tabernas, etc., eran también la piedra en la que tropezaban los representantes del movimiento obrero en sus intentos de organización. Las continuas olas de emigración (que perduraron hasta los años veinte de nuestro siglo) de asturianos aventureros o prófugos del servicio militar con destino a América (cfr. Morales/Méndez, 1992, Moro, 1994b, pp. 326 y ss., Anes Álvarez/Ojeda, 1994) pueden interpretarse como una resistencia más a la proletarización, si bien las miserables condiciones de vida constituían el motivo principal para emigrar. «Muchos de los labradores asturianos prefirieron correr la tormentosa aventura americana antes que dejarse encerrar en las minas y en las fábricas» (Sierra Álvarez, 1994, p. 214). Finalmente el triunfo de la Restauración en España en 1875 afianzó a las fuerzas aristocráticas en su posición hegemónica.

De esta forma, la burguesía y los trabajadores no lograron organizarse y socavar la hegemonía de la nobleza hasta cercano el final del siglo XIX, mucho tiempo después de establecida la industrialización. Con ello, al retraso de la industrialización se añadía un retraso adicional en la formación de clases sociales. Como los grandes capitales se encontraban en manos del Estado o en manos extranjeras, la burguesía autóctona fue formándose en las pequeñas explotaciones al margen de los grandes pozos mineros y altos hornos, en torno a los puertos de Gijón y Avilés, así como en el centro del sector servicios de Oviedo. Asimismo, hacia fines del siglo XIX Gijón se convirtió en la primera zona industrial diversificada, en la que se asentaron muchas nuevas explotaciones de los más diversos ramos. Un segundo grupo en el proceso de formación de clases burguesas fueron los «comerciantes-banqueros» o «casas de banca», familias de comerciantes que hasta principios del siglo XX desempeñaron también funciones de banquero, habida cuenta la ausencia de bancos asturianos (cfr. García López, 1994).

La relativa debilidad de los restantes sectores industriales y la ausencia de un capital financiero fuerte empujó de nuevo a la minería a desempeñar un papel de precursor en la formación de clases. Aquí los grandes capitales también se encontraban en manos extranjeras. Los empresarios autóctonos se asemejaban más a especuladores con pequeñas empresas que, con tecnologías y métodos de explotación rudimentarios, trataban de aprovechar las coyunturas especiales para volver a desaparecer cuando las condiciones de competencia eran adversas o para acabar recalando de nuevo en los brazos del Estado. Y esta tradición se ha mantenido en algunos sectores hasta la actualidad (ver más adelante).

En 1877 los empresarios comenzaron a organizarse en la Asociación de la Industria Hullera de Asturias, y en los años noventa en torno a la Liga Hullera. En la misma época se formaron en Oviedo y Gijón las primeras asociaciones de ciudadanos, todavía en estado embrionario, como las Ligas de Contribuyentes, agrupaciones de comerciantes mayoritariamente apolíticos, que además de plantear reivindicaciones proteccionistas, promocionaban sobre todo la ampliación del ferrocarril hacia Castilla y la ampliación del puerto gijonés. De estos grupos nacerían posteriormente las primeras Cámaras de Comercio (cfr. Erice, 1995, pp. 475 y ss.). A finales de siglo las asociaciones de empresarios hicieron grandes progresos en las regiones industriales españolas. Se concentraron siempre en torno al objetivo común de protegerse contra la competencia extranjera y de explotar los monopolios estatales (ferrocarril, marina de guerra). «España para los españoles» fue el lema unificador de la «Liga Nacional de Productores», fundada en 1894 (Ojeda, 1994c, p. 377).

Francisco Erice (1980, pp. 152 y ss.) distingue tres fases en la formación de clases burguesas en Asturias, donde es evidente el papel central desempeñado por la minería:

1) «La clave del despertar de la burguesía asturiana radica en los problemas de la comercialización de la hulla: competencia inglesa, deficiencias de los transportes, consumo de carbones por la Marina de Guerra, etc.»; es decir, en primer término estaban los intereses estamentales de los propietarios de las minas.

2) «La eclosión del 'problema obrero'» caracteriza la siguiente fase de fundación de asociaciones patronales como reacción a la creciente presión del movimiento obrero. En Gijón y en las cuencas mineras se fundaron en la primera década de este siglo asociaciones empresariales antisindicales cuyos intentos de organización ulteriores desembocaron en 1914 a nivel nacional en la fundación de la Confederación Nacional Española (cfr. Erice, 1980, p. 192). Paralelamente también hubo reacciones paternalistas allende las organizaciones de clase, como la del Marqués de Comillas, propietario de las minas de carbón del valle del Aller situado en el sur asturiano, quien, a través del fomento de un sindicato católico amarillo y de amplio control/previsión social, trató de sofocar de forma paternalista el conflicto de clases en su empresa.

3) Finalmente, teniendo en mente la evolución seguida por la Revolución Francesa como paradigma de conformación social burguesa, la burguesía asturiana aspiraba a ocupar el liderazgo político para superar la profunda crisis social de inicios de siglo. Pero estos intentos, por ejemplo del Partido Reformista (1913) del reformador y republicano Melquiades Álvarez,[3] demostraron no ser sino valentonadas, y finalmente se impuso una amplia aceptación de la dictadura de Primo de Rivera (1923)

[3] Este «primer gran movimiento democrático-burgués regional» (Erice, 1980, p. 206) fue un interesante intento de aproximación política de los reformistas burgueses y los obreros socialistas. Después de los éxitos electorales iniciales, el Partido Reformista llegó incluso a apoyar la huelga general socialista-anarquista de 1917. Pero después de que ésta fuera sofocada brutalmente por los militares, comenzaron a producirse fisuras, y la base social demostró ser demasiado estrecha para un partido burgués de oposición.

como intento de restablecer el orden público por métodos autoritarios. En Asturias no se produjo ni un movimiento burgués regionalista de consideración (como ocurrió, por ejemplo, en Cataluña) ni un movimiento burgués liberal progresista fuerte. En todo caso, entre 1917 y 1919 las conservadoras Junta Regionalista y Liga Pro-Asturias tuvieron algunos efectos en el terreno cultural. La gran mayoría de la burguesía asturiana siguió siendo conservadora y mantuvo su apego a los valores de la Restauración.

A pesar de los déficit mencionados, en torno al cambio de siglo surgió una dinámica de progreso social y económico (mercado regional, urbanización, red de transportes, mejoras de la productividad, reducciones de los costes, inversiones sociales, protección del trabajo...) y de la representación política de intereses. En este último ámbito con frecuencia se produjeron alianzas interclasistas para lograr el objetivo del amparo proteccionista o de inversiones en infraestructura (ampliación del ferrocarril y ampliaciones portuarias). Paralelamente se diversificaron las actividades industriales, en particular en el área de Gijón, y surgieron los primeros bancos asturianos (Banco Asturiano de Industria y Comercio en 1899, Banco de Gijón en 1899, Banco Herrero en 1911). De Gijón partió también en 1906 la ola de fundaciones de Cámaras de Comercios que actuaban como centros de lobbies burgueses. Los intereses industriales comenzaron a desplazar a los de los terratenientes y del clero. El sistema político de la Restauración fue desapareciendo lentamente.

Estos cambios se manifestaron también en la estructura social con la ampliación de los espacios burgueses y proletarios. En las ciudades se formaron barrios burgueses y obreros, culturas de ocio y deporte (cfr. a este respecto Uría, 1995), estilos arquitectónicos, etc. La ascensión de la burguesía y el dinero que poseían los «indianos» produjeron un acercamiento de las capas burguesas ricas a la nobleza, hasta el punto de que a muchos ciudadanos se les concedieron títulos nobiliarios (cfr. Erice, 1995, p. 576). La mayor parte de la burguesía asturiana continuó siendo conservadora, y únicamente las nuevas «capas medias», profesionales liberales e intelectuales, adoptaron una orientación más bien liberal-republicana. Otras manifestaciones del cambio social fueron el creciente nivel de educación general y la secularización de la sociedad, la pérdida de influencia de la Iglesia y el incipiente anticlericalismo en sectores del proletariado y de la pequeña burguesía (cfr. Uría, 1990, pp. 776 y s.).

El *movimiento obrero* organizado no comenzó a manifestarse hasta la década que abría el siglo XX, aun cuando en los años setenta y ochenta del siglo pasado ya se habían producido acciones de protesta y huelgas (cfr. Erice, 1995, pp. 495 y ss.).

> La primera década del siglo XX puede decirse que coincide con la mayoría de edad del proletariado asturiano (Ruiz, 1968, p. 91).

En el centro y en las cuencas mineras dominaban los socialistas (en 1901 se fundó la Federación Socialista Asturiana, FSA), mientras que en Gijón y en la industria del metal de La Felguera tenían su feudo los anarquistas, que en 1910 fundaron su sindicato CNT (Confederación Nacional del Trabajo). Las primeras grandes huelgas (1901 en Gijón, 1903 en Duro Felguera en Langreo, 1906 la «huelgona» de la Fábrica de Mieres) terminaron con amargas derrotas, lo que continuó retrasando la construcción de un movimiento obrero organizado.

La primera coyuntura favorable fue la primera guerra mundial, que creó el espacio de actuación necesario para que hiciera su aparición con mayor fuerza y para que se produjera el auge del sindicato minero SOMA (Sindicato de los Obreros Mineros de Asturias). «Con una estructura centralizada y dotada de férrea disciplina, el SOMA, como primer sindicato de industria, representaba una auténtica novedad en el panorama de la organización ugetista española, dominada por sociedades de oficio» (Erice, 1994, p. 239). La enorme afluencia de obreros mineros inmigrantes —entre 1914 y 1920 el número de obreros mineros ascendió de 14.000 a 39.000 (Moro, 1994b, p. 330)— produjo por primera vez una masa de obreros completamente proletarizados y urbanizados e hizo que el obrero mixto perdiera importancia.[4] El SOMA pronto se convirtió en un sindicato influyente que en la coyuntura favorable creada por la guerra mundial negoció con la recientemente creada asociación patronal del carbón APMA (Asociación Patronal de Mineros Asturianos) la introducción del salario mínimo, pugnó por conseguir del Gobierno subvenciones para instituciones sociales (p. ej., las Casas del Pueblo) y logró sacar adelante con la huelga de 1919 la jornada laboral de siete horas en los pozos. Su carismático secretario general, Manuel Llaneza,[5] se convirtió en 1918 en alcalde de la ciudad minera de Mieres, lo que prueba desde un principio la estrecha relación con el Partido Socialista y los vínculos existentes entre la actividad sindical y política. La continuidad de esta tradición diferencia actualmente al SOMA de las restantes asociaciones sindicales industriales (ver más adelante).

Tanto el SOMA como la CNT de Gijón se distinguieron por su gran independencia respecto a sus organizaciones centrales socialistas o anarcosindicalistas, y en Asturias se produjeron varias alianzas estrechas cuyos ejemplos más espectaculares fueron las huelgas generales revolucionarias de 1917 y 1934. En el transcurso de estos movimientos huelguísticos revolucionarios se formó el mito del minero combativo con conciencia de clase (cfr. cap. VI), que resurgió posteriormente en los años sesenta y que se ha mantenido vivo en la conciencia hasta nuestros días. En esa épo-

[4] Actualmente no existe unanimidad entre los historiadores sobre el papel que desempeñó el obrero mixto en el retraso de la organización del movimiento obrero asturiano (cfr. Erice, 1994a, p. 232).

[5] «Los socialistas españoles hicieron amplio uso de esta tendencia a la exaltación de sus dirigentes: la 'santidad' de Pablo Iglesias, la 'rectitud' de Julián Besteiro, la 'honestidad' de Largo Caballero… en el caso de Llaneza hay también evidentes signos de esta personificación. La 'conciencia incorruptible' del líder sindical,… su 'vida dedicada al sacrificio y al amor de los humildes' hicieron de él 'el ángel de la guarda para la organización minera'.» (Pérez Ledesma, 1987, p. 240.)

ca las coyunturas políticas y económicas produjeron varias crisis de organización y escisiones, si bien hasta la guerra civil se mantuvo la polarización en dos núcleos, entre las comarcas mineras controladas por el SOMA y la industria metálica de Gijón, dominada por la CNT.

Las relaciones de clases en esa época de creciente fortaleza y grado de organización de la burguesía y de la clase trabajadora siguieron la dialéctica del conflicto de intereses y de la alianza nacional económica. Mientras se luchaba violentamente por salarios, jornada laboral y condiciones de trabajo, las reivindicaciones en política económica dentro del marco de una comunidad de intereses se dirigían al Estado como protector, al que se conseguían arrancar continuamente barreras arancelarias mayores, imposición del consumo de carbón y acero autóctonos, ventajas fiscales y subvenciones. La ideología del autarquismo nacional en el ámbito energético gracias al carbón asturiano se convirtió en una fundamentación permanente para mantener un sector cuya base económica fue siempre precaria. Esta dialéctica se vio interrumpida, a lo sumo, en los mencionados levantamientos revolucionarios de breve duración en los que el movimiento obrero aspiraba a hacerse de forma inmediata con el poder, o en las fases correspondientes de represión directa ejercida por las clases dominantes.

En las épocas de crisis, en las que se veían amenazados los logros conseguidos tras dura pugna por el movimiento obrero y en las que se hacía evidente la falta de competitividad de las empresas mineras del carbón, el sindicato dio un paso cualitativo y pasó a reivindicar la nacionalización (cfr. Erice, 1994c, p. 457). El deseo de protección estatal llevó también a una disposición cooperativa con la dictadura de Primo de Rivera después de su golpe de estado de 1923. De esta forma los socialistas asturianos se balanceaban entre una alianza interclasista y una alianza intraclasista. Durante breves períodos mantuvieron relaciones de entendimiento con el APMA a prudente distancia de los anarquistas, mientras en las fases de agudización de los conflictos de clases se llegó a alianzas entre las dos fracciones obreras.

En la primera fase de la segunda República (1931-1936), tanto en las comarcas mineras socialistas como en el Gijón anarcosindicalista el movimiento obrero asturiano creció hasta formar una fuerza con capacidad de liderazgo y bien organizada en el entorno nacional que llegó a protagonizar escenas aisladas de heroísmo en la Revolución de 1934, cuando la alianza obrera de socialistas y anarcosindicalistas defendió por las armas durante dos semanas el centro industrial de Asturias frente a los militares enviados por el nuevo gobierno de derechas contra el cual se habían levantado (cfr. Ruiz, 1988). El gran poder simbólico de este acontecimiento debe interpretarse también con el trasfondo de que fue la primera vez en la historia de la España moderna (excepción hecha de la guerra de la Independencia contra Napoleón a principios del siglo XIX) en la que Asturias se sublevó elevándose por encima de su relativa insignificancia. Y el único capaz de ello hasta nuestros días era el movimiento obrero con sus sindicatos.

En resumen, hay que constatar que la formación de la sociedad burguesa, de sus estructuras de clases, de conflictos y de organización, sufrió una vez más en Asturias un retraso de casi medio siglo. Tras el estancamiento a principios del siglo XIX, la industrialización no llegó a instaurarse con plena fuerza hasta mediado el nuevo siglo, y aún tuvieron que transcurrir otros cincuenta años para que cristalizaran una burguesía dinámica y un movimiento obrero combativo. Además, dentro de la burguesía dominaba claramente la fracción conservadora (sometida a la autoridad del Estado) frente a la fracción liberal reformista, y en su conjunto los déficit de industrialización llevaron a una debilidad del empresariado industrial asturiano. Desde un principio el movimiento obrero se formó en torno a dos polos: los obreros mineros socialistas y los metalúrgicos anarcosindicalistas en Gijón y la Felguera. Desde la segunda década del presente siglo el movimiento obrero es uno de los factores más influyentes y dinámicos del desarrollo regional, en particular en su variante sindical.

III.3. EL FRANQUISMO

> Asturias puede ser piedra de toque de lo que ha significado el franquismo para el desarrollo de la España contemporánea, porque tal vez en ningún otro lugar fue su acción tan profunda y deformadora como en estas tierras; en ningún otro lugar se conserva más clara su huella (Fontana, 1988, p. VIII).

Si bien los años de la segunda República y de la guerra civil (1931-1939), ya bastante alejados en el tiempo, fueron de todo punto agitados y perdurables para todos los agentes involucrados, para los fines de nuestro estudio es mucho más decisivo el desarrollo subsiguiente bajo el régimen victorioso, puesto que aquí la estructura económica y social de la región vivió los procesos de transformación que continúan teniendo un efecto condicionante hasta nuestros días. Junto a la represión brutal, el hambre y la deserción, el franquismo trajo una transformación de la industria asturiana, y en cierto sentido incluso un segundo empuje de industrialización. La primera fase de autarquía convirtió al carbón, la fuente de energía autóctona más importante, en una materia prima estratégica de primer orden. Las minas de carbón asturianas fueron sometidas a un régimen militar especial y se fortaleció la producción.

> Al mismo tiempo que se realiza la sistemática y brutal liquidación física de la mayoría de los militantes obreros y se mantiene la ocupación militar de Asturias (hasta avanzados los años cincuenta), se inicia una política de «halago al minero». Primas a la producción y a la asistencia al trabajo e incluso «primas de enganche»...; exención del servicio militar...; creación de economatos y viviendas (Bulnes, 1966, p. 39).

> En 1941 se crea la Comisión reguladora para la distribución del carbón. Esta comisión procede a fijar cupos y precios a los cuales deben suministrarse volúmenes de carbón para fines considerados prioritarios. En el esquema de prioridades del Nuevo Estado figuraba la Renfe, las industrias naval y siderúrgica y las centrales térmicas. Este rasgo de resonancia estalinista en el modelo industrializador que siguió el primer franquismo generaba incentivos abundantes para que los empresarios ocupasen su ingenio en comercializar fuera del cauce oficial el mayor volumen posible de carbón. Y, como es natural, incentivaba a los siderúrgicos, que a veces formaban los mismos grupos de intereses, a comprar el mayor volumen posible a precio de cupo. La consecuencia de tal política dirigista consistió en la generación de un mercado negro (González González, 1988, p. 142).

Con esta política del palo y la zanahoria el régimen logró una gran afluencia de obreros mineros procedentes de las regiones del centro de España. Sin embargo, el crecimiento de la producción nunca fue complementado por inversiones en medidas que aumentaran la productividad o que mejoraran las condiciones de trabajo. En su lugar se instauró una cultura empresarial del dinero fácil y el mercado negro que aprovechaba la protección estatal y la involucración de los funcionarios públicos. Aún hoy día esta tradición pervive en el entorno de HUNOSA, por ejemplo, en la adquisición de carbón importado en el puerto, para ser vendido como carbón asturiano a precios garantizados; o en la venta irregular de la maquinaria fuera de servicio de HUNOSA (cfr. cap. VI).

Pero Asturias no sólo se benefició del sueño de autarquía de Franco en forma de una «nueva edad de oro» del carbón (Vázquez, 1994b, p. 562), sino que la megalomanía despótica (cfr. González González, 1994, p. 550) le aportó también el reasentamiento de la industria de la siderurgia integral. El Instituto Nacional de Industria (INI), fundando en septiembre de 1941, tuvo que reconocer, naturalmente no de forma pública, en 1950, sus intentos fallidos de industrialización, que aspiraban a conseguir un desarrollo tecnológico autárquico y un aprovechamiento de los recursos (cfr. González González, 1988, p. 132, y cap. VI.1) y comenzó a cooperar con empresas líderes del extranjero o a adquirir sus tecnologías. La pequeña ciudad pesquera y portuaria de Avilés fue seleccionada para ser sede de la moderna acería ENSIDESA, que se construyó en contra del consejo de los escépticos y por ende sin la participación de los empresarios privados de la siderurgia más importantes de España (cfr. cap. V.2). En 1957 se bautizó el primer alto horno de ENSIDESA, llamado *Carmen* en honor de la esposa del dictador, y comenzó una nueva era en la historia industrial asturiana (cfr. cap. V.2). Asturias había recuperado su *status* como enclave siderúrgico de primer orden, rango que había perdido a fines del siglo pasado. Una ola de inmigración y una empresa que era mucho más que un simple taller de producción fueron las marcas distintivas de una ciudad, Avilés y su entorno, que se había convertido en un centro industrial.

> En aquellos primeros años, la villa tuvo que soportar un verdadero aluvión de inmigrantes, que llevó a duplicar la población en sólo ocho años, ya que se pasó de 21.655 en 1950, a 42.134 en 1958. Los avilesinos de toda la vida comenzaron muy pronto a llamar a aquellos trabajadores venidos mayoritariamente del sur, *coreanos*, puesto que entonces era actualidad la guerra de Corea... Pronto se improvisan poblados de chabolas, y aparecen las *camas calientes*, así llamadas por estar permanentemente ocupadas por personas que se turnan para su uso... Los precios se disparan, y, como es natural, la bucólica tranquilidad avilesina pasa a ser una reliquia del pasado (Fleites, 1994, p. 595).

Una persona que participó en la construcción de ENSIDESA lo describe así retrospectivamente:

> La construcción de Ensidesa atrajo a muchos huidos de la justicia... Los emigrantes éramos como los antiguos buscadores de oro... Era normal que no nos pudiesen ver delante. Salíamos de trabajar e íbamos al cine Marta y María o a los bares totalmente sucios, con la misma ropa que habíamos utilizado todo el día (José Vines Vicente, NE, 1.7.1994).

Un rasgo distintivo de la historia industrial asturiana es la negativa del capital privado de la siderurgia a participar en ENSIDESA. Cuando posteriormente en los años sesenta la moderna ENSIDESA y los productos internacionales se convirtieron en competidores omnipotentes, los empresarios de la siderúrgica no persiguieron una estrategia de modernización para recuperar la capacidad competitiva, sino que traspasaron sus enfermizas empresas a manos del Estado. El «boom» de la autarquía ya llevaba encerrado dentro de sí el germen del declive económico. Un declive que era meramente cuantitativo y que no modificó el subdesarrollo empresarial y tecnológico de la región, una oportunidad de modernización perdida que fue corresponsable del posterior declive de la industria asturiana.

Los años cincuenta constituyen la única época en que Asturias se transformó, pasando de ser una región de fuente de emigración a una región receptora de inmigración. Dado que las zonas rurales producían continuamente un excedente de población que desbordaba la capacidad de la industria para absorberlo, hasta los años treinta fueron muchos los que emigraron a América, en particular a Cuba, México y Argentina. La coyuntura excepcional por la que atravesó la industria del carbón y del acero durante la primera fase del franquismo atrajo mano de obra de las regiones rurales españolas, pero ya en la década inmediatamente posterior esta tendencia se invirtió de nuevo y los emigrantes de la Asturias rural tuvieron que desplazarse al norte de Europa, sobre todo a Alemania, Bélgica y Suiza (cfr. Vaquero/Fernández, 1981).

> 1951-1960, en que la población alcanza el ritmo más rápido de crecimiento en estos ciento treinta años, un 11,4% para el conjunto de la década, traduce la intensa afluencia de inmi-

grantes hacia el centro de Asturias, atraídos por una minería convertida en pilar básico de la autarquía económica de la época, aunque en vísperas de devenir obsoleta como fuente energética principal, y una siderurgia que comenzaba a desplegar, con la avilesina, su segunda generación de instalaciones fabriles en la región (López Fernández, 1992, p. 86).

Independientemente de la emigración exterior, todo el conjunto de la historia industrial asturiana está marcado por una migración interna del campo a las zonas centrales, es decir, por un proceso de concentración y urbanización independiente de las coyunturas económicas. Este proceso alcanzó su punto álgido en los años sesenta. De esta forma, desde el principio de la industrialización una inmensa parte del Principado ha convivido con un continuo flujo de salida de su población al exterior, con el envejecimiento demográfico exagerado y con marginalización.

> El desarrollo económico y social que se produce a partir de los cincuenta en toda la nación y que comienza por las áreas industriales y urbanas gobierna la evolución de las rurales, que acrecientan su carácter dependiente de aquellas, alterándose las formas de producción, los modos de vida y, por tanto, la organización del espacio conseguida por las comunidades campesinas. En esta última fase el rasgo definitorio es el derrumbe demográfico. España afronta con retraso su aplazada industrialización, se intentan agotar los plazos pendientes en un rápido proceso en el que la movilidad geográfica de la población es el elemento protagonista, produciéndose un trasvase de la misma de las áreas rurales a las industriales, que se urbanizan fulgurantemente... El proceso no resultó difícil puesto que la crisis campesina latente desde el siglo pasado no había sido enfrentada, desintegrándose paulatinamente las estructuras agrarias construidas a lo largo de los siglos (Rodríguez Gutiérrez, 1989, p. 427).
>
> Se calcula que en el periodo comprendido entre el final de la década de los cincuenta y 1973 emigraron de la zona rural asturiana una cifra no menor a las 50.000 personas, de las que dos terceras partes se dirigieron a Europa, iniciándose un proceso de progresivo despoblamiento que afectará de manera especial a las zonas occidental y oriental de la región, y dentro de éstas, a las zonas interiores frente a las costeras (Brugos, 1994, p. 39).

Adicionalmente, en las regiones agrícolas se intensificó la especialización unilateral en la producción de leche y carne, que transformó amplias superficies en tierras de pastizal. La transición a una agricultura intensiva destruyó la tradicional sociedad agraria, sustituyendo las razas autóctonas por otras importadas de los países alpinos y Norteamérica, de donde también se importaba el pienso para el ganado. De 1962 a 1980, la producción de leche de vaca en Asturias aumentó más del doble, de 357 millones a 743 millones de litros anuales (Pañeda, 1981, p. 93), y con la creación de la Central Lechera Asturiana a fines de los años sesenta se estableció la premisa empresarial necesaria para su comercialización industrial. Entretanto la propiedad de la tierra había pasado en la mayoría de los casos a manos de los campesinos, la mitad de los cuales sólo se dedicaba a la agricultura como una actividad secundaria (Pañeda, 1981, p. 83). Dentro de las condiciones existentes, esta especialización fue absolutamente racional; estaba en proporción con la demanda del mercado interior protegido, de las circunstancias naturales, de la demanda de mano de obra en las regiones industriales, de las posibilidades de las pequeñas explotaciones y de las económicas importaciones de pienso para ganado procedente de América (cfr. Pañeda/Blanco, 1994; para una visión más crítica, Rodríguez Gutiérrez, 1989, pp. 427 y ss.); sin embargo ocultaba el peligro de sobreenvejecimiento y de debilidad competitiva ante una futura apertura a las importaciones agrarias europeas.

A fines de los años cincuenta el régimen introdujo un cambio de rumbo cuyo contenido económico era una política de fomento industrial según el modelo de los polos de desarrollo y una liberalización selectiva de los mercados (cfr. Köhler, 1995, pp. 70 y ss.). Esto tuvo diferentes consecuencias para Asturias. Debido a la admisión de importaciones de carbón y petróleo (una premisa insoslayable para el desarrollo industrial de España), la minería retornó a su estado normal (es decir, de crisis), y se vio expulsada del espacio de prosperidad creado artificialmente. En 1965, mediante la «Acción Concertada», las empresas privadas obtuvieron ayudas estatales tales como créditos preferentes, facilidades fiscales y subvenciones, sin que esto permitiese resolver el problema. «El Gobierno huía hacía adelante, pero los empresarios hulleros lo hacían hacia atrás» (Manuel-J. González, en NE, 9.3.1992). Al final vino la fundación de HUNOSA (Hulleras del Norte S. A.) que se hizo en forma de una socialización de las pérdidas, y en casos individuales también de generosos obsequios del Estado a empresarios veleidosos que vendieron sus minas de chatarra al INI a precios de usura (cfr. cap. VI.2).

> El Gobierno del anterior régimen compraba imagen pública y paz social fijando la mano de obra de los sectores en crisis en los lugares tradicionales. En contrapartida, los intereses del gran capital cobraban premios sin crear apenas ningún valor económico... Los empresarios no cumplieron lo pactado... Ante el descalabro de las acciones concertadas, el Gobierno acudió a la vieja idea de nacionalización plena... El empresariado se desembarazó de sus pasivos, principalmente los laborales, y cedió al Estado unos activos de valor nulo o negativo (González González, 1981, p. 204).

Con toda seguridad este proceso también debe verse con el trasfondo de la revitalización del movimiento obrero minero asturiano durante esta fase. En las minas de carbón no existe una renovada presión salarial hasta la ola de huelgas de 1962 (cfr. cap. VI). HUNOSA fue una inversión estatal para la pacificación social de la región.[6]

[6] De narraciones de testigos de la época se desprende que muchos empresarios no sólo hicieron un buen negocio al vender sus viejas minas de carbón sin valor, sino que por añadidura pasaron a ocupar puestos seguros y bien pagados en la nueva empresa nacionalizada. La presión social del movimiento obrero, que motivó la nacionalización realizada por el régimen, pudo ser extremadamente bien recibida por muchos empresarios en esa situación.

La Acción Concertada fracasó... Alguien pudo pensar que la simple inyección de algunas ayudas financieras sería suficiente para resucitar una actividad que desde el punto de vista económico estaba prácticamente moribunda... Faltó visión para establecer una verdadera política estratégica para la hulla asturiana, una verdadera política de reconversión del sector, en el sentido positivo de la expresión, única posibilidad de conseguir un quiebro radical en una trayectoria desesperada...

Al fallar la Acción Concertada sólo quedaban dos soluciones: el abandono de la actividad... o la nacionalización del sector... Se decidió la constitución de HUNOSA. Esta decisión pudo estar llena de contenido político, pero siguió careciendo del mínimo sentido estratégico... una solución «parche». Al final, el Instituto Nacional de Industria se encontró entre las manos con un problema mal enfocado y, por tanto, sin poder aportar verdaderas soluciones.

La gravísima situación planteada... no había sido de producciones ni de mercados, sino de Costes y de Productividad, y estos aspectos, que debían haber sido absolutamente prioritarios, aparecían tan difuminados que hacían olvidar a todos la realidad de una crisis que estaba muy lejos de solucionarse, iniciándose así una cultura que si no me atrevo a calificar de antieconómica, si que podríamos denominarla, al menos, como «a-económica» (José Ramón Madera —ex-directivo de HUNOSA, 1969-1995—, 1994, pp. 580 y 585).

HUNOSA asumió el sector hullero asturiano sobre la base de una subcapitalización o sobrevaloración de los activos, un retraso tecnológico irrecuperable,[7] desorganización y ausencia de estrategia empresarial. De esta forma, en aquel entonces se perdió, entre otras, la posibilidad de diversificación y de incorporarse al sector energético, que había mejorado y prolongado la vida de otras empresas europeas dedicadas a la minería del carbón. Esta situación no podría ya modificarse de forma sustancial.

Al sector acerero privado no le fue mucho mejor, y también él huyó de la competencia destructora a los brazos del Estado. «Asturias se convierte en una auténtica 'empresa estatal', sin una burguesía fuerte y enraizada en la propia región» (Erice, 1981b, p. 271). La diferencia era que este último, gracias a ENSIDESA, disponía en el sector y en la región de una empresa moderna y competitiva, si bien erróneamente dimensionada desde el principio debido a la politización de la gestión, en la que podían incorporarse y concentrarse progresivamente las empresas privadas calamitosas.

La reanudación de la competencia y el carácter del proceso de crecimiento que emprende la economía española desde los inicios de los años sesenta hacen resurgir los problemas

[7] «Cuando se constituyó HUNOSA todavía se utilizaban cinco mil mulas»: con esta frase el presidente del consejo de administración de HUNOSA describía en 1971 el nivel tecnológico y empresarial de la minería asturiana (García Alonso, 1986, p. 127).

larvados de la base industrial heredada del pasado, que comienza a resentirse, y que lleva a una profunda remodelación de la siderurgia tradicional y a una irreversible crisis en la minería del carbón (Vázquez/Pérez Rivero, 1994, p. 536).

Para mantener la capacidad vital de la industria siderúrgica no se le podía escatimar por más tiempo el carbón de importación barato, y así comenzó el declive del carbón asturiano. Con la fusión, fomentada desde el Estado, de las empresas siderúrgicas privadas más importantes (Fábrica de Mieres, Moreda-Gijón, Duro-Felguera) para formar UNINSA (Unión de Siderúrgicas Asturianas) en 1961 en Gijón, es decir, con el abandono de la industria siderúrgica de las comarcas mineras, el complejo industrial integrado del carbón y del acero asturiano se desmoronó una vez más y para siempre. La intervención del Estado también terminó en el sector siderúrgico con una «Acción Concertada» que fue un completo fracaso, con la subsiguiente retirada del empresariado privado de un negocio que se complicaba cada vez más (anteriormente había sido ahuyentada por la multinacional alemana Krupp, asimismo dueña de participaciones, que había intervenido sustancialmente en el levantamiento de las nuevas instalaciones de UNINSA-Veriña), y con la nacionalización en forma de fusión de UNINSA y ENSIDESA ocurrida en 1974.

De esta forma comenzó para el sector siderúrgico asturiano, en principio con muchas perspectivas de futuro, una evolución fatal similar a la que desencadenaron para el carbón las decisiones estatales y empresariales erróneas. La ausencia de una estrategia empresarial y las grandiosas planificaciones erróneas tuvieron como consecuencia una subcapitalización crónica con costes financieros desorbitados, ciclos de producción mal interrelacionados y acoplados y con enormes costes secundarios, instalaciones mal dimensionadas y una política expansionista en medio de un retroceso a nivel mundial de la demanda de acero. A esto se añadieron las decisiones nacionales erróneas tomadas conjuntamente para los otros enclaves españoles de Sagunto y Vizcaya (cfr. cap. IV.4). En este punto debe recalcarse, en contra de versiones ampliamente difundidas, que la falta de empresariado privado en Asturias ya existía desde el principio de la industrialización y que no es una consecuencia de la presencia estatal en la industria. Fue precisamente a la inversa: el Estado tuvo que incorporarse de un salto cuando los empresarios privados, mayoritariamente extranjeros, retiraron su capital. El INI desempeñó su función de «hospital de empresas» (Schwartz/González, 1978, pp. 59 y ss.; Martín Aceña/Comín, 1991, p. 144) para todo el núcleo industrial de Asturias, pero no sería capaz de desplegar un efecto curativo, sino únicamente de cuidar pausada pero continuamente a los pacientes hasta su muerte.

El medio ambiente y las condiciones de vida sufrieron extremadamente las repercusiones de este modelo de industrialización, y dificultan incluso en nuestros días los esfuerzos por superar el cambio estructural.

La falta de control demográfico sobre la utilización del suelo durante 40 años de franquismo y la falta de visión de futuro por parte de los responsables económicos de la época han llevado, en el caso del País Vasco y de las zonas industriales de Asturias, a una degradación del entorno natural difícilmente comparable a ningún otro lugar europeo... La interpenetración de carreteras, ferrocarril, puerto, fábricas, casas, chimeneas y tuberías en una misma zona, sin ningún criterio urbanístico, hace que los centros industriales sean difícilmente atractivos para localizar en ellos nuevas actividades. Darse una vuelta por la margen izquierda del Nervión o por Avilés es tener una visión deprimente de uno de los mayores «museos de horror» a los que ha dado origen el desarrollo económico, sólo comparable a la masacre ecológica que han sufrido los valles guipuzcoanos o la cuenca minera asturiana (Castillo/Rivas, 1988, p. 135).

En el aspecto social la fase de «desarrollismo» en Asturias promovió una nueva agudización del monocultivo industrial y una proletarización y urbanización. La sociedad de obreros asalariados, con proporciones cada vez más elevadas de capas urbanas medias, fue desplazando cada vez más intensamente a un segundo plano a la población tradicional de pequeños campesinos situados en las alas territoriales. Al final del régimen (a partir de la segunda mitad de los años sesenta) efectuó finalmente su entrada en la sociedad de consumo, y aportó sensibles mejoras de las condiciones de vida y una «occidentalización» de la cultura. Una parte bastante considerable de esta occidentalización fue la elevación del nivel educativo general y la expansión de la Universidad de Oviedo, que ofrecía de nuevo espacio a espíritus más críticos como el filósofo Gustavo Bueno.

Tabla 2: **Evolución de la población de los núcleos urbanos**

	1857	1887	1910	1950	1960	1970	1981	1991	1996*
Avilés	3.104	4.306	8.953	12.927	39.134	70.931	78.607	79.306	85.251
Gijón	9.403	17.978	31.494	86.623	92.020	159.806	232.615	247.984	262.714
Mieres	3.358	3.798	10.143	14.086	19.308	22.806	26.752	53.482	51.388
Oviedo	13.979	20.100	25.810	71.598	91.550	130.021	168.951	179.153	199.080
Langreo	1.880	5.648	12.131	33.935	42.570	44.579	43.812	43.025	50.418
Pola de Siero				2.525	2.373	3.870	6.021	9.457	46.100
Posada				577	731	986	1.632	2.278	11.338
Total				222.271	287.685	432.980	558.164	589.164	706.289
%/Asturias				25,0	29,0	44,4	49,6	53,6	65,3

*Datos por concejo según el último padrón del Instituto Nacional de Estadística.
Fuente: Benito del Pozo, 1994; Llordén Miñambres, 1994.

La sustitución del proteccionismo por la nacionalización significó también un desplazamiento territorial dentro del centro asturiano. Comenzó a producirse la lenta pérdida de importancia y población de la esfera sur del «destierro», que perdió su industria del metal, y se produjo el auge de la costa, con Avilés como centro siderúrgico y Gijón como zona industrial paradigmática y ciudad más populosa de la región. El triángulo Avilés-Oviedo-Gijón, con la autovía «Y» construida en los años setenta como eje, se desarrolló hasta convertirse en el centro gravitatorio de Asturias, y desde entonces las dos cuencas mineras pugnaron por no quedar descolgadas de la Asturias industrial. Las propias ciudades modificaron su estructura urbana por la emigración de la industria desde los centros a las nuevas regiones industriales urbanizadas y por la transformación de la costa en zonas residenciales y de esparcimiento, un proceso que en todo caso no recibió su empujón definitivo hasta la llegada de la democracia. Debido al declive de la industria naval y a la influencia del desarrollo turístico, desde entonces esta tendencia ha recibido continuos impulsos nuevos. A esto se añade la formación de áreas comerciales concentradas (hipermercados y centros comerciales), en parte con colonias residenciales contiguas, en los suburbios, que significan una amenaza para los muchos pequeños comerciantes existentes (cfr. cap. VIII).

> La industria ya no es una actividad urbana, con la excepción de Langreo [cuenca minera del Nalón], pues a partir de los años sesenta, se ha localizado en los polígonos industriales y en otras áreas no planificadas, pero bien comunicadas. Ciertos servicios que requieren amplias superficies han tenido la misma pauta de relocalización: colegios, cuarteles, almacenes, grandes superficies... Incluso ha aparecido una oferta de vivienda periurbana (Cortizo, 1992, p. 63).

Las relaciones entre clases se modificaron radicalmente en el franquismo, durante el cual al Estado se le atribuyó un papel central más importante. La dialéctica de lucha de clases y alianza proteccionista fue reemplazada por una combinación de represión y paternalismo. En particular se pretendió mantener a los mineros y a los empleados de ENSIDESA vinculados a la empresa mediante la concesión de privilegios, a la vez que se les mantenía alejados de las actividades sindicales y políticas. El control militar de la minería y el empresariado directo de ENSIDESA, junto con otras formas de intervencionismo, convirtieron al Estado en el agente dominante de esta época, siendo los empresarios sus sumisos y bien pagados socios menores, y la clase obrera la víctima de la represión de esta alianza autoritaria. Para comprender la posterior evolución de la sociedad civil deben hacerse constar otros dos puntos débiles esenciales: la persistencia de una burguesía débil y el aplastamiento del movimiento obrero organizado.

La resistencia (esencialmente la guerrilla) sólo pudo mantenerse en las montañas en contra de la desinhibida represión durante los años cuarenta, de modo que el movimiento obrero, al igual que todas las actividades democráticas, desapareció de la vida social de Asturias hasta final de los años cincuenta.

La fase de desarrollismo a partir de finales de los años cincuenta conmovió como un terremoto estas relaciones autoritarias encostradas. Por primera vez, el conflicto de clases volvía a prender abiertamente con las huelgas mineras de 1957/58 y 1962, y Asturias se convirtió en uno de los orígenes del denominado «nuevo movimiento obrero español» (cfr. Köhler, 1995, pp. 80 y ss.; Vega García, 1995, pp. 27 y ss.). En segundo lugar, el empresariado de la región se vio sometido a la presión de la competencia, por lo que entraron en crisis; la «solución» a la misma fue la nacionalización y la retirada del empresariado privado de la región. En tercer lugar, el empuje de industrialización generalizado y la modernización de la sociedad provocó un proceso de diferenciación social con el surgimiento de una capa urbana media formada por profesionales liberales, intelectuales, funcionarios, médicos, profesores, etc. Los años sesenta y setenta trajeron una amplia movilización social dentro de toda la península ibérica que agitó de manera muy especial a la Asturias industrial.

Mientras que en Asturias se consolidaba el subdesarrollo de la burguesía y la agricultura seguía aferrada al bloqueo de modernización de las explotaciones familiares, el movimiento obrero se formó con renovada intensidad tanto cuantitativa como cualitativamente. Los feudos tradicionales, las comarcas mineras y Gijón (territorialmente) y la minería y el metal (sectorialmente), retomaron esta función, mientras que en el Avilés marcado por la presencia de ENSIDESA el paternalismo estatal consiguió impedir que se generara un movimiento obrero más activo hasta la transición. En contraposición a lo ocurrido en la época de preguerra, ahora fueron los comunistas quienes asumieron el protagonismo a nivel organizativo, mientras que los socialistas sólo hicieron apariciones marginales en su feudo tradicional de las cuencas mineras hasta la transición. A su vez los anarquistas desaparecieron (de forma similar al resto de Europa) con excepción de algunos vestigios de escasa entidad. La fracción más fuerte tras los comunistas la formaban los grupos del movimiento obrero católico (JOC) y la USO, sindicato parcialmente vinculado al mismo, que aprovecharon la protección de la Iglesia para llevar a cabo el trabajo político y sindical contra la dictadura. En este contexto, no hay que olvidar que la represión brutal continuaba estando a la orden del día y que se producían continuas detenciones, torturas, desalojos, despidos, etc.

En toda España el movimiento obrero se convirtió en la punta de lanza de la oposición democrática y Comisiones Obreras en el centro del movimiento clandestino. A principios de los años sesenta el lema «Asturias marca el camino» se convirtió en referencia de las luchas pioneras de los obreros mineros. De forma excepcional, un grupo social asturiano asume, en esta ocasión, un papel de guía a nivel nacional. El hecho de que los comunistas pudieran asumir una posición dominante en CC. OO. está relacionado con el boicot a las mismas por parte de las organizaciones socialistas y anarquistas, con lo cual se automarginaron dentro del movimiento obrero.[8] La única organización no comunista con influencia digna de mención en algunos sectores fue la USO, un sindicato ideológicamente muy heterogéneo pero que desde un principio estuvo bastante bien organizado. Tras haber participado inicialmente en el movimiento de Comisiones Obreras, su distanciamiento del PCE dejará a ésta bajo el pleno control comunista. La represión, agudizada de nuevo a final de los años sesenta, dio como resultado reducir temporalmente a CC. OO. al núcleo duro de los comunistas. Para el caso asturiano se aplica con más intensidad que para el resto de España la afirmación de que la resistencia democrática fue una lucha de los trabajadores y una lucha sindical, apoyada esporádicamente por acciones universitarias o, en el caso de Gijón y de pueblos aislados, por sociedades culturales o asociaciones vecinales, en ocasiones iniciadas por párrocos progresistas. Incluso aquí dominaron mayoritariamente los representantes de los trabajadores, aunque se produjo la integración de grupos intelectuales. Otros movimientos sociales o partidos políticos no aparecieron apenas, o sólo lo hicieron muy tardíamente durante la transición.

Las organizaciones socialistas históricas apenas desempeñaron actividad dentro de su feudo tradicional de Asturias hasta la muerte de Franco, aun cuando nunca desaparecieron por completo como en otras partes de España, a tiempo que mantenían una fuerte influencia en el exilio. En el famoso congreso del Partido Socialista Obrero Español celebrado en la localidad francesa de Suresnes en 1974, la delegación asturiana aportó la mayoría de delegados para la elección del nuevo comité federal en torno a Felipe González.

El franquismo había convulsionado hasta la médula Asturias, y la había dotado de la carga hereditaria de una vía de modernización autoritaria que en el futuro representaría barreras difícilmente superables para los sucesivos gobiernos democráticos.

III.4. ASTURIAS EN LA DEMOCRACIA

Naturalmente, la transición democrática de España también produjo convulsiones fundamentales para Asturias. Fueron sobre todo las condiciones político-institucionales generales y los agentes sociales los que se transformaban a una velocidad tan vertiginosa que apenas dejaba tiempo a los involucrados para consideraciones estratégicas y comprensivas. Por el contrario, en un inicio las condiciones económicas

[8] La tesis ampliamente extendida de que en Asturias los socialistas, al igual que en la provincia de Vizcaya, pudieron mantener un fuerte bastión durante la dictadura de Franco, no es capaz de resistir un análisis más preciso en el caso asturiano. En todo caso puede hablarse de una memoria histórica profundamente enraizada y de una intensa presencia asturiana en las organizaciones socialistas en el exilio.

permanecieron prácticamente intactas y sólo se incorporaron a un cambio estructural forzado en los años ochenta. Después de la fase de liberalización política generalizada (elecciones libres, partidos, prensa y sindicatos) y hasta la Constitución de 1978, para la temática que nos ocupa desempeña una importancia central el proceso de autonomía, que determina las competencias políticas y las posibilidades de los agentes regionales.

Tabla 3: **Resultados de las elecciones generales en Asturias/España 15-6-1977** (en %)

	PSOE	UCD	AP	PCE	PSP	UR	Participación
Asturias	31,35	30,48	13,34	10,34	7,26	1,9	74,53
España	28,7	34,8	8,4	9,3	4,5		77,2

Fuente: Girón Garrote 1990, p. 902, Ministerio del Interior.

El 11 de octubre de 1977, los catorce parlamentarios asturianos recién elegidos para las Cortes o el Senado de Madrid elaboraron en una asamblea de parlamentarios asturianos la solicitud de un régimen de preautonomía para Asturias (cfr. Rodríguez Muñoz, 1981). «La etapa de construcción autonómica se inicia propiamente el 10 dc octubre de 1978, con la promulgación del régimen de preautonomía para Asturias, y en realidad aún no se ha cerrado, pendiente de materialización la segunda fase del desarrollo autonómico» (de Silva, 1994, p. 724). Siguieron luego la promulgación del proyecto de autonomía en las Cortes el 21 de abril de 1980, la proclamación del Estatuto de Autonomía el 31 de diciembre de 1981, el primer Gobierno asturiano en mayo de 1982 y las primeras elecciones parlamentarias regionales el 8 de mayo de 1983. Prácticamente sin oposición (sólo el partido de derechas de la oposición Alianza Popular, AP, se abstuvo, después de haber reivindicado previamente una región asturiano-leonesa), el Consejo Regional y la Diputación Provincial votaron a favor de la «vía lenta» para la autonomía, establecida en el artículo 143 de la Constitución Española (frente al artículo 151 para Andalucía, País Vasco, Galicia y Cataluña) en vista de la débilmente marcada conciencia regional de Asturias y frente a las anteriores reivindicaciones de socialistas y comunistas. En todo caso, la UCD aceptó algunas exigencias concretas, como la representación del Gobierno asturiano en las empresas nacionalizadas allí radicadas (cfr. NE, 18.11.1995). En lo sucesivo, a diferencia, por ejemplo, del caso valenciano o canario, no se porfió por conseguir una rápida transferencia de competencias autonómicas. La autonomía política vino a Asturias lentamente y en pequeñas raciones, un signo de la debilidad política de los agentes regionales respecto al exterior. En el debate de las autonomías Asturias va desde un principio a la zaga de otras regiones, sin objetivos, contenidos ni formas propios, a lo sumo con demagogia entre los partidos.

Un editorial de la revista asturiana *Xera* (núm. 4/1981) expresa la decepción política por los impedimentos puestos y el retraso producido por el proceso de regionalización:

> Un escepticismo basado por una parte en las escasas competencias que proporciona la vía elegida para su aprobación (Art. 143), que trae como consecuencia una simbólica representación en los Consejos de Administración de las empresas públicas HUNOSA y ENSIDESA, una utópica concepción de crear un sector público empresarial en la región, unas nulas competencias en materia de enseñanza y seguridad social... Hay que reconocer que nuestra clase política, nuestras instituciones y también los medios de comunicación regionales han sido absolutamente incapaces de levantar el mínimo entusiasmo por un Estatuto que regulará una buena parte de nuestra vida política, económica, cultural y social durante los próximos años.

En favor de los políticos asturianos que negociaron el Estatuto de Autonomía hay que contar, al menos en esta fase, la difícil situación en la que el partido gobernante (UCD) y el partido más fuerte de la oposición PSOE llegaron a un pacto de estabilización a corto plazo sobre la cuestión autonómica, habida cuenta de la recientemente superada intentona golpista militar de 1981 (23-F) y la ola de atentados de ETA. Esta presión de la crisis política movió a los partidos mayoritarios asturianos a aceptar una autonomía muy débil. Queda abierta la cuestión de por qué la estabilidad política instaurada a partir de 1983 no produjo una modificación sustancial en esta cuestión.

La dirección política de Asturias se situaba claramente en el centro industrial, y esto equivalía a decir en los partidos obreros, entre los cuales desde un principio el PSOE asumió una posición hegemónica, seguido a una distancia sorprendentemente grande por el PCE. Un rasgo característico adicional de estos dos partidos fue que en Asturias, al contrario que en la organización general, han mantenido hasta hoy su carácter obrero (en el caso del PCE, incluso puede hablarse de una exagerada proletarización después de las fugas masivas acaecidas a consecuencia de la crisis de escisión de Perlora en 1978 (ver más adelante), si bien a buen seguro con modificaciones. El inicio del Gobierno autonómico en Asturias coincide de pleno en una época de euforia socialista después de la apabullante victoria electoral en las elecciones al Parlamento español celebradas en octubre de 1982 y de una crisis existencial del PCE. Ya el Consejo Regional preautonómico (1978-1983) había estado dirigido por un socialista histórico, Rafael Fernández, que había regresado del exilio mexicano.

Pedro de Silva, un político de corte intelectual, fue el primer Presidente de Gobierno asturiano. No obstante, el Gobierno estaba prácticamente dominado por el sindicato minero SOMA-UGT, cuyo secretario general, José Ángel Fernández Villa, formaba parte de la presidencia del PSOE y era el hombre fuerte de Asturias en Madrid. Al principio del mandato se realizó un llamativo esfuerzo por dotar a Asturias de símbolos regionalistas. A tal efecto, en abril de 1984 se promulgó la ley sobre el himno del Principado (Asturias, patria querida), el Día de Asturias (8 de septiembre) y el escudo.

Tabla 4: **Elecciones Autonómicas en Asturias**
(en %)

	PSOE	PP	IU	CDS/CAS	PAS	Participación
1983	52,1	30,3	10,7	3,8	-	63,61
1987	39,3	25,5	12,2	18,7	1,2	67,01
1991	41,0	30,3	14,8	6,9	2,7	61,82
1995	33,6	42,1	16,5	1,7	3,2	70,09

Nota: El PP se presentó en 1983 como Coalición Popular y en 1987 como Alianza Popular. IU lo hizo como PCA en 1983. Las cifras de los Centristas Asturianos en 1995 corresponden al CDS en las elecciones anteriores.

Las elecciones de 1987 introdujeron dos cambios sustanciales en la forma de gobierno de Asturias. El PSOE perdió la mayoría absoluta y dependía de apoyos parlamentarios, y nada más tomar posesión de su cargo Pedro de Silva anunció que sería su último período legislativo, lo cual le descargó de algunas presiones directas y le proporcionó mayor independencia. El apoyo parlamentario se concretó en negociaciones con Izquierda Unida (IU), que en Asturias era de facto idéntica al PCE. Tanto en IU como anteriormente en CC. OO., que en esa época continuaba entregado a una amarga lucha de competencia con la UGT socialista, hubo desde un principio violentas resistencias a esta cooperación. Esta oposición se intensificó en los años siguientes hasta que en 1992 se produjo la ruptura. Hubo ante todo dos factores que fueron decisivos para la misma: la política hostil a los sindicatos del Gobierno socialista central, que llevó a la realización de varias huelgas generales por parte de todos los sindicatos, incluido UGT, contra el Gobierno (cfr. Köhler, 1995, pp. 320 y ss.), y la continua agudización de la crisis industrial en Asturias.

El tercero y por el momento último período legislativo socialista (1991-1995) muestra ante todo su debilidad política para el liderazgo, incluso a nivel personal. A esto se añade el declive de los socialistas en el marco nacional debido a la ola de escándalos políticos. Destacados políticos del PSOE y miembros del Gobierno están enredados en numerosos casos de corrupción, terrorismo de Estado, escuchas ilegales y favoritismos corporativistas y enchufismo ilegales. Estos signos generales de debilidad se hicieron particularmente visibles en la primera fase del nuevo período legislativo debido a dos factores. En primer lugar, la crisis industrial continuó agudizándose y produjo una ola de protestas sociales y sindicales. En segundo lugar, el gobierno de Rodríguez-Vigil fracasó de manera espectacular en su cándido intento de sacar de un plumazo a la región de su crisis mediante una gran inversión multinacional (cfr. cap. X.5). Izquierda Unida aprovechó la situación para paliar su propia debilidad y, sobre todo, las luchas internas de las diferentes tendencias, y en enero de 1992 retiró su apoyo, justo antes del penoso fin que tuvo el gobierno de Vigil.

En su último informe de cuentas, el Gobierno socialista anunció: «En estos momentos, después de doce años de Gobierno socialista, puede decirse que se ha construido una región» (NE, 17.6.1995). Lo notable de esta afirmación es, en primer lugar, la tesis de que anteriormente Asturias no era una región, y en segundo lugar, la ausencia de fundamentación de una afirmación que contradice en muchos aspectos la realidad política, económica y social.

Desde el punto de vista de la economía, Asturias continuó la marcha hacia abajo que había emprendido en los años sesenta, haciendo caso omiso de los cambios políticos y cada vez a mayor velocidad. Los elementos individuales de este declive económico, sus formas de tratamiento y los intentos de regulación son el objeto del siguiente capítulo y constituyen el núcleo de los contenidos de nuestro trabajo de investigación empírica. Por ello, aquí sólo vamos a ilustrar algunos rasgos generales de su carácter y algunos datos.

Tabla 5/6:

2. PIB per cápita por regiones (España=100)

	1975	**1987**	**1990**	**(CE)**	**1992**	**1995**	**(UE)**
Andalucía	73,0	69,9	70,9	(54,4)	72,4	71,9	(64,33)
Aragón	100,5	111,5	112,1	(86,0)	108,7	107,2	(90,92)
Asturias	**105,0**	**97,1**	**94,8**	**(72,7)**	**87,1**	**83,0**	**(76,92)**
Baleares	118,4	148,7	137,9	(105,8)	145,8	159,8	(122,35)
Canarias	78,6	99,4	93,7	(71,9)	97,9	105,3	(82,53)
Cantabria	103,7	93,7	95,4	(73,2)	91,4	90,0	(79,84)
Castilla-La Mancha	77,9	77,0	78,9	(60,5)	82,4	85,8	(77,38)
Castilla y León	85,8	90,1	90,4	(69,3)	86,7	88,4	(80,17)
Cataluña	127,7	124,7	124,7	(95,6)	125,7	123,2	(89,69)
Valencia	102,6	107,2	106,3	(81,5)	101,0	101,2	(82,38)
Extremadura	58,7	64,3	65,6	(50,3)	68,0	67,8	(66,30)

(sigue) Tabla 5/6:

2. PIB per cápita por regiones (España=100)

	1975	1987	1990	(CE)	1992	1995	(UE)
Galicia	74,8	79,9	80,0	(61,4)	81,0	84,9	(77,79)
Madrid	129,8	128,9	129,2	(99,1)	130,6	124,9	(87,54)
Murcia	84,9	84,3	84,4	(64,7)	82,3	81,6	(71,17)
Navarra	112,3	112,3	112,5	(86,3)	115,3	116,4	(90,94)
País Vasco	136,7	110,4	111,2	(85,3)	108,9	113,2	(84,42)
Rioja	102,6	106,9	108,4	(83,1)	106,7	117,1	(97,63)
España	**100**			**(76,7)**			**(80,65)**

Porcentaje de participación en el PIB de las regiones españolas

	1800	1850	1907	1949	1960	1973	1981	1995
Cataluña	8,3	10,8	10,4	14,4	18,7	20,1	19,9	19,3
Madrid	2,4	4,3	5,9	8,8	11,7	14,6	16,5	16,2
Andalucía	24,7	23,3	20,8	16,0	13,7	12,6	12,6	12,8
Valencia	5,7	7,5	8,9	8,1	9,7	9,6	10,1	10,0
País Vasco	2,0	1,3	4,4	6,6	7,5	7,6	6,3	5,9
Archiepiélagos	3,7	2,5	2,3	4,0	4,0	5,6	6,0	5,8
Castilla y León	19,7	17,5	14,8	13,0	10,3	8,5	7,8	5,8
País Vasco	2,0	1,3	4,4	6,6	7,5	7,6	6,3	5,9
Castilla-La Mancha	8,8	9,8	9,2	4,6	3,6	3,2	2,7	3,6
Aragón	5,7	6,1	5,7	3,8	3,9	3,4	3,3	3,3
Asturias	**2,4**	**2,1**	**1,9**	**4,6**	**3,8**	**3,3**	**3,0**	**2,4**
Murcia	2,4	3,0	3,3	3,4	2,8	2,7	2,8	2,2
Extremadura	5,2	4,7	4,7	3,5	2,8	1,9	1,7	1,9
Navarra	3,6	1,2	1,3	1,5	1,5	1,5	1,5	1,6

Cantabria y La Rioja incl. en Castilla y León, Albacete incl. en Murcia
Fuente: Fundación FIES

Las cifras manifiestan el peso cada vez menor que tiene Asturias en el conjunto de la nación y su relativo declive, así como la baja posición que en términos absolutos ocupa en la media europea. Por cuanto respecta al porcentaje que le corresponde en el producto interior bruto español, éste ha vuelto a su nivel preindustrial.

Tabla 7: **Tasas de paro y actividad (%) 1994**

	Paro EPA	INEM	Paro juvenil EPA	Tasa de actividad
España	24,2	15,9	45,1	49,0
Asturias	22,5	19,4	52,1	42,7
CE	11,6		21,3	52,0

Las cifras de la EPA indican el desempleo real estimado basándose en una encuesta de población representativa realizada regularmente. Las cifras del INEM reflejan los desempleados registrados en sus oficinas. Fuentes: Informe CES 1995, Eurostat.

Desde 1992 Asturias tiene la tasa de actividad más baja de todas las regiones españolas y, con un alarmante 52,1%, la segunda tasa de desempleo juvenil más alta, después de Andalucía. Por lo tanto, el desempleo no es el único problema de Asturias, sino la escasa tasa de actividad en su conjunto, que a la larga podría colapsar cualquier sistema de seguridad social (cfr. fig. 1). También desde el punto de vista cultural las consecuencias a largo plazo de una sociedad en la que trabaja una minoría siempre decreciente irán acompañadas de muchos problemas. La rigidez del mercado laboral, de la cual se queja continuamente la patronal, se ha transformado en una amplia desregulación. De los 119.035 contratos de trabajo celebrados en Asturias en 1994, sólo 3.465 (2,9%) eran a tiempo indefinido, y casi el 40% eran contratos de obra o servicios (Informe CES 1995). El mercado de trabajo asturiano muestra en todos sus componentes el dramatismo del declive económico de la región.

Figura 1: **Evolución del mercado de trabajo en Asturias**

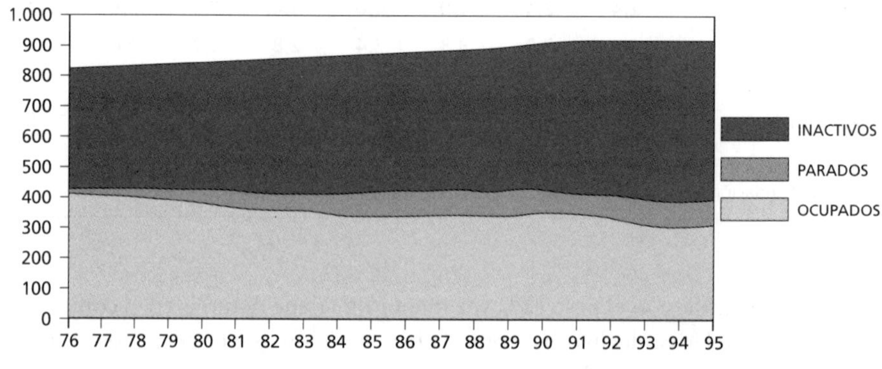

Fuente: Sadei, 1995, p. 46.

Tabla 8: **Evolución del mercado de trabajo en Asturias**
(datos en miles o %)

	1985	**1990**	**1992**	**1994**
Población > 16 años	879,5	912,4	925,9	928,5
Población activa	419,9	429,6	413,3	396,9
Tasa de actividad (%)	48,0	47,1	44,6	42,7
(España)	(47,5)	(49,4)	(48,9)	(49,0)
—Varones	65,0	61,35	58,85	55,1
—Mujeres	31,5	34,03	31,64	31,7
Población ocupada	344,6	355,2	342,1	307,6
—Agricultura/Pesca	82,1	58,0	49,6	45,6
—Industria	96,6	86,5	73,8	60,4
—Construcción	24,0	33,4	34,9	23,6
—Servicios	141,3	177,3	183,8	178,0
Tasa de paro (%)	18,4	17,31	17,2	22,5
(España)	(21,6)	(16,3)	(18,4)	(24,2)
—Varones	16,5	12,35	12,31	18,7
—Mujeres	22,4	25,58	25,55	28,4
Tasa de paro >25 años	48,7	44,05	40,69	52,1
(España)	(50,2)	(32,3)	(34,5)	(45,1)
Parados larga duración		50,6	39,4	58,2
(% sobre total paro)		68,0	55,3	65,1

Fuente: EPA, Informe CES 1995.

Los principales afectados por la segmentación, desregularización y creciente dificultad de acceso al mercado de trabajo son los jóvenes y las mujeres (cfr. cap. X.6). La situación de los jóvenes se agrava adicionalmente por la evolución demográfica, que en los años noventa lanzará al mercado laboral generaciones provenientes de épocas con altos índices de natalidad, mientras que en los próximos años el descenso de las tasas de natalidad se hará palpable, por ejemplo, en el descenso del número de escolares. Como aparecerá en muchos pasajes de los capítulos siguientes, sobre los jóvenes asturianos pesa la carga de las perspectivas de futuro, de tener bloqueado el acceso a los recursos necesarios para configurar una vida independiente, y también de la pérdida de identidad y de cohesión social de valores provechosos. Los centros educativos se convierten a menudo en aparcamientos de un proceso de adolescencia prolongado. En nuestros estudios sólo podemos insinuar lo que todas estas circunstancias significan para las familias (que se convirtieron en la institución central de amortiguación social de las consecuencias de la crisis) y para las relaciones entre los sexos.

Tabla 9: **Situación de los jóvenes de 15 a 29 años**
(en %)

	Sólo estudian	**Estudian y trabajan**	**Trabajan y estudian**	**Sólo trabajan**	**Ni estudian ni trabajan**
Cataluña	33,0	11,4	9,5	33,5	12,6
País Vasco	46,3	7,7	5,6	23,7	16,7
Asturias	51,1	6,9	4,6	20,6	16,8
España	41,6	6,2	6,2	27,8	18,2

Fuente: Encuesta de Juventud 1992.

Por sectores, tras la superficial tendencia a la terciarización se oculta también la debilidad estructural de la economía asturiana. Mientras que los sectores industriales líderes y la agricultura (que al igual que en el pasado continúa marcando amplios territorios) padecen una continuada pérdida de puestos de trabajo y de peso relativo, los sectores en crecimiento, la construcción y los servicios, no pueden compensar ni por asomo esta tendencia. A esto se añaden la extrema sensibilidad coyuntural y la dependencia de los pedidos del Estado del sector de la construcción, y el crecimiento unilateral del sector servicios en las ramas de hostelería, talleres de reparación e incluso en los servicios estatales de salud y formación, a menudo muy poco exigentes a nivel cualitativo. Por contra, se aprecia la carencia de modernos servicios empresariales que podrían contribuir a entrelazar dinámicamente empresas industriales y de servicios con proyección de futuro. Consecuentemente, la productividad en el sector de servicios asturiano es un 10% inferior al promedio nacional (SADEI, 1994, p. 156). Los sectores de Asturias que registran crecimiento están sujetos a fuertes oscilaciones temporales y coyunturales y registran un alto porcentaje de empleo precario de baja cualificación.

Asturias tiene en su poder un récord único en el conjunto de Europa occidental en los años noventa, a pesar de la reducción emprendida en el sector industrial estatal: con un 12,3% de puestos de trabajo industriales públicos en el empleo regional no agrario (Informe CREP, 1992), Asturias es un caso único con cifras 10 veces superiores a la del promedio nacional (1,27%) y muy por delante de la región capitalina de Madrid (2,12%), que ocupa el segundo lugar.

Tabla 10: **Evolución del empleo por sectores en Asturias**

	1955	**1973**	**1985**	**1994**	**1985-94**	**73-94**
Agricultura/Pesca	156.742	133.708	79.949	50.560	-36,76%	-62,2%
Industria	142.991	129.300	99.378	67.521	-32,06%	-47,8%
—Extractivas			29.647	16.936	-42,87%	
—Metales básicas			19.936	10.111	-49,28%	
—Textil			3.943	1.856	-52,93%	
Construcción	43.847	33.820	25.992	32.704	+25,82%	-3,2%
Servicios	65.278	128.556	169.507	195.284	+15,21%	+51,9%
—Comercio			47.163	54.834	+16,26%	
—Hostelería			16.807	23.605	+40,45%	
Total	428.918	425.384	374.826	346.069	-7,67%	-18,6%

Fuente: SADEI, Banco de Bilbao, elaboración propia.

Dado que el sector industrial se tratará con detenimiento en el próximo capítulo, aquí sólo vamos a apuntar brevemente unas cuantas observaciones sobre la agricultura y el turismo.

Uno de los sectores más dinámicos en los años noventa es el *turismo*, en el que en 1994 encontraron empleo más de 25.000 personas (Informe CES, 1995, cfr. también SADEI, 1994, p. 158) y que ocupa un porcentaje creciente del presupuesto regional, aun cuando con su actual contribución del 4% al producto interior bruto regional no puede aspirar a alcanzar los valores promedio del conjunto español, situados entre el 9% y el 10%. El número de visitantes ha aumentado continuamente; no obstante, es problemática su concentración estacional y territorial. Más del 50% de los turistas provienen de Madrid o de las regiones vecinas del País Vasco, Galicia y León, y sólo un 6% (1992) son extranjeros (NE, 16.5.1995).

El turismo asturiano sigue siendo marcadamente estacional (concentrado únicamente en los meses de julio y agosto), con visitantes casi exclusivamente nacionales, de los que una gran parte tienen relaciones de parentesco en la región, y con una actividad indiferenciada similar a la de cualquier otra zona costera española, es decir, playa y sol, con escasa presencia de lo segundo (NE, 21.8.1994).

El denominado «turismo rural» o «turismo verde» —objeto de una intensa propaganda en los últimos años— que debía haber servido para desarrollar las regiones rurales montañosas y aprovechar el verdor de las montañas como una ventaja competitiva, hasta ahora no ha sido más que un fenómeno marginal empleado mayoritariamente como complemento a las vacaciones playeras y sin constituir un estilo de vacaciones independiente.

En la *agricultura* en los últimos años se ha impuesto también la tendencia a la emigración, el cierre de explotaciones y la agricultura como actividad secundaria; es decir, la estructura polarizada entre centro y periferia, donde en 1993 aproximadamente el 37% de las empresas agrícolas pertenecían a propietarios de más de 65 años, y sólo el 5% a jóvenes agricultores menores de treinta y cinco años (NE, 15.6.1995). El sector lechero y ganadero mantiene su hegemonía absoluta, y en 1995 acaparaba el 76% de toda la producción primaria (NE, 14.11.1996; SADEI, 1995). El acontecimiento más influyente de esta época, la adhesión a la CE, intensifica aún más esta tendencia mediante la presión competitiva, los problemas estructurales en los sectores relevantes para Asturias («mar de leche», «montaña de carne»), los programas de prejubilación y primas por suspensión de actividad.

Desde 1984 la producción lechera de la CE se regula mediante cupos nacionales, que posteriormente cada uno de los gobiernos nacionales redistribuye por regiones. Esto ha conducido a fenómenos absurdos, como la existencia de un mercado secundario para los cupos lecheros, en el que los campesinos asturianos venden sus cupos a intermediarios que posteriormente los distribuyen en otras regiones. Entre los productores de leche españoles circula además todos los años el miedo a la «supertasa», la penalización por superar los cupos establecidos, que España ha tenido que pagar regularmente desde su entrada en la CE hasta la temporada 1994/95 (para la que España negoció un aumento de los cupos). Simultáneamente España debe cubrir un porcentaje cada vez mayor de su consumo mediante la importación de productos lácteos de otros países de la UE. La responsabilidad por la baja cuantía de los cupos lecheros españoles se ha achacado sobre todo a errores en las negociaciones de adhesión a la Comunidad, cuando la delegación española se basó en cifras de producción por debajo de las capacidades reales, consecuencia de la falta de competencias y recursos estadísticos de las Comunidades Autónomas (cfr. NE, 29.5.1994, 20.2.1995 y 15.6.1995).

Desde 1986 hasta 1994, la producción lechera ha descendido de forma continua, y de las cerca de 32.000 explotaciones se cerraron aproximadamente 13.000, lo que produjo una pérdida de 26.000 puestos de trabajo (más que en el acero o la minería; ver tabla 10) (NE, 7.11.1993 y 2.1.1996). Esta reestructuración sectorial, cuyo resultado es una concentración de la producción, decreciente y estancada desde entonces, en unas pocas grandes empresas en manos de jóvenes agricultores, se ha desarrollado de forma socialmente pacífica, aun cuando las condiciones de jubilación anticipada son mucho peores que las de las empresas industriales estatales.

Tabla 11: **Producción de leche de vaca en Asturias**
(miles de litros)

1987	1989	1990	1991	1992	1993	1994	1995
705.104	687.802	716.795	680.791	663.072	632.203	644.432	653.876

Fuente: SADEI.

No es de esperar un giro de esta tendencia en favor de Asturias o de los productores de leche de la UE. Más bien al contrario: los acuerdos GATT (restricciones para las exportaciones de leche y queso de la UE) y la apertura de la unión económica hacia el este europeo más bien impondrán otras restricciones ulteriores a los cupos. A diferencia del caso de la leche, productos como el queso, un producto tradicional asturiano con gran variedad, han tenido una evolución más favorable, al igual que la carne, que dispone de cierto potencial de desarrollo si se aprovechan ventajas de marcas y un marketing de calidad (cfr. SADEI, 1994, p. 76).

No obstante, la adhesión a la CE no trajo a la agricultura asturiana únicamente cupos y supertasas, sino también programas de desarrollo para modernizar las instalaciones, para conservar el bosque, inversiones en proyectos agroindustriales y mejora de las condiciones de la vivienda. Para el período comprendido entre 1994-1999 el Fondo de Orientación y Garantía Agrícola (FEOGA-Orientación) prevé 18.638 millones de pesetas para la agricultura asturiana, que serán completados con programas de promoción nacionales. Esta suma equivale aproximadamente a la misma que salió del fondo FEOGA entre el período 1986-1993. A esto se añaden programas de promoción del turismo rural, de los que se han beneficiado los municipios y sus habitantes, de forma que las condiciones de vida en el campo han mejorado sensiblemente en los últimos años (probablemente un factor determinante para la victoria socialista en las regiones rurales durante las elecciones, ver más adelante). De esta forma, la población rural asturiana recorrió un camino similar al de la industria, aunque de forma mucho menos espectacular: el de la economía subvencionada con una destrucción continua de puestos de trabajo (cfr. NE, 2.2.1995).

Un problema estructural frecuentemente aducido de las antiguas regiones industriales es su orientación al mercado interior y el escaso atractivo que ofrecen para las inversiones extranjeras. En su conjunto, las inversiones extranjeras directas se han reducido en España en los años noventa, y además tradicionalmente siempre han registrado un enorme grado de concentración que prácticamente arrincona todo el territorio contra la periferia. Tres cuartas partes de todas las inversiones extranjeras directas fluyeron hacia Madrid y Cataluña (*Anuario El País*, varios años). De las pocas inversiones extranjeras directas que fluyeron hacia Asturias (entre 1986 y 1994, un

0,51% en promedio, ver tabla 12), más del 80% se concentra en la producción industrial, y más del 50% proviene de empresas españolas con participación mayoritariamente extranjera (SADEI, 1994, pp. 41 y ss.). Por lo tanto, las bajas inversiones extranjeras directas parecen ser más bien un problema estructural de la economía española en su conjunto y no tanto un problema específicamente asturiano o de la industria antigua. Con las reducidísimas inversiones directas de empresas españolas en el extranjero respecto al promedio internacional, la concentración de empresas de orientación financiera y extranjera en Madrid, domicilio de las casas matrices de muchas empresas, es aún más acusada (en 1993 representaban el 66,3% de todas las inversiones directas españolas en el extranjero), mientras que Asturias, con un porcentaje del 0,25 prácticamente desaparece del mapa.

Tabla 12: **Inversión extranjera directa en Asturias**
(mill. de ptas.)

	1986	**1990**	**1991**	**1992**	**1993**	**1994**
Asturias	1.151	10.921	17.659	6.273	4.999	31.439
% España	0,19	0,51	0,70	0,31	0,27	1,34

Observación: el aumento experimentado en 1990/91 debe achacarse al proyecto DuPont, y el de 1994 en parte a la devaluación de la peseta en torno al 20%.
Fuente: SADEI, 1995, p. 41.

Asturias también se encuentra claramente por debajo del promedio español en el comercio exterior (cfr. Informe CES, 1995), y su porcentaje en el conjunto del comercio exterior español ha decrecido continuamente desde la adhesión a la CE (un factor revitalizador para el comercio exterior español en su conjunto, pero con repercusiones muy desiguales por sectores), desde un 2,5% (1986) a un 1,6% (1994), debido sobre todo al declive de la construcción naval (cfr. NE, 18.9.1995) y a un perfil de especialización general que estaba orientado al mercado interior español protegido. Además, la exportación se concentra en unas pocas empresas. Esto confirma la orientación de la economía asturiana al mercado interior, así como su aislamiento, un factor que en su conjunto parece corresponderse con el espíritu empresarial y con la actitud de la población.

> En Asturias no tenemos empresas que puedan defender sus productos en el mercado internacional por calidad, la imagen de marca, o cualquier otro factor de venta salvo por el precio. Tenemos además una exportación muy concentrada: el 54,2 por ciento pivota sobre Ensidesa y Asturiana de Zinc (Jesús Serafín Pérez, presidente de Exportastur, NE, 9.12.1994).

Hay una sola categoría estadística que escapa del panorama negativo: la renta familiar disponible, que se estanca desde hace tiempo cerca de la media nacional gracias a los logros sindicales en el terreno de las prejubilaciones y planes sociales de las empresas, mientras la aportación de los asturianos a la producción nacional está en continuo retroceso.

Tabla 13/14:

PIB/habitante

(pesetas corrientes, media nacional = 100)

	1960	**1975**	**1985**	**1991**	**1995**
Asturias	25.970 (117,7)	167.091 (105,0)	696.350 (96,0)	1.233.440 (87,5)	1.541.502 (83,0)
España	22.073 (100)	159.691 (100)	725.430 (100)	1.409.296 (100)	1.857.218 (100)

Renta familiar bruta disponible/habitante

(pesetas corrientes, media nacional = 100)

	1967	**1975**	**1985**	**1991**	**1995**
Asturias	44.975 (104,0)	126.409 (99,3)	571.231 (95,0)	1.031.260 (96,5)	1.250.401 (94,5)
España	43.244 (100)	127.229 (100)	601.192 (100)	1.069.065 (100)	1.323.281 (100)

Fuente: Banco Bilbao Vizcaya, Fundación FIES.

Está claro que un porcentaje creciente de esta renta viene a través de transferencias del Estado. Asturias es la región con más porcentaje de gastos sociales en la renta familiar de toda España (1991: 28,4% frente a 20,6% de la media nacional según datos de la Fundación FIES). Ampliamente por encima de la media nacional no se sitúa sólo la cantidad de los receptores de subsidios, sino también la cuantía de las prestaciones sociales; por ejemplo, en 1994 la pensión media en Asturias se situaba en 71.700 pesetas, un 20,5% más que el nivel nacional (59.500 ptas.; Informe CES, 1995; cfr. también Monasterio, 1994b). La seguridad social actúa como un mecanismo de redistribución regional en favor de Asturias, que hasta la fecha ha permitido a la región mantener las tasas de pobreza y los recortes en los ingresos considerablemente por debajo del promedio nacional, garantizando así una cohesión social más intensa (cfr. datos en *El País*, 16.10.1994).

La idea de que Asturias está mal, pero se vive bien, no es en absoluto imaginaria o subjetiva... en Asturias se dispone de más dinero (y en consecuencia se disfruta de más bienestar) que el valor de lo que se produce en la región. Somos receptores de flujos distributivos y de solidaridad interregional (de Silva, 1994, pp. 734 y ss.).

Un argumento muy extendido respecto a las dificultades de las antiguas regiones industriales para renovarse económicamente lo proporciona el alto nivel salarial, que arredra a los potenciales inversores. La tabla comparativa, en la que Asturias se sitúa en tercer lugar de España después de Madrid y del País Vasco, asimismo antigua región industrial, parece confirmar este juicio. Sin embargo, investigaciones más precisas han permitido observar que la posición de liderazgo sólo es debida a la función pública, y en particular al alto porcentaje de empresas industriales estatales, y que, por lo tanto, en la actualidad no puede seguir aduciéndose como factor de competencia. En las PYMES del sector industrial y de servicios, es decir, en los sectores con futuro para las inversiones, los sueldos asturianos no se sitúan por encima del promedio nacional.

Tabla15:

Ganancia media por trabajador y mes por Comunidades Autónomas (1994)

	Total	Empleados	Obreros
Andalucía	181.987	241.176	154.111
Aragón	197.987	246.083	166.540
Asturias	**219.635**	**262.003**	**192.743**
Baleares	175.544	210.960	138.718
Canarias	165.929	215.198	128.984
Cantabria	191.041	239.037	164.682
Castilla-La Mancha	166.104	235.794	134.267
Castilla y León	182.139	238.517	150.900
Cataluña	197.464	243.034	159.378
Valencia	168.161	210.232	139.295
Extremadura	159.862	225.642	122.182
Galicia	179.488	236.786	144.670
Madrid	222.939	269.602	158.171
Murcia	153.228	209.341	121.268
Navarra	198.580	238.381	178.228
País Vasco	231.716	278.740	199.904
Rioja	160.171	211.149	135.882
España	**192.987**	**241.176**	**154.111**

Fuente: SADEI.

Simultáneamente el declive económico produce nuevas formas de pobreza y marginalización social, como prueban los estudios de Cáritas (cfr. NE, 13.6.1994). Los padres de familia que tras un largo período de actividad profesional desempeñada en las pequeñas y medianas empresas se ven abocados al desempleo sin disfrutar de planes sociales, sin perspectiva de volver a ser contratados, cargados con hipotecas y créditos al consumo, experimentan un hundimiento personal parcialmente dramático y constituyen una capa de nuevos pobres con características muy diferentes a los grupos tradicionales de pobreza y marginación.

La política social y de subvenciones estatal no se realiza únicamente en beneficio de los perceptores de ingresos sociales, sino que favorece al sector, la banca, el sector que con toda seguridad ha obtenido el mayor provecho de la política socialista (de corte neoliberal) realizada desde el Gobierno central.

> En contra de lo que diría la lógica, hay exportación de dinero, porque no se invierte en Asturias; esa exportación suma un 20% de la masa monetaria asturiana, que se cifra en 850.000 millones. Los bancos son los únicos que ganan dinero. Y su empeño máximo, para ello, consiste en captar jubilados y prejubilados. En Asturias hay hoy en los bancos 10.000 jubilados de los 270.000 que hay en total, cuyas cuentas ofrecen un saldo medio de 630.000 pesetas. «No hay masa más apetecible», dice un banquero. Pero hay más peces para la banca asturiana: las transferencias del Estado a las empresas públicas tardan y los créditos del banco a esas empresas se realizan sin discutir mayormente los tipos de interés (*El País Semanal*, 10.4.1994).

El declive económico de Asturias ha llevado a un retroceso demográfico absoluto desde 1985. Únicamente la esfera norte del «ocho asturiano» sigue registrando cifras de población crecientes, mientras que el resto de Asturias pierde paulatinamente población y crece la edad promedio de la misma (cfr. datos en SADEI).

> Actualmente, Asturias es una de las regiones europeas con menor tasa de natalidad y con mayor tasa de crecimiento demográfico y de saldo migratorio negativos (NE, 21.8.1994).

Bien es cierto que esta evolución se está produciendo actualmente de forma amortiguada, pero en muchos lugares emerge el fantasma de la emigración masiva, como hemos podido constatar en el transcurso de nuestros estudios.

La transición incluyó un proceso de transformación de los agentes sociales, cuya estructura básica y constelación de fuerzas se formó y estabilizó de nuevo. A nivel nacional la transición significó la asunción del protagonismo político por parte de los partidos políticos y la consiguiente pérdida de importancia de los movimientos sociales antifranquistas, incluidos los sindicatos. En Asturias la situación se planteaba algo complicada, porque aquí los sindicatos continuaban teniendo influencia política. Sin embargo, a otros movimientos sociales, como los movimientos de asociaciones vecinales y ciudadanas de Gijón, les fue de forma parecida a como en el resto de España: o se eclipsaron, o fueron instrumentalizados por los partidos.

Figura 2: **Evolución de votos por partido - Elecciones generales y autonómicas**

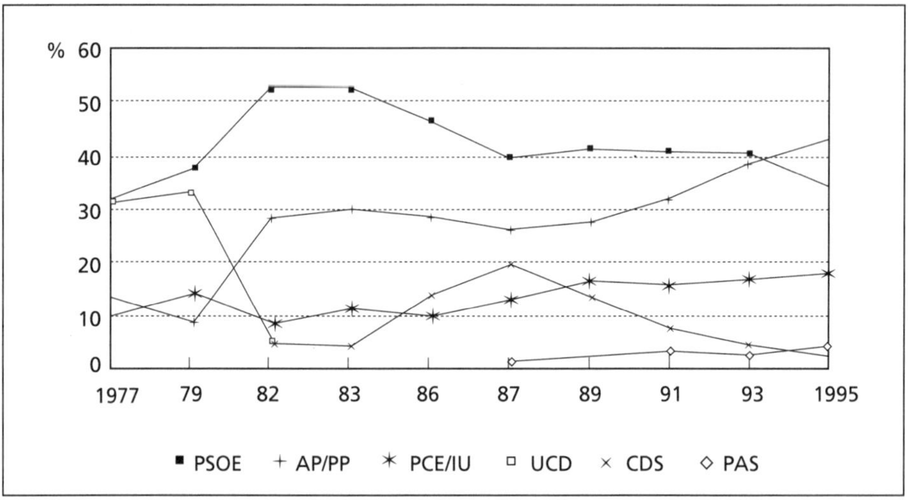

Para poder evaluar con más precisión el panorama político y la constelación de fuerzas sociales, a continuación vamos a ofrecer un breve resumen, por fuerza esquemático, sobre las fuerzas políticas y sociales más importantes de la región:

1) La derecha conservadora. Alianza Popular (AP, más tarde pasó a denominarse Partido Popular, PP), fundada en 1977, se convirtió rápidamente en el centro de los grupos conservadores de Asturias. Ya en 1976 el presidente de AP Fraga Iribarne se había convertido en la figura carismática (medio dominadora, medio autoritaria) para la organización del partido en Asturias; y los grupos más importantes crecidos desde el aparato franquista se integraron en su partido. El objetivo era «una evolución sin aventuras rupturistas y utópicas... una reconquista conservadora de España» (Girón Garrote, 1990, p. 892).

AP nace en Asturias como reflejo de los «Siete Magníficos»[9] y sus respectivos partidos en Madrid. En enero de 1977 se creó su primera junta provincial... «Somos conservadores, pero no inmovilistas» (NE, 14.11.1995).

[9] Los «Siete Magníficos» era un nombre peliculero que bautizó a los «espadones» de la derecha en la transición. Sobre estas figuras, que en todos los casos habían promovido alguna fuerza política dentro del régimen, se forma AP. En Asturias, cada una de estas fuerzas contaba con su representante.

Tuvo que llegar el año 1983 para que el partido gozara de estabilidad interna y un programa democrático. Las diferentes alas enemistadas hasta entonces (en los seis años anteriores, la AP asturiana había engullido siete presidentes: «etapa de los reyes breves»), se reunieron en un pacto para lograr una distribución de poder, una premisa insoslayable para poder convertirse en un partido influyente en el feudo obrero de Asturias.

> Los sucesivos saltos experimentados por la fuerza electoral de AP vendrán acompañados no sólo de una diversificación en el abanico ideológico abarcado sino también de una sensible transformación de su base social, que ha conocido un gradual desplazamiento del grueso del electorado conservador hacia medios urbanos y generaciones más jóvenes, en claro contraste con lo que ocurría en las fases iniciales de la Transición (Vega García, 1994a).

La sucesiva desaparición de los partidos políticos de centro en Asturias ayudó a AP/PP, en combinación con un discurso crecientemente moderado, a establecerse como el partido de centroderecha y oposición con mayor número de votos, un camino que llevó al partido al gobierno en 1995.

Hasta los años noventa la derecha política en Asturias estuvo en clara minoría. Únicamente en la periferia rural con baja densidad de población, y posteriormente en la ciudad de Oviedo, marcadamente más burguesa y caracterizada por la presencia de funcionarios, pudieron hacerse cargo de algunas alcaldías. Como partido, AP/PP continuó siendo igualmente débil y contando con un enraizamiento social limitado. Tan sólo la crisis generalizada de los socialistas y la tendencia derechizadora de los años noventa ayudó al partido, renominado en 1989 como PP, a alcanzar más de 10.000 afiliados y conseguir cuotas de voto crecientes que le llevaron a la victoria electoral en 1995. De los 45.000 votos de 1977 había pasado a 272.000 en 1995.

2) Los SOCIALISTAS tendrían que atravesar y soportar un proceso de unificación más complicado que la derecha. Cuando a mediados de 1976 el PSOE hizo su primera aparición pública con gran impacto, ya existían varias asociaciones socialistas regionales, las más importantes de las cuales se habían reunido en el Partido Socialista Popular (PSP). La fuerza de los socialistas asturianos no residía ni en sus bases (que eran reducidas y sin experiencia) ni en su pasado antifranquista (que era más bien marginal), sino en el proceso de reconstrucción que transcurrió en líneas generales de forma fluida dentro de la transición española, así como en la «memoria histórica» que en Asturias estaba mucho más enraizada que en cualquier otra parte, y muy en particular en las cuencas mineras. Esta fortaleza de tradición y de memoria, junto a la simultánea debilidad de las bases reales, se manifestó también en los dirigentes políticos de los socialistas. Estos eran antiguas figuras históricas (como el exiliado Rafael Fernández, que había regresado de México), veteranos como el abogado

Emilio Barbón, políticos foráneos como el profesor segoviano Luis Gómez Llorente o jóvenes como el estudiante Jesús Sanjurjo.

Pero la irrupción del PSOE en Asturias no se produjo hasta las elecciones de 1977, que en este caso tuvieron el efecto inverso del que habían tenido con los comunistas (ver más adelante). Su resultado inesperadamente alto hizo que los restantes grupos socialistas confluyeran en el PSOE, que además se convirtió en polo de atracción de militantes de otros partidos (sobre todo de grupos comunistas) y de nuevos afiliados, y fijó para un futuro inmediato la relación de fuerzas entre los partidos políticos de izquierda.

En el PSOE asturiano convivieron a partir de entonces cuatro tendencias: la militancia histórica —Emilio Barbón, Honorio Díaz, Rafael Fernández, Avelino Pérez...—, los jóvenes militantes que se habían afiliado en el crepúsculo de la dictadura —Jesús Sanjurjo, Celestino Suárez, Juan Luis Rodríguez Vigil...—, los procedentes de otros partidos —Pedro de Silva, Paz Fernández Felgueroso...— y los más identificados con el movimiento obrero, la base más fuerte y numerosa, como José Ángel Fernández Villa. Con el tiempo, la transversal minera acabó cristalizando en la corriente más disciplinada y organizada del socialismo asturiano (NE, 15.7.1995).

La base de la creciente influencia del sindicato minero sobre el partido socialista es el control de los municipios de las cuencas, las zonas de mayor militancia y mejor organizadas de Asturias (cfr. cap. VI.4). Por otra parte, les favoreció disponer de un gran número de delegados sindicales liberados, puesto que en HUNOSA se eligieron comités de empresa pozo por pozo, y además dominaba en la empresa una regulación de horas de acción sindical mucho más generosa que en otras. Hay que añadir la unidad interna, mayor comparativamente que la de los comunistas, cerrando filas tras la personalidad indiscutible del secretario general del SOMA Fernández Villa, que de esta forma dispone de influencia política más allá del espectro sindical. No en vano desde 1979 hasta 1994 él fue el único representante asturiano y el único obrero en el Comité Federal del PSOE. Como esta ala también podía defender una mayoría en la capital, Oviedo, prácticamente dominó el partido y el Gobierno hasta el cambio de de este último en 1995.

Esta fortaleza y su marcado carácter de partido obrero en comparación con el resto de España oculta, no obstante, el reverso de la moneda: la dificultad de la FSA (Federación Socialista Asturiana) para penetrar con más fuerza en las clases medias urbanas. Aquí es donde hay que registrar las pérdidas más importantes desde el punto álgido que supuso el éxito electoral de 1982 y 1983, e igualmente puede servir como explicación parcial de que entre los socialistas asturianos descollaran numerosos sindicalistas influyentes (p.ej., los secretarios generales de las federaciones estatales del metal, la minería y la industria química), pero que padecían un claro déficit de personalidades políticas. Es precisamente entre los influyentes representantes del ala del SOMA donde puede seguirse el rastro de una cierta reserva de carácter defensivo, el temor de que otros grupos y opiniones pudieran debilitar la posición propia, dificultando una eventual revitalización del partido. Respecto al electorado, esta debilidad podría compensarse parcialmente por los electores ganados en las zonas rurales tradicionalmente conservadoras («bono del Gobierno»).

> Las zonas eminentemente conservadoras de la Asturias rural y sus cabeceras de comarca, que representaban en 1977 únicamente un 16,8% de los votantes del PSOE y en 1982 suponían el 19,5%, llegarán a constituir un 27,6% en 1989. Obviamente, esto se corresponde con un incremento espectacular de los porcentajes de voto alcanzados en estas zonas, en las que pasa de niveles ligeramente por encima del 20% en 1977 a otros próximos al 50% en 1989... El PSOE se asienta, cada vez más, sobre un electorado compuesto mayoritariamente por pensionistas y población rural; en general, los sectores más pasivos, menos concienciados y peor informados (Vega García, 1994a).

Una oposición (a veces latente y a veces abierta) dentro del propio partido se agrupó en torno a los socialistas de la ciudad más grande, Gijón, cuya base tenía por un lado una influencia socialmente heterogénea, y por otro estaba influenciada por la federación del metal de UGT. Esta línea de conflicto emerge continuamente en temas controvertidos de todo tipo, ya sea una autovía, el emplazamiento de una central eléctrica, la ocupación de un alto cargo administrativo o la formación de una federación asturiana de municipios, y refleja la escisión generalizada del centro asturiano en costa y comarcas mineras.[10] Consecuentemente el corrimiento de fuerzas del interior a la costa también podría tener consecuencias dentro del partido. El secretario general de la Agrupación Socialista de Gijón, Francisco Villaverde, se manifestó respecto al estado de su partido con las siguientes palabras (NE, 25.10.94):

> Están demasiado lastrados por los demonios del pasado y tienen poca capacidad para enfrentar el futuro... El deterioro de las relaciones personales es muy antiguo y muy profundo. Además, en el partido se discute poco de política y mucho de cuestiones personales.

[10] Por ejemplo, se produjo un conflicto interno en el partido en torno a una resolución sobre el plan de reindustrialización de febrero de 1993. Un gran grupo de delegados criticó que se favoreciera a las cuencas mineras y HUNOSA frente al resto de Asturias y a ENSIDESA, cuyo futuro precisamente estaba en juego. Cincuenta políticos líderes de la FSA, entre ellos veinte alcaldes, presentaron un documento en el que, entre otras cosas, se decía: «el ejecutivo está secuestrado por el SOMA» y «el gobierno regional ha alcanzado cotas inimaginables de desgobierno» (cfr. NE, 1.3.1993).

En 1996 surgió una nueva crisis interna en el PSOE de Gijón por el acercamiento entre el alcalde gijonés Vicente Álvarez Areces y el líder del SOMA Fernández Villa, al cual se opuso el sector del metal de los socialistas gijoneses.

En el contexto global español, el peso de la FSA dentro del PSOE se ha ido reduciendo de forma continuada y ha alcanzado su punto más hondo con la pérdida del puesto de Fernández Villa en el Comité Federal del partido en 1994 y con la pérdida generalizada de influencia del sector proasturiano agrupado en torno al vicepresidente del partido Alfonso Guerra. Esto se completa con la derrota electoral de 1995 y los conflictos internos que ésta revitalizó, conformando un complicado panorama para el futuro del socialismo asturiano.

3) Los COMUNISTAS. Al igual que en todas las regiones urbanas e industriales de España, Comisiones Obreras había sido la fuerza social más importante en la lucha antifranquista, y había estado dominada por miembros del PCE también en Asturias. En consecuencia, el Partido Comunista era la organización política más fuerte al principio de la transición. «La vida política asturiana orbitaba en torno al PCE» (Vicente Álvarez Areces, en aquel entonces dirigente del PCE, actualmente en el PSOE y alcalde de Gijón, NE, 15.11.1995). No obstante, en la primera fase, hasta las elecciones de 1977, sufrieron grandes impedimentos, y no fueron legalizados hasta justo antes de las elecciones, sufriendo una clara discriminación por parte del Estado en comparación con otras fuerzas democráticas. No obstante, los comunistas cometieron un craso error precisamente en las elecciones de 1977, cuyos resultados superaron las expectativas más pesimistas. Los únicos parlamentarios asturianos fueron Dolores Ibárruri (La Pasionaria) y Wenceslao Roces, ambos octogenarios y recién llegados del exilio (Roces volvió a desaparecer sin previo aviso, justo después de ser elegido, y regresó a México); figuras históricas ambos —y en el caso de La Pasionaria, incluso mítica— del comunismo español, pero muy alejados de la realidad política de la época. De esta forma, el comunismo asturiano continuó en la práctica sin representación parlamentaria.

El punto de partida del comunismo había sido el movimiento obrero en alza en las cuencas mineras. No fue hasta los años setenta, al añadirse la fuerza de grupos intelectuales urbanos, cuando las detenciones de las cúpulas directivas llevaron temporalmente a estos grupos no obreros a la dirección de la organización clandestina. Entre los jóvenes intelectuales y la base obrera hubo continuos problemas de comunicación y tensiones, sobre todo en las cuencas mineras. El PCE experimentó una traumática crisis interna y una escisión, antes que en cualquier otra región española, cuando en marzo de 1978 (crisis de Perlora) abandonó el partido casi la totalidad de los dirigentes intelectuales urbanos. También el pequeño grupo de ortodoxos «prosoviéticos» aprovechó esta oportunidad para abandonar el partido matriz años antes que el resto de compañeros españoles. El PCE se convirtió de nuevo en un partido obrero prácticamente puro, y por esta causa en su evolución posterior hasta nuestras fechas ha estado estrechamente vinculado a CC. OO., lo que no quiere decir que la relación fuera armónica o con idéntica orientación. Más bien puede decirse que los mismos conflictos emergieron tanto en la vida del partido como en la del sindicato. En particular fue la relación con los socialistas, es decir, el apoyo del Gobierno socialista regional o de la cúpula negociadora de

UGT a los planes de reestructuración industrial la que produjo la escisión, tanto del partido como del sindicato. El hecho de que desde 1986 el PCE/PCA se presentara como candidato a las elecciones con el nombre de Izquierda Unida (IU), en el caso de Asturias no está unido a una ampliación notable de su base organizada o a una renovación programática, sino en todo caso a la incorporación de contadas personalidades independientes de izquierdas. IU es prácticamente lo mismo que decir PCA.

Teniendo en cuenta la fuerza que tuvieron dentro del movimiento antifranquista y los sindicatos, los resultados electorales de los comunistas en Asturias deben considerarse como una serie de derrotas, de las que si acaso cabe excluir a las cuencas mineras. Asimismo, sólo pudieron absorber parte del electorado urbano de capas medias progresistas que se había alejado paulatinamente del PSOE. Aun cuando desde el congreso que significó la escisión de Perlora en 1978, apenas hay grandes tensiones ideológicas dentro de los comunistas asturianos (a diferencia del conjunto del partido), las luchas de los sectores constituyen una constante de la vida interna de la organización e impiden una estrategia más coherente y asumida por todos, y probablemente también resultados electorales mejores. De todas formas, en comparación con el partido español en su conjunto, que en la primera mitad de los años ochenta pareció derrumbarse, los comunistas asturianos mantuvieron mejor el tipo.

Desde fines de los años ochenta los conflictos internos del partido giran en torno a la colaboración con el PSOE. Esta división perduró también después de la retirada del apoyo al Gobierno regional en noviembre de 1991. Por ejemplo, el «sector crítico» pudo aglutinar en el congreso del PCA celebrado en abril de 1992 más del 40% de los votos de los delegados. Las líneas de conflicto interno de los comunistas asturianos presentan muchas similitudes estructurales con las de los socialistas, si bien tienen un discurrir mucho más caótico debido a que disponen de estructuras organizativas menos centralizadas y debido a la mayor heterogeneidad de sus afiliados.

Junto a los tres grupos políticos más importantes hasta la fecha que hemos mencionado dentro de la Asturias democrática, en los primeros años de la transición hubo un sinnúmero prácticamente inabarcable de grupos políticos que irían desapareciendo uno tras otro o reduciéndose a la mínima expresión. Son dignos de mencionar, ante todo, el espectro radical de izquierdas centrado en Gijón y que contaba con alguna fuerza en Mieres. Por su parte, el centro no supo escapar de la derrota generalizada de sus grupos (a principios de los años ochenta, la UCD, finalmente, el CDS) en España. Por el especial interés que tienen para nuestro tema, queda por hacer alguna referencia al regionalismo asturiano, cuya debilidad ha sido lamentada en muchas entrevistas.

4) El regionalismo asturiano. En el paisaje político español los regionalismos y las tendencias independentistas nacionalistas relacionadas con las regiones desempeñan un gran papel respecto al Estado central. En Asturias el movimiento democrático de la transición también exigía «Libertad, Amnistía y Estatuto de Autonomía».

A pesar de ello los partidos regionalistas no pudieron lograr cuotas de afiliación significativas ni presencia parlamentaria. Igualmente muchos echan de menos esa fuerza regionalista habida cuenta de la falta de fuerza política y de la inminente derrota regional. «Falta un partido asturiano, autónomo, que represente y defienda a la región; un partido que no sea mera delegación provincial de un partido estatal» (ERA, 1994, Doc. de Trabajo 25, p. 137). Aquí surge siempre la comparación con el País Vasco y Cataluña, y con frecuencia también con otras regiones (Galicia, islas Canarias), regiones todas ellas a las que correspondió ejercer una influencia mayor sobre el Gobierno central debido a sus gobiernos regionalistas (cfr. cap. XI).

La debilidad y el origen foráneo de la burguesía asturiana se manifiesta también en la ausencia de corrientes nacionalistas regionalistas influyentes dentro de la historia industrial, donde dichos movimientos son soportados predominantemente por capas burguesas. Sin embargo, hacia el final del régimen franquista se fundaron en Asturias agrupaciones regionalistas que, no obstante, nunca fueron más que pequeños círculos de intelectuales. Ya entonces se hizo patente la desventaja de Asturias en comparación con el País Vasco como punto de partida de la interpretación de la crisis asturiana, ligado en todo caso a la teoría del «colonialismo interior» (cfr. Fernández, 1988, pp. 86 y s.):

> ... los grandes problemas que tiene planteados Asturias en la actualidad, son el resultado de su lamentable inexistencia como región, porque no existe un espíritu regionalista... La urgente necesidad de plantearnos seriamente el problema de una conciencia regional que nos libere de la actual situación colonial que padecemos (Juan Cueto en *Asturias Semanal*, 1973; cita en Brugos. 1994, p. 43).

El círculo aglutinado en torno a la revista *Asturias Semanal* y sobre todo en torno al grupo Conceyu Bable,[11] fundado en 1974 para ocuparse de la lengua y cultura asturianas, se convirtió en el punto de partida de la mayoría de los posteriores intentos de formación de un partido.[12] El centro de gravedad ideológico se desplazó de los temas económicos a los culturales, en particular al «concepto de llingua asturiana» (ibíd., p. 57) como catalizador de un movimiento regionalista. La mayoría de los partidos

[11] El bable es el nombre de la lengua asturiana o del dialecto asturiano. «No hay realmente una lengua o dialecto asturiano. Existen muchas hablas, muchos dialectos». «En Asturias, bable o asturiano o lengua asturiana son términos sinónimos con que se alude al romance autóctono hablado en el territorio.» (*Gran Enciclopedia Asturiana*, ed. Silverio Cañada 1970 y 1981; cita en Brugos, 1994, pp. 48 y 159; ver también Bauske, 1994). Las dos citas de ambas ediciones, contiguas en el tiempo, prueban la progresiva aceptación de la existencia de una lengua asturiana. A semejanza de la gallega y a diferencia de la catalana y vasca, la lengua asturiana era una suma de dialectos populares sin conotaciones políticas y que nunca fue reprimida por el régimen de Franco en su uso extradocente. Las capas altas y educadas hablaban castellano y el bable tenía preferentemente una imagen de elemento divertido y folklórico.

[12] Para una exposición detallada de la tradición y evolución del regionalismo asturiano, cfr. Brugos, 1994.

regionalistas eran de corta duración y escaso éxito (electoral), independientemente de la imagen política que se arrogaran en el espectro abarcado desde la izquierda radical hasta el centro.[13] Únicamente el Partíu Asturianista (PAS), fundado en 1986 por iniciativa de antiguos miembros del PSOE, logró una cierta continuidad y estabilidad. Desde 1991 dispone de un escaño en el parlamento regional.

Junto a la debilidad de la burguesía, podrán aducirse otras razones para explicar por qué nunca se produjo un movimiento autonómico fuerte. Entre ellas se cuentan las actitudes inconscientes pero muy racionales de ausencia de perspectivas políticas de una autonomía asturiana en vista del pequeño tamaño, el emplazamiento periférico y el débil peso económico de la región. Como se ha indicado, desde la industrialización Asturias vive una tradición de reclamación con relativo éxito de la protección del Estado centralista, que podría verse amenazada por las aspiraciones separatistas. La imagen de una población al servicio de la nación que, como contraprestación, recibe la protección de Madrid, emerge con fuerza de la conciencia regional hasta nuestros días, por ejemplo en la imagen de la deuda nacional (cfr. cap. XI).[14] Posiblemente los asturianos tengan frente a España algo de lo que el sociólogo griego Kyrtis analizó sobre la actitud de muchos europeos del sur respecto a la CE: «patriotismo de subvención» (Kyrtis, 1993, p. 479). Se exigen los privilegios de otras regiones miembro sin querer tomar conciencia del cambio de las condiciones generales. «Asturias es hoy ya una gran colonia de subsidiados» (Juan Vega en ElCom, 29.11.1995). La debilidad tanto política como teórica de los intentos de organización asturianistas del siglo XIX y de principios del siglo XX, que en parte sostuvieron mitos como el de «somos el origen de la nación española» (cfr. Brugos, 1994, p. 27), dificultó asimismo el nuevo inicio en la transición. La influencia dominante del movimiento obrero en la transición, es decir, en la fase decisiva de formación de las fuerzas políticas democráticas, también contribuyó a la marginación del «asturianismo», aun cuando algunos grupos de izquierdas flirtearon intensamente con posiciones autonómicas regionalistas.[15] Por último, hay que mencionar el «localis-

[13] Todos los grupos asturianistas de la transición se consideraron políticamente de izquierdas y buscaron una proximidad a la tradición del movimiento obrero. Algunos establecieron también vínculos con los grupos vascos radicales del espectro de ETA. Sólo a mitad de los años ochenta se conformaron partidos y agrupaciones que cabría encuadrar en el centro político (cfr. Brugos, 1994, pp. 128 y ss.).

[14] Uría (1994, p. 269) apunta que esta tradición tiene orígenes incluso preindustriales. El alto porcentaje de nobleza (en el norte la gran mayoría de la población tenía la condición de hidalgo, lo que otorgaba el derecho de acceso a los cargos públicos, una potestad que será aprovechada por miembros de la burguesía) y el funcionamiento de la universidad causaron una sobrerrepresentación de Asturias en la burocracia ilustrada borbónica con el consiguiente trato de favor del gobierno central para con la región.

[15] Siguiendo en parte tendencias de otras regiones españolas, muchos grupos asturianos de izquierdas «regionalizaron» y «autonomizaron» su discurso político en la transición. El PCE adoptó el nombre de PCA (Partido Comunista de Asturias) y grupos radicales de izquierda como el Movimiento Comunista pusieron en el centro de su discurso contenidos regionalistas. El primer presidente electo del Gobierno asturiano, Pedro de Silva, que había mantenido posiciones decidamente regionalistas, las abandonaría

mo» dentro de Asturias como obstáculo para que la región se uniera cerrando filas tras un proyecto de autonomía política común.

Asimismo, la exigencia de más independencia de la política asturiana frente a un gobierno central, manifiesta en la crítica al «sucursalismo» de los gobiernos socialistas (un concepto acuñado en los años setenta por grupos regionalistas; cfr. Brugos, 1994, p. 65), fue adquiriendo un peso cada vez más creciente. También el establecimiento de los símbolos asturianos (el actual himno, *Asturias, patria querida*, era considerado en los años setenta como una canción poco digna de tomarse en serio para cantar en una cena de amigos; el escudo se convirtió en el emblema de la bandera asturiana; y el 8 de septiembre,[16] en el Día de Asturias) y las tradiciones culturales hay que valorarlas como éxito político de los grupos regionalistas. En 1981 se fundó la Academia de la Llingua y, posteriormente, se introdujo el bable como opción voluntaria en la educación obligatoria. Un total de 16.560 alumnos y alumnas de escuela primaria y secundaria seleccionaron la lengua asturiana como lengua docente (NE, 17.7.1995). Escritores, grupos musicales y de danza, pero sobre todo un auge de la conciencia regionalista, certifican una influencia consolidada de las corrientes regionalistas en la Asturias actual. Sin embargo, como movimiento político en sentido estricto continúa siendo el blanco de las risas. «El actual 'asturianismo' es, lamentablemente, puro folclore» (Junceda, 1994, p. 94). No obstante, recientemente el Partido Comunista está esforzándose por incorporar con mayor intensidad elementos regionalistas, aparentemente con la esperanza puesta en nuevos potenciales electores. En un informe sobre una manifestación celebrada en Gijón «Pleno empleo, reindustrialización y cultura asturiana. ¡Basta! Por Asturias», se dice lo siguiente sobre el secretario general del PCA y de IU Gaspar Llamazares:

> Llamazares faló n'asturianu... La d'ayeri nun yera la primera intervención pública n'asturianu de Gaspar Llamazares —ya faló nun congresu del PCA— y, de xuru, habrá otres. Otros políticos tendríen de seguir l'exemplu (ElCom, 22.12.1995).

---

pronto sin embargo, una vez en el ejercicio del cargo. Entre otras cosas, exigió el traspaso de las empresas asturianas del INI al sector público asturiano (cfr. de Silva, 1976, pp. 102 y s.). «Lo que deben preguntarse los asturianos es, simplemente, si existen razones suficientes para sobrevivir como región, esto es, como colectividad, o ha llegado la hora de la dimisión histórica. En el primer caso deben empeñarse, sin demora, en la recuperación de su protagonismo comunitario en el concierto de los pueblos, y el camino hacia ese objetivo comienza con la cristalización de un movimiento regionalista, de signo autonomista» (ibíd., p. 112).

[16] Sobre el día de la festividad nacional asturiana hubo un abierto debate entre los asturianistas: el «victorioso» 8 de septiembre es el día de la sagrada Covadonga, del mito de la reconquista sobre la recristianización de la península ibérica a partir de Asturias combatiendo el dominio musulmán. En su intento de inventar historia nacional, otros grupos como el Conceyu Bable defendieron con intensidad la fecha del 25 de mayo, el día de la declaración de guerra a la potencia francesa invasora por la Junta General de Asturias en 1808 (cfr. Brugos, 1994, p. 116).

Por cuanto respecta a los sindicatos de Asturias, emergen en todas las partes de nuestro estudio como agentes centrales y ya se ha aludido a ellos en su relación con los partidos, por lo que aquí nos vamos a limitar a hacer algunas observaciones generales. La Asturias industrial está, con toda seguridad más que cualquier otra región española, marcada por la influencia de los sindicatos, y la relación de las organizaciones de los trabajadores con la política y con la economía (nacionalizada) es comparativamente estrecha. Así muchos alcaldes, directores de la Administración, vocales de consejo de administración de empresas públicas dependen del apoyo de los sindicatos, entre los que predomina la influencia de la UGT.

Tabla 16: **Resultados de las elecciones sindicales en Asturias**

(Número de delegados y porcentaje)

	CC. OO.	UGT	USO	Otros	No afiliados	Total
1978	1.879	1.542	146	169	446	5.204*
%	36,1	29,6	2,8	3,2	8,6	
1980	1.952	1.967	241	318	600	5.078
%	38,4	38,7	4,7	6,3	11,8	
1982	1.795	2.108	188	439	349	4.879
%	36,8	43,2	3,8	9,0	7,2	
1986	1.653	2.351	189	388	167	4.748
%	34,8	49,5	4,0	8,2	3,5	
1990	2.160	3.239	255	640	92	6.386
%	33,8	50,7	4,0	10,0	1,4	
1995**	2.063	2.562	279	705		5.692
%	36,2	45,0	4,9	11,1		

*No consta afiliación de 1.022 delegados.
**Datos provisionales, no se distingue entre «otros» y «no afiliados».
Fuente: Vega García, 1995, p. 323; NE, 15.12.1995.

De acuerdo con la estructura económica predominante, son las asociaciones mineras y del metal las que determinan la vida de sus asociaciones matrices. En las cuencas mineras se consolidó rápidamente un bisindicalismo ejercido por los dos sindicatos, SOMA-UGT y CC. OO., de implantación similar, un modelo sindical que se impuso también en la inmensa mayoría de las empresas regionales. En los servicios públicos los sindicatos tuvieron que enfrentarse a una creciente competencia de las asociaciones profesionales corporativistas, al igual que en el resto de España. Algo destacado fuera del marco general es el caso de Gijón, que presenta un panorama sindical diversificado (cfr. cap. VIII). En el antiguo feudo de los anarquistas, durante la transición se produjo un *boom* de las agrupaciones políticas radicales y una conspicua actividad política que también se vio reflejada en los sindicatos. En muchas medianas empresas de carácter industrial los trabajadores conservaron una actitud luchadora que se manifestó en prolongados y violentos conflictos, sobre todo a principios de los años ochenta. En este sector a fines de los años setenta se formó una ala crítica de CC. OO. que en 1981 se escindió con el nombre de Corriente Sindical de Izquierda (CSI) y que continúa teniendo influencia en nuestros días en algunas empresas gijonesas (cfr. Vega García, 1991). Por otro lado, la USO pudo continuar renovándose en Gijón, incluida ENSIDESA, a pesar de varias pérdidas decisivas de activistas y afiliados. Por contra, en el transcurso del tiempo otros sindicatos menores, como los dos anarcosindicalistas, CNT y CGT, fueron perdiendo importancia hasta reducirse casi a un mínimo insignificante.

Después de su separación de los grupos obreros católicos y de la USO a fines de los años sesenta, CC. OO. se convirtió de facto en una organización de base del PCE. Este hecho depararía en el futuro al sindicato otras líneas de conflicto adicionales a las propias luchas internas (p. ej., la aceptación de los Pactos de la Moncloa impuesta por la dirección del partido en 1977 o el extremadamente controvertido debate en torno al apoyo del gobierno de los socialistas por parte de IU en 1987) y además produjo una salida de dirigentes cualificados hacia la política (el ejemplo más relevante es el del minero Gerardo Iglesias, que desde 1982 hasta 1988 fue secretario general del PCE y de IU) (cfr. Vega García, 1995).

El paso de un movimiento clandestino con objetivos revolucionarios a un sindicato oficial en el marco de una democracia capitalista fue para CC.OO. un proceso complicado de conflictos, escisiones, decepciones y pérdidas. La debilidad política de los comunistas les planteó la permanente tentación de compensarla en el campo sindical, por ejemplo mediante huelgas y movilizaciones contra la política de los socialistas.

Hasta 1986 CC. OO. persiguió en toda España una oposición frontal contra los socialistas. Después de las elecciones sindicales se impuso un cambio orientado hacia la unidad de acción con UGT, que fue facilitada por el creciente distanciamiento del sindicato socialista con respecto al Gobierno. A consecuencia de ello, en esta fase se formaron sectores internos determinantes y distribuciones de fuerza igualmente decisivas. El apoyo a la minoría socialista en el Gobierno ofrecido por IU en 1987 y el nuevo plan de HUNOSA escindieron el sindicato (al igual que Izquierda Unida) en un sector «oficialista» y uno «crítico». Se formó una oposición, sobre todo en las comarcas mineras, que se movilizó contra los planes de HUNOSA y rechazó la unidad de acción con el SOMA. A nivel regional los conflictos evolucionan de forma muy cambiante y no siempre fácilmente reproducible. La cristalización de un sector crítico a nivel nacional podría haber seguido atizando los conflictos en CC. OO. de

Asturias, y contribuyó en 1995 a la retirada del que había sido durante muchos años secretario general, Emilio Huerta *Triqui*. En comparación con UGT, CC. OO. ofrece hasta hoy día una imagen mucho más heterogénea, rica en conflictos y a menudo confusa.

En conjunto la UGT, al igual que el PSOE, logró elevarse afanosamente con sorprendente velocidad desde una insignificancia fáctica hasta convertirse en una fuerza hegemónica en el marco del bisindicalismo. La falta de tradición antifranquista reveló no ser una desventaja, puesto que la reconstrucción organizativa pudo avanzar con pocas fricciones internas y los socialistas tenían una imagen que no sufría la carga del pasado. En una situación de amnesia colectiva de las pasadas disputas entre la dictadura y la oposición democrática, rasgo distintivo de la transición española, la ausencia en la lucha clandestina se convirtió súbitamente en una ventaja. Al principio, varios retornados del exilio y la emigración desempeñaron un papel importante gracias a sus experiencias sindicales adquiridas en el norte de Europa. De los países del norte de Europa no sólo provino un flujo de consejos y experiencias, sino también gran cantidad de dinero y ayuda logística de organizaciones amigas.

Además de la «memoria histórica», a la larga dictadura también habían sobrevivido tradiciones familiares directas de los socialistas en las comarcas mineras, donde el proceso de reorganización transcurrió con máxima agilidad. Para estupefacción de CC. OO., el SOMA logró ganar las primeras elecciones sindicales en HUNOSA. Mientras el SOMA pasó a ser la fracción mayoritaria en la FSA, dentro de la UGT asturiana ha continuado ocupando hasta hoy día una posición minoritaria frente a la mayoría controlada por la federación del metal. El sector del metal cuenta, además de ENSIDESA, con gran número de medianas empresas asturianas, cuya base garantiza desde 1979 la mayoría a la federación correspondiente de UGT (el actual secretario general del metal de UGT en España asumió en aquel entonces la presidencia de la UGT asturiana). En vista de las estables relaciones de fuerza, junto a los insuperables antagonismos, dentro de la UGT asturiana se estableció un pacto de silencio en el que cada sector respetaba el terreno de los demás.

Entre las características comparativamente más típicas de la evolución asturiana se cuenta un alto grado de movilización social, incluso en la democracia, siempre en torno a la problemática del trabajo en la industria y en cuyo centro se situaban los sindicatos.

En lugar de libertades sindicales, sueldos mayores y condiciones de trabajo más humanas, iba pesando cada vez más la defensa de las empresas y los puestos de trabajo, y desde el final de los años ochenta, la exigencia de reindustrialización. Fueron sobre todo las minas de carbón y los astilleros gijoneses los que se convirtieron en escenarios de violentos conflictos sociales que acabaron dirimiéndose por la fuerza en la calle, donde los obreros y sus familias se defendían contra los cierres que se avecinaban. El año de 1991 constituye un punto álgido de la movilización social. El 23

Tabla 17: **Evolución de las huelgas en Asturias**

Año	Huelgas	Horas perdidas en miles	Incrementos en %	Trabajadores implicados
1979	137	6.623		260.486
1980	110	4.791	-27,6	95.555
1981	170	1.686	-64,8	138.626
1982	134	2.531	50,1	189.904
1983	123	2.266	-10,4	160.646
1984	119	4.072	79,6	224.830
1985	144	2.280	-44,0	192.741
1986	160	1.434	-37,1	59.976
1987	205	3.839	167,7	220.786
1988	221	2.183	-43,1	232.196
1989	189	1.102	-49,5	63.269
1990	190	1.322	20,0	80.256
1991	226	5.436	310,9	560.314
1992	155	6.618	21,8	381.615
1993	103	1.336	-79,8	125.933
1994	93	389	-70,9	278.830

Fuente: Ministerio de Trabajo.

de octubre la región quedó paralizada por una huelga general en favor de la reindustrialización y el mantenimiento de los puestos de trabajo, y Asturias vivió la mayor manifestación de su historia con más de cien mil participantes. En las Navidades siguientes los dirigentes de los sindicatos mineros se encerraron en el pozo Barredo como protesta contra los inminentes cierres de las minas de carbón. Finalmente, en octubre de 1982, los sindicatos del metal de Asturias y del País Vasco organizaron una marcha de protesta de dieciséis días de duración a Madrid («marcha de hierro», cfr. cap. V.5) en favor de la conservación del sector siderúrgico integral.

Asturias permanecía durante toda esa época en la punta de lanza del movimiento obrero español, siendo la región con mayores tasas de afiliación y de actividad sindical. A la labor constante y a veces hasta emocionante de los militantes de CC. OO. se debe en gran parte el fuerte arraigo de una cultura sindical en esta región, donde los políticos y empresarios se ven obligados a escuchar y respetar la voluntad de los trabajadores, aunque no siempre en el grado deseable. Movilizaciones espectaculares como el encierro en el pozo Barredo en Navidades de 1991 y la Marcha de Hierro en otoño de 1992, llamaron la atención en todo el país hacia los problemas regionales del Principado. Muchos dicen con acierto que Asturias se salva del olvido de una región marginal gracias a la fuerza de sus sindicatos. (Köhler, 1995b).

Las duras luchas por la conservación del trabajo y el futuro de la región sin apoyo y sin contrapartida en otros agentes regionales, unido a una cultura de medios de comunicación en la que las protestas masivas pacíficas encuentran menos eco que las destrucciones violentas, también tuvieron efectos secundarios problemáticos:

> Barricadas, cortes de carretera, petardos, encierros, la retención de algún directivo, en fin, como se suele decir, mucho ruido y pocas nueces. La fuerza obrera no se puede medir por el numantino baremo de las cargas policiales que pueda aguantar sino por su capacidad para influir allí donde se tomen decisiones que afecten a los trabajadores. La insistencia en los mismos comportamientos ha creado, además, una vertiginosa espiral que inducía a extremar cada vez más las acciones para que siguieran teniendo eco en unos medios de comunicación (Ramón García Piñeiro, NE, 30.4.1994).

La actividad sindical en Asturias está fuertemente concentrada en dos puntos, las cuencas mineras y Gijón, frente a los cuales el resto de la región, incluida la ciudad siderúrgica de Avilés y la capital, Oviedo, contrastan desfavorablemente. El propio Gijón despertó con retraso en el tiempo y así se benefició de la afluencia de obreros procedentes de las cuencas mineras. Junto a la concentración sectorial y territorial hay que constatar también una concentración generacional, que en un futuro inmediato enfrentará a los sindicatos a problemas serios. Las actividades y organizaciones son soportadas por el grupo de edad comprendido entre cuarenta y sesenta años, cuyo paso a la pre-jubilación es inminente sin que en la situación reinante de desempleo temporal y precarización de las condiciones de trabajo pueda crecer el relevo. Expresándolo de forma exagerada, a los sindicatos asturianos les amenaza la jubilación anticipada, y a la región la pérdida de sus agentes sociales más fuertes.

La pérdida de importancia de los sindicatos se manifiesta también en una actitud de la población cada vez más crítica, o cuando menos distanciada, particularmente entre la juventud. Aquí se entremezclan varios fenómenos, comenzando por las tendencias generales de corte neoliberal y antisindical y llegando hasta críticas concretas a la práctica sindical en la región, por ejemplo el omnipresente enchufismo. De esta forma, la influencia de los sindicatos, duramente ganada en la región, se les vuelve parcialmente convertida en crítica, al hacerles corresponsables de los problemas de la región. Esto afecta de forma muy especial al SOMA y a su secretario general, Fernández Villa.

> La idea —que parece bastante generalizada en Asturias— de que el gobierno regional está determinado en su política por un sindicato es fatal para la imagen de dicho gobierno, por mucho aprecio que se sienta por tal sindicato. Pero es también fatal para la imagen del sindicato mismo, porque ese poder excesivo que se le atribuye le hace aparecer objetivado como un obstáculo, como un factor retardatorio, en vez de como un agente social en concurrencia con otros (ERA, 1994, Doc. de Trabajo 25, p. 157).

Un ejemplo de la centralidad del trabajo industrial en Asturias es también la especial cercanía de la Iglesia asturiana al movimiento obrero. El acercamiento se había iniciado en el movimiento democrático antifranquista con los denominados «curas obreros» y los grupos obreros católicos, una clara ruptura con una tradición en la que la Iglesia siempre había estado del lado del poder autoritario, mientras que el movimiento obrero siempre había mostrado reacciones fuertemente anticlericales. En contra de lo ocurrido en la mayoría de regiones españolas, la pastoral obrera continuó viva en Asturias hasta nuestros días, y ha disfrutado del abierto apoyo del arzobispo de Oviedo, Gabino Díaz Merchán.

La democratización significó para el empresariado asturiano una agudización más de su debilidad social. Con la crisis y la nacionalización de la industria en los setenta se cernió sobre Asturias un clima hostil al empresario (condicionado en parte por la experiencia y en parte por la fortaleza de grupos políticos de izquierda). Sus déficit de organización y su debilidad económica para ser competitivos se hizo patente en contraposición a los fuertes sindicatos ya legalizados y al predominio político de los partidos de izquierda. Sintieron la democratización como un ataque a sus posiciones consuetudinarias y, en consecuencia, reaccionaron a la defensiva con poca disposición para colaborar en una nueva economía y sociedad regionales democráticas. Encontramos pruebas de ello en nuestras entrevistas con representantes de esta generación de empresarios:

> 2: Hay dos etapas : una, durante la dictadura de Franco, y otra, la de la vida democrática que es la que estamos viviendo ahora. Son dos etapas totalmente distintas. Los que estamos aquí nos hemos iniciado en la época de la dictadura, y los que han caído en la época democrática… Yo, después de la experiencia, he visto que se promovía más, o era más fácil, ser empresario… se hizo un estatuto del trabajador, pero ahora parece ser que se necesita un estatuto del empresario… él es el dueño de todo. Pero en el momento que metió veinte trabajadores, matemáticamente dio el salto del ángel y pudo haberlo perdido todo. Después de haber tenido una idea, una ilusión y un gran interés en invertir… Lo cual lleva al razonamiento siguiente: que en este país, tal como vamos y tal como estamos desde hace bastante tiempo, y yo diría que desde hace catorce años, diría que mejor coger el dinero y ponerlo a plazo fijo y no arriesgar nada. Los que arriesgan hoy son verdaderos héroes.
>
> 3: Lo único que nos abraza son los bancos, la seguridad social y hacienda.

4: Llevo cuarenta y ocho años de empresario. Prácticamente desde que nací soy empresario... Yo soy apolítico, pero, desde que murió Franco, todos los sindicatos tenían sus empleados en mi empresa e iban a destruir a la empresa... No defiendo al franquismo, pero vamos a ser realistas... Lo cierto es que no había tantos automóviles como hoy pero se hicieron automóviles, se hicieron carreteras, pantanos, que no se hizo ninguno más después de aquellos. Pero es que ahora nos llenan de impuestos del orden de la mitad de lo que ganas... Había un dicho, hace unos años, que se decía cuando llegó el divorcio: ahora te consigues deshacer hasta de la mujer, pero del trabajador que tienes no te puedes deshacer.

1: Sabes que escasea el oso pardo asturiano. Sabes que se parece mucho a los empresarios asturianos y se diferencia en que una de las dos especies está protegida por la sociedad (Intempr.).

A esto se añadió la intensificación de la presión de competencia debido a la apertura de la economía española, es decir, que se suprimieron paralelamente las dos verjas protectoras franquistas que había en torno al empresariado, y simultáneamente se intensificó el control fiscal.

Nosotros teníamos «derechos de abonados» y esto quiere decir que desde fuera no te podían meter cualquier cosa. Tú ten en cuenta que aquí para la mayoría de las cosas era el cuarenta por ciento, y operando con un cuarenta por ciento, ese billete, por muy mal que tú lo hagas, tú el cuarenta por ciento lo tienes de más. Ahora te ha desaparecido todo lo que es derecho de aduana, y yo no digo que esté mal, lo que digo es que hay que cambiarlo a otro para que pueda funcionar. Ahora te encuentras con unos precios de países como Francia, Alemania, Inglaterra, o Italia, por decir otro, con una producción de cualquier producto que tú estés vendiendo aquí en unas cantidades verdaderamente brutales; nosotros no podemos competir con ellos (Intempr.).

La dependencia de pedidos públicos, ya sean del Estado o del INI, una estructura atomizada de las pequeñas empresas y un nivel tecnológico bajo, caracterizaron la estructura empresarial privada asturiana, que además despertó en la población pocas esperanzas de desempeñar un papel revitalizador debido al cambio estructural y a la internacionalización de la economía. El discurso de moda de la promoción de los potenciales endógenos para levantar un tejido empresarial de pequeñas empresas innovadoras y flexibles (cfr. cap. X) no encontró eco en Asturias. A este respecto los dos dirigentes sindicales del sector siderúrgico público declararon:

El tema de las privatizaciones, mira, sé de dónde vengo y sé por qué somos públicos. Y no estamos en una empresa pública por guapos, como cree la gente. La empresa pública primero era privada, y la Fábrica de Mieres era del conde, y yo conocí una empresa donde el conde tenía desde jardinero a siete niñeras, dos planchadoras y catorce chóferes en plantilla (secr. de secc. sind. de CC. OO. de ENSIDESA, José Ramón Laso Castaño, entrev. propia).

—¿Por qué tienen tanto rechazo a que se privatice la siderurgia?

—Por la historia. Un hombre puede perder muchas cosas, pero no la historia. A la siderurgia le pasó lo mismo que a las minas y cuando los privados no pudieron dar respuesta... hubo que hacer público el sector... Si eliminásemos la minería y la siderurgia podríamos pasar de tener un millón de habitantes a cuatrocientos mil... la mayoría de capital público es la única garantía de continuidad (secr. gen. de la UGT-Gijón, Justo Rodríguez Braga, NE, 19.11.1995).

«La cultura de lo público ha transcendido... contagiando al conjunto del empresariado regional» (ERA, 1994, Doc. de Síntesis, p. 73). El 95% de las empresas asturianas son pequeñas empresas con menos de veinticinco empleados (ibíd.) y la mayoría de ellas se mueven en el entorno de las grandes empresas públicas (proveedores, suministradores o subcontratistas), en mercados locales o en el sector de la construcción, con una fuerte dependencia de los pedidos públicos. Otro rasgo característico de los empresarios privados asturianos es la reducida actividad que desempeñan en I+D y la falta de cooperación con otras empresas y entidades públicas. Sus exigencias políticas no se concentran tanto en la modernización de la realidad económica asturiana sino en la lista tradicional de prioridades, como reducción salarial, facilidad del despido y reducción de la presión fiscal.

Las empresas asturianas desarrollan una estrategia competitiva que se caracteriza por fabricar los productos al coste más barato posible, para ofertarlos en el mercado a un precio igual o inferior al de la competencia. A su vez, tienen unas estructuras organizativas rígidas con unos puestos de trabajo descualificados y ejercen un liderazgo autocrático, por lo que no consideran positiva la participación de los trabajadores en la resolución de los problemas de la empresa. Las empresas asturianas no sienten, pues, la necesidad de invertir en tecnología y mucho menos en formación (Fernández Sánchez, 1994, p. 905).

La debilidad y el retraso del empresariado asturiano, unidos a una imagen negativa, adquieren rasgos parcialmente cíclicos. El proceso social de cambio y reconversión de la transición privó al empresariado de una generación que aportara impulsos. La generación de la transición, que actualmente ocupa posiciones directivas en la sociedad, apenas está representada entre el empresariado (cfr. Mazón, 1994, p. 1.026). Esta generación se orientó a la política, a las grandes industrias o a la Administración. Con ello faltaba precisamente esa generación que podía haber favorecido el auge de los años ochenta para la creación de empresas y la innovación. El cambio del discurso político, que desde finales de los años ochenta se centró en iniciativas de futuro para los pequeños y medianos empresarios, antes marginados, no encontró un caldo de cultivo social en Asturias.

Hay una frase que está en la calle continuamente por parte de los políticos y de los sindicalistas del todo el mundo que dice: hacen falta empresarios, y eso no se decía hace unos cuantos años. Ahora se dan cuenta que hacen falta empresas y dicen también que empiecen los empresarios. Eso es no tener idea de economía (Intempr.).

Para concluir este resumen de los grupos sociales y agentes más importantes de la Asturias industrial hay que recurrir a una cita para poder establecer el necesario contraste sobre la percepción que de Asturias se tiene en el exterior, y confirmar simultáneamente qué agentes y sectores son los que representan a la región hacia el exterior. En el periódico de la región vecina de León (la segunda cuenca minera más importante de España después de Asturias), *Diario de León*, con motivo del nuevo plan de reordenación del sector del carbón, se publicó el 21 de abril de 1995 un comentario titulado «Primar el caos, penalizar la gestión» con las siguientes frases:

En el año 1991 existían 11.521 trabajadores en las minas de carbón, que producían más de seis millones de toneladas. En Asturias, paralelamente, casi 24.000 empleados no alcanzaban la misma cifra. Y, sin embargo, el proceso de reordenación, la destrucción de empleo minero, se inició en León y no en Asturias... La reordenación no se está desarrollando de acuerdo con criterios objetivos, sino en función de la resistencia social que el Gobierno encuentra o teme... Tal vez el problema fundamental sea que León, los leoneses, no tenemos conciencia colectiva de lo que nos jugamos en este envite, algo con lo que cuentan los asturianos, defensores de lo imposible en cuanto les tocan el bolsillo y su renta... Resulta evidente que nos encontramos ante una sociedad, la asturiana, más dinámica y ante unos poderes públicos que muestran una mayor «sensibilidad» social hacia el Principado, tal vez bajo la influencia de un pasado de lucha social.

Esta cita podría proceder prácticamente con las mismas palabras literales de un asturiano hablando sobre el País Vasco, y prueba una cierta jerarquía española del «agravio comparativo». También hay otras reacciones[17] que muestran que, en vista de las enormes subvenciones públicas y las enormes prestaciones sociales, con frecuencia Asturias es considerada en otras regiones con envidia y en ningún modo como una región políticamente débil, en claro contraste con las percepción interna asturiana. Asimismo, esta percepción exterior confirma la unilateralidad y la debilidad, tanto «política» como «empresarial», que hemos constatado nosotros. En pri-

[17] Ver, por ejemplo, las manifestaciones del prestigioso historiador económico Gabriel Tortella: «En Asturias ganan dinero los bancos gracias a los prejubilados del Estado y a los intereses de sus anticipos a las empresas públicas... Cuando los asturianos marcharon sobre Madrid, fueron aplaudidos por las calles, es como si hubiesen aplaudido a quien les roba la cartera... Los que estaban en la marcha de los trabajadores sobre Madrid eran listos y los que aplaudían a su paso por las carreteras y las calles de las ciudades eran tontos» (NE, 17.10.1994).

mer lugar, Asturias es percibida como una región minera, aun cuando los obreros del sector siderúrgico económicamente importante se manifiestan en Madrid, y en segundo lugar como región sindical y luchadora. El Estado central «narcotiza» a Asturias con subvenciones y sueldos de jubilación anticipada por miedo a las revueltas sociales de los mineros.

El cambio cultural de Asturias en el transcurso de su declive industrial es objeto de los siguientes capítulos y aquí sólo vamos a desbrozarlo brevemente. Su característica más llamativa es el paralelismo espacio-temporal con la evolución industrial real. Una larga fase de resistencia interna contra los cambios que se presumían necesarios o inevitables, se transformó a finales de los años ochenta en desorientación y desesperanza, en vista del desmoronamiento de los pilares que habían sustentado la mentalidad del pasado. La pérdida de seguridad de los puestos de trabajo industriales públicos entona el réquiem por el fin del funcionario industrial. Éste había conjugado la cultura de la producción industrial con la mentalidad funcionarial, y ambas se alejan ahora de él.

Quien con toda seguridad ve más claramente el final de la Asturias industrial protegida por el Estado es la juventud. Ésta se encuentra en un vacío de orientación donde pierden vigencia todos los valores de la generación de sus padres. Además, como consecuencia inmediata de la situación del mercado de trabajo, es frecuente que la juventud se prolongue hasta superar con frecuencia la edad de treinta años, edad mínima en la que generalmente pueden abandonar la casa paterna, fundar su propia familia y alcanzar la correspondiente estabilidad económica (cfr. cap. VII). Esta situación se intensifica adicionalmente por el estado del mercado de la vivienda, cuya escasa oferta, para personas con bajos ingresos, de viviendas en régimen de alquiler obliga, de facto, a optar por el régimen de propiedad. Esta situación supone una carga de nuevos problemas para las familias.

Otro problema de la juventud es su ausencia en las instituciones y órganos sociales que toman las decisiones. El retraso o los obstáculos para acceder a la población activa se prolongan en todos los ámbitos sociales como la otra cara de la moneda del «envejecimiento», que emerge por doquier en nuestro estudio como elemento de la crisis regional. Se lamenta siempre la falta de relevo generacional, ya sea en el valle minero de Turón, en la agricultura, en las empresas HUNOSA, ENSIDESA y Suzuki, en los pequeños empresarios autóctonos, o en los partidos y sindicatos. Esto se completa con el giro palpable de las tasas de natalidad de los años sesenta y en la emigración que se inició debido a la falta de perspectivas profesionales. De esta forma la brecha territorial se intensifica demográficamente, puesto que la juventud relativamente receptiva se concentra mayoritariamente en Oviedo y Gijón. El «sobreenvejecimiento» social y cultural de la sociedad asturiana es de esta forma superior al meramente estadístico. Hasta ahora no ha surgido un sustituto orientador contra la amenazante pérdida de identidad industrial.

III.5. ASTURIAS: ¿UNA REGIÓN DE ANTIGUA INDUSTRIALIZACIÓN CLÁSICA?

«La economía asturiana... ejemplifica justamente el prototipo de regiones de tradición industrial en declive» (Ojeda/Vázquez, 1988, pp. 129 y s.). «Asturias tiene en su estructura económica los rasgos de identidad prototípicos de las viejas áreas industriales y vive una crisis que ha de ser conceptualizada en el marco del fenómeno del declive de las regiones de tradición industrial» (Vázquez, 1994, p. 673). Estas citas de dos de los más ilustres economistas de la región sirven de ejemplo para la tónica general que sitúa a Asturias como caso paradigmático de regiones industriales en declive.

Nuestros estudios han colocado algunos signos de interrogación y han introducido algunas correcciones en estos tópicos tan extendidos, que si bien no desprenden a Asturias en general de la categoría de las antiguas regiones industriales, sí ponen fuertemente en tela de juicio su carácter paradigmático. Con toda seguridad en la Asturias industrial predominan los sectores industriales «antiguos», que en los países altamente desarrollados se encuentran sujetos a una reestructuración que destruye puestos de trabajo. Pero ante todo en Asturias se concentra un alto grado de centralismo en el trabajo industrial, sin parangón en otras antiguas regiones industriales. La imagen interior y exterior, todos los agentes sociales y políticos predominantes, los factores que componen la identidad de la región caracterizan a Asturias como una región de antigua industrialización. Por lo tanto en la actualidad comparte los problemas estructurales característicos de este tipo de regiones.

En comparación con las antiguas regiones industriales paradigmáticas del noroeste de Europa, Asturias presenta sin embargo diferencias sustanciales que la hacen parecer más un enclave industrial que una antigua región industrial. Asturias no fue nunca un motor dentro del desarrollo español capaz de convertir su fuerza económica en un papel de liderazgo nacional. En lugar de ello, su desarrollo económico dependió fuertemente del exterior y fue siempre precario. Nunca ha desempeñado un importante papel a nivel suprarregional, ni política, ni cultural, ni socialmente, y siempre ha dependido de centros de decisión exteriores. A esto se añade una posición geográfica marginal apartada de los flujos de tráfico económico nacional e internacional, y un valor absoluto bastante reducido de la Asturias industrial, rodeada de zonas agrarias retrasadas. Nuestro análisis histórico ha mostrado que la posible vía que llevaría a Asturias a convertirse en un centro de industria pesada en el contexto nacional e internacional se quebró inmediatamente después de instaurarse una reindustrialización retardada.

La sociedad asturiana se diferenció de las de los centros industriales líderes por tener estructuras de clases subdesarrolladas y por el relativo carácter perenne de las características industriales. Fue sobre todo la burguesía industrial, como clase central de las viejas regiones industriales, la que en Asturias sufrió un subdesarrollo crónico. En Asturias tampoco pudo alcanzarse la coherencia sectorial y territorial de un centro de la industria pesada, dado que el complejo minero y del acero ya se había derrumbado en el siglo pasado y el procesamiento industrial posterior había emigrado a otras regiones. Además, las condiciones políticas y económicas generales de España inhibieron un desarrollo social industrial en gran medida y cargaron a Asturias con una tradición de irracionalidades de política económica y con las consecuencias de un Estado autoritario. Estas podrían ser algunas de las razones centrales que movieron al antiguo presidente de Gobierno y destacado intelectual de Asturias, Pedro de Silva, a efectuar el siguiente juicio que cierra nuestro capítulo:

> El semidesarrollo económico de Asturias se encuentra asociado a su naturaleza de región periférica, es decir, al hecho de que no constituye un complejo industrial y económico, sino un satélite destinado a monoproducciones básicas, que exporta a los verdaderos centros consumidores de fuera de región. A su vez esta circunstancia trae causa, en buena medida, de la insularidad de la región asturiana, virtualmente incomunicada del resto del país (de Silva, 1982, p 115).

Capítulo IV

La reconversión industrial de Asturias

Por José Manuel Agüera Sirgo

Asturias, que desde hace ciento cincuenta años viene centrando su desarrollo económico en el sector industrial, ha asistido atónita al declinar sin fin de su industria en las últimas décadas. Desde el período 1967-1973, la coyuntura económica internacional comenzó una larga recesión derivada de tres crisis simultáneas: financiera, energética e industrial. Profundos procesos de sobreacumulación cristalizaron en caídas muy importantes de la capacidad utilizada, obligando a acometer políticas de ajuste y reestructuración que aún continúan. En España, estas políticas se aplicaron tarde y, en muchos casos, mal, con el consiguiente agravamiento del problema. Las ramas que con mayor dureza sufrieron el impacto de la crisis fueron la minería, la siderurgia, la construcción naval y las ramas derivadas y conexas, precisamente las que tenían una mayor implantación en Asturias, por lo que esta región fue, quizás, la región española y europea que sufrió con mayor dureza el impacto de la reestructuración.

El análisis que vamos a hacer a continuación arranca de una visión global de los problemas de la empresa pública; un repaso muy sintético de la acción pública en la economía en Europa, EE. UU., Japón y Corea del Sur, comparándolo con la situación española y asturiana, y poniendo de manifiesto que las características de Asturias, excepcionales en este sentido, tienen un origen muy preciso que debe tenerse en cuenta, por cuanto la empresa pública en Asturias sustituye al abandono de la iniciativa privada. Se analizará después la crisis industrial de Asturias como una crisis de la empresa pública industrial (EPI), dada la preponderancia que con el tiempo ha adquirido ésta como forma jurídica de organización de la actividad productiva. Ello nos lleva a plantear la responsabilidad del Estado, como primer empresario de la región, en la reindustrialización de ésta. Finalmente, se estudian las principales reestructuraciones llevadas a cabo en los diez últimos años.

IV.1. LOS DISTINTOS ENFOQUES DEL PAPEL DEL SECTOR PÚBLICO INDUSTRIAL

La empresa pública industrial (EPI) y su futuro es, en estos momentos, un tema que hay que plantear a contrapelo, puesto que la idea de la imprescindible necesidad de privatizar se extiende por todas partes (OCDE, 1994a y b; FMI, 1994b). Sin embargo, Asturias es una de esas regiones donde todavía es imprescindible hablar del futuro de las EPI, que siguen representando el 26% del empleo del INI (CREP, 1993) y que de forma directa, indirecta e inducida contribuyen a la creación de tres quintas partes del valor añadido bruto (VAB) regional (SADEI, 1990; Agüera, 1994).

Nunca fue cierto que alguien hubiese probado irrefutablemente que la empresa pública es más ineficiente que la privada, en igualdad de condiciones. Ejemplos de signo contrario impiden establecer conclusiones definitivas, incluso para una misma empresa. Véase, a este respecto, el caso de USINOR-SACILOR, antes y después de la llegada de Francis Mer a la presidencia de esta última (Hatem, 1991; ver también Segura, 1991 y 1992), en relación con el aspecto más general.

La acción del sector público en la actividad económica ha tenido diferentes objetivos y planteamientos, en cuanto a su papel en el desenvolvimiento de la economía de un país, o de una región, según las épocas y las características de las mayorías gobernantes, en cada uno de ellos. Así podríamos distinguir tres distintas opciones estratégicas:

Europa. La estrategia seguida en Europa, fundamentalmente por los gobiernos socialdemócratas y democratacristianos, estaba dirigida a conseguir que la actuación del Estado en la economía corrigiese los efectos más duros del mercado, a la vez que defendían la idea de que el sector público empresarial podría ser un instrumento que favoreciese el desarrollo industrial del país. Esta política formaba parte del pacto social que partidos y sindicatos mantuvieron después de la segunda guerra mundial y que se prolongó durante los «Treinta Gloriosos», años del crecimiento ininterrumpido. Tuvo esta estrategia modalidades diversas, desde el modelo sueco al francés, pero fue en todas partes significativa, hasta el punto de que el sector público empresarial seguía siendo muy importante en Europa en 1993 (cuadro 1).

EE. UU. Una segunda forma de actuar sobre la actividad económica es la estadounidense, que resultó muy importante para regiones enteras (California, por ejemplo) y para algunas ramas y subramas industriales, como puede ser la electrónica, desde 1950 (OCDE, 1992 y 1993a). El sistema de contratación pública de la producción de armamento, con un presupuesto de defensa próximo a los 262.000 millones de dólares en 1993 (Akal/La Découverte, 1994) —un 49% del PIB español de ese año—, garantizó durante cuatro décadas el desarrollo sobre seguro de un conjunto de grupos y conglomerados empresariales que se desenvolvía en el mejor de

Cuadro 1: **El peso del sector público en la Unión Europea**

Países	**Asalariados (miles)**	**% Asalariados (1)**	**% VAB (1)**	**% FBCF (1)**	**% media de los 3 criterios**
Alemania (2)	1.687	8,3	10,0	14,9	11,1
Bélgica	200	9,8	7,5	8,4	8,6
Dinamarca	115	8,2	8,7	17,6	11,5
España	**407**	**6,0**	**8,0**	**9,2**	**7,5**
Francia	1.783	13,4	15,1	24,2	17,6
Grecia	179	14,7	17,0	30,0	20,6
Holanda	1.575	5,1	18,0	9,2	7,5
Irlanda	67	8,7	11,5	16,9	12,4
Italia	1.485	13,5	20,0	23,5	19,0
Luxemburgo	5	3,2	5,2	4,6	4,4
Portugal	216	10,6	21,5	30,0	20,7
Reino Unido	747	4,3	4,0	5,0	4,5
Media UE	7.048	8,9	10,9	15,6	11,8

(1) Porcentaje que representa el sector público en el conjunto de la economía no agrícola.
(2) Sin contar la RDA.
Fuente: Centro Europeo de la Empresa Pública. Encuesta 1993

los mercados, aquél que consiste en obtener un contrato de varios años para producir ingenios cuyos presupuestos siempre son de gran envergadura. El apoyo público al desarrollo de la industria electrónica se mantiene y aún se vigoriza, como lo demuestran los programas Semiconductor Research Electronics (SRC) y el Semiconductor Manufacturing Technology Institut (SEMATECH), iniciativas del gobierno para favorecer la mejoría de los equipos, las tecnologías y las técnicas de fabricación, al alimón con los gigantes IBM, AT&T, Intel, Motorola... (OCDE, 1992). Esto ha permitido poner en marcha Internet. Es el Estado como garante en última instancia.

Japón y Corea del Sur. Los éxitos más resonantes, en las últimas cuatro décadas, desde el punto de vista de la acción del sector público en la actividad económica, los han obtenido los países asiáticos, en primer lugar Japón y, más recientemente, Corea del Sur. En el primer caso, el desarrollo industrial japonés se ha diseñado estratégicamente mediante una colaboración muy estrecha entre el Ministerio de Industria y Comercio Internacional (MITI) y las asociaciones patronales de las distintas ramas industriales.

En el mismo caso está el desarrollo industrial coreano de los últimos veinte años, que ha situado a éste país en el umbral de los países ricos, pues pasó de 270 dólares de PIB por habitante en 1970 a 7.256 en 1993 (Akal/La Découverte, 1994). Corea, además, ha logrado mediante una acción combinada del sector público, el capital privado y el internacional, el desarrollo de grandes grupos multinacionales que la convierten en un socio significativo en los mercados mundiales: Samsung, Hyundai, Daewoo, Gold Star, Sanggyong..., hasta doce entre las quinientas mayores empresas del mundo (Fortune, 1995). Todo ello ha estado acompañado de una estrategia general de apoyo decidido a la incorporación del país a los niveles más altos de inversión en I+D. Actualmente, Corea del Sur destina a I+D el 2,5% de su PIB —España el 0,67%—, y aspira a destinar el 3,6% en 1995 y el 5% en el año 2000 (OCDE, 1992).

IV.2. LA EMPRESA PÚBLICA EN ASTURIAS

En España, en general, y en Asturias en particular, ninguna de estas fórmulas estuvo vigente como modo de organizar la intervención del sector público en la econo-

Cuadro 2: **Las EPI en el VAB regional. Año 1993**

Empresas	Valor añadido	% VAB	% VAB industrial
ENSIDESA	102.803	7,3	20,2
HUNOSA	74.839	5,3	14,7
ENSB	9.165	0,7	1,8
Juliana Constructora	2.975	0,2	0,6
Minas Figaredo	9.183	0,7	1,8
Inespal	4.794	0,3	0,9
Metalsa	2.397	0,2	0,5
Perfrisa	1.918	0,1	0,4
Tetracero	344	0,02	0,06
Electra de Viesgo	1.686	0,1	0,3
Totales	210.104	14,92	41,26

Fuentes: memorias de las empresas, 1993; SADEI, 1994; SADEI, 1990. Elaboración propia.

Cuadro 3: **Empleo de las empresas públicas del INI en Asturias**

	1980	1990	1993	1994
Metálicas básicas				
ENSIDESA	25.891	15.165	10.472	9.731
Inespal	984	650	600	527
Transformados metálicos				
Metalsa	0	288	300	295
Perfrisa	326	284	240	248
Fábricas de armas	2.293	1.335	1.147	965
Construcción naval				
Juliana Constructora	1.259	850	750	720
Industrias químicas				
Enfersa-Fertiberia	443	330	219	214
Minería				
HUNOSA	22.150	18.500	12.286	11.000
Figaredo	1.385	1.385	1.050	840
DOMI	224	0	0	0
Total	54.955	38.787	27.064	24.280
Empresas privadas ind.	53.681	47.869	31.136	35.320

Nota: ENFERSA fue privatizado en 1989. Desarrollo de Operaciones Mineras, DOMI, cerrado en 1989.
Fuente: CC. OO. y UGT: *La crisis asturiana,* Oviedo, 1994.

mía. Nunca se definió estratégicamente el papel de dicho ámbito de actuación de la acción pública, salvo en la primera fase del franquismo, ni como corrector de la acción del mercado, ni como instrumento de una política industrial activa, ni como medio de acción indirecta de apoyo a las ramas de actividad productivas ni, por supuesto, con esa visión mixta que ha caracterizado la acción del Estado en la industrialización de algunos países asiáticos.

La producción industrial En España está asegurada en un 46% por la inversión extranjera, en un 34% por la iniciativa privada española y en un 20% por el sector público (Salas, 1991; Martín/Velázquez, 1992). Estas cifras se disparan en el caso de

Asturias, en donde dos empresas públicas, auténticas empresas-región, condicionan el desarrollo de la comunidad autónoma.

No es fácil aproximarse al conjunto de las cifras de todas las empresas públicas de Asturias, sencillamente porque Metalsa, Perfrisa y Tetracero no divulgan su memoria anual y la empresa nacional Santa Bárbara e Inespal aparecen con sus cuentas consolidadas en sus respectivos grupos estatales. Sin embargo, para estas empresas hemos adoptado una convención que consiste en aceptar como válida la media de valor añadido a coste de los factores por persona ocupada en el sector industrial, lo cual supone una clara subestimación de la participación de estas empresas que, en la mayor parte de los casos, superan la media sectorial con toda claridad (SADEI, 1990). El cuadro 2 pone de manifiesto que la empresa pública genera, en forma directa, más del 41% del VAB industrial y cerca del 15% del VAB regional, lo cual coloca a la economía asturiana en absoluta dependencia del desarrollo y de la evolución del sector público empresarial.

Como vemos en el cuadro 3, el recorte de plantillas ha sido muy profundo y ha ido acompañado en todos los casos, o bien directamente de las capacidades de producción, o bien, como en el caso de la construcción naval y el armamento, de una creciente subutilización de las capacidades productivas, lo que en último término explica, en el contexto que hemos señalado, la correlación existente entre la crisis industrial y la crisis de las EPI.

IV.3. HUNOSA

El carbón hizo posible la Asturias contemporánea, siendo la clave para entender no sólo la dinámica de la industria regional, sino el desenvolvimiento de la actividad económica general de los últimos ciento sesenta años. La historia de HUNOSA, cuyas pérdidas anuales evolucionan al alza (cuadro 4), se justifica exclusivamente por dos razones: 1) mantenimiento de una rama de producción calificada hasta muy recientemente (HUNOSA, 1992) como estratégica y 2) la acción redistributiva de la empresa. Ambas justificaciones, en la década finisecular en la que se configura un mercado mundial, se muestran de muy dudosa consistencia, pues los parámetros de situación de la empresa se alejan de tal forma de las cifras promedio internacionales que invalidan aquellos presupuestos. Por ello resulta imprescindible, a la hora de analizar HUNOSA, el presentar sus cuentas no aisladamente, con lo que ya resultan significativas, sino en relación con el resto de las cuencas carboníferas comunitarias, para, sabiendo la política que se propugna en el marco de la CE, establecer en un horizonte temporal suficientemente amplio las alternativas que puedan darse a la minería de hulla asturiana, para que la región pueda articular un nuevo tejido industrial de sustitución.

Cuadro 4: **Resultados de explotación de HUNOSA**
(miles de millones de pesetas corrientes)

Conceptos	**81**	**83**	**85**	**87**	**88**	**89**	**90**	**91**	**92**	**93**	**94**	**95**
Subvenciones	-18	-20	-25	-41	-45	-47	-48		-83	-61	-63	-68
Resultados	-1	-4	-6	-9	-4	-5	-5		-2	-5	-6	-9
Pérdidas	-17	-24	-31	-50	-49	-52	-53		-85	-66	-69	-77

Fuente: memorias anuales de la empresa.

Al establecer la comparación entre la minería asturiana y la europea, lo primero que salta a la vista es la enorme diferencia de costos por tonelada extraída (cuadro 5). Con todo, estas diferencias, aun siendo importantes, no representan el problema definitivo, porque aún se agudiza cuando sabemos que, con costos mucho más bajos, toda la minería belga ha cerrado sus explotaciones en 1991, mientras se apresta al cierre masivo la región de Nord-Pas-de-Calais, el productor más ineficiente de los considerados, aparte de HUNOSA. Lo mismo sucede si comparamos los costes de la minería interior en pesetas por termia de pci en bocamina (cuadro 6) o el rendimiento en la minería de hulla (kg/hombre/hora) (cuadro 7).

Cuadro 5: **Precio de coste de extracción del carbón**
(miles de pesetas por tonelada)

Países	**1985**	**1986**	**1987**	**1988**
Alemania				
Ruhr	13.568	15.414	17.006	16.887
Aachen	17.411	20.163	20.217	19.151
Saar	14.580	17.119	17.886	17.686
Francia				
Nord-Pas Calais	21.551	26.664	26.469	22.924
Lorena	11.646	12.141	11.182	11.229
Centre-Midi	13.559	19.570	16.098	13.801
Reino Unido				
Promedio	11.553	12.297	12.670	10.762
España				
Hunosa	20.441	22.336	28.450	27.310

Fuente: Elaboración propia a partir de los datos de la CE-DG VII; National Coal Board (UK); Charbonages de France; Bergfache Bargbad, AG (D) y Memorias de HUNOSA.

Cuadro 6: **Comparación de costes de minería interior, 1989**
(pesetas por termia de pci en bocamina)

Países	**Coste**
Francia	1.902
Alemania	2.444
Reino Unido	1.713
España:	
Empresas sin Contrato-Programa	2.376
Empresas con contrato-programa	5.337

Fuente: Plan Energético Nacional 1991-2000.

Cuadro 7: **Rendimiento de interior en la minería de hulla**
(Kg/hora/hombre interior)

Años	**Alemania**	**Francia**	**Bélgica**	**Reino Unido**	**España hulla**	**España antracita**	**HUNOSA**
1980	589	352	279	382	211	303	151
1985	592	392	314	408	205	369	153
1988	630	537	338	633	231	321	166
1989	645	590	321	681	248	392	171

Fuente: Marrón Jaquete, 1995.

En estas condiciones, y con el precio sobre puerto español alrededor de 6.000 pesetas la tonelada para la hulla internacional, la Comunidad Europea mantuvo una actitud ambigua sobre el carácter estratégico o no del carbón como fuente energética fundamental, pero cada vez introdujo más claramente la idea de que el abastecimiento ha de ser crecientemente internacional, dada la diferencia de los costos europeos con los mundiales. En este sentido había indicios suficientes que apuntaban hacia dónde querían dirigirse las cosas en la Comunidad.

1) La propia Decisión 2064/86/CECA establecía que las subvenciones estatales que se autoricen para el carbón deben contribuir a realizar, al menos, uno de los objetivos siguientes: mejorar la competitividad, crear nuevas capacidades económicamente viables y solucionar los problemas sociales y regionales ligados a los cambios producidos en la industria hullera. HUNOSA incumple esas condiciones, a la vista de la evolución de sus cuentas.

2) La CE calculó una curva de oferta, explícita en el primer borrador del programa RECHAR (DG XVII/A/1, 10.4.1989), que situaba el precio internacional en 80 ecus/t (a los precios de 1987 en Australia y EE. UU.), al que aplicó un margen del 10%, con lo que el precio comunitario de referencia se situaría en 88 ecus/t, que corresponde a un precio medio del barril de petróleo bruto de 25 dólares. Ambos parámetros sitúan a HUNOSA, que estaba entonces en un coste de 180 ecus la tonelada, completamente fuera de cualquier posibilidad de ser rentabilizada. Es más, de los cuatro productores comunitarios fundamentales, Francia y el Reino Unido estaban por debajo del umbral de precios de referencia, mientras que Alemania y España —particularmente HUNOSA— estaban claramente por encima. Hoy, con el petróleo tendiendo a un precio medio de 15/18 $/barril, quizás menos, la situación es aún más difícil.

3) Aunque aquellas previsiones están aún en suspenso, lo cierto es que pesan como una espada de Damocles sobre más de la mitad de la producción comunitaria. En efecto, aquella curva de oferta y sus actualizaciones ponen de manifiesto que 100 millones de toneladas de carbón comunitario, como mínimo, no resultan económicamente viables, lo que implica la supresión de 200.000 empleos. En este sentido, la CE ha actuado ya con la Decisión 86/296/CECA de la Comisión, que instaba a la República Federal Alemana a replantear su sistema de ayudas hasta 1993, lo que de ser aplicado conduciría a una reducción de la producción en ese país desde los 65 millones de toneladas a no más de 5 millones de toneladas (TIMMER, 1990). El propio borrador de la DG XVII prevé para Alemania un techo de producción entre 5 y 10 millones de toneladas (DG XVII, 10.4.89, p. 4), y aunque el Estado alemán ha recurrido ante el Tribunal de Justicia, el proceso revela los planteamientos comunitarios, que prevén una reducción de la producción que puede llegar hasta los 28 millones de toneladas en Alemania, frente a los 65 millones de toneladas que produce ahora.

Desde 1992 se vino discutiendo la directiva que ha de modelar el mercado único de la energía, para el que se proponía un precio comunitario de referencia de 110 ecus/t, en ecus de 1992, con lo que se pone de manifiesto la inviabilidad de las explotaciones españolas y que afecta muy duramente también a Alemania. De ahí, probablemente, que el contencioso alemán siga sin resolverse en el Tribunal de Justicia de Luxemburgo, puesto que los sindicatos han pactado en Alemania una situación mucho más favorable hasta el año 2005, lo que quizás da un margen de maniobra mayor a la negociación del futuro del carbón, que permita plantear de verdad esfuerzos de reindustrialización para Asturias, mientras se va alargando el proceso de extinción de la producción que es definitivamente inviable.

Aún considerando que una aplicación mecánica del principio de eficiencia económica es impensable en las condiciones actuales de la industria del carbón, tanto en el conjunto de la CE como en España y menos aún en Asturias, lo expuesto anteriormente implica que, cualquiera que sea la solución que se busque para HUNO-

SA a corto, medio y largo plazo, es indispensable establecer un plan adaptado a todo este conjunto de circunstancias. Estas condiciones, sin embargo, no deben ocultar dos hechos esenciales a la hora de establecer una política para esta rama de actividad y para la región entera, y que pueden servir de conclusión a este análisis sobre la minería:

1) que estas condiciones productivas ponen en cuestión el futuro de HUNOSA y, con toda probabilidad, no pueden ser mantenidas a largo plazo;
2) que para Asturias resulta suicida hacer depender su tejido industrial en tan alta proporción de una rama de la actividad económica con tan poco futuro, además de ser una rama productiva cuyas condiciones de trabajo no sólo son extraordinariamente penosas, sino también sumamente peligrosas.

En consecuencia, era urgente establecer un plan a medio y largo plazo que contuviera la doble vertiente de determinar, en los plazos consiguientes, la parte de la producción que es absolutamente inviable, y al mismo tiempo las condiciones de reindustrialización que permitan vislumbrar la recuperación económica del entorno. Sin embargo, el acuerdo de 1992 no contiene más que un muy buen tratamiento de los excedentes laborales y la reducción del número de pozos para concentrar la producción.

En cuanto a la reindustrialización de las cuencas mineras, a nuestro juicio, habría de insertarse en un plan de ordenación del territorio que estableciese con nitidez las áreas de la región en las que sería razonable asentar en el futuro la industria regional, así como el conjunto de la actividad económica. Solamente un plan de esas características puede permitir la claridad suficiente como para que las distintas comarcas dejen de pelear entre sí por el asentamiento de las actividades productivas.

Nada de esto parece abrirse camino en las sucesivas negociaciones y, si el plan de empresa de 1992 fue otro proceso de amputación más sin ninguna perspectiva de compensaciones de reindustrialización, puede verse en las cifras: el plan de 1994-1997 sigue con la técnica de las prejubilaciones, los cierres de pozos y ninguna acción concreta para mejorar los resultados de la empresa, que siguen siendo los que eran; incluso se sigue fluctuando en unos gastos financieros de entre 11.000 y 15.000 millones de pesetas, cuando hace más de diez años que se pide en el Congreso de los Diputados una capitalización que acabe con esa sangría, que solamente beneficia a las entidades financieras.

La hecatombe de la caída de HUNOSA, sin contrapartidas, puede verse en las cifras contenidas en el cuadro 8. Estas cifras obligan a tratar el tema de HUNOSA de una manera muy diferente a como se ha venido manejando, no para volver atrás el camino andado, cosa que es imposible, sino para plantear de una vez por todas el tema de la reindustrialización de Asturias. No puede continuar esta sangría sin contrapartidas y el compromiso territorial de la Agencia Industrial del Estado es cada día más necesario, precisamente porque la iniciativa privada no puede sentirse atraída hacia una región en la que su principal empresario trata de salir huyendo.

La ausencia de un plan de reindustrialización es tanto más evidente cuanto que, en solamente nueve años, se han perdido más de 10.000 empleos en HUNOSA, lo que representa más del 50% de los puestos de trabajo de la empresa, que hasta ahora se compensan con el mantenimiento de la renta familiar disponible por la vía de las prejubilaciones, pero que está dejando sin empleo a las nuevas generaciones.

Cuadro 8: **HUNOSA**

Conceptos	Plantilla 1986	Plantilla 1993	Plantilla 1995	% VAB ind. 1993
HUNOSA	20.470	12.286	10.175	14,7%

Participación porcentual de la renta generada por HUNOSA en la renta personal de cada municipio

Municipios	Porcentaje
Riosa	67,19
Laviana	46,58
San Martín del Rey Aurelio	41,54
Morcín	40,15
Bimenes	32,84
Aller	32,81
Mieres del Camino	30,92
Lena	21,99
Langreo	20,54

Fuente: SADEI (1990b) y HUNOSA: Memorias anuales y otros informes.

La Decisión n.º 3632/93/CECA de 28 de diciembre, relativa al régimen comunitario de las intervenciones de los Estados miembros en favor de la industria del carbón, es lo suficientemente ambigua como para permitir un marco de negociaciones como las que hemos descrito más arriba. Establece un marco general y admite, en determinadas condiciones no muy duras, ayudas al funcionamiento, a la reducción de actividad, a la investigación y desarrollo y a la protección del medio ambiente. Es, pues, un marco para la actuación en cada Estado miembro que no impediría en absoluto desarrollar auténticos esfuerzos de reindustrialización que los planes de empresa hasta ahora no han contenido. El peligro para Asturias es que la reducción continúe sin que esas contrapartidas se produzcan.

IV.4. SIDERURGIA

IV.4.1. La evolución del sector siderúrgico

Si páginas atrás afirmábamos que el carbón había abierto la Asturias contemporánea, la siderurgia, nacida a su abrigo, la impulsó. Hierro y carbón formaron —y forman— mayoritariamente la actividad industrial asturiana. La siderurgia asturiana fue la primera siderurgia española moderna (entendida como la que utiliza carbón de cock como combustible en el proceso de fusión del mineral de hierro) y aunque, tras atravesar diversas vicisitudes, perdió la primacía nacional en favor de la siderurgia vasca, en nuestros días ha vuelto a recuperarla, tras la puesta en marcha en el año 1957 de la Empresa Nacional Siderúrgica, S. A., ENSIDESA. Esta empresa, de capital enteramente público, surgió como respuesta oficial a la insuficiente oferta siderúrgica de los años cincuenta, ante la negativa de la iniciativa privada a comprometerse en nuevas inversiones.

La puesta en marcha de ENSIDESA produjo una conmoción en la rama siderúrgica española, y particularmente en Asturias, donde las empresas siderúrgicas privadas (Fábrica de Mieres, S. A., Moreda y Gijón, S. A. y S. A. Metalúrgica Duro-Felguera) decidieron crear conjuntamente una nueva siderurgia integral, que con el nombre de Unión de Siderúrgicas Asturianas, S. A., UNINSA, se constituyó en 1961, iniciando su andadura con la instalación en Gijón de un tren de productos comerciales. Esta nueva empresa quedó perfilada al calor de la acción concertada del Gobierno para la siderurgia, de 1964, que facilitó ayudas financieras, inmobiliarias y fiscales, por importe de 30.000 millones de pesetas, y a la que las tres sociedades aportaron sus viejos activos siderúrgicos (Navarro, 1988). La andadura de UNINSA como empresa privada concluiría en 1973. La mala planificación de las inversiones y los problemas que planteaba la nueva factoría hicieron desistir a sus propietarios de acudir a la ampliación de capital necesaria para hacer frente a aquellos problemas. El INI suscribió dicha ampliación y procedió a fusionar UNINSA con ENSIDESA, a la que se transfirieron, además, los activos de la nueva planta integral, pero también todos los activos obsoletos de Mieres, Gijón y La Felguera (ENSIDESA, archivo).

Quedaba así configurado un complejo siderúrgico con una capacidad de producción total de 5.730.000 toneladas, repartida en las dos factorías de Avilés (3.330.000 t) y Gijón (2.400.000 t). Pero la nueva ENSIDESA no nacía libre de problemas —ni en un momento muy propicio— sino que algunos de esos problemas adquiridos iban a pesar —y aún siguen pesando— en su desenvolvimiento posterior:

1) En primer lugar, la factoría de Gijón, antigua UNINSA, presentaba un defecto de origen, que consistía en su propia especialización en «productos largos» que, en siderurgia, constituyen la gama de menor valor añadido y la que sufre una competencia más fuerte por parte de los nuevos países siderúrgicos, hasta el punto de que, en Europa y Norteamérica, los productos largos están reservados a la siderurgia no integral. A mayor abundamiento, el competidor directo de ENSIDESA en el mercado nacional, Altos Hornos de Vizcaya, que siendo empresa privada estaba sostenida con fondos públicos, había abandonado ya la producción de productos largos. La consecuencia fue que una factoría nueva nacía dañada, con la mezcla de productos lastrada, tirando hacia abajo del precio medio de venta y dificultando la rentabilización de las inversiones. Como queda dicho, aún hoy día tienen vigencia algunos de sus defectos (gráfico 1).

Gráfico 1: **Precio medio de venta por tonelada de los productos siderúrgicos. Año 1989**

(en pesetas)

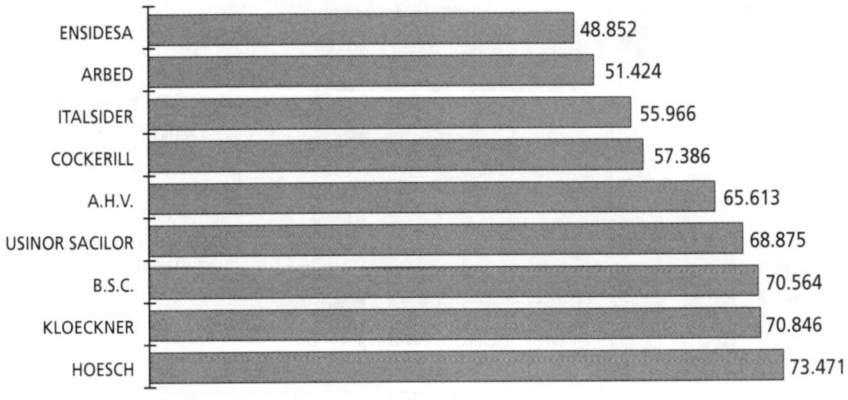

Fuente: ENSIDESA

Como puede verse en el gráfico 1, ENSIDESA tenía al final del plan de reestructuración de 1984 (ver más adelante) la peor mezcla de productos de Europa o, lo que es lo mismo, el precio medio de venta de su producción más bajo de todas las empresas consideradas.

2) Por otra parte, la política siderúrgica oficial mantuvo un sesgo por el que se confería a ENSIDESA un papel meramente subsidiario respecto al resto de la siderurgia española, limitando su función a la obtención de productos de cabecera y de primera transformación, retrasando la autorización de la ampliación de los trenes de hojalata —que, cuando se autorizó, se hizo obligando a ENSIDESA a vender la pro-

Gráfico 2: **Evolución de la estructura del pasivo**

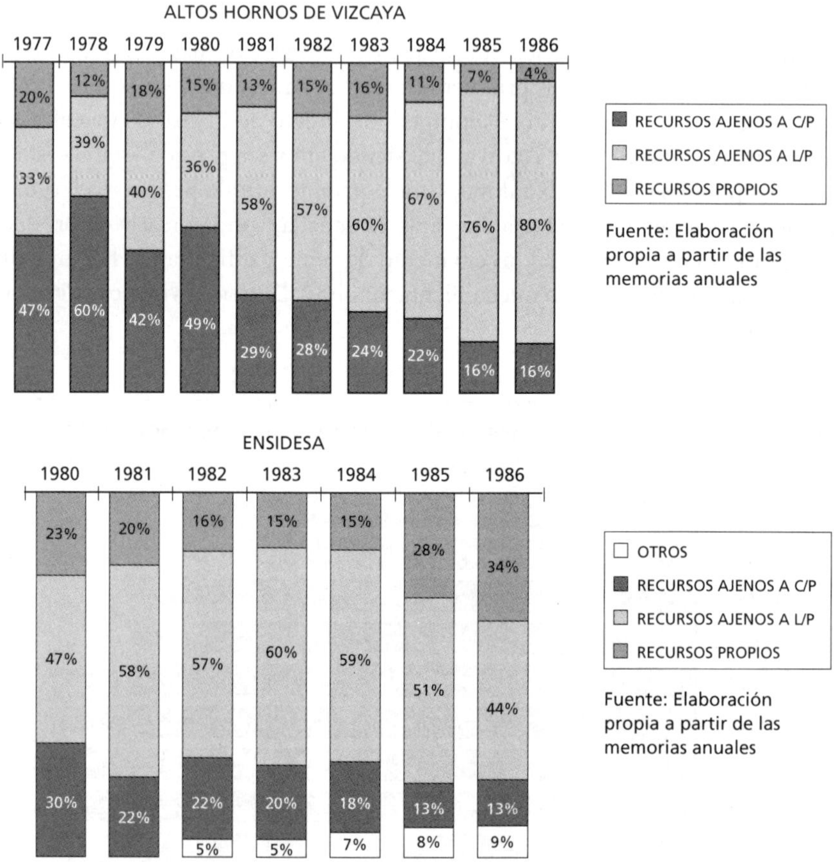

Fuente: Elaboración propia a partir de las memorias anuales

Fuente: Elaboración propia a partir de las memorias anuales

ducción en el mercado exterior— (Agüera/Vallina, 1981; Navarro, 1989) y de alambrón —que funcionó mucho tiempo a un 25% de capacidad— (Agüera/Vallina, 1981) e incluso destinando una acería —la LD-II de Avilés— a la producción de palanquilla para su transformación por empresas no integrales, a las que se evitaban las inversiones menos rentabilizables.

3) A los anteriores problemas de estructura productiva, vinieron a sumarse serios problemas de gestión. La relación cargas financieras/facturación siempre estuvo en ENSIDESA fuera de los cánones financieros habituales, lo que derivaba de una inadecuada proporción entre capitales propios y capitales ajenos que determinaba muy altos costos de financiación (gráfico 2). Resulta significativo que entre 1978 y 1986 las pér-

Cuadro 9: **ENSIDESA**

Años	Pérdidas (millones ptas.)	Gastos Financieros (millones ptas.)	Acero (millones t)
1979	7.000	14.000	4.39
1980	15.625	19.000	4.21
1982	20.855	23.500	3.99
1984	24.611	26.830	3.57
1986	14.486	16.354	3.89
1989	(+ 9.023)	17.764	4.03
1990	59	15.647	4.03
1991	24.837	18.225	3.92
1992	67.644	26.411	3.42
1993	69.582	33.748	3.77

Fuente: Memorias Anuales de ENSIDESA.

didas anuales de ENSIDESA fueran inferiores a sus cargas financieras y, aún después, se mantuvieran en niveles intolerables para una buena gestión financiera (cuadro 9).

4) Por otra parte se cometieron errores de estrategia empresarial y de política siderúrgica que se tradujeron, al menos, en tres tipos de defectos estructurales que pueden significar, a medio plazo, la más que probable extinción de la actividad de la siderurgia integral en la región:

— En primer lugar, la dimensión de la empresa fue siempre inadecuada, con un tamaño que no alcanza la masa crítica mínima que exige el mercado mundial siderúrgico.

— Para empeorar las consecuencias de la escasa dimensión, las producciones de la empresa se han quedado entre las de más escaso valor añadido (gráfico 1), siendo muy baja la proporción de productos fríos sobre laminados (28%) y la de recubiertos sobre fríos (48%). Las mejoras industriales se introdujeron entre 1984 y 1990 pero, a más de llegar tarde, ni siquiera fueron acertadas ni industrial ni financieramente.

— La única vía de escape que las empresas del acero, y particularmente las pequeñas, han tenido a las crecientes dificultades de valorización de sus inversiones ha sido la conversión del acero en un producto intermedio para transformar en productos directamente vendibles en el mercado, componiendo complejos productivos en los que el acero bruto forma parte decreciente de la cifra de negocios global del grupo. De esa manera no sólo se valoriza la inversión siderúrgica, sino que se garantiza, en torno a la empresa original, el desarrollo de un tejido industrial que favorece la consolidación territorial del empleo y de la actividad. Pues bien, en ENSIDESA se mantuvo históricamente una estrategia meramente defensiva que, desde siempre, descartó cualquier desarrollo en ese sentido, con graves consecuencias para la empresa en sí y para la región que depende de ella en muy buena medida.

5) En fin, no debe olvidarse el discriminatorio trato impuesto por la política económica oficial que repartió artificialmente el mercado en perjuicio de ENSIDESA en los mercados nacionales, en favor de empresas quebradas y sin posibilidades (ver el gráfico 2) (Agüera/Vallina, 1981); que mantuvo una estrategia defensiva que descartó cualquier política de desarrollo «aguas abajo» y que se detuvo ante cualquier posibilidad de entrar en la transformación del acero, justo cuando las siderurgias europea y norteamericana, especialmente la siderurgia alemana, hacían un esfuerzo por valorizar los capitales invertidos en la diversificación hacia la transformación del acero.

Este conjunto de deficiencias de política industrial y de gestión empresarial tuvieron una incidencia aún mayor sobre la nueva ENSIDESA (incorporación de UNINSA), porque se produjeron en un contexto particularmente crítico para la siderurgia mundial, que estaba asistiendo a modificaciones muy significativas desde los años sesenta, y que podrían significarse de la siguiente manera:

a) Creciente disminución del consumo de acero por unidad de producto como consecuencia, sobre todo, del desarrollo tecnológico (en 1980 el acero necesario para construir un puente, de las mismas características, era un un 80% del que se necesitaba en 1960) (Becker, 1981).
b) Disminución del consumo de acero como consecuencia de los intensos procesos de sustitución de éste por otros materiales.
c) Irrupción de los nuevos países productores de acero que, con idéntica tecnología y menores costos de aprovisionamiento y de fuerza de trabajo, incrementaban su capacidad muy rápidamente a costa de los países tradicionales productores de acero (en 1950 había trece productores de acero en el mundo; en 1980 había cincuenta y seis (OCDE, 1980, ver cuadro 10).
d) Como consecuencia la rama industrial siderúrgica asiste, ya en los años sesenta, a un crecimiento menos que proporcional que el producto industrial bruto y que la media de las ramas industriales (Agüera, 1982).

A este fenómeno se le suele denominar normalmente «crisis del acero». En cambio, a nuestro juicio, ese es un punto de vista erróneo, porque como señala Francis Mer, presidente director general de USINOR-SACILOR (La Granda, 1990): «el acero no está en crisis; las que están en crisis son las malas políticas siderúrgicas y las malas estrategias empresariales». En efecto, los conglomerados empresariales

Cuadro 10: **Evolución de las producciones de algunos nuevos productores**
(millones de toneladas)

Factoría	País	1994	1990	1981	1994/1981
POSCO	Corea Sur	22,1	16,2	8,2	269%
China Steel	Taiwan	6,1	5,89	1,6	381%
USIMINAS	Brasil	4,2	3,5	2,3	182%
COSIPA	Brasil	3,7	2,9	2,5	148%
CST	Brasil	3,7	2,9	2,3	160%
SIDOR	Venezuela	2,7	2,7	1,8	150%

Fuente: IISI, 1982, 1991 y 1995.

que comprendieron que el acero no puede seguir siendo producido y comercializado como antes de los años sesenta, pero que es un nuevo material, «un composite», con enorme futuro, han emprendido medidas de adaptación que les permiten mantener un crecimiento y unas cuentas saneadas que no pueden compararse con las cifras de quienes no lo han hecho así.

Como puede verse en el cuadro 11, con un capital del 23% y unos activos que representan el 27% de los de Nippon Steel, Thyssen da empleo a más de un 32% de personas que aquella y obtiene un beneficio ligeramente mayor. Eso es consecuencia de la diferente estrategia seguida por ambos conglomerados. Thyssen, adaptándose a los cambios desde 1968 y poniendo el acento en la transformación del acero, por lo que la cifra de negocios de esta empresa ha tendido a depender cada vez más de las divisiones que se ocupan de la transformación del acero y su comercialización,

Cuadro 11: **Magnitudes comparadas de Thyssen y Nippon Steel**

Empresa	Cifra de negocios*		Capital*		Activos*		Beneficio*		Plantilla**	
	84	94	84	94	84	94	84	94	84	94
Thyssen	12	22	1	2,3	6	14,5	0,06	0,03	131	129
Nippon	12	29	3	10	17	52,3	0,00	-,04	73	97

*= miles de millones de $; **= miles de personas
Fuente: Elaboración propia a partir de Annual Report Thyssen y Fortune, agosto 1985 y julio 1995.

hasta el punto que el acero bruto no representa en su cifra de negocios más que el 20-22%. Por el contrario, en Nippon Steel esta magnitud dependía en un 80% del acero bruto (Agüera/Vallina, 1988a). La comprensión de este error de perspectiva lleva, precisamente, a Nippon Steel a adoptar en 1988 una estrategia a largo plazo plasmada en un plan septenal de diversificación y aprovechamiento de las sinergias que se derivan de una empresa siderúrgica, para conseguir que al final del mismo la cifra de negocios dependa en cerca de un 50% de la venta de transformados de acero y otras actividades industriales y comerciales (*L'Usine Nouvelle*, 12.12.87). Todo ello partiendo del hecho, clave en este caso, de una reestructuración sostenida en el tiempo para adecuar lo más posible el útil siderúrgico a las exigencias de cada momento en el mercado mundial.

La negativa coyuntura industrial mundial anunciaba tormenta en la siderurgia europea, pero los efectos que iban a producirse en nuestros competidores tenderían a eliminar las últimas instalaciones inadecuadas que les quedaban; en cambio aquí vamos a una reconversión que, a nuestro juicio, al llevarse a cabo en los términos de la CSI, va a ser el principio del fin de la siderurgia integral en España, puesto que se limita a culminar el error histórico que venimos arrastrando y cuyo último episodio fue la desgraciada reestructuración de 1984, extraordinaria oportunidad perdida. Además, mientras británicos, franceses y alemanes se dieron cuenta de los profundos cambios que se habían producido en el mundo siderúrgico y actuaron en consecuencia, los responsables siderúrgicos españoles no los captaron, ni en lo que respecta a la dimensión, ni a la estrategia, ni al útil industrial adecuado, ni al sentido de la comercialización, ni al cambio en la estructura empresarial y en la gestión.

En todos los países de la CECA se produce un intenso proceso de concentración que reduce, salvo en el caso de Alemania, a un solo grupo toda la siderurgia de los distintos países —en Bélgica quedan dos, SIDMAR, que está fusionado con la luxemburguesa ARBED, y COCKERILL-SAMBRE, que mantiene crecientes relaciones con USINOR-SACILOR (Francia), (cuadro 12)—. Vamos a fijarnos en concreto en los casos francés y alemán por ser los ejemplos más dispares y las alternativas que tenía la siderurgia integral española.

Francia constituye el proceso más interesante para nosotros porque muestra cómo un error de principio puede y debe ser corregido. En efecto, el gobierno francés abordó el ajuste empresa por empresa en un proceso de dureza social extrema que llevó a enfrentamientos en Lorena en los que se destruyeron las vías férreas, se incendiaron los archivos de las empresas, etc.; ajuste que se evidenció como un error que significó mucho más dinero invertido y ninguna viabilidad para las empresas resultantes. Cuando el proceso empezó a revelar su inadecuación, incluso reduciendo los grupos siderúrgicos a dos, USINOR y SACILOR, se tomó la drástica decisión de someter a toda la siderurgia francesa (integral y no integral) a una

Cuadro 12:
Evolución de las producciones de las principales empresas siderúrgicas europeas
(millones de toneladas)

Empresa	Producción 94	Producción 90	Producción 81	1994/1981
USINOR-SACILOR	18,5	23,26	10,6	223%
British Steel	12,9	13,75	13,2	-2,3%
ARBED-SIDMAR	11,9	7,67	3,8	313%
Thyssen	10,7	11,1	11,6	-7,7%
ILVA LP	8,5	11,5	13,9	-38,2%
Krupp-Hoesch	7,8	8,4	9,6	-18,7%
Hoogovens	5,9	5,1	4,7	125%
Preussag	4,5	4,2	4,1	109%
Cockerill-Sambre	4,3	4,3	6,5	-33,8%
ENSIDESA	3,8	4,02	4,8	-20,8%

Fuente: IISI, 1982, 1991, 1995.

misma dirección estratégica y operativa bajo la corporación pública USINOR-SACILOR, formada por veintiuna sociedades, cinco divisiones y cuarenta y dos plantas (Hatem, 1991). Es la mayor siderúrgica europea y la tercera mundial, y juega y jugará un papel clave en la reestructuración a que está abocada esta rama industrial en Europa.

Alemania. La mayor adecuación previa y la valorización de las inversiones «aguas abajo» permite a la siderurgia alemana mantener su estructura productiva a lo largo de la crisis de los setenta y primeros ochenta: un gran grupo, Thyssen; cuatro medianos, Krupp-Höesch, Peine-Salzgitter y Klöckner (hoy en recuperación de una quiebra total); y tres pequeños, Dillinger, Saarstahl y Mannesmann, esta última convertida en un gran grupo mundial, mucho más allá del acero, desde el cambio estratégico de 1973 que la lleva a ser un gigante de la metalmecánica. La integración vertical del grupo Thyssen le da una enorme solidez desde su gran base siderúrgica, mientras que la dinámica de la rama obliga a los otros grupos a fusiones que cobran cada vez más importancia. Así, Dillinger Hüttenwerke (participada por USINOR) se asocia con Saarstahl para formar el consorcio DHS que cae bajo control de USINOR-SACILOR (70% del capital). Ello prefigura el futuro, por cuanto el gigante francés combina las plantas alemanas con las suyas propias de Lorena para constituir un conjunto productivo en el corazón de Europa, formando el tercer vértice del triángulo estratégico que completan Dunkerke, en el Canal, y Fos, en el Mediterráneo. Una prueba más de que ya no hay fronteras, no sólo en los mercados, sino también en la articulación de los centros productivos y en el control de las sociedades. Finalmente, en 1991 se produce la toma de control del 51% de Höesch por Krupp, dando lugar a un segundo gran productor alemán que, con una capacidad de más de 10 millones de t/año, pasa a constituir junto a Thyssen el otro gran polo en torno al cual se nucleará el futuro de la siderurgia alemana, eso sin tener en cuenta los insistentes rumores de negociaciones entre ambos líderes, que se van traduciendo en acuerdos para compartir las cabeceras entre Thyssen y Krupp (Comisión de la UE, 1995).

Dos cosas parecen resaltar de este apretado resumen:

a) En los países de Europa se produce un intenso proceso de concentraciones, en busca de la dimensión y de la eficiencia, hasta dejar un solo grupo con unidad de dirección estratégica y operativa.
b) La dimensión empresarial se convierte en un factor estratégico fundamental. En efecto, las fusiones no sólo persiguen las sinergias derivadas de la especialización de las instalaciones y las economías de escala sino, en igual o superior medida, el adquirir la masa crítica necesaria para poder destinar inversiones sustanciales a I+D y lograr posiciones de privilegio en los mercados. Así, dice Herr Krivet, presidente de Thyssen: «Todos (los demás productores alemanes) tienen una capacidad de producción de un tercio de la de Thyssen y por tanto no pueden competir en el mercado ni en la I+D contra una compañía que produce más de 11 Millones de toneladas de acero» (*Metall Bulletin Monthly*, oct. 1989).

Acompañando al proceso de concentración descrito, como es lógico, se realiza el de ajuste y adaptación de las instalaciones para conseguir las máximas sinergias entre ellas. Así se producen numerosos cierres de hornos, acerías, trenes de laminación o, incluso, plantas enteras, por viejas, distantes de los escalones productivos anterior y posterior, muy contaminantes por su propia vejez y proximidad a núcleos densamente poblados, especializadas en productos poco competitivos, en general productos largos —redondos, perfiles— muy difícilmente rentabilizables frente a la concurrencia de los nuevos países productores o frente a la siderurgia no integral de la propia OCDE. Pero a los criterios obvios de modernidad, ubicación y especialización, se suman además los de conseguir calidades difíciles y productos de alto valor añadido, por lo que también se destinan grandes inversiones a la construcción de trenes de bandas en caliente (TBC) del ancho y tecnología que exigen los mercados, de reducción en frío y líneas de recubrimiento (hojalata, galvanizado). Las estructuras productivas de las siderúrgicas integrales de la OCDE cambian sustancialmente en este proceso que va de 1973 a 1985-

1988. Como ejemplos podemos citar la evolución de la producción de planos y recubiertos en la industria alemana del acero entre 1960 y 1988 y las entregas de chapa fría y recubiertos de Thyssen a la industria del automóvil entre 1973/74 y 1987/88 (gráficos 3 y 4).

Gráfico 3: **Tendencias hacia los productos planos y recubrimientos en la industria alemana del acero**

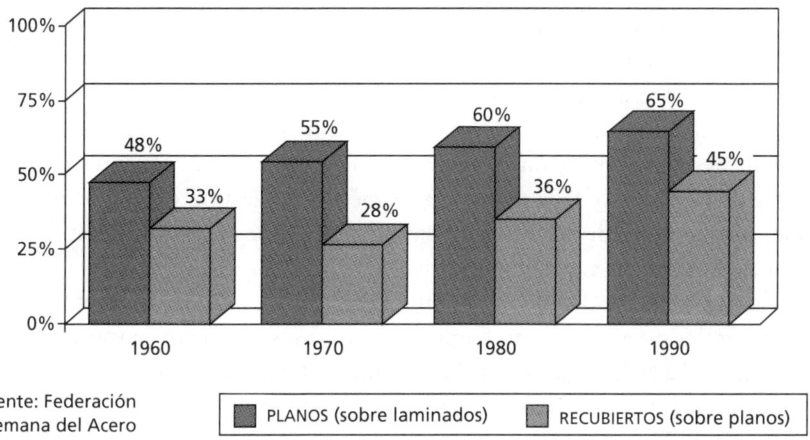

Fuente: Federación Alemana del Acero

Gráfico 4: **Entrega de chapas de acero del Grupo Thyssen-Acero a la industria del automóvil**

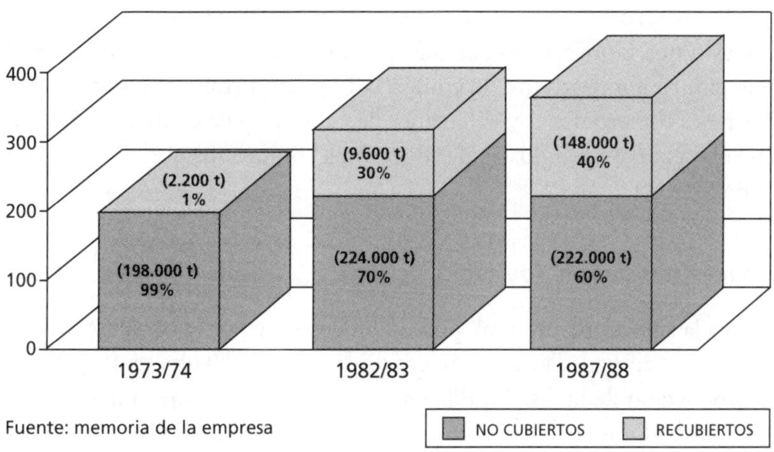

Fuente: memoria de la empresa

El alargamiento del proceso de transformación del acero «aguas abajo» se intensifica porque, ante el endurecimiento de los mercados, no sólo es conveniente para participar en los segmentos más rentables del mismo, sino para asegurar (mediante la transformación de una parte importante del acero producido, con lo que el acero se convierte en una materia prima) la adecuada valorización de las inversiones. Esto permite no depender *stricto sensu* de las coyunturas del mercado y facilita la expansión del grupo y su consolidación no ya en los mercados internos, sino en todo el mundo.

Todo lo anterior no serviría de nada si no estuviera coronado por una visión actualizada de las nuevas líneas de fuerza imperantes en el negocio siderúrgico, tal como indicábamos anteriormente. La continua y permanente ampliación de las redes comerciales de las empresas punteras hasta convertir esta función en una división fundamental —la más importante en Thyssen por su cifra de negocios—, mediante la creación de filiales o la adquisición de empresas comercializadoras, constituye una prueba evidente de lo decisivo de la nueva concepción de la gestión del negocio siderúrgico que, además, a partir de ella exige una adaptación de la coordinación de todas las funciones productivas y administrativas de la empresa.

En España se ha producido un fenómeno contrario, porque las empresas siderúrgicas integrales españolas están comercializando sus productos a través de «chatarreros» que, a base de organizar una red comercial, han devenido empresas que ahora se venden al mejor postor. La entrada de USINOR-SACILOR en Gonvarri y Barcelonesa de Metales (Metales y Metalurgia, 1992), y la de Thyssen en Comercial de Laminados son un buen ejemplo de ello. Estos hechos ponen en muy serio peligro las redes de venta de la siderurgia integral española, lo que, finalmente, ha obligado a la Corporación de la Siderurgia Integral a adquirir el 30% de Gonvarri (que comparte con USINOR-SACILOR, que tiene otro 30%). Esta es la demostración más palpable de los errores de gestión comercial en que ha venido incurriendo ENSIDESA, puesto que Gonvarri no era más que un «chatarrero» que fue convirtiéndose en una empresa importante de comercialización porque, al no organizar ENSIDESA sus redes comerciales, cayó en manos de Gonvarri y de Comercial de Laminados, que tiene el mismo origen, los cuales llegaron a comercializar el 80% de la producción de ENSIDESA.

IV.4.2. La reestructuración siderúrgica de 1984

En cuanto a la siderurgia integral, por su dimensión y por la obsolescencia de todas sus cabeceras exceptuada la de Gijón, era evidente en 1980 que tenía que concentrar toda su producción de la fase líquida en un solo núcleo, desde el que servir a todas las plantas acabadoras aprovechables: Gijón, Avilés, Echévarri, complejo de Lesaca y Sagunto, y ello por una razón: las necesarias instalaciones nuevas exigían una dimensión —altos hornos de 12 a 15 metros de crisol y acería con convertidores de 250 a 300 toneladas— que, tal como hicieron todos en Europa, imponía una cabecera única. Había que valorar, pues, los pros y contras de las tres teóricamente posibles ubicaciones: ría del Nervión, Avilés-Gijón y Sagunto. La elección debía de basarse, lógicamente, en el grado de disponibilidad en cada una de ellas de las condiciones básicas necesarias:

— **Puerto mineralero**, con capacidad de fondeo y manipulación de la carga para buques de, al menos, 100.000 toneladas de registro bruto.
— **Espacio adecuado**, en cuanto a ubicación racional de los distintos componentes del complejo (parques de minerales, hornos altos, baterías de cock y acerías), minimización del impacto medioambiental y dotaciones básicas (agua abundante, por ejemplo).
— **Instalaciones ya existentes**, aprovechables para la nueva dimensión de la cabecera o sea para una capacidad nominal de siete millones de t/año de acero.
— **Buena red de comunicaciones**, para la expedición de los productos acabados.

La única opción racional era, pues, Asturias, con un puerto ya acondicionado en lo fundamental para grandes buques graneleros, un parque de minerales moderno y en sus inmediaciones una factoría (Gijón) con los dos altos hornos de mayor dimensión y capaz de ampliación a otros dos —por otra parte previstos inicialmente y no construidos en la cadena de consecuencias que acompañan al error de no mantener la dimensión y la adecuación de los útiles a las exigencias del mercado—, que podrían ser del tamaño que se quisiera, sin prácticamente más coste que el propio de los hornos. La decisión de instalar entre la factoría de Gijón y la de Avilés una nueva acería (LDIII) respondía a esta lógica y prefiguraba la desaparición de la cabecera de Avilés con la potenciación de la de Gijón, que quedaría como única del país alimentando tanto a la acería existente en esta factoría como a la nueva LDIII. Ésta —diseñada para tres convertidores de 250 toneladas, para trabajar simultáneamente con dos— daría los cinco millones de t/año de capacidad, suficientes para sustituir tanto las acerías de Avilés como la de Sestao, todas ellas claramente inservibles por viejas y pequeñas.

La siguiente decisión lógica era cerrar los dos trenes semicontinuos de bandas en caliente de Avilés y Ansio, ya amortizados y obsoletos, sustituyéndolos por uno nuevo de 4,5 a 5 millones de t/año, con un ancho de tabla de, al menos 2.032 mm (80") para responder a los retos de calidad, por un lado y, por otro, poder suministrar los anchos de banda que el tren de Sagunto permite y el mercado del automóvil demanda. Esas eran y siguen siendo las exigencias de la competitividad.

Pero, en cambio, es aquí donde las decisiones racionales acaban y los chantajes políticos comienzan. Lo que siguió fue una serie continua de despropósitos cuyas consecuencias quieren taparse ahora con una nueva llamada a la competitividad. En lugar de un nuevo TBC cuya ubicación indiscutible tenía que ser al pie de la acería

LDIII —véanse los estudios de Mikel Navarro sobre el tema—, se decide remodelar los dos viejos existentes, con lo que ni Sagunto va a disponer del ancho de banda que puede procesar, ni las calidades de las bandas de ambos trenes van a responder a las exigencias del mercado. Como Euzkadi, políticamente más fuerte que Asturias, no consiente el cierre de las obsoletas cabecera y acería, la LDIII se instala con sólo dos convertidores, uno en trabajo y otro en reserva, y 2.500.000 t/año de capacidad, mientras en Sestao se construye un nuevo horno alto de nueve metros de crisol —en esa época ya no se construye ninguno más pequeño de 12 m— y se despilfarra el dinero en remodelar una acería vieja —convertidores de 110 toneladas— por no tener más espacio libre.

La inversión industrial conjunta alcanzó la cifra de 250.000 millones de pesetas. La operación costó 149.000 pesetas por tonelada de acero en AHV y 98.000 pesetas por tonelada de acero en ENSIDESA (Plan de Competitividad de la Siderurgia Integral, 1992, p. 4), lo que revela la gravedad del error, si se tiene en cuenta que dicho plan propuso, y se está llevando a efecto, el cierre del alto horno, la acería y el tren de bandas en caliente (TBC) de AHV, remodelados en el plan de 1984 contra toda lógica técnica y económica, puesto que esas inversiones no podían hacer competitivas aquellas instalaciones y, además, hipotecaron las inversiones para realizar en ENSIDESA, pues dejaban a la acería LD-III, construida dentro del plan de 1984, a media capacidad; el TBC de ENSIDESA, como el de AHV, remodelados dentro del mismo plan, nunca dará la calidad y los anchos que exige actualmente el mercado.

Cuadro 13: **Instalaciones remodeladas en 1984/1989**

Instalación	Localidad	Millones de pesetas
Horno Alto M.ª Ángeles (AHV)	Sestao	5.000
Acería LD (AHV)	Sestao	30.000
Tren de bandas TBC (AHV)	Ansio	22.000
Total invertido en AHV	-	**57.000**
TBC ENSIDESA	Avilés	22.000
Inversión total	**AHV + ENSIDESA**	**79.000**

Fuente: ENSIDESA y AHV.

Millones tirados por la alcantarilla y empleados no para promover, sino para impedir la competitividad, pues al marchar en la dirección opuesta a la que siguieron todos, por ser la que exigía el mercado, cercenó la posibilidad de una siderurgia integral en España realmente en condiciones de permanecer en él. Al abortar el proyecto de asentamiento en Asturias de la fase líquida del proceso siderúrgico integral y al elegir la no construcción de un TBC se sentaban las bases del sobrecosto de la bobina caliente y de la falta de competitividad. En efecto, antes de concluir la reestructuración de 1984 ya se detectó que dicho sobrecosto era de un 25% respecto a la media europea. La media del 25% de sobrecosto de la bobina caliente en toda la CSI encubre, además, el hecho de que las 149.000 pesetas por tonelada de acero invertidas en AHV no impidieron que la bobina caliente costase un 30% más cara en AHV, mientras ese sobrecosto es un 18% en el caso de ENSIDESA (Plan de Competitividad de la CSI, 1992, p.18), lo que prueba fehacientemente dónde debieran haberse hecho las inversiones del plan de 1984. Y lo más dramático es que estas instalaciones de Euzkadi son las que ahora, recién puestas en funcionamiento, van a ser cerradas, aunque no para encaminarse hacia la competitividad sino para organizar otro pastiche que será el punto final de la siderurgia integral en España.

A todo lo anterior hay que añadir otros errores importantes de la reestructuración de 1984 que han resultado muy caros, desde el punto de vista productivo y financiero, para ENSIDESA:

— No incluir el acondicionamiento de la cabecera, sobre todo los altos hornos, que han debido ser incluidos en el plan actual, a costa de aceptar reducciones de capacidad que, para una empresa que no transforma sus producciones, es insuficiente para mantenerse en el mercado.
— No incluir en la reestructuración de 1984 la remodelación de la Acería de Gijón, que entonces ya estaba en condiciones productivas y medioambientales inaceptables.
— No incluir la colada continua de palanquilla para alimentar el tren de alambrón, lo que estuvo implicando un sobrecoste de los productos del tren de 10.000 pesetas la tonelada.
— No incluir la línea de recocido continuo de la factoría de Avilés, que era una exigencia de calidad indispensable.
— Aunque se construyó con cargo al plan de 1984 una colada continua de blooms para alimentar el tren de perfiles, se cometió un error, pues al no adecuarse los blooms al ancho del tren, obliga a someter al acero a una doble operación que genera un mayor costo y una menor calidad del acero. También exigió una inversión adicional que no pudo cargarse a la «reconversión» de 1984.

Todas estas inversiones, excepto la colada continua de blooms que vino a recaer sobre el Plan de 1992, hubo que realizarlas después de decidido el plan de 1984 y al margen de él, es decir, a cargo de ENSIDESA, por lo que supusieron un grave deterioro financiero para ENSIDESA, al representar una inversión adicional de más de 30.000 millones de pesetas, lo que descompuso el plan financiero que acompañaba a la reestructuración que se hizo con aquel plan.

Estas son las razones que explican la falta de competitividad de la siderurgia integral española y a ellas habría que remitirse cuando se quiere hacer frente a la nueva hecatombe de pérdidas que se produjo en 1991, 1992 y 1993. Dado que España fue el último país de los de la CEE en iniciar estos procesos de adaptación y ajuste de su siderurgia, era no solamente obligado, sino también fácil, copiar los aciertos y evitar los errores de nuestros competidores. En particular, por proximidad geográfica y cultural, el ejemplo francés debió de haberse considerado paradigmático, tanto en sus errores y retrasos que le llevaron a pérdidas descomunales —billón y medio de pesetas entre 1980 y 1987 (Hatem, 1991)—, como en su acierto final de 1985, por el que se colocó bajo un mando estratégico único a toda la siderurgia, integral y no integral, reestructurada con fondos públicos. No fue así y ahora ni tenemos dimensión ni tenemos adecuado el útil industrial. La primera renuncia del plan de reestructuración de 1984 fue no incluir a la siderurgia no integral en el mismo paquete, puesto que se reestructuraba con fuertes aportes públicos, lo cual daña la capacidad estratégica y la dimensión y genera luchas tribales por algunos mercados, que no se darían dentro de una estrategia global y única. Era seguir pensando en mercados regionales, cuando nos enfrentamos al mercado mundial.

IV.4.3. El Plan de Competitividad de la Siderurgia Integral

Los beneficios obtenidos por ENSIDESA y AHV en 1989 enmascararon esta realidad que hoy salta a la luz con toda su dimensión. Más ruido que nueces porque en buena parte fueron beneficios atípicos. En 1990 la siderurgia integral ya entró en pérdidas, cuando la competencia tuvo peor año que el anterior pero se mantuvo muy bien. La hecatombe vino en 1991, año en el que entre las dos empresas se perdieron más de 55.000 millones de pesetas, que se elevaban a cerca de 100.000 millones en 1992 y en 1993.

Ya hemos dicho que la falta de competitividad la sitúan los responsables en un sobrecosto, respecto a la competencia, del 25% en la producción de la bobina caliente, a lo que hay que añadir el que la calidad no es adecuada. La bobina caliente es el semiproducto base de los fabricados de más valor añadido: la chapa fría y los recubiertos. O sea, es todo el proceso el que está en cuestión. Parece, pues, elemental preguntarse por las causas de esta situación. Nosotros hemos tratado de aproximarnos al problema por el simple método de comparar las instalaciones clave de la producción de arrabio (en altos hornos) y de bobina caliente (trenes de bandas en caliente —TBC—) de las dos empresas con las de los países de la OCDE cuyos datos hemos actualizado a 1990. El resultado es el cuadro 14, en el que creemos que están los grupos más importantes de cada zona, con lo que las deducciones que se extraigan son representativas de la situación media de cada uno de ellos.

Cuadro 14: **Estructura de las empresas europeas**

Empresa	HORNOS ALTOS N.º plantas	N.º hornos	Crisol (metros)	CTI* t/Año	1/2 Horno t/año	TBC N.º TBC**	CN*** t/Año	Capacidad total
USINOR-SACILOR	5	16	6,7 a 13,9	22.000.000	1.375.000	1 de 1.930	4.500.000	11.900.000
						1 de 2.032	2.800.000	
						1 de 2.134	4.600.000	
British Steel	4	13	5,5 a 14	14.600.000	1.123.000	1 de 997	1.400.000	6.940.000
						1 de 1.575	2.750.000	
						1 de 1.880	2.490.000	
Thyssen Stahl	2	6	7,8 a 13,6	12.600.000	2.100.000	1 de 1.500	-	7.200.000
						1 de 2.235		
ILVA	2	7	8,3 a 14	12.350.000	1.764.000	1 de 1.422	2.000.000	10.000.000
						1 de 1.560	3.500.000	
						1 de 2.280	4.500.000	
Arbed- Sidmar	2	5	8 a 11,2	5.680.000	1.136.000	1 de 480	1.600.000	4.400.000
						1 de 600	-	
						1 de 1.930	2.800.000	
Krupp-Höesch	3	8	8,9 a 11,5	10.620.000	1.328.000	1 de 1.800	3.200.000	6.800.000
						1 de 2.032	3.600.000	
Cockerill	2	4	8,6 a 9,75	4.640.000	1.160.000	2 de 2.235	5.200.000	5.200.000
Kloeckner	2	3	6 a 12	4.260.000	1.420.000	1 de 2.286	5.500.000	5.500.000
Ensidesa	2	5	8,7 a 9,5	5.175.000	1.035.000	1 de 1.625	2.300.000	2.300.000
AHV	1	3	6,5 a 9	2.000.000	666.000	1 de 1.625	2.300.000	2.300.000
Promedio				8.538.636	1.312.181		3.275.389	
Alternativa CSI	1	3	1 de 13	6.500.000	2.160.000	1 de 2.032	4.600.000	4.600.000
			2 de 9,5					

*CTI= capacidad total instalada; **= n.º de TBC y ancho en mm; CN= capacidad nominal.
Fuente: IISI. Elaboración propia.

En lo que se refiere al arrabio, se ve claramente que la casi totalidad de las empresas, junto a hornos pequeños —de menos de 9 m de diámetro—, disponen de otros grandes —de 11 metros o más—, a diferencia de las dos españolas que tienen hornos como máximo de 9,5 mts. Para facilitar la comparación hemos calculado la capacidad anual media por horno de todos los del cuadro y la que corresponde a cada empresa, con lo que queda de manifiesto la situación de inferioridad de las empresas españolas, particularmente de AHV, que literalmente «se sale» del cuadro. Si tenemos en cuenta que, además, en la mayoría de las empresas los hornos pequeños están fuera de servicio y han concentrado sus producciones en los de más ancho de crisol, más modernos y rentables, las diferencias se hacen aún mucho más acusadas. En cuanto a la bobina caliente ocurre algo similar. La mayoría tiene trenes estrechos que son los antiguos, pero no hay ninguna que no disponga de al menos un TBC por encima de los 1.930 mm (76") de tabla, excepto British Steel, que lo tiene de 1.880 mm (74") y

Krupp, de 1.800 mm, aunque esta última, al fusionarse con Hoesch, ya dispone del de 2.032 mm que tiene esta empresa. Prácticamente todos estos trenes con anchos de tabla de dos metros o más han sido instalados en la década de los ochenta para atender a la industria del automóvil, mientras aquí se remodelaban los dos semicontinuos de AHV y ENSIDESA, cuyo ancho de tabla no puede atender esos mercados. Si a eso añadimos los problemas de calidad —sobre todo la relativa a planitud— comprenderemos la desventaja competitiva con quienes sí se pertrecharon para tales mercados.

Ante la hecatombe de pérdidas, el Gobierno español creó un *holding* que agrupa a ambas empresas, denominado Corporación de la Siderurgia Integral (CSI). Esta corporación, para hacer frente a la situación, elaboró un plan de competitividad que consiste básicamente en:

— Cierre de las cabeceras de Avilés y de Sestao.
— Reducción de la capacidad instalada a 4,2 millones de toneladas al año, para el conjunto de ENSIDESA y AHV.
— Remodelación de los altos hornos de Gijón.
— Construcción en AHV, en Sestao, de una miniacería compacta.
— Concentración de los acabados en las instalaciones más rentables.

Esta alternativa vino acompañada de otra de los sindicatos que, por razones distintas pero convergentes indirectamente, va claramente en dirección opuesta a la de aquellos rivales que alcanzaron la competitividad. La propuesta de la CSI intenta bajar costes por el procedimiento de recortar el tamaño —si se redujera a cero no habría ninguna pérdida—, sin hacer frente a los problemas de fondo, con lo que:

a) En primer lugar, si a la exigua dimensión actual de nuestra siderurgia integral le cercenamos el 40%, la llevamos a la segura inviabilidad por falta de masa crítica mínima. En los vientos de concentración que corren sería fácil presa de un grupo de alcance europeo que bien podría utilizarla para justificar determinados achatarramientos que permitan mejorar las instalaciones de sus países de origen sin enfrentarse a la CE.

b) En segundo lugar, la construcción de una miniacería en Sestao implica, por un lado, que la óptica de una empresa única no existe por parte de los gestores de la CSI y, por otro, una aberración técnica y económica. En efecto, construir una miniacería para producir sobre un millón de toneladas al año, —incapaz de conseguir las calidades necesarias para la hojalata— cuando se puede duplicar la producción (otros 2.500.000 toneladas al año) de la «mejor acería de Europa» —como rezaba la propaganda oficial— con sólo añadir un tercer convertidor a la acería LDIII de Avilés, sólo puede calificarse de aberración de 70.000 millones de costo.

c) En tercer lugar, significa el cierre de las instalaciones acabadoras de la factoría de Gijón. Un simple cálculo nos aclara que, si descontamos la producción de la miniacería quedarían tres millones para la cabecera de Gijón que son, efectivamente, las posibilidades de sus altos hornos, previas algunas reformas. Pero si la capacidad nominal actual de la LDIII son 2,5 millones de toneladas, sólo queda un margen de 0,5 millones de toneladas al año para transformar en la factoría de Gijón, lo que daría únicamente para uno de sus trenes acabadores (tren de chapa, 600.000 t/año, tren de alambrón, 400.000 t/año, tren de perfiles, 400.000 t/año)... o para las 400.000 toneladas al año que todavía podrían absorber los trenes de AHV, además de la producción de la miniacería, que serían las calidades que ésta no puede dar de ninguna manera. Quedaría así la acería de Gijón, de 2 millones de toneladas al año de capacidad, para producir solamente 500.000 toneladas al año, lo cual representa pura y simplemente el cierre a corto plazo de la factoría de Gijón, que es lo que parece estar implícito en el plan de filialización.

El balance económico de semejante dislate se pone de manifiesto con toda claridad si, como puede verse en el cuadro 14, el coste de una adecuación de las instalaciones para hacer una siderurgia integral española verdaderamente competitiva, en costes y en calidad, es inferior al de la inversión que se pretende hacer, que deja un grupo empresarial disperso, de dimensión inadecuada y produciendo calidades que van a alejar a la CSI definitivamente al margen de los mercados más rentables.

Cuadro 15: **Coste comparativo del plan de la CSI y de la propuesta alternativa contenida en el presente trabajo**

(millones de pesetas)

Plan de la CSI		**Propuesta alternativa**	
Miniacería compacta	70.000	Altos hornos Gijón	35.000
Altos hornos y otros	47.000	Tercer convertidor LDIII	22.000
Otras inversiones	52.000	Tren de bandas TBC	70.000
		Complementos	15.000
Inversión total	**169.000**	**Inversión total**	**152.000**

Fuente: Elaboración propia a partir de: Comisión de la Comunidad Europea SEC (92), 1916 final, 5 de noviembre de 1992 y de cálculos hechos por ingenieros de la empresa.

Aún más, los autores de este plan no confían en él en absoluto, pues a pesar de afirmar que va a mejorar la competitividad por la reducción de costes, que situaría a estos en la media europea (Plan de Competitividad, p. 58), renuncian de antemano a recuperar el mercado interno que ahora se está perdiendo y, por supuesto, a cualquier intento de ganar otros mercados. Solamente el mercado interno que se pierde está en torno al 25%, que con la reducción de capacidad que se contiene en el plan nunca se podrá recuperar.

Como resumen final repetimos en síntesis los criterios imprescindibles para llevar a cabo una reestructuración que aspire a permanecer en el mercado, de forma independiente o asociada a un gran grupo siderúrgico:

— Una sola empresa, una sola cabecera con un alto horno nuevo de 12 a 15 metros de crisol y una nueva batería de cock en Veriña (7.000.000 t/año).
— Aumento de la LDIII a 3 convertidores (5.000.000 t).
— 1 TBC de 2.032 mm y 4,5 a 5 millones de toneladas al año.
— Una nueva gestión que empiece por una dirección que pueda trabajar con autonomía empresarial frente a las instancias políticas y pueda establecer una dirección profesional en todos los campos.
— Integración de la comercialización como división clave del negocio.
— Diversificación que permita una valorización de las inversiones más adecuada y que facilite la creación de un tejido industrial en las regiones afectadas.

Esto hubiera costado 17.000 millones de pesetas menos que el plan de la CSI y sería un camino verdadero a la competitividad, pero no ha sido así. Se ha aprobado la construcción de la miniacería compacta, el tercer convertidor de la acería LD-III queda definitivamente descartado y también la construcción de un nuevo TBC. Estas estrategias se han completado con una añagaza que forma parte del proceso de liquidación de la siderurgia integral en España, cual es el proceso de filialización. Se crean tres empresas, CSI-Largos, S. A., CSI Planos, S. A. y CSI Transformados, S. A., pero a continuación se habla de la venta por separado de cada una de estas empresas. Incluso ahora se separa de la CSI Largos el tren de chapa, con toda seguridad para venderlo como un retal. Ahí no hay más estrategia que la que el propio Javier Salas, presidente del INI (SEPI+AIE), explicó en la Comisión de Industria del Congreso: «lo que se pretende es buscar una forma más cómoda para vender las partes que encontrarán mejor salida que el todo», y ello aunque el destino de las mismas sea el achatarramiento.

Toda esta catastrófica gestión tiene su corolario en la evolución del empleo. Es cierto que la reducción de efectivos en la siderurgia asturiana es equivalente a la del empleo siderúrgico en Europa, pero los grupos siderúrgicos tienen un comportamiento, respecto al empleo, muy diferente según desarrollen una u otra estrategia.

El fenómeno de la diversificación tiene un efecto muy importante sobre el empleo. En efecto, los grupos siderúrgicos que han evolucionado, como Thyssen, han conseguido crear en la transformación y en la comercialización los empleos que perdían en la producción directa de acero, consiguiendo de esa manera valorizar los capitales invertidos, generar una actividad adicional a su alrededor y, por ello, mantener, e incluso aumentar, el empleo, como veremos a continuación.

En los últimos veintidos años, el empleo propiamente siderúrgico ha venido reduciéndose en Europa a un ritmo marcado por tres series de hechos, a saber:

1) El estancamiento de la producción mundial de acero, que permanece al mismo nivel de 1974, en torno a los 725 millones de toneladas al año, como consecuencia de una demanda que no permitió utilizar las capacidades instaladas.
2) La creciente participación de los países del tercer mundo, en esa producción estancada, hasta el punto de alcanzar el 34,7% de la misma (IISI, 1995).
3) La aplicación de nuevas tecnologías que, directa e indirectamente, se convierten en ahorradoras de empleo (Agüera, 1982).

Por esas tres razones la siderurgia mundial vió reducida en un 48% la fuerza de trabajo necesaria para producir los pocos más de 700 millones de toneladas al año de acero, pasando de 2.554.000 trabajadores en 1974 a 1.328.000 en 1994. En la Unión Europea con doce miembros, esa reducción fue aún más drástica, pues los efectivos se redujeron en un 66%, pasando de 893.000 en 1974 a 303.000 en 1994, como puede verse en el cuadro 16:

Cuadro 16: **Evolución del empleo en la siderurgia europea**
(miles)

Países	**1974**	**1988**	**1989**	**1990**	**1991**	**1992**	**1993**	**1994**
Bélgica	69	29	28	26	26	25	24	24
Dinamarca	2	2	2	2	1	1	1	1
Francia	158	53	49	46	45	43	41	40
Alemania	232	131	130	125	148	132	110	100
Grecia	-	4	3	3	3	3	3	3
Irlanda	1	1	1	1	1	1	1	1
Italia	96	61	58	56	56	50	49	46
Luxemburgo	23	11	10	9	9	8	7	7
Holanda	25	18	18	17	17	16	16	13
Portugal	4	5	4	4	4	3	3	3
España	89	41	39	36	36	33	27	27
Reino Unido	194	55	56	54	45	44	39	38
Total UE	893	410	398	379	391	359	321	303

Fuente: IISI, 1995.

El comportamiento de ENSIDESA, en ese sentido, se corresponde con la media comunitaria, pues desde 1980 perdió más del 62% del empleo, como revela el cuadro 17:

Cuadro 17: **Evolución de la plantilla de ENSIDESA**

Años	**Plantilla**
1980	*25.891*
1984	*20.608*
1986	*17.875*
1988	*16.088*
1990	*15.165*
1991	*14.440*
1992	*14.390*
1993	*10.472*
1994	*9.731*
1995	*9.495**

*Calculado, aproximadamente, por la suma de la plantilla de las sociedades de la CSI.
Fuente: ENSIDESA.

Ahora bien, ENSIDESA es una empresa en la que las medidas que se han adoptado para adaptarla al proceso que sigue la siderurgia mundial han sido, como hemos visto, erróneas desde el punto de vista económico e industrial, ya que el mismo útil siderúrgico es inadecuado o no está debidamente explotado. Pero, sobre todo, no se supieron tomar las medidas estratégicas que permitiesen valorizar la inversión, mediante la transformación del acero y su debida comercialización. Tarea que sí acometieron correctamente los productores alemanes, como señalábamos más atrás al comparar las magnitudes de Thyssen y Nippon Steel.

En términos de empleo las consecuencias pueden observarse en el cuadro 18:

Cuadro 18: **Plantilla de algunos grupos alemanes 1994**

Grupos	**Plantilla**
Thyssen	129.389
Preussag	69.712
Krupp	66.138
Kloeckner	-
Saarstahl	-
Total	**265.239**

Fuente: Memorias de las empresas.

Si se comparan estas cifras con las del cuadro 16, se observará que, mientras Alemania presenta un empleo siderúrgico de 100.000 efectivos en 1994, solamente tres grupos alemanes de esta rama dan empleo a más de 265.000 personas, cifra que como puede verse es superior al empleo directamente siderúrgico de 1974, en la siderurgia alemana. Ello quiere decir que los procesos de diversificación permitieron a esos grupos generar el empleo que se perdía en la producción directa de acero. El caso francés es menos significativo, pero USINOR-SACILOR da empleo actualmente a 61.400 personas, mientras que toda la siderurgia francesa emplea a 41.000 trabajadores.

Por esta razón hemos defendido, desde 1981, que la alternativa industrializante para Asturias pasaba por una estrategia ofensiva de ENSIDESA, que llevase la transformación del acero hasta productos lo más complejos posible. Esa estrategia era posible entonces y durante la reestructuración de 1984, como lo demuestra el hecho de que Nippon Steel, que la inició en 1988, aumentó el empleo desde entonces en un 11% (IISI, 1995).

Resultados de la siderurgia española y mundial

Cuadro n.° 19: **Resultados de la siderurgia mundial 1992 y 1993**

(millones de pesetas)

	1992			1993		
Empresas	**Ventas**	**Pérd./Gan.**	**%**	**Ventas**	**Pérd./Gan.**	**%**
ENSIDESA	152.260	-67.620	-44,4	166.056	-69.582	-41,9
AHV	78.045	-31.625	-40,5	108.200	-28.692	-26,5
Nippon Steel	2.758.965	+1.725	+0,1	3.567.340	-70.140	-1,9
Thyssen	2.614.065	+23.920	+0,9	2.894.220	-81.900	-2,8
NKK	1.679.575	+7.015	+0,4	2.084.740	-5.040	-0,2
Preussag	1.805.270	+34.155	+1,9	2.011.940	+20.440	+1,0
USINOR-SACILOR	1.888.185	-52.555	-2,8	1.861.300	-141.960	-7,6
Krupp-Hoesch	-	-	-	1.735.860	-52.200	-3,0
Kobe Steel	1.276.040	+23.575	+1,9	1.620.500	-10.780	-1,8
Kawasaki	1.213.595	+12.420	+1,0	1.537.620	-28.560	-1,8
British Steel	844.330	-25.300	-3,0	882.560	+14.560	+1,7
Arbed	674.360	-10.350	-7,7	777.000	-19.180	-2,5
Cockerill	599.610	-4.945	-0,8	596.560	-26.320	-4,4
Hoogovens	504.850	-38.870	-7,7	544.040	-17.640	-3,2

Fuente: Elaboración propia a partir de las memorias anuales de las empresas y de *Fortune*, 07.26.1993 y 07.25.1994.

Todo lo que hemos dicho, respecto a los verdaderos problemas de la siderurgia española, tiene su reválida en el terreno indiscutible de los resultados. En efecto, el cuadro 19 pone de manifiesto, sin lugar a ninguna duda, que estamos ante una catástrofe financiera que puede explicarse por dos razones:

a) Las deficiencias del aparato productivo tienen que ser aún mayores de lo que puede detectarse desde fuera y, por lo tanto, la desventaja en costes más elevada de lo que confiesa la CSI, lo cual no puede derivarse de otra cosa que de los gravísimos errores de la reestructuración, reiteradamente aludidos a lo largo del presente trabajo.
b) No puede caber duda alguna de que semejantes desfases tienen que ser achacados a una gestión deficientísima que, además, ha venido agravándose a lo largo del tiempo y a la que no parecen estar dispuestos a poner remedio los responsables de la CSI. En efecto, sin ninguna crítica seria a la reestructuración de 1984, prácticamente las mismas personas están llevando a cabo la reestructuración de 1992/1996.

IV.4.4. ENSIDESA en la economía de Asturias

Después de la exposición de estas evidencias es el momento de pararnos y de preguntarnos: ¿cuál es la importancia de ENSIDESA para la economía asturiana?, porque todo ello tendría poca importancia si se tratase de una empresa cuya incidencia fuera muy pequeña sobre el conjunto de la economía asturiana. Pero no es así, al contrario, podemos afirmar que ENSIDESA es una pieza clave en el entramado económico de Asturias. Lo fue en los cuarenta años que lleva de existencia, lo es en la actualidad, y lo que pase con ENSIDESA afectará muy decisivamente el futuro de Asturias. También hemos establecido que es posible desarrollar un tejido industrial a partir de la siderurgia si se desarrolla una política lo suficientemente ofensiva de transformación «aguas abajo» del acero, llegando a la máxima diversificación posible. Esa política facilita la rentabilización de los capitales invertidos en el acero y constituye el punto de apoyo a desarrollos industriales nuevos. Asturias carece de otros puntos de apoyo y los últimos cuarenta años revelan que no hay ninguna alternativa en el horizonte que permita vislumbrar la aparición de puntos de apoyo nuevos. Así pues, haber ordenado la siderurgia, haciendo de ella un eje de reindustrialización y acompañándola con el desarrollo de las infraestructuras precisas, era una exigencia de racionalidad que hubiera permitido a ENSIDESA, como empresa-región que es aún, colaborar para que Asturias hubiera podido encarar con alguna posibilidad el mercado interior, el espacio económico europeo y el mercado mundial. No habiéndolo hecho así, se pagarán muy duras consecuencias.

Cuadro 20: **Contribución de ENSIDESA al empleo industrial de Asturias**

Año	Empleo ENSIDESA	Empleo indirecto	Empleo inducido	Empleo total generado	% sobre empleo Asturias
1980	25.891	24.911	127.896	178.489	48,2
1985	19.308	18.729	96.154	134.191	35,8
1992	14.800	14.356	73.556	102.712	29,4
1993	10.472	10.157	52.045	72.674	23,3

Fuente: Elaboración propia, a partir de: SADEI, 1990 y CC. OO., 1991 y 1992, 1993, 1994 y 1995.

Cuadro 21: **Contribución de ENSIDESA al valor añadido bruto regional**

	VAB REGIONAL				VAB INDUSTRIAL			
Año	**Directo**	**Indirecto**	**Inducido**	**Total**	**Directo**	**Indirecto**	**Inducido**	**Total**
1983	7,9	6,40	21,80	36,1	17,2	13,9	47,5	78,6
1985	8,0	6,50	22,10	36,6	17,3	14,0	47,7	79,0
1990	5,7	4,60	15,70	26,6	15,7	12,7	43,3	71,7
1993	7,3	5,91	20,15	33,36	20,2	16,3	55,7	92,2

Fuente: Elaboración propia, a partir de las memorias anuales de la empresa y de SADEI, 1990.

La importancia decisiva de ENSIDESA para la economía asturiana queda así puesta de manifiesto. Tanto desde el punto de vista estrictamente siderúrgico como desde el punto de vista regional, creemos que para lograr la supervivencia de la empresa y contribuir a la reindustrialización de Asturias, además de hacer la reestructuración bien, es imprescindible:

1) Considerar el mercado internacional como único marco en el que se van a mover estas empresas en el futuro y, por ello, reestructurar pensando en la competitividad de las mismas a esa escala.
2) Desarrollar una política de integración vertical que permita una transformación interna porcentualmente creciente de lo que no es más que un producto intermedio y, en muchos casos, una materia prima (el acero).
3) Establecer una estrategia de diversificación creciente, en un auténtico compromiso territorial de la empresa, que ponga sus recursos humanos y su experiencia al servicio de la recomposición del tejido industrial de la región que garantice, a medio y largo plazo, su resurgir económico y social (CREP, 1988 y 1992; QUEVIT y otros, 1989).

IV.5. CRISIS Y REESTRUCTURACIÓN DE LA CONSTRUCCIÓN NAVAL

La construcción naval ha venido atravesando una crisis a escala mundial de la que la industria española y asturiana no han podido escaparse; pero, de nuevo, a los problemas objetivos, que analizaremos a continuación, vienen a añadirse especificidades españolas y asturianas que ahondan la profundidad de aquella y que pueden estar situando, también a la construcción naval, al borde de su desaparición. Analizaremos ambas cuestiones, de forma que podamos distinguir las posibilidades que aún le pudieran quedar a lo que resta de esta rama de producción en Asturias.

La crisis de crecimiento en que entra el capitalismo mundial en el período que va de 1967 a 1973 se traduce en una disminución del comercio mundial, lo cual afecta de forma muy significativa al comercio marítimo, que se encuentra así con una oferta de buques muy elevada para una demanda de transporte en disminución. La construcción naval es una de las ramas industriales en las que la capacidad de los astilleros estaba infrautilizándose, porque ya estaban en trabajo buques con un tonelaje más que suficiente para la demanda de transporte anterior a la crisis.

En segundo lugar, esas tendencias se ven agudizadas para los astilleros que se han especializado en la producción de buques de gran tonelaje, petroleros y graneleros, que son precisamente aquellos en los que la saturación de la oferta es mayor. A partir de ese momento es evidente que los astilleros han de especializarse en buques de menor tonelaje y, sobre todo, que incorporen tecnologías avanzadas que los hagan útiles para un conjunto de actividades nuevas. También es necesario, en estas circunstancias, concebir el aprovechamiento de los astilleros para diversificar su producción. El terreno de las plataformas *off-shore* constituye un campo abonado que debiera haberse explorado a la hora de reconvertir de verdad los astilleros españoles y asturianos.

En este contexto de enorme incertidumbre y dificultades estratégicas para sacar adelante una auténtica reconversión naval, aparece una tercera dificultad, cual es la confirmación de Japón como un rival imbatible en un mercado tan deprimido, a lo que se une la irrupción de la industria naval de Corea del Sur en el mercado mundial, que con sus costes mucho más reducidos y una tecnología homologable puede ofrecer unos precios que constituyen una ruptura del mercado, lo que lleva a este país desde el vigésimo tercer lugar que ocupaba en la clasificación de la construcción mundial en 1973, al segundo lugar del mismo en 1982, de tal manera que su capacidad instalada era en 1990 el 450% de la de 1975 y aún continuó subiendo, para situarse actualmente en un 600% de la de aquella fecha, aproximándose de forma muy sustancial a la de toda la Unión Europea, respecto a la cual representa ya el 73% (MINER, 1995).

España ha sufrido todas estas crisis con dureza, pues a la caída de la demanda a que nos hemos referido vino a unirse el hecho de una cierta especialización de la construcción naval española en la producción de petroleros y graneleros, segmento del mercado en el cual el avance de Corea del Sur es más significativo, y, por otra parte, la desaparición de la demanda de grandes buques obligaba al conjunto de la industria naval española a un replanteamiento que, quizás, tenía más posibilidades en el segmento de astilleros medianos y pequeños, como eran los de Asturias. Por todo ello, la industria naval española se vio sometida a un ajuste que la redujo a un tercio de su nivel de 1970, al cierre de 25 de las 54 plantas que había en 1975 y a una reducción traumática de las plantillas.

Cuadro 22:

Contratación mundial de buques

Miles de TRBC/CGT

Zonas	70-74	75-79	80-84	85-89	90-94	1990	1991	1992	1993	1994
Japón	9.084	5.849	6.357	3.947	5.004	5.854	4.268	3.633	4.218	7.048
UE	5.487	2.227	2.087	2.413	2.711	2.998	2.963	1.433	3.213	2.946
Resto Europa	3.649	1.794	1.355	673	637	552	390	330	846	1.065
Corea Sur			1.239	1.395	2.469	1.601	2.403	886	4.093	3.363
Resto mundo	5.320	3.156	2.502	2.378	2.667	2.424	2.267	2.448	2.685	3.509
Mundo	23.540	13.436	13.540	10.833	13.487	13.429	12.291	8.730	15.056	17.932
España	1.269	536	370	393	259	435	164	172	198	328

Porcentaje de participación sobre el total contratado en TRBC/CGT

Zonas	70-74	75-79	80-84	85-89	90-94	1990	1991	1992	1993	1994
Japón	39	44	47	37	37	44	35	42	28	39
UE	23	17	16	22	20	22	24	16	21	16
Resto Europa	16	13	10	6	4	4	3	4	6	6
Corea Sur			9	13	10	12	20	10	27	19
Resto mundo	22	26	18	22	19	18	18	28	18	20
Mundo	100	100	100	100	100	100	100	100	100	100
España	5,4	4,0	2,7	3,6	1,9	3,0	1,0	2,0	1,3	1,8

Fuente: MINER, 1995.

Cuadro 23:
Capacidad de construcción en los astilleros públicos
(medida en TRBC/CGT)

Años	**TRBC/CGT**
1984	680.000
1985	265.000
1986	265.000
1987	265.000
1988	265.000
1989	265.000
1990	265.000
1991	240.000
1992	240.000
1993	240.000
1994	240.000
Plan de Competitividad	-200.000

Capacidad de construcción de todos los astilleros
(edida en TRBC/CGT)

Tipos	**1976/84**	**1986**	**1994**
Grandes astilleros	550.000	256.000	—
Pequeños astilleros	450.000	190.000	—
TOTAL	1.000.000	455.000	350.000/400.000

Fuente: MINER, 1995.

Sin embargo, en su panorama sobre la industria comunitaria publicado en 1993, la Comisión Europea concluía su introducción sobre la construcción naval con este párrafo: «Las perspectivas a largo plazo son potencialmente positivas para el sector comunitario de la construcción naval, puesto que la flota mundial envejece cada vez más y las exigencias de la legislación en lo que se refiere a la concepción de los navíos favorecen en una cierta medida la especialización adquirida por la Comunidad Europea» (Comisión CE, 1993).

Cuadro 24: **Plantillas totales de la construcción naval**

Conceptos	1975	1984	1989	1990	1991	1992	1993	1994
Astilleros públicos								
Plantilla propia	25.298	23.907	11.264	10.520	10.113	8.301	7.829	7.326
Subcontratas	10.799	2.890	744	90	0	0	0	0
Subtotal	36.097	26.797	12.008	10.610	10.113	8.301	7.829	7.326
Astilleros privados								
Plantilla propia	12.113	11.413	6.639	6.222	5.982	5.004	4.455	4.044
Subcontratas	3.368	351	465	348	336	222	120	20
Subtotal	15.481	11.764	7.104	6.570	6.318	5.226	4.575	4.064
Otras actividades								
Plantilla propia	6.420	1.751	902	823	732	2.474	2.470	2.783
Subcontratas	11	26	81	0	0	0	0	0
Subtotal	6.431	1.777	983	823	732	2.474	2.470	2.783
Construcción naval								
Plantilla propia	43.832	37.071	18.805	17.565	16.827	15.779	14.754	14.153
Subcontratas	14.178	3.267	1.290	438	336	222	120	20
Total	58.010	40.338	20.095	18.003	17.163	16.001	14.874	14.173

Fuente: MINER, 1995.

La construcción naval es una actividad que se desarrolla en Asturias desde hace mucho tiempo, aunque no pueda considerarse de una importancia decisiva para el desarrollo regional, pero en 1975 daba empleo de forma directa a 3.933 personas, que aún se mantenían en 3.808 en 1982, lo que la aproximaba al 1% de la población ocupada (MINER, 1995), al mismo tiempo que generaba en torno al 0,5% del VAB regional y, aproximadamente, el 1,3% del VAB industrial de la región (Agüera, 1995). No disponemos de datos que nos permitan calcular el efecto indirecto e inducido de esta actividad, pero es bien evidente que se trata de una industria a desarrollar en cualquier proceso de reindustrialización. Todavía a mediados de los años setenta había en Asturias siete astilleros dedicados a la construcción de buques con casco de acero, uno público y seis privados.

El grave deterioro, que ya hemos visto que afectaba a toda la construcción naval mundial, y aún con más dureza a España, tiene en Asturias las características que acabamos de ver, que se traducen en una sangría de empleos, como muestra el cuadro 25.

Cuadro 25: **Evolución de la plantilla total de los astilleros asturianos**

Astillero	**79**	**80**	**81**	**82**	**83**	**84**	**85**	**86**	**87**	**88**	**89**	**90**	**91**
Armón	-	-	-	1.136	136	74	95	115	155	155	160	159	158
Cant. Rier.	637	626	608	608	608	579	(1)	-	-	-		-	-
Gondán	284	276	268	260	263	240	227	225	223	224	225	223	195
Ojc. Ani.	78	78	133	133	133	108	108	108	108	(2)	-	-	-
Juliana	1.628	1.644	1.513	1.497	1.450	1.354	1.233	1.235	1.169	995	869	786	765
Marít. Mu.	515	499	489	475	468	501	(3)	-	-	-	-	-	-
Duro Fel.	744	715	707	699	666	639	(3)						
Naval Gijón	-	-	-	-	-	-	742	744	743	740	788	592	590
TOTAL	3.886	3.838	3.718	3.808	3.724	3.492	2.405	2.427	2.398	2.114	2.942	1.760	1.710

En Cantábrico y Riera, Marítima del Musel y Duro Felguera se incluye la plantilla de las empresas auxiliares, ya que tienen el mismo tratamiento en la reestructuración.
(1) Cierra a partir de 1985.
(2) Cierra a partir de 1988.
(3) Duro Felguera y Marítima del Musel se fusionan, dando lugar a Naval Gijón, S.A.
Fuente: memorias del Grupo INI y memorias de las empresas.

Cuadro 26: **Evolución de la producción entregada por los astilleros asturianos**
(miles TRBC/CGT*)

Astillero	**75**	**76**	**77**	**78**	**79**	**80**	**81**	**82**	**83**	**84**	**85**	**86**	**87**	**88**	**89**	**90**	**91**
Armón	-	0,7	3,6	-	-	-	-	2,7	8,4	0,7	6,6	11	18	16	17	14	11
Cant. Rier.	17	7,8	16	5,4	14	-	15	(1)	-	-	-	-	-	-	-	-	-
Gondán	16	14	15	9,0	3,7	5,0	1,2	2,5	3,9	7,2	7,0	6,8	6,1	6,3	6,2	4,7	4,0
Oje. Ani.	11	4,2	2,3	3,4	-	1,0	0,6	5,1	-	2,4	1,2	3,2	3,2	(2)			
Juliana	28	36	41	42	22	22	27	28	6,0	16	36	17	12	14	30	32	22
Marít. Mu.	14	24	22	17	5,6	4,2	-	16	9,7	4,4	(3)	-	-	-	-	-	-
Duro Fel.	31	23	27	24	15	5,1	20	16	6,0	-	(3)	-	-	-	-	-	-
Naval Gijón	-	-	-	-	-	-	-	-	-	-	0,3	6,6	12	8,3	9,8	16	23
Total	**117**	**110**	**127**	**101**	**61**	**37**	**64**	**71**	**34**	**33**	**51**	**45**	**51**	**45**	**62**	**67**	**60**

*Se da la cifra en miles, redondeando todas las cantidades.
(1) Sin actividad a partir de 1982.
(2) Sin actividad a partir de 1988.
(3) Duro Felguera y Marítima del Musel se fusionan, dando lugar a Naval Gijón, S. A.
Fuente: Valdés (1994) y Principado de Asturias (1995).

Lo mismo sucede en cuanto a la reducción de las entregas, como puede verse en el cuadro 26. De este tonelaje destaca la construcción de pesqueros, que Luis Valdés calcula que pueden representar el 15,5% del total de TRBC entregadas en España en 1983, mientras que la cantidad entregada total para ese mismo año representó un 7% del total nacional.

La llamada reconversión de 1984 se plasmó en el Real Decreto 1271/1984 de 13 de junio sobre medidas de reconversión del sector de la construcción naval. Como siempre, los objetivos de la reconversión se quedan en una reestructuración que abarca únicamente: 1) la reducción de capacidades de producción, 2) la reducción de plantillas y 3) el denominado plan financiero, que consiste en la financiación no traumática de la reducción de plantillas, algo muy importante desde el punto de vista social; pero queda la parte fundamental: ¿qué hacer con unas instalaciones necesitadas de adecuación a los nuevos tiempos? En ese terreno, la reestructuración de la construcción naval se queda aún más corta que la de la siderurgia, pues los planes de adecuación del útil industrial brillan por su ausencia.

El resultado es que los astilleros pequeños que tenían un nicho de mercado, como Armón y Gondán, permanecen en él, con los correspondientes altibajos pero con cierta estabilidad, mientras que Ojeda y Aniceto cierra en 1988. El grueso del ajuste que conllevaba el plan se centró en los astilleros de Gijón y en particular en los privados, lo que dice bien a las claras que la preocupación fue únicamente el recorte, pues ese habría sido el momento de invertir en Juliana Constructora Gijonesa, el astillero público que contaba con el tamaño adecuado, y podía adaptarse a las necesidades tecnológicas y logísticas, como para competir en un mercado que, inevitablemente, como ya está sucediendo, tenía que resurgir.

Duro Felguera, Marítima del Musel y Cantábrico Riera estaban sufriendo un colapso, dada la falta de contratación en su cartera de pedidos. «A esto se unía una debilidad financiera insuperable en Cantábrico y Riera y la necesidad de abandonar las instalaciones de Marítima de El Musel porque iban a ser rellenadas como parte de la ampliación del Puerto de El Musel. Inicialmente se pensó en la fusión de los tres astilleros privados, pero se descartó por la insostenible situación de Cantábrico y Riera. Posteriormente se decidió la unión de Marítima del Musel y Duro Felguera con la idea de construir un nuevo astillero del que ya se habían realizado algunas obras por Marítima del Musel en unos terrenos situados en el Dique de la Osa, en pleno puerto de El Musel. Este astillero sería cubierto, lo que le permitiría trabajar aún con mal tiempo y obtener aumentos considerables de productividad» (Valdés, 1994). La fusión se llevó a efecto, mediante la creación de Naval Gijón, S. A., que reducía su plantilla a 742 trabajadores, y se abandonó la idea de construir un nuevo astillero, centrándose la producción en las instalaciones de Duro Felguera.

Este astillero nació con la desventaja de no haber construido una factoría nueva, como estaba previsto y hemos señalado anteriormente. Al ubicarse en las viejas instalaciones del dique de Duro Felguera, sus posibilidades eran muy pocas, puesto que esa vieja instalación está obligando a utilizar de prestado espacios cedidos por la Autoridad Portuaria de Gijón, en El Musel. Ello indica que no se han desarrollado los compromisos de 1984 y que, sin un astillero cubierto y moderno, es muy difícil que esta empresa pueda mantenerse por mucho tiempo.

No obstante, tras la reestructuración de 1984, Naval Gijón tuvo un período de bonanza merced a pedidos de buques-factoría pesqueros que construyó para Rusia, pero eso ha carecido de continuidad, y ahora su plantilla, de unos 400 trabajadores, está permanentemente regulada. A fines de 1995 pudieron contratarse dos buques quimiqueros que darían trabajo a corto plazo, pero las perspectivas son muy negativas. Tanto es así que, aparte de unas complicadas negociaciones de financiación, la obtención de estos pedidos ha dependido de la cesión de la tecnología necesaria por parte de Juliana Constructora Gijonesa. Es incomprensible que las autoridades responsables no hayan exigido desde el primer momento la construcción del nuevo astillero, si realmente se quería salvar esta empresa para la actividad de la construcción naval en Asturias.

Por su parte **Juliana Constructora Gijonesa**, que es una empresa pública, filial al cien por cien de astilleros españoles, además de reducir un 30% de capacidad y un 50% su plantilla, replanteó su estrategia centrándose exclusivamente en las nuevas construcciones, con especialización preferente en portacontenedores, frigoríficos, cargueros de línea, transportes de productos químicos..., con lo que va cumpliendo sus planes de reestructuración, con una cartera de pedidos discreta, inferior a la prevista en la primera y segunda reconversiones, pero que le permite mantener un cierto grado de actividad, aunque no entrar en la senda definitiva de los beneficios.

La competitividad, en la construcción naval, viene dada o por costes salariales muy bajos o por la incorporación de la más adecuada tecnología. Los niveles salariales impiden competir para determinada clase de buques con Corea del Sur, por ejemplo, pero en cambio son totalmente favorables para competir en el segmento en el que actúan los astilleros de países como Dinamarca, Finlandia y Alemania, y sin embargo, los astilleros asturianos no se han puesto en condiciones de hacerlo.

Respecto a la tecnología, se puede competir en dos sentidos: en primer lugar, abaratando el proceso de fabricación, para lo que hay que tratar de dominar el armamento anticipado de buques. Los barcos se construyen en módulos que después son montados en las gradas o en los diques. Para ello se necesita un gran nivel de soldadura automática y de organización de la producción. En segundo lugar, se trata de fabricar buques sofisticados que incorporen muy alta tecnología y tengan aplicaciones muy específicas. En ninguno de estos sentidos se dieron los pasos definitivos para que Juliana Constructora Gijonesa pudiera estar en condiciones de enfrentarse a la posibilidad de un incremento de la demanda que, como veremos, empieza a manifestarse.

La Junta del Principado, en 1988 y en 1993, se pronunció por las acciones que era imprescindible desarrollar para situar a este astillero en condiciones de competir en el mercado mundial. Sintéticamente expuestas son las siguientes:

A) Adecuación de la financiación a las fórmulas que se emplean en otros países de la Unión Europea, lo que permitirá una más cómoda situación financiera a la hora de concurrir a los concursos para la obtención de pedidos.

B) La elaboración de un plan de renovación de las flotas mercante y pesquera, necesario para la competitividad de éstas y fuente de trabajo para la construcción naval.

C) La adecuación de las instalaciones de la empresa en los siguientes aspectos y con los siguientes objetivos:

C.1.1. La cubrición de la zona de aceros, incluidas gradas, lo que permitiría evitar las miles de horas de trabajo que se pierden como consecuencia de la climatología.

C.1.2. Solventar los problemas de botadura para buques de gran tonelaje.

C.1.3. Renovación a fondo de todos los equipos complementarios.

C.2. Incorporación de tecnologías de punta, que permitan ir a la construcción de buques de avanzada tecnología y de plataformas *off-shore*, alternativas a las caídas de la demanda de buques propiamente dichos.

C.3. Diversificación de la producción hacia actividades que puedan desarrollarse a partir de la experiencia de que dispone la empresa, como, por ejemplo módulos para la industria petroquímica u otros.

C.4. Programas de adecuación del personal a todos estos cambios.

Pues bien, la nueva reestructuración de 1995 sigue encontrándose con que la empresa aún no ha acometido estos cambios, que son los que verdaderamente hubieran reconvertido a la misma, para no tener que seguir recortando su actividad hasta el límite en que ya no sea viable por falta de dimensión.

Armón y Gondán son los otros dos astilleros privados que quedan en Asturias que se han mantenido en su nicho de mercado para barcos de pesca, con años de bonanza y de considerable incremento de la actividad, junto a otros de menor cartera de pedidos. Son astilleros muy adaptados a su mercado que dan empleo a unas 350 personas e inducen actividad adicional en sus zonas respectivas —Navia y su entorno y Figueras y su entorno—.

Evidentemente, el futuro de la Construcción Naval, depende en buena medida de los siguientes aspectos:

1) La evolución del tráfico marítimo como elemento de la demanda.
2) Las necesidades de renovación de la flota.
3) Las facilidades de financiación que obtengan los astilleros en diversos países serán dirimentes para la supervivencia de los mismos.

Cuadro 27: **Crecimiento de la economía mundial y del tráfico marítimo**
(variación con respecto al período anterior)

Período	Crecimiento PIB-OCDE (a)	Crecimiento tráfico marítimo mundial (b)	Relación (b)/(a) con petróleo	Relación (b)/(a) sin petróleo
1968/73	4,8	8,9	1,93	1,50
1974/79	2,8	2,9	1,07	1,70
1980/83	1,4	-4,5	-3,21	-0,60
1984/87	3,4	2,6	0,79	1,10
1988	4,4	6,2	1,51	1,45
1989	3,3	5,0	1,52	1,21
1990	2,5	3,0	1,25	0,88
1991	0,8	3,3	4,18	4,37
1992	1,7	2,6	1,53	-0,18
1993	1,3	2,4	2,02	1,25
1994	2,8	3,1	1,11	1,43

Fuente: OCDE, 1995.

Cuadro 28: **Evolución de la edad de la flota mundial**
(en millones de GT)

Edad	1992	%	1993	%	1994	%
0-4	76.630	17,21	85.957	18,77	90.996	19,21
5-9	84.483	18,98	79.653	17,39	75.082	15,78
10-14	80.684	18,12	79.054	17,26	87.316	18,35
15-19	130.461	29,31	127.425	27,84	118.254	24,85
20-24	49.034	11,01	57.888	12,64	72.843	15,31
> 25	23.877	5,36	27.938	6,10	31.367	6,59

Fuente: OCDE, 1995.

Cuadro 29: **Flotas mercante y pesquera españolas**

Conceptos	>15 años
Flota mercante	56,2%
Flota pesquera	64,0%

Fuente: Principado de Asturias, 1995.

Salvo períodos excepcionales, el tráfico marítimo ha aumentado más que el crecimiento económico, siendo especialmente regular el tráfico marítimo sin tener en cuenta el petróleo, por lo que la demanda de tráfico marítimo parece ser sostenida y garantizar necesidades de buques de diverso tamaño y condición. Por su parte la edad de la flota, tanto la mundial como la española, está exigiendo una renovación que se ha ido retrasando, pero que, como prevé la Comisión de la Unión Europea, deberá realizarse, cuando más, a partir de 1999, año en que se liberaliza definitivamente el tráfico marítimo mundial (OMC, 1995). Esa renovación debe encontrar a los astilleros preparados para poder hacerle frente. Sin embargo, como hemos visto, en el caso de Asturias es muy posible que no se resuelvan los problemas estructurales que hemos descrito y que la oleada de nuevas contrataciones que la coyuntura exige nos encuentre con unos astilleros poco menos que en desguace.

Todo lo antedicho, es decir, que Juliana Constructora Gijonesa tenga aún su futuro en el alero por falta de adecuación de sus instalaciones y por no incorporar las tecnologías más de punta; que tenga problemas permanentes de financiación; que no se haya construido el astillero nuevo que se aprobó en la reestructuración de 1984 para Naval Gijón, lo que ahora aboca a esta empresa a la desaparición, tarde o temprano; todo ello, decimos, resulta más inexplicable porque el Ministerio de Industria tiene los datos, y los ha elaborado (MINER, 1995), para saber que la construcción naval está a punto de entrar en una fase de recuperación que debe de encontrar los astilleros preparados, para que no pase en el futuro como está sucediendo ahora, que la Compañía Transmediterránea, empresa pública, contrata sus barcos nuevos en Finlandia, donde es seguro que no son más baratos a causa del nivel salarial.

Por otra parte, resulta aún más inexplicable que una industria casi centenaria, como tiene la construcción naval en Asturias, que es una industria de síntesis, no haya generado en la región las sinergias que se derivan de la construcción de un buque. Los que construye Juliana Constructora Gijonesa están en una banda de coste entre 4.000 y 6.000 millones de pesetas. Si tenemos en cuenta que los costes salariales están en el entorno del 40%, el 60% restante da actividad a otras industrias que suministran un sinfín de elementos que el astillero ensambla. Pues bien, de Asturias sólo se suministra la chapa naval, el resto se importa de otras regiones o, preferentemente, del extranjero. Con una siderurgia de más de cien años, ni siquiera se suministra el acero inoxidable, que procede de Suecia. Bueno, en Asturias no se fabrica acero inoxidable.

IV.6. Armamento

Ante esta actividad, también en crisis y que ha de causar nuevas pérdidas de empleo en Asturias, tenemos una ambivalencia. En primer lugar consideramos que la producción de armas debe ser sometida a una drástica reducción mundial y que la capacidad de la defensa debe trasladarse paulatinamente a organizaciones internacionales (Unión Europea, Naciones Unidas). Esto, de producirse, es probable que diese al traste con la producción de armamento en Asturias. Por eso nosotros abogamos por una auténtica reconversión de esta actividad hacia otro tipo de producciones pacíficas. Ello nos causa una ambivalencia, pues somos conscientes de que ese tipo de reconversión verdadera (convertir en otra cosa) es mucho más costosa y, a corto plazo, va a traducirse en pérdidas de empleos suplementarias que la región difícilmente podrá resistir.

Hay otra alternativa, que defienden los sindicatos, y que consiste en señalar que es posible desarrollar una actividad productiva en el terreno de la defensa en España, ya que:

— Las fuerzas armadas y los cuerpos de seguridad del Estado tienen una insuficiente dotación.
— Los gastos de defensa en España están por debajo de muchos países occidentales y «sólo» representan el 1,5% del PIB.
— En estos momentos tiende a reducirse el personal militar y, por el contrario, a mejorar las dotaciones armamentísticas, que, como es lógico, cada vez han de ser más avanzadas tecnológicamente, por lo que tenderá a incrementarse el gasto en armamento en el gasto conjunto de la defensa (CREP, 1992).

Cuadro 30: **Presupuestos de defensa en algunos países de la OTAN en 1991**
(medido en porcentaje sobre el PBI)

Países	**% sobre PBI**
Estados Unidos	4,90
Francia	3,70
Reino Unido	3,90
Italia	1,85
Alemania	2,75
ESPAÑA	1,57

Fuente: *Revista Española de Defensa,* n.° 44.

No obstante, este razonamiento —que tendría como objetivo garantizar el futuro de la **Empresa Nacional Santa Bárbara de Industrias Militares** (ENSB) y, más concretamente, sus dos factorías de Asturias—, tiene algunos argumentos en contra que no podemos dejar de poner de manifiesto:

1. Puede definirse la defensa, dado su carácter, como un segmento estratégico de la industria, pero en absoluto puede tener más prioridades que la investigación y, sin embargo, en el presupuesto de 1993, la I+D no supera el 0,37% y el 74% de la misma va destinada a la defensa. Hay ahí una contradicción que demuestra que pueden establecerse otras prioridades (Durán, 1994).
2. La evolución de ENSB en los últimos años no ha podido ser más negativa. Las cuantiosas pérdidas anuales tienen aún más significación si se tiene en cuenta la cifra de las compras efectuadas a la empresa, que revela una subactividad muy importante. Esta situación obliga a sostener las instalaciones con cargas financieras crecientes que aumentan los resultados negativos. Si se recuerda lo dicho en el punto anterior, la demanda de armamento, lejos de aumentar, disminuiría, por lo que no habría otra solución que desarrollar la empresa en otra dirección.

Cuadro 31: **Evolución de ENSB en los últimos años**
(millones de pesetas corrientes)

Años	**Pérdidas antes de impuestos**	**Compras efectuadas a la empresa**
1985	7.516	11.291
1986	14.590	7.535
1987	11.577	13.888
1988	8.890	13.807
1989	6.876	14.058
1990	13.189	8.744
1991	22.061	8.406
1992	23.319	7.231
1993	23.184	2.532

Fuente: memorias de la empresa.

No es extraño, pues, que en la evolución del empleo en el período 1981-1991 las fábricas de Oviedo y Trubia de ENSB hayan perdido un total de 911 empleos, lo que representa el 42,9% del empleo de diciembre de 1980, situándose el nivel de empleo en 1993 en 1.147 trabajadores (CREP, 1993, y NE, 4.5.1994). Los planes futuros de la empresa están en discusión.

En nuestra opinión —que creemos que los ejércitos deben tender a disminuir drásticamente, tanto en número de hombres como en armamento y, por lo tanto, en la cifra que absorben de los presupuestos generales del Estado—, la demanda no va a tender a aumentar y, en todo caso, no lo suficiente para superar[1] la quiebra actual de la empresa. Por ello, la estrategia de ENSB debe ir dirigida al desarrollo de nuevos productos de alto nivel tecnológico, pero no militares —realizando las inversiones necesarias, la adecuación de plantillas y la potenciación de los departamentos de I+D en los centros de trabajo—, a intensificar los acuerdos de colaboración con firmas extranjeras especializadas, que permitan incorporar productos y tecnologías ya desarrolladas por dichas empresas, y a diversificar su producción en otros campos (medicina, tecnología y productos civiles en general).

Actualmente las fábricas de Oviedo y Trubia disponen de personal altamente cualificado que permite homologar los productos por compañías como Rheinmetall, Messerschmidt-Bölkow-Blohm (MBB), Aerospatiale, McDonell Douglas y Rolls Royce. Es un punto de partida que puede permitir, a medio plazo, la generación de un punto de apoyo para el desarrollo de actividades de alta tecnología. Todo ello a condición de que, por una vez, el Estado español adopte una actitud de firmeza en la organización de las actividades productivas que dependen de él.

IV.7. Consideraciones finales

Las características institucionales de la industria asturiana presentaban una peculiaridad adicional que exigía una solución de conjunto para la crisis del complejo industrial asturiano. Una política de regeneración del tejido industrial tenía como principal punto de apoyo la siderurgia, la construcción naval, el armamento y otras actividades como el aluminio, los bienes de equipo, en los que una empresa, S. M. Duro Felguera, podría haber sido la primera del país. Si estos triunfos, que el Estado tenía en la mano en la partida de la reindustrialización, se hubieran jugado conjuntamente desde hace veinte años, buscando sinergias y desarrollos interindustriales, fáciles de llevar a cabo dada la propiedad pública de la mayoría de las empresas, la reconversión hubiera sido posible. Pero no solamente no se hizo ningún planteamiento global, para una crisis que era global, sino que se hizo todo lo contrario; se atacó el problema empresa por empresa, como si no formasen parte de una región herida de muerte desde el punto de vista económico, con lo que se atendió únicamente al corto plazo, y, de esta manera, la región fue desindustrializándose, a medida que sus empresas se desangraban.

Aún más, todas las reestructuraciones que se hicieron o fueron un desastre o se quedaron a medio camino o ni siquiera se emprendieron, con lo que los resultados finales resultan todavía más catastróficos. El Gobierno español, no solamente no asumió

[1] En EE. UU. se perdieron 300.000 puestos de trabajo entre 1988 y 1991 y todavía se debía perder un millón más entre 1992 y 1996. En Europa se han perdido más de 100.000 puestos de trabajo entre 1987 y 1991 y otros 200.000 a 300.000 están amenazados hasta 1995-1996 (de un 13% a un 25%), de los cuales 120.000 corresponden al Reino Unido y entre 60.000 y 100.000 a Francia (Carroué, 1992).

las responsabilidades que había contraído con Asturias, sino que aplicó la política que se derivaba de la idea de que toda la Asturias productiva era tan insalvable como la minería del carbón de hulla; que se trataba de industrias en declive a las que era mejor dejar morir. Se dieron así las dos circunstancias más negativas para la reindustrialización, el pensar que toda la industria asturiana era una ruina y el tratar aisladamente cada problema de cada empresa, como si no hubiese posibilidad de desarrollar sinergias industriales entre ellas. Por esa razón, la reestructuración de cada empresa se acometió como si se tratase de ir poniendo parches hasta su extinción, sin ninguna perspectiva de futuro. Porque el futuro vendría dado por una iniciativa privada eficaz y competitiva, que vendría a sustituir las viejas tecnologías por actividades nuevas y limpias y tecnológicamente punteras. Hasta el presente, nada de esto ha sucedido.

Asturias es, pues, una región en la que la iniciativa privada se mostró plenamente incapaz y el sector público resolvió la hecatombe, aunque más tarde gestionase muy mal sus empresas. En Asturias, por tanto, el debate público-privado es un debate particularmente erróneo, en los términos en los que se produce. Aquí no está en duda la necesidad de que las distintas actividades fuesen desarrolladas por la empresa pública, sencillamente porque no hubo iniciativa privada. Tampoco es pertinente el debate de la privatización, porque nadie va a adquirir HUNOSA y, por su parte, ENSIDESA está tratando de venderse por trozos, lo que conduciría a su extinción definitiva. Cuando no haya actividad siderúrgica ya no será necesario discutir si ésta debe ser pública o privada.

Es un hecho significativo que la política que el PSOE ha desarrollado para el INI (SEPI+AIE)[2] ha carecido de objetivos de conjunto para este último, y más aún de objetivos territoriales, lo que en el caso de Asturias es doblemente grave, porque ello ha llevado a una política de tratar aisladamente la situación de cada empresa, con lo que no se han tenido en cuenta los problemas que las reestructuraciones han creado en el tejido industrial regional y, al carecer de objetivos industriales como *holding* que genera sinergias, no se ha producido ninguna diversificación. A mayor abundamiento, ese tratamiento de empresa por empresa se ha hecho erróneamente, convirtiendo la reconversión no en una poda para facilitar el posterior crecimiento, sino en una auténtica tala que deja fuera de competición los árboles industriales asturianos y, sobre todo, el más importante de ellos: ENSIDESA.

Todo este conjunto de actitudes y de errores se ponen de manifiesto de forma nítida en el informe de la CREP (Comisión de Coordinación de Representantes en la Empresa Pública del Principado de Asturias) de 1992, sobre la empresa pública industrial del INI —ahora Agencia Industrial del Estado (AIE)— en el Principado de Asturias. En efecto, en su página 56, se dice:

[2] La Agencia Industrial del Estado (AIE) y la Sociedad Estatal de Participaciones Industriales (SEPI) son los dos nuevos *holdings* públicos, creados en junio de 1995 para suprimir el INI.

Por no encajar en la filosofía del Instituto no prosperaron diversas propuestas formuladas desde Asturias y encaminadas a la promoción de nuevas actividades empresariales significativas. Sin pretender una exposición detallada, algunos ejemplos que corroboran lo dicho:

— Se propuso la participación del INI en el capital del IFR para así asegurar su presencia en la promoción de nuevas actividades en Asturias, en las que la iniciativa privada debería jugar un importante papel. El INI declinó la participación porque solo admitía participaciones mayoritarias en el IFR.

— El Gobierno del Principado intentó promover la creación de una Sociedad Regional de Ingeniería que aglutinara a los grandes consumidores regionales junto a INITEC (primera ingeniería del país, perteneciente al INI), para coordinar la reactivación del sector de bienes de equipo muy deteriorado en la región. Si bien, inicialmente, INITEC aprobó la propuesta, con posterioridad el INI no autorizó la participación de INITEC en la nueva sociedad.

— Tras el anuncio de la creación de «gerencias de nuevas actividades» en todas las empresas del Instituto de más de 500 trabajadores con la finalidad de promover nuevos proyectos, el Gobierno regional propuso crear una única gerencia en Asturias para evitar la posible dispersión; dicha gerencia actuaría de forma coordinada con el IFR. Tras la inicial aceptación del proyecto, el INI terminó descartando la propuesta, sin que tampoco llegaran a crearse gerencias de nuevas actividades en ninguna de las empresas con más de 500 trabajadores que tiene el INI en Asturias.

Con carácter más general resulta necesario aclarar, respecto a la empresa pública en España, algunos aspectos que nos sitúen en mejores condiciones de comprender sus carencias y sus posibilidades:

1) En primer lugar, las ineficiencias que se achacan a la empresa pública, son el resultado del carácter subsidiario con que ha actuado y que, a lo largo de su consolidación, la ha convertido en un auténtico camión-escoba que recogía todos los negocios inviables, lo que ha dado en denominarse la socialización de las pérdidas.
2) En segundo lugar, el sector público empresarial ha actuado en la más absoluta descoordinación, de tal manera que no ha sido posible obtener sinergias entre la rama financiera y las industriales y, por supuesto, no se ha intentado establecer una articulación entre las actividades directamente productivas y las de I+D, cuyo carácter horizontal y polivalente sirve para potenciar aquellas.
3) En tercer lugar, la empresa pública ha carecido de cualquier estrategia industrial que, como conjunto, hubiera permitido afianzar la competitividad en algunos renglones productivos en los que está a punto de perderse el tren (siderurgia); que hubiera significado una presencia internacional que hoy no se tiene y que, con el tamaño adecuado, hubiera sido posible, además de ser indispensable en el marco de un mercado mundial cada vez más abierto.

4) En cuarto lugar, como consecuencia, porque el que no avanza retrocede, toda la organización empresarial pública está gangrenada de inacción, gestiones arcaicas, inadaptación a las exigencias de mercados cada vez más difíciles, de abulia y de carencia de objetivos definidos.
5) En quinto lugar, como consecuencia de lo anterior, se ha llegado a un grado de desilusión y desmoralización laboral difícilmente aguantable que hace sufrir a las plantillas y sus familias la desorganización de las empresas públicas.

Actuando sobre estas carencias es indispensable reivindicar un estatuto para la empresa pública, en el que se establezcan los objetivos que se le confían en la reindustrialización del país y en el que se acabe definitivamente con esa visión puramente defensiva que invalida la propia capacidad del sector público para hacerse presente en los mercados; estrategia ofensiva que tiene que tener en cuenta la necesidad de alcanzar un tamaño internacional, la necesidad de pactar, cuando sea preciso, con otros grupos, y que contemple la posibilidad de convertir las subvenciones a fondo perdido para grandes proyectos industriales en auténticas participaciones públicas en ellos que, por otra parte, garantizarían su futuro. No se trata de inventar nada, véanse los casos Bull/IBM/NEC, o los acuerdos Alcatel/Fiat, en Francia/Italia.

La auténtica promoción económica y la reindustrialización de Asturias pasa en un primer momento por establecer el compromiso del INI (AIE) con ellas. Este compromiso territorial sería la mejor señal que podría darse a la iniciativa privada para animarla a participar en el proceso de reindustrialización. Para ello resulta necesario:

1) Un replanteamiento de la estrategia industrial de las empresas del INI (AIE) en Asturias que, tras consolidarlas, se proponga una diversificación de sus actividades que no solamente permitirá incrementar el valor añadido que generan, sino que también será una de las claves de su capacidad para permanecer en el mercado.
2) El establecimiento de las sinergias que sea posible entre las actividades de las empresas públicas existentes en Asturias y, en una auténtica estrategia industrial pública, con el resto de las empresas públicas españolas con las que fuese posible y necesario, sobre todo cara a proyectos de actividades nuevas.
3) Junto con ello debe modificarse la filosofía del funcionamiento de los distintos instrumentos de promoción económica, de tal manera que esa iniciativa se centralice en un solo organismo, que puede ser el IFR, pero concebido con un criterio muy claro. Dicho organismo debe incorporar todas las iniciativas del Gobierno regional, de las empresas públicas y del INI como corporación, retomando aquellas propuestas del Gobierno regional y reuniendo todas las posibilidades de reindustrialización en una unidad de mando que facilite la acción máxima de las sinergias que se derivan de tal acción conjunta. Partir de lo que se tiene es mucho más prudente que soñar con lo que no se tiene.

Capítulo V

ENSIDESA: un consorcio siderúrgico en crisis

Por Simone Rißmann

V.1. INTRODUCCIÓN

El presente capítulo incluye una exposición de la historia del consorcio siderúrgico asturiano ENSIDESA (Empresa Nacional Siderúrgica S. A.). Pretendemos mostrar las medidas con las que la empresa ha tratado hasta ahora de contrarrestar la tendencia de evolución negativa en la siderurgia, y muy especialmente las consecuencias de estas medidas sobre la evolución interna de la empresa.

Deben tenerse en cuenta las siguientes cuestiones:

—¿Cómo vieron los empleados la evolución del consorcio?

—¿Qué repercusiones desató el proceso de reconversión sobre las relaciones laborales?, ¿qué conflictos y reacciones?

—¿Cómo enjuician los expertos, los trabajadores y los sindicatos el proceso de reconversión y qué problemas de adaptación ve cada uno de estos colectivos?

Las investigaciones bibliográficas han probado que hasta la fecha no existe ninguna historia de la empresa ENSIDESA que sea exhaustiva. Por esta razón nuestro capítulo se basa predominantemente en el material informativo existente en el centro de documentación de ENSIDESA en Avilés. Este material incluye, entre otros, memorias e informes comerciales, revistas de empresa, convenios colectivos, datos estadísticos y planes sociales y de reconversión. El material de trabajo complementario procede del Instituto Nacional de Industria (INI), de los representantes sindicales en la empresa, del Ministerio de Economía y de la Consejería de Industria.

La base empírica está formada por entrevistas individuales y en grupo mantenidas con obreros siderúrgicos, representantes sindicales y miembros de la dirección de la empresa. Las afirmaciones de los entrevistados se complementaron con un análisis del material de prensa existente. El libro del economista vasco Mikel Navarro Arancegui *Crisis y reconversión de la siderurgia española 1978-1988* (Madrid, 1989), en el que entre otros aspectos se toca muy ampliamente la problemática de ENSIDESA, proporciona una excelente introducción al tema.

V.2. LA FUNDACIÓN EN LA FASE AUTÁRQUICA

Debido al aumento de la demanda de acero en los años posteriores a la guerra civil española (1936-1939) el Gobierno del general Francisco Franco, que había salido victorioso de ella (cuya política de autarquía económica se centraba en una reducción sistemática de las relaciones con el mercado mundial y el fomento de una industrialización que sustituyera a las importaciones), exigió al oligopolio privado de la siderurgia efectuar más inversiones en la industria del acero.

Como, a diferencia del Gobierno, el empresariado privado contaba con un retroceso de la coyuntura de la siderurgia para los años venideros, no atendió este requerimiento. Por este motivo, el Gobierno de Franco decidió tomar las riendas de la producción de acero para impulsar la industrialización del país, depauperado tras la guerra civil, y elevar a España al nivel económico de otras naciones europeas.

Sin embargo, la decisión estratégica del Gobierno de fomentar la industria siderúrgica no se basó únicamente en razones de tipo económico. Mucho más importantes eran las razones de índole política y en materia de defensa. De acuerdo con la ideología política de la Falange (el único partido autorizado durante la dictadura de Franco) la industria siderúrgica debía proporcionar prestigio al Gobierno en política económica (Langdon White/Griffin/Mc Knight, 1964, p. 172).

A fines de los años cuarenta, el Gobierno encargó al Instituto Nacional de Industria (INI) crear las premisas técnico-económicas para la construcción de una nueva planta siderúrgica. El INI elaboró el plan correspondiente proponiendo la fundación de una sociedad con una capacidad de producción de 700.000 toneladas al año de acero bruto. Una vez que el Gobierno español aprobó el plan, mediante un decreto de la «Presidencia del Gobierno» de fecha 15 de junio de 1950, se traspasó al INI la función de construir en Avilés, en la costa cantábrica asturiana, una planta siderúrgica integral (alto horno, acería, planta de laminación) (Lauersen, 1965, p. 12).

En favor del emplazamiento seleccionado para la nueva planta hablaban los largos años de tradición de la industria siderúrgica. Además, Avilés disponía de un puerto pesquero que podía reconvertirse para fines industriales (Keil, 1982, p. 83).

En los estatutos de constitución del nuevo consorcio se fijó expresamente la posibilidad de que participara capital privado nacional y extranjero. Sin embargo, las empresas privadas no sólo se negaron a atender el mencionado requerimiento efectuado por el Gobierno reclamando nuevas inversiones en el sector siderúrgico, sino también a participar en la nueva planta. Finalmente, el 28 de julio de 1950 se fundó la sociedad siderúrgica **estatal** ENSIDESA (Empresa Nacional Siderúrgica, S. A.), en cuyo capital social el INI participaba prácticamente al 100% (Lauersen, 1965, p. 12). Los primeros altos hornos se encendieron en 1957-1958. En 1966 y en 1969 entraron en funcionamiento otros dos altos hornos.

Favorecida por la sostenida coyuntura del sector siderúrgico, la producción comenzó a acelerarse, hasta que en 1967 ENSIDESA, con una producción anual de 1,2 millones de toneladas de acero, se situaba en el primer puesto de los fabricantes nacionales, delante del consorcio siderúrgico vasco Altos Hornos de Vizcaya (AHV), con lo cual el consorcio asturiano copaba la cuarta parte de toda la producción nacional de acero.

Con el rápido aumento de la producción, entre 1959 y 1967 el número de empleados creció de 6.938 a 12.831. Contemplando la evolución de la producción y la plantilla se comprende por qué ENSIDESA se convirtió en uno de los motores del crecimiento económico tanto regional como nacional. Avilés, una antigua pequeña ciudad pesquera y comercial que en 1951 contaba con 21.655 habitantes, pasó a contar con 74.268 en 1967, y se desarrolló en un breve período de tiempo hasta convertirse en una importante ciudad industrial.

Aun cuando el puerto de Avilés se amplió dos veces, su capacidad pronto dejó de ser suficiente para el atraque de los barcos que traían las materias primas necesarias, de forma que el puerto industrial de Gijón, El Musel, acabó convirtiéndose en el auténtico puerto de acopio para ENSIDESA. Sin embargo, al continuar centrada en Avilés la producción de acero, los costes de transporte eran bastante elevados, por lo cual el emplazamiento elegido para la nueva fábrica tuvo que considerarse como el primer error estratégico de decisión (cfr. Fleites, 1994, pp. 596 y ss.).

Tabla 1: **Evolución de la producción, el empleo y el crecimiento demográfico (ENSIDESA/Avilés) de 1951 a 1975**

Año	**Producción de acero bruto en millones de t**	**Personal ENSIDESA**	**Habitantes Avilés**
1951		21	21.655
1955		3.834	37.349
1959	287.630	6.938	43.832
1963	685.285	10.504	53.470
1967	1.171.000	12.831	74.268
1971	2.402.052	14.023	83.950
1975	5.744.700	27.244	85.298

Fuente: Fleites, 1994, pp. 596-600.

Debido a la elevada demanda de mano de obra, en Avilés se produjo una fuerte afluencia de emigrantes, que provenían preferentemente de las regiones de Andalucía, Castilla, Galicia y Extremadura. Estos emigrantes al principio conseguían un contrato de trabajo temporal en las empresas constructoras que participaban en la construcción de ENSIDESA. Después, la mayoría de ellos encontraron un empleo en ENSIDESA o en una de las empresas proveedoras o auxiliares que casi siempre dependían plenamente de ENSIDESA. Aún hoy se recuerdan las dificultades que inicialmente planteó la integración de estos inmigrantes (ver también cap. III):

> El rechazo de la población autóctona hacia los inmigrantes fue muy intenso. Llega a acuñarse un término para designar a los trabajadores venidos de fuera: «coreanos» (Intens. 17).

Debido a la intensa ola de inmigración de mano de obra, muy pronto se inició la construcción de viviendas propiedad de la fábrica en el marco de la política social de la empresa. En 1952 se terminaron las primeras viviendas en Llaranes, en el valle de Arlés. Posteriormente, allí se desarrollaría la primera gran colonia obrera con un total de 2.160 viviendas. En La Rocica, en la Marzaniella y en el propio Avilés surgieron otras colonias. Pero la construcción de viviendas no fue la única medida de política social por parte de la empresa. ENSIDESA se ocupó también de la educación de los hijos de los obreros: por ejemplo, a mediados de los años cincuenta se construyeron las escuelas María Milagrosa y Padres Salinas, así como centros de formación profesional. Además, ENSIDESA fundó un gran número de asociaciones deportivas y culturales. En 1954 se creó la organización central Grupo ENSIDESA, a la que, en 1984, todavía pertenecían 31 asociaciones y un total de 14.741 miembros.

Para fomentar servicios superiores al promedio en el ámbito de la educación y fomentar la creación de asociaciones, se organizaron numerosos concursos y se otorgó gran cantidad de premios. En el marco del programa de ocio también se ofrecían excursiones, como el tradicional *picnic* de enero con motivo de la festividad de los Reyes Magos que se celebraba en la presa de Trasona. En las actividades de tiempo libre organizadas por ENSIDESA no sólo podían participar los obreros con sus familias, sino también todo su círculo de amigos. La mayoría de los servicios que se pusieron en marcha, levantados en el marco de la política paternalista de la empresa, no fueron suprimidos hasta los años ochenta (NE, 20.03.94).

El sentido que tenía la relación patrono-tabajador, configurada intencionadamente de forma paternalista, consistía en primer lugar en vincular a los trabajadores a la empresa mediante numerosos privilegios que fijaban esta relación, mantenerlos alejados de las actividades políticas y sindicales e inculcarles disciplina y capacidad de entrega.

Como cuenta una trabajadora que estuvo empleada muchos años en ENSIDESA, Franco ocupó muchos puestos directivos con militares a su servicio:

> ENSIDESA nace un poco en plan militar, en plan político. Los primeros directores de ENSIDESA eran militares… había mucho militar en los mandos de arriba… (Intens. 17).

Mediante la presencia de los militares en ENSIDESA pretendía garantizarse tanto la influencia del Estado sobre la evolución del consorcio como el control de la clase trabajadora dentro de la empresa. A través de los numerosos servicios complementarios de la empresa, este control se extendía también a la vida privada de los trabajadores y sus familias.

Muchos encuestados mantienen vivo el recuerdo de una clase trabajadora oprimida que «funcionaba» en un sistema jerárquico y que tenía que doblegarse a una dirección autoritaria. La aplicación de fuerza física era mucho más importante que los conocimientos técnicos. Las siguientes son algunas descripciones típicas de las relaciones laborales en la época del régimen de Franco:

> Las relaciones personales eran muy jerarquizadas, muy distantes; había ingenieros; el perito, como un poco ayudante del hombre que estaba dedicado casi siempre a tirar de la producción, a llevar los talleres de una forma directa y el mantenimiento de los mismos; el maestro, como el más cercano ya a la clase de la mano de obra no cualificada; y después, en general, la mano de obra. Las relaciones eran, bueno, dependía de los sitios; en los talleres de producción, quizás un poco tirantes, porque el trabajo era muy bruto y dependía mucho de la aportación personal… entonces el esfuerzo personal de la mano de obra era muy importante, más que su cualificación técnica… (Intens. 11).
>
> … en el franquismo, era la mentalidad rural, con derecho de hacer nada… Había estos jefes militaristas que de forma estúpida presionaban. Por sadismo. Era una mentalidad militar. Aquí estaban mitad jefe, mitad mando militar… tipo Estado. (Intens. 11).
>
> … la forma de autoritarismo que había en la fábrica en aquellos años era terrible, era muy grande… (Intens. 2).

También se recuerda que las estructuras jerárquicas de la empresa no sólo se manifestaban en la brecha de poder existente entre los mandos y los trabajadores, sino en el hecho de que inicialmente se diferenciaba entre los obreros que venían de Avilés y los inmigrantes:

> La mayoría de los inmigrantes entra en ENSIDESA. Pero los puestos de mandos intermedios (jefes de área, de personal) recaen principalmente sobre gente que es de Avilés. Esa división se ha ido superando gradualmente (Intens. 17).

Debido a las rígidas estructuras empresariales, las posibilidades de ascenso dentro de la empresa eran muy limitadas. En los convenios colectivos anteriores a 1975 no se plasmaba ningún tipo de derecho de los trabajadores a participar en las medidas de capacitación. Muchos trabajadores opinan hoy día que debido al proteccionismo estatal que existió desde su fundación, ENSIDESA derivó muy pronto en un aparato administrativo burocratizado, y describen de la siguiente forma las repercusiones negativas que eso tuvo sobre el comportamiento de los mandos:

> … se crea en los distintos niveles de mando una mentalidad eminentemente funcionaria, con todo lo que esto entraña: luchas corporativas, intrigas florentinas, disputas por las incumbencias y prerrogativas, etc. (Intens. 35).

La aceptación de las condiciones y relaciones de trabajo muestra que la política paternalista tuvo éxito. A diferencia de las empresas de otros sectores, hasta principios de los años setenta las huelgas y movilizaciones eran prácticamente desconocidas en ENSIDESA. Únicamente la negociación colectiva dio lugar a un conflicto localizado en determinados talleres. La presencia de organizaciones clandestinas era muy débil, por lo que los actos de represión tan sólo llegan al despido a principios de los setenta, con motivo de la detención de un grupo de militantes comunistas (cfr. Vega García, 1995, p. 40).

La reducida disposición de las plantillas de ENSIDESA para las movilizaciones durante la época de Franco se achaca al origen de los trabajadores. La mayoría de ellos provenían de regiones marcadamente rurales y, en consecuencia, nunca habían afrontado un movimiento obrero como el que ya era habitual en las regiones de marcada tradición minera y/o industrial (incluso durante el franquismo). Además, por lo general habían abandonado su existencia en sus pueblos natales en los años del hambre, cuando después de la guerra civil vivían casi al borde del mínimo existencial (cfr. Bernecker, 1990, p. 308). De esta forma, por un lado pasaron a depender del patrón estatal y, por otro, en la conciencia de los obreros se estableció un sentimiento de gratitud frente al Estado «benefactor», que se plasmaba en ENSIDESA como «empresario» y que les había proporcionado un considerable aumento de su nivel de vida.

Los servicios que se ofrecían adicionalmente al sueldo (reducido, pero superior al promedio de España) provocaron que el empleo en ENSIDESA se considerara un privilegio. Además, el sueldo podía inflarse mediante horas extraordinarias, con mucha frecuencia superfluas, por encima de las 42 horas semanales establecidas por convenio (cfr. convenios colectivos de ENSIDESA hasta 1975).

Tanto entre la propia clase trabajadora como en todo el conjunto de la población española surgió la imagen de que ENSIDESA garantizaba el ascenso social y la seguridad financiera de por vida. La imagen de ENSIDESA hasta mediados de los años setenta se desprende de las siguientes afirmaciones:

> ENSIDESA era una fábrica donde entrabas para toda la vida, y sabías que entrabas en ENSIDESA y a despreocuparte. Tienes que cumplir tus ocho horas y, desde luego, vas a tener el sueldo seguro. Es una empresa tan grande que nunca se va a acabar (Intens. 2).

La gente que trabajaba en ENSIDESA... la veíamos como gente que cobraba un buen sueldo... otros tenían que estar trabajando a lo mejor dieciséis horas en una empresa de construcción para mantener a su familia y en ENSIDESA con ocho horas vivías mejor... además, al final siempre cobrabas (Intens. 1).

La gente tenía esto (ENSIDESA) como seguro de la vida... (Intens. 2).

Si querías comprarte un coche, pues entrabas en ENSIDESA... (Intens. 12).

La positiva imagen que la evolución del consorcio encontró en los medios de comunicación regionales y suprarregionales hizo que esta imagen se fijara en la conciencia de los trabajadores y de la población en general. Desde la fundación de la empresa, en la prensa asturiana aparecían regularmente titulares como «ENSIDESA termina con la escasez» o «Brillante impulso de la siderurgia en España». En 1970 el diario regional *La Nueva España* designó a ENSIDESA «Empresa Modelo en Seguridad Social».

Pero la positiva imagen de empresa se vio fortalecida también por la continua expansión de ENSIDESA en los años sesenta, momento para el cual las empresas siderúrgicas integrales privadas de Asturias ya tenían dificultades para reafirmarse en el mercado siderúrgico.

V.3. LA APERTURA ECONÓMICA DE LOS AÑOS SESENTA

Los problemas de los consorcios siderúrgicos privados (que influirían de forma duradera en la posterior evolución de ENSIDESA) comenzaron a principios de los años sesenta con el nuevo rumbo que el Gobierno de Franco emprendió en política económica. El cambio de rumbo significó un alejamiento de la autarquía y la apertura económica de España hacia Europa. Los excedentes de capacidad de las industrias siderúrgicas de los países de Europa occidental tuvieron para las empresas siderúrgicas españolas la consecuencia de una presión competitiva, desconocida hasta entonces, que padecieron de forma muy especial las empresas privadas, que poseían instalaciones fabriles técnicamente atrasadas (al contrario que ENSIDESA).

Con motivo del cambio de las condiciones económicas generales, a propuesta del Ministerio de Industria y Finanzas se elaboró un programa siderúrgico nacional que se plasmó en 1964 en el «Plan de desarrollo económico y social» cuatrienal. El objetivo prioritario de este programa era ampliar las capacidades de producción de acero bruto y mejorar las condiciones de competitividad, para potenciar la posición de ENSIDESA en el mercado internacional y contrarrestar el declive de las empresas privadas.

Para llevar a la práctica el programa siderúrgico, el Gobierno decretó la denominada *acción concertada*. Esta acción concertada consistía en la colaboración entre el

Estado y las empresas industriales (en la forma prevista en el plan de desarrollo económico y social) para la planificación y financiación de proyectos de ampliación y nueva construcción, que debían especificarse en un «acta de concierto».

Para los proyectos de ampliación y nueva construcción el Gobierno concedió generosos créditos y ventajas fiscales no sólo a ENSIDESA, sino también a empresarios siderúrgicos privados; pero como contraprestación se reservó el derecho de voz y voto en los proyectos planificados. Con ayuda de recursos públicos ENSIDESA construyó en 1966 una moderna acería de procedimiento LD, además de la ya existente con hornos Siemens-Martin, y continuó expandiéndose.

El mismo año, las empresas privadas decidieron fusionarse en UNINSA (Unión de Siderúrgicas Asturianas, S. A.), para luchar en común contra su debilidad competitiva. El INI se hizo cargo del 6% del capital social, con lo cual las empresas privadas comenzaron conscientemente un proceso de transición para salir lentamente del precario negocio siderúrgico, siendo iniciada una progresiva nacionalización de UNINSA.

Aun cuando justo después de la fusión se emprendió la construcción de una moderna planta en Veriña (Gijón) con recursos de financiación públicos y se modernizaron partes de las anticuadas instalaciones productivas, las inversiones realizadas no fueron suficientes para restablecer la capacidad competitiva de la empresa. Sin embargo, como los accionistas privados no estaban dispuestos a soportar la ampliación de capital que era necesaria para las nuevas inversiones (debido al alto nivel de endeudamiento del consorcio, que había continuado creciendo debido a la «Acción Concertada»), el INI aumentó su anterior participación en UNINSA hasta el 68%. Finalmente, en 1973 UNINSA acabó siendo de propiedad pública en su totalidad y se fusionó con ENSIDESA. A este nuevo complejo, que continuó llamándose ENSIDESA, pertenecían en ese momento los emplazamientos de Avilés, La Felguera, Mieres, Moreda (Gijón) y Veriña (Gijón) (Fleites, 1994, pp. 606 y ss.; ver también cap. IV.4).

Con la nacionalización de UNINSA había fracasado el objetivo perseguido por el gobierno con la «Acción Concertada»: sostener la industria siderúrgica privada (cfr. cap. III.3). Los inversores privados, que ya habían rechazado en los años cincuenta las inversiones de modernización y participar en ENSIDESA, se habían retirado hábilmente por completo del negocio siderúrgico, prefirieron efectuar inversiones en negocios más rentables fuera de Asturias, y traspasaron al INI la difícil tarea de sanear las secciones maltrechas de las plantas, con cuya venta además habían conseguido beneficios.

Tras la fusión la producción recibió un nuevo impulso. En 1975 la producción de acero había podido elevarse hasta 5,8 millones de toneladas, como correspondía a los objetivos fijados en el «programa siderúrgico nacional» (cfr. Caba Rall, 1994, pp. 48 y ss.). Con ello, el 45% de la producción total de acero bruto en España se ubicaba en Asturias. Simultáneamente el número de empleados creció desde 13.818

en 1973 a 27. 244 en 1975. El aumento de personal no fue sólo consecuencia de la absorción de los trabajadores de UNINSA, sino también de las numerosas nuevas contrataciones que se efectuaron. En los años 1973 y 1974 el INI invirtió un montante de 227.074 millones de pesetas en los «gigantes siderúrgicos» de ENSIDESA. En 1974 la cifra de negocio del consorcio era de 68.942 millones de pesetas y registró en balance un beneficio de 3.031 millones de pesetas, el mejor resultado operativo desde el año de su fundación.

La fusión de empresas arrastró tras de sí una serie de desplazamientos que a corto o largo plazo tendieron a la paralización de las anticuadas instalaciones de las plantas de Moreda, La Felguera y Mieres y a una concentración de los procesos de producción en Avilés y Veriña (Gijón): mientras que en Mieres, Moreda y La Felguera la plantilla se redujo en 2.462 personas entre 1970 y 1973, en Veriña (Gijón) se registró un crecimiento de personal de 4.667 empleados.

Tabla 2:

Evolución del empleo en cada una de las plantas de ENSIDESA de 1970 a 1973

Año	**Avilés**	**Gijón (Veriña)**	**Mieres**	**La Felguera**	**Gijón (Moreda)**	**Total**
1970	14.093	1.341	1.928	2.587	2.167	22.116
1973	13.818	6.008	799	1.948	1.473	24.046
ALTAS Y BAJAS	-275	+4.667	-1.129	-639	-649	+1.930

Fuente: Fleites, 1994, p. 606.

Después de la fusión, gran parte de los puestos importantes del nivel directivo de ENSIDESA fueron ocupados con antiguos directivos de UNINSA. Un trabajador recuerda que con esta medida se intensificó la ya de por sí existente «lucha de poder» en el nivel de mandos:

> A un nivel más alto y evidente, son los altos cargos de UNINSA los que ocupan la mayor parte de los puestos relevantes de la nueva empresa en el proceso de reorganización como consecuencia de la fusión (se llega a decir medio en broma, medio en serio, que ENSIDESA fue absorbida por Fábrica de Mieres) y la lucha por el poder entre los diferentes clanes se desata y ya no cesará... (Intens. 35).

Actualmente los trabajadores achacan a la mala dirección empresarial el hecho de que no pudiera restablecerse la capacidad competitiva de UNINSA a pesar de las generosas ayudas financieras y públicas y a pesar de la favorable coyuntura que atravesaba la siderurgia:

> La pésima gestión (de los directivos) hace que en los momentos de máximo esplendor de la siderurgia a nivel mundial, y en plena expansión industrial del país, se encuentren descapitalizadas, con instalaciones obsoletas y con productividades ridículas. A pesar del contexto favorable y el apoyo estatal, son incapaces de asumir el reto de la modernización y UNINSA acaba en manos del INI, produciéndose al poco la lógica absorción por ENSIDESA... (Intens. 35).

Un trabajador de ENSIDESA de Avilés opina:

> ... Cosa que me daba mucha risa. Vino el desembarco de toda la cúpula de UNINSA a decirnos en ENSIDESA cómo había que hacer las cosas... curiosamente ellos, que habían sido incapaces de llevar su barco a buen puerto, dando clases de cómo había que hacer las cosas (Intens. 9).

Sin embargo, la decisión de la Administración de concentrar la industria siderúrgica integral, tanto pública como privada, en una única empresa, fue aceptada por la gran mayoría de los trabajadores. Cosa que no era de extrañar (la producción acabó por dispararse), puesto que con la fusión había ido aparejado un considerable aumento de los salarios para los empleados de Avilés, y de la seguridad en el empleo, para los de UNINSA.

> ... fue un cambio de empresa a sociedad, de productores a asalariados (Intens. 3).

Después de la fusión se hicieron evidentes claras diferencias entre el comportamiento de los empleados de ENSIDESA de Avilés y los trabajadores que provenían de UNINSA. Estos últimos se distinguían por una conciencia de clase y de solidaridad mucho más fuerte. La conciencia colectiva de los antiguos empleados de UNINSA se fundamentaba por el hecho de que muchos de ellos provenían de comarcas mineras asturianas, donde el movimiento obrero siempre había tenido importancia y había llevado a la cristalización de una clase trabajadora combativa:

> ... a diferencia del mundo aislado y apacible de ENSIDESA, los colectivos obreros de las tres empresas privadas estuvieron inmersos en todas las luchas sociales del proletariado asturiano del que fueron, junto a los mineros, sus más firmes puntales. Se configuró así una clase obrera combativa, con fuerte conciencia de clase y muy enraizados hábitos de solidaridad y organización... (Intens. 35).

Con la incorporación de los empleados de la antigua empresa privada floreció en ENSIDESA el movimiento obrero. En Veriña, los obreros empezaron a organizarse clandestinamente, como explica una trabajadora:

> Yo lo viví; hubo un movimiento concreto clandestino muy fuerte en Veriña; fue un poco la «vanguardia». Veriña era «Veriña la roja»... (Intens. 17).

Algo después, el movimiento obrero también encontró sus seguidores en la factoría de Avilés.

El motivo de las primeras acciones de protesta y movilizaciones en Veriña lo proporcionó la falta de viviendas que se habían puesto a disposición de los trabajadores desplazados. Los éxitos conseguidos contribuyeron a que cada vez se sumaran más activistas y a que pronto se plantearan también exigencias que afectaban a las condiciones laborales (Intens. 35).

Las primeras huelgas se produjeron en los talleres de cabecera, porque en ellos las relaciones respecto a los mandos y las condiciones de trabajo eran considerablemente peores que en el resto de las áreas de la fábrica:

> ... en algunos talleres, en la parte de aceros, las relaciones eran mucho más duras. Sencillamente porque el mando... es arbitrario. Entonces los primeros focos obreros nacieron en aceros, por la consecuencia de eso... entonces, en la acería II convocaron una huelga en el 72... (Intens. 3).

V.4. CRISIS Y MEDIDAS DE ADAPTACIÓN HASTA 1990

La crisis europea del acero llegó a su punto álgido aproximadamente coincidiendo en el tiempo con el fin de la era Franco, a mediados de los años setenta, y de la transición a la democracia (la fase denominada de la *transición*, cfr. cap. IV). En ENSIDESA, productor masivo de acero, esta crisis coincidió con los planes de ampliación de capacidades que se habían fijado en los programas siderúrgicos los años anteriores debido a errados pronósticos de la política expansionista de Franco. Las sobrecapacidades que resultaron de todo ello indujeron una caída de los precios que hizo que, a partir de 1975, ENSIDESA registrara por primera vez números rojos (cfr. memorias anuales de ENSIDESA).

En contraposición a otros consorcios siderúrgicos de Europa, que elaboraban continuamente nuevas estrategias empresariales y las aplicaban en forma de medidas para superar las crisis, la industria siderúrgica española fue en primer término apoyada únicamente por subvenciones continuamente crecientes. En los años setenta no se produjo ningún intento serio de reaccionar a los cambios producidos en las condiciones económicas generales y dar un giro a los problemas estructurales.

El proceso de adaptación de la siderurgia integral no se inició hasta principios de los años ochenta, cuando tras largas negociaciones entre Gobierno, sindicatos y empresas afectadas se promulgaron los primeros decretos y leyes. En una ley promulgada el 28 de diciembre de 1978 (Ley 60/78) se establecían «medidas urgentes de apoyo a la siderurgia integral», que fueron ampliadas en el decreto de 8 de mayo de 1981 (Decreto 878/1981) sobre «medidas de reconversión de la siderurgia integral». A su vez las medidas del decreto de 8 de mayo fueron complementadas con el real decreto de 6 de julio de 1983 (Real Decreto 1853/1983). En este decreto se plasmaron por escrito «inversiones en la siderurgia integral» (Valdés Peláez, 1994, p. 710).

Pero no fue hasta 1982, bajo el gobierno del Partido Socialista Obrero Español (que también ocupaba la presidencia del Gobierno regional de Asturias), cuando mediante un real decreto (Real Decreto Ley 8/193) se establecieron medidas sectoriales y específicas de la empresa claramente definidas. Las medidas previstas para ENSIDESA en el decreto (que se habían concretado en el «plan de reconversión») debían aplicarse en el período comprendido entre 1984 y 1990 (ibíd.). Debido a la entrada de España en la CE el 1 de enero de 1986, hubo que modificar a posteriori las medidas para hacerlas compatibles con las directivas de la CE, con lo cual se retrasó de nuevo el proceso de reconversión de ENSIDESA, que ya de por sí se había iniciado con retraso. El convenio de España con la CE establece normas para la industria siderúrgica española que ENSIDESA debía tener en cuenta en los planes de reconversión. Entre otras medidas se contemplaban limitaciones de exportación al acero bruto español hacia Europa, pero ningún tipo de restricción para la importación de acero hacia España procedente de países europeos. Además se pactó que sólo hasta 1989 se podían adoptar medidas financieras públicas para reestructurar las empresas siderúrgicas; con posterioridad debía imperar la competitividad empresarial (Navarro Arancegui, 1989, pp. 134 y ss.).

Las medidas de reconversión de ENSIDESA debían dirigirse a una reducción de las capacidades de producción, la reducción de costes, una mejora de las calidades de los productos y una diferenciación de la gama de productos, junto a la creación de nuevos mercados.

En la planta de Avilés debía entrar en funcionamiento una moderna acería de procedimiento LDIII y ampliarse el tren de laminación semicontinuo. Para la planta de Gijón estaba prevista la construcción de una nueva máquina de colada continua. Las instalaciones obsoletas, entre las que se encontraban principalmente las instalaciones de la antigua empresa UNINSA, debían modernizarse o paralizarse progresivamente.

Con las medidas de modernización y racionalización también se había previsto una sangría en el número de empleados: para 1990 debían reducirse 5.755 puestos de trabajo, lo que representaba el 27% de los puestos existentes en 1983. Asimismo, la jornada laboral debía reducirse a treinta y ocho horas semanales.

Los resultados del primer proceso de reconversión fueron decepcionantes. En particular los (demasiado elevados) costes de producción originados por los defectos de los procesos de producción, los costes de financiación y de personal (ver tabla 3) superiores al promedio europeo y los costes de transporte, que continuaban siendo elevados, para el acopio de materias primas, provocaron que en 1990, año en el que las medidas aplicadas debían haber repercutido positivamente, ENSIDESA registrara de nuevo pérdidas.

También se suspendió la aplicación de nuevas estrategias empresariales, lo que hizo que en último término ENSIDESA únicamente aplicara una estrategia defensiva y (en contraposición al consorcio vasco AHV) continuara produciendo productos de colada continua muy poco apreciados (cfr. Pérez Menéndez, 1994, pp. 835 y ss. y cap. IV.4).

Tabla 3: **Datos de la evolución de ENSIDESA desde 1985 a 1991**

Años	**1985**	**1986**	**1987**	**1988**	**1989**	**1990**	**1991**
Producción de acero (en millones de t)	4.482	3.933	3.678	3.275	4.036	4.016	3.920
Plantilla	20.804	19.636	17.786	17.438	16.035	15.038	14.855
Inversiones (en millones de ptas.)	20.633	39.499	61.186	36.575	20.963	11.555	17.620
Gastos de personal (en millones de ptas.)	48.835	49.159	47.917	51.077	54.575	56.596	58.840
Gastos financieros (en millones de ptas.)	19.459	16.354	11.424	12.563	17.764	15.476	18.225
Cifra de negocio (en miles de millones de ptas.)	189,2	160,2	145,8	165,8	199,8	181,3	171,1
Gastos de personal/ cifra de negocio (en %)	25,8	30,7	32,8	30,8	27,3	31,2	34,4
Rendimiento t por pers./año	215	200	207	188	252	267	268
Resultado antes de impuestos (en miles de millones de ptas.)	-17,5	-14,5	-11,6	-6,9	9,0	-5,4	-33,6

Fuente: «Plan de Competitividad» de ENSIDESA y AHV.

La única medida que se aplicó de forma consecuente y sin retraso fue la reducción de plantilla.

Paralelamente a la reducción de puestos se intensificó la adjudicación de pedidos a empresas en régimen de cesión, lo cual, junto al progresivo avance del proceso de reconversión, haría surgir todavía numerosos conflictos internos en la empresa. Hasta la actualidad los obreros subcontratados sufren un agravio comparativo respecto al personal en plantilla, al tener contratos laborales temporales, salarios más bajos y efectuar trabajos en áreas con condiciones de trabajo y seguridad notablemente peores. La diferencia de categorías se fuerza hasta el punto de delimitarlos espacialmente, ya que disponen incluso de vestuarios separados.

Con la llegada de la democracia volvieron a legalizarse los sindicatos (ver cap. III. 4). Al igual que en la gran empresa asturiana de HUNOSA (ver cap. VI.4.) los dos sindicatos mayoritarios españoles, el socialista UGT (Unión General de Trabajadores) y el comunista CC. OO. (Comisiones Obreras), evolucionaron hasta convertirse en los dos representantes de los trabajadores más potentes dentro de la empresa. Incluso después de las últimas elecciones sindicales en 1995, UGT y CC. OO., con 32 y 29 delegados respectivamente, siguen constituyendo la mayoría del comité de empresa, seguidos de USO (Unión Sindical Obrera) con 23 delegados. La CSI (Corriente Sindical de Izquierda), una escisión del sector radical de CC.OO., alcanzó cinco puestos, mientras que la Asociación de Trabajadores de Asturias (ATA) obtuvo cuatro puestos en el comité de empresa. Otras representaciones de los trabajadores tienen menor importancia en ENSIDESA (ElCom, 17.6.1995).

La mayoría de los obreros siderúrgicos de ENSIDESA están organizados sindicalmente, pero según demuestran los resultados de una encuesta efectuada en el marco del presente proyecto, muy pocos se caracterizan por ser miembros sindicales activos.

Por cuanto respecta a las exigencias de los sindicatos en las negociaciones de reconversión, en ENSIDESA hay que constatar desde el principio del proceso una unidad de acción entre los dos sindicatos más potentes. José Ramón Laso Castaño, responsable de CC. OO. en ENSIDESA, declara en una entrevista:

> Dentro de los sindicatos de la misma zona no es fácil que haya enfrentamientos. Quizás haya cuestiones de estrategia más o menos suave, quizás haya una cuestión de escaleras, a ver cómo llegas a un sitio, pero enfrentamientos en cuanto a reivindicaciones no, porque, en el aspecto de pedir un puesto de trabajo yo coincido igual más con gente de UGT desde aquí que con un compañero de altos hornos en CC. OO. porque lo que estás planteando es un problema de reducción y entonces, sin querer, también un poco defender lo tuyo (Intens. 31).

La crítica de los sindicatos en la reconversión de 1984 se ha dirigido principalmente contra la reducción de puestos de trabajo y la reducción de capacidades productivas. Ya antes de iniciarse el proceso de adaptación se convocaron numerosas movilizaciones. En 1982 y 1983 se llegó a la huelga como reacción a los cierres planificados para partes concretas de la planta de ENSIDESA, que fueron seguidos solidariamente por una plantilla que otrora se movilizaba difícilmente. Las promesas realizadas por parte de la dirección de la empresa de renunciar en principio a los cierres planificados no fueron cumplidas, y aparentemente sólo sirvieron para apaciguar a la plantilla siderúrgica. En 1984 se cerró parte de la planta en La Felguera, mientras que en Mieres la producción ya se había detenido en 1980.

Los sindicatos únicamente se declararon conformes con las condiciones para los trabajadores despedidos.

La reducción de plantilla en ENSIDESA se realizó pasando por generosas regulaciones de prejubilación y jubilaciones anticipadas.

Los trabajadores despedidos de la empresa pudieron entrar en el denominado *Fondo de Promoción de Empleo* (FPE). El FPE es un fondo de promoción de empleo que continúa existiendo en la actualidad y que fue introducido por el Gobierno como instrumento de gestión social en tiempo de crisis; entre otras cosas, debía crear mejores condiciones para los trabajadores despedidos.

La dirección del Fondo, que es una sociedad sin ánimo de lucro con personalidad jurídica propia y *status* de corporación, incumbe a un gremio tripartito llamado Junta Directiva. Está compuesto por representantes de la dirección de la empresa, de los sindicatos y de los gobiernos regional y central, a partes iguales. Al Fondo puede incorporarse voluntariamente todo trabajador despedido. Al entrar en el Fondo, que está ligado con el pago de las liquidaciones o de una cantidad de importe similar que los patronos deben pagar a sus trabajadores, se suspende simplemente el contrato de trabajo con la empresa. Las prestaciones del Fondo están organizadas en categorías por grupos de edad.

Para los trabajadores de ENSIDESA que habían sido despedidos de la empresa entre 1984 y 1990 con más de cincuenta y cinco años, el FPE aglutinó las prestaciones pagadas por el Instituto Nacional de Empleo (INEM) y por ENSIDESA hasta reunir el 80 % del sueldo bruto. Al cuarto y quinto año se suman los aumentos según el convenio colectivo vigente en cada momento. La seguridad social y el impuesto sobre la renta corrían igualmente a cargo del Fondo.

Al pasar de la jubilación anticipada a la prejubilación a la edad de sesenta años continuaba pagándose el 80% de salario mensual bruto. En el caso de la prejubilación, las prestaciones que debían pagarse al trabajador afectado se componían igualmente de dinero del INEM, del FPE y de la Seguridad Social (Pérez Menéndez, 1994, pp. 375 y ss.).

Los trabajadores afectados por la regulación de jubilación anticipada se mostraban satisfechos con la seguridad social, y lo consideraban un mérito de los sindicatos:

> La mayoría de los jubilados, los encuentras por allí en la calle como rosas, ganando un buen sueldo y contentísimos… (Intens. 2).

Mediante la buena protección social ENSIDESA siguió garantizando la seguridad económica de sus empleados, estando por tanto a la altura de la imagen edificada durante la fase de autarquía.

La dirección de la empresa fundamenta el fracaso de la reconversión en primer lugar por la fuerte competencia del mercado comunitario, y también por las duras directivas de la CE, que perjudican a la industria siderúrgica española.

Los expertos, sindicatos y trabajadores achacan la ineficacia de las medidas a la tardía intervención y aplicación de las medidas necesarias, debido a lo prolongado de las negociaciones y a los excesivos obstáculos burocráticos.

No obstante, el mayor bloqueo a la adaptación se ve en la política siderúrgica del PSOE. En el discurso público va sonando cada vez más fuerte la idea de que la política siderúrgica española no está dominada por intereses económicos, sino políticos:

> ... hemos aportado soluciones, conformes. Se salía a la prensa, pero no nos hicieron caso. Eso es lo que más duele, porque teníamos elementos de juicio y capacidades para analizar la situación y al final las decisiones no iban por donde los técnicos decíamos, sino que iban por donde los políticos decían... (Intens. 9).

De esta forma, por razones políticas y a pesar de disponer de condiciones de emplazamiento más favorables y de instalaciones más modernas, ENSIDESA sufrió un agravio comparativo en la adjudicación de créditos frente al consorcio **privado** vasco AHV. En consecuencia, debido a la falta de recursos financieros, hubo que prescindir de proyectos de nueva construcción de urgente necesidad, y en su lugar se procedió a realizar numerosas inversiones fallidas en la modernización de instalaciones no rentables, de las cuales ya habían advertido desde un principio los expertos:

> Dijimos desde el principio en unos artículos, uno de ellos era «Altos Hornos de Vizcaya, un pozo sin fondo», que el porrón de pasta que se había metido allí era tirarlo por la alcantarilla y meter aquello allí significó no desarrollar ENSIDESA adecuadamente (Intens. 18).

El favorecimiento de AHV se argumentó en el discurso de la crisis por la fuerte presión sociopolítica que desde el País Vasco se ha ejercido históricamente sobre el Gobierno central de Madrid debido al alto grado de organización política:

> La gente vasca tiene ideología. O sea, tú, si hablas con ellos, pues te encontrarás que claramente dicen que están afiliados al PNV o al PSOE... Entonces, ¿qué ocurre? Que se están beneficiando, porque cuando hay algún planteamiento que puede afectar a su empleo, esos tienen un peso político dentro de su partido. ¿Qué ocurre en ENSIDESA? La clase técnica no tiene ideología y su nivel de afiliación a partidos políticos se cuenta con los dedos de la mano. Entonces, ¿qué ocurre? Que cuando hay algo que puede afectarles o hay una decisión de tipo político, no tienen peso político para acudir a su partido, porque no lo tienen... (Intens. 8).

Otra razón para el favorecimiento del consorcio vasco se considera que fue el hecho de que el Gobierno se había impuesto como objetivo volver a deshacerse de las empresas nacionalizadas no rentables (que pretendía privatizar); y que, en consecuencia, apoyó intensamente al empresariado siderúrgico privado a costa de ENSIDESA.

El economista vasco Mikel Navarro Arancegui escribe a este respecto lo siguiente:

> La influencia de AHV en el Ministerio de Industria ha sido enorme... No obstante y sin que suponga una negación de lo anterior, ENSIDESA ha disfrutado de una serie de ventajas por el hecho de ser empresa pública que han compensado en parte, los perjuicios que le ocasionaba su subordinación a AHV; en particular buena parte de las aportaciones de fondos a ENSIDESA con motivo de su reconversión han adoptado la forma de reposiciones de pérdidas y aportaciones de capital, mientras que las efectuadas a AHV, debido a su carácter privado, se concedían básicamente en forma de créditos y avales... (Navarro Arancegui, 1989, p. 148).

Asimismo, predomina la opinión de que los vascos pudieron imponer sus reivindicaciones muy fácilmente por la extrema debilidad del gobierno regional asturiano. La debilidad política del gobierno regional se argumenta diciendo que durante todo el proceso de reconversión había sido nombrado por el PSOE y que, por lo tanto, en la defensa de los intereses de ENSIDESA y de Asturias no se había formado ningún contrapeso respecto al gobierno central de Madrid (cfr. cap. XI). A esto se añaden las vinculaciones políticas de los sindicatos asturianos. Un problema mencionado repetidas veces es que en España no se ha trazado ninguna frontera clara entre el trabajo sindical y la política, y que muchos sindicalistas influyentes ocupan simultáneamente importantes cargos políticos. Un miembro de CC . OO. declara en una entrevista:

> Los sindicatos son los brazos de los partidos y aquí lo tenemos muy claro. Aquí la gente que está en la ejecutiva del PCE en Avilés están como delegados de la delegación del sindicato. Son dos labores parecidas. Pero no es lo mismo una negociación política, aunque sea muy parecida. Yo creo que el problema está en el hecho de que no están derivados un tema del otro. Y no lo pueden estar, porque las cúpulas de los aparatos son de la misma gente. Entonces los problemas siempre son los mismos entre alguna gente. Quiero decir que el sindical tiene que ser independiente de la idea política. Esa es la idea que tengo yo del sindicalismo (Intens. 12).

Otro entrevistado dice:

> ... la UGT, tienen que enfrentarse y no les interesa, porque todos los responsables de UGT de la siderurgia son miembros del PSOE y [no] forman parte de los contrapesos del poder... (Intens. 14).

Con bastante frecuencia se pone en duda si en las negociaciones de reconversión los sindicatos defendieron realmente los intereses de ENSIDESA y no se subordinaron silenciosamente a los intereses del PSOE.

Los propios sindicatos argumentan su débil posición negociadora, en particular frente a los representantes de los trabajadores vascos, por la falta de apoyo de sus afiliados. Los sindicalistas se quejan de lo siguiente:

> En esta empresa hay muchos afiliados a los sindicatos, no sé en qué porcentaje está, pero bueno, un 80% de los trabajadores está afiliado a los sindicatos. Pero participan muy poco en la vida sindical, muy poco. Los sindicatos convocan a una asamblea, incluso para… cosas importantes, y van cincuenta, sesenta, no sé cuál es la afiliación de CC. OO. aquí, pero quizás 3.000 afiliados, y convocan una asamblea y van cincuenta… (Intens. 12).

Los obreros también reprochan con frecuencia a los sindicatos carencias estratégicas, que serían las responsables del fracaso de todos los intentos de coordinación con los representantes de los intereses vascos; también lamentan que no se hubiera afrontado la búsqueda de un esquema de solución común para la industria siderúrgica asturiana y vasca.

Además, como razón de la fracasada reestructuración se aduce una falta de cooperación tanto de los sindicatos de ENSIDESA como entre los sindicatos y la dirección de la empresa:

> … cada vez que se ve algo de reestructuración, nos llaman a negociar y tal, pero al final no hay diálogo entre la empresa y los sindicatos (Intens. 12).

Además de las barreras de adaptación institucionales y políticas, como causas de la crisis de la empresa se mencionan también problemas específicamente empresariales.

La no realización de cambios de los directivos en el marco de la reestructuración del consorcio desató una virulenta crítica, de la que puede servir de ejemplo la siguiente afirmación:

> Nosotros, desde el primer momento dijimos que la reestructuración que se estaba haciendo era falsa, que no se estaba haciendo una auténtica reestructuración de salvación de ENSIDESA, si no meten el bisturí en la clase dirigente (Intens. 7).

A los directivos, la mayoría de los cuales fueron empleados en tiempo del régimen de Franco, se les reprocha que continuaron dirigiendo el consorcio por métodos «arcaicos» después de la dictadura. Mientras que los directivos de otras empresas integraron a tiempo en sus filosofías empresariales nuevos conceptos cuando comenzó la crisis y entendieron a los trabajadores como componente de un equipo para la búsqueda de soluciones para superar la crisis, a los directivos de ENSIDESA se les achaca que continuaron utilizando sus posiciones para demostrar su «poder», con lo cual afianzaron, en lugar de ir suprimiéndolas, las estructuras jerárquicas, en contraposición a lo que ocurría en otras empresas. La no elaboración a tiempo de un esquema de crisis se argumenta por la «mentalidad funcionarial» predominante en los niveles directivos. Como ENSIDESA no dependía de condiciones económicas generales externas, el personal directivo se acostumbró a disponer de soluciones a los problemas por parte del Estado, y en consecuencia omitió reaccionar a tiempo a los cambios de las condiciones de mercado.

Los trabajadores mencionan también el comportamiento de los mandos del nivel directivo medio, de los jefes de área y los maestros, como causa del mal funcionamiento de la empresa, a pesar de que evalúan bastante positivamente las relaciones laborales, que ni siquiera con la reestructuración se habían deteriorado. Una opinión defendida con carácter general afirma que los directivos se sentían faltos de orientación debido a la «lucha de poder» por conseguir determinados puestos, lucha que ya era habitual entre los mandos desde la fusión con UNINSA, y que, en consecuencia, esquivaban todo tipo de responsabilidad:

> Entre la falta de ideas y la dedicación *full-time* a las conspiraciones y luchas florentinas por parte de la alta dirección, el resto de los cuadros y mandos queda sin directrices claras ni apoyos firmes... Para los mandos los sentimientos que imperan son los del desconcierto y desamparo, que llevan, lógicamente, a la inhibición (Intens. 35).

Los trabajadores más jóvenes de ENSIDESA lamentan que con frecuencia se rechazasen las propuestas para mejorar el proceso de producción, porque los mandos, debido a su antigüedad en la empresa, o bien veían cuestionada su competencia y/o reaccionaban de forma inflexible a las novedades, como se desprende del ejemplo de la siguiente declaración:

> ... la gente mayor, aunque tenga más experiencia para el trabajo, yo, por ejemplo, lo que chocaba mucho, que ves aspectos puntuales, que decías tú «Pero esto, si se hiciera así, sería mucho mejor». Claro, si lo decías al paisano y te decía, por ejemplo, «Bueno, ¿quién lo sabe mejor?: yo, que llevo treinta años aquí, ¿o tú?».
>
> Y si lo razonabas y tal y te van a comprender..., pero siguen haciéndolo así, que así se ha hecho toda la vida, así está bien y nada.... Son muy reacios a cambiar la forma de hacer las cosas (Intens. 32).

Como causa de la mala situación de la empresa los trabajadores también argumentan su propia actitud respecto al trabajo, que describen de forma autocrítica con las siguientes palabras:

> ... lo que pasa es que había falta de motivación, en cuanto a la producción, porque a lo mejor llegaba el jefe de turno, nada más entrar, y decía: «Bueno, para hoy hay que cortar esto, ocho bobinas». Entonces la gente, en lugar de acabar las ocho bobinas y decir: «Bueno, ¿hay algo más que hacer?», o tal, no, la gente decía «Bueno, acaban las ocho bobinas, marcho a las seis o a las cuatro y media, pues voy al vestuario y... tres cuartos de hora debajo de la ducha y a las cinco me marcho»... (Intens. 32).
>
> ... lo que sí mantienen en ENSIDESA es... esa comodidad, eso de coger y decir «pues a mí me da igual quién juegue (al fútbol), porque yo tengo una 'tele' en el taller y lo voy a ver; y yo me voy a no sé dónde cuando me da la gana, porque resulta que tengo unos descansos compensatorios y los cojo cuando quiero». Y hacen chanchullos de ese tipo. Es estar con unas condiciones que no es que estén por encima de las que hay en otros sitios, es que en otros sitios ni se las imaginan, ni se piden, porque son inalcanzables y, sobre todo, son impensables. Una empresa así no puede funcionar (Intens. 20).

Los obreros fundamentan su falta de motivación por la ausencia de claras instrucciones de actuación por parte de los mandos, la falta de posibilidades de ascenso, el injusto sistema de categorías salariales y la elevada edad de la plantilla.

Otro problema que se menciona de ENSIDESA (que además de perjudicar la motivación de los trabajadores bloqueó con carácter general el funcionamiento de la empresa) es el «enchufismo», considerado típico de las empresas estatales, la «vitamina B» que necesita todo empleado de la empresa para trepar por la escalera jerárquica. La mayoría de los obreros está convencida de que en ENSIDESA los puestos importantes no los ocupan los mejor cualificados (como se prescribe específicamente en el convenio colectivo), sino aquellas personas que en el momento correcto tienen las mejores relaciones con las personas influyentes:

> La creencia generalizada, y muy firmemente arraigada en el colectivo humano de ENSIDESA, es que para la promoción no son los méritos profesionales ni las aptitudes los decisivos, sino los títulos y las relaciones de amistad y afinidad con las personas influyentes en cada momento (Intens. 35).

El enchufismo, la «mentalidad funcionarial» en los niveles directivos y la desmotivación de los trabajadores son considerados los típicos fenómenos concomitantes negativos en las empresas estatales, de los cuales los afectados tomaron una mayor conciencia debido al proceso de reconversión. Aquí hay que hacer notar que no se puede generalizar la opinión de que las empresas dirigidas por el Estado no funcionan, pues numerosos ejemplos prueban lo contrario. Sin embargo, según la opinión generalizada de trabajadores, sindicatos y expertos, parece ser que estos prejuicios generalizados respecto a las empresas estatales reflejan perfectamente la realidad en el caso de ENSIDESA y que, por lo menos, han tenido una influencia parcial sobre la negativa evolución del consorcio.

Además, muchos empleados opinan que el objetivo de ENSIDESA era proporcionar el mayor número posible de puestos de trabajo, pero no competir en el mercado internacional, hecho éste al que se retrotraen los problemas actuales después de la apertura económica de España al mercado internacional. Como consecuencia, ENSIDESA nunca habría sido rentable y siempre habría sido más un «instituto de beneficiencia» que una empresa económica:

> Se genera así la idea de ENSIDESA como... asilo para parientes, amigos, o vecinos del pueblo, donde nunca hay crisis ni problemas económicos... (Intens. 35).

V.5. EL PLAN DE COMPETITIVIDAD DE 1992

A principios de los años noventa la crisis empresarial amenazaba con seguir agudizándose en ENSIDESA. Además, con el desmoronamiento de los países de la Europa del Este aparecieron nuevos ofertantes en el mercado siderúrgico mundial que ofertaban sus productos a precios baratos, lo cual permitía presumir que en los años venideros se produciría un estancamiento de la demanda.

Finalmente, en 1991 se inició un nuevo intento de aportar competitividad al consorcio siderúrgico asturiano. Ese año ENSIDESA se fusionó con el productor de acero vasco AHV, que hasta entonces se había considerado el mayor «competidor» de la industria siderúrgica asturiana a nivel nacional, formando el consorcio Corporación de la Siderurgia Integral (CSI). El INI y el Banco de Crédito Industrial (BCI) participaban al 50% en el nuevo consorcio. Ambos socios traspasaron a la nueva sociedad sus derechos de cogestión adquiridos por la participación en el capital social (LVA, 12.4.1993).

La fusión fue seguida en primer término por profundos cambios en la estructura de producción. Con el objetivo de fabricar productos con una alta rentabilidad, la CSI introdujo una especialización en determinados grupos de productos. Después de que en períodos anteriores ENSIDESA hubiera fabricado tanto productos planos como productos largos de acero, la nueva sociedad concentró la elaboración de productos planos de acero en las plantas del País Vasco y de Avilés. La fabricación de productos largos se trasladó al emplazamiento de Veriña (Gijón).

En diciembre de 1993, con un año de retraso, la UE aprobó el denominado *Plan de Competitividad*, elaborado por la CSI, en el que se establecían de nuevo profundos cambios en la estructura empresarial y productiva, y también en la estructura financiera del nuevo consorcio.

La dirección de la empresa declaró como objetivo prioritario la privatización del consorcio (cfr. Plan de Competitividad de la CSI, 1992). Por esta razón se fundó una nueva sociedad libre de deudas que tenía nombre prácticamente idéntico: Corporación Siderúrgica (CSI), con capacidad jurídica desde abril de 1995. La «nueva» CSI compró la Corporación de la Siderurgia Integral por un importe de 225.000 millones de pesetas.

Para proporcionar una buena rampa de lanzamiento a la sociedad recién creada, la inmensa carga de deudas y los elevados costes del plan social se cargaron sobre las espaldas de la antigua «empresa truncada», y por tanto con cargo al Estado, que quería liberarse de nuevo de sus plantas siderúrgicas no rentables (cfr. cap. IV.4). La «nueva» CSI (que abarcaba tres sociedades filiales) se hizo cargo de las plantas de producción del País Vasco y Asturias, de las que fue liquidando una tras otra las áreas no rentables.

El INI y el Patrimonio del Estado participaron a partes iguales en el capital social de la «nueva» CSI. El 31 de julio de 1995 se disolvió el INI y su participación en el capital de CSI fue asumido por una instancia de nueva creación que reemplazaba al INI en Asturias: la Agencia Industrial del Estado (AIE). A diferencia del INI, la AIE no asumió la pérdida de sus empresas, ni tampoco contrajo avales.

Según el Plan de Competitividad, las palabras clave de la CSI para el futuro serían: alianzas estratégicas, cooperaciones, *just-in-time* con proveedores, especialización y gestión integral de calidad. Además está prevista la nivelación de las estructuras jerárquicas de la empresa, una desburocratización del consorcio y la creación de una nueva cultura empresarial y laboral. También se construirá una nueva acería compacta en Sestao (País Vasco). Los esfuerzos de venta deberán concentrarse en el territorio nacional y europeo.

Si bien la «antigua» CSI registró en 1994 una pérdida de 44.256 millones de pesetas, el presidente fundacional de la nueva sociedad, José Manuel García Hermoso, esperaba poder penetrar en 1996 en el círculo de los mayores consorcios siderúrgicos de Europa registrando beneficios. Se estableció una producción de más de 4,5 millones de toneladas/año.

Pero incluso en el marco de un nuevo plan no debe prescindirse de ulteriores reducciones de puestos de trabajo: para 1998 la plantilla debe reducirse en 9.707 personas. En este proceso se mantendrán 6.342 puestos de la antigua ENSIDESA y 3.365 de la antigua AHV. Debido a las medidas de racionalización y modernización y a la introducción de «sistemas de trabajo flexibles», el progresivo proceso de reestructuración de ENSIDESA plantea nuevas exigencias al perfil de cualificación de los trabajadores. Desde principios de los años noventa se ha intensificado la oferta de cursos de capacitación enmarcados en la política de personal de la empresa. En el convenio colectivo de 1990/91 se introduce por vez primera una referencia a la necesidad de movilidad del personal y a una capacitación continuada de los trabajadores debido a las innovaciones tecnológicas, organizativas y de cultura empresarial. Se formó una nueva comisión sindical, la denominada *comisión de formación*. La comisión elegida debe elaborar planes de formación, introducir regularmente propuestas de mejora respecto al contenido de los cursos y motivar a los trabajadores para asistir a los mismos.

Las negociaciones en torno al Plan de Competitividad elaborado por la CSI habían desatado el mayor conflicto en la historia del consorcio ENSIDESA, que alcanzó su punto álgido en octubre de 1992 en la denominada *marcha de hierro*, una marcha de dieciocho días de duración realizada por varios cientos de obreros siderúrgicos asturianos y vascos hacia Madrid.

El hecho decisivo que desató la movilización fue que la CSI había presentado al Gobierno el Plan de Competitividad sin llegar previamente a un acuerdo con los sindicatos. Los sindicatos estaban básicamente en contra de una nueva reducción de plantilla y a favor de conservar las capacidades productivas; se oponían, asimismo, al proyectado recorte de las prestaciones sociales para los compañeros despedidos, recortes que situarían las percepciones en el 79% del salario bruto.[1] También encontró una fuerte crítica el hecho de que el plan permitiera reconocer claras tendencias a la reducción de los ingresos. CC. OO. y UGT habían presentado planes de actuación alternativos que habían sido rechazados.

Con su larga marcha hacia Madrid, la plantilla de trabajadores (que no sólo veía en peligro el futuro de ENSIDESA, sino también el de Asturias, muy ligada a ella) perseguía el objetivo de obligar al Gobierno a introducir una modificación en el plan, según explica una trabajadora:

> Dijimos que teníamos que hacer algo que sea tan fuerte que mueva las voluntades del Gobierno, para que no caiga Asturias... Cuando planteamos hacer la marcha de hierro, era en defensa de la siderurgia, de la capacidad productiva que tenía y ajustarla a la realidad y con estudios nuestros empresariales. Queríamos demostrar que se podía hacer un ajuste, pero no de corte tan brutal (Intens. 17).

Desde Asturias y el País Vasco llegaron decenas de miles de personas para engrosar una manifestación de unas 250.000 personas en apoyo de los obreros siderúrgicos que habían marchado a pie hacia Madrid.

Sin embargo, el Gobierno no se declaró dispuesto a revisar el plan. Los trabajadores cosecharon únicamente alabanzas y una medalla por la solidaridad que habían demostrado. Pero en el fondo se difundió una profunda decepción:

> La marcha fue la movilización más fuerte que yo vi, con un sacrificio humano, económico..., de todo tipo. Y que a la vez fuimos frustrantes porque no conseguimos mover el Plan de Competitividad, porque los que estaban en el Gobierno no movieron un dedo. Tenían un plan y lo están ejecutando... (Intens. 17).

[1] El importe inicial del 79% del salario bruto (en cumplimiento de los convenios colectivos vigentes) debía aumentarse un 7,12% el segundo año y un 3,5% anual a partir del tercer año. En el momento de entrar en la jubilación regular debían pagarse las prestaciones que correspondieran a los trabajadores en función de su cualificación profesional, su edad y la antigüedad en la empresa. Asimismo, se concedió a los trabajadores el derecho a adquirir acciones por importe del 10% del salario bruto.

Particularmente frustrante resultó la pasividad y la falta de sinceridad del gobierno regional de Rodríguez-Vigil, que una vez más pareció no defender los intereses de ENSIDESA:

> Aquí la posición política regional fue lamentable, fue nefasta en esta última reconversión... la actitud era una actitud más cínica todavía... Vigil sacaba unas declaraciones rimbombantes: que si íbamos a la cabeza de no sé qué, que pelearía por ello...; mar chaba a Madrid, venía al día siguiente y aquí no había nada. Y luego era incapaz de decir «no, no, yo estoy de acuerdo con Aranzadi». Porque era lo lógico, ¿no?, que dijera «no, no, eso que van a hacer, yo estoy de acuerdo, eso es el bien de la siderurgia» y, como decía el otro, es el bien de Asturias. Pero cuando no te dicen que no están de acuerdo contigo y te hacen estrellarte permanentemente... Una actitud totalmente lamentable (Intens. 31).

Las numerosas movilizaciones de 1992, año en que se registraron 95.882 jornadas de huelga, la mayor tasa de los últimos diez años (Caba Rall, 1994, p. 51), apuntan a un claro cambio en la conciencia de los trabajadores de ENSIDESA a principios de los años noventa. Sólo después de que la reestructuración de 1984 hubo resultado un amargo fiasco, pues sólo había significado un impulso masivo a la reducción de puestos de trabajo (pero sin conseguir restablecer la competitividad del consorcio), y después de que se manifestara una clara tendencia a la reducción de las prestaciones sociales y los ingresos, los trabajadores parecieron comprender realmente por vez primera que ENSIDESA ya no garantizaba la seguridad financiera para toda la vida. No fue hasta ese momento cuando pareció ir desdibujándose la imagen de «empresa modelo en seguridad social».

La tardía percepción de la crisis por parte de los trabajadores la argumentan los sindicatos prioritariamente debido al mal flujo de comunicación existente dentro de la empresa. Además los trabajadores habían cerrado los ojos a la realidad; un sindicalista explica que durante mucho tiempo había tenido firmemente anclada en la conciencia la engañosa creencia de que los problemas del consorcio serían resueltos por el Estado como en el pasado:

> Los trabajadores no querían saber nada de lo que dijeses, nunca lo creyeron. No lo creyó nadie porque la mentalidad del trabajador de ENSIDESA, como en HUNOSA, era que el Estado palía todos los problemas (Intens. 7).

Pero también hay que achacar a los medios de comunicación el que los trabajadores no percibieran la crisis hasta un momento bastante tardío. Hasta finales de los años setenta en la prensa apenas aparecieron noticias sobre la evolución negativa del consorcio. Las medidas aplicadas en el marco del primer plan de reconversión se «vendieron» como medio para restablecer la competitividad, y las noticias que prometían grandes esperanzas no dejaban traslucir que principalmente se trataba de una reducción de puestos de trabajo.

La falta de éxito de la «marcha de hierro» hizo que se volviera a apagar con mucha rapidez el compromiso combativo de la plantilla de ENSIDESA, que había experimentado un breve resurgir, y que éste se trastocara en resignación:

> Los trabajadores están un poco desanimados, desmoralizados por ver que las luchas... no se palpa nada. Es una cierta desmoralización (Intens. 12).
>
> La gente se cansa de estar de huelga, peleando y tal, para estar siempre igual (Intens. 12).

El Gobierno, la dirección empresarial y los sindicatos, cuya corrupción hacía ya tiempo que no cuestionaban los trabajadores, han perdido su credibilidad:

> No se cree ni en la dirección, ni en los sindicatos, ni en los políticos... (Intens. 7).

La opinión habitual en el discurso de crisis de que las decisiones sobre el futuro de la industria siderúrgica ya se han tomado antes de entablar las negociaciones y de que nunca ha existido una voluntad política de defender ENSIDESA, se vio confirmada de nuevo para muchos obreros siderúrgicos por la obstinada actitud de los agentes responsables, a pesar de las numerosas acciones de protesta existentes. En una entrevista un trabajador explica:

> Da la sensación permanente de que el Gobierno y los sindicatos ya tenían sus decisiones cuando se planteaban las negociaciones (Intens. 34).

Existe unanimidad en la opinión de que los responsables de las decisiones no conocen el complicado negocio siderúrgico y de que las inversiones en la industria siderúrgica no sirven realmente para la salvación de ENSIDESA:

> Lo dramático de este asunto es que las decisiones fundamentales las toma un ministro y un ministro es un político y no tiene ni puta idea de lo que es la siderurgia (Intens. 18).
>
> Las inversiones las hacen para enriquecer a alguien, pero no para salvar ENSIDESA (Intens. 11).

Se culpa al Gobierno, a la dirección de la empresa y, parcialmente, también a los sindicatos de no haber aprovechado los excelentes recursos de la industria siderúrgica asturiana y de haber impuesto así un castigo a la región completa, cuyo declive empieza a notarse ahora. No se ven alternativas a la industria siderúrgica:

> Esta región está castigada porque los dos pilares (la siderurgia y el carbón) se van a la porra. Cierran HUNOSA, porque no es rentable extraer el carbón... ENSIDESA... tiene una acería a nivel mundial, tiene aparte de la acería una situación geográfica con puertos y con unas formas de cargas de portación ideales.
>
> Tiene unas empresas, filiales de transformados, que son punteras en la elaboración de productos acabados. Tiene un personal altamente cualificado con una experiencia como siderúrgico de toda la vida... Hay una tradición de siderúrgicos. Entonces dices tú, teniendo todo ese caudal, a veces capital de seres humanos preparados para la siderurgia, teniendo un sitio ideal y todo... no me lo pueden cerrar, porque yo, aunque produzca el hierro un pelín más caro que otros países, esta región tiene que vivir de algo. Y si le quitas las dos bases, se muere, se ahoga... (Intens. 17).

Se menciona reiteradamente que Asturias no se ha merecido un «destino» como el que se vislumbra tras la desolada situación actual.

La mayoría de los trabajadores no ven ninguna ventaja en la entrada de España en la CE. Junto a la ya mencionada crítica a las directivas de la CE, se lamentan de que el dinero de los fondos estructurales de la CE siempre llega a Asturias con un retraso considerable, lo que hace que las inversiones se retrasen continuamente:

> ... aprobaron (el plan) el año pasado... es que hay que hacer las inversiones, renovar instalaciones y no llega (el dinero)... (Intens. 7).

Pocas veces se plantea la pregunta de dónde se encontraría ahora Asturias si los recursos del fondo estructural de la UE dejaran de fluir.

Mientras la dirección empresarial ve para la «nueva» CSI un futuro relativamente positivo, en las conversaciones mantenidas con los trabajadores se hace patente un atenazante miedo al futuro. Ya no se cree en el éxito de la reconversión:

> ... te vuelven a vender la misma moto: vamos a reestructurar, pero vamos a hacer una empresa competitiva y de futuro, pero en la medida que avanza la reestructuración, ya no te lo crees... (Intens. 14).

La inminente privatización del consorcio (en la que de alguna forma se ve una oportunidad de futuro para la empresa) la afrontan los trabajadores y sindicatos con un gran escepticismo, e incluso se piensa que el futuro de la empresa puede hacerse más incierto. Predomina el temor de que una participación del capital privado vuelva a repercutir favorablemente sobre los emplazamientos vascos. Además se recuerda que el accionariado privado de Asturias en el pasado siempre se ha desembarazado de la responsabilidad en el negocio siderúrgico cuando éste se ponía difícil, forzando al Estado a ejercer el papel de empresario:

> Los trabajadores no olvidan que al principio de los años sesenta la siderurgia asturiana era totalmente privada… también recuerdan que sus propietarios, sus accionistas no estuvieron dispuestos a financiar las inversiones que el momento requería y prefirieron alargar la explotación de la exhaustación, dedicando los beneficios a inversiones en otro tipo de actividad, casi siempre fuera de nuestra región. Tuvo que ser el Estado el que afrontara la situación… construyendo la empresa ENSIDESA. Pero no fue suficiente…; era tan profundo el grado de abandono y de irresponsabilidad de los siderúrgicos asturianos, que fue necesario elaborar un plan denominado de *acción concertada*, que tenía de bueno la resolución momentánea de los graves problemas industriales de la región, porque también tenía de malo que lo anterior se conseguía a base de grandes sacrificios de los trabajadores y de las comarcas en que estaban asentadas las tres siderurgias históricas, mientras que los empresarios responsables de la situación se embolsaban cuantiosos beneficios por abandonarlas (Inf. de UGT-Gijón).

También se teme que los empresarios privados podrían cerrar el consorcio cuando no se alcanzara la rentabilidad deseada. El siguiente extracto de una entrevista muestra el juicio que merece a los trabajadores la inminente privatización:

> … lo ven mal, en cuanto a la seguridad y al puesto de trabajo…, saben que la privatización va a implicar mayor inseguridad… Y no es como antes, entrar en ENSIDESA, empresa pública, que entras allí, y allí ya tienes trabajo para toda la vida (Intens. 2).

Junto a la creciente incertidumbre sobre el futuro del consorcio, los trabajadores de más edad manifiestan un recalcado deseo de acceder a la jubilación anticipada lo antes posible, antes de que sigan recortándose las prestaciones sociales o sean suprimidas del todo por el empresariado privado:

> … todo el mundo se quiere jubilar, porque no hay confianza en el futuro, nadie tiene seguro de que en ENSIDESA, dentro de diez años vamos a seguir o de que nos van a jubilar (Intens. 17).
>
> La gente está sufriendo un temor tremendo. (El deseo de jubilarse)… es un sentimiento mayoritario. Un poco es por salvarse del futuro. Mira, prefiero ir prejubilado… pensando que a lo mejor esto se cierre y me voy a la calle sin nada… por lo menos yo cogería un dinero, de otra forma el futuro mío es incierto y yo sé que no voy a encontrar trabajo. Eso es seguro. ¿Dónde encontrar trabajo? En ningún sitio (Intens. 32).

El elevado promedio de edad de la plantilla y el deseo de poder abandonar la empresa cuanto antes fundamenta la ahora y siempre desmotivada actitud de la plantilla de ENSIDESA ante el trabajo, que también se manifiesta en el reducido interés que muestran por la participación en medidas de capacitación:

> ... en ENSIDESA, pues era que hay gente muy mayor. O sea, en ENSIDESA, prácticamente sólo hay un tema de conversación, que era cuándo me jubilo... La motivación, en cuanto a que, por así decirlo, lo que podría ser bien para la empresa, en cuanto a mayor calidad, tamaño de producción y esto, pues nada... (Intens. 32).
>
> ... los paisanos viejos, que se estropea una máquina, aquí me quedo. Que voy yo a una máquina de al lado, si dentro de dos años me marcho... Además es que, como aprenda a trabajar y se vuelva a estropear la máquina, va a venir el jefe de turno y me va a mandar a esa máquina. Entonces prefiero estar parado, sin saber manejarla, que como se entere el jefe de turno, que yo sé manejar esa máquina, me va a mandar para allá. Entonces esa es la mentalidad (Intens. 32).

Para los pocos obreros que participan regularmente en el nuevo programa de cursos, el elemento decisivo son los aspectos financieros y no el aprovechamiento de las medidas. Además, la eficiencia de las medidas de capacitación se pone frecuentemente en tela de juicio porque la impartición de conocimientos teóricos plantea grandes dificultades a unos obreros que hasta ahora estaban acostumbrados a un aprendizaje práctico. Un asistente al curso dice:

> Los cursillos no sirven para nada... hay que explicar de modo que lo entiendan los trabajadores; llevo una semana allí, pero lo que se aprendió en el curso no se aplicó para nada (Intens. 12).

En parte se manifiesta la sospecha de que las medidas de capacitación no se estén ofertando para formar seriamente al personal, sino únicamente porque es una de las premisas para recibir dinero de la UE.

También se critica con bastante frecuencia la mentalidad laboral ya descrita de los trabajadores de ENSIDESA «que se iban haciendo viejos». A ellos se les reprocha egoísmo y falta de responsabilidad frente a la juventud, puesto que únicamente se preocupan de su propio futuro sin pensar en las generaciones sucesivas y sin tratar de buscar posibilidades de empleo alternativo para las mismas:

> ... hay un problema del egoísmo: yo me jubilo y después los que vienen detrás... me quita muchas veces el sueño: tengo hijos con carreras superiores y están en casa... no tienen para nada... (Intens. 7).

El miedo al futuro que reflejan los trabajadores se manifiesta también en el creciente número de conflictos entre el personal fijo en plantilla y el personal subcontratado. Las negociaciones del plan de competitividad estuvieron acompañadas de numerosas huelgas aisladas de los 3.200 obreros de subcontratas empleados en ENSIDESA, que reivindicaban las mismas condiciones para sus trabajadores que para el personal fijo (dado que sus convenios habían sido suprimidos en el marco de la reconversión). Las reivindicaciones de los obreros subcontratados chocaron con una violenta crítica y con reacciones por parte de los trabajadores fijos, que temían que el éxito de estas reivindicaciones llevara algún día a tener que repartir unas prestaciones sociales que ya habían sido rebajadas respecto al plan anterior:

> Llega el momento en que la empresa dice: yo no puedo pagar porque allí afuera no sólo pago a los jubilados que jubilo yo, sino a los jubilados de compañía (Intens. 7).

De las conversaciones mantenidas con el personal fijo se desprendía que estos consideraban cada vez más como competidores a los obreros subcontratados que habían sustituido a muchos de sus compañeros. Dado que ya ocupaban puestos clave en la producción, sus huelgas podían paralizar áreas enteras de las fábricas, algo que el personal fijo veía como un ataque a su autonomía. Un obrero explica:

> Cuando hay un conflicto en las compañías auxiliares, se ven afectados los trabajadores de ENSIDESA que tienen que parar. Ya no tienen autonomía... Antes, cuando Franco,... ninguna compañía auxiliar podía cubrir un puesto de producción. Ninguna, estaba prohibida... ahora llevan el control de mantenimiento, el control de producción... y en un momento determinado que discuten el convenio colectivo de ellos le dicen: «que en el convenio colectivo me tenéis que dar este y esto y si paramos nosotros, paramos toda la empresa» (Intens. 7).

Al iniciarse las negociaciones sobre el nuevo plan aparecieron en la prensa noticias acerca de reacciones xenófobas del personal fijo frente al personal auxiliar al que se denominaba despectivamente «negros», «portugueses»... El personal auxiliar no sólo reivindicaba ante la dirección de la empresa ser equiparados económicamente con la plantilla fija, sino también que se aceptara a compañeros con contratos fijos. Y recordaban que también ellos habían contribuido durante años al crecimiento económico de Asturias y que habían realizado trabajos que los empleados fijos no estaban dispuestos a ejecutar. De esta forma, al agudizarse la crisis empresarial parecen intensificarse las segregaciones dentro de la plantilla. Aquí queda abierta la cuestión de si la integración de los obreros siderúrgicos vascos, cuyo desplazamiento a las plantas asturianas ya se había iniciado con la «desmembración» de las empresas fusionadas, plantearía las mismas dificultades, y si también cristalizarán diferencias entre los obreros vascos y asturianos.

V.6. OBSERVACIONES FINALES

Para finalizar queremos constatar que hasta ahora no se ha encontrado para ENSIDESA ningún esquema de solución que haya contrarrestado la evolución negativa en el sector siderúrgico.

De la exposición que precede se desprende que la siderurgia asturiana disponía de una empresa siderúrgica moderna y altamente competitiva gracias a la construcción del consorcio ENSIDESA, empresa que sin embargo no ha podido afirmarse en el mercado siderúrgico internacional. Achacar la actual situación de desolación de la empresa por igual a la dirección empresarial, a los cambios en las condiciones económicas generales y a la siempre intensa competencia del mercado internacional, sería insuficiente, dado que también otros consorcios siderúrgicos europeos han estado o están expuestos a las mismas condiciones de mercado. Sin embargo, muchos de ellos han encontrado fórmulas de solución relativamente aceptables para afianzar sus posiciones de competitividad en el mercado internacional, si bien ha sido necesario reducir muchos puestos de trabajo. En consecuencia, el objetivo de nuestro estudio era, entre otros, buscar barreras de adaptación específicas que inhibían la reestructuración de ENSIDESA.

De la reconstrucción que hemos hecho de la evolución de la empresa se desprende en primer término que, debido al retraso en el inicio de la reconversión de ENSIDESA y al lento progreso conseguido en la aplicación de las medidas, los consorcios siderúrgicos europeos tuvieron desde un principio una ventaja competitiva frente a la empresa asturiana.

El primer intento serio de reestructuración de ENSIDESA, que se remonta al período comprendido entre 1984 y 1990, se considera hoy día una «oportunidad perdida» (cfr. cap. IV.4), puesto que el consorcio no utilizó la oportunidad para adoptar las estrategias y conceptos que se habían hecho necesarios como reacción a los cambios de las condiciones económicas generales para independizarse en mayor medida de las fluctuaciones coyunturales en el futuro, siguiendo el modelo de otros consorcios europeos.

Los expertos, sindicatos y obreros razonan la excesivamente tardía elaboración y aplicación de medidas adaptativas por las prolongadas negociaciones, los numerosos obstáculos burocráticos y las duras directivas de la CE que perjudicaban a la industria siderúrgica española, pero también en la prolongada obstinación de la gerencia en aferrarse a una «mentalidad funcionarial» que ha repercutido negativamente sobre la actitud laboral de las plantillas.

Otro factor que bloquea el éxito de las medidas realizadas hasta la fecha hay que verlo en el predominio ejercido por determinados intereses políticos (que no pueden negarse después de los resultados de nuestro estudio), intereses que con frecuencia favorecieron al consorcio vasco AHV en la adjudicación de recursos financieros públicos en detrimento de ENSIDESA, y en la no realización de una imperiosa planificación integral de la siderurgia en la que se involucraba a la siderurgia asturiana y vasca. La fusión de las siderurgias asturiana y vasca sólo la ha decidido la CSI recientemente, y sólo recientemente ha iniciado la búsqueda de un esquema de solución común para ambos emplazamientos. Con el Plan de Competitividad elaborado por la CSI se pretende emprender un nuevo intento de restablecer la competitividad internacional, y se ha reconocido la necesidad de una completa reestructuración de la empresa. Se ve una oportunidad, tal vez la última, en la privatización del consorcio, si bien paralelamente crece entre los obreros el miedo a ulteriores cierres de empresa y a recortes en los planes sociales.

Para enjuiciar si el nuevo plan podrá restablecer efectivamente la competitividad de la empresa hay que esperar un cierto tiempo, puesto que la aplicación de las medidas no ha hecho más que empezar. En las entrevistas mantenidas con trabajadores y sindicatos pudo constatarse, sin embargo, que se ha perdido la fe en una reconversión eficiente, una opinión que a buen seguro no carece de sus razones. El empresariado privado, que presuntamente debe salvar la siderurgia, ha dejado siempre en el pasado un rastro de plantas siderúrgicas en estado lamentable y ha forzado siempre al Estado a hacerse cargo de las mismas. Ya hay voces críticas que apuntan que en el marco del nuevo plan de reconversión se están cometiendo los mismos errores que en la reestructuración de 1984. Como ejemplos baste mencionar aquí el relevo de los mandos y directivos (omitido una vez más) o las inversiones planificadas, que bien sea desde una perspectiva técnica o bien desde una perspectiva económica se consideran una vez más decisiones erróneas. A esto se añade que por enésima vez la aplicación de las medidas se ha iniciado con considerable retraso, con lo cual los competidores europeos han vuelto a disponer del tiempo y de la oportunidad para proteger sus mercados de salida. Además, en la actualidad la elevada edad promedio de la plantilla plantea problemas para la aplicación de medidas innovadoras.

Sin embargo, la importancia de ENSIDESA o de la CSI para Asturias, pero también para el conjunto de España, es algo que no se discute. En caso de que no se consiguiera el objetivo de convertir a la CSI en una empresa competitiva y capaz de sobrevivir, continúa existiendo la amenaza de que se pierda uno de los patrones que ha sido y sigue siendo el mayor de una región en la que, hasta ahora, no existen alternativas reales a las explotaciones industriales tradicionales.

Capítulo VI

La empresa minera HUNOSA

Experiencias de los trabajadores en la crisis estructural

Por Sabine Arnicke

> Nuestra civilización se basa en el carbón mucho más de lo que uno cree hasta que uno se para a pensar en ello. Todas las máquinas, directa o indirectamente dependen del carbón. En el metabolismo del Mundo Occidental el minero ocupa el segundo lugar en la escala productiva después del agricultor. El minero es una suerte de grimosa cariátide sobre cuyos hombros reposa casi todo lo que no es grimoso (George Orwell, *El camino de Wigan Pier*, 1937).

VI.1. INTRODUCCIÓN

¿Concentración de pozos y «reconversión no traumática» socialmente compatible de la minería del carbón asturiana y sus comarcas, o cierre de pozos, reducciones de plantilla y muerte lenta de una rama industrial que ha caracterizado sustancialmente la historia económica asturiana desde el pasado hasta nuestros días?

Este es el campo polarizado en el que se asienta el planteamiento del siguiente capítulo, en el que se tratará ante todo de rastrear las repercusiones que la crisis del sector hullero tuvo sobre la conciencia de los trabajadores afectados. De esta forma el horizonte del presente estudio enlaza con el mundo vital, con la «realidad vivida» (cfr. sobre la «Oral History», consultar Niethammer 1983-1986) de los obreros de HUNOSA, y trata de acercarse a través de los recuerdos de estas personas a sus evaluaciones y valoraciones de la cuestión, al reflejo de la crisis en la conciencia de los mineros asturianos.

El colectivo de «mineros asturianos» no se presenta ante nuestros ojos como un grupo cualquiera dentro de la clase trabajadora industrial española, sino que vamos a ocuparnos más bien de un sector que tuvo un papel protagonista inherente en las fases decisivas del movimiento obrero español, hecho que está profundamente grabado en la memoria histórica de los habitantes de los valles mineros asturianos. Igualmente, en el contexto global de España, e incluso en el extranjero, la fama de los mineros asturianos estuvo estrechamente ligada a la idea de lucha contra el franquismo, pues no en vano fueron las cuencas mineras las que a principios de los años sesenta encendieron la mecha de la resistencia obrera contra el régimen de Franco (cfr. García Piñeiro, 1990, pp. 313 y ss.). Como puede verse en las afirmaciones de los mineros asturianos, el recuerdo de su papel de vanguardia histórica continúa vivo y se remonta a mucho más lejos de la lucha antifranquista, hasta el año 1934, fecha de la revolución de octubre en Asturias. Aun cuando en la actualidad la revolución asturiana no parece mostrar ningún punto de enlace para posibles soluciones, constituye un elemento fijo de su propia historia para los mineros sindicalmente activos y comprometidos con el movimiento obrero.

> La literatura vinculada a la industria en Asturias... ha ido generando una peculiar mitología que ha girado en el gozne de la mina... En el principio existió una «aldea idílica»... Pronto, todo aquello degeneró en un campo de batalla minado por el carbón y regado por la sangre inocente de unos seres, hasta entonces desconocidos, que surgían de las profundidades, medio hombres y medio diablos, plutones redivivos en sus facetas más perversas. Pronto tendremos a punto al «minero malvado» e invasor frente al «buen salvaje»; el hombre campesino noble y rudo, respetuoso del orden establecido. Esta construcción mítica del «minero hecho una fiera» servirá de modelo a los autores de los reportajes literarios del Octubre del 34 desde posiciones políticas conservadoras o desde el seno de la propia Iglesia (Delmiro, 1994, p. 638).

De esta forma la historia y el renombre del movimiento minero asturiano se nos presentan en un tejido entramado de mitos que, en el caso de nuestro estudio, se refleja en la tensión existente entre la imagen propia y la imagen que de ellos se tiene desde fuera, esta última a su vez quebrada por la percepción de los propios mineros. Esta «imagen» debe confrontarse con una realidad que presenta a la minería asturiana de la hulla una perspectiva de futuro limitada y una muerte agónica. La velocidad de este proceso, pero sobre todo sus condiciones concomitantes, como son la protección social de los despedidos y sus familias y las medidas políticas de compensación para revitalizar económicamente las cuencas, serán también en el futuro resultado de luchas políticas y sociales.

Estas observaciones preliminares pretenden ilustrar que al hablar de los mineros de las cuencas está tomando la palabra un sector de la clase trabajadora industrial de España que en su mayoría está estrechamente vinculado con las tradiciones del movimiento y de la cultura obrera (minera).

Las entrevistas de grupo con los obreros se realizaron en las empresas, y los interlocutores se seleccionaron por mediación de los sindicatos aplicando un principio aleatorio. El hecho de que todos los entrevistados estuvieran organizados sindicalmente supone una característica representativa, puesto que (algo atípico para las condiciones españolas) la minería asturiana registra el mayor grado de afiliación sindical, con un 90%. Con toda seguridad hay que tener en cuenta que la disposición para participar en una entrevista de grupo es mayor en los obreros política y sindicalmente activos que en aquellos que se mantienen al margen del debate político, ya sea dentro de la empresa o en el entorno social. Sin embargo, la mayoría de los obreros que participaron en nuestras entrevistas eran, según sus propias afirmaciones, «únicamente» afiliados de un sindicato y no desarrollaban una actividad militante.

Para nuestro estudio seleccionamos dos minas que respecto a producción y número de plantilla se cuentan entre los pozos de mayor tamaño de HUNOSA, que no están directamente amenazadas de cierre y que parecían particularmente idóneas en virtud de ciertas características. El pozo Candín, situado en el valle del Nalón, está estrechamente unido al auge del sindicato minero socialista SOMA-UGT y es el pozo del que procede el carismático líder del SOMA José Ángel Fernández Villa. El pozo San Nicolás, denominado popularmente *Nicolasa*,[1] está situado en la cuenca del Caudal, no lejos de Mieres. Nicolasa está considerado un pozo muy beligerante, donde se emplazaba un auténtico feudo de CC. OO, sindicato que hasta ahora ha contado con la mayoría en el comité de empresa del pozo.

Al mismo tiempo hemos entrevistado a representantes de la empresa y de los sindicatos, analizado los convenios colectivos y los planes empresariales y material de los archivos de HUNOSA y de las organizaciones sindicales. Además, en la prensa regional se informa detalladamente sobre HUNOSA y, a diferencia del caso de ENSIDESA, también existe cierta bibliografía sobre la historia y el desarrollo de la empresa.

VI.2. DESDE LA FUNDACIÓN HASTA LA RECONVERSIÓN

La fundación de HUNOSA (Empresa Nacional Hulleras del Norte, S. A.), que durante toda su existencia ha sido la mayor empresa minera de España, se remonta al año 1966, cuando las cuatro mayores empresas hulleras privadas de Asturias solicitaron ante el Ministerio de Industria la participación estatal para un proyecto de producción energética. Las razones de fondo que motivaron esta solicitud fueron la extremadamente crítica situación económica de grandes partes de Asturias y la crisis en

[1] En el lenguaje cotidiano de los habitantes de las cuencas muchos de los pozos tienen nombres femeninos, « porque la mina es mala como la mujer», según uno de los mineros entrevistados.

la que se encontraban empresas económicamente arruinadas. El fracaso de la «Acción Concertada» iniciada en 1965 ya se perfilaba (cfr. cap. III.3).

En 1966 el Estado siguió tratando de evitar la nacionalización reuniendo a las mayores empresas de la región (Duro Felguera, Hullera Española, Fábrica de Mieres, SIA Santa Bárbara) bajo el nombre de *Henosa* (Hulleras y Energías del Norte, S. A.) con 50% de capital privado y 50% de capital del INI; pero fueron sobre todo las empresas eléctricas, que debían reciclar posteriormente el carbón, las que no se involucraron.

Con el Decreto Ley 486/1967 del 9 de marzo de 1967 el Gobierno fundó finalmente HUNOSA mediante la fusión de ocho empresas privadas. En los años siguientes se añadieron otras diez empresas hasta la absorción del cien por cien del capital por parte del INI. Según los datos oficiales la fundación de la empresa obedeció a un doble motivo. Por un lado, aspiraba a garantizar el abastecimiento energético como un hito estratégico para la industria nacional (cfr. Decreto Ley 486/1967). Se recalcó la utilización de las fuentes de energías propias al servicio de la economía nacional y la importancia del sector hullero en el marco de la economía asturiana y se declaró la intención de emprender una amplia racionalización de la extracción del carbón.

Por otro lado, la integración debía cumplir la función de redistribuir la riqueza en favor de la minería asturiana, por una parte debido a su importancia para toda la economía de la región y, por otra, por el peso que los costes salariales representaban en ese sector. En todo caso, tras ello se situaba un auténtico interés de las empresas privadas, que tenían un mayor peso.

> Casi no han sido denegadas solicitudes de integración dándose incluso el caso de empresas que, una vez integradas, han tenido que cerrarse por tener prácticamente agotadas sus reservas de hulla. Así pues, ante la crítica situación del sector, el empresario hullero asturiano consigue traspasar al Estado sus fracasados negocios mineros en condiciones extraordinariamente ventajosas, hecho que repercute directa y negativamente sobre la estructura financiera de HUNOSA y va a condicionar en gran medida su evolución futura (Díaz-Faes, 1979, p. 148).

La fundación de HUNOSA fue tal vez el ejemplo más drástico del cambio funcional del INI en esta fase para pasar a convertirse en «hospital de empresas» aplicando la terapia de «socialización de pérdidas» (cfr. cap. III.3). En mayo de 1970 Carlos Ferrer Salat (posteriormente primer presidente de la patronal CEOE) declaró:

> Algunos propietarios de minas integradas en Hunosa me han dicho, más o menos confidencialmente, que si hubiesen sabido el precio que el Estado les iba a pagar, hubiesen comprado antes muchas otras minas (NE, 9.3.1992).

Con las ventas de las empresas fracasadas al Estado, éste se hizo cargo de una herencia sobre la que Mariano Artos Fernández, ex-secretario de CC. OO. en HUNOSA, dice:

> ... una liquidación de las empresas mineras por parte de los empresarios privados, llevaron todo lo que pudieron, esquilmaron todo lo que pudieron del carbón. Les beneficiaba mucho económicamente, recogieron sus beneficios, se largaron con ellos de Asturias, ¡y aquí nos dejaron las minas sin nada! Por ello el Estado constituyó HUNOSA, que fue el acoplamiento de una serie de empresas privadas y empezó a funcionar a partir de 1967 (entrevista propia).

El ruinoso estado de atraso de los pozos que se fusionaron para crear HUNOSA se manifiesta también en la siguiente versión:

> Ya la programación de los años sesenta, la programación de inversiones, para profundizar las minas se detiene, al ver las dificultades que tenían los empresarios privados. Desde la acción concertada hasta la constitución de HUNOSA, en todas las empresas, como se estaba negociando con el Estado, pues no se invirtió un duro, entonces lo único que hacían era preparar de la mejor forma posible la subsidiariedad de su negocio para pasarlo al Estado. En la minería las inversiones tienen que ir con mucha antelación, para poder explotar. Un retraso de dos años significa doce en términos reales, entonces las minas entraron completamente descapitalizadas, no sólo asumiendo las deudas que incorporaban las empresas anteriores, sino también el problema de la descapitalización de inversiones mineras (ibíd).

Los sueldos de la minería, comparativamente más altos que en otras ramas de la industria, eran el resultado de la lucha de los mineros asturianos, que ya bajo la represión del franquismo en los años cincuenta comenzaron a oponer resistencia colectiva mediante huelgas a un régimen que sometió las condiciones de trabajo en la mina a un régimen militar (cfr. García Piñeiro, 1990; Miguélez, 1976).

En las manifestaciones de un jubilado de setenta y cinco años vive todavía reciente el recuerdo de la brutal represión de aquellos tiempos:

> En la época de Franco no nos pagaban las horas extraordinarias. En esa época la Guardia Civil nos controlaba en el pozo. Nos trataban mal y teníamos que presentarnos todos los días en el cuartel. A los compañeros que tenían la fama de revoltosos, la Guardia Civil los detenía y golpeaba durante días... Luego vinieron las huelgas, la primera en el 58. Vino la mili y detuvieron a mucha gente. Se deportó a muchos mineros, yo me fui para Zamora... el trabajo en la mina era muy duro, y había poca comida. Por los años cuarenta o cuarenta y cinco, primero había diez días de vacaciones al año, después quince días. Al principio no se ganaba ni para comer, luchando se consiguió más dinero para poder vivir (Hunint. 3).

La época de su trabajo en la minería durante los primeros años de la dictadura de Franco está marcada por el recuerdo de la penuria y la privación y de saber que ciertas mejoras de los salarios y de las condiciones de trabajo eran fruto de la lucha de los mineros. Y respecto de la gran huelga de 1962, que en la región minera de Asturias se conoció con el nombre de *la huelgona*, dice:

> Aquel año estuvimos cinco meses en huelga, y allí ganamos al final la semana inglesa, una de lunes a sábado (Hunint. 3).

Hay otro aspecto importante respecto a la fundación de HUNOSA: aun cuando durante el franquismo no existió ninguna representación de los intereses de los trabajadores en forma de sindicatos libres, el Estado consideraba a los mineros como «colectivo reivindicativo» en su papel de «vanguardia del movimiento obrero en España», y por lo tanto eran «fuente permanente de problemas». Con este trasfondo, la fundación de HUNOSA parece también un medio de mantener la paz social en las cuencas mineras, es decir, un medio de «pacificarlas»:

> ... los empresarios privados traspasan sus problemas al Estado, y el Estado se interesa no sólo por ellos, sino que al Estado le interesa por garantizar que el movimiento obrero no fuese un estallido social de imprevisibles consecuencias... (Hunint. 12).

El proceso de integración de las dieciocho empresas hulleras privadas para formar HUNOSA se prolongó desde julio de 1967 hasta enero de 1970. Desde un principio la empresa se encontró en crisis permanente y registró balance deficitario. Sin embargo, tendría que transcurrir hasta el final de la transición, en 1981, para que los balances de la sociedad se hicieran transparentes a la opinión pública:

> ... una empresa con pérdidas continuas, donde no se veía la luz en el túnel, durante años las pérdidas estaban ocultas, porque no existía transparencia. Las Cortes franquistas aprobaban créditos para HUNOSA un par de veces al año y las pérdidas no se sabían. A partir del primer contrato en 1981, las pérdidas ya se sabían (entrevista propia).

José María López de Letona, que en tiempos de la fundación de HUNOSA (entre 1966 y 1969) fue miembro del Consejo de Administración del INI, después (entre 1969 y 1974) Ministro de Industria y que posteriormente ocupó varios cargos en diversos consejos de administración de empresas públicas (Iberia, Banco de España) y privadas y de bancos, declaró a *La Nueva España* (15.3.1992):

> Crear Hunosa fue un error. Hunosa no ha sido nunca viable. Ningún gobierno ha tenido la valentía de reconocerlo. Y ahora no se puede resolver en dos o tres años... Las razo-

nes que motivaron la creación de Hunosa fueron de índole social y son las mismas que se esgrimen hoy… el mantenimiento del mayor número posible de puestos de trabajo.

Los primeros años subsiguientes a la fundación de HUNOSA estuvieron marcados por la situación general que hizo que el carbón recobrara su importancia en toda Europa, una tendencia que encontró su punto álgido en la crisis del petróleo de 1973. Esta fecha parece grabada a sangre y fuego en la conciencia de las personas que viven de la minería y se utiliza recurrentemente como referencia del valor estratégico del carbón autóctono y del argumento del autoabastecimiento. Los comunicados oficiales de los sindicatos y las propias declaraciones de los mineros hacen referencia a la crisis del petróleo para advertir sobre una dependencia exclusiva de las importaciones energéticas (cfr. también cap. IV.3). Como ejemplo, entre los muchos posibles valgan las declaraciones de los participantes en una entrevista de grupo:

(4) Si ves lo que tenemos que importar: petróleo, gas, y luego, estamos hablando del carbón, ¿no? Estos costes por tonelada que empiecen a subir, que la importación sea supercara, que tengan a volver otra vez a explotar HUNOSA. Pero, vamos, de momento…

(2) Hombre, un ejemplo que pongo yo *ye* el ejemplo del petróleo, el tema del petróleo según la subida real que está teniendo, pues el petróleo sí, en su día, era rentable.

(3) Yo pondría otro ejemplo, por ejemplo el gas (…). Y mira el problema que tiene Argelia con los partidos islámicos e imagínate que entren en una confrontación y ¿quién montará al poder? ¿Quién garantiza que vamos a seguir manteniendo los mismos precios? (Hunint. 1).

Según las opiniones de los expertos la oportunidad pérdida para una modernización de las minas de HUNOSA se remonta a la época de principios de los años setenta, cuando el carbón vivió un auge de su importancia y cuando mediante inversiones podía haberse logrado una mejora de las instalaciones en el interior de las minas.

Llegados a este punto, cuando dirigimos nuestra atención al tema de la experiencia del inicio del trabajo en la mina se constata que el grupo de obreros entrevistados de más de cuarenta años emprendió su trabajo en HUNOSA precisamente en esa época, justo después de constituirse la empresa. Pretendemos seguir el rastro a la pregunta de cómo se valoraba en aquella época el trabajo minero, cuáles eran los sentimientos, con qué se relacionaba, para finalmente, e integrando el recuerdo de los más jóvenes, ilustrar la imagen del minero en el cambio. También se tratará de establecer la relación entre la perspectiva propia y la perspectiva ajena, en un intento de desgajar algunas características de la cultura minera.

La palabra típica con que se describe el motivo que impulsaba a incorporarse al trabajo en la mina (en la práctica totalidad de los casos como ayudante minero o «pinche»,[2] la categoría con que se contrataba en la minería asturiana a todos los principiantes para labores bajo tierra) es «necesidad». La profesión típica elegida en los años setenta en las cuencas mineras para un joven era el trabajo como minero (algo casi sobreentendido en una tradición familiar de varias generaciones que se perpetuaba en esta profesión y para la cual apenas existía alternativa).

> No había un futuro profesional fuera de la mina... no tenías ninguna otra posibilidad aquí, si no te tocara la lotería (Hunint. 2).

La marca impresa por la minería determina todo el entorno social y crea una familiaridad con el ambiente minero que se convierte en el bien general desde el punto de vista social y cultural de los valles mineros. En los años setenta HUNOSA era por tanto **el** patrón de las cuencas mineras que, mediante una generosa política de contratación, permitió a muchos (opinión compartida en el momento y ampliamente reconocida por los afectados) encontrar un futuro profesional en la mina (cfr. también cap. VII). Por otra parte, en aquella época tampoco suponía problema alguno recibir un puesto de trabajo en HUNOSA, ya que el trabajo de la minería resultaba poco atractivo.

> Se entraba por solicitar, directamente, porque era una época donde poca gente quería la mina.

En la misma entrevista, un picador que en 1979 había perdido su puesto de trabajo en la industria de la imprenta debido a la crisis que atravesaba el sector, dice:

> ... no me quedaba más remedio que entrar aquí, en HUNOSA (Hunint. 5).

En estas declaraciones se insinúa una ambivalencia. La vida de y con la mina y la profunda vinculación con ella parecen evocar en las personas sentimientos muy contradictorios. Así, todos explican que, a pesar de la tradición y de la situación de la época, que prácticamente obligaba a un joven de las cuencas a acabar desembocando en la mina, las familias reaccionaban negativamente a la elección profesional de sus hijos:

> En la familia, sí, afectó bastante, no les gustaba demasiado que su hijo se hiciera minero, porque mi padre acababa de trabajar en la mina, pero para mí, bien, vienes a tener tu primer dinero y tal. Mis padres estaban, más bien que contentos, resignados, tienen desde que yo era más pequeño otra aspiración, que estudies, que tengas otro puesto de trabajo y

[2] Nombre tradicionalmente usado en el lenguaje de los mineros.

no hacer lo mismo que hicieron ellos, y por eso desilusionados… pero luego, con el tiempo uno se acostumbra… (Hunint. 6).

Con toda seguridad el deseo de las familias mineras de que sus hijos abrazaran una profesión distinta está ligado al conocimiento de los peligros del trabajo minero al que se habían enfrentado las familias a diario, ya fuera el peligro de un accidente laboral mortal o el riesgo de padecer la enfermedad de la silicosis, que ha tenido una incidencia proporcionalmente muy alta en la minería asturiana, hasta tiempos muy recientes, debido a la escasa mecanización (cfr. a este respecto los convenios colectivos de HUNOSA).

Mi madre se puso a llorar, pidiéndome que no fuera, que ya ella había tenido suficiente con lo de la familia y mis tíos también. (…) Mi padre tiene silicosis y el padre de mi madre también estuvo enfermo de la mina. Los hermanos que tiene también están con un tercer grado de silicosis de la mina. O sea razones aparte de un familiar lejano que se le murió. O sea, que son antecedentes familiares, como para que yo no entrara en la mina, pero yo también me tengo que buscar la vida (Hunint. 17).

En las declaraciones de un obrero cuya familia era de origen campesino y que abandonó su hogar andaluz en busca de trabajo y acabó estableciéndose en Asturias, donde el padre trabajó en el ramo del metal, se manifiesta un matiz más: el recuerdo de la reacción de su familia es un indicativo de la mala imagen inherente a los mineros en muchos círculos fuera de las cuencas.

Soy la única persona de mi familia que es minero, y nunca fue bien visto en mi familia que yo fuese minero. Mi padre trabajó aquí en Asturias en la siderurgia… en 1975, cuando yo empecé a trabajar en la mina, el minero era mal visto, mal considerado. Trabajaban en la mina… pues legionarios, gente que se había ido de la cárcel, no tenía muy buena reputación, no. En cambio, los industriales, que trabajaban en Duro Felguera, en ENSIDESA, tenían más prestigio a la sociedad, no: para los comerciantes, los médicos y tal, estas profesiones, estaban mejor vistos. Sin embargo, la minería no estaba bien vista (Hunint. 7).

Entre quienes fueron contratados en HUNOSA a partir de los años ochenta se hace patente una tendencia diferente que contrasta con la del grupo estudiado anteriormente. Aquí se manifiesta con más fuerza el recuerdo de que con la contratación en la empresa estatal HUNOSA se obtenía un puesto de trabajo seguro y fijo. La sensación de ser privilegiado en este aspecto hay que verla con el trasfondo de una percepción mucho más clara de la crisis de la región: por un lado, que afectaba a la situación de Asturias en general, y por otro lado, referida de forma concreta a la minería. De esta forma, en HUNOSA se registra una lenta, pero relativamente continua, destrucción de puestos de trabajo (cfr. tabla 1). Bajo el signo de la crisis estructural, en 1981 se aprobó el primer plan de reconversión de la empresa.

Tabla 1: **Datos de HUNOSA**

	Plantilla	Prod. total** (toneladas)	Kilos/ jornal	Resultado* millones ptas.	Absent. en %	jornad. año	Pozos
1967	18.541	1.509.000	692	390			
1970	26.632	4.092.300	701	2.441	18,63	278	28
1972	25.261	4.629.400	793	3.832	17,17	277	28
1973	23.885	3.789.800	741	4.451	22,94	272	28
1974	23.711	4.347.000	815	4.491	15,01	260	28
1975	24.719	4.190.400	790	6.479	16,20	258	27
1978	23.526	3.457.046	725	14.928	22,75	259	23
1980	22.648	3.844.972	713	22.174	19,74	258	23
1982	21.168	4.354.990	789	22.573 (1.300)	15,82	257	23
1984	21.018	3.778.284	793	28.674 (1.566)	18,73	240	23
1986	20.756	3.654.242	837	35.269 (3.700)	14,54	227	24
1987	20.139	2.646.400	887	54.779 (9.500)	23,50	228	24
1988	19.360	3.094.000	917	60.462 (8.738)	16,4	228	23
1989	18.994	3.160.600	968	51.851 (4.634)	16,5	226	22
1990	18.380	3.036.900	982	52.785 (4.891)	19,2	230	21
1991	17.941	2.612.600	938	49.622 (5.096)	25,3	228	20
1992	15.966	2.804.000	1.093	100.195 (54.239)			
1993	12.187	2.588.000	1.187	55.952 (7.245)			14
1994	11.917	2.331.000	1.287	69.827 (19.827)			
1995	10.539	2.037.000	1.331	74.016 (24.016)			11

* Resultados = Total de subvenciones y ayudas. 1981-1990: entre paréntesis las aportaciones del INI para cubrir las pérdidas añadidas no cubiertas por subvenciones.
** Minería subterránea.
Fuentes: HUNOSA, Marrón Jaquete, 1996.

Un obrero que comenzó a trabajar en HUNOSA a mediados de los años ochenta recuerda que en aquella época ya percibió la precaria situación y el dudoso futuro de la empresa:

Yo me di cuenta ya al poco tiempo después de que entré aquí. Al poco tiempo ya hubo problemas en algunos pozos, donde hubo huelgas y ya se empezó a negociar nuevos convenios y se decía que los pozos no tenían más carbón y que había que reducir la plantilla. Mira, yo ya llevo aquí diez años y ya sé que no nos vamos a quedar acá (Hunint. 15).

A pesar de conocer esta situación, en todos quienes rememoran sus sensaciones al iniciarse profesionalmente como mineros domina el sentimiento de haber tenido una gran suerte por haber recibido «un empleo fijo» en una «empresa fija». Y son precisamente los que antes de ser contratados en HUNOSA se encontraban en unas condiciones laborales precarias e inciertas en pequeñas empresas los que destacan y subrayan las jornadas laborales reglamentadas y fijas, la seguridad por cuanto respecta al puesto de trabajo y los mayores salarios que cobraban en una empresa estatal. Un joven obrero que en 1990 recibió un puesto de trabajo a través de la oficina del INEM, «después de la firma de un convenio de futuro de HUNOSA», describe su reacción en los siguientes términos:

Ya eres más mayor, tienes más responsabilidad, empiezas a tomar una copa con los amigos, tener la posibilidad de comprarte tu casa o una cosa de éstas. Entonces empecé a buscarme un trabajo loca y desesperadamente. Bueno, no es sólo una mala experiencia, porque tú conoces mucho aquí la economía sumergida, que es lo que conoce la mayoría de los jóvenes, sobre todo de aquí de las cuencas. Estar trabajando doce horas diarias, te puedo hablar de venta de libros, de trabajar en una carnicería, te puedo hablar de estar de pintor, de camarero, ya pierdes la cuenta. Bueno, te puedo hablar de tantas cosas, y la única salida que me quedó, y para mí esto fue como un golpe de suerte, fue el tema minero. (...) Entonces a mí me llamaron de la empresa y por lo mal que esté en este momento, y aunque sea una empresa del Estado, por lo menos tengo un empleo fijo. Esto no le pasa a una gran parte de jóvenes, que no tuvieron la misma suerte que yo. Suerte de estar en una empresa fija. Porque tienes una edad de veintisiete o veintiocho o treinta años, que es la única salida que te queda, y que ya no queda (Hunint. 17).

Cargado de sentimientos contradictorios, e influido por la resignada o preocupada reacción del entorno familiar, casi siempre negativa, se consumaba el inicio del trabajo en el fondo de las minas. En todos los casos se describe el nerviosismo y el miedo que les agarrotaba en su primer descenso, unido a la certeza de los peligros existentes «allá abajo», en las entrañas de la tierra. Aquí es donde se vislumbra lo especial del trabajo en la mina, fijamente anclado en la conciencia de todos y que de diferentes formas se trata de expresar con palabras, pero que todo minero, como muestran las reacciones, sabe lo que quiere decir:

... la mina es un trabajo muy diferente de otra industria (...) la mina *ye* un mundo, el mundo de la oscuridad, vas descubriendo cosas, vas conociendo las cosas... (Hunint. 7).

Para la mina. Cuando conduces a la mina, yo me acuerdo que fui nervioso, muy nervioso, primero porque era un monstruo terrible. Cuando estás metido en un pozo a doscientos metros y pico. Casi no podía dormir antes. Pero yo también estaba orgulloso, era un desafío. Tenía miedo, aunque conoces gente, y luego te quedaste un poco como… atontado, en el sentido de que llegas para allá, miras, y esto, ¿qué *ye*? (Hunint. 4).

Una de las peculiaridades del trabajo bajo tierra es, como se describe en estas líneas, una mezcla de miedo y orgullo, junto con la inconmensurable dureza del trabajo.

(2) Yo, lo que sí me impresionó era la naturalidad de la gente que se empeña en un trabajo que al principio parece imposible de desarrollar, aunque ahora llevo muchos años… y claro, cuando pasa el tiempo, como cambia, que tú mismo empiezas aquel trabajo… pero sobre todo, la impresión del trabajo físico de los demás y la labor a desarrollar, me impresionó así los primeros días, me parecía increíble desarrollar estos trabajos, y en estas condiciones de peligro…

(3) Lo que a mí me estaba impresionando… pensar cómo la tarea de los mineros me pareció ineficaz, y un trabajo a desarrollar que se puede considerar como antihumano… y yo pensaba que eso no se puede hacer, volver a adaptarnos a esa tarea tan… (Hunint. 6).

«La mina condiciona» por su carácter «duro y penoso»: he aquí el resumen de todas las declaraciones. Los hombres se transforman cuando están bajo tierra, «abajo» son totalmente distintos que en «su vida sobre la tierra», lo que subraya el «mundo particular» de la minería:

… te llama la atención un poco la forma de ser de la gente, que dentro es diferente que fuera. *Ye* un mundo particular. Cambia, uno en la mina, y después en la calle (…) Hay bromas que se hacen en la mina, y fuera no. Y cosas que se dicen dentro de la mina, y fuera, no. Un mundo muy diferente (Hunint. 6).

La atmósfera tan particular que se vive bajo tierra y el tipo de trato entre los compañeros, determinado por el tono rudo y los chistes obscenos, ejerce también una función de válvula de escape, «lo que te hace llevar muchísimo mejor el trabajo» (Hunint. 17).

El cambio que el trabajo en la mina provoca en las personas lo describen muchos de una «forma ruda y basta»: «la mina embrutece» (Hunint. 5) representa una cara de las sensaciones que determinan la imagen que de sí mismos tienen los mineros asturianos. A ésta se añade como complemento el polo contrario del «compañerismo total» y la solidaridad mutua de los compañeros, que se siente como algo único. En todo momento informan que el *shock* por la dureza del trabajo se compensaba por la ayuda mutua que se prestaban entre los obreros y por la rápida integración del nuevo. Las personas que, por haber tenido un empleo anterior en otro lugar, tienen un punto de comparación, declaran con unanimidad que ese tipo de «compañerismo» no lo han experimentado en ningún otro puesto de trabajo.

Como ejemplo valga la declaración de un obrero cuya familia no procede del entorno minero de las cuencas:

> Bueno, la situación con que me encontré, cuando entré, era muy diferente a lo que había pensado antes —gente de eso, bruta, que se pusiera a pegar a los compañeros...— pero la sensación fue completamente contraria. Hay muy buena gente. Y lo que tiene el minero, que es gente muy luchadora. Casi es más bien envidia, lo que veo desde fuera, a la unión que tenemos nosotros. Es algo de tirantez en cuanto a esa unión que existe en la mina. Pero sí, bien, hay buena gente en la minería. La acogida fue buena desde el principio (Hunint. 7).

La raíz de la «unión» de los mineros se localiza en el propio mundo laboral y constituye una experiencia general.[3] Cuando se habla de orgullo no se nos presenta con una arrogancia que sirva para delimitarlo respecto a otros colectivos laborales, sino enraizado en una genuina conciencia obrera:

> Somos orgullosos no por el puesto de trabajo, pero sí en el plan de solidaridad con los compañeros, no en un sentido económico. (...) Cuando estamos en un período de convenios colectivos, de reivindicaciones laborales, sí nos sentimos un poco más reivindicativos que el resto de trabajadores de otras empresas. No decimos que somos mejores, pero es que somos los que más aguantamos, los que más llevamos la lucha en la calle (Hunint. 2).

De las declaraciones de los mineros pueden extraerse algunos elementos de la imagen que tienen de sí mismos, caracterizada por la conciencia de realizar un trabajo físico duro («somos los que desarrollamos las labores más penosas de esta sociedad»), de cuyo valor se está orgulloso en el sentido de que se siente como algo honesto y digno. Estos dos conceptos nos remiten a líneas tradicionales de una cultura obrera antigua que se define a través del valor que tiene desempeñar un trabajo socialmente importante y «honrado» en contraposición a los holgazanes. Entre los mineros de las cuencas aún sigue viva esta conciencia, si bien, como se verá más tarde, desviando la mirada hacia la juventud. Y aquí aparece el conocer la peligrosidad del trabajo en la mina y las condiciones de trabajo específicas que embrutecen al hombre. En el otro lado, y a pesar de todo estrechamente ligado a éstas, se sitúan las relaciones humanas bajo tierra: solidaridad y compañerismo total que se funden y se constituyen en punto de partida para la tantas veces conjurada unión de los mineros. En la imagen que tienen de sí mismos la solidaridad aparece como algo completamente natural y, por lo tanto, surge de forma automática:

[3] La particularidad del trabajo bajo tierra y la actitud que resulta del mismo la aducen los mineros para explicar los problemas de comprensión más amplios, los existentes, por ejemplo, en los conflictos intrasindicales con el sector del metal: es como si uno fuera de Madrid y el otro de Barcelona.

Entras en la mina y ves un goteo constante de reivindicaciones. Entonces tienes que sentirte solidario; llegas a entender las posturas, porque luego tú sufres las consecuencias del trabajo. Tú trabajas y sufres, y luego llevas al exterior los problemas de la mina. Un goteo constante de reivindicaciones, y luego te sientes solidario, no forzoso, sino porque lo entiendes (Hunint. 2).

Esta afirmación de un obrero puede servir de explicación para la imagen de los combativos mineros asturianos, tanto desde su perspectiva como por lo que respecta a la imagen ajena que se tiene de ellos. El análisis de las entrevistas permite ver ciertas constantes por un lado, pero por otro deja patente también un cambio de la imagen ajena del minero. Quienes comenzaron en HUNOSA en los años setenta se acuerdan mayoritariamente de la mala fama en que había caído por aquel entonces el trabajo minero. La imagen que por aquel entonces tenían de los mineros fuera de Asturias la describen estos mismos diciendo que «creían que éramos el diablo, hasta que teníamos cuernos». Esta visión externa se muestra con toda claridad en el contraste de los recuerdos de estos dos trabajadores:

(4) Claro, si vives en un *pueblu mineru*, todos trabajadores de la mina, o la mayoría, no encuentras rechazo.

(3) En el barrio donde yo vivía, era un barrio industrial, trabajaban en Duro Felguera y ENSIDESA, y en algunos pequeños talleres, pero todos en relación con metal, metalúrgica. Entonces, cuando alguien quería empezar a trabajar en la mina, jóvenes y tal, pues en mi casa hubo reacciones: coño, fulanito entra a trabajar en la mina, y tal... Incluso cuando yo empezaba a trabajar en la mina mi padre consideró que era un caso perdido, e incluso se puso a amenazarme, diciendo si algún día caes en la cárcel, o vas preso, olvídate de que... Y esto era unido a que yo tenía melena, y tenía barba, que estaba perdido ya... Eso era la fama de la gente que trabajaba en la mina... el minero tenía fama de esto, hubo esta imagen, que había un nivel cultural bajo dentro de los trabajadores de la mina, de que el minero era rudo, era bronco, gustaba de beber y de fumar y de ir a putas y tal, entonces (Hunint. 7).

Desde mediados de los años setenta esta imagen ha ido transformándose paulatinamente, hasta que «ahora el prestigio del minero es un lujo» (Hunint. 7). La transformación se relaciona parcialmente con la crisis general que enseñó a la opinión pública a valorar un puesto de trabajo fijo en una empresa estatal, y en parte también se relacionó con un incremento del nivel de formación de las nuevas contrataciones de HUNOSA.

(2) Bueno, en Asturias, a los mineros, hace veinte años o así, era una profesión que se consideraba más como la última, estábamos considerados un poco así, como la última profesión que se escoge, y esa imagen cambió bastante por culpa del paro y de la crisis, vamos,

no hay dónde trabajar, al final resulta que después lo último paso a ser el primero, entonces se mira de manera diferente al trabajo en la mina.

(3) Esa imagen cambió en el momento cuando la clase media empezó a trabajar en la mina (Hunint. 6).

En todo caso, respecto al cambio de la visión externa del minero también encontramos valoraciones en el sentido contrario, igualmente relacionadas con la crisis de la minería asturiana, pero que enlazan con la imagen general del desastroso estado de la empresa HUNOSA. Aquí se expresa con amargura que se ha perdido el respeto por el duro trabajo del minero, habiendo sido desplazado por la visión de un sector industrial subvencionado que supone una carga para la sociedad:

> ... el trabajador de la mina no es el responsable de que una empresa como HUNOSA esté en esta situación (...). Antes se repetía más que es un trabajo peligroso, penoso, que hay muchas enfermedades profesionales, muchos accidentes mortales... Antes tenían más respeto, no se atrevían a hablar. Ahora sí se atreven... (Hunint. 2).

El minero que ha crecido en el entorno de las cuencas mineras y que está marcado por su trabajo en la minería adquiere la visión de sí mismo y de su situación a partir de la relación dialéctica entre sus propias experiencias y tradiciones y la valoración que proviene de fuera, a cuya transformación se reacciona sea cual sea la forma en que el minero se presenta y se percibe. Lo llamativo es la ya mencionada relación ambivalente con el trabajo en la minería y con la mina en general, que se manifiesta en una especie de amor-odio. Así, por ejemplo, muchos contestan afirmativamente a la pregunta de si podrían imaginarse personalmente un puesto de trabajo en un sector diferente que fuera adecuado para ellos; no obstante, se trasluce la sensación de que la realidad de Asturias actual no ofrece alternativas equivalentes en cuanto a seguridad y condiciones del puesto de trabajo y en cuanto a pago de salarios. Se destaca que, considerando la peligrosidad y la dureza del trabajo, nadie ama la mina: «la mina es mala» es una afirmación bastante difundida. Y una y otra vez se hace referencia al enraizamiento en y a la vinculación con una cultura «muy de la mina», en la que con frecuencia se personifica a la mina.

> Nadie quiere trabajar en la mina...la mina *ye* viciosa (Hunint. 6).
>
> Aquí se decía —cuando yo empecé a trabajar aquí—: *Guajín*, ten cuidado, que la mina *ye* hembra... (Hunint. 7).

Unida en la memoria con durezas y privaciones, y a pesar de la conciencia que existe de que en la percepción ajena se la equipara con falta de educación y «cultura», los obreros de más edad se quejan precisamente del retorno de esta cultura específica de los mineros:

J.: Sin embargo esa otra cultura que se desaparece ahora, antes era muy de la mina cuando yo y Berto… En nuestra generación entrar en la mina… que había trabajo, la mina en un principio no la quería nadie.

R.: … no la quería nadie…

J.: Decirte que… mira, yo la quería… yo la mina, yo más a gusto antes que ahora. Para trabajar. Bueno, porque era… yo estaba orgulloso, yo estaba orgulloso, siempre he sido orgulloso.

R.: La mina antes era más solidaria.

J.: Y más cariñosa, más de familia.

R.: Y preocuparse más del problema del compañero, si el compañero tiene un problema, ser solidario. Y ahora como lo explicó Juan, que cada uno va por su cosa individual…

J.: Sí, sí. Pero a pesar de todo, a pesar de todo, la minería a pesar de todo…

R.: … sigue siendo solidaria.

J.: … sigue siendo solidaria. (…) Y eso *ye* una cultura propia, no al cien por cien hoy, pero todavía prevalece, todavía hay raíces… (Hunint. 4).

En el siguiente extracto de una entrevista de grupo vamos a ver en las palabras de un minero veterano que anteriormente había descrito su dolor por el duro trabajo realizado como picador, los controvertidos sentimientos y el mencionado amor-odio de una forma muy intuitiva:[4]

(3) Pues, cuando empecé… relativamente mal… hasta que te vas asimilando, que *ye* una cosa muy… que te tienes que asimilar. Siempre el minero tiene que estar muy atento, por la seguridad, dentro de la mina. Y a lo largo de los años, muchos accidentes que pasas y… yo creo que dentro de todo el grupo de personas en el trabajo que estamos realizando hay una unión muy fuerte, muy fuerte. Yo creo que *ye* distinto el trabajo completamente al exterior. Hay una unión tan grande, un sentimiento de… de… no puedo decir, siempre estás con… un sentimiento…

(No puede describir ese sentimiento con palabras, pero los demás entrevistados, asiente, saben a lo que se refiere.)

(Todos) Sí, sí…

(3) …y una fuerza muy grande, entonces…que tira mucho. La mina tira mucho.

(4) Yo no creo que cambió el minero, *ye* la empresa… eso sí que ha cambiado. El minero —aparte de que es un *trabayo* tan duro— tiene una nobleza, tiene un corazón que *ye* algo… y una solidaridad, que hoy en día no *ye* el cien por cien unido, pero, en general, creo

[4] Esta fuerza de atracción de la mina apareció en muchas conversaciones, a menudo subliminalmente, como una fuerza intuitiva, no captable racionalmente, unida con la fuerza de la naturaleza y que, en esta forma e intensidad, se puede comparar con las sensaciones de los marinos respecto al mar.

que, y espero, como eso es la tradición de siempre, que uno ayuda al otro, vamos, lo conozco, porque soy hijo de minero. Llevas trabajando con tus compañeros siete horas, que es más tiempo que con la mujer, es una realidad que está allí, y en ese sentido, creo que somos todos unidos (Hunint. 1).

La «nobleza» y el «corazón» del minero se manifiestan en la solidaridad incondicional mutua, ya sea ante los peligros o los accidentes ocurridos bajo el pozo, ya sea en la lucha de los obreros por defender sus derechos y por conseguir mejoras de las condiciones de trabajo, y son por tanto componentes de experiencias extremadamente íntimas que definen la propia imagen. Y aquí se muestra claramente el contraste con la percepción recibida desde fuera, catalogada con palabras como «diablo» en su forma más grosera, o como «gente ruda, bruta» que han permanecido cerradas al mundo experiencial de los mineros.

Como ejemplo de la unión y la solidaridad, mostremos la reacción a los accidentes mortales ocurridos en la mina:

(1) Mueren dos mineros, o tres mineros, y es como si quitaras a alguien de la familia, ¿entiendes?

(4) Sí, sí...

(1) De fuera, no lo entiendes bien; una vez que estás integrado, se da cuenta, se mata alguien en la mina o a morir dos de la construcción, efectivamente son dos muertos, que no deben tener diferentes repercusiones sociales, pero sí las tienen, porque nosotros siempre lo entendemos como si quitara un familiar. Y los otros que trabajan de otra forma no lo entienden así... (Hunint. 8).

Esta mentalidad se forma por la situación que se vive en la mina: después de entrar en ella no hay ya escapatoria para nadie, un accidente alcanza a todos, y después de cada jornada «se nota un alivio.»

El recuerdo de la generación de los padres y abuelos está ligado a su lucha en el tiempo del franquismo. La represión fue particularmente violenta en las cuencas mineras, de forma que en muchas familias hubo que lamentar la muerte de seres queridos. Asimismo, muchos recuerdan proscripciones dentro de su entorno familiar. Las huelgas de principios de los años sesenta significaron para las familias mineras miedo ante el terror del régimen y necesidad económica:

J.: Yo la huelga... mi padre, el padre de Berto... nosotros en los años sesenta, muy jóvenes, éramos críos. En tu casa, tu padre no trabajaba; tres, cuatro meses de huelga, sin ganar nada, sin salarios y nada, sin ningún recurso. Entonces muchos de los padres cayeron presos, otros fueron llevados fuera de Asturias, despedidos, desterrados, la gente despedida. (...) Y si no la cárcel, la miseria en casa (Hunint. 4).

En la conciencia colectiva de las gentes de la cuenca minera asturiana permanece fuertemente anclada la llamada no verbal a la huelga durante la época del franquismo, que siempre se ha descrito como un símbolo de la solidaridad del minero. Cuando en los lavabos un obrero aceptado y respetado por todos no se cambiaba para bajar en «la jaula» (especie de ascensor en que se realiza la entrada y salida del pozo), era un signo de huelga que todos entendían.

Se repite también continuamente que la necesidad se mitigaba con la ayuda mutua: las tiendas de comestibles de los asentamientos mineros fiaban; y sobre todo esos meses de huelgas podían sobrellevarse sin ningún tipo de ingreso por el hecho de que muchos mineros, además de su trabajo en la mina, explotaban con su familia un pequeño huerto que les garantizaba la supervivencia en épocas de necesidad (cfr. cap. III.2). Estos ingresos adicionales del «campesino-minero» procedentes de la agricultura eran típicos de las cuencas mineras, y aún hoy podemos encontrar familias de mineros que poseen tierra y ganado, si bien más como pasatiempo y por tradición familiar.

> Antes la gente no vivía... vivía en los pueblos. Entonces en el pueblo tenías gallinas, tenías una huerta que te da patatas, lechugas y tal. Y cerdo y tal. Entonces, cuando se apretaba fuerte la minería, porque hubo huelgas muy duras en el 63, que emigró mucha gente al extranjero porque hubo una represión terrible...; pero la gente subsistía por el máximo; entonces, la mentalidad esa minera *ye*, en épocas duras, de subsistir (Hunint. 5).

Esta «mentalidad de subsistir» como componente de la idiosincrasia minera, de una «cultura llena de pueblo», se considera herencia de la lucha de la generación paterna, que pugnó por conseguir los actuales logros sociales en la minería.

> Bueno, a la generación que está delante de mí, le tengo que dar las gracias y me quito el sombrero delante de ellos, porque todo lo que conseguimos aquí en Asturias fue por las luchas que ellos llevaron a cabo aquí y en este país. Y gracias a ellos yo estoy trabajando aquí, porque ellos estuvieron muchos días en huelga, para que yo tuviera la posibilidad de trabajar aquí (Hunint. 17).

Al mismo tiempo, respecto a estos valores antiguos transmitidos por la tradición de una cultura minera, la mayoría nota un cambio en el sentido de que la mencionada mentalidad de subsistir y la solidaridad ilimitada se ha reducido sobre todo entre los trabajadores más jóvenes. Un hecho que se relaciona con la sociedad de consumo. En la actualidad, como se manifiesta en la práctica totalidad de las entrevistas, los deseos materiales como la compra de una vivienda o de un automóvil provocan una actitud que es diametralmente opuesta a la tradicional descrita anteriormente: las deudas deben saldarse, lo que es contrario a la disposición a sufrir mermas económicas por las huelgas.

(1)... creo más que el obrero está hipotecado hasta su personalidad. Está hipotecado hasta su personalidad. ¿Por qué esto? Porque hay una hipoteca con lo material, porque la sociedad te hipoteca: tu coche, tus vacaciones, tu vivienda... para tener una concepción social de ésta. Si quiere tener un buen salario. Y un buen salario en la mina se consigue si asistes todos los días y no reivindicas grandes cosas, si no (...) la hipoteca va hasta la personalidad, que es lo que más me duele, porque lo vives diariamente. (...) Yo veo a compañeros que, en función a su percepción económica, actúan (Hunint. 2).

Finalmente queda por constatar que los cambios en los hábitos y actitudes de vida se observan con sentimientos entremezclados: por una parte se saluda con buenos ojos el retroceso de determinados hábitos «tradicionales», como la tendencia al fuerte consumo de alcohol y la tarde libre de todos los días con los compañeros en la taberna; y en su lugar se sitúa la mayor dedicación a la familia y otras actividades como, por ejemplo, las deportivas o artesanales. Sin embargo, por otro lado en muchos se manifiesta el pesar por la paulatina pérdida de la «cultura muy de la mina», unida a la solidaridad y la combatividad, y por la tendencia al mayor individualismo y la mentalidad consumista.

VI.3. CRISIS ABIERTA Y «RECONVERSIÓN»

La política del carbón en los años setenta estaba todavía marcada por la hipótesis de un consumo energético continuamente creciente y por una importancia también creciente del carbón. Con el plan de reconversión 1981-1983, suscrito por los sindicatos y el INI, se fijó por escrito una nueva filosofía de la política del carbón, el «contrato-programa» como acuerdo complementario a los convenios colectivos. Este contrato-programa prevé, en primer lugar, la subvención directa de las pérdidas previstas a través de los presupuestos del Estado, por una parte para garantizar las inversiones necesarias y, en segundo lugar, para poner freno al desmoronamiento de la estructura financiera de la empresa. La racionalización debía sustituir a la ideología de las toneladas. A pesar de las considerables mejoras e inversiones (p. ej., en mecanización) y del cierre de los pozos no rentables, la situación económica continuó deteriorándose de forma imparable (cfr. también cap. IV.3).

Paralelamente crece la influencia de los sindicatos en HUNOSA. El secretario general del SOMA, Fernández Villa, entra en el Consejo de Administración de HUNOSA, y los sindicatos negocian el Estatuto del Minero, que entraría en vigor en enero de 1984 y que prescribía la semana laboral de treinta y ocho horas en el interior y treinta días de vacaciones. Estos derechos, que en HUNOSA ya habían sido alcanzados, afectaban fundamentalmente a la minería privada. En el transcurso de las negociaciones se quebró la unidad de acción de los sindicatos y CC. OO. rehusó firmarlo, sometida a considerables tensiones internas. Esta constelación determinó también las futuras negociaciones de los años ochenta.

La dinámica de la empresa se había transformado de modo fundamental durante los años ochenta, tanto a nivel de agentes como en cuanto a contenidos. Los interlocutores decisivos para la negociación fueron los sindicatos, que ejercían una influencia decisiva sobre el gobierno regional y el gobierno central encarnado por el INI. Al mantenimiento del sector estratégico aumentando las subvenciones y las inversiones se contraponía una estrategia de dejar que todo se fuera a pique con una amortiguación social mínima, pero sin una compensación de política regional o industrial. La protección social de los inmediatamente afectados se convirtió en una materia de negociación de vagos compromisos que no ofrecían perspectiva a largo plazo ni a la empresa ni a la región.

Una mirada a los planes de reconversión y a los convenios colectivos de los años 1981 a 1994 muestra que la empresa HUNOSA por una parte trata de enfrentar la crisis permanente exigiendo continuamente un aumento de la productividad, que ante todo debe conseguirse mediante continuas modificaciones del sistema de destajo y mediante la reducción de los tiempos improductivos. Pero por otra parte el cambio estructural se plasma también en una creciente exigencia de cualificaciones por parte de la empresa, claramente visible en las campañas de recalificación de actividades y puestos de trabajo puesta en marcha desde principios de los años ochenta, un subterfugio que, como se mostrará, era mera letra escrita.

Las medidas de la empresa para enfrentar la crisis mediante un aumento de la productividad aspiraban directamente a conseguir una reducción de los costes de producción, en una situación en que los costes salariales en HUNOSA representaban cerca del 70% de los costes totales de la misma debido a la intensa carga de trabajo y a la escasa mecanización de la minería asturiana.

Tabla 2: **Rendimiento de interior en la minería de la hulla (kg/hombre/hora)**

	Alemania	Bélgica	Francia	Reino Unido	España	Hunosa	CECA
1985	593	314	392	408	278	153	440
1988	630	338	650	633	292	166	560
1990	673	361	634	704	341		628
1991	681	383	727	801	315		665
1992	695	268	718	899	376		704
1993	711		794	1.143	385		735

Fuente: CECA.

La baja productividad debe achacarse esencialmente a las características específicas de la minería asturiana. En HUNOSA el 60% de la producción se extrae de estratos cuya potencia es menor de 1,5 metros y que presentan una inclinación superior a 30° (cfr. Daniel/Jamieson, 1992, p. 56). Una mecanización completa como la que existe actualmente en la cuenca minera del Ruhr es imposible. Además, la calidad es relativamente baja y la ganga producida durante el lavado del carbón es superior al 50%. En 1990 la mecanización de la explotación promedio en las minas de HUNOSA era del 32,2%; en 1993 se había alcanzado la tasa del 47,7% (cfr. Plan de Empresa 1991-1993 y 1994-1997, Convenio Colectivo 1995-1997). Hasta 1997 el plan de 1994 prevé un aumento de esta tasa hasta el 68,6%, que ante todo puede conseguirse mediante el cierre de aquellos pozos en los que la explotación no puede mecanizarse. Hasta nuestros días el «trabajo manual» con el martillo y el sistema de destajo que lleva aparejado son algo cotidiano.

	Plan 1987-1990				**Plan 1991-1993**			**Plan 1994-1997**		**TOTAL**
	1987	1988	1989	1990	1991	1992	1993	1994	1995	
Pérdidas después de subvenciones (en millones ptas.)	8.878	4.634	4.891	4.980	20.353	2.325	5.340	5.577	8.921	65.899
Total subvenciones	219.877				205.769			143.843		569.489

Fuente: Marrón Jaquete, 1996.

Junto a un aumento de la mecanización de la explotación, la concentración de los pozos y la mejora de la infraestructura de la empresa, en todos sus planes la empresa aspira a reducir la conflictividad y los elevados tiempos improductivos, el absentismo (cfr. tabla 1). Hay tres motivos diferenciados para explicar el absentismo del trabajo: los accidentes, las enfermedades y «otros motivos» (cfr. Gutiérrez, 1984). Por cuanto respecta a los dos nombrados en primer lugar hay que tener en cuenta las condiciones específicas de una mina sólo parcialmente mecanizada, en la que los accidentes laborales y las enfermedades profesionales continúan aún hoy ligadas al trabajo propio del minero, a pesar de todas las mejoras introducidas en las medidas de seguridad. En la mejora de la seguridad e higiene, la empresa se encontró con las aspiraciones sindicales e instituyó la Comisión de Seguridad e Higiene, que cuenta con representación paritaria.

El grupo profesional de los picadores encuentra siempre una mención expresa en los planes empresariales: por un lado, a ellos se les asigna un papel central en el proceso de producción; por otro, y en comparación con otras categorías profesionales, presentan mayores porcentajes de absentismo y, en tercer lugar, constituyen el grupo central de los conflictos laborales. Los especiales riesgos que conlleva el trabajo de los picadores, que además deben realizarlo muchas veces en sistema de destajo, parecen desempeñar aquí un papel considerable y ser asimismo la causa de un alto porcentaje de absentismo por motivos de conflictividad (cfr. Gutiérrez, 1985, p. 975).

La importancia de los picadores se manifiesta también en la especial consideración que tienen en algunas primas, cuyo gran número resulta llamativo y que es uno de los componentes variables dentro del sistema salarial de HUNOSA. Aquí hay que mencionar ante todo el denominado *premio de asistencia*, que cabe interpretar como una medida para impedir las huelgas, sobre todo por parte de los picadores.

Las sanciones económicas con las que la empresa trata de reducir el absentismo no afectan a las causas de accidente y enfermedad (cfr. íd., ibíd., p. 990). De aquí puede deducirse la siguiente diferenciación: mientras que las medidas preventivas, tales como la mejora de la seguridad bajo tierra y la previsión sanitaria (aquí se incluyen campañas de vacunación y, últimamente, información sobre el abuso de estupefacientes) están destinadas a reducir el absentismo por las razones mencionadas anteriormente, los componentes variables del sistema salarial se utilizan para castigar el absentismo como forma individual de conflictividad.[5]

La mayoría de los mineros encuestados continúa considerando hoy día insuficientes las condiciones de seguridad, y algunas voces aisladas conceden incluso a HUNOSA la realización de esfuerzos por cuanto respecta a seguridad:

> Yo creo que en el tema de la seguridad, la empresa hace todo lo posible. Hace más de lo que nosotros creemos (Hunint. 16).

Sin embargo, predominan las valoraciones críticas, aun cuando respecto a hace unos años todos aceptan la existencia de mejoras. Sobre todo quienes han conocido la minería de otros países de Europa occidental, ya sea por su propio trabajo o por visitas organizadas por los sindicatos, destacan el déficit que existe en la minería asturiana en cuanto a seguridad:

> (3)... no *ye* que es difícil, yo creo que es más... no cabe duda que la minería en Inglaterra, en Alemania es bastante más modernizada, mecanizada, más humanizado todo, porque hay una mayor inversión en seguridad, aquí no se hizo (Hunint. 6).

[5] En la sociología industrial, en los conflictos laborales se distingue entre conflictos colectivos, formas de manifestación organizada cuyo prototipo es la huelga, e individuales, conflictos no organizados entre los que se cuenta el absentismo laboral por motivos diferentes a la enfermedad o el accidente: «un comportamiento obrero, entre otros, como las huelgas, el sabotaje, el frenado, etc., que resultan una expresión de los antagonismos obrero-patronales» (Gutiérrez, 1985, p. 968).

En opinión de dos encargados de seguridad de la minería asturiana, ambos picadores y afiliados activos a CC. OO., las condiciones de seguridad bajo tierra se han mejorado enormemente desde los años setenta; pero a la vez comprenden perfectamente la valoración crítica de sus compañeros:

> J.: Comparando cuando entramos en la mina, muy jóvenes todavía, a los tiempos actuales, en torno a la seguridad hay un avance enorme en las condiciones. Pero ese avance porque antes era algo que... algo tercermundista. Y que dicen los compañeros que *ye* insuficiente, estamos de acuerdo. Y de hecho estamos todos los días reivindicando que se actualice el trabajo minero en materia de seguridad... ¿Y qué ocurre? Que en el tema de extracción de carbón manual ese sí que hay un porcentaje bastante alto en cuanto al polvo. Hoy casi todos los yacimientos se inyectan, en ese sentido entramos. Hoy el minero está mucho mejor que cuando entramos Berto y yo, y nuestros padres estaban mucho peor todavía, eran tiempos infernales... Pero yo creo que en ese sentido algo se humanizó, pero se humanizó no porque el Gobierno tomó esas medidas, sino que por la lucha de los propios mineros (Hunint. 4).

Por el contrario, los obreros experimentados ven fracasar muchas de sus reivindicaciones y luchas debido a la falta de disposición de la dirección de la empresa.

> (1) El 80% de las reivindicaciones que se hacen en la minería son reivindicaciones de mejoras de condiciones de trabajo. Entonces yo me pregunto, ¿quién no tiene la suficiente honestidad para acompañar una reivindicación de un compañero en esto? Te sientes solidario en esto y participas automáticamente. (...) Y quizá, a nivel general, si lo analizas, tuvieron cierto éxito. Ahora, pero en temas más puntuales, diarios, no. Yo, después de diecinueve años que llevo aquí, sigo perdiendo jornales con carácter reivindicativo. Yo sigo reivindicando condiciones de trabajo durante diecinueve años. Todos los días se reivindican cuestiones que llevamos diecinueve años reivindicando. Y en ese sentido hemos fracasado. Con respecto al arranque, que es la parte de la minería que más problemas tiene, llevamos reivindicando mejor calidad de madera desde... que yo me acuerdo que los primeros jornales que perdí fue por eso, reivindicando mejor calidad de madera, y los seguimos perdiendo (Hunint. 2).

El número de siniestros en los pozos de las minas de hulla asturianas (en 1995 se produjeron varios siniestros más de gravedad con numerosos muertos) testimonian una situación que en cuanto a seguridad está muy alejada de la de otros países europeos.

Si se comparan las manifestaciones realizadas a voz en grito por la empresa respecto a la formación continua y a las medidas de cualificación, como las que se observan en los planes, con la perspectiva de los empleados, se hace evidente la presunción de que en realidad no han sucedido grandes cosas. Según estimaciones de mineros de cierta edad y experimentados, las repercusiones del sistema de jubilación anticipada, que jubila a los mineros antes de alcanzar los 50 años de edad, deben consignarse como un retroceso de la profesionalidad, que a su vez repercute negativamente sobre la seguridad bajo tierra:

> J.: Por desgracia hay otro problema. La profesionalidad que viéndose en HUNOSA... es que la gente más profesional se va retirando y entonces baja. Y, digamos, los nuevos compañeros que entraron, bueno, por múltiples circunstancias, no existe la profesionalidad como antes. Eso se ve mucho. También *ye* culpa de la propia empresa. (...) Por eso está bajando el nivel. Porque no se forma a la gente como... o así lo entiendo yo ¿eh?, que no se forma a la gente como se formaba antes. Y eso, bueno pues, puede repercutir, pues, en muchos accidentes (Hunint. 4).

La jerarquía interna de la empresa en la minería asturiana de la hulla se nos presenta con una confusa variedad de categorías, grupos y subgrupos dentro de la plantilla. Simplificarlos y unificarlos era el objetivo autoimpuesto de una Comisión de Valoración de puestos y análisis de plantilla, compuesta de forma paritaria y cuya creación estaba prevista en el plan de reconversión 1981-1983. El trabajo que debía cumplir esta comisión era clasificar cada una de las actividades y puestos de trabajo, permitir la mensurabilidad de las labores que deben desempeñarse y describir con precisión los requisitos. Según el plan, la elaboración de normas vinculantes incluso para los transportes debía permitir la generación de un perfil para cada puesto de trabajo.

En efecto, la citada comisión emprendió su trabajo a finales de 1981, con el objetivo «... de cambiar todo el sistema salarial que tenía la empresa», como explica un antiguo miembro del Comité Intercentros de HUNOSA y de la Comisión de Valoración de puestos. Las diferentes categorías deben reevaluarse y clasificarse por coeficientes definidos, entre otros factores, por el riesgo, el esfuerzo y las enfermedades profesionales. Como era de esperar, las reacciones a esta iniciativa fueron muy diferentes: bien recibidas por unos, encontró sin embargo la resistencia de quienes esperaban verse perjudicados por su futura clasificación en una categoría:

> ... la gente participó maravillosamente, la empresa puso medios al alcance nuestro... Después empezaron a aparecer los intereses que en esta empresa siempre influyeron... No se aplicó nada. Acabó en nada, no se hizo nada, la empresa está perdiendo volumen de trabajo y de condiciones sociales, no se llegó a aplicar absolutamente nada (entrevista propia).

Sobre el desarrollo de la jerarquía dentro de la empresa y la relación con los superiores, los mandos, predominan las valoraciones negativas, si bien en este punto la evolución de las relaciones empresariales internas recibe valoraciones diferentes. La mayoría de los obreros que se manifiestan sobre esta cuestión constatan una ligera mejoría de las condiciones cuando lo comparan con sus recuerdos de los estados anteriores: «... antes no se podía casi ni hablar con ellos» (Hunint. 6); con estas palabras u otras similares describen muchos la relación con los mandos en la época de su incorporación a HUNOSA.

Esta tendencia a reducir las distancias parece quedar limitada a la relación en el puesto de trabajo; mientras tanto, en la vida privada se siguen manteniendo las distancias. Parece mantenerse un oscurantismo estamental enraizado en la tradicional jerarquía minera, que busca diferenciarse de los obreros.

> Generalmente los ingenieros de minas son muy conservadores (Hunint. 13).

A diferencia de la versión expuesta más arriba, la relación con los mandos se ha mejorado en el transcurso de los últimos viente años; así lo consideran otros que defienden la opinión contraria:

> (1) En la actualidad tengo la categoría de picador; entré en HUNOSA hace diecinueve años y procedo de una familia minera. Y bien, pues, desde los años cuando entré hasta la fecha, sí se notaban ciertos cambios. Pero no los cambios tradicionales de mejorar las condiciones de trabajo ni las relaciones socio-laborales, no encuentro ningún cambio, al contrario. Porque en la actualidad tenemos ciertos mandos que no se acercan tanto al trabajador como en aquella época, aunque en aquella época había más lucha sindical. Fue la época de la transición española, el movimiento obrero... teníamos más capacidad de trabajo. Y teníamos muchos días de problemas, pero sin... no notabas tanta tirantez entre los mandos y la clase obrera. No sé si ellos tenían miedo también a la transición, si ellos se dejaron llevar un poco por el movimiento social en que vivíamos, pero en la actualidad, yo personalmente creo, hoy en día hay una relación más tensa entre los mandos y la clase obrera. Aunque hay una democracia y los sindicatos participan y los obreros participamos. Por desgracia se ve esto de los mandos (Hunint. 2).

Con el primer plan de reconversión de 1981 salió a la luz pública la crisis estructural y el desolado estado de HUNOSA. En muchas de las entrevistas se defiende la opinión de que debido a las experiencias en los demás países europeos ya se sabía con antelación la existencia de la crisis del carbón, pero que no se reaccionó adecuadamente en el momento oportuno ni por parte empresarial ni por parte sindical. Sobre todo «la mala gestión» es una opinión generalizada entre los mineros, junto con el abuso que se cometía con los resultados de su duro y honrado trabajo:

> (1)... aquí se estuvo parcheando, los convenios colectivos y los planes de futuro fueron parches. ¡Pero parches! Aquí no se afrontó la reconversión de la minería en su momento

adecuado. Están parcheando: convenios de dos años, convenios de tres, parches por aquí, parches por allí, la Administración aguantando el déficit, y cuando llegó la hora de la verdad… (…). Aquí hay un dicho que dice: «nos acordamos de Santa Bárbara, la patrona, después que truena» (Hunint. 2).

Por el contrario, la conciencia directa del declive de la región tiene fecha mucho más reciente:

(2) …esa conciencia de crisis y de fracaso existe ya desde hace cinco años… (Hunint. 6).

(2)… yo creo que la empresa en este momento es deficitaria, pero también habría que analizar algo. Analizar el porqué, porque yo creo que hay una mala gestión. Que hay mucha gente cobrando sueldos inmensos y que realmente producen muy poco. No me refiero al trabajador (Hunint. 1).

(1) Porque si tenemos culpa de algo, yo me culpo de no denunciar más la incapacidad administrativa de esta empresa. De eso me culpo. Ahora, culparme de que yo bajo a la mina y gano mi jornal honestamente, no… (Hunint. 2).

Este convencimiento, manifestado de forma general, de que la minería no tiene ningún futuro provoca frustración y desgana en el trabajo, puesto que ahora se cuestiona su valor, del que siempre se había tenido conciencia:

(1) Hay un desencanto enorme dentro de los propios trabajadores, porque no sabes el futuro de esta empresa. Y eso produce desencanto, el que no trabajas a gusto (…). Aparte de los problemas sociales que hay afuera, en el entorno, hay desencanto entre la gente ya. Yo soy una persona ya…, yo sé que estoy próximo a jubilarme. Y ya tengo desencanto por estar aquí. Cada día disfruto menos. Te piden más esfuerzo para nada. Porque piden esfuerzo, ya, un esfuerzo en lo que haces, para intentar forzar la empresa. Pero si fuese una empresa con futuro, podrías tener ilusión, pero… (…). Yo estoy desencantado de que aquí no vienes con ilusión a trabajar. Ya el trabajo en sí no es bastante ilusionado, pero bueno, yo soy de los que digo que hay que trabajar bien, con ilusión, porque si no el trabajo *ye* muy penoso. Sabes que esto no tiene futuro, que el día de mañana… aparte de que no tiene futuro, te lo están diciendo. Por una parte te exigen esfuerzo, y por otra parte te dicen, no, no, esto… (Hunint. 2).

Este «desencanto» entre los mineros se ve intensificado por la ignorancia de la población frente a la situación que atraviesan. Se atribuye al antiguo ministro de industria, Claudio Aranzadi, la siguiente sentencia: «vale más pagar los sueldos en casa que mantener HUNOSA como ahora». El prestigioso economista e historiador Gabriel Tortella reprochó a los mineros asturianos (con maneras absolutamente antihistóricas) que vivían a costa de la generalidad y engullían cantidades ingentes de dinero de los contribuyentes (cfr. NE, 17.10.1994); e incluso, cuando se producen accidentes mortales en las minas se elevan con regularidad voces que exigen un cierre inmediato de todos los pozos (cfr. las reacciones de prensa después de los graves accidentes de otoño de 1995). Para un minero esto significa lo siguiente: al duelo por la muerte de un compañero sigue la amenaza de muerte para él mismo en el ejercicio de su profesión. De esta forma la actitud básica defensiva y pesimista recibe continuamente nuevo sustento de amargo sabor.

VI.4. LOS SINDICATOS MINEROS Y SUS AFILIADOS

La historia de la empresa HUNOSA está estrechamente entrelazada con el papel y la intensa influencia de los sindicatos. Los dos grandes sindicatos españoles (CC. OO. y UGT) cuentan en HUNOSA con una representación prácticamente similar en cuanto número de afiliados y resultados en lo que a las elecciones sindicales se refiere, con una casi absoluta ausencia de los restantes sindicatos. El SOMA (Sindicato de los Obreros Mineros de Asturias) representa una particularidad de la cultura sindical de la minería asturiana por su acusada identidad y la autonomía de su funcionamiento. La mina asturiana, por otra parte, ha sido el lugar de nacimiento de CC. OO. y, a través del SOMA, ha dado, en la persona de José Ángel Fernández Villa, uno de los sindicalistas y políticos asturianos más influyentes (cfr. cap. III).

Comisiones Obreras surgió en la clandestinidad, a partir de la lucha obrera antifranquista. Quienes tenían una influencia decisiva fueron los activistas del PCE, cuya estrategia consistía en quebrar desde dentro el Sindicato Vertical franquista mediante el trabajo sindical político:

> Incluso en el antiguo Sindicato Vertical uno de los objetivos de CC. OO. era de copar el Sindicato Vertical desde adentro... (Lorenzo González, CC. OO. HUNOSA).

Al principio de la transición CC. OO. constituía dentro de la minería asturiana la fuerza sindical más fuerte con enraizamiento en las minas. El SOMA, que a diferencia de CC. OO. había boicoteado permanentemente el Sindicato Vertical, sólo pudo contar en 1975/76 con un grupo de entre cuarenta y cincuenta personas, la mayoría de las cuales se encontraban en el pozo Candín (entrevista con L. Campelo, SOMA). El SOMA consiguió reestructurar su organización con extremada rapidez y restablecer su presencia en las minas. Aquí desempeña un papel la reincorporación de los trabajadores despedidos durante el franquismo, aun cuando esta medida afectó mayormente a afiliados de CC. OO., de forma que este hecho por sí solo no puede explicar el auge del SOMA. Un factor esencial es la tradición socialista en las cuencas, la denominada *memoria histórica*. Por otra parte, sus correligionarios político-sindicales hacen hincapié en la inmensa influencia del carismático Fernández Villa, que fue uno de los readmitidos del pozo Candín, opinión que es compartida por buena parte de sus adversarios.

> Villa estaba despedido desde el año 1968. Y entonces, en el año 1976, que se produce la incorporación, pasa a liderar el sector de la minería. Yo recuerdo perfectamente en el centro de trabajo donde yo pertenezco, a Candín, que es donde él también pertenece, pues cada vez que él intervenía en una asamblea, incorporábamos treinta o cuarenta personas al sindicato. Solíamos colocar una mesa —estoy hablando del año 77— y ese día igual teníamos treinta o cuarenta altas. Y en poco tiempo pasamos a mantener un equilibrio con CC. OO. En este momento somos más que CC.OO. (entrevista con L. Campelo).

Las primeras elecciones sindicales a nivel de toda la empresa HUNOSA se celebraron en enero de 1978, realizadas por iniciativa de CC. OO. y SOMA, que con la «Comisión de los 16», fundada conjuntamente con anterioridad y que había negociado el convenio colectivo de 1977, disponían de una representación sindical en estadio embrionario dentro de la empresa (cfr. Vega García, 1995, p. 232). Con la misma celeridad se acordaron en convenio colectivo los derechos sindicales, que en parte (comité de pozo más el Comité Intercentros, horas sindicales, participación en comisiones de empresa) irían más allá de lo alcanzado posteriormente en otros sectores.

Para sorpresa general, las primeras elecciones sindicales produjeron una exigua victoria del SOMA. Es de destacar el apoyo que recibió el SOMA desde el exterior en los prolegómenos de estas elecciones por parte de los sindicatos mineros europeos. En opinión de muchos observadores este fortalecimiento del SOMA redundó también en interés de la dirección de la empresa:

> CC. OO. tenía la mayor organización en todos los pozos y la dirección de la empresa trataba de realizar un cierto equilibrio entre los sindicatos, para que fueran potentes, querían una especie de bisindicalismo.(...) El tratar de evitar de que hubiese un solo interlocutor, era mejor tener dos interlocutores fuertes, era mejor para la dirección de la empresa (entrevista propia).

Un dirigente de CC. OO. en HUNOSA recuerda lo siguiente:

> Se notaba por lo siguiente. Cuando tú vas a una reunión sindical, vas pagando la gasolina de tu bolsillo, de tu salario, y ellos en ese momento tenían locales y muchos medios, que estaban financiados por sindicatos extranjeros. Además, cuando la UCD estaba en el poder, frente al llamado peligro comunista y de Comisiones, trataba de fomentar un sindicalismo para ellos más razonable, más moderado. Y se ve muy claramente en el reparto

del viejo patrimonio sindical; el viejo Sindicato Vertical tenía un patrimonio inmenso. Tenían diferentes locales, en fin. Bueno, y ese reparto se hace de forma discriminatoria. Se discrimina a CC. OO. favoreciendo en este caso a UGT.

Tabla 3: **Elecciones sindicales 1978-1994**

	Plantilla	Delegados	SOMA	CC. OO.	USO	Asoc.*	Indep.	Otros
1978	23.923	458	196	195	-	65	1	1
1980	22.409	602	262	232	18	83	7	-
1982	21.230	612	254	239	18	91	1	9
1986	20.548	580	231	244	22	78	3	2
1990	18.242	512	227	184	26	66	-	9
1994	11.984	354	169	142	6	27	3	7

*Asociaciones Profesionales
Nota: en 1994 «otros» se reparten entre Corriente Sindical de Izquierda (3 Montsacro, 2 Candín) y Asociación Minera (2 en Pumarabule). En porcentajes, el SOMA alcanza en 1994 el 47,74% (44,33% en 1990), y CC.OO., 40,11% (35,93% en 1990).

La relación entre ambos sindicatos líderes, que actualmente cooperan en el marco de una acción unitaria, estuvo caracterizada en el pasado por frecuentes y duras disputas. «Desde los albores de la Transición Democrática hasta los acuerdos de acción unitaria de 1990 las malas relaciones y los enfrentamientos habían venido siendo una constante» (Vega García, 1995, p. 230). Las diferentes posiciones se manifestaron, entre otras cosas, por el hecho de que SOMA-UGT suscribió todos los planes de reconversión, mientras que CC. OO. únicamente firmó el primero, de 1981, y los dos últimos, de 1991 y 1994. En 1987, CC. OO., que había difundido un plan alternativo que la empresa se negó a discutir, movilizó a sus afiliados a tres meses vista del plan contando con una participación masiva y una creciente desunión de la dirección sindical (cfr. ibíd., pp. 197 y ss.).

Después de un cambio en la dirección y de fuertes tensiones internas en CC. OO., en la minería asturiana se logró también la unidad de acción de ambos sindicatos mayoritarios (aproximadamente dos años más tarde que en otros sectores) y una política pragmática de lo único posible dentro de la crisis. El representante de CC. OO., L. González, dice sobre los planes de HUNOSA:

> Entonces, siendo consciente de esa realidad, el plan fue lo que era posible, un ajuste de buenas condiciones por la vía no traumática para los que se marchaban y en buenas condiciones para los trabajadores que quedaban. Para volver otra negociación que alargase más la vida.

Como último aspecto queda la cuestión de cómo se interpretan las diferencias entre CC. OO. y SOMA. Como ya se ha mencionado, los afiliados del SOMA subrayan el papel carismático de Fernández Villa, y algunos, como Laudelino Campelo, su colaborador en la ejecutiva, llegan a compararlo incluso con el legendario fundador del SOMA Manuel Llaneza. Su dilatado papel de líder es valorado como algo extraordinariamente positivo por sus correligionarios, lo que habría dado al SOMA su típica «coherencia»:

> De hecho, uno de los mayores activos que tiene el SOMA en este sentido es el liderar casi permanente de José Ángel Fernández Villa y de una serie de gente que estamos en la dirección del sindicato desde hace muchos años. Por ejemplo yo, que soy uno de los miembros más jóvenes de la Comisión Ejecutiva, pues llevo catorce años en la dirección del sindicato. Es decir, entré en la dirección del sindicato con veinticinco años, y eso hace al sindicato de mantener una coherencia, de una forma permanente. Sin embargo, CC. OO. quizás ha tenido seis o siete líderes diferentes. Y eso influye en lo que es la actitud del sindicato. (…) Bueno, muchas veces la falta de carisma de una persona determinada se suple con un equipo, un equipo más amplio. Yo recuerdo que precisamente en el pozo Candín, que es un pozo muy emblemático, porque es el pozo de José Ángel Fernández Villa, y yo mismo me he formado sindicalmente y profesionalmente allí, porque empezaba a trabajar allí con dieciocho años, CC. OO. nunca tuvo un líder carismático, del nivel de los líderes que ha tenido el SOMA aquí (entrevista propia).

Por el contrario, los representantes de CC. OO. criticaron precisamente este fuerte papel de líder de Fernández Villa, que además desempeñaba varios cargos políticos y en el partido. En opinión de los críticos, al orientarse según su líder carismático, el SOMA se presenta como el sindicato más jerarquizado que adolece de falta de pluralidad de opiniones y democracia interna:

> Villa utiliza la empresa pública para consolidar su poder (entrevista propia).
>
> El sindicato minero tiene mucha fuerza en la vida política de Asturias, entonces ha creado una estructura de dirección muy jerarquizada y muy consistente. En detrimento quizás de las organizaciones de base más arraigadas, Comisiones tiene mucha más diversidad (…) y contrarrestaba con el activismo, porque tenía más gente (entrevista propia).

Muchos sectores fuera de las cuencas, para los que la fuerte influencia de la minería en la política regional en su conjunto y en el PSOE asturiano en particular es como una piedra en el zapato, agudizan mucho más esta crítica y la acompañan con el nombre descalificativo de «la chequera». La distribución centralizada de las horas sindicales para toda la empresa permite al líder del SOMA ejercer el control político de las cuencas y del Partido Socialista y no sólo dispone de un gran aparato de personas e instituciones, sino también de la capacidad de devolver a los posibles críticos a labores subterráneas o de ganarse su complacencia con ofertas de puestos. De esta forma, el SOMA representa una organización emblemática mucho más allá de los límites de la mina, siendo el centro de la atención y la crítica, un factor más que explica su cohesión interna.

Mientras que el modelo sindical de CC. OO. mantiene un carácter más asambleario y más orientado hacia la base, las secciones sindicales definen organizativamente el modelo del SOMA. Para los representantes de CC. OO. las asambleas están ligadas a la democracia de base y, por lo tanto, a una actitud más progresista y más radical que el SOMA. Por el contrario, los representantes del SOMA ven en su organización el tipo de sindicato «más moderno» y «más europeo» en contraposición al «sindicato sociopolítico» y «de vanguardia» de CC. OO.

> Siempre se pensó en que CC. OO. va a ir disminuyendo lentamente, que cada vez ese tipo de sindicalismo de vanguardia iba a tener menos peso en el país y que se iba a imponer el tipo de sindicalismo de corte europeo, más moderno, que base fundamentalmente su estrategia a través del diálogo, de la concertación y la negociación (entrevista con L. Campelo).

La existencia de sindicatos compitiendo con orientaciones contrapuestas y diferentes afinidades políticas pone sobre la mesa la cuestión de cuáles son los criterios de afiliación. En varias entrevistas se defiende la opinión de que a este respecto tienen importancia, ante todo, las respectivas tradiciones familiares. Habida cuenta del fuerte enraizamiento del movimiento obrero, en las cuencas mineras no puede sorprender esta respuesta; sin embargo, en este contexto es interesante determinar si la tradición familiar se siente como una razón principal para afiliarse al sindicato. Esto parece ser cierto sobre todo para los obreros encuestados en el caso del SOMA, dado que varias veces hacen referencia explícita a la tradición socialista en la familia.

> (3) (...) La tradición digo, porque mi abuelo fue alcalde socialista durante tres años y tenía dos tíos socialistas, que estaban en la mina dentro del sindicato, y mi padre ya era socialista y por eso entré al SOMA (Hunint. 15)
>
> (3) Tradición familiar, vamos, bien. Familiares afiliados al sindicato, y una educación abierta.
>
> (1) En mi casa, mi familia, siempre fueron del Partido Socialista, mi padre fue siempre del Partido Socialista, y cuando entré en la mina me afilié al SOMA, porque me parecía que era el sindicato que más me interesaba, dentro de lo que *ye* el espectro socialista (Hunint. 8).

Para otro grupo de trabajadores, tal vez el más numeroso, el motivo de su afiliación parece radicar ante todo en la importancia de organizarse sindicalmente y satisfacer así la obligación fáctica y aceptada de organización en la mina subterránea. En estos casos la decisión en favor de uno u otro sindicato se adoptó preferentemente en función de la organización a la que se afilió cuando era un «novato de la mina» o también dependiendo de cuál de los dos defendió su promoción personal:

(2) Yo cuando entré en la mina sabía que tenía que organizarme en algún sindicato. Cuando tú entras en la empresa, tienes que orientarte... (Hunint. 15).

(1) Bueno, en mi caso, a mí me preguntaron si me quería afiliar al sindicato. Me fueron a visitar a la casa. Y en aquel momento no tenía mucha idea de las actividades de los diferentes grupos sindicales...

(3) (...) En mi caso, como estoy en la categoría de maquinista, en mi centro de trabajo la mayoría de la gente de mi categoría estaban afiliados a UGT. Yo conocí a un chaval y él me preguntó si me quería afiliar, y bueno... A mí me interesaba que alguien me ayude (Hunint. 16).

(3) ¿Y cómo se afiliaba a la gente? (abraza a su vecino): «Ah, tú y yo somos amigos y tal, ¡apúntate aquí a la UGT!». O (abraza al otro vecino): «Estoy en CC. OO., ¡afíliate a CC. OO.!». Y así fue como se planteó la afiliación (Hunint. 7).

Pregunta: Cuando entraste en la mina, ¿te afiliaste a CC. OO.?

A.: No, a UGT.

P.: Y te cambiaste a CC. OO. ¿Por qué?

A.: Sí, porque, porque no estaba apuntado a ningún sitio.

M.: Lo de UGT fue cosa de mi madre.

A.: *Apuntóme* mi madre, yo no lo sabía... *Apuntóme* mi madre y *pagábalo* ella y todo. Y cuando...

M.: Y cuando tuvo decisión propia...

A.: Cuando me lo descontaron a mí por... ¿qué pasa aquí? es que me están descontando y yo no sabía, porque no estaba apuntado a ningún sitio. Entonces es cuando me borré, y *borréme* y luego fue cuando me apunté a CC. OO.

P.: ¿Por qué te apuntaste a CC. OO.?, porque ellos también te descuentan.

A.: Porque... estuve haciendo de vigilante, iban a ponerme de vigilante y tenía que estar apuntado a algún sitio... nada más por eso (Inttur .41).

J.: Estoy afiliado a CC. OO. sencillamente porque para entrar casi era un requisito que te exigían, estar afiliado a algún sindicato... prácticamente yo no me importa la política ni los sindicatos, más bien me importa el trabajo...

P.: ¿Y por qué te afiliaste a CC. OO. y no al SOMA, a UGT?

J.: En un principio, cuando iba a entrar tuve que ir a reconocimiento, tuve que ir a hacer una serie de reconocimientos en un sitio y en otro, y ellos te llevaban; en un principio yo estaba con el SOMA, pero ya te dije que tuve que esperar 4 años, entonces esa gente a mí no me arregló nada, todo lo contrario, me pusieron *trabes;* entonces, a los cuatro años, que ya podía entrar, vinieron del otro sindicato, poniendo la cosa un poco mejor y eso, y entonces ya quedé con ellos; en un principio lo mismo me daba estar afiliado al SOMA que a CC. OO. (Inttur 43).

Frente a esta actitud, la imagen que los afiliados activos y convencidos de CC. OO. tienen de sí mismos está caracterizada por la idea de pertenecer a un sindicato luchador con conciencia de clase. La diferencia se podía observar en la:

capacidad de lucha de la gente de un sindicato y de otro. Porque, la gente que está en el SOMA, digamos la gente que más se moja en un sindicato, los más echados para adelante, se nota muchísimo, porque la gente que está en el SOMA son simpatizantes del PSOE. Entonces es gente que no se mueve. Y la gente de CC. OO. es gente más luchadora, más decidida a dar la batalla, que se enfrenta mucho más a la empresa, en la hora de defender los intereses de los trabajadores. Los del SOMA siempre nos acusan de que siempre tenemos ganas de montar bronca (…). La gente del SOMA dicen: «compañeros, tranquilos, que el Gobierno no tiene la culpa». La gente de CC. OO. políticamente está más concienciada. Y además somos en CC. OO. más variopintos, porque en CC. OO. te encuentras a gente del Partido Comunista, a gente del Movimiento Comunista, como a independientes de partidos políticos, pero que son echados para adelante. O sea, es un sindicato más plural (Hunint. 17).

(2) Yo me afilié en el 80 (…). En esa época fue así, lo que comentamos antes, que CC. OO. tenía fama de ser más radical y la UGT de ser más conservadora, y la gente se afiliaba precisamente por eso, respectivamente. Yo … no lo sé… porque mi padre está en la UGT y yo, para darle la contra…(risas), yo creo por eso, mi padre no tiene mucha conciencia de lucha sindical y nada… no sé… (Hunint. 6).

En la base de CC. OO., la idea de una organización de clase que conserva los ideales clásicos del movimiento obrero, delimitándose respecto al concepto de un sindicato de servicios y negociaciones, continúa viviendo en la memoria de muchos afiliados activos:

(J): (…) Como la despolitización que se está dando en todo el país es enorme, y en toda Europa, a mí lo que me preocupa es que los sindicalistas sean funcionarios. Y eso ocurre. Y, de hecho, cuando estamos a veces en reuniones o congresos. Y eso a mí no me gusta, y a Berto tampoco, y eso *ye* bueno. Pero lo que sí me preocupa *ye* que se cambió el concepto, en el sentido: «Joder, con los tiempos actuales se exige ese sindicalismo, de servicio…». Pero para mí, eso *ye* un retroceso. Sería retroceder los ideales. En este momento, creo que sería mucho mantenerse el espíritu de lucha. No un sindicato de servicios, lo que espero *ye* un sindicato sociopolítico, y que sea de izquierda, no sindicato y punto, no… tiene que ser algo más que sindicato, también luchando por otra sociedad; yo creo en otra sociedad diferente. Yo creo en una sociedad socialista, más justa, no esa del Gobierno actual, del PSOE, no… Más justa, más solidaria, sin paro… una sociedad… yo creo todavía en la utopía. (Hunint. 4).

Esta opinión de los afiliados respecto a sus sindicatos se ve confirmada también por una encuesta interna efectuada por la empresa en el año 1985, a la que tuvimos acceso. A la pregunta de «¿cuál es el sindicato que más lucha por defender los intereses generales de los trabajadores?», el 51% señala que CC. OO. y el 23%, que SOMA-UGT, y sólo el 46% de su propia afiliación da esa característica al SOMA-UGT, mientras lo hace a CC. OO. el 84,5% de su afiliación. Pero cuando se pregunta «¿cuál es el sindicato que mejor defiende los intereses del entrevistado?» las cosas cambian, pues sólo el 33% señala que CC. OO., el 32%, que SOMA-UGT, mientras que un 14% indica que ninguno. A la pregunta de «¿cuál es el sindicato que mayor influencia tiene ante la dirección?», un 73% responde que SOMA-UGT, mientras que sólo un 8% atribuye esta característica a CC. OO. También en cuanto a calidad y capacidad de líderes sindicales el SOMA precede a CC. OO., de modo que se obtiene una imagen de un sindicato minero profesional, centralista y de amplia influencia socialista frente a uno combativo y algo anárquico y comunista.

Tanto los miembros del SOMA como de CC. OO. confiesan que los sindicatos se interesan por los asuntos internos de la empresa, por ejemplo, por las promociones para sus respectivos afiliados, pero en todo caso critican los criterios no siempre profesionales y transparentes. Fuera del SOMA predomina el convencimiento de que estar afiliado a este sindicato facilita el ascenso en la empresa debido a su característica de «sindicato del gobierno» más poderoso. El enchufismo, un punto de crítica generalizada en el comportamiento de las actitudes sindicales en HUNOSA, afecta con mayor crudeza al SOMA:

> (2) Todo hombre que ha llegado al pozo que es luchador raras veces asciende. (…) En este pozo conocemos a buena gente, buenos *trabayadores* —que hubo buenos luchadores que saben los problemas y reivindicaron—, pero esa gente a otra categoría no…
>
> (3) El tema sindical también tiene que ver… es que estamos hablando de un país donde gobierna el PSOE. El SOMA-UGT apoya el PSOE. Entonces, claro, ¿quién interesa más, gente que sea del SOMA-UGT o gente de CC. OO.? Interesa la gente del SOMA. ¿Por qué? Porque van a nuestro carril (Hunint. 2).
>
> … militando en CC.OO., de más espontáneo, más para adelante, más luchador, de parar el pozo y tal. Me cago en Dios, siempre estaba adelante, en lucha. Entonces, yo creo que CC. OO. fue cogiendo más gente luchadora, en el tema de agitación. Y la otra, no: «Aquellos siempre están en jaleo,¿ no?… (risas) ¿Qué quieres ser, barrenista? Entonces, apúntate aquí… (gesto de firmar), en el SOMA» (Hunint. 7).

A los obreros de mayor edad, independientemente de su afiliación sindical, parece ser que la experiencia de la represión durante el franquismo les dejó una profunda huella. Una y otra vez hablan entre sí de la situación en la clandestinidad, del miedo a la persecución, la encarcelación y la tortura, y también de la solidaridad existente entre ellos. Para estos trabajadores, por lo general, el recuerdo de su afiliación sindical está inseparablemente unido a la resistencia obrera contra el régimen franquista. La experiencia de la dictadura continúa viva en sus memorias y hace que los cambios de los valores tradicionales en las cuencas mineras, como se ha explicado anteriormente, se perciban con mayor crudeza.

En conjunto, debido a su fecha más reciente, todos los mineros recuerdan los debates en torno a los planes de reconversión de HUNOSA desde principios de los ochenta. Las huelgas y movilizaciones ligadas al mismo fueron de gran virulencia y dureza, como suele ser frecuente en Asturias, y estuvieron presentes las barricadas en las carreteras y las batallas campales con los contingentes de policía destacados.

La disposición típica de la minería asturiana para movilizarse no se detiene en los dirigentes sindicales: la decisión sobre si debe hacerse huelga o no y sobre la duración de ésta, ya sea en cuestiones puntuales o de carácter más amplio, por lo general no se entiende como un asunto en el que se esté dispuesto a delegar en un dirigente.

El acelerado declive de la minería asturiana está poniendo recientemente a los sindicatos mineros en una situación desagradable, entre el descontento de sus bases y el clima social y político crítico para el sector del carbón. Además, las regulaciones de jubilación anticipada les privan continuamente de sus fuerzas más experimentadas y cualificadas, de modo que el declive de la minería pronto desembocará en una crisis existencial sindical. Las fusiones con otras asociaciones sectoriales como SOMA-FIA-UGT o Federación Minerometalúrgica de CC. OO. son la primera consecuencia organizativa.

VI.5. EL FUTURO DE LAS CUENCAS

Los afiliados del SOMA y de CC.OO. no se distinguen entre sí en su reivindicación de una política de carbón, que garantice para el futuro una parte del abastecimiento energético a partir de fuentes propias recurriendo al carbón autóctono. Asimismo, los afiliados de ambos sindicatos aducen leyes del capitalismo internacional que van parejas con el desplazamiento, que está produciéndose en todo el mundo, de sectores industriales antiguos en regiones en las que ya no puede producirse a coste favorable:

> (2) Yo casi no lo veo (risas). Según lo que nos están planteando, vamos, para la empresa, muy corto. Coincido con mis compañeros, muy negro. Todo depende hasta qué punto ese carbón que están extrayendo en otros países van a seguir extrayendo… Porque lo que está claro *ye* que el carbón es necesario. El precio hay que marcar. Ahora, está claro que HUNOSA, por las pérdidas que tiene por tonelada, no puede ser rentable. Ahora, si cerramos todas las minas, y después estos países donde están explotando a la gente hacen una lucha en contra de esa forma de esclavitud, porque podemos decir que es esclavitud, y en un momento

de allí hay que pagar a los obreros un sueldo real… Cuando van a tener que explotar el carbón al precio, al precio que está realmente saliendo, ahora en España, vamos, van a volver a apostar por el carbón en España (Hunint. 1).

Otro elemento que explica la precaria situación en Asturias, igualmente aducido tanto por los afiliados del SOMA como de CC. OO., es la referencia a una falta de conciencia regional. Aquí saltan a la palestra como ejemplos contrarios Cataluña y el País Vasco (cfr. cap. XI), que gracias a sus autonomías, y/o a las tradiciones nacionalistas que les sustentan, disponen de medios de presión infinitamente mucho más eficaces frente al gobierno central de Madrid:

(2) (…) No tenemos políticos nacionalistas que tengan un peso fuera de la misma región… Eso en Asturias no pasa, a pesar de una historia y un pasado tan luchador y eso, no tenemos una tradición nacionalista aquí. Y entonces, en el País Vasco y en Cataluña negocian con el poder que tienen, unos con el terrorismo, otros con poder político, negocian con ello. En el caso del País Vasco, la amenaza con el terrorismo les hace conseguir cosas que aquí no podemos conseguir. Por ejemplo, la siderurgia en el País Vasco se apoya mucho más que la de Avilés, con mucho más dinero… Aquí no hay nada de nada, ni poder político, ni nacionalismo, ni terrorismo, ni nada. Nada para presionar (Hunint. 6).

(1) Te digo una cosa: a lo mejor tenemos que ser más localistas, luchar por lo nuestro (Hunint. 8).

En la perspectiva que reproducimos a continuación, de un afiliado activo de CC. OO, el argumento recibe un impulso en otra dirección, pues contiene una crítica a la política regional asturiana:

Tenemos un gobierno regional completamente entregado al gobierno central de Madrid. No hace intentos serios de reindustrializar esto, como lo hacen los catalanes o los vascos (Hunint. 17).

Con respecto a la evaluación de la política tanto del gobierno regional asturiano como del gobierno central de Madrid, se manifiestan las respectivas afinidades políticas: mientras los afiliados del SOMA tienden a rechazar una culpa compartida en la crisis asturiana, los de CC. OO. dirigen su crítica precisamente en esa dirección. Aquí, entre otras, se defiende la opinión de que un gobierno de derechas podría significar para los obreros una nueva calidad de unión y de lucha:

(4) (…) Pero la verdad es que el PSOE está girando a la derecha. Hostia… ponte, aquí ahora el Fondo Monetario Internacional en España: despido libre…, y el PSOE: «Esos están locos, ¡qué dicen!». Pero la verdad es que dicen lo mismo…

(1) Yo creo que la unidad va a llegar cuando marche el PSOE del poder. Con un partido de derechas mismamente, entonces es cuando los sindicatos de izquierdas van a luchar juntos contra este partido. Ahora mismo, no, y yo reconozco que la UGT nunca se va a poner en contra del partido, de su partido. Entonces no puede haber unidad de acción. O tragamos o... en el momento en que entra un partido de derechas, nos vamos a agrupar otra vez, creo yo, y va a haber una verdadera unidad (Hunint. 7, CC.OO.).

Los afiliados del SOMA apenas comparten consideraciones tácticas de este tipo:

(1) Si gana la derecha, ellos tienen la perspectiva del trabajo desde el punto de vista empresarial, porque van en función del patrón. Entonces lo que está claro *ye* que a ellos no les interesa que la minería sea pública, sino privada. ¿Por qué? Porque la privada genera más beneficios. Pero, ¿para quién? Para los empresarios, que son los grandes empresarios que están sosteniendo la derecha hoy en día. (...) El trabajador de la mina nunca va a pensar que la derecha lo puede beneficiar, todo lo contrario, la historia demuestra esto (Hunint. 8, SOMA).

Entretanto también a los dirigentes sindicales se les ha atribuido una parte de culpa en la actual situación de HUNOSA y de las cuencas mineras por no haber intentado imponer con antelación una reconversión industrial y la creación de alternativas en la región. En muchos trabajadores existe la disposición para una reorientación profesional, pero no existen puestos de trabajo adecuados. Y por tanto continúa la defensa de la minería, como siempre se ha recalcado «porque es lo único que tenemos», y la resignada esperanza a «una muerte lo más lenta posible», que es a su vez la quintaesencia del último plan de HUNOSA. Las condiciones de este último hay que agradecerlas a la fortaleza de los sindicatos en la minería asturiana, que han dispuesto una regulación de prejubilación como no se encuentra en ningún otro sector industrial: los empleados de HUNOSA pueden hacer uso de la posibilidad de jubilación anticipada al alcanzar los 47 años de edad (en determinadas circunstancias incluso antes) percibiendo el sueldo neto completo:

... se van con cien por cien *pa'* casa, yo creo que es un avance importantísimo. (...) Sí, sí, la firma del plan fue, creo yo, como fruto de la lucha que tuvimos. Mira la situación en Francia, Bélgica, Alemania; en Alemania, *ye* curioso, vive allí un primo mío y me dijo que, eso de cien por cien allí, que ni hablar (Hunint. 4).

Una jubilación anticipada es bien recibida por muchos trabajadores, habida cuenta de la dureza del trabajo en la mina y dado que muchos comienzan a trabajar desde muy jóvenes. Sin embargo, también desata sentimientos de doble filo, dado que prima una mentalidad pasiva:

(3) Eso es lo que nos están llevando, nos están llevando la mentalidad de parados y lo jodido *ye* que esta gente joven no sabe o no puede o no quiere, o que están también acomodados, no luchan contra esto, no van a la calle y reivindican... (Hunint. 7).

En la Asturias caracterizada por el desempleo, en la que la tasa del mismo alcanza el 40% entre la juventud, el dinero de prejubilación de HUNOSA preserva a las familias del minero de un derrumbamiento económico y social, puesto que con ese dinero hay que mantener también a los hijos desempleados mayores, que con gran frecuencia son a su vez padres y madres de familia (cfr. también cap. VII).

La afirmación que se oye repetidas veces de que «ser prejubilado es como ser empresario en su propia casa» refleja un sentimiento muy difundido:

(2) Los prejubilados pasan a ser empresarios en su casa. Dicen a sus hijos: «tú, quinientas pesetas, tú,seiscientas pesetas»... Por ejemplo: me prejubilo con equis dinero, y luego bien, pero hay gente que están en contra, necesitan más, los hijos forman familias, y luego también el tema de la droga, el alcoholismo, la delincuencia... (Hunint. 7)

(2) Los jóvenes están en la calle porque no tienen trabajo, y no son sólo jóvenes de diecisiete años, sino jóvenes de veinticinco años que dependen del dinero que les dé el padre, y no son casos aislados. Hay más gente: dos hijos que dependen de la pensión del padre. (...) No hubo despidos, hubo prejubilaciones, o jubilaciones, no se crea empleo, pero se mantiene más o menos con prejubilaciones el nivel de vida. Por lo que hablamos antes, los jóvenes que están en casa no tienen trabajo, pero el padre con una pensión más o menos digna que los mantiene, entonces la crisis no se nota tanto por esto... se tapa. El problema es que ellos no tienen opción a tener un puesto de trabajo, el problema poco a poco va a aumentar, los chavales van haciéndose cada vez más hombres, no hay trabajo, los viejos se van a retirar... (Hunint. 6).

De aquí puede concluirse que la regulación de la jubilación anticipada contribuye a enmascarar la auténtica dimensión y la urgencia de la crisis. En este sentido las prejubilaciones son una prolongación de la tradición del Estado español de comprar la paz social sin afrontar decididamente los problemas estructurales:

(2) Futuro aquí... la única posibilidad que tenemos *ye* manejar el desastre, y disminuir, que el cierre aquí sea lo más lento posible. ¿Qué futuro va a haber cuando la estrategia de una región *ye* resistir?, no luchar, sino resistir, con eso ya está dicho todo; ahora mismo, no hay futuro... ¡Otro 34, sí, Fredo...!

(3) Pero en el 34 perdimos...

(2) En esta región, somos indolentes, aguantamos, pero llega un momento en que la gente protesta.... nosotros aguantamos, pero llega un momento en que cuando se rompe por algo, entonces... (Hunint. 6).

Actualmente HUNOSA produce el carbón más caro del mundo y esta situación a lo sumo podrá cambiarse mediante condiciones excepcionales extremas (guerra mundial o grandes catástrofes). El ex director financiero de HUNOSA, José Luis Marrón, puntualiza la situación de la empresa:

> ...las razones estructurales (características del yacimiento, estructura multiuso de la empresa y la práctica político-sindical, entre otras) imposibilitan la aplicación de una terapia adecuada al diagnóstico de la empresa, distorsionan la aplicación de criterios de estricta gestión imaginable, las pérdidas nunca dejarían de ser muy cuantiosas, realmente insoportables (Marrón Jaquete, 1996).

Por ello la cuestión de las perspectivas de futuro no puede quedarse limitada a la empresa, sino que debe involucrar también la amortiguación social y la renovación económica de las cuencas. Una estrategia realista sólo puede estar formada por una mezcla de estos tres elementos (cfr. cap. IV.3 y X.6.4). Como se ha mostrado, esto ya se ha organizado en la conciencia de los afectados, pero no, en cambio, en la actuación de los responsables políticos (cfr. la falta de iniciativa empresarial del INI/AIE) ni tampoco en los discursos oficiales de políticos y sindicatos. Al menos en estos últimos se evidencia la sospecha de que los argumentos como «el carbón como fuente de energía autóctona necesaria y estratégica» se sustentan más por motivos tácticos que por razones de convencimiento, pero que se teme, no sin razón, una destrucción aún más rápida de los puestos de trabajo sin compensaciones en caso de abandono de figuras argumentativas tradicionales.

Para muchos de los mineros que tomaron la palabra en las entrevistas, la cuestión del futuro está vinculada a sus hijos. Como ya se ha expuesto en relación con las prejubilaciones, con frecuencia se defiende la opinión de que, si bien con la generosa regulación de la jubilación anticipada se han conseguido obtener ventajas momentáneamente favorables para los trabajadores que dejan de trabajar en la minería, por el contrario, no aportan ninguna perspectiva para la juventud. Se puede oír con frecuencia que la gente se daría por satisfecha con menos dinero si tuviera al alcance de la mano oportunidades de futuro profesional para los hijos. Sin embargo, este no es el caso actualmente en las cuencas mineras. De modo que la preocupación por las generaciones futuras determina la forma de pensar de todos aquellos (cuantitativamente numerosos) que se ven abocados a su propia jubilación financieramente asegurada a una edad relativamente joven. Desesperanza, apatía, resignación, incluso abuso de drogas y alcohol: conceptos que sirven para designar la actitud frecuente y los modos de comportamiento de la juventud.

El cambio respecto a los antiguos valores obreros no se constata sólo respecto a los jóvenes desempleados, sino también en la actitud de los jóvenes compañeros que entraron en HUNOSA a través del INEM:

(3) Lo que yo decía antes, que ahora sale una serie de gente, de chavales, de juventud, que no les interesa nada, no les interesa nada. Vienen aquí, cumplen y nada. No se preocupan por decir: vamos a reivindicar, vamos a luchar… no, trabajar en el pozo, y marchamos *pa'* casa… y preguntándolos por qué, yo por lo menos pregunto eso, te dicen: «estoy soltero, estoy en casa de mi padre y mi madre, y estoy aquí por ganar dinero…». (Hunint. 2).

Un joven picador esboza con estas palabras la actitud de muchos de sus compañeros de su misma edad. La relación que existe entre el cambio de valores y la modificación de las condiciones sociales generales es evidente sobre todo entre los trabajadores de mayor edad:

J.: (…) Esta juventud entraba en función del marketing. Que es la situación, claro. El concepto del trabajador hoy poca gente lo quiere oír, como si el principio de clase previo no existiera… El concepto hoy, ¿qué ocurre? Hoy la juventud está en una situación diferente: el consumo se multiplica, *ye* un consumo feroz. La juventud quiere salir y exige, exige, en función de lo que ve. Y eso, ¿qué ocurre? Mira, frustraciones, hay un estrés elevadísimo… (Hunint. 4).

Los sindicalistas activos constatan con pesar el retroceso que ha sufrido la disponibilidad para comprometerse, por ejemplo en las asambleas:

(2) Muchas movilizaciones se producen por problemas puntuales, pero muchas cosas que se intentaron luchar, con un paro o con una movilización, acabaron medio agotadas, porque la gente que entra ahora no tienen consciencia de los problemas. Son gente así: trabajar, cobrar el sueldo y ya está. Ni políticos, ni de lucha, ni de nada. Antes había devoción, cuando había una asamblea, auténtica devoción, todo el mundo participaba, a veces era un poco caótico, pero todo el mundo expresaba su opinión más o menos inteligente o sus ideas… pero ahora no… (Hunint. 6).

Sin embargo, entre los mineros más jóvenes también se encuentran voces que refutan cualquier perspectiva demasiado negativa para sus compañeros de generación y que rechazan las generalizaciones. No obstante, a modo de consenso hay que decir que para la joven generación, ya sea en la empresa, ya sea en relación a los desempleados, se constata una tendencia a la apatía y una falta de disposición para comprometerse.

Sobre la cuestión del futuro de HUNOSA y de las cuencas mineras las reacciones están predominantemente caracterizadas por el pesimismo y la resignación: «Futuro, casi no lo veo aquí», «muy negro, como el carbón». Sin creación de alternativas industriales en las cuencas, a la población la amenaza la desolación de los valles y la emigración; según una opinión que se manifiesta con frecuencia, la juventud tendrá que abandonar Asturias en busca de un futuro profesional.

> Si no lo conseguimos remediar, será Mieres una ciudad residencial con personas ya viejas, prejubiladas. Totalmente desindustrializada, completamente muerta y donde el descenso de población va a ser alarmante, porque la gente se va a ir afuera. Se van a quedar unos cuatro que tengan trabajo y con un 80% de población jubilada (Hunint. 17).

En la conciencia de los mineros encuestados anidan las dudas sobre un futuro a largo plazo de HUNOSA, pero se desea luchar por el mantenimiento de la minoría mientras no existan alternativas adecuadas: un obrero socializado en la tradición combativa de la mina asturiana apenas podrá aceptar como solución unas condiciones de trabajo precarias. Por eso los representantes sindicales de los trabajadores se ven enfrentados a la doble exigencia (¿exagerada?) de, por una parte, defender la mina y, por otra, apostar por la creación de alternativas industriales. A pesar del ampliamente extendido pesimismo debido a la situación real existente, hasta ahora la esperanza parece plasmarse en el sentido que se tiene de la tradición de las cuencas mineras: «Esto aquí se salva luchando y no entregándose» (Hunint. 17).

Capítulo VII

Cambio sociocultural en Turón: una región minera afectada por el declive de la hulla

Por Patricia Latorre

En 1990 los habitantes de Turón celebraron con una exposición fotográfica el centenario del Turón industrial bajo el lema «100 años de carbón en el valle de Turón». En vista del declive de la minería y del retroceso de la actividad productiva en el valle muchos habitantes han recobrado ahora la conciencia de esa historia. «La minería ha sido Turón», es algo que muchos piensan, y todos ellos creen que el Estado tiene aún una deuda histórica que saldar con la población. Convencidos de que la tierra ha sido sacrificada durante décadas,[1] ahora ha llegado el momento de ser indemnizados por ese sacrificio.

Esta opinión ilustra lo entrelazadas que se encuentran la historia y el presente en el pensamiento de esas personas y apunta ya un mecanismo para la superación de la crisis, en concreto la construcción del pasado propio para explicar el presente y poder superarlo.

Valga esto como ejemplo para mostrar que el conocimiento y la comprensión del pasado de un colectivo es una premisa imprescindible para comprender sus actuales patrones de pensamiento y de actuación. Para decirlo con las palabras de F. Braudel: «Le temps d'aujourd'hui date à la fois d'hier, d'avant-hier, de jadis» (Braudel, 1977, p. 56). Por esta razón, aquí debe adoptarse una «óptica de ciclos prolongados» y analizar la historia centenaria del municipio de Turón, para así poder comprender el cambio sociocultural condicionado por el declive de la minería.

Primero vamos a esbozar una imagen del valle y su municipio; después entraremos en su historia y, a continuación, analizaremos las reacciones del municipio al cierre de las minas de carbón. Para concluir se presentarán algunas tesis sobre el cambio sociocultural de este municipio.

[1] «Hay una deuda pendiente con este pueblo... Turón ha pagado un serio tributo a la minería» (NE, 11.9.1990).

Este análisis es el resultado de una observación participativa de varias semanas durante las cuales se realizaron numerosas entrevistas de grupo e individuales a habitantes del valle. Sobre el tema que elaboramos aquí apenas existen trabajos previos, por lo cual este análisis se apoya únicamente en la evaluación de artículos extraídos de periódicos regionales, publicaciones locales y de asociaciones, así como en trabajos de sociólogos e historiadores sobre temas más generales o afines.

VII.1. EL VALLE DEL TURÓN Y SU POBLACIÓN

Entre las dos regiones mineras principales del centro de Asturias, los valles del Caudal y del Nalón, se extiende un valle de montaña que ocupa 14 km de longitud y una superficie total de 50 km^2, y que recibe su nombre del río Turón. Administrativamente esta zona es un barrio de Mieres, cabeza de la comarca. En adelante lo denominaremos *municipio*, puesto que no sólo constituye una unidad geográficamente independiente de la ciudad de Mieres, sino que también lo es en la conciencia de sus habitantes.

Originariamente la población vivía en pequeñas aldeas diseminadas por las laderas de la montaña, preferentemente orientadas a la solana, el lado que más tiempo permanece expuesto al sol. El estrecho y oscuro fondo del valle no estaba colonizado. En la actualidad sucede a la inversa. Muchas aldeas están completa o parcialmente abandonadas y, por el contrario, el fondo del valle se halla densamente poblado en torno a la calle principal, que discurre a lo largo de los pozos mineros cerrados. El conjunto ofrece una triste imagen: la mayoría de las casas se han derrumbado, muchas permanecen vacías y llevan muchos años en venta. A excepción de algunas residencias relativamente nuevas (como, por ejemplo, la cooperativa Santa Bárbara o el barrio San Francisco, de nueva construcción después de décadas de pugna con la administración municipal), Turón da la impresión de ser una localidad desatendida y abandonada a su propia ruina.

Tanto el espacio habitable, marcado por la presencia de barrios, colonias y asentamientos construidos en tiempos del paternalismo industrial, como el espacio económico, caracterizado por los pozos, talleres e innumerables escombreras (aproximadamente quinientas) parecen estar amalgamados arbitrariamente, dado que no existe una separación espacial entre ellos. No obstante, por encima de esta estructura aparentemente anárquica existe un orden que obedece sin excepción a los «criterios técnicos» de la explotación territorial de las empresas mineras del carbón, cuyo primer y único objetivo era maximizar el beneficio. Así puede explicarse, por ejemplo, por qué los asentamientos obreros se construyeron directamente junto a los pozos: en una época en la que la infraestructura de vías de transporte apenas estaba desarrollada y en la que no era infrecuente que los obreros tuvieran que recorrer a pie marchas de una o dos horas desde su casa al puesto de trabajo, redundaba en interés de las empresas reducir al mínimo la distancia existente entre el hogar y el puesto de trabajo. A fin de cuentas, las largas marchas a pie necesitaban más descanso después del trabajo y por tanto mayor fatiga y menor eficiencia laboral. Un jubilado narra lo siguiente:

> Yo cuando vine tenía que subir andando todos los días y bajar y echaba una hora u hora y media (Inttur 37).

Además, el espacio destinado a viviendas no se desarrolló con lentitud; más bien, en concordancia con la coyuntura de la hulla y la demanda de zona habitable para los obreros que ésta exigía, se produjo a empellones una rápida formación industrial sobre las estructuras tradicionales de un espacio caracterizado por la agricultura y la ganadería. Surgió una estructura urbana que se contraponía a las estructuras «habituales»: el centro servía para uso industrial y la periferia como zona residencial, para el sector servicios y los negocios. Lo que Paz Cabello cuenta sobre otro municipio minero se aplica también a Turón:

> El conjunto urbano está dominado, no por los edificios que suelen tener más empaque, de una forma general —la casa ayuntamiento, la iglesia, etc.— sino por el castillete del pozo (...), por las escombreras (...) (cfr. Maurín Álvarez, 1987, p. 22).

Actualmente la imagen urbana está caracterizada por la presencia de jubilados y prejubilados que pasean y por la ausencia de jóvenes. El envejecimiento de la población de Turón se hace patente consultando los datos recabados por SADEI en el censo de población de 1991. De los 6.597 habitantes, el 27% tenía más de sesenta años (cfr. Ruiz Fernández, 1995). Si se compara con el conjunto de la región de Asturias y con el municipio de Mieres, se observan también las dimensiones que tiene en Turón el proceso de envejecimiento: el índice de vejez (coeficiente calculado a partir de la relación entre la población de más de sesenta y cinco años y de menos de quince años) es de 121,18, mientras que para Asturias es de 103,34 y para Mieres, de 97,39. La razón de este envejecimiento exagerado radica predominantemente en la emigración masiva que se produjo en los años ochenta.

La estructura económica del Turón industrial estuvo siempre determinada por el monocultivo de la hulla. El concepto de monocultivo continúa siendo plenamente acertado en la actualidad: en 1993 la empresa minera estatal HUNOSA, que en conjunto proporciona 1.342 de los 1.395 puestos de trabajo totales, daba empleo al 96,2% de la población activa de Turón. Por lo tanto el cierre de todos los pozos significa la pérdida de la práctica totalidad de puestos de trabajo en el valle. Esta situación no se observa en un aumento del desempleo, puesto que la mayoría de los obreros se jubilan anticipadamente o son trasladados a otros pozos. Significa más bien la pérdida de la base de identidad del municipio que había surgido y crecido por la minería. Aun cuando el municipio de Mieres también depende fuertemente de los puestos de trabajo de HUNOSA (37,45% del total de empleos) y también registra una elevada tasa de desempleo, sin embargo no está amenazado aún en su propia existencia como Turón. Basándose en estos datos puede entenderse también por qué los habitantes de Turón rememoran con más intensidad un pasado que a sus ojos fue «glorioso» (debido a su productividad). Sobre todo, porque dicho pasado es el claro antagonista de un presente improductivo y de un futuro sin perspectivas e inseguro.

Si bien según SADEI oficialmente no existen puestos de trabajo declarados en la agricultura, el segundo empleo en la agricultura y ganadería representa una fuente secundaria de ingresos para muchas familias, que la utilizan sobre todo para el autoconsumo. En 1986 había en el valle del Caudal 5.002 empresas agrícolas y ganaderas, con un total de 29.170 fincas y 15.685 unidades ganaderas.

La práctica del monocultivo y la política de empleo de HUNOSA repercuten también sobre la estructura de la población activa. En 1991, cuando aún funcionaban los tres pozos de Turón, el número de población activa ascendía a 2.033, lo que equivale a una cuota de población activa del 36,86%. Comparado con el porcentaje de Asturias (45,26%) y de España (49,10%), este porcentaje es relativamente pequeño, lo que cabe achacar al elevado número de jubilados, tanto en edad reglamentaria como prejubilados. Otra razón de la existencia de este bajo porcentaje puede ser la reacción de muchas personas en busca de trabajo, que tras algún tiempo de búsqueda infructuosa dejan de darse de alta como desempleados que buscan empleo y por lo tanto pasan a engrosar la lista de la población no activa.

La tasa de población activa desglosada por sexos no sólo refleja la estructura económica de este territorio (en concreto, actividades industriales desempeñadas exclusivamente por hombres), sino también la tradicional división de papeles tan fuertemente enraizada en las comarcas mineras: entre las mujeres esta tasa es de 21,86%, en contraposición al 52,81% que corresponde a los hombres. Esta situación se ve con mayor claridad aún en la tasa de empleo, que en Turón se sitúa en el 10,92% para las mujeres y en el 43,29% para los hombres. Igualmente en la tasa de desempleo, que es de un 49,36% para las mujeres, en contraposición al 16,75% correspondiente a los hombres; todos estos datos confirman la misma impresión. Si lo comparamos con la tasa de desempleo de Asturias puede verse que aquí el desempleo entre las mujeres es sustancialmente más elevado que entre los hombres, pero que en el caso de Turón es casi el doble.

La mayor tasa de empleo hay que buscarla entre los hombres en edades comprendidas entre treinta y treinta y cuatro años, lo que hay que achacar a que los representantes de este grupo de edad habían recibido un puesto de trabajo en HUNOSA hacia el final de los años setenta. La menor tasa de empleo entre los hombres se sitúa entre los veinte y los veinticuatro años de edad. Precisamente en este grupo de edad la tasa de empleo entre las mujeres es máxima (51,13% de las mujeres empleadas tienen menos de treinta años). Este hecho puede interpretarse de paso afirmando que las mujeres jóvenes tratan de escapar de las estructuras tradicionales y de integrarse en el mercado de trabajo.

A pesar de las reducidas oportunidades existentes en el mercado de trabajo y de la protección familiar que aún perdura, el porcentaje de población activa menor de veinticinco años en Turón es mayor que en Asturias (22,77% frente a 15%), lo que apunta a una temprana integración de los jóvenes de esta zona en el mercado de trabajo. Como ya se ha mencionado, el cierre de los pozos en el valle no significa un aumento inmediato de la tasa de desempleo masculino. A pesar de ello, en 1991, antes de los cierres, esta tasa era sustancialmente mayor que la del conjunto de la región, en concreto 26,41% frente al 18,19% de Asturias. Más grave aún es el desempleo juvenil: más de la mitad de los desempleados tienen menos de veinticinco años (55,25%); y los desempleados menores de treinta años constituyen el 79% del total. La insuficiente cualificación de la juventud de este municipio contribuye a este alto índice de desempleo, dado que está estrechamente relacionado con el nivel educativo. En Turón, donde la inmensa mayoría de la población ha asistido a la escuela primaria, sólo el 4,10% ha concluido estudios superiores.

VII.2. LA POLÍTICA EMPRESARIAL DE HULLERAS DEL TURÓN

En el siglo XIX la economía de Asturias estaba todavía fuertemente caracterizada por la agricultura y la ganadería. Sin embargo, los ingresos agrícolas eran insuficientes para satisfacer las necesidades de la propia población, lo que produjo que la emigración integral o estacional a otras regiones de España o Latinoamérica (donde se esperaban hacer grandes fortunas) ya representara una estrategia corriente de solución en el siglo XIX ante las crisis económicas. Adrián Shubert habla en este caso de una tradición de la emigración.

> Contribuyeron también a la emigración ciertos aspectos no económicos, (...) el más importante (...) fue el aspecto psicológico, es decir, la existencia de una tradición migratoria. La emigración había llegado a formar parte aceptada, incluso esperada, de la vida asturiana (Shubert, 1984, p. 29).

La extracción intensiva del carbón que se instauró en Asturias hacia finales del siglo XIX pone fin a la masiva ola de emigración. Aquí se inicia la historia del «Turón industrial».

En 1880 comenzó en Turón la primera extracción de carbón; en 1890 empresarios siderúrgicos vascos fundaron la sociedad Hulleras del Turón, que transportaba a las acerías del País Vasco el carbón extraído en Asturias.

Al igual que para otras empresas mineras de los valles asturianos, para Hulleras del Turón uno de los problemas que precisaban una solución más urgente era la escasez de mano de obra, pues el número de habitantes antes de iniciarse la extracción de carbón se estimaba en aproximadamente mil personas. A esto hay que añadir el hecho de que la mano de obra autóctona continuaba considerando la agricultura como su fuente principal de ingresos, siendo el trabajo en la mina una fuente de ingresos secundaria. Esto les otorgaba un alto grado de autonomía, lo que a su vez significaba para la empresa depender de la «voluntad de trabajo» de los obreros. Por lo tanto el objetivo de Hulleras del Turón fue educar a la mano de obra autóctona para ser obreros industriales puros, y captar un mayor número de trabajadores procedentes de otras regiones de España y asentarlos en el valle.

> Desarraigar al trabajador mixto, atraer y fijar al trabajador forastero y educar a uno y otro en un conjunto de gestos, hábitos y actitudes adecuados a las exigencias del trabajo minero en condiciones capitalistas constituían, pues, las tres facetas de un mismo objetivo: la producción del trabajador colectivo (Sierra Álvarez, 1990, p. 199).

En un principio el número de habitantes de las cuencas mineras creció, debido a la emigración interior en Asturias desde las regiones rurales a las cuencas mineras. Sólo hacia el final de los años veinte se consiguió atraer mano de obra procedente de otras regiones, en particular de Galicia y León, pero también de Portugal. En esta época Asturias recibió la primera gran ola de inmigración (cfr. Shubert, 1984, pp. 34-43).

El primer requisito para atraer obreros al valle era la creación de viviendas, puesto que muchos de los que vinieron tuvieron que ser alojados incluso en los hórreos que servían de granero. Hulleras del Turón fue consciente de esta problemática desde un principio, ya que en su primer informe anual se constató lo siguiente:

> Las viviendas para obreros son una de las mayores necesidades en el valle del Turón (Shubert, 1984, p. 102).

Por lo tanto Hulleras impulsó la construcción de colonias de viviendas, escuelas y hospitales. En 1919 el número de habitantes había ascendido a 7.021, pero el problema de la escasez de viviendas continuaba sin solucionarse. Las nuevas construcciones no eran suficientes para satisfacer la demanda, dado que, además, el número de habitantes crecía con mucha mayor rapidez que el de viviendas.

Al captar numerosa mano de obra también fue necesario disciplinarla y educarla según la mentalidad de la empresa. Para ello las empresas desarrollaron estrategias dependientes e independientes del proceso de trabajo.

Primero impulsaron la mecanización en el interior de los pozos para, de esta forma, reducir la dependencia que la empresa tenía de la arbitrariedad del obrero especializado. En este terreno Hulleras del Turón fue una precursora. Después de la primera guerra mundial, cuando la crisis del carbón representaba una amenaza para las empresas, Hulleras del Turón empezó a introducir una mecanización masiva (arranque, transporte del carbón en el interior de los pozos, introducción de una instalación automática de lavado y clasificación), siendo así la única empresa minera de Asturias que no tuvo pérdidas en los años veinte. No obstante, la consecuencia que ello tuvo para la clase trabajadora queda patente en el siguiente texto:

> Todos estos cambios tuvieron un efecto que la administración no había podido prever: la cuenca del Turón, escena de los cambios laborales más profundos de toda la cuenca minera, vino a ser la única zona en la que el comunismo llegaría a tener una verdadera masa de seguidores entre los mineros, lo que le valdría el apelativo de «rojo Turón» (Shubert, 1984, p. 64).

Aquí no vamos a profundizar más sobre otras estrategias inherentes al proceso de trabajo y que tendían a disciplinar a los obreros, como son el control directo del proceso de trabajo por parte del capataz, las estrictas reglamentaciones o incluso la introducción del trabajo a destajo, que permitía destrozar la solidaridad entre los obreros. En el tema que nos ocupa son más importantes las estrategias desarrolladas por la empresa, con independencia del proceso de trabajo. En concreto los servicios sociales, con los que la empresa pretendía ganarse la lealtad del obrero y su vinculación sentimental con la empresa. Así, y no de otra forma, debe entenderse el paternalismo industrial: como un conjunto de estrategias empresariales que debían servir para conseguir el obrero ideal y garantizar su productividad.

> La producción de «obras sociales» capaces de desarraigar al trabajador autóctono y de atraer y fijar al trabajador forastero, de elevar la productividad de uno y otro, y de sustituir las relaciones horizontales de solidaridad por una espuria «solidaridad» vertical entre trabajador y empresa. La empresa-negocio debía convertirse en empresa-familia y el patrón-mercader en patrón-padre (Sierra Álvarez, 1990, pp. 210-211).

La idea subyacente era convertir mediante estos servicios sociales al obrero «salvaje» y por lo tanto incontrolable en un obrero «civilizado», es decir, hacer que apreciara las virtudes burguesas, como son una vida familiar reglamentada y sana y un hogar bien cuidado, con el fin de distraerle de su ocupación principal de tiempo libre, la visita a las tabernas. La taberna era considerada como el «refugio de los disturbios sociales», en la que predominaban las ideas comunistas y anarquistas. Paralelamente a la construcción de viviendas se construyeron escuelas domésticas para mujeres donde debían aprender a llevar el hogar de forma que:

> Para que resplandezca el orden, la economía y la higiene necesaria, y su compañero encuentre más comodidad y agrado que en las tabernas y casinos (Sierra Álvarez, 1990, p. 243).

El hogar bien cuidado no sólo debía mantener al hombre alejado de los bares, sino que las mujeres debían aprender además a fomentar, mediante la buena comida y el buen humor, la recuperación de los maridos del trabajo, para así garantizar una reproducción más efectiva de su fuerza de trabajo. En un estudio efectuado en Austria a principios del siglo XX sobre las escuelas domésticas para mineros figura entre sus tareas la de educar a la mujer con la finalidad de servir al obrero:

> con el fin de que le libere de las cargas de la fábrica, (...) para que el obrero llegue al trabajo adecuadamente recompuesto (satisfecho) (Wieser, 1984, p. 107).

De esta forma a la mujer se le atribuye una función de sostén del sistema. Aquí se encuentra el origen de la división del trabajo predominante de los valles mineros.

No obstante, mientras no se pudo crear el hogar ideal y los niños continuaban estando expuestos en sus casas a malas influencias, la escuela y la iglesia debían asumir la tarea de la educación de los niños.

> Retirado del nefasto ambiente familiar y social, el niño estaba en condiciones de recibir un conjunto de preceptos físicos y morales capaces de hacer de él, en el futuro, un buen obrero (Sierra Álvarez 1990, p. 241).

La empresa se tomó muy a pecho la educación de los hijos de los trabajadores, ya que el movimiento obrero continuaba cobrando fuerza y las empresas tenían la esperanza de poder frenar la influencia de las ideas socialistas y comunistas mediante la correspondiente educación moral y religiosa.

> En 1906 —año importante para el movimiento obrero asturiano— un patrón aconsejaba que cada barriada obrera «debería tener su escuela correspondiente, donde los hijos de los obreros recibiesen la educación necesaria, inculcándoles las ideas religiosas, freno moral de la sociedad» (ibíd., p. 241).

La institución de economatos (tiendas propiedad de la empresa para los obreros y sus familias), donde las amas de casa podían comprar controladamente, se convirtió en uno de los servicios de la empresa. Hulleras del Turón fundó el primer economato en 1894.

> Para que la alimentación sea sana y nutritiva y evite la expoliación que siempre intenta formarse en explotaciones de la índole en que viven en el valle del Turón (Shubert, 1984, p. 110).

Paralelamente se crearon otros servicios como cajas de pensiones y cajas de ahorro. Éstos debían motivar a los obreros para manejar con «responsabilidad» su salario. Para la empresa «responsabilidad» significaba habituarse al ahorro y a la regularidad de los ingresos, lo que exige un trabajo regular. El objetivo en último término era crear una dependencia del obrero de su puesto de trabajo y, por lo tanto, de la empresa. En cualquier caso los empresarios toparon en este intento con la «obstinada resistencia» de los obreros (Sierra Álvarez, 1990, p. 233), que no se dejaban convencer por la idea del ahorro sistemático.

Para la empresa también fue importante el control para organizar el tiempo libre de sus empleados, para así ejercer sobre éstos al menos algo de influencia. En 1923 Hulleras del Turón apoyó la fundación del Ateneo Obrero, y donó una valiosa colección de libros para la biblioteca. Entre 1927 y 1929 se fundó una banda de música, y Hulleras puso a disposición el dinero necesario para comprar los instrumentos. En 1925 un maestro del Instituto La Salle, creado en 1915 por Hulleras, fundó el Club Deportivo de Turón.

Con relación al control del tiempo libre ejercido por la empresa, el artista, poeta y escritor Nel Amaro opina lo siguiente:

> En Turón hubo un ateneo que se fundó con dinero de la empresa, pero que lo fundaron los socialistas turoneses (...) pero enseguida cogió las riendas la patronal, en cuanto tuvo ocasión (Inttur 17).

Si restringimos aquí el concepto de cultura al servicio de instituciones culturales[2] (p. ej., banda, unión deportiva, coro, asociación de montañismo), puede afirmarse que éstas no fueron creadas por los mineros debido a una necesidad de actividad «cultural», sino que fueron imbuidas por imposición de la empresa. Por ejemplo, el coro minero es en la actualidad una institución muy importante en Turón, que se identifica con el municipio, del que se siente muy orgullosa, y sobre la que un poeta de la región ha escrito unos versos que sus habitantes gustan de citar a menudo.

Picadores y ramperos
como pájaros parleros
dan al aire su canción
¡qué bien cantan los mineros
los mineros de Turón!
(Luis Aurelio en *Ecos del Valle*, 9/1982)

[2] La solidaridad, la conciencia de grupo, la ética del trabajo, etc., también representan parte de la cultura del minero.

Las instituciones «culturales» creadas por la empresa han adquirido la función de creadoras de identidad de este municipio marcado por la minería.

Sierra Álvarez afirma que en Asturias fracasó el paternalismo porque nunca alcanzó su auténtico objetivo, como era el de aumentar la producción a base de incrementar la productividad de los obreros. Más bien las estrategias paternalistas estuvieron dirigidas a amortiguar los conflictos sociales que se iban intensificando a lo largo de las primeras décadas. Asimismo, afirma que la política social llevada a cabo después de 1936 sólo era una política paternalista desde el punto de vista meramente formal, dado que las empresas se habían apoyado en una represión extrema y en un intenso intervencionismo estatal. Aun cuando éste haya sido el caso, es importante constatar que los orígenes de instituciones que continúan siendo importantes en Turón en la actualidad deben buscarse en el paternalismo industrial.

El hecho de que las estrategias paternalistas no tuvieran el efecto deseado por las empresas se vio claramente en los años veinte, cuando la demanda extranjera se redujo, disminuyó la producción de carbón y hubo que despedir a numerosos obreros. En Turón el fracaso del paternalismo se observa en la avalancha de los trabajadores hacia el movimiento obrero.

> El baluarte del comunismo en la cuenca minera era el valle del Turón (...) La empresa, que se mostró bastante generosa en la cuestión de la provisión social, fue, sin embargo, implacable a la hora de despedir a aquellos obreros que no necesitaba. Por otro lado, Turón fue una zona donde el deterioro de las condiciones sociales se sufrió con particular intensidad. En resumen, fue en Turón, donde los cambios en la vida laboral y social de los mineros fueron más acusados (Shubert, 1984, p. 162).

La tensa situación social continuó agudizándose en los años veinte y treinta. En este momento en Turón se produjo un suceso que ha marcado hasta nuestros días la imagen que el municipio tiene de sí mismo.

VII.3. UN CAPÍTULO NEGRO DE LA HISTORIA

Durante la revolución de octubre de 1934, en Turón se produjo el asesinato de ocho frailes que enseñaban en el Instituto La Salle y del director de Hulleras del Turón. Este acontecimiento ha quedado grabado a fuego en la memoria de la población, pero el pueblo no quiere identificarse con este capítulo de la historia local. Así, una mujer cuenta lo siguiente respecto a la opinión que los hombres tenían de este acontecimiento:

> Entre la revolución del 34 a la guerra civil mataron a unos frailes aquí que siempre la gente de Turón, entre ellos mi padre, decían que no habían sido la gente de Turón... (Inttur. 6).

Nel Amaro describe el fenómeno de manera más plástica:

> A partir del año 34, después de los (...) famosos y trágicos sucesos donde se fusilan una serie de gente, y ahí creo que la historia de Turón toma un giro (...) y se vive un poco a golpes de *mea culpa*, todo el mundo se siente culpable, y sucede lo de siempre, lo de las películas del oeste y lo de todo, o sea, el forastero siempre es el culpable (...). En Turón todo el mundo siempre comenta de un lado y otro: los culpables eran forasteros (Inttur. 17).

El hecho de que esta opinión corresponda a la versión «oficial» de la historia y no sólo a la opinión de unos pocos queda patente en varias entrevistas publicadas en un periódico local con motivo del 75 aniversario de la fundación del Instituto La Salle. Así, por ejemplo, el presidente de la comisión del 75 aniversario dice:

> Pienso que el que se diese tal suceso en Turón fue un simple accidente geográfico por cuanto que pudo haber sido en cualquier otro punto de las Comarcas Mineras. Ni siquiera fueron gentes de Turón (*El Periódico*, marzo 1994, p. 4).

La negativa de aceptar que el asesinato de los frailes de La Salle pueda haber sido un crimen cometido por habitantes del valle no está probablemente relacionada con el hecho de que fueran religiosos, puesto que en los años de la guerra civil se produjeron asesinatos de representantes de la iglesia en toda España. A nuestro entender esta negativa debe explicarse por el hecho de que el Instituto La Salle había desempeñado un papel central en la vida del municipio, puesto que esta escuela representaba para los hijos de algunos mineros la oportunidad de adquirir una educación mejor que la de sus padres, y encontrar así una profesión mejor que les permitiera romper la tradición minera de las familias. Asistir a esta escuela significaba la posibilidad de ascenso social, en concreto la de trabajar de empleado administrativo en Hulleras, que era el único patrón del valle. La empresa «reclutaba» a los mejores alumnos para su administración.

> Bien es cierto que cuando Hulleras del Turón demandaba profesionales para sus diversos departamentos, los buscaba en primer lugar y como es lógico entre los alumnos de su colegio (...). La gente que se dedicaba a reclutar personal, hablaba con los Hermanos y preguntaba por los chavales que tenían más nivel en cada promoción para integrarlos en sus oficinas. Esos alumnos podían acceder a puestos de relativa trascendencia en la empresa (ibíd., p. 5).

En la mente de la comunidad no había sitio para la idea de que alguien de «las propias filas» podría haber sido autor del asesinato, pues realmente estaban obligados a estar agradecidos con el municipio. Sencillamente «no parece lógico» (Cote Fernández: «Años de revueltas internas». *El Periódico*, marzo 1994, p. 6).

Una mejor formación de los hijos era el objetivo más importante de los obreros, y por tanto la mayoría de ellos superaron barreras ideológicas y enviaron sus hijos a una escuela religiosa. Esto queda patente en la respuesta que da el presidente de la comisión de festejos del 75 aniversario del Instituto La Salle, cuando se le pregunta si no es una contradicción que en una comunidad minera tradicionalmente de izquierdas como Turón los obreros enviasen a sus hijos a una escuela religiosa.

> No, yo creo que no. De hecho la relación de los religiosos con las gentes de la comarca siempre ha sido buena. Los obreros deseaban una buena educación para sus hijos y no reparaban en detalles de ese tipo. Aquí, entonces como ahora hay hijos de socialistas, comunistas, de derechas, católicos, agnósticos y de todo. Nada tiene que ver una cosa con la otra si se mira en sentido práctico, y el sentido práctico es aprender para ser algo en la vida (*El Periódico*, marzo 1994, p. 4).

Posteriormente, en los años setenta y ochenta, muchos alumnos que terminaron sus estudios en La Salle pudieron acceder al bachillerato y la universidad. Es frecuente oír «De aquí salieron médicos, abogados y profesores». La gran importancia que para los habitantes de Turón tuvo la escuela y continúa teniendo hoy en día puede deducirse también de las afirmaciones de los entrevistados.

> Yo pienso que el pueblo de Turón tuvo mucha suerte con tener el colegio de los frailes (...) creo que el colegio de Turón de la Salle hizo una enseñanza muy grande a los chavales de Turón (...), y toda la gente que sale un poco preparada yo pienso que tiene más inquietudes que los que son sin preparación (...) tenían una preparación distinta que en otros sitios... (Inttur. 14).
>
> Los frailes aquí en Turón fue algo muy decisivo (Inttur. 7).

Por lo tanto, no sucedía que la población no quisiera asimilar el hecho como tal del asesinato de los frailes, sino que no deseaban dañar a la institución del Instituto La Salle, que era sinónimo de escapatoria de la difícil vida del minero, así como de promoción social. Por ello había que buscar foráneos responsables del delito y así «se hizo justicia al pasado».

VII.4. LA AUTARQUÍA: REPRESIÓN Y CONTROL SOCIAL

En la fase de autarquía entre 1939 y 1958, durante la cual se intensificó la extracción de hulla asturiana, también se fomentó la producción en Turón. Se abrieron nuevas minas y se captó más mano de obra. El salario de los mineros aumentó, se decretaron horas extraordinarias, se suprimieron las vacaciones compensándose mediante la liquidación correspondiente y se militarizó el trabajo de la mina.

La militarización laboral, en fin, se presentó como una estrategia excepcional destinada a demoler las experiencias de clase que los mineros habían acumulado con anterioridad a 1936 (García Piñeiro, 1990, p. 67).

El miedo como medio de control social y la militarización de la mina pretendían servir para ahogar cualquier mínimo inicio de protesta social cuando se hallara en estadio embrionario. Junto a la represión se aplicó dirigidamente una política social que no se diferenciaba mucho de la anterior. La única diferencia estribaba en que la política social estaba ahora reglamentada por el Estado.

La familia, a la que durante el franquismo se le había adjudicado un importante papel de soporte al Estado, debía contribuir a evitar conflictos también dentro de la clase trabajadora.

Uno de los principales recursos de la estrategia falangista para debilitar la beligerancia obrera se cifraba en el efecto conciliador que podría ejercer el ambiente familiar (ibíd., p. 106).

Para poder fomentar la vida familiar también era imperioso promover la construcción de viviendas. En 1939 se fundó el Instituto Nacional de la Vivienda; en 1942, la Obra Sindical del Hogar y la Arquitectura, y en 1952, el Patronato Laboral, todos ellos destinados a promover la construcción de viviendas, lo que hicieron con el máximo interés e intensidad en las comarcas mineras asturianas. Sin embargo, en esta fase la construcción de viviendas tampoco fue suficiente para acoger a todos los inmigrantes que, provenientes de muchas regiones de España, e incluso de Portugal, afluyeron masivamente a las comarcas mineras durante los años cincuenta. En 1955 se decretó en Asturias el Plan de Urgencia Social, con el que se pretendía resolver el problema de la carencia de vivienda: mediante colonias mineras que se asemejaban a los cuarteles construidos antes de 1936 y que se caracterizaban por las siguientes cualidades:

Abigarramiento, uniformidad, mala calidad de materiales, deficientes saneamientos y escaso espacio útil (ibíd., p. 110).

Sin embargo, en contra de lo esperado, la construcción de estas nuevas colonias de viviendas no produjo una relación más armónica entre trabajadores y patronos, sino que únicamente acentuó el carácter propio de los municipios mineros y fomentó adicionalmente la integración de los inmigrantes en las estructuras previamente existentes.

En cualquier caso, la fusión de ambos colectivos humanos permitió que los foráneos asumieran como propios los elementos de la vieja cultura minera, como quedará patente en la similitud de los comportamientos observados en los conflictos de la década de los sesenta (García Piñeiro, 1990, p. 114).

En 1957 el número de habitantes de Turón había ascendido a 19.000, pero, sin embargo, en esa misma fase de crecimiento demográfico aún no se había hecho suficiente por mejorar las condiciones de vida. Los habitantes recuerdan que en esa época varios ministros de Franco visitaron los «cuarteles» de San Francisco, que precisaban un remozado urgente. Un edil municipal, para explicar que bajo el régimen de Franco no se hizo nada por el municipio, nos cuenta lo siguiente:

> Por la barriada de San Francisco, yo tengo fotografías ahí de tres ministros franquistas ¡tres! (Inttur. 16).

A pesar de estas visitas oficiales, durante la dictadura de Franco no se efectuó ninguna renovación en el barrio de San Francisco.

Paralelamente a la intensificación de la construcción de viviendas, que nunca llegó a ser suficiente, el Ministerio de Trabajo proyectó una red de servicios sociales para amparar a los trabajadores en casos de emergencia con el fin de que no volvieran a ser «víctimas» de las ideas revolucionarias.

> El esfuerzo mejor sistematizado para truncar la inclinación de los mineros hacia los enfoques de tradición marxista se desplegó desde el Ministerio de Trabajo (...) donde se garantizaba una eficaz previsión para amparar al trabajador, mediante un compacto tejido de «seguros sociales de vejez, invalidez, maternidad, accidentes de trabajo, enfermedades profesionales, tuberculosis y paro forzoso» en el infortunio (García Piñeiro, 1990, p. 81).

Paralelamente a la política social del Estado, las empresas prosiguieron la suya propia. De esta forma Hulleras del Turón construyó en 1958 la escuela Isabel la Católica; en 1959, otra más en Urbiés, y en 1962, la escuela doméstica para las mujeres de los mineros, donde puede reconocerse que para la empresa continuaba siendo muy importante la educación católica de los hijos y la educación de la mujer para convertirla en buena ama de casa, esposa y madre. Así lo confirman las mujeres entrevistadas en sus conversaciones.

> Siempre se miraba más por que estudiara el nene; la nena la mandabas nada más cuando tenía el certificado de estudios, con suerte la que era listina que lo sacaba a coser, eso sí, y a cocina. Nunca se me olvidará. Nada, a estudiar nada, a los nenes (Inttur. 7).
>
> Entonces las mujeres estamos específicamente dadas en labores, en cocina y en una ama de casa simple y normal, para el día de mañana que tú te casaras y que supieses llevar esa casa adelante. Era la única educación que nos dieron (Inttur. 6).

Hulleras se preocupó por la salud de sus obreros y la de sus hijos y presentó este servicio públicamente haciéndolo pasar por un generoso gesto, que el municipio debía entender como tal. Así, en la revista propiedad de la empresa dirigida a los trabajadores y titulada *Candil* se notificaba lo siguiente:

> Todos los niños del valle van a ser vacunados gratuitamente contra la poliomielitis, ese terrible azote de la humanidad. Ha calado hondo en la sensibilidad de las gentes de este Valle, el gesto de la Dirección de Hulleras del Turón de sufragar totalmente estas vacunaciones (*Candil*, julio/agosto 1962, n.º 7).

Todas las actividades «culturales» de la época de Franco fueron definidas por organizaciones estatales, el Frente de Juventudes, la Sección Femenina y Educación y Descanso. La omnipresencia estatal y la estrecha vinculación y cooperación que existieron entre la dirección de la empresa y las organizaciones estatales la refleja Nel Amaro con las siguientes palabras:

> Entonces aquí hay fiestas, hay equipo de fútbol, el presidente siempre, el director de la empresa (…). Todo tipo de cosas que funcionan por la empresa. En Turón las asociaciones que había era el Frente de Juventudes. Y punto (Inttur. 17).

Entre las actividades «culturales» se encuentran actos deportivos, concursos artesanales, coro, danza, representaciones teatrales, conferencias, etc. En 1950 surgió el coro minero, que continúa funcionando en la actualidad; en 1962, la asociación bolera y la asociación de antiguos alumnos de La Salle; en 1964, la sociedad turonesa de festejos y la asociación de montañismo, que continúan funcionando en la actualidad, y asociaciones de las más diversas actividades.

En 1961, *Candil* se hace eco de la numerosa afluencia que se congregó el día del padre en el festejo organizado por Frente de Juventudes.

> Cada año más numerosa ha sido la celebración del Día del Padre, organizado por el Frente de Juventudes, congregándose al café, copa y puro de la Pista Marta Agustina, más de 1.100 padres de familia. Esto también es trascendental para el pueblo (*Candil*, mayo/junio 1961, n.º 1).

Con la organización de concursos y concesión de premios Hulleras del Turón trató de meterse en el bolsillo el orgullo obrero de los mineros, para intensificar la lucha de competencia dentro de los grupos de obreros especializados y espolear la productividad.

Cuando dos mineros turoneses ganaron el concurso internacional de entibadores, la redacción de *Candil* escribió:

> La dirección, todo el personal de la Empresa, todo Turón se enorgullece de vosotros, haciendo propio este gran triunfo vuestro. También así se hace patria, también así se hace acreedor a la admiración, el cariño y el respeto de todos vuestros compañeros, que hoy sienten y comparten toda la satisfacción que vosotros sentís. Gracias a vosotros, el nombre de Turón ha sonado con fuerza; procurad que ese eco no se extinga jamás (*Candil*, julio/agosto 1962, n.º 7).

Asimismo, todos los años se concedían medallas a los trabajadores más antiguos y que más méritos habían acumulado. El mismo Franco en persona entregó en 1973 a un trabajador del pozo San José en Turón el título de «Productor ejemplar». A posteriori resulta difícil enjuiciar hasta qué punto los obreros se sentían «honrados» e identificados con estas medallas, con las que les había galardonado el propio Caudillo. No obstante, si pensamos que la mayoría de los actuales miembros del concejo continúa afirmando (como en las citas siguientes) que los mineros habían sido los responsables del auge económico del país, sólo puede presuponerse que el adoctrinamiento que se había practicado durante esa época había encontrado un suelo fértil y que los mineros se habían convencido a sí mismos de la enorme importancia de su trabajo para la nación («así se hace patria»).

> —Además pasa una cosa, el resto de España lo que tiene que darse cuenta es que cuando hubo la segunda guerra mundial vivía media España —¡media España!— o España entera vivía a cuenta de la minería. Fueron los mineros los que sacaron a España arriba, a fuerza del carbón, aquí no llegaban otros ingresos, y ahora no se dan cuenta de eso (...).
>
> —Porque esto dio mucho a España, Turón, el carbón y eso, y ahora van a tomar por culo. (...) Porque no cabe duda que Asturias en los años de posguerra, Asturias fue la que lanzó a España en tema industrial. Y eso, claro, la historia sí consta ahí que es verdad (Inttur. 33).

A diferencia de lo ocurrido en las primeras décadas, en las que la política paternalista sólo obtuvo un éxito limitado, las estrategias paternalistas que hemos descrito aquí sí alcanzaron su objetivo. Éstas provenían del Estado, y en la medida en que convencieron al obrero de la necesidad de su trabajo para el bienestar de la nación entera, éste podía identificarse con su trabajo. El hecho de trabajar para la nación y no para una empresa, hacía que una marcada conciencia de clase que diferenciaba claramente entre patrón y trabajador, entre directivos administrativos y mineros, no representara ninguna contradicción. Esta separación social estaba también presente en la vida del municipio.

> Había mucha diferencia de clases en aquella época. En el cine, que estaban los banquinos aquellos de madera que era el gallinero. Y estaban las butacas forradas. Los hijos que no teníamos un duro, pues al gallinero, y veías las señoras entrar. (...) Ahí se veía la diferencia

de un empleado a un médico (...). La clase media todo gente oficinista, capataces, vigilantes, una clase media que nos superaba pero con mucho, ¡pero con mucho! (...) Tenían sus fiestas aparte (Inttur. 6).

La fe promovida en esa época de ser los únicos responsables del bienestar de la nación revalorizó fuertemente el sentimiento de autoestima de estas personas, un sentimiento que se ha mantenido hasta nuestros días. Por esta misma razón se cree en la actualidad que deben ser indemnizados por las prestaciones del pasado. El Estado debe responder ahora de ellas. Esta línea argumental se corresponde con la idea en la que lo económico se subordina a lo político y que definió la política en la época de Franco. Pero no se corresponde con la realidad actual, donde los «factores económicos» tienen prioridad frente a las necesidades políticas. Aquí se encuentran dos perspectivas contrapuestas: la de los mineros que utilizan argumentos político-morales y la del Gobierno que argumenta con criterios económicos. Para poder mantenerse aferrados a su forma de pensamiento, los argumentos económicos se desplazan o se banalizan. Así, un trabajador dice:

> Habría que distinguir si no es rentable, o si nos quieren hacer creer que no es rentable, que es una cosa muy distinta. Sabemos que es rentable, porque hay carbón (cita en ERA, 1994, Doc. de Trabajo 25, p. 51).
>
> La mediación del mercado está mucho menos asumida en la lógica económica de la gente de lo que creen los economistas y los políticos. Para mucha gente decir que el producto extranjero llega al mercado mucho más barato que el nuestro no es decir la última palabra sobre la cuestión; «¿y por qué se permite que se ponga más barato?», replicarían, sin importarles el escándalo de los economistas ante semejante forma de plantear la cuestión (ERA, 1994, Doc. de Trabajo 25, p. 50).

Sólo muy pocas de las personas encuestadas cuestionan la reclamación de indemnizaciones por las penurias pasadas por generaciones anteriores, lo que no se corresponde con una lógica económica, sino moral, y entre ellos un joven que dice lo siguiente:

> ¡Pero vale! ¡Ya está bien de estar siempre con eso! Atechados en eso ¡Ya está bien! Que los mineros que vivieron mal ya están muertos, ya. Los que de verdad trabajaron y picaron y arrancaron el carbón ya están muertos, ahora los que trabajan mueren cuando se matan en un accidente en medio de la carretera (Inttur. 49).

Así nadie plantea la pregunta de por qué una persona que ha trabajado para un régimen forzoso debe recibir gratificación especial por ese trabajo. También se pasan por alto las consideraciones de que la autarquía, sobre la que se fundamentó la importancia nacional del carbón asturiano, fue una catástrofe para España. Aquí se ve claramente lo selectivamente que puede percibirse la historia y cómo puede utilizarse para paliar el presente.

VII.5. LA OLA DE EMIGRACIÓN DE LOS AÑOS SESENTA

Después de la apertura económica de España en 1958, la hulla asturiana se sumió en una profunda crisis debido a su baja competitividad; las empresas reaccionaron a la crisis con despidos y reducciones de la jornada y del salario. Por su parte los trabajadores de Asturias reaccionaron con la primera huelga que provenía de las cuencas mineras, dirigida por Comisiones Obreras, que comenzó a formarse en estos años. En 1962 se produjo la primera huelga de la posguerra de varios meses de duración. El Gobierno reaccionó con una represión extremadamente brutal, acentuada en las cuencas mineras asturianas.

También esta época ha quedado grabada en la memoria de las gentes de Turón. Evidentemente los acontecimientos del 34 habían aportado a Turón una triste celebridad y había estimulado la formación de mitos en torno a los «peligrosos» mineros asturianos. Esta imagen fue reavivada durante la ola de huelgas del 62. Y así se cuenta cómo la Guardia Civil llegó a Turón presa del miedo.

> Cuando vino toda fuerza de policía armada para aquí, para la minería, porque tenían miedo de la revolución del 34, entonces llegaron para aquí, venían pero con miedo (Inttur. 8).

Pero a renglón seguido se menciona también que la Guardia Civil llegó a sentirse muy a gusto en Turón.

> Después no querían marchar porque echaban la partida con los paisanos (...) que estaban allí encantados, que veían que no había nada (Inttur. 8).
>
> Yo me acuerdo de la huelga del 62, que nos mandaron tanta policía de allá, de Andalucía, que andaban de seis en seis, y me acuerdo que un sargento andaluz, a los primeros días no, pero después, como fue tan larga, de tres meses, pues últimamente ya había convivencia, porque ni ellos eran tan malos, ni nosotros éramos los que ... primero ellos venían muertos de miedo pensando que aquí se iban a comer a los paisanos, y nosotros porque teníamos mucho miedo a que nos cogieran presos. ... Y entonces dio la orden que a las diez de la noche los bares todos cerrados. Y nosotros estábamos en el bar a lo mejor a las nueve y media, habían entrado seis policías de aquellos, porque estaban en rebaños de seis, no andaban de dos en dos, andaban de seis en seis, o de ocho en ocho, según entraban ellos nosotros marchábamos, y ya después que pasó un tiempo, cuando ellos entraban y nosotros marchamos, ya empezaban: no, no marchen ustedes, hombre, que no comemos a nadie, vamos

a tomar un poco de sidra juntos, no marchen ustedes, y tal. O sea ya hubo un poco más de convivencia (Inttur. 14).

Esto muestra hasta qué punto se sigue llevando el lastre de la carga del 34 y se pone cuidado en hacer referencia a que las gentes de Turón son personas completamente «normales» y que el estigma del minero asesino es completamente injustificado. La prueba de ello es que no atacaron a las fuerzas policiales y que éstas se sintieron muy bien. Aun cuando las gentes se acuerdan perfectamente de la extrema represión por la que tuvieron que emigrar cientos de ellos, sin embargo, muchos se cuidan de hacer referencia a la armónica relación que existía precisamente con esas fuerzas represivas. El peligro de aclarar el pasado se pasa por alto, dado que es mucho más importante liberarse del fastidioso estigma.

La difícil situación económica y política condujo a una gran ola de emigración con destino a centroeuropa y al norte de Europa. Como ya hicieran en épocas anteriores, las gentes buscaron la solución al problema en la emigración. En los años sesenta una parte considerable de la población constituyó la primera generación de inmigrantes, lo que permite suponer que aquí la disposición a la movilidad era sustancialmente mayor que en una población asentada desde hacía tiempo. La «tradición de la emigración», a la que ya se ha hecho referencia anteriormente, recibió nuevos bríos.

La situación económica de las empresas del carbón empeoró sustancialmente, de forma que en 1967 el Gobierno decidió nacionalizar las empresas mineras e integrarlas en la empresa estatal HUNOSA. Con HUNOSA aumentaron los salarios, se redujo la jornada laboral, se introdujo el fin de semana libre y la calidad de vida comenzó a mejorar notablemente. Muchos relacionan la mejora de la calidad de vida directamente con la gran huelga del 62.

La huelga del 62 fue un toque de aviso. (...) Sí que hubo una subida importante del sueldo. (...) Yo creo que el minero aquí, en Asturias, empezó a prosperar (Inttur. 6).

Aquí cuando la gente empezó a ganar un poco, a ganar un poquitín (...) fue a partir de la huelga del 62, cuando nuestros padres lucharon allí contra el franquismo (Inttur. 8).

Otros vinculan la mejora de la calidad de vida con el «emerger» de HUNOSA.

Aquí hubo una subida muy grande a la minería cuando entró en HUNOSA esto. Antes era Hulleras de Turón (...) Hubo una época buena que se ganaba mucho dinero (...) Los que trabajaban entonces en Hulleras de Turón, cuando pasaron a HUNOSA, que hubo unos paisanos y unos convenios buenísimos (Inttur. 27).

Mejorar el nivel de vida prácticamente yo creo que ya empezó primero, pero a partir de HUNOSA fue ya el no más (...) Se ganaba más, se vivía mejor (...) se podían comprar muchas

> cosas. A partir de entonces fue quedando todo de una forma muy distinta. Sí, tanto es así que en el 68, fíjate como será la cosa: en el 68 entré en HUNOSA y en el 70 compré yo un coche (Inttur. 38).

Independientemente de que los salarios comenzaran a elevarse debido a la huelga o con la aparición de HUNOSA, hoy día puede afirmarse rotundamente que estas huelgas continúan constituyendo un importante evento que se recuerda en la memoria colectiva de los trabajadores. Y se relacionan directamente con las huelgas actuales, que ni se desarrollan en la misma medida ni aportan el éxito deseado. Y el fracaso actual se explica por la presunta falta de combatividad y solidaridad. Pero son precisamente estas cualidades las que han representado un componente constitutivo de la autoimagen de los obreros. Si se cuestionan, se modifica también la visión que tienen de ellos mismos.

El cambio experimentado por las condiciones de vida llevó a muchas personas de Turón a emigrar a las grandes ciudades, en particular a Gijón y Oviedo. En 1970 el número de habitantes había descendido a 10.000. Las razones que movieron a los habitantes de Turón a emigrar son las siguientes: las malas condiciones de las viviendas; la posibilidad de poderse permitir una vivienda más cara y de ofrecer a los hijos un futuro mejor, es decir, un puesto de trabajo fuera de la mina o incluso de facilitarles el estudio de una carrera; y en último término, el atractivo de la gran ciudad en cuanto a oferta de artículos de consumo y posibilidades de ocio también desempeñó su papel. Y el puesto de trabajo en Turón se mantenía.

> Empezó la gente a comprar fuera de Turón (...) pero yo me acuerdo que en La Cabaña, donde yo vivía, en Linares, cualquier hórreo, cualquier casa por ruina que fuera estaba ocupada, pero al subirte el nivel de vida (...) la gente empezó a comprar coche, con el coche vio que se podía desplazar de Mieres a trabajar a cualquier punto, entonces ya empezaron unos en Mieres, otros en Pola, en Oviedo, en Gijón, sobre todo en Gijón (Inttur. 7).
>
> La gente dice: bueno, si yo no quiero para mi hijo la mina, no hay otra cosa que no sea la mina ¿qué tengo que hacer? salir de Turón y buscar otro ambiente donde los hijos el día de mañana tengan futuro, entonces por eso la gente, poco a poco, pues se fue marchando de Turón (Inttur. 13).

Los que permanecieron en Turón también trataron de facilitar a sus hijos el acceso a los estudios gracias a sus mejores sueldos. Por fin se podía cumplir el sueño añorado durante generaciones, pero nunca realizable, de dar una educación superior a los hijos. Sin embargo, no todos los mineros podían permitirse mandar a sus hijos a la universidad (a las hijas se les continuaba educando en su papel tradicional y, por lo tanto, no «necesitaban» una educación superior), sino preferentemente los que mejor pagados estaban, es decir, los picadores y barrenistas.

Los picadores y barrenistas fueron los primeros de la mina que mandaban a sus hijos a la universidad (Inttur. 6).

Era gente que estaba en la mina, picadores o vigilantes que tenían un sueldo un poco elevado y haciendo un sacrificio (Inttur. 38).

Muchos de los encuestados establecen diferencias entre las familias numerosas o que vivían en la parte alta del valle, a las que los ingresos secundarios procedentes de la agricultura permitían gastar poco en alimentos e invertir lo ahorrado en la formación superior por lo menos de uno de los hijos.

Algún picador que tuviese a lo mejor muy pocos hijos, podía estudiar uno. (...) Sacrificarse mucho, y después de salir de trabajar a lo mejor que tenía que cuidar a lo mejor un rebaño de vacas, sacrificarse mucho, no ir de vacaciones (Intturn 33).

Es que, por ejemplo, había familias que no teníamos ganado, o sea, de agricultura, nada. Y aquí Turón siempre fue un pueblo que aparte de ser minero había mucha agricultura y había mucha gente, por ejemplo, vas al pueblo de Urbiés y la mayoría de los que quedan en Urbiés, que ya son muy pocos, también pues tienen ganado y demás. Entonces el poder económico es superior. (...) Entonces era más factible para ellos el costearse, incluso desde Urbiés mandaba al crío a estudiar a Oviedo y le tenía alquilada allí una vivienda para toda la semana y venía sólo el fin de semana (Inttur. 36).

Esto muestra que en esa época la agricultura y la ganadería, aun cuando casi siempre seguían explotándose para el autoconsumo, continuaban teniendo un importante significado. Todo ello porque quienes explotaban la agricultura tenían una posición privilegiada respecto a los obreros que sólo recibían su salario y que tenían que gastárselo en alimentación.

En un estudio realizado en 1975 por HUNOSA sobre los hábitos de gasto de las familias mineras se afirma, no obstante, que éstas invertían menos en la formación de sus hijos que en otras cosas como ocio y tiempo libre, coche, vacaciones, vivienda en propiedad, o segunda vivienda o vivienda de fin de semana, a pesar de los medios de que disponían.

Es de advertir que con los nuevos planes de enseñanza del Ministerio se ha tomado más conciencia de este problema, pero sin embargo, (...) los gastos no adquieren la importancia que fuera de desear, sobre todo si los comparamos con los porcentajes de diversiones u otros capítulos. Hay que hacer constar que por lo general el minero desea que sus hijos estudien «para que no sean como su padre» pero el dinero que invierten para su consecución no es consecuente con este deseo.

(Dirección de Asuntos Sociales de HUNOSA: «Encuesta - Ensayo de presupuestos de las familias mineras asturianas», Oviedo, 1975).

Si se parte de la hipótesis de que los resultados del estudio de HUNOSA reflejan efectivamente la realidad y de que a los trabajadores les quedaban suficientes recursos financieros, aparte de los que no necesitaban para la reproducción de su fuerza de trabajo, y los invertían en las necesidades indicadas más arriba, se plantea la pregunta de por qué no se invirtió más en la formación de los hijos, precisamente cuando representaba la escapatoria hacia una «vida mejor». Por lo tanto, ¿por qué existe una discrepancia entre el deseo y la realidad? La respuesta podría ser que precisamente las «diversiones u otros capítulos» mencionados anteriormente, constituían un componente tan importante de la cultura minera como el deseo de una vida «mejor» para los hijos, y que por lo tanto los mineros no prescindían de ella. También puede suponerse que el solo acceso a bienes que representaba esta «vida mejor» (como, por ejemplo, un automóvil o una vivienda en propiedad) satisfacía a los obreros y hacía que la penosa aspiración a una «vida mejor» mediante una educación superior pasara a un segundo plano. Pero incluso muchos de los hijos que habían tenido la posibilidad de cursar estudios superiores no tenían ningún interés en ello, dado que el dinero ganado con rapidez también les permitía un acceso rápido a estos bienes de lujo. Así, un joven obrero narra lo siguiente:

> Estudios no tengo ningunos, tengo lo básico. (...) No tenía mucho interés por el estudio. Tenía más interés por trabajar, por tener un sueldo, y no pensé más que en eso, en trabajar, en el tener dinero para tener un poco de independencia. (...) Los padres siempre quieren que estudies y que tengas una carrera, pero bueno, se lo tomaron bien en el sentido de que yo quería trabajar (Inttur. 1).

Un joven desempleado cuenta su historial:

> Fui tonto, porque posibilidad tenía para estudiar. Se me daba bien, pero quería trabajar, trabajar, ver dinero, y dejé de estudiar. (...) La verdad es que aquí tampoco se estudia mucho, últimamente sí, las nuevas generaciones sí estudian, pero cuando yo estudiaba, por ejemplo gente amiga, no queremos estudiar, no tenemos ganas de estudiar (...) es que no piensas, es que vives al día, no piensas en el futuro (Inttur. 3).

Por otro lado, esta actitud evidencia la ausencia de una «conciencia de crisis», la ausencia de una mentalidad a largo plazo y la creencia de que la mina siempre perdura, aun cuando ya en los años sesenta se había hecho evidente la debilidad competitiva del carbón asturiano.

> En el año 68 ya empezaron a cerrar grupos de montaña. Entonces la crisis ya se notaba. (...) No creíamos nunca que esto iba a ocurrir. Creíamos que la minería que iba a durar siempre (Inttur. 8).

No fue hace dos años ni tres. Lo de cerrar las minas, ya lo sabíamos, lo sabíamos no, lo sabíamos pero no nos lo creíamos (Inttur. 4).

No obstante, la falta de una conciencia de crisis estuvo principalmente condicionada por el hecho de que ni el Gobierno ni los sindicatos, que eran y continúan siendo los agentes sociales más importantes de la región, no se preocuparon de crear una conciencia de crisis o cuando menos una actitud más realista respecto al futuro. Hasta mediados de los años ochenta no se habló ni de reindustrialización ni de promocionar las pequeñas y medianas empresas. La fijación por la mina se impulsó desde todos los lados, por lo cual casi era inexistente la formación profesional en profesiones de nivel medio. La única alternativa de la juventud seguía consistiendo en trabajar en la mina, en asistir a una escuela superior para cursar una profesión minera (ingenieros) o asistir a la universidad. Entonces la demanda de profesiones de cualificación media fue satisfecha mayoritariamente por mineros que en su tiempo libre ganaban un jornal adicional trabajando como ebanistas, fontaneros, electricistas, etc. Las consecuencias que la fijación por la minería tuvo para el presente, en el que en la minería no se crean nuevos puestos de trabajo, es algo de lo que son conscientes muchos de los entrevistados. Así un trabajador dice:

Las empresas buscan gente más cualificada en tecnologías nuevas (...). Si aquí montan otro tipo de industria, habría que traer toda la mano cualificada de afuera (Inttur. 10).

Una mujer de cincuenta y cinco años, con hijos, describe la orientación unilateral que solían tener los padres respecto a la profesión deseada para sus hijos:

El problema es ese, que nos pilla el cierre de las minas y nada de especialización en la juventud, ¿por qué? por lo mismo, porque todos quisimos que nuestros hijos tuviesen carreras superiores. Yo siempre quise que mi hijo hiciese carrera superior, nunca me dio por aprenderle a fontanero, ni a pintor ni albañil, quizás si hubiera aprendido un oficio así, hubiese sido más rentable para él, había la (escuela) de oficios en Mieres, pero iban cuatro. Todos iban para la universidad y al instituto, y vamos, yo hablo como una madre que yo nunca pensé darle un oficio a mi hijo, porque yo siempre pensé que iba a tener un ingeniero, médico o abogado o maestro, y no fue nada, ni oficio ni beneficio. Pues como yo, así, y ahí fue el desmantelamiento total de oficio de la cuenca minera, porque no hay nada. La Thyssen cuando se colocó aquí, bueno pues nosotros pensábamos que los sesenta jóvenes iban a ser de aquí, pero ¿qué pasó? En Mieres no teníamos nada, pues hay dos de la comarca, hay sesenta puestos de trabajo y dos de la comarca, los otros de Gijón y de Oviedo, todos de fuera (Inttur. 6).

En el curso de la nacionalización de las empresas mineras de Asturias, en 1968, Hulleras del Turón también se integró en la empresa estatal HUNOSA. En 1972

HUNOSA daba empleo en Turón a 2.149 obreros, de los cuales la mitad no vivía en Turón.

La política social de HUNOSA consistió en prolongar la política de Hulleras del Turón. En el plan de reconversión proyectado en 1971 se definió como objetivo principal:

> Se destaca en las preocupaciones de la Empresa (...) la elevación del status de vida de la población minera, tanto en el orden económico, como en el cultural, recreativo y asistencial (Madera, 1994, p. 584).

Con esta política paternalista, HUNOSA también pretendía vincular a los obreros a la empresa.

> Esto no hacía más que seguir alimentando la idea, que por entonces tomaba más cuerpo cada día, de que HUNOSA era «algo más» que una empresa, lo que iba a ser perfectamente asimilado no sólo por sus trabajadores, sino por todo su entorno (ibíd.).

En Turón siguieron existiendo la unión bolera, la banda de música, el club deportivo, la sociedad turonesa de festejos (Sotufe), y la asociación de montañismo. En 1975 se fundó una nueva escuela, el Colegio Mixto de Nuestra Señora de Covadonga.

VII.6. LA DEMOCRACIA: EL AUGE DE LAS ASOCIACIONES VECINALES

Con la llegada de la democracia surgieron en Turón las primeras asociaciones vecinales fundadas en algunas aldeas o barrios. El objetivo de estas asociaciones era conseguir mejorar la infraestructura del valle totalmente olvidada, es decir, las calles, viviendas, ofertas de tiempo libre, la iluminación, las canalizaciones, etc. En 1977 se fundó la Asociación Turonesa para las Mejoras del Valle, que en calidad de asociación vecinal se entendía que abarcaba todo el municipio. La idea de la asociación era constituir una administración paralela a la de Mieres, puesto que, aunque su número de habitantes era muy elevado, Turón no tenía una administración independiente y apenas tenía influencia sobre las decisiones adoptadas en Mieres. Así uno de los cofundadores de esta asociación describe lo siguiente:

> La idea de trabajo era: copia de un ayuntamiento. (...) Mejoras del Valle, la forma de trabajo que tenía, que de aquella época fue una asociación muy avanzada, era la de trabajar en el sentido de un ayuntamiento paralelo. No se pretendía decir: en Turón vamos a hacer un ayuntamiento, sino que si se bajase por ejemplo al ayuntamiento de Mieres a solicitar con-

cretamente un ciclo de conferencias, bajarían los responsables de la comisión de cultura. Se iba a trabajar en compartimentos (Inttur. 45).

Uno de los entrevistados define esta asociación de la siguiente forma:

Esa asociación se creó, era más bien, para lo que ellos mismos dicen, para hacer mejoras del valle, mejorar caminos y tal (Inttur. 11).

Con el transcurrir de los años, con la iniciativa de Mejoras, surgieron un gran recinto deportivo, una piscina, un centro de asociaciones, un parque infantil y otras instalaciones. Además se realizaron importantes mejoras en las calles, que habían quedado en un estado desolado y en las que se habían producido accidentes con frecuencia. Mejoras consiguió todo esto gracias a su estrecha colaboración con la empresa HUNOSA: es decir, debido a las estrechas relaciones personales del director de HUNOSA con la presidencia de la asociación, que estaba formada por los «grandes» del valle. Así lo explica un antiguo miembro de Mejoras del Valle:

Había cuatro hombres fuertes aquí, en Mejoras. Por ejemplo, el presidente de Mejoras se movía siempre; por ejemplo, el alcalde era íntimo amigo de él. Cenaban, si no cenaban todos los sábados, cada quince días cenaban. Entonces eran hombres muy visibles y bien queridos (Inttur. 9).

El apoyo involuntario y comprometido de los habitantes de Turón también contribuyó a estos trabajos. HUNOSA ponía el material y los habitantes aportaban su fuerza de trabajo. El mérito de Mejoras del Valle en esa época es reconocido por todos.

Mejoras del Valle tuvo muchísima importancia en este valle en el período de democracia, en la apertura aquella, porque trabajaron como chinos, fue cuando se hizo la piscina; lo mejor de este valle lo hizo Mejoras del Valle (Inttur. 6).

Lo que mejoró un poco en Turón con Mejoras del Valle que hizo mucho en Turón, luchó en San Francisco, luchó Mejoras del Valle con el ayuntamiento para hacer esas viviendas, que fueron lo mejor de Turón, y hacer las aceras y la calle. Una parte de eso fue por Mejoras del Valle, que luchó como tiene que luchar un pueblo (Inttur. 8).

En los años ochenta Mejoras contaba con cerca de mil miembros: dos de los vocales de su presidencia fueron elegidos como ediles del Ayuntamiento de Mieres y ocuparon diferentes cargos en el consejo municipal, donde trataron de defender los intereses del valle, en particular la renovación del arruinado barrio de San Francisco. En ese tiempo los delegados municipales tenían la posibilidad de ejercer presión política sobre la Administración, como cuenta un miembro de la «vieja guardia»:

> Pero es que el alcalde de Mieres, Buylla, en aquella época cualquier cosa que tuviera que hacer Turón venía a consultar con Mejoras del Valle. A Mejoras del Valle la escuchaban. Ahora no (Inttur. 9).

Sin embargo, con ello surgió simultáneamente el primer conflicto de intereses, puesto que los representantes se vieron entre su partido gobernante y su función como representantes de los intereses de su municipio, lo que en último término condujo a la dimisión de uno de los representantes. Muchos denominan a este proceso *politización* de la asociación de vecinos («se politizó», «ahí se metió en política»). Esta politización se ve preferentemente como algo negativo, significa intrigas y falta de transparencia; el municipio se siente excluido debido a este proceso. Así lo ve, por ejemplo, uno de los cofundadores de la asociación.

> Y entiendo que la gente de Mejoras del Valle que se metió en política al principio iban de buena fe. Pero tal y como está el sistema político no defiendes Mejoras del Valle. No defiendes lo necesario para Turón. Defiendes lo que te va a decir un partido político (Inttur. 6).

A partir de este instante Mejoras comenzó a perder la aceptación que había tenido en el municipio. En las conversaciones con los entrevistados llama la atención el hecho de que en las opiniones manifestadas sobre Mejoras del Valle se diferencia fundamentalmente entre la asociación «antigua», queriendo referirse a la época que hemos descrito de gran compromiso y muchas mejoras, y la asociación actual.

> Es una entidad que en un momento dado merecía mucho, hoy no me dice nada. Era una asociación de vecinos grandes del valle de Turón, se trabajó y se tuvo muchísima importancia (Inttur. 45).

La «politización» de la asociación podría ser una de las razones para su pérdida de prestigio. Otras de las razones podría estribar probablemente en que ya había agotado sus posibilidades de actuación y que ya no le restaban otros campos de actuación. Así, el nuevo presidente de la asociación explica:

> Ya no era necesario. No sé cómo explicar el que no sea necesaria. Las cosas funcionan o tienen utilidad y entonces funcionan cuando son necesarias, sino siguen teniendo utilidad potencial pero no funcional. ¿Y por qué no eran necesarias? Porque había cosas que hacer y había gente con voluntad de hacerlas. Cuando los planteamientos que se hicieron y las acciones y las metas que se habían planteado al principio terminaron, los planteamientos cambiaron, San Francisco no se podía hacer, era una necesidad nueva, que no se podía hacer, agarrar pico y pala, porque no, porque había que hacer unos planes, hacer una serie de gestiones y había que … no se podía hacer (Inttur. 22).

Lo que significaba, que la asociación, con sus patrones de actuación tradicionales, ya no podía llevar a la práctica los cambios necesarios; por ello se volvió inactiva e «inútil» a los ojos de los habitantes, por lo que perdió prestigio.

VII.7. EL CIERRE DE LOS POZOS

Como ya hemos mencionado las personas encuestadas percibían de forma muy selectiva la crisis. Por una parte se cree que la crisis de la hulla ya existía en los años sesenta; por otro lado no se quería o no se podía imaginar ni por asomo que los propios pozos también se verían afectados por el declive de la hulla. En el marco de las huelgas de carácter regional contra los planes de paralización de HUNOSA, en 1986 pararon también los obreros en los pozos de Turón. Las tiendas, los restaurantes y bares también permanecieron cerrados durante un día. Después de esta fase en Turón mismo no se produjo ninguna protesta más.

Fue precisamente la juventud, que se encontraba en el inicio de su vida profesional, la que notó más intensamente la política de ajuste de la empresa. Desde los años ochenta, ya les resultaba cada vez más difícil encontrar un puesto de trabajo en la mina. Y dado que los estudios universitarios tampoco ofrecían ya una garantía de un puesto de trabajo y que además no existía ninguna alternativa a la mina, se hizo más palpable aún el déficit existente en cuanto a posibilidades de formación en carreras de nivel medio u otras profesiones técnicas. Aun cuando este grupo era el más intensamente afectado por el desempleo, no era un hecho constatable. En este caso la familia asumió una importante función de amortiguador, de forma que los jóvenes parados o amenazados por el desempleo no acabaron en la calle ni dependiendo la mayoría de ellos de las ayudas sociales y los reducidos subsidios de desempleo, sino que permanecieron en la casa paterna que ofrecía aún la seguridad de un sueldo fijo o la de una renta relativamente alta del padre. De forma que en Turón es completamente habitual que un desempleado de treinta años viva en la casa de sus padres, junto a su cónyuge o sus hijos, y que viva del sueldo del padre. Aquí no se planteaba la posibilidad de que los padres pudieran negar a los hijos este apoyo, como es bastante habitual en otros países. Así uno de los jóvenes dice:

> Es que es imposible echar a un hijo de casa (Inttur. 2).

La vinculación con la casa paterna no está condicionada sólo por el desempleo de la juventud y por la debilidad de la asistencia social pública. Tanto aquí como de manera muy particular en las regiones rurales y las pequeñas ciudades continúa siendo habitual vivir en la casa paterna hasta el día de la boda. La desvinculación tardía de la casa paterna es un componente de la cultura española al que se hace honor precisamente en la actual situación de crisis.

Sin embargo, no todos consideran positivo este hecho, y algunos piensan que la seguridad que ofrece la casa paterna favorece la comodidad de los jóvenes, puesto que en el fondo no tienen que preocuparse por su situación financiera. Este tema es objeto de frecuente controversia y debate tanto entre los jóvenes como entre los adultos. Así, por ejemplo, un joven desempleado de dieciocho años opina:

> Aquí lo que hay son viejos con buenas pagas. Entonces a los hijos no les hace falta de comer, no les hace falta de vestir, no les hace falta para salir. Y la mayoría de los hijos son unos huevones, que les gusta estar ahí sentados y mi papi me lo paga. Es que esa gente no pasó hambre (Inttur. 3).

Una joven mujer casada que vive independientemente con su marido y su niño pequeño y que limpia fuera de casa para ganar un sueldo adicional al salario de su marido dice:

> O gente que está en casa muy a gusto, si estuviese soltera con mi madre, tampoco hubiese tenido que quitar la mierda de nadie... (Inttur. 4).

Un obrero argumenta que la juventud de las cuencas mineras, en contraposición a las de otras regiones de España, nunca ha visto amenazada su existencia, y que por ello tampoco ha visto la necesidad de tenerse que preocupar de su sustento.

> Al joven que se queda en casa o eso, es que, que lo tiene todo. Entonces un joven que vea necesidad de estudiar, bien porque se pase mal en casa o bien porque le falte algo, pues estudiaría. Yo siempre digo: fijaros en la gente de Castilla, de León. Yo conozco mucha gente de León y tal. Yo digo, casi todos, el más tonto es abogado. Casi todos estudian ¿por qué? porque en la familia lo pasaban bastante mal (Inttur. 10).

Las voces que están en desacuerdo con esta opinión y que no responsabilizan a los jóvenes de su situación son mucho menos numerosas.

En 1992 se cerró en Turón el segundo de los últimos tres pozos en funcionamiento, y los trabajadores de los pozos San Víctor y San José fueron desplazados a otros pozos o prejubilados. Como en breve debía cerrarse también el último pozo (Santa Bárbara), se alzaron algunas voces que defendían una «salvación» de Turón. Representantes de partidos políticos, sindicatos y diferentes asociaciones fundaron una plataforma que representaba a todo el municipio y que era sostenida por ellos. En diferentes grupos de trabajo se formularon propuestas de solución que intentaban contribuir a frenar el declive. También Mejoras del Valle, cuya presidencia estaba formada por un grupo de personas nuevas (el presidente era un médico, y el vicepresidente un maestro), estaba representado en esta plataforma. En el acto de fundación participaron aproximadamente quinientos miembros del municipio, lo que da una idea del interés existente por las cuestiones relativas a la situación del valle. Por una parte los grupos de trabajo formularon reclamaciones importantes, como el enlace directo de Turón a la autovía, la construcción de viviendas sociales. La liberación de suelo de uso industrial por parte de HUNOSA, para poder atraer a pequeñas y medias empresas, y un taller de formación para los jóvenes. Por otro lado, también se presentaron algunos proyectos de carácter eminentemente folklórico y dudosa rentabilidad, como por ejemplo, un tren museo que atraviese el valle como atracción turística, la concentración de productos agrícolas (castañas, manzanas, cultivo de setas en las galerías, ganadería) o convertir a Turón en centro de la moda de la región. Justo antes de las elecciones vinieron representantes del gobierno regional prometiendo diferentes proyectos para el valle, como una fábrica de tejas que finalmente acabó construyéndose en otra localidad. Esta decisión del gobierno de la mancomunidad regional da motivo a especulaciones en el sentido de que los políticos locales de la otra localidad han hecho valer su influencia para imponer esa decisión. Así dos habitantes del valle dicen:

> El único sitio que cierran todos los pozos, que no queda un pozo, es aquí. (…) Porque en otros sitios tienen; por ejemplo, en Sama el jefe de la UGT, el Villa, y es el jefe, y es de allí, *ye* el amo en Oviedo del PSOE, un sindicalista; era un tractorista, y *ye* el que manda en Asturias, con eso está todo dicho. El que manda en Asturias ¿eh? (Inttur. 24).
>
> Es que por encima de los concejales hay otra fuerza mayor, que está el señor Madera, que debe ser director de HUNOSA, que es de ese pueblo concretamente, de Aller, y es un alto cargo en HUNOSA, no sé si es director o vicedirector. Probablemente sea eso. Yo no soy experto en ello, pero los que tienen conocimiento dicen que sí (Inttur. 34).

El convencimiento de la gente de que las decisiones de política económica dependen fundamentalmente de la influencia personal de determinados políticos se ve reforzado por las experiencias tenidas en el pasado, cuando debido a las buenas relaciones personales a alto nivel y a la política paternalista de la empresa se consiguieron muchas cosas para el valle. Así, un jubilado nos dice:

> Si Villa fuera de Turón, no cerraban ninguna mina. (…) Sí, pero cada uno tira para lo suyo; si hubiera sido por Felgueroso, que era el presidente que había aquí de HUNOSA, que quería mucho a Turón, en Turón no se cerraban, hombre, podían a lo mejor cerrar alguna mina por ahí, pero por lo menos un par de pozos quedarían hoy. Claro, cada uno tira para su pueblo (Inttur. 24).

E incluso el segundo alcalde de Mieres llora los tiempos pasados en que las empresas se involucraban por el bienestar de los municipios.

> Yo creo que el que nos haya faltado en Turón, por ejemplo, algún director que quisiera un poco a Turón..., nosotros lo tuvimos, aquí hubo un señor que se llamaba Fernández Felgueroso, que fue alguien que miró por Turón y que le tiraba el pueblo; entonces yo creo que hubiera, de haber estado él, hubiera planificado con tiempo Turón, al menos ahora seguiría existiendo, igual que existe Aller o existe una pequeña parte de Mieres o Langreo. Turón seguiría existiendo yo creo, porque él siempre decía que Turón tenía carbón para sesenta años. (...) No hubo alguien que nos quisiera un poco (Inttur. 23).

Como se cree que sólo el que tiene poder e influencia puede conseguir cambios, se hunde la confianza en la capacidad de los propios políticos, dado que ni siquiera tienen influencia a nivel municipal. Esto confirma una vez más la sensación, mantenida durante décadas, de ser ignorados por el gobierno de la mancomunidad.

> El problema que tiene Turón es el problema de puestos de trabajo, y los puestos de trabajo no se han dado porque no; lo primero que se pidió, que fue un acceso directo a la autopista, no se concedió porque tienen que estar no sé qué metros uno de otro. Sin embargo, pues en Mieres tienen dos apegados, a doscientos, trescientos metros hay dos entradas a Mieres (Inttur. 35).
>
> Es como para todo. Es como, por ejemplo, iban a poner aquí pues lo de corte y confección. (...) Vienen y dicen: No hay sitio. ¿No hay sitio? ¡No! Lo tienen. Lo que pasa es que no les interesa, porque cuando a lo mejor aquí tienes a seis personas que te van a hacer ese curso, lo montas en Mieres, y en vez de seis personas tienes veinte y tantas o treinta y tantas. ¿Dónde merece más la pena? Pues ahí (Inttur. 4).

No obstante, aun cuando efectivamente la influencia y el poder sean necesarias para atraer importantes decisiones de política económica, sigue predominando una idea irracional respecto a las posibilidades de actuación política de los políticos locales, municipales y regionales. Se está convencido de que los representantes locales no defienden los municipios porque no pueden verse los resultados, es decir, porque todos los pozos están cerrados. Esto muestra lo poco realistas que son las expectativas que la población deposita en los representantes locales y en el gobierno municipal. Así, por ejemplo, el segundo alcalde de Mieres opina:

> Lo que ocurre es que no tenemos el poder que se nos atribuye (Inttur. 23).

Algunos van incluso más lejos y atribuyen el «fracaso» de los ediles municipales a su falta de formación, negándoles de paso su competencia política.

> Y un minero no puede estar en la televisión, y no puede estar de alcalde de Mieres porque no está preparado. ¡Y estamos gobernados por gente así, chaval! ¿Cómo que no? ¡Si

aquí en Turón nos está gobernando un señor que es patatero! Puede estar preparado como cualquier persona, pero sabes que es mentira. No saben hacer una 'O' con un vaso la mayor parte de los sindicalistas ¡Que no! (Inttur. 3).

Aquí se hace patente lo importante que es la educación a ojos del pueblo. La educación no es sólo, como se ha constatado más arriba, un medio de promoción social y de escapar de la vida del minero, sino que sirve también como legitimación para pretensiones de poder y liderazgo.

A medida que Mejoras del Valle recuperó su actividad, asociación de vecinos, y se inmiscuyó en la política de gobierno y en la política de las empresas, adquirió un componente político y se distanció de la política de la asociación dirigida hasta entonces por la «vieja guardia». Esto significó un rechazo consciente de la relación paternalista que esta vieja guardia había cuidado respecto a la empresa, y se comenzó a criticar la política empresarial de forma muy particular por cuanto respecta a la explotación a cielo abierto. Esta postura crítica condujo a que HUNOSA suprimiera todos los anteriores privilegios concedidos a la asociación (p. ej., suministro de electricidad y agua gratuitos en los locales de la asociación). La « vieja guardia» no vio con buenos ojos este giro en la política de la asociación. El nuevo vicepresidente declara:

La realidad fue evolucionando y entonces imponíase otro tipo de estrategia claramente de actuación. Es decir ante esta situación última tan grave de declive, de cierre de todos los pozos, lo más urgente era organizarse en torno a esa situación. Entonces hay un cambio sustancial, pienso yo, entre la forma de hacer de la directiva anterior, que se planteaba cosas muy concretas. Eso tan urgente y tan necesario pues ya no era lo más apremiante. ¿Qué pasa? que nos encontramos con que ellos desde luego tuvieron el apoyo, porque supieron hacerlo, el apoyo de la empresa; la empresa tenía otra política; la empresa, desde luego, cuando nosotros acudimos a la dirección de Mejoras del Valle, ya tenía el rumbo totalmente cambiado en cuanto a la política social, por ejemplo, de la empresa. La empresa ya venía aquí a cerrar y entonces todo lo que suponía gastar un duro en mejoras sociales eso ya estaba descartado completamente de la política de HUNOSA. Y nosotros encontramos que incluso, pues eso, cuestiones como decir: pues, oye, pues esto que es vuestro que está quedando, esta casa que está quedando en la ruina podría venir bien para un local social de una asociación juvenil o cultural y nada. O sea, cerrados en banda, o sea, quiero decir que ni a eso accedían (Inttur. 9).

Cuando en 1993 se tuvieron noticias del cierre planeado del último pozo (Santa Bárbara), se realizó una espectacular marcha de protesta desde Turón a Mieres en la que participaron cerca de tres mil personas. Esta marcha debió realizarse exclusivamente en nombre de Mejoras, para dirigirse a todo el municipio y no sólo a los simpatizantes de un partido político o sindicato. En todo caso, los representantes de CC. OO. se arrogan el mérito de haber sido los auténticos iniciadores de la protesta.

> Entonces fuimos nosotros los que iniciamos todas las movilizaciones (...), si no, por ellos mismos, se hubiera cerrado Santa Bárbara como San José y San Víctor. A tomar por saco. A llorar un poco «quedamos sin nada», pero de ahí no pasan (Inttur. 12).

Después de esta marcha, a la que no siguió reacción alguna ni por parte del Gobierno ni por parte de la empresa, volvió la tranquilidad al valle. A lo largo de un año no se produjo ninguna otra campaña. Cuando se selló definitivamente el cierre de Santa Bárbara, algunos representantes sindicales del pozo se unieron en una protesta dirigida especialmente contra la propia dirección sindical que había suscrito el cierre de Santa Bárbara. La población no reaccionó a esta protesta con el apoyo que esperaban los obreros.

Esta desunión es un indicativo de una escisión dentro del municipio de Turón. En la mente de las gentes ya se ha producido una separación entre el pozo y el municipio. Antiguamente la plantilla de los pozos era un componente integral del municipio, puesto que todos los obreros vivían en el valle. Con el tiempo se convirtió casi en un cuerpo extraño, ya que una gran parte de los obreros tenía su puesto de trabajo en Turón, pero no su residencia. Así lo describe también el secretario general del PSOE de Mieres:

> Hay que tener en cuenta que de los trabajadores que viven en Turón no representan ni el 20%. (...) El 31% de los trabajadores que trabajaban en el pozo San José venían de Gijón, por ejemplo. (...) Del taller que tenía aproximadamente una plantilla de ciento treinta o ciento cuarenta personas, en Turón vivían siete (Inttur. 25).

Las pocas protestas que se produjeron contra los cierres de los pozos provinieron de los propios representantes sindicales de los pozos, que mayoritariamente no vivían en el valle y que apenas tenían relaciones estrechas con la población. Utilizaron la infraestructura vecinal existente, en concreto Mejoras del Valle, para involucrar activamente en esta protesta a la población, lo que ciertamente consiguieron de forma puntual. Sin embargo, la población misma, cuyo criterio de «éxito» de las movilizaciones continúan siendo las grandes huelgas de los años sesenta y setenta, cree haber fracasado por no haberse mantenido unidos como municipios y haber luchado.

Finalmente, en puertas y ventanas de todo el valle se colgaron crespones negros sobre paños verdes en señal de luto, y una versión de pequeño formato se llevaba colgada en la indumentaria, con lo cual termina el capítulo del «Turón industrial».

VII.8. CAMBIO SOCIOCULTURAL

En el transcurso de su historia el municipio de Turón ha desarrollado una identidad propia. Puede caracterizarse a este municipio como un grupo de personas:

> (a) que dispone de experiencias comunes invertidas a lo largo de la historia por cuanto a tradición sedimentada se refiere,
>
> (b) que se distingue por la conciencia de su unidad, el denominado sentimiento de pertenencia a un grupo, así como por los correspondientes mecanismos de delimitación o segregación,
>
> (c) que posee patrones de actuación socioculturales comunes estables y peculiares (Giordano, 1981, p. 182).

Con el declive de la minería, es decir, con la desaparición del fundamento existencial de la economía, se produce una progresiva disolución de esta identidad. Para detener este proceso de disolución se apela a la memoria colectiva, se despierta la «experiencia común invertida a lo largo de la historia». A continuación vamos a analizar las rupturas objetivas de la estructura municipal y las rupturas subjetivas de la percepción que tiene el valle de sí mismo.

La vida giraba en torno a los pozos no sólo en el aspecto económico, sino también en la distribución territorial. Los pozos eran el centro del municipio y estaban íntimamente unidos a él. Con el tiempo varió la composición de la plantilla. Gran parte de la misma ya no era de Turón y tampoco vivía allí. Por otro lado, también había muchos obreros de Turón que estaban empleados en otros pozos fuera del valle. Un rasgo significativo de éstos son las repercusiones para las fiestas locales, como indica el presidente de CC. OO. de Mieres:

> Las últimas fiestas del Cristo ya se notó la falta de...en Turón de la última fiesta del Cristo ¿qué notamos? ... El día 14 no se trabaja. Pero ¿qué notamos?, que los turoneses, como ya no trabajan en Turón, como ya están en otros pozos o están en otros sitios, tenían que ir a trabajar ese día, porque donde ellos trabajan no es fiesta local. Los turoneses que fueron trasladados para Santiago del Aller, pues, fiesta local será cuando sea la fiesta local de Santiago Aller. Entonces el día del Cristo ya no es la fiesta de ellos. Y antes sí, cuando Turón paraba, las minas de Turón paraban, como había muchos trabajadores de Turón, pues ese día Turón sería un ambiente de fiesta (Inttur. 14).

Esta mezcla tuvo por consecuencia que la estrecha vinculación existente originalmente entre pozos y municipios se disolviera. Y además, la sensación de no formar ya una unidad se vio intensificada por la tendencia general al individualismo.

> Yo creo que hoy en día, que la gente, sobre eso particular y sobre la minería, no se lucha en conjunto, cada uno mira para lo de él. (...) Me parece que la gente estaba más unida que ahora. (...) Ahora está cada uno en su casa. (...) Estamos a nivel de ciudad, que esto que ves al vecino, si lo encuentras en el ascensor (...) (Inttur. 5).

Estrechamente unido a este fenómeno es la creencia en la pérdida de solidaridad. La identidad de grupo de los mineros asturianos está marcada por la solidaridad y la combatividad. La solidaridad se manifestaba por un lado en el trabajo dentro de los pozos, pues en los momentos de peligro, los obreros dependían de la ayuda mutua. Este sentimiento de solidaridad se ha mantenido todavía, como han demostrado los recientes accidentes.

Pero el concepto de solidaridad también se ha utilizado relacionándolo con las antiguas huelgas de varios meses de duración, para las que era necesaria una fuerte cohesión del municipio. Estas huelgas se comparan con las actuales, y como estas últimas no han tenido precisamente ningún éxito en relación con los cierres de los pozos, se declara que el fracaso se ha debido a la falta de solidaridad.

> No las luchas, las huelgas que yo vi de aquella, de decir un mes, dos, tres, sin entrar a trabajar, como si te morías de hambre (Inttur. 7).
>
> Yo creo que las huelgas de los paisanos, como digo yo, para mis padres, fueron con más compañerismo que las nuestras (Inttur. 8).

Y al actuar así no piensan que han cambiado las exigencias de los huelguistas. Antiguamente las exigencias se dirigían a obtener sueldos mayores, mayor seguridad bajo tierra, a la reducción de la jornada laboral e incluso a reclamaciones de corte político. Hoy día las huelgas continúan siendo un medio eficaz para imponer exigencias específicamente laborales. Y hoy se quiere impedir con ello los cierres. Los mecanismos que han funcionado durante casi un siglo deben seguir funcionando. Aun cuando se entienda que el país debe atenerse a las normas de producción prescritas en Bruselas debido a la integración de España en la CE, se sigue objetando que los cierres habría que haberlos impedido con más huelgas y movilizaciones. No se cuestionan las huelgas como medio de imposición de intereses, sino que se declara el «fracaso» por la falta de combatividad y solidaridad, por el consumo forzado y la individualización de la sociedad.

Podría considerarse una ironía del destino el hecho de que antiguamente fueran precisamente las empresas quienes pretendían motivar a los obreros a «invertir de forma fija» su salario, para de esta forma aumentar su dependencia del salario y reducir su combatividad. Hoy sucede que los obreros se endeudan hasta tal punto suscribiendo créditos que ellos mismos creen no estar capacitados para soportar huelgas prolongadas.

En este contexto también desempeña un importante papel el cambio de actitud respecto a los sindicatos. Los obreros no sólo se sienten mal representados por los líderes sindicales, sino en parte incluso traicionados por ellos. El hecho de que los dirigentes sindicales regionales suscribieran el cierre de los pozos ha sido considerado como traición por muchas personas. Y al defender esta opinión no se piensa que gracias a las negociaciones y a la presión de los sindicatos los cierres no han desembocado en una catástrofe social, sino que han ido acompañados de un seguro financiero para cada trabajador. Tampoco existe ya la fe en la legitimación política de los sindicalistas, toda vez que existe el convencimiento de que éstos sólo se preocupan de su propio provecho.

> ¿Y qué hicieron? Pues vender al trabajador, y punto. Ellos conservan sus puestos, ellos conservan sus pagas, sus pisos y sus coches, y lo que le pasa a la gente les interesa un pito (Inttur. 2).

Ahora se produce un distanciamiento de los sindicatos que a lo largo de la historia han marcado y caracterizado de forma decisiva los patrones colectivos de pensamiento y de acción de la comunidad minera.

Otro punto de ruptura debe buscarse en el propio trabajo. El trabajo en la mina tiene un valor que fomenta la identidad: el carbón siempre fue evaluado como un producto valioso porque era necesario para el crecimiento económico. Esto hacía crecer también el sentimiento de autoestima de los obreros, que se identificaban con el producto altamente apreciado de su trabajo. Pero no sólo era importante el valor de mercado del carbón: también lo era el intenso esfuerzo y el alto riesgo que era necesario correr para extraer estas riquezas naturales lo que proporcionaba al producto un elevado valor. Actualmente el carbón ha perdido valor dado que cada vez es menos necesario y dada la carga económica que supone para el Estado. En consecuencia disminuye también el sentimiento de autoestima de los trabajadores. Baste recordar épocas anteriores en las que los obreros eran necesarios y respetados.

> Trabajar, trabajaron los de antes, ahora ya no se trabaja (Inttur. 5).
>
> También antes se miraba de otra manera. Eras minero y era un orgullo ser minero para la gente. Salías afuera, salías a Asturias, salías a Galicia, y te decían: ¡Hombre, minero! Ahora vas y te dicen: Bueno, minero. (...) Antes vivías dentro de la mina mucho peor, pero afuera eras un minero, no eras un cualquiera, ahora no, ahora eres minero y bueno, yo soy carpintero, ya no es como antes, la gente ya no tiene la misma mentalidad que antes. Ya ves, están cerrando todo poco a poco, y no se protesta (Inttur. 3).

Otro componente importante de la identidad minera era la transmisión de la profesión de padres a hijos. Un joven lo formula de la siguiente forma:

La educación, que si tu abuelo fue minero, tu padre es minero, tú quieres ser minero (Inttur. 2).

El relevo profesional efectuado por los hijos y la sensación de comunidad de destinos que hacía generar ya no existe, como cuenta un joven trabajador:

Vivíamos muy intensamente la vida de la mina, y yo creo que estábamos muy unidos, muy unidos. La vivíamos en casa, yo realmente la vivía en casa, al ser mi padre minero y tal, y después la vivías porque el tema que teníamos nosotros era siempre «pues mi padre trabaja en la mina», «somos hijos de mineros». Y estábamos continuamente hablando sobre la mina, que la desconocíamos. Pero una de las cosas que teníamos siempre en mente ¿no? era la mina, porque realmente sabíamos que vivíamos de ella, pues lo teníamos muy en mente (Inttur. 15).

Ahora la juventud tiene que redefinirse. Es cierto que se continúa viviendo en un municipio minero, que el padre, el abuelo y tal vez el bisabuelo, que también los parientes y conocidos fueron o continúan siendo mineros. Pero la juventud misma no tiene aquí ningún futuro. Sin embargo, sigue perteneciendo a este municipio y se define a través de él. Por un lado, porque no existe ninguna otra posibilidad de identificación, y por otro, porque precisamente en una situación de total incertidumbre y falta de perspectivas es cuando crece la necesidad de un asidero, y el sentimiento de pertenencia a una comunidad transmite la seguridad de un grupo con raíces ancladas en lo tradicional.

Los jóvenes que estudian en Oviedo y que, a excepción de la casa de sus padres, tienen muy poca relación con Turón, viven entre dos mundos. Se aferran a sus raíces en calidad de hijos de mineros, como por ejemplo un joven historiador que dice lo siguiente:

Yo tengo consciencia de clase obrera. Soy hijo de minero y lo llevo en la sangre (...). Cuando sales de Turón te das cuenta adónde perteneces (Inttur. 46).

O se confiesan abiertamente ciudadanos a caballo entre esos dos mundos, como por ejemplo este joven estudiante de derecho de veintiún años:

Es que son dos mundos. No perteneces ni a uno ni al otro. En Turón ya no te consideran de ahí y en Oviedo eres el de Turón (Inttur. 47).

Otro cambio es el que puede encontrarse en la relación entre la empresa HUNOSA y la comunidad. En los años setenta y principios de los ochenta HUNOSA no sólo intensificó su política social paternalista mediante más servicios (por ejemplo, residencias de verano, hogares de la juventud, residencias de pensionistas, excursiones, etc.). También un puesto de trabajo en HUNOSA significaba la seguridad financiera de por vida. Con la política de racionalización cambió también la política social, algo a lo cual ya había hecho referencia el vicepresidente de Mejoras (ver anteriormente). Después de los cierres de los pozos y de otras instituciones de HUNOSA, justo después de haber realizado inversiones millonarias, ha desaparecido la confianza en la empresa y predomina la sensación de haber sido abandonados a su suerte por ésta.

El cambio de actitud de HUNOSA respecto a la asociación vecinal Mejoras del Valle muestra que la empresa sólo estaba dispuesta a apoyar a asociaciones de este tipo que actuaran conforme a su política. La «nueva» asociación se ha colocado en posición opuesta a la empresa y ha intentado levantar un movimiento vecinal basado en las acreditadas formas de luchas de antaño (huelgas y manifestaciones). Esto diferencia fundamentalmente a la «nueva» asociación de la «antigua». Porque por un lado la «antigua» tiene que agradecer su gran éxito fundamentalmente al apoyo recibido de la empresa, cuando ésta se situaba aún completamente en la tradición de una política empresarial paternalista. Por otro lado, deseaba asumir la función de una organización con capacidad de movilización, algo que hasta entonces había sido tarea de sindicatos y partidos políticos. El hecho de que éste era un proyecto difícil lo afirma también el vicepresidente de Mejoras:

> Porque es más fácil posiblemente conseguir una cosa, digamos material, como es poner manos a la obra, y hacer, por ejemplo, una acera, ¿eh?, que tratar, no sé, de poner de acuerdo a todo un colectivo vecinal (Inttur. 9).

El hecho de que Mejoras ha tratado de actuar fuera de su ámbito de competencia es una opinión que un miembro de la sociedad da por seguro:

> Es bastante difícil Mejoras del Valle… que, por ejemplo, una asociación como la nuestra, que vamos a lo que vamos. Nosotros vamos a festejos, y vamos a hacer *fiestes*. El fin principal nuestro son *les fiestes*. Y yo pienso que abarcan muchísimo, aparte de *les mejores* propiamente *diches*, pues incluso ahora estuvieron involucrados en los temas estos de los cierres. Yo pienso que es muy difícil y que son muy criticados por eso (Inttur. 11).

En la actualidad gran parte de la población apoya a la asociación, que tiene la aspiración de representar al municipio.

La transición desde una asociación vecinal que dependía de la buena voluntad de la todopoderosa empresa, y que estaba fijada a una asociación independiente y autogestionada que tiene la elevada pretensión de movilizar de forma continuada a un municipio, actuando como una organización suprapartidista y «unificadora de los sindicatos» y ejerciendo con éxito la presión política mediante esta movilización, no ha sido coronada por el éxito.

El tiempo mostrará, dependiendo de cómo se modifique Turón, si este municipio permanecerá con vida o si desaparecerá como otros cientos de ellos en Europa. Actualmente (al principio de 1996) un gran número de asociaciones se ha reunido para conseguir que Turón sea declarado monumento cultural de la minería. Se quiere hacer historia viva a partir de la historia (cfr. NE, 4.12.1995) para superar el futuro.

Capítulo VIII

Gijón en el declive industrial de Asturias

Por Rubén Vega García

VIII.1. LA CIUDAD

Dentro de Asturias, Gijón constituye el más importante centro industrial y la mayor concentración urbana, acogiendo a casi una cuarta parte de la población asturiana. Cabeza de una reducida comarca, cuenta con el principal puerto y alberga a buena parte de la industria regional. Por su tamaño y su condición de ciudad obrera y fabril, tradicionalmente su identidad ha presentado rasgos que la contraponen a Oviedo, segundo núcleo más poblado, capital administrativa y sede preferente de la burguesía. La base industrial en que históricamente se ha asentado su desarrollo ha sufrido una constante erosión, sin que el crecimiento del sector terciario haya permitido compensar sus efectos.

Desde finales de la década de los setenta, la ciudad sufre un proceso de declive que ha llegado a adoptar, en algunas fases, caracteres de verdadero desmantelamiento, generando fuertes tensiones sociales. Sectores como el textil o la industria del vidrio prácticamente han desaparecido, mientras que la siderurgia, los astilleros, las industrias metalmecánicas y de transformación, así como una pléyade de talleres y empresas auxiliares o dependientes de las anteriores sufrieron una constante regresión. Frente a este retroceso, las alternativas generadoras de empleo han procedido fundamentalmente del despegue de la oferta turística, casi inédita hasta los años ochenta, y del crecimiento de los servicios gestionados por el Estado, tales como enseñanza, sanidad o administración pública.

Compartiendo las líneas generales que caracterizan a la declinante economía asturiana, Gijón presenta, tanto por la especificidad de su proceso de industrialización como por sus presentes estructuras, diferencias apreciables respecto al conjunto regional y a cada una de las restantes comarcas industriales. Con ser importante, la incidencia de la empresa pública nunca ha llegado a alcanzar niveles equiparables a los de Avilés o las cuencas mineras. Destaca igualmente la mayor diversificación de sus estructuras socioeconómicas, que no aparecen tan marcadas por la dependencia de un monocultivo. Aun estando presentes la minería y, sobre todo, la siderurgia, resulta igualmente apreciable el peso de otras actividades tales como la construcción, astilleros, industrias transformadoras del metal y de alimentación. El tamaño de la ciudad ha permitido, a su vez, sostener un sector servicios de cierta entidad que en el período más reciente ha conocido un notable crecimiento.

Por su configuración socioeconómica, Gijón ha presentado, a lo largo del siglo XX, un carácter de ciudad obrera que no ha impedido el asentamiento de una burguesía local y de capas intermedias. En una región en la cual un poderoso movimiento obrero ha sido hasta el presente hegemónico, la relativa complejidad de su estructura social le ha conferido una fisonomía más plural desde el punto de vista sociopolítico, comparada con unas cuencas mineras extremadamente homogéneas y una capital cuyo carácter burgués y administrativo la aísla del resto.

En el pasado, la ciudad constituyó uno de los dos focos de irradiación del movimiento obrero asturiano, caracterizándose por el predominio anarcosindicalista frente a la hegemonía socialista en las cuencas mineras. Tras el largo paréntesis de la dictadura franquista, la llegada de la democracia ha proporcionado, en todas las convocatorias electorales, una mayoría de izquierdas. El Ayuntamiento se encuentra regido por un alcalde socialista que gobierna con el apoyo de la coalición Izquierda Unida.

La referida diversificación de la actividad industrial ha revertido en un movimiento obrero plural en sus tendencias y expresiones, lo que organizativamente se ha traducido en una mayor fragmentación. Aparte de los dos sindicatos mayoritarios (CC. OO. y UGT), tanto la USO como las dos ramas escindidas del viejo tronco anarcosindicalista (CNT y CGT) cuentan en Gijón con su principal —cuando no casi exclusivo— asentamiento dentro de la región. El resurgir del movimiento obrero alumbraría además, en los años de la transición, una corriente radical encuadrada dentro de CC. OO. de Gijón hasta que, en 1981, se produzca una escisión que da lugar a un nuevo sindicato: la CSI.

El asociacionismo empresarial configurado tras la desaparición de las estructuras corporativas del franquismo ha dado como resultado la formación, en la comarca gijonesa, de organizaciones sectoriales de base local que han preservado hasta el presente su autonomía, con independencia de su integración o no en la cúpula patronal asturiana. Ciento cuarenta y dos empresas metalúrgicas, gijonesas en su amplia mayoría, se integran en FEMETAL, mientras que un número semejante de promotores, constructores e industrias auxiliares se agrupan en ASPROCON. Los pequeños empresarios de hostelería cuentan igualmente con su propia asociación, así como los comerciantes, un tercio de los cuales (1.150) pertenece a la Unión de Comerciantes de Gijón. Se trata de organizaciones altamente representativas que, salvo en el caso de los comerciantes, carecen de correspondencia en otras comarcas, donde los empresarios de estos sectores se adscriben directamente a estructuras regionales.

En cuanto a las fuerzas políticas, Gijón se distinguió, durante la transición, por la multiplicidad de partidos pertenecientes a la izquierda extraparlamentaria de orientación comunista. En sus diversas tendencias, la mayoría de estos grupos hoy desaparecidos encuentran en la ciudad un feudo donde adquieren presencia. También, desde la década de los setenta, Gijón ha proporcionado a los partidos asturianistas su primer asentamiento, desde el que han intentado, con éxito desigual, su extensión al resto de Asturias.

La persistencia de las rivalidades con la capital de la región no ha dado lugar a la aparición de formaciones políticas con una definición localista que hayan encontrado en este conflicto su razón de existir. El caso más notable, por haber alcanzado representación municipal en las elecciones de 1991 y por sostener un discurso que incide particularmente en la reivindicación de los intereses locales frente a una postergación centralista, viene dado por Unidad Gijonesa, grupo liderado por un exalcalde apartado de las filas del PSOE. En el seno de las formaciones mayoritarias se han padecido, no obstante, frecuentes tensiones internas en torno a la influencia que debía corresponder a sus secciones gijonesas en el marco regional.

Tanto en el terreno político como en un marco más general, con frecuencia, la búsqueda de una cooperación entre Oviedo y Gijón basada en las funciones complementarias que desempeñan ha cedido ante los enfrentamientos localistas. Más allá de una rivalidad que encuentra en el fútbol su manifestación más popular, las relaciones han estado marcadas por la endémica existencia de conflictos entre los afanes descentralizadores de Gijón y la resistencia ovetense a ceder a los mismos.

Desde el siglo XIX, las aspiraciones y los intereses de la ciudad han contado de forma permanente con un cauce de expresión en una prensa local de amplia difusión. Con una tirada cercana a los 27.000 ejemplares, *El Comercio*, decano de la prensa asturiana, constituye una auténtica institución sólidamente arraigada que ha servido durante más de un siglo como portavoz de las preocupaciones locales.

VIII.2. EL PASADO INDUSTRIAL DE GIJÓN

Surgida como núcleo de población fortificado en el siglo VI antes de Cristo y convertida en centro administrativo del territorio circundante bajo la dominación romana, la villa de Gijón desempeña un papel menor a lo largo de la Edad Media. La fundación de Oviedo como capital del reino astur y la canalización del comercio portuario a través de Avilés la dejan relegada —cuando no sufre una completa desertización— a un pequeño puerto de pescadores.

El lento crecimiento conocido desde el siglo XVI, en que la villa cuenta con unos escasos centenares de vecinos (Viejo González, 1986), dejará paso, en la segunda mitad del XVIII, a un apreciable desarrollo basado en la nueva carretera de Castilla, la mejora del puerto y la apertura del tráfico con ultramar. Se perfila entonces una orientación hacia las actividades manufactureras que ha de caracterizar en lo sucesivo la economía gijonesa, albergando a un número creciente de artesanos (Alvargonzález, 1977, p. 78).

> Tras el paréntesis bélico de la guerra de la Independencia, y coincidiendo con los comienzos de la explotación del carbón, la tímida potenciación de la infraestructura de comunicaciones de la época inmediatamente anterior comenzó a producir sus efectos, apareciendo algunos establecimientos fabriles que preludiaron la posterior funcionalidad de la ciudad. De 1822 data la creación de la Fábrica de Tabacos (...) y de 1844 la sociedad anónima La Industria, dedicada a la fabricación de vidrio con intervención de técnicos extranjeros, a la par que aparecía una industria alimentaria relacionada con el carácter de puerto de mar de la localidad: las conservas de pescado, que, en una parte importante de su producción, eran colocadas en mercados ultramarinos (Alvargonzález, 1982, p. 139).

El definitivo despegue de Gijón como ciudad industrial tendrá lugar en la segunda mitad del siglo XIX y aparece estrechamente ligado a su función portuaria como vía de salida de los carbones procedentes de la cuenca hullera central. El trazado de la Carretera Carbonera (1842) y del Ferrocarril de Langreo (1856) potencian al puerto local, estableciendo las bases que han de permitir el posterior desarrollo y diversificación de la economía gijonesa. Desde entonces, puerto y ferrocarril se erigen en los dos grandes factores de localización industrial, en un proceso que se consolida a partir de 1870 (Alvargonzález, 1982, pp. 142-143).

Junto a las sociedades comerciales y consignatarias de navegación, se irán asentando industrias que tienden a presentar como denominador común su elevado consumo de carbón, ya sea como materia prima o como fuente energética, y a las que el puerto proporciona una vía de salida. Tras la vidriera ya mencionada, destacan varias fundiciones, sendas fábricas de gas y de loza y, en especial, la factoría siderúrgica de Fábrica de Moreda y Gijón (1879), que permitirá dinamizar el sector metalúrgico.

Al igual que sigue ocurriendo actualmente, la debilidad del capital autóctono y los problemas de infraestructuras aparecen como principales limitaciones. La presencia de capitales y técnicos foráneos, en particular de origen francés y belga, será predominante en las principales inversiones acometidas en este período. En ellas, la débil burguesía local tiende a participar como socio minoritario, mostrando preferencia por las actividades comerciales o por industrias menos innovadoras y que exigen menores aportaciones de capital, como la de alimentación (Llordén Miñambres, 1994, pp. 19-23; Erice Sebares, 1995, pp. 312-314).

Pese a todo, el ritmo de creación de industrias se va acelerando progresivamente en el tramo final del siglo, experimentando un decisivo salto en torno al cambio de centuria. El proceso industrializador se distingue además por una notoria diversificación de las actividades. A este respecto, cabe destacar la aparición de una banca local entre 1899 y 1900 (García López, 1994, p. 254).

El desarrollo económico experimentado a lo largo del XIX conlleva un crecimiento demográfico, quintuplicando la población de la villa. El proceso de formación de un proletariado ha avanzado hasta el punto de que casi el 60% de los gijoneses (unos 16.000) son trabajadores por cuenta ajena, una cuarta parte de ellos mujeres, empleadas fundamentalmente en la fábrica de tabacos o en la industria textil y conservera (Barrio Alonso, 1982, p. 67; Alvargonzález, 1992, p. 288; Llordén Miñambres, 1994, p. 28).

Aunque numéricamente reducida, existe una élite de técnicos y trabajadores cualificados de la industria del vidrio, ferrocarriles y metalurgia de origen extranjero (Alvargonzález, 1977, pp. 47-50). La burguesía local cuenta igualmente con un significativo componente de empresarios foráneos, quienes, junto a los «indianos» que han hecho su fortuna en la emigración americana, representan una decisiva aportación que viene a paliar la debilidad de los capitales autóctonos. La articulación de sus intereses de clase encontrará las primeras expresiones en la edición, desde 1878, del diario *El Comercio* y el nacimiento de entidades patronales como la Unión Mercantil e Industrial (1896) y la Cámara de Comercio, Industria y Navegación (1898) (Alvargonzález, 1977, p. 35).

Por su parte, el movimiento obrero emprenderá, a partir de 1898, un rápido proceso de organización, dotándose de sus propios órganos de prensa y multiplicando las sociedades de resistencia. El paralelo ascenso de la conflictividad, resuelta con varias victorias obreras, moverá a los patronos a constituir su propia asociación. De inmediato, se plantea una prueba de fuerza (huelga general de 1901) saldada con la rotunda derrota del proletariado local. A raíz de estos acontecimientos, la debilidad organizativa y la agudización de las divisiones enmarcan el desplazamiento de las tendencias moderadas representadas por los socialistas en favor de los anarcosindicalistas (Barrio Alonso, 1988, pp. 22-49; Erice Sebares, 1994, pp. 236-237). A la larga, la huelga general acaba por resolver la hegemonía del movimiento obrero local:

> El anarquismo se consolidó en Gijón hasta alcanzar la práctica totalidad de las organizaciones obreras allí existentes, desplazando en su avance al socialismo que a partir de 1912 apenas pudo subsistir ante la mayoría ácrata (Barrio Alonso, 1982, p. 134).

El auge conocido en los años de cambio de siglo, que ha convertido a Gijón en el foco industrializador más vigoroso y diversificado de la región, carecerá, sin embargo, de continuidad en las décadas siguientes.

> La inadecuación del puerto y el desvío de los capitales locales hacia inversiones bancarias extrarregionales parecen ser causas principales. La siderurgia que hubiera podido desa-

Cuadro 1: **Gijón: evolución demográfica**

Año	Ciudad	Concejo	Incremento
1831	5.256		
1857	10.378	23.621	
1877	14.795	30.591	29,5
1887	14.978	35.170	15,0
1897	22.508	43.392	23,4
1900	26.600	43.392	9,6
1910	31.494	47.544	16,2
1920	36.210	55.248	4,2
1930	52.653	57.003	35,9
1940	72.053	78.239	29,5
1950	86.623	101.341	9,5
1960	92.120	110.985	12,4
1970	159.806	124.714	50,4
1975	208.724	187.612	26,4
1980	231.270	259.850	7,9
1986	235.045	258.291	-0,6
1991	236.623	261.228	1,1
1995	241.399	271.578	4,0

Fuentes: Ramón M.ª Alvargonzález, Moisés Llordén Miñambres y Servicio de Formación y Desarrollo Local.

rrollarse con el estímulo de las relaciones carboneras con Bilbao no pasó de sus comienzos y nació ya raquítica; tampoco la metalurgia de primera transformación ni la industria naval adquirieron el desarrollo posible, y así el impulso inicial se pierde a lo largo del siglo XX (Alvargonzález, 1977, p. 35).

No obstante, la pervivencia de la mayor parte de las industrias ya existentes y el constante aumento de los tráficos portuarios, junto a algunas nuevas creaciones en el marco de una cierta reactivación conocida en los años veinte, permitirán mantener la fisonomía básica de la economía local. «En 1932 tenía Gijón unas 190 fábricas y talleres que daban ocupación bien retribuida a unas 20.000 perso-

Gráfico 1: **Gijón: evolución de la población (siglo XX)**

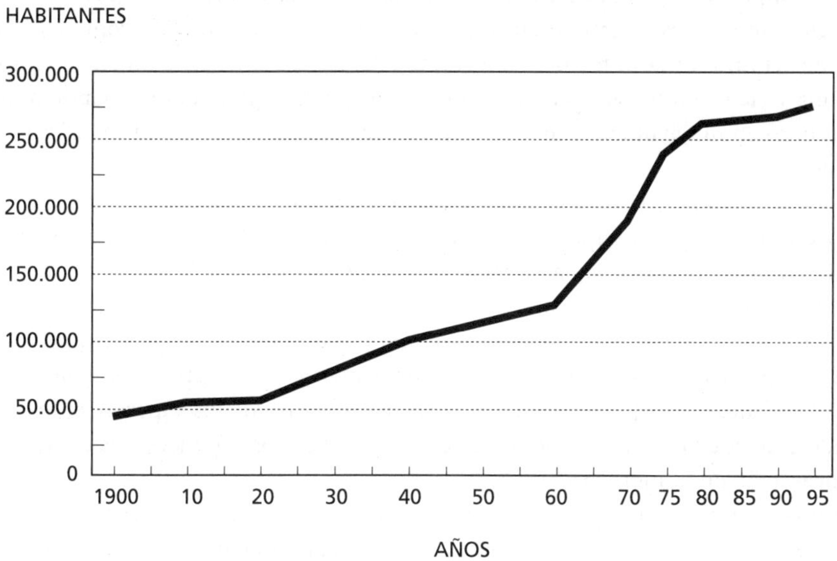

nas, pudiendo observarse una gran diversidad de actividades» (Fernández, 1986, p. 239).

Tras la guerra civil, el estancamiento económico preside las dos décadas siguientes. En la decisión estatal de afrontar la construcción en Avilés de una planta siderúrgica integral con capital exclusivamente público (ENSIDESA) radica el más importante revulsivo de la economía asturiana, lo que no dejará de repercutir sobre Gijón, favoreciendo la revitalización de un sector de la industria local.

Más directa será la repercusión de las nuevas instalaciones de la siderurgia privada asturiana (UNINSA), ubicadas en las inmediaciones del puerto de El Musel. A su lado, las ampliaciones portuarias, el auge de la construcción naval y la edificación de viviendas para albergar un masivo flujo de inmigrantes generan una importante demanda de mano de obra. Frente a la decadencia en que se ven sumidas las cuencas mineras, Gijón aparece como una comarca pujante que duplica el número de habitantes en el espacio de dieciocho años, superando el cuarto de millón en 1978, momento en que la expansión se ve interrumpida por los efectos de la recesión económica.

La procedencia de esta corriente inmigratoria se reparte entre el contingente venido de las cuencas del Caudal y Nalón —entre el que se encuentra un extenso núcleo de trabajadores siderúrgicos— y los procedentes de la Asturias rural o de otras provincias, en general carentes de la experiencia de trabajo industrial y de la tradición de movimiento obrero aportada por los primeros. En conjunto, su llegada comporta una sustancial transformación de la clase obrera gijonesa, que experimenta un acelerado crecimiento al tiempo que se rejuvenece y acentúa su masculinización. La nueva factoría siderúrgica demandará la aparición en su entorno de una serie de empresas auxiliares, a menudo satélites altamente dependientes de ella, pero en mucha menor medida supone un estímulo para la industria transformadora.

El resultado que arroja el ciclo expansivo de los años sesenta y primeros setenta presenta, como principal alteración de los rasgos tradicionales, un mayor peso de la empresa pública, dada la nacionalización sufrida por la siderurgia privada asturiana precisamente cuando ésta acaba de desplazar a Gijón su centro de gravedad. La burguesía asturiana consuma, en ese momento, un proceso de retraimiento que acentúa su debilidad hasta aproximarla a su desaparición como clase. En este contexto, Gijón acoge a una parte significativa de los supervivientes, contando con algunas empresas de reconocida calidad en sus producciones e importante presencia en el mercado.

En la coyuntura de rápido crecimiento y abundante oferta de trabajo atravesada en el decenio 1965-1974, la clase obrera gijonesa dará origen a un movimiento obrero sustancialmente renovado. En el plano organizativo, CC. OO. constituye la fuerza con mayor incidencia y capacidad movilizadora, si bien converge en la práctica con cuadros procedentes del obrerismo cristiano e independientes (Vega García, 1994 y 1995). La presencia de las organizaciones históricas (UGT y CNT) puede ser considerada como testimonial.

Los avances experimentados por el movimiento obrero gijonés presentan, en todo caso, un sensible retraso respecto a la dinámica de movilización desplegada desde 1962 por los mineros asturianos. No será hasta la década de los setenta cuando adquiera un desarrollo que lo sitúe a un nivel semejante al de las cuencas. El curso ascendente que ha seguido el movimiento obrero gijonés en las postrimerías del franquismo desemboca al fin en una auténtica eclosión de la conflictividad, muy generalizada e intensa en 1976 y 1977. En este año, Gijón se convierte en la ciudad con un índice de conflictos laborales más elevado de toda España (ElCom, 19.6.77). Las huelgas, que alcanzan a la práctica totalidad de las ramas productivas, presentan, en general, una dinámica asamblearia, con masiva participación de los trabajadores y una frecuente proyección en movilizaciones de calle, adquiriendo en ocasiones un cariz radical.

En los medios más preocupados por la inestabilidad se extiende un clima de marcado alarmismo. El diario local advierte en un tono dramático: «Asturias se encuentra al borde del colapso económico» (ElCom, 17.9.77). Acostumbrado a un marco político y de relaciones laborales que ha entrado en franca descomposición, el empresariado se ve desbordado por una nueva situación en la que el recurso a la tutela estatal y a las respuestas represivas ha perdido su eficacia. Las primeras reacciones de los organismos que tratan de articular los intereses de clase reflejan, por una parte, el clima de alarma reinante en ambientes patronales y, por otra, el deseo de buscar una salida negociada. En este contexto se producen los movimientos iniciales dirigidos a constituir asociaciones patronales que permitan superar la inferioridad en que, en el plano organizativo, se han visto repentinamente sumidos respecto a sus trabajadores. En la primera mitad de 1977 nacen la Unión de Comerciantes y la Asociación de Empresarios de Gijón.

VIII.3. EL PROCESO DE DESINDUSTRIALIZACIÓN

VIII.3.1. La irrupción de la crisis industrial

La combinación de entrada en una fase recesiva y fuerte presión reivindicativa por parte de los trabajadores será el marco en el que se produzcan los primeros síntomas del proceso desindustrializador que situará en primer plano nuevas preocupaciones. Los síntomas más visibles de la recesión económica, paro y regulaciones de empleo, permanecen contenidos durante 1977 para emprender luego un vertiginoso ascenso. Obreros industriales y de la construcción serán los primeros afectados, si bien las dificultades para acceder al mercado laboral con que se encuentran los jóvenes demandantes de primer empleo hace que éstos acaben por convertirse en el colectivo más numeroso.

La toma de conciencia del problema conlleva un considerable impacto psicológico. El brusco cambio de tendencia resulta especialmente traumático para una población cuya experiencia inmediata se caracteriza por la abundante oferta de puestos de trabajo.

> La expansión industrial y el crecimiento demográfico de aluvión moldearon a lo largo de los años una mentalidad social peculiar a la que (...) resultó sumamente difícil asimilar la crisis (González Corugedo, 1985, p. 423).

Los efectos de retraimiento que se derivan de una situación de crisis económica cada vez más manifiesta, unidos a los cambios experimentados por el contexto político, determinarán un progresivo descenso de los índices de conflictividad. Ha desaparecido, por otra parte, el carácter ofensivo que presentaban no pocos conflictos en 1976-1977, dejando paso a luchas centradas de manera creciente en la defensa de los puestos de trabajo o a una negociación colectiva que a duras penas trata de mantener el poder adquisitivo de los salarios.

Gráfico 2: **Gijón: paro registrado**

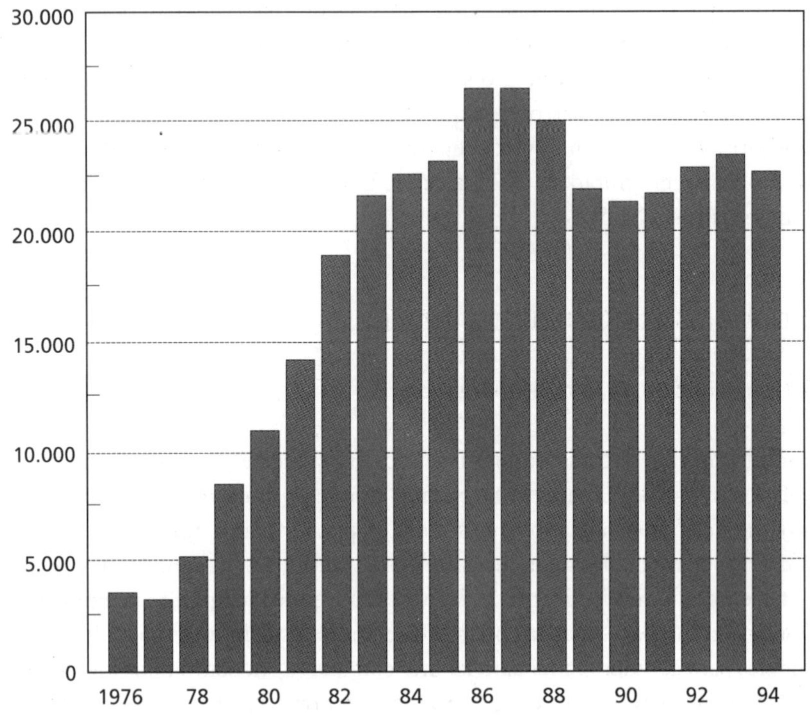

Fuente: INEM, datos a 31 de diciembre de cada año.

En esta fase inicial del proceso de desindustrialización, que abarcaría entre 1978 y 1980, las dificultades se hacen sentir con particular intensidad en la metalurgia y el textil, primeras ramas en verse afectadas por una cascada de cierres y reducciones. A su vez, la caída de la actividad en el sector de la construcción, que en dos años reduce en un tercio el volumen de empleo generado en la comarca, arrastra a sus industrias auxiliares: fábricas de productos cerámicos, cemento, forjados...

Al comienzo de la década de los ochenta, la crisis se extiende a la industria del vidrio y a las fábricas textiles de mediano tamaño, así como a nuevas empresas metalúrgicas. La reiterada aparición de conflictos centrados en la defensa del empleo, de duración extraordinariamente prolongada en ocasiones, y la salida dada a muchos de ellos resultan expresivos de cómo se ha extendido la conciencia de la gravedad de la crisis. En un mercado de trabajo cada vez más adverso, colectivos laborales poseedores de una experiencia y cualificación profesional elevadas tratan de aferrarse a sus empleos buscando la continuidad de la empresa aun a costa de importantes sacrificios.

En el metal, la crisis alcanza en un principio a pequeños talleres y a las compañías de montaje y subcontratas que, en los años previos, han proliferado en torno a las grandes empresas, extendiéndose muy pronto a algunas de las factorías más destacadas dentro de la industria local. Pero el problema afecta igualmente al núcleo mismo del sector, aun cuando no se manifieste todavía en términos de pérdida neta de empleo. Tanto ENSIDESA como los astilleros han interrumpido la tendencia al incremento de sus plantillas. Su redimensionamiento no resulta, en ese momento, posible. En el caso de los astilleros, recientes movilizaciones han conquistado la integración de un numeroso contingente de obreros pertenecientes a las compañías auxiliares. Su incorporación supone un aumento de las plantillas fijas, que se ven además notablemente rejuvenecidas. Con una experiencia de luchas victoriosas, configuran un colectivo muy homogéneo y extraordinariamente combativo. A su lado, los siderúrgicos, que hasta el final de la dictadura no se habían distinguido por su conflictividad, han irrumpido con relativa fuerza, protagonizando frecuentes movilizaciones en las que la iniciativa corresponde a los de la factoría gijonesa, frente a la mayor pasividad de los avilesinos. Su peso numérico los convierte, por otra parte, en soporte fundamental de las organizaciones sindicales.

A principios de los años ochenta, el proceso de desindustrialización ha ampliado su incidencia en la comarca y únicamente las grandes empresas —que en la siderurgia, astilleros y minería han mantenido sustancialmente inalterado su tamaño— permiten amortiguar sus efectos y diferir en parte los costes sociales. La economía asturiana en su conjunto ha incrementado su dependencia respecto a la industria pública, como resultado de la caída experimentada por el sector privado. Aunque en menor medida, Gijón participa de esta tendencia. Pero tanto la siderurgia como la construcción naval se encuentran abocadas a una reestructuración. La inquietud por el futuro que aguarda a estas industrias explicaría la magnitud alcanzada por la convocatoria sindical en defensa de la empresa pública que tiene lugar en enero de 1981 (Vega García, 1995, p. 141).

Las manifestaciones de conflictividad se intensifican a lo largo de 1982. Se prefiguran así las fórmulas de movilización social predominantes en los años sucesivos: acciones radicalizadas de los colectivos más directamente amenazados y convocatorias de paros generalizados de veinticuatro horas como expresión de protesta ciudadana contra el desmantelamiento industrial.

El destinatario de las reivindicaciones está siendo, cada vez más, el Gobierno. A menudo, las presiones ejercidas sobre los empresarios apenas han permitido evitar los cierres o ajustes de empleo excepto por la vía del trabajo asociado, produciéndose en cualquier caso el abandono del antiguo propietario y la búsqueda de apoyos desde la Administración para poner en marcha la nueva sociedad. Cuando se ha

Cuadro 2: **Empleo por ramas**

	1978		1994		Diferencia	
	N.º	%	N.º	%	N.º	%
Agricultura y pesca	2.539	3,1	2.424	3,1	-115	-4,5
Minería	2.075	2,5	1.193	1,5	-882	-42,5
Alimentación/bebidas	2.988	3,6	1.899	2,4	-1.089	-36,4
Textil	3.436	4,1	847	1,1	-2.589	-75,3
Madera	2.024	2,4	819	1,0	-1.205	-59,5
Artes gráficas	611	0,7	499	0,6	-112	-18,3
Químicas	937	1,1	721	0,9	-216	-23,0
Cerámica y vidrio	1.984	2,4	679	0,9	-1.305	-65,8
Metálicas básicas	7.195	8,6	3.989	5,1	-3.206	-44,6
Transf. metálicas	12.894	15,3	6.650	8,4	-6.244	-48,4
Agua y energía	899	1,1	588	0,7	-324	-37,9
Construcción	10.493	12,5	8.673	11,0	-1.820	-17,3
Comercio	10.496	12,5	15.501	19,6	5.005	47,7
Hostelería	3.287	3,9	6.107	7,7	2.820	85,8
Transporte/comunicación	5.160	6,2	4.741	6,0	-419	-8,1
Enseñanza y sanidad	4.800	5,7	8.050	10,2	3.250	67,7
Otros servicios	11.923	14,2	15.504	19,7	3.581	30,0

Fuente: SADEI. Elaboración propia.

producido la entrada de nuevos accionistas, ésta ha sido normalmente tutelada o inducida desde instancias políticas. Partiendo de tal experiencia se explicaría que la solución de los problemas de la industria privada se confíe más a la intervención de los poderes públicos que a la del capital privado. Esta tendencia se ve reforzada por la creciente preocupación generada en torno a la empresa pública y a las medidas de reconversión sectorial que se perfilan. El Gobierno central se convierte de este modo en interlocutor directo para el tratamiento de la crisis industrial.

VIII.3.2. Reconversión industrial y movilización social

A medida que avanza la década de los ochenta, la conciencia de estar atravesando una crisis estructural que afecta a los mismos fundamentos de la economía local

Cuadro 3: **Empleo por sectores**

	Agricultura/Pesca	Industria	Construcción	Servicios	Total
1978	2.539	35.043	10.493	35.666	83.741
1980	4.396	31.233	6.939	36.134	78.692
1982	2.257	29.107	7.005	37.456	75.825
1984	2.549	27.801	6.543	40.712	77.605
1986	2.369	24.073	6.881	43.728	77.051
1988	2.358	21.940	7.166	47.185	78.649
1990	2.223	21.707	8.883	48.710	81.523
1992	1.852	22.295	10.086	49.297	83.530
1994	2.424	17.854	8.673	49.903	78.854

Fuente: SADEI. Elaboración propia.

se va agudizando hasta generalizarse, provocando un clima de alarma social que termina por extenderse al conjunto de la población. La inquietud trasciende ahora a la clase obrera, alcanzando a sectores muy diversos, entre los cuales se distinguen por su adhesión a la protesta social los comerciantes. La reacción será expresada inicialmente en amplísimas movilizaciones, al tiempo que son abiertos focos de conflictividad obrera crecientemente radicalizados que han de prolongarse durante años, como reflejo de la desesperación dominante entre los colectivos en lucha por sus puestos de trabajo. El bienio 1983-1984 estará marcado por una escalada de movilizaciones callejeras de gran dureza que se combinan con el reiterado recurso a la huelga general, ensayada por primera vez con extraordinario éxito en enero de 1983.

El centro de gravedad de la crisis industrial se ha desplazado hacia sectores básicos, en los cuales la presencia estatal, como propietario de las empresas o como regulador de su actividad, resulta determinante. Los dos principales motores del desarrollo industrial de la ciudad en los años que preceden a la crisis, siderurgia integral y construcción naval, son sometidos a reconversiones, viendo reducido en un tercio su volumen de empleo. La posibilidad de concitar en torno a ellos respuestas de apoyo es elevada, tanto por la influencia de sus trabajadores en el seno de los sindicatos —verdaderos instrumentos de articulación de las protestas— como por la conciencia de que las consecuencias del ajuste afectarían a un extenso círculo de actividades más o menos dependientes.

En el caso de la siderurgia, los recortes de plantilla se saldan con jubilaciones anticipadas que permiten mantener en lo sustancial el nivel de ingresos de sus trabajadores. El proceso discurrirá en Asturias dentro de un clima de relativa tranquilidad, en contraste con el durísimo conflicto vivido en Sagunto. Mucho más traumática resultará la reestructuración naval, origen de las luchas obreras más largas y radicalizadas que haya conocido la ciudad. La resistencia de los trabajadores frente a la reconversión del sector naval genera el principal foco de conflictividad, al que se suman otras empresas amenazadas de desaparición, hasta el punto de convertir a Gijón en la ciudad española que registra mayor número de manifestaciones e intervenciones policiales a lo largo de 1983 (ElCom, 7.1.84). Al año siguiente, hasta cuatro huelgas generales —de seguimiento muy elevado la primera y cada vez más dependientes las sucesivas de la presión de los piquetes— paralizan la comarca.

La prolongación de los conflictos y la alteración de la vida ciudadana que están provocando no sólo termina por agotar la estrategia seguida a lo largo de 1984, sino que ha hecho aflorar divergencias crecientes, fracturando el amplísimo bloque social que había respaldado, en enero de 1983, la primera huelga general. Si ésta había contado con el respaldo unánime de fuerzas sociales y políticas, encontrando incluso la comprensión de sectores empresariales, a lo largo del año siguiente las divisiones se han extendido a diferentes planos:

— En los apoyos políticos obtenidos, con la oposición de los dos partidos mayoritarios (PSOE y AP) y el parcial cuestionamiento, en el seno de las propias filas comunistas, de las estrategias sindicales.
— Entre las organizaciones obreras que promueven la movilización y otras asociaciones, como la Unión de Comerciantes, que acaba expresando su incomodidad ante unas convocatorias que le son impuestas.
— Entre las distintas organizaciones sindicales, con los socialistas de UGT enfrentados al resto en defensa del Gobierno y con ocasionales fricciones entre CC. OO. y las centrales minoritarias.
— En el seno de una fuerza sindical como CC. OO., que sufre una crisis interna a causa de las posturas encontradas respecto a la violencia en las movilizaciones y a la estrategia a seguir.

En lo sucesivo, las huelgas generales de ámbito local no serán reeditadas y las manifestaciones no recuperan su carácter masivo en años. Cuando esto ocurra, las protestas tenderán a aparecer inscritas en planteamientos y movilizaciones de carácter regional, constituyendo la huelga general del 23 de octubre de 1991 el máximo exponente. Los conflictos laborales no dejarán, sin embargo, de estar presentes, dada la persistencia de un proceso de ajuste permanente que reduce en un 25% el empleo industrial entre 1983 y 1989 (SADEI, *La Renta…*; SFDL, *Observatorio…*). A las secuelas nunca definitivamente resueltas de la reconversión naval vienen a sumarse, desde 1987, nuevas empresas en crisis pertenecientes a sectores diversos. Las trabajadoras de Confecciones Gijón protagonizarán el más dilatado de los conflictos abiertos en este período, emprendiendo una desesperada lucha por conservar sus puestos de trabajo que se prolongará incluso más allá del cierre definitivo de la fábrica.

Debilitado el amplísimo consenso social expresado en los años precedentes y abandonada la fórmula de la huelga general como recurso último de la protesta ciudadana, subsisten movilizaciones obreras altamente radicalizadas, dentro de un contexto de mayor aislamiento pero no exento de apoyos. A este respecto, los trabajadores de astilleros evidencian una notable capacidad para trasladar sus problemas al entorno social y político. Si las luchas de las trabajadoras del textil, e incluso las de los siderúrgicos, tienden a desenvolverse dentro de un cierto aislamiento, las de los obreros del naval, que en su apogeo han llegado a nuclear las protestas desplegadas contra la crisis industrial en forma de huelgas generales, nunca dejarán de mediatizar la vida de la ciudad y de concitar la atención de instancias políticas locales y regionales.

Los trabajadores del sector naval reunían una serie de condiciones que explican la intensidad de su respuesta. En el momento en que se plantea su reestructuración, los astilleros gijoneses constituyen empresas de tamaño medio cuyas plantillas, muy cohesionadas en cuanto a su composición interna, se han mantenido estables durante una década. Su prolongada permanencia en el sector, junto a las condiciones de trabajo en los astilleros, determinan unos hábitos de cooperación que a menudo se extienden a unas relaciones personales trabadas tanto dentro como fuera de la jornada laboral (Vega García, 1993).

A lo largo de los años setenta, estos trabajadores se han erigido en núcleos de vanguardia dentro del movimiento obrero, protagonizando una intensa trayectoria de luchas de las que han extraído frecuentes experiencias victoriosas y una marcada conciencia solidaria. Este pasado reciente ha forjado pautas organizativas y reivindicativas basadas en la confianza acerca de la eficacia de las movilizaciones y ha dado lugar a elevadas tasas de afiliación. En su seno se ha configurado un numeroso colectivo de tendencias radicales que cuenta en la CSI con una expresión organizativa autónoma. Los barrios circundantes a los astilleros proporcionan, a su vez, un entorno favorable del que reciben un importante respaldo.

En estas circunstancias, se ven sometidos a una situación de permanente incertidumbre, siendo objeto de una serie de mensajes contradictorios, incluyendo la realización, desde instancias políticas, de promesas que serán incumplidas. Un sector, representado sindicalmente por UGT, optará por la inhibición, aceptando las condiciones ofrecidas, en especial cuando se trata de trabajadores de mayor edad, a quienes se abre la vía de las jubilaciones anticipadas. Por el contrario, el resto tenderá a desconfiar sistemáticamente de la reconversión y de los instrumentos de gestión de excedentes o reactivación económica a ella asociados, inclinándose mayoritariamente por una estrategia de movilizaciones con un alto grado de radicalización. Por esta vía buscan durante años forzar el cumplimiento de los compromisos de recolocación o la continuidad del astillero, incluso en contra de los propósitos de sus propietarios.

El éxito obtenido por los trabajadores de astilleros en la defensa de intereses inmediatos tales como el mantenimiento de los puestos de trabajo, la recolocación de excedentes o las condiciones de jubilación no ha dejado de ejercer su influencia en otros colectivos laborales sometidos a problemas similares. Como fruto de las experiencias extraídas del sector naval y de la orientación introducida por la CSI —a menudo presente en las movilizaciones en defensa del empleo—, reiteradamente ha sido puesta en práctica una estrategia sindical dirigida a buscar la implicación de instancias políticas en los problemas de las empresas amenazadas de cierre. Ayuntamiento y Gobierno regional se han visto involucrados de este modo en diversos conflictos de empresas privadas, actuando a veces como simples mediadores pero llegando, en ocasiones, a suplantar las funciones de unos empresarios poco o nada interesados en el mantenimiento de actividades que han dejado de ser rentables. La Administración autonómica terminará asumiendo —con resultados negativos— la gestión de Confecciones Gijón o encargándose de buscar carga de trabajo para el astillero Naval Gijón.

La intervención directa de las administraciones local y autonómica en la problemática industrial viene a reflejar una clara evolución de los papeles asignados a ambas respecto al comienzo de la década. Consecuencia, en el caso de las instituciones regionales, de la asunción a partir de 1983 de competencias en materia económica, puede advertirse un progresivo incremento de la demanda social dirigida en este sentido tanto al Gobierno asturiano como al Ayuntamiento. En el período de las huelgas generales de 1983-1984, las reivindicaciones tenían como destinatario casi exclusivo a un Gobierno central cuyo protagonismo se ve acrecentado por su intervención sobre la industria local vía reconversiones. Las inversiones estatales y la defensa de la empresa pública figuran como principales exigencias. El Gobierno regional aparece por entonces como mero intermediario, mientras que el Ayuntamiento carece de función alguna. Será a partir de 1987 cuando éste comience a plantearse el desempeño de un papel más activo en las cuestiones de desarrollo local. Estaría presente, en ese cambio de actitud, el fuerte desgaste electoral sufrido por los socialistas en la ciudad a lo largo del período más crítico de la crisis industrial: el PSOE pasa del 57% al 38% en las elecciones municipales de 1983 y 1987 respectivamente (SADEI, 1988).

Si las demandas se dirigen casi exclusivamente hacia las administraciones públicas, los sindicatos constituyen el único agente social capaz de expresar el malestar y las inquietudes colectivas. Cuando la movilización quede reducida a los conflictos obreros centrados en la defensa del empleo, la actitud predominante será la de la resistencia, perdiendo en buena medida otras perspectivas más amplias. Por su parte, las organizaciones empresariales carecen de un discurso propio que revele la existencia de un análisis acerca del declive de la industria local. Especialmente significativo es el silencio de la patronal metalúrgica, que a lo sumo se pronuncia coyunturalmente sobre la reconversión naval. Tampoco existe tradición de consenso ni cauces institucionales que puedan favorecer la búsqueda del mismo. Por el contrario, durante los años ochenta, la desconfianza, cuando no la hostilidad manifiesta, suele presidir las relaciones entre los agentes sociopolíticos.

VIII.3.3. Gijón en el marco de la crisis regional

Los años situados en torno al cambio de década conocen una coyuntura de crecimiento económico que repercute, en Gijón, en una cierta recuperación del empleo. Muy pronto, sin embargo, se ciernen sobre la economía asturiana nuevas reestructuraciones que vienen a converger en el tiempo, afectando a las ramas básicas de la economía regional. Dentro de un contexto recesivo que se extiende, al menos, a lo largo de 1992 y 1993, en Gijón la propia supervivencia de los sectores siderúrgico y naval se encuentra amenazada.

La honda preocupación por el desmantelamiento a que se ve abocada la industria asturiana creará las condiciones para la huelga general del 23 de octubre de 1991. La iniciativa sindical concita los apoyos más diversos —incluidas asociaciones patronales o la propia Iglesia católica— en torno a la exigencia de un tratamiento específico de la problemática asturiana por parte de la Administración estatal, insistiendo en plantear la situación como una crisis global que trasciende la mera superposición de dificultades sectoriales (Vega García, 1995, pp. 329-358).

La espectacularidad de las movilizaciones mineras de la Navidad de 1991 vuelve a situar en primer plano el tema de la reestructuración de la minería, diluyendo o relegando otras cuestiones. La influencia política de los sindicatos mineros hace el resto, de modo que cuando, de forma apresurada, son presentados planes de reactivación económica para la región, las actuaciones contempladas se concentran en las cuencas mineras. En buena medida, la perspectiva de un tratamiento integrado de las diferentes comarcas en el marco de acciones de carácter regional desaparece. Se trata primordialmente, por otra parte, de obras en infraestructuras ya comprometidas con anterioridad y no muy extensas, cuyo cumplimiento posterior —una vez desactivada la presión de las movilizaciones— será desigual y con frecuentes retrasos.

En todo caso, Gijón ha quedado relegada en el tratamiento previsto en estos planes. Tampoco el inmediato desencadenamiento de la conflictividad en torno a la nueva reconversión de la siderurgia integral dará lugar a medidas encaminadas a paliar el impacto territorial de la misma, con excepción de una prevista sociedad de desarrollo para las comarcas siderúrgicas que, al cabo de más de tres años, no ha llegado a ser operativa. En contrapartida, Gijón ha avanzado, en estos años, en el diseño de una estrategia propia de desarrollo local consensuada con los agentes sociales y políticos. La convergencia producida en los diagnósticos se ha hecho en buena medida extensiva a las soluciones planteadas. El Ayuntamiento ha asumido el liderazgo de estas iniciativas, contando para su puesta en marcha con el concurso de unos sindicatos altamente coincidentes en cuanto a propuestas de política industrial y desarrollo local.

Paralelamente, la región ha conocido una agudización de las tensiones localistas que, en el caso de Gijón, han conducido a un progresivo bloqueo, intensificado de forma notoria a lo largo de 1995, ante la pérdida de sintonía de los rectores municipales con instancias decisivas: FSA-PSOE y Gobierno regional. El cambio de signo del ejecutivo autonómico, por vez primera en manos de la derecha, se superpone a la cada vez más manifiesta división de los socialistas asturianos, entre los cuales la organización gijonesa constituye el principal bastión de la tendencia minoritaria, siendo objeto de un cerco por parte de su propia dirección regional. La pérdida de espacios de poder y de apoyos electorales ha acentuado tensiones antes soterradas que se han convertido en enfrentamiento abierto. Las disputas internas llegan a primar, dando lugar a extrañas alianzas dirigidas a aislar al Ayuntamiento de Gijón. Diferencias inter e intrapartidistas interfieren en las relaciones institucionales y en decisiones políticas de indudable trascendencia para los intereses de la ciudad. El desarrollo del Campus Universitario, la presencia del Ayuntamiento en la Caja de Ahorros de Asturias y su papel dentro de la recién constituida Federación Asturiana de Concejos se han visto afectados por la postergación a que se encuentran sometidos los representantes gijoneses.

Respecto a los procesos de movilización social asociados a la crisis industrial, la primera mitad de la década de los noventa muestra una mayor debilidad en sus manifestaciones en relación con lo ocurrido diez años atrás. Aunque los trabajadores de la construcción naval conservan todavía su capacidad de resistencia, en el conjunto de la industria gijonesa los núcleos con recursos morales y organizativos para ofrecer este tipo de respuestas se han reducido considerablemente. Por otra parte, la movilización ciudadana en forma de huelgas generales o de manifestaciones masivas ha desaparecido. Ni siquiera las graves amenazas que se cernían sobre el futuro de la siderurgia en el momento de la «Marcha de Hierro» permitieron el impulso de acciones territoriales de gran envergadura.

La proximidad de las reestructuraciones minera y siderúrgica y los conflictos aparejados a ambas pondrían de manifiesto las notables diferencias existentes en las formas de movilización y en el respaldo social encontrado por unos y otros trabajadores. A grandes rasgos, las respuestas al ajuste en la minería adquieren un carácter territorial que implica a todo el tejido social de las comarcas afectadas, desencadenando en las cuencas varias huelgas generales, y proyecta su problema como una prioridad de orden regional. La siderurgia no deja de ser tratada como un tema sectorial cuya vivencia nunca llega a alcanzar una intensidad semejante.

La homogeneidad presentada por las comunidades mineras, la defensa de una actividad que históricamente ha proporcionado una identidad colectiva, la capacidad organizativa, la disposición movilizadora e incluso la imagen externa que rodea a los mineros asturianos como producto de su pasado carecen de cualquier parangón. Por el contrario, ENSIDESA ha sido, a lo largo de toda su existencia, una empresa tendente al aislamiento respecto a un entorno territorial en el que su impacto económico resultaba, sin embargo, determinante. Contribuyen a ello la mala imagen que, en general, han tenido sus trabajadores, lejos del orgullo profesional de que siempre han hecho gala los mineros.

Dado que su actividad nunca ha servido de fundamento para forjar una identidad colectiva, no existe conciencia de pertenecer a una comunidad siderúrgica. En el caso de ENSIDESA, la desconexión se ve incrementada por la forma en que originariamente son reclutados sus trabajadores, escasamente arraigados en las localidades de residencia. Su inserción en el medio social circundante ha sido muy inferior a la que presentaran en sus respectivas zonas otras empresas siderúrgicas como Altos Hornos de Vizcaya o, en su día, Fábrica de Mieres.

La consideración de Gijón como una ciudad siderúrgica únicamente puede encontrar justificación en el peso de esta actividad sobre la economía local, pero carece de correlato en la conciencia de la mayoría de los ciudadanos, entre los cuales la vivencia de los problemas relativos a la siderurgia resulta escasa. Como consecuencia, pese a los esfuerzos desplegados a lo largo de 1992, los trabajadores y sus organizaciones han evidenciado una reducida capacidad para trasladar la preocupación por el futuro de su empresa al entorno social (Vega García, 1995, pp. 220-221). Este hecho contrasta con la extraordinaria repercusión que siguen teniendo los conflictos de los astilleros gijoneses. Reducidos numéricamente a un colectivo de apenas un millar de trabajadores, las recientes luchas sostenidas por la supervivencia de sus empresas han logrado movilizar una vez más a las instituciones políticas locales y regionales. Su audiencia sigue siendo tal que, a la hora de hacer balance de su primer semestre de gestión, el nuevo presidente regional, Sergio Marqués, consideraba la mayor satisfacción de su mandato el haber sentado las bases para resolver los problemas del sector naval gijonés (ElCom, 31.12.95).

VIII.4. LOS DIAGNÓSTICOS

Las causas del retroceso experimentado por la industria gijonesa resultan sustancialmente coincidentes con las que afectan a la asturiana en su conjunto. La inserción del proceso desindustrializador gijonés en el marco del declive de la economía asturiana no debe ocultar, sin embargo, las diferencias existentes en cuanto al origen y los ritmos seguidos por la crisis, que presentan una clara especificidad. En este sentido, la evolución experimentada por Gijón se aproximaría más a la seguida por regiones como el País Vasco que al propio caso asturiano.

Al tiempo que, a lo largo de la década de los sesenta, la economía regional pasaba del estancamiento al retroceso, Gijón conocía un espectacular despegue. Las primeras manifestaciones de la crisis industrial no se harán sentir hasta mediados los setenta. Una vez desencadenada, ésta se precipita, sufriendo un acelerado agravamiento mientras en el resto de la región la preponderancia de la gran empresa pública permite diferir temporalmente los costes sociales, retardando los cierres y ampliando las coberturas. Los posteriores atisbos de recuperación de la economía gijonesa, que perfilan a la ciudad como posible motor de la reactivación regional, coinciden con un desplazamiento del centro de gravedad de la crisis industrial a las comarcas de Avilés y las cuencas mineras.

Más del 50% de las empresas industriales radicadas en Gijón pertenecen a la construcción o a la metalurgia. En este último sector, una mayoría sigue girando en torno a ENSIDESA y los astilleros, de cuyos avatares dependen en exceso. Entre las deficiencias que aquejan a la industria local han sido señaladas la rigidez productiva y baja capacidad de innovación tecnológica; la ausencia de un subsector especializado en la prestación de servicios a las empresas; la escasez de empresarios, adoleciendo los existentes de carencias formativas; la baja demanda interna; la dificultad de los enlaces para acceder a los mercados internacionales; los elevados costes salariales... (STDL, 1992b, pp. 45-46).

La inercia en los esquemas organizativos y de la mentalidad predominante entre empresarios y trabajadores aparece como un problema decisivo en la adaptación a una competencia en mercados exteriores, hasta ahora evitada mediante el refugio en la dependencia de la industria estatal. En general, los empresarios se han forjado en la coyuntura expansiva de los años sesenta y setenta, encontrando serias dificultades para el relevo generacional. Con frecuencia, desconocen la existencia de ayudas a las cuales podrían acceder y muestran graves carencias en materia de gestión, marketing o financiación. Entre los trabajadores, la congelación de las plantillas ha derivado también en medias de edad elevadas (Berciano, 1993).

En consonancia con este análisis, han sido propuestas la recualificación de los trabajadores; la formación de vendedores; el fomento de la cooperación entre empresas afines, incluyendo acuerdos de comercialización conjunta o crear bases de datos actualizadas acerca de productos y capacidades productivas. Respecto a la Administración, aparte de una mayor agilidad en los trámites burocráticos, se ha apuntado la conveniencia de enfocar las actuaciones hacia la formación de profesionales antes que atender a las empresas, buscando un mayor efecto multiplicador.

Los objetivos en que habrían de ser enmarcadas estas medidas se sintetizan en cuatro líneas de actuación:

- Consolidación de la industria de transformación existente.
- Cambio de orientación en el sector del metal hacia la fabricación de producto propio e industria auxiliar.

— Evitar el traslado de las empresas radicadas en la comarca.
— Promover pequeñas iniciativas a la luz de experiencias de los propios empresarios industriales (Berciano, 1993).

Entre las ventajas comparativas de que Gijón sigue disponiendo se contaría la existencia de trabajadores cualificados inmersos en un medio caracterizado por una tradición de cultura industrial. La formación presenta en la ciudad una amplia gama de posibilidades, si bien evidencia importantes desajustes entre la oferta y la demanda. El entorno ofrece además notables atractivos residenciales en cuanto a calidad de vida. Respecto a las infraestructuras, aparte de la abundancia de suelo industrial, un centro logístico de transportes y un recinto para ferias y congresos, el puerto de El Musel representa el activo principal, respecto al que se plantea un objetivo de diversificación (STDL, 1992b, pp. 47-48 y 127-134). Con una gestión reducida al aprovechamiento de los tráficos cautivos generados por la siderurgia, sus instalaciones se encuentran infrautilizadas y las deficientes comunicaciones ferroviarias siguen lastrando su desarrollo.

La quiebra del paradigma de la gran empresa industrial, aún vigente en los años ochenta, ha llevado a prestar una mayor atención a las pequeñas y medianas industrias, que en Gijón siguen teniendo una presencia no desdeñable. Un reciente estudio ha señalado, no obstante, la ausencia de nuevas creaciones, contando más de la mitad de las existentes con una antigüedad superior a los veinte años. El promedio de sus plantillas se aproxima a la treintena de trabajadores, en su gran mayoría varones entre treinta y cincuenta años, contratados de forma fija (STDL, 1992a).

En cuanto a sus relaciones con la Administración, de la que demandan un mayor apoyo, los empresarios se muestran insatisfechos, aduciendo falta de información y exceso de burocracia. Estas críticas se combinan, sin embargo, con un reducido nivel de aprovechamiento de los servicios de ayuda a su disposición. Un tercio de las empresas no pertenece a ninguna asociación empresarial, lo que agravaría sus carencias de información.

Este problema, detectado en empresarios veteranos, se acentúa en el caso de las empresas de nueva creación, entre las cuales predominan las dedicadas a la prestación de servicios, comercio al por menor, construcción y hostelería, siendo escasas las industriales (18%). Aunque dos tercios de estos empresarios reclaman más apoyo, el 80% ni siquiera se ha dirigido a ninguno de los diversos organismos de promoción. Su formación previa como empresarios resulta muy deficiente. Pese a lo dilatado del período de maduración, cercano a los dos años, un 30% no contaba con ningún estudio de viabilidad o de mercado y tienden a descuidar los aspectos organizativos, comerciales y de calidad o mejora tecnológica (SFDL, 1995).

El desplazamiento del grueso del empleo y la actividad económica de la comarca hacia el sector terciario ha llevado a prestar una mayor atención a su desarrollo, anteriormente entendido como subsidiario del de la industria. Desde mediados los años ochenta ha sido emprendida una política de fomento del turismo. Paralelamente, la ciudad ha conocido importantes actuaciones urbanísticas que han transformado su fisonomía. La hostelería ha experimentado un fuerte impulso, en tanto que el comercio asistía a un proceso más traumático, con un crecimiento acompañado de alteraciones en su composición interna. La crisis del pequeño comercio tradicional y la entrada de las grandes superficies han marcado los tres últimos lustros. Los esfuerzos de adaptación no han logrado resolver las carencias formativas, ni el reciclaje de muchos empresarios.

El turismo presenta, hasta la fecha, un alto grado de estacionalidad, concentrándose en los meses veraniegos. Sin tradición previa, el creciente atractivo de la ciudad, la mejora de los equipamientos y el aumento de la oferta se conjugan con cierta rigidez empresarial y una insuficiente formación (STDL, 1992b, pp. 67-72). Los progresos realizados han sido, en todo caso, notables: en el verano de 1995 la cifra de visitantes no asturianos ha alcanzado los 120.000.

El crecimiento de las actividades terciarias presenta, en general, limitaciones derivadas del carácter escasamente innovador de las iniciativas emprendidas, que se concentran en ramas tradicionales. Los servicios avanzados a las empresas u otros que pudieran incorporar un componente tecnológico más avanzado siguen presentando una gran debilidad.

La conjugación de los sectores que han mostrado mayor capacidad expansiva con el mantenimiento de la tradicional base industrial viene a ser el objetivo propuesto en la práctica totalidad de los diagnósticos realizados tanto por expertos como por las fuerzas sociales y políticas. Este consenso ha quedado expresado en las conclusiones del Plan Estratégico con la definición de un modelo de ciudad basado en

> potenciar a Gijón, como motor de la industria asturiana hacia un centro económico de la Cornisa Cantábrica. Para ello, resulta imprescindible la renovación de las actividades tradicionales, mediante la introducción de innovaciones tecnológicas y una alta cualificación de los recursos humanos (STDL, 1992b, pp. 163-164).

VIII.5. LA POLÍTICA DE DESARROLLO LOCAL

A lo largo de los años 80, los esfuerzos emprendidos desde la Administración regional en materia de promoción económica apenas si se ven acompañados de actuaciones dirigidas a desplegar una política de desarrollo local complementaria. Pese a la profunda conmoción generada por las diversas reestructuraciones que convergen en la ciudad hacia 1983-1985, no será sino a partir de 1987 cuando el Ayuntamiento emprenda una línea más activa de intervención en la problemática socioeconómica.

Junto a tentativas de mediación en conflictos laborales, la primera iniciativa se concretará en un estudio de situación de los recursos humanos y la actividad económica.

En el plano institucional, la búsqueda de un punto de encuentro con las fuerzas sociales conducirá a la creación, en 1988, del Consejo de Desarrollo Local, tratando de trasladar al ámbito municipal el modelo de los consejos económicos y sociales. Concebido como un órgano consultivo con presencia de sindicatos, asociaciones patronales e instituciones, será dotado de un brazo operativo, dada la naturaleza de un foro de este tipo, no integrado por técnicos, sino por representantes de fuerzas sociales e instituciones cuyas reuniones tienen lugar de forma muy espaciada. El Servicio de Formación y Desarrollo Local se ha encargado, de este modo, de cubrir las áreas de empleo (realizando análisis pormenorizados del mercado laboral), formación, asesoramiento, estudios técnicos y ayudas a la promoción empresarial, a lo que se ha añadido posteriormente la cooperación con programas europeos y las tareas de redacción del Plan Estratégico de Gijón. Sus esfuerzos se orientan preferentemente hacia el apoyo a pequeños proyectos, tratando de atender el escalón inferior, no cubierto por otros instrumentos previamente existentes (entr. Gumiel, dir. SFDL).

El fruto más destacable aportado por el Consejo de Desarrollo Local consistirá en la obtención de un amplio consenso en torno a la elaboración del Plan Estratégico para Gijón, un exhaustivo documento elaborado entre 1991 y 1992 que trata de establecer las líneas de actuación a seguir en materia de desarrollo local. Se pone de manifiesto, de este modo, la superación de enfrentamientos que habían presidido la mayor parte de la década precedente. La reafirmación del carácter industrial de la economía gijonesa constituirá la base en torno a la cual es obtenido el consenso. El impulso de las actividades terciarias aparece como un complemento necesario pero insuficiente. El Plan Estratégico de Gijón señala un total de siete líneas de actuación:

1. Innovar y diversificar la base industrial de Gijón para conseguir un centro económico de la Cornisa Cantábrica y del Arco Atlántico.
2. Hacer de Gijón una ciudad más accesible y de gran calidad ambiental.
3. Modernizar la oferta comercial y conseguir un incremento de los mercados.
4. Mejorar la oferta turística.
5. Integrar lo rural y lo urbano.
6. Aumentar la cualificación de los recursos humanos como medio para el progreso económico y personal.
7. Asegurar para todos los ciudadanos un aumento de la calidad de vida.

Frente al logro que representa la obtención de un acuerdo tan amplio en torno al diseño de un modelo de desarrollo para la ciudad, el plan presenta serias dificultades a la hora de afrontar su puesta en práctica. Muchas de las medidas que contempla desbordan con creces las posibilidades de intervención de los agentes implicados y la capacidad presupuestaria de las instituciones locales. Algunas de las consideradas decisivas se hallan supeditadas a poco probables modificaciones de políticas de ámbito estatal, como ocurre en el caso de las inversiones en infraestructuras, que siguen sufriendo sensibles demoras en su ejecución, cuando no aparecen como difícilmente alcanzables. Aspectos tan determinantes como el futuro de la empresa pública industrial —cuya evolución gravita de forma permanente sobre la economía local— ni siquiera se hallan contemplados. De otro lado, para buena parte de sus firmantes el Plan Estratégico no representa más que un documento de intenciones que apenas implica compromiso alguno y, una vez suscrito, el seguimiento de su ejecución ha sido poco efectivo, mientras el Consejo de Desarrollo Local entraba en una fase de letargo.

Con posterioridad a la aprobación del Plan Estratégico, la búsqueda de nuevos acuerdos con los agentes sociales se ha visto concretada en la negociación con los sindicatos, en torno al objetivo de propiciar la mejora de la calidad de vida del conjunto de la población. En esta línea se enmarca el Programa de Acción Prioritaria para Gijón (abril 1993), que abarca las áreas de empleo, servicios públicos, vivienda, medio ambiente, servicios sociales, mujer, juventud y participación institucional.

A su vez, el desarrollo de medidas concretas en materia de empleo ha conducido, en 1994, a un compromiso dirigido a paliar la situación de los parados de larga duración: el PILES (Plan de Inserción Laboral y Empleo Social). Su objetivo consiste en «la contratación directa de 2.000 trabajadores en situación de desempleo de larga duración, por un período estimado de seis meses, con destino a la realización de pequeñas obras de reparación y mantenimiento que mejoren el entorno rural y urbano del Concejo de Gijón, especialmente en las zonas de mayor interés social». Se trata primordialmente de garantizar unos ingresos para un segmento con especiales dificultades de incorporación al mercado de trabajo, siendo un 90% de los contratados peones sin cualificación alguna, con amplia mayoría de mujeres.

La directa intervención del Ayuntamiento en el mercado de trabajo como generador de empleos ha sustituido como prioridad a las inversiones en obras de remodelación urbanística. Los presupuestos municipales incluyen, para 1996, un sustancial incremento de las partidas destinadas a tal fin, complementando el PILES con la puesta en marcha de un convenio suscrito con la patronal asturiana (FADE) y los sindicatos mayoritarios, que ha de permitir el contrato en prácticas de un millar de jóvenes titulados. Paralelamente, partiendo de un acuerdo con el INEM, está prevista la entrada en funcionamiento del Servicio Integral de Promoción de Empleo, cuya tarea consistirá en un estudio personalizado de la casi totalidad de los parados gijoneses (ElCom, 13.11 y 24.12.95; NE, 5.11.95. Entr. Sariego, concejal Desarrollo Local).

Junto a las políticas de concertación ensayadas en los últimos años, bien fuera a través del Consejo de Desarrollo Local o en negociaciones directas con los sindicatos, el Ayuntamiento ha ido asumiendo diversas funciones dirigidas a jugar un papel activo en la promoción económica. Entre los instrumentos creados a tal efecto se encuentra el Centro de Formación de Nuevas Tecnologías, dependiente de los Fondos de Promoción de Empleo y dirigido al reciclaje profesional de parados y trabajadores en activo. En proyecto se encuentra el Parque Científico Tecnológico, ligado al campus universitario, con el propósito de vincular las tareas investigadoras con la esfera productiva, buscando una más estrecha relación entre empresas y Universidad.

La Sociedad Mixta de Turismo y Festejos, puesta en marcha en 1994, ha nacido de un acuerdo entre Ayuntamiento, Cámara de Comercio y las asociaciones empresariales de hostelería, comerciantes y hoteles, ensayando una línea de participación de la iniciativa privada en una vertiente concreta de la política municipal de promoción económica. Una labor de promoción externa se combina con la brillante programación de festejos y espectáculos musicales. Se trata de potenciar a Gijón como ciudad de congresos; desde 1989 ha sido acondicionado un puerto deportivo que recibe anualmente más de un millar de embarcaciones, y una Escuela de Hostelería de reciente creación pretende paliar las carencias formativas detectadas en el sector.

En cuanto a fomento de la inversión, ha sido creado un Centro Municipal de Empresas, cuyo objetivo consiste en favorecer la puesta en marcha de nuevas iniciativas empresariales mediante la oferta, por un período de tiempo limitado, de locales destinados a despachos o talleres. En las mismas instalaciones se ubica el Centro Único para la Creación de Empresas, basado en el principio de «ventanilla única» con el fin de simplificar y agilizar los trámites administrativos.

Al mismo tiempo, el Ayuntamiento mantiene una serie de programas de subvenciones a la actividad empresarial dirigidos a proyectos de reducido tamaño. La capacidad de dinamización de estos programas resulta, no obstante, muy limitada, tanto por la escasa cuantía de las ayudas y reducida dimensión de los proyectos subvencionados como por la falta de respuesta encontrada en alguno de los casos. Así ha ocurrido con los titulados universitarios, entre los cuales se ha evidenciado una mínima vocación empresarial (entr. Gumiel).

Aunque el Ayuntamiento constituye el eje vertebrador de las iniciativas de desarrollo local, ello no ha impedido una deficiente coordinación de los diversos instrumentos. Este problema, presente incluso dentro del ámbito municipal como consecuencia de rigideces burocráticas, se acentúa especialmente cuando se trata de integrar las acciones emprendidas por otras administraciones. Lejos de lograr una coherencia estratégica, se ha incurrido en una dispersión de esfuerzos y recursos, con duplicidades y vacíos (ver cap. X.6.1.). Las actuaciones en materia de formación representan un ejemplo suficientemente expresivo: la multiplicidad de agentes que, de forma paralela, imparten cursos de formación ha dado lugar a la carencia no ya de un diseño coherente de los mismos, sino de una información centralizada que permita un conocimiento preciso de la oferta existente en la ciudad en cada momento y mucho menos la adecuada planificación de ésta cara al futuro (Entr.

Sariego, Alberdi (secretario general CC. OO. Gijón) y R. Braga (secretario general UGT-Gijón).

Por encima de la apariencia que pueda crear el tono de la confrontación política en el ámbito local y regional, las alternativas programáticas presentan un notable grado de coincidencia: preservación del carácter industrial de la ciudad, prioridad de las infraestructuras, mejora de la formación de los trabajadores, incremento de las relaciones Universidad-empresa...

VIII.6. LA PERCEPCIÓN DE LOS GIJONESES

VIII.6.1. Caracterización de los barrios estudiados

Para pulsar los efectos provocados por el declive industrial sobre la opinión de los gijoneses, tratando de determinar su percepción, sus análisis y sus respuestas, hemos optado por realizar discusiones de grupo con colectivos de parados, estudiantes, trabajadores en activo, comerciantes, amas de casa y jubilados residentes en dos barrios contrapuestos: uno de tradición obrera (La Calzada) y el otro con predominio de capas asalariadas intermedias y pequeña burguesía (Centro).

Barrio histórico del proletariado gijonés, La Calzada nace a principios del siglo XX como producto de la primera industrialización. Desde su origen, la construcción de viviendas ha obedecido, a las necesidades de fijación de la mano de obra sentidas por las más importantes empresas industriales establecidas en la zona, que se han convertido en promotoras de la edificación de alojamientos para sus obreros. Esta constante ha perdurado hasta el comienzo de la década de los años setenta, en que la entrada en funcionamiento de la planta siderúrgica de UNINSA viene acompañada de la construcción de bloques de viviendas destinados a los trabajadores trasladados desde las cuencas mineras asturianas (López Fernández, 1988).

La configuración adquirida en las fases iniciales de ocupación del barrio perdurará hasta épocas muy recientes: integración espacial de viviendas e instalaciones industriales y aislamiento físico derivado de las barreras representadas por los astilleros y las líneas de ferrocarril, a las que ha venido a sumarse más recientemente la autopista Oviedo-Gijón-Avilés. Tan sólo en los últimos años se ha visto alterada dicha fisonomía, con el cierre o traslado de la mayor parte de las factorías asentadas en el barrio y transformaciones urbanísticas que han mejorado los enlaces con el resto de la ciudad. Tradicionalmente se ha tratado de un área residencial escasamente valorada, en la que los precios han sido comparativamente bajos.

Desde 1979, la gestión de los ayuntamientos democráticos ha venido acompañada de una sustancial mejora en las infraestructuras y servicios, objeto de una progresiva descentralización. Las comunicaciones con el resto de la ciudad se han visto facilitadas por una nueva red viaria, y la urbanización de tradicionales espacios de uso industrial ha permitido la habilitación de zonas verdes, casi inexistentes en el pasado. A su vez, el cierre de varios astilleros ha posibilitado, en 1995, la recuperación de la playa del Arbeyal y la construcción *ex novo* de la del Natahoyo. Todo ello ha comportado una apreciable mejora del entorno desde un punto de vista urbanístico, que ha coincidido, sin embargo, con el constante deterioro de las condiciones socioeconómicas derivado de la crisis industrial.

La Calzada actúa como núcleo de una área más amplia que alberga casi 50.000 personas (SFDL, *Observatorio*..., 1994). Se trata de una población joven y no se han producido dificultades de integración de los forasteros, quienes, aun siendo recién llegados, se sienten bien acogidos:

> De La Calzada ye todo el mundo. Yo llevo un año (y) es como si fueras del barrio de toda la vida (Intgij. 52).

A su vez, la estructura de la población activa muestra un absoluto predominio de los obreros industriales, con una baja representación de los empleados en actividades terciarias y muy escasa presencia de capas intermedias o pequeños empresarios.

En cuanto a la evolución reciente, en las dos últimas décadas se ha venido padeciendo un grave problema de desempleo, especialmente en lo referido al paro juvenil, acompañado por un acelerado incremento del número de pensionistas, con una media de edad cada vez más baja como producto de las jubilaciones anticipadas resultantes de las reestructuraciones naval y siderúrgica. En la estructura familiar predominan las unidades de tres o cuatro personas.

Esta nueva realidad se ha traducido en una manifiesta transformación de los ritmos de la vida cotidiana: la actividad ha dejado de estar marcada principalmente por los horarios de entrada y salida de las fábricas, que determinaban los flujos más intensos al cabo de la jornada. Cerradas éstas en su mayor parte, la transformación es vivida como un cambio dramático («esto *ye* un desastre»), ligado a la desaparición de unas señas de identidad que todavía siguen basadas en el carácter obrero e industrial pero que se debilitan entre los más jóvenes. En la memoria de los vecinos, la imagen de esta pasada vitalidad es evocada en términos nostálgicos, convirtiéndose, por su contraste con el presente, en un signo externo de la crisis padecida:

> —Cuando yo me levantaba todas las mañanas y me iba a trabajar todos los días a las siete y media de la mañana y te encontrabas con una enormidad de gente que iba a trabajar, gente obrera, a una fábrica, a otra. Y ahora es triste que a las ocho de la mañana no ves a nadie...
>
> —La Calzada era un barrio en que la vida estaba marcada por los horarios de las fábricas. Yo me levantaba con las sirenas (Intgij. 51).

La cada vez mayor proporción de personas no incorporadas a la actividad productiva —parados o pensionistas— no ha redundado, sin embargo, en el predominio de una tendencia a la pasividad. La Calzada presenta una intensa vida asociativa, con una notoria capacidad para la autoorganización en grupos con las más diversas finalidades (vecinales, recreativos, culturales, de solidaridad, de afectados por un determinado problema...).

En el plano sociopolítico, se advierte un notable potencial reivindicativo y movilizador, generalmente articulado por el movimiento vecinal o las centrales sindicales pero presidido por una dinámica propia que, con relativa frecuencia, desborda el ámbito de influencia de estas organizaciones, dando lugar a la aparición de plataformas específicas que engloban a un amplio espectro de grupos y asociaciones.

A lo largo de 1995, tres conflictos de reciente origen han presidido el debate público. En primer lugar, la próxima instalación de una gran superficie comercial, que ha llegado a polarizar las opiniones contrarias sustentadas por los pequeños comerciantes y las de un sector de la asociación de vecinos y amas de casa, partidarias de la apertura del nuevo centro. En segundo lugar, la oposición al proyecto de una autovía destinada a comunicar el puerto de El Musel con la autopista «Y», cuyo trazado supondría una barrera casi infranqueable, cercenando cualquier futura expansión del barrio. Y en tercer lugar, la exigencia de inclusión de dos depuradoras de aguas residuales dentro del Plan de Saneamiento Integral de la ciudad, evitando el vertido directo al mar a través de emisarios submarinos sin un previo tratamiento.

Paralelamente, el barrio ha conocido, en la primera mitad de 1995, una reedición de las movilizaciones de carácter radical protagonizadas por trabajadores de astilleros en lucha por la conservación de sus puestos de trabajo. Pese a las alteraciones causadas, el respaldo social encontrado entre el vecindario, altamente sensibilizado hacia estos problemas, ha constituido una constante que permanece vigente en la actualidad. Las corrientes de simpatía y solidaridad se expresan en ambas direcciones, correspondiendo los trabajadores al apoyo recibido con gestos como el de reparar, costeando de su propio bolsillo y aportando la mano de obra, cualquier desperfecto ocasionado en edificios y propiedades en el transcurso de sus enfrentamientos con la policía (NE, 4.8.95).

En el contexto gijonés, La Calzada ofrece una clara identidad diferencial, con frecuencia afirmada en contraposición al centro de la ciudad. La intensa vida asociativa y la cohesión interna mostrada por sus habitantes han sostenido una dilatada tradición de lucha por la mejora de las condiciones de vida. Los antecedentes en tal sentido se remontan a las primeras décadas del siglo, con la creación del Ateneo Obrero (1904) como medio de instrucción y de difusión de la cultura entre el proletariado. Truncada esta experiencia por la guerra civil, los difíciles tiempos de la postguerra asisten a tentativas más modestas, como la Escuela Católica Obrera, creada en los años cuarenta con el fin de proporcionar algún rudimento de formación profesional a los jóvenes que habían visto impedido su aprendizaje por la guerra (Alonso, 1994). Un catolicismo social de marcado compromiso con los problemas de la comunidad sigue vigente a través de los curas de la parroquia de Fátima y del colectivo de cristianos de base que actúa en torno a la misma.

A finales de los años sesenta nacerá, alentada principalmente por un grupo de militantes confesionales a quienes más adelante se sumarán miembros de alguna organización política clandestina, la Asociación de Vecinos de La Calzada, pionera del movimiento vecinal en Asturias (Álvarez Areces, 1984, pp. 184-186). Sus objetivos iniciales se centran en vencer el temor existente a la participación en el represivo contexto de la dictadura franquista, impulsando la movilización popular en demanda de una adecuada urbanización del barrio, cuyo crecimiento se estaba produciendo de forma desordenada.

La labor de la Asociación de Vecinos de La Calzada en los últimos veinticinco años ha contribuido a reforzar una identidad como barrio que siempre había sido muy acusada. Ha contribuido, además, al desarrollo de una conciencia democrática y de un espíritu participativo de compromiso ante los problemas colectivos. Actualmente sigue siendo la mayor en cuanto a número de socios y, con toda probabilidad, la más activa y representativa de cuantas funcionan en Gijón.

La construcción de la planta siderúrgica ha significado un crecimiento demográfico cuya aportación a la vida del barrio trasciende su peso numérico, al representar un importante revulsivo para la actividad sociopolítica. Varios miles de trabajadores de las viejas factorías de las cuencas mineras —en su mayoría procedentes de Fábrica de Mieres— son trasladados a Gijón a principios de los años setenta, pasando a residir una parte de ellos en La Calzada. Tras un corto período de adaptación, los recién llegados se convertirán en dinamizadores de las organizaciones políticas y sindicales (por entonces clandestinas), el movimiento vecinal y el asociacionismo en general, vertientes en las cuales continúan desempeñando un considerable protagonismo en la actualidad.

La facilidad encontrada para la acción colectiva guarda relación con la acusada identidad como barrio y el alto grado de sociabilidad de sus habitantes. El mutuo conocimiento favorece la vida asociativa, al tiempo que sustenta redes de solidaridad surgidas desde abajo que actúan como factor de cohesión social. Las frecuentes expresiones de solidaridad, ya sea ante problemas individuales o colectivos, tienden a concretarse en el ámbito del propio barrio, apoyándose en los vínculos de relación establecidos en el marco del mismo. Encuentran, sin embargo, mayores dificultades para ser canalizadas hacia el exterior. Las entrevistas realizadas apuntarían, a este respecto, la existencia de diferencias generacionales: los mayores reaccionan contra la campaña del 0,7% para ayuda al Tercer Mundo, argumentando la prioridad de los problemas sociales más próximos antes de tratar de resolver los lejanos (Intgij. 54 y 55).

También en cuanto a las pautas asociativas pueden ser advertidas diferencias en el comportamiento de los jóvenes, cuya participación tiende a orientarse hacia actividades cada vez más apartadas de lo sociopolítico que caracterizaba a los mayores. Las nuevas generaciones están ausentes de la asociación de vecinos y muy pocos se afilian a organizaciones políticas o sindicales, mostrando mayor inclinación por lo deportivo y por las ONG. En todo caso, el índice de pertenencia a algún grupo o asociación alcanza el 47,5% entre los mayores de dieciséis años, lo que representa el doble de la media española (Parrilla/Álvarez, 1995).

El Ateneo de La Calzada concentra la mayor parte de la actividad asociativa y cultural, convirtiéndose en auténtico foro de encuentro por cuyas dependencias desfilan a diario centenares de personas: 256.000 visitas en 1994 (NE, 22.6.95). Aunque su gestión depende directamente del Ayuntamiento, éste actúa como mero receptor de las múltiples iniciativas existentes (entr. Alonso).

Frente a la acusada personalidad como barrio que presenta La Calzada, el Centro de la ciudad carece de unos rasgos de identidad y una cohesión comparables. Caracterizado por unas relaciones humanas más despersonalizadas, no existe vida de barrio y la propia condición de tal sería rechazada por la mayoría de sus habitantes. Especializado en las actividades comerciales y de servicios, el centro presenta un carácter residencial «acomodado». El precio medio de las viviendas multiplica por 2,4 el de La Calzada (SFDL, *Observatorio*..., 1994, p. 109). Dentro de una estructura social relativamente heterogénea, los asalariados del sector terciario, las capas medias y la pequeña burguesía serían predominantes entre las 72.000 personas que alberga (más de la cuarta parte del total municipal). Apenas existen tradiciones asociativas o de acción colectiva que proporcionen una identidad. La pertenencia a grupos u organizaciones formales responde en mucha mayor medida a vínculos de carácter profesional que de residencia. Electoralmente su comportamiento se ha distinguido del resto de la ciudad por el apoyo prestado a las opciones de centro y derecha, que de forma continuada han obtenido la mayoría de los votos. Se trata de una población envejecida, que presenta el índice de personas mayores de sesenta años más elevado de la ciudad (24,5%) (FPSS, 1992, p. 119). Aunque los efectos del deterioro de la economía local se dejan sentir igualmente, las tasas de desempleo serían sensiblemente inferiores a la media de la ciudad, con notable peso de los jóvenes titulados que no encuentran salida profesional tras concluir sus estudios.

La comparación entre las asociaciones de vecinos del Centro y La Calzada permite apreciar algunos de los contrastes más acusados en cuanto a la vida asociativa y la identidad de ambos barrios. La de La Calzada mantiene desde hace un cuarto de siglo una sólida implantación. La asociación del centro tiene un origen más tardío, surgiendo en los albores de la transición democrática. Muy pronto, sin embargo, su vida decaerá, permaneciendo inactiva a lo largo de la década de los ochenta hasta su reaparición en 1989. Esta débil incidencia se complementa con la nula capacidad de movilización de que dispone y una escasa proyección pública de sus actividades.

Los llamativos paralelismos que ofrece la composición de las juntas directivas de ambas asociaciones remitirían más a las características generales del movimiento vecinal gijonés que a posibles similitudes entre los barrios. Sus integrantes presentan una media de edad elevada, con predominio de los pensionistas. Junto a veteranos con dilatadas trayectorias que se mantienen activos, las incorporaciones más recientes provienen de jubilados anticipadamente en procesos de reestructuración industrial que han orientado hacia este campo su actividad sociopolítica. La presencia de militantes socialistas, comunistas del PCE y de la tradición pro-soviética, de organizaciones cristianas e independientes, sin mayoría de ninguno de estos grupos, viene a reflejar la configuración del abanico de fuerzas que tradicionalmente han trabajado en el frente vecinal. Dado que, desde la transición, el movimiento ciudadano apenas si ha regenerado sus cuadros activos, esa composición perdura incluso allí donde la correspondencia con los perfiles sociopolíticos del barrio es menor y la adscripción ideológica de los dirigentes vecinales los hace menos representativos.

VIII.6.2. La percepción del declive

El manifiesto contraste existente entre un barrio con acusada identidad obrera y otro de carácter residencial quedará reflejado en la forma en que el proceso de desindustrialización padecido por la ciudad es vivido e interpretado. A grandes rasgos, en La Calzada el contacto con los problemas asociados al declive económico es más inmediato e intenso, los jóvenes toman conciencia de enfrentarse a un incierto futuro con anterioridad y las movilizaciones obreras encuentran un respaldo prácticamente unánime. En el Centro, las opiniones son más diversas y, entre ellas, aparecen duros alegatos antisindicales y son formuladas algunas defensas casi apologéticas de la figura del empresario, visto como víctima indefensa de trabajadores, sindicatos e impuestos. Aunque de forma aislada, se dan interpretaciones que cargan la responsabilidad sobre los trabajadores, atribuyendo a la conflictividad laboral y los elevados salarios el origen de la crisis y planteando propuestas dudosamente democráticas para su solución. No ocurre así en La Calzada, donde no encuentran eco tales respuestas, del mismo modo que están ausentes entre los entrevistados los nostálgicos del franquismo.

En conjunto, las coincidencias entre los habitantes de ambos barrios resultan, sin embargo, mayores que las diferencias. En buena medida, los gijoneses parecen compartir tanto la conciencia de la profundidad de los problemas socioeconómicos que sufren como gran parte de los análisis y actitudes que les corresponden.

De forma prácticamente unánime, el origen de la actual situación es atribuido a una crisis industrial en la que se han encadenado los cierres y destrucciones de empleo. Del mismo modo, la pasada pujanza se relaciona con una época en la que la industria local se desarrollaba sin dificultades. Aunque la cronología aportada es bastante confusa, existe una tendencia a situar la aparición de los problemas de declive en la primera mitad de la década de los ochenta. Las movilizaciones de esos años y las reconversiones industriales sirven como principal referencia, lo que remitiría al extraordinario impacto causado en la conciencia colectiva por las huelgas generales y las luchas obreras de ese período.

En lo referido a la vivencia inmediata de la crisis social, paro y droga constituyen indudablemente los problemas que centran las preocupaciones de los gijoneses. Vinculadas a ello, y más bien como una consecuencia, pueden aparecer, en un segundo plano, cuestiones como la delincuencia o las dificultades de acceso a la vivienda. Aunque objetivamente se trata de fenómenos más extendidos en los barrios obreros, la conciencia de los mismos alcanza a toda la ciudad. La intensa percepción de la gravedad del desempleo o la drogadicción —vistos en ocasiones como efectos de una misma causa y relacionados entre sí— es relativamente independiente de que afecte o no de forma directa a los entrevistados, ya que, en cualquier caso, «lo ves a tu alrededor», personas que

> se van a la calle, van al paro y no encuentran nada. ¿Cuántas familias de esas? Oyes casos de familias destrozadas (Intgij. 50).

El desempleo es entendido fundamentalmente como un problema de los jóvenes, respecto a cuyas expectativas de futuro existe un generalizado pesimismo tanto por parte de los propios afectados como de los adultos. «Están dejados de la mano de Dios» (Intgij. 14), «... sin opciones de ningún tipo» (Intgij. 52).

> —Y terminan la carrera y no tienen trabajo.
> —Y oposiciones, y cursillos...
> —Y el sacrificio de los padres... (Intgij. 54).

La pervivencia de estructuras familiares tradicionales actúa como amortiguador de los costes sociales de la crisis, permitiendo que los hijos permanezcan en casa de sus padres hasta rondar la treintena. A las dificultades para encontrar trabajo se añaden las transformaciones experimentadas por el mercado laboral, al haber generado una grave inseguridad con la generalización de los contratos eventuales, dificultando la independización de los jóvenes. La precariedad en el empleo, un tema que aparece espontáneamente en todas las conversaciones, es juzgada muy negativamente de forma casi unánime.

> El cuñado de B. entró a trabajar en unos almacenes y trabajó seis meses. Así que piensa tú que se quiera casar y tener una casina, ¿qué van a tener?, ¿de qué van a comer?. Entran y a los seis meses fuera. Es para dar saltos por ahí el día que digan: oye, estás fijo (Intgij. 14).

La tendencia hacia otro modelo familiar, esbozada en los años setenta, habría sido cortada en sus inicios por efecto de la crisis económica, provocando la regresión hacia un esquema tradicional. La convivencia en el marco de esta unidad familiar se mantiene a menudo sin tensiones insoportables en virtud de la adaptación de los hijos a un modo de vida dependiente —dado que la frecuencia de esta situación la ha convertido en normal— y de la comprensión mostrada por sus mayores hacia las dificultades que encuentran las nuevas generaciones. En La Calzada, a menudo son formuladas defensas de la actual juventud como personas capaces y bien dispuestas a quienes no se da oportunidad de mostrar su valía al no poder trabajar (Intgij. 54, 55 y 51).

La preocupación por el paro juvenil puede llegar a ser más intensa en el caso de padres y abuelos que en el de los más jóvenes, que aún permanecen dentro del sistema educativo o lo han abandonado recientemente. Estos, pese a ser conscientes de las dificultades que van a afrontar en la búsqueda de trabajo, pueden aceptar ese hecho como algo natural, mientras que los mayores cuentan con referencias de épocas anteriores de pleno empleo, en las que la incorporación al mercado laboral era más fácil y tanto el abandono del hogar como el matrimonio tenían lugar a edades más tempranas. Por otra parte, ellos mismos se han convertido en indirectamente afectados, por cuanto sus salarios y pensiones están sirviendo para mantener a hijos y nietos. Los estudiantes son el único grupo entrevistado que no menciona espontáneamente el paro como principal problema, si bien al ser preguntados coinciden en mostrarse escépticos respecto a sus posibilidades una vez concluida su formación:

> ... si encontrara un trabajo fijo, pues me pondría a trabajar porque (...) voy a estar estudiando para sacar una carrera y tener un título para nada (Intgij. 53).
>
> Intentas elegir la que más posibilidades tenga después en el mercado de trabajo, pero te dicen que todas están tan mal que no sé... Si no estudias es más difícil todavía encontrar trabajo (Intgij. 13).

Entre los jóvenes residentes en el Centro —aquellos que disfrutan de situaciones familiares económicamente más favorables— las respuestas pueden llegar a obviar, con tintes de evasión de la realidad, la existencia de la crisis o a despreocuparse, considerando que no es algo que les concierna:

> —Yo no (me doy cuenta de la crisis) porque no me meto en eso. Yo estoy así en mi casa y libre de todo, pero no sé. Sí, hay crisis porque la gente no tiene trabajo... pero ¿qué hacer? A mí la política no me gusta.
>
> —Yo no lo noto. Vivo con mis padres y, claro, no me toca, siempre hay dinero.
>
> —Creo que no estamos en crisis... Si tú preguntas por la calle a la gente... ¿qué es la crisis? Más o menos a la gente joven no le interesa. La gente se preocupa de otras cosas... Y luego tampoco se moviliza... Hay muy poca gente que se movilice, que proteste o algo (Intgij. 00).

Aparte de la pertenencia a un barrio obrero, que anticiparía la toma de conciencia, la edad parece ser el factor que determina un cambio en las pautas de comportamiento de los jóvenes ante el desempleo, a medida que la vivencia del mismo condiciona cualquier plan de futuro. La dependencia conlleva una especie de minoría de edad crónica:

> —... aparte de no tener expectativas de futuro, estás viviendo una vida irreal, porque es mentira. O sea, vives... No tienes problemas económicos porque estás con tus padres. Estás llevando, no la vida que te corresponde. Por ejemplo, yo tengo treinta y tres años y llevo una vida como si tuviera diecisiete, por decírtelo de alguna manera, ¿no?. Pues es que dependes de lo que te dan en casa, no ves forma de organizarte. Entonces, vamos, que no te deja madurar porque no puedes hacer la vida que te corresponde.
>
> —Yo en ese tema opino exactamente igual que él. Llegas a una edad en la que te ves inferior a la edad que realmente tienes y al papel que tendrías que estar desempeñando con los años que tienes, ¿no?. Porque dependes económicamente, porque no puedes ver ninguna perspectiva de independizarte ni de formar familia ni de encontrar trabajo (Intgij. 12).

En estas circunstancias, la emigración —un fenómeno que apenas ha hecho su aparición en la sociedad asturiana actual— se presenta como una alternativa a la que pueden verse forzados. Así figura entre las previsiones de algunos padres y de los propios parados (Intgij. 52, 11 y 51). La integración en la ciudad y en el ambiente de los barrios respectivos que de forma generalizada manifiestan los entrevistados representaría un coste añadido de desarraigo para quienes decidieran esta vía. Aprobar una oposición y obtener una plaza de funcionario sería la salida preferible, especialmente por la seguridad que proporciona frente a un mercado de trabajo tan precario. La perspectiva del autoempleo está presente en algún caso, pero las dificultades y el riesgo que entraña la convierten en disuasoria (Intgij. 52).

Las expectativas de futuro son vistas con enorme pesimismo. El negro es el color preferido en las descripciones del porvenir.

> Yo lo veo muy negro, muy negro... Gente de tu círculo, de tu edad, ¿quién está trabajando?, ¿cuál fue la última que encontró trabajo? Esto no se mueve. Yo no le veo ninguna salida (Intgij. 12).
>
> La generación que viene detrás lo tiene muy negro (...) porque no hay alternativas, no hay nada (Intgij. 51).

El previsible deterioro social asociado al agravamiento de los problemas económicos no parece estar siendo sufrido con una intensidad comparable. Por el contrario, la mayoría coincide en desconocer la existencia de situaciones extremas de pobreza en la magnitud necesaria para dar lugar a focos de miseria. La preocupación más extendida hace referencia a los efectos del fenómeno de la drogadicción, al cual es achacada, en buena medida, la inseguridad.

Las respuestas recogidas a este respecto en La Calzada presentan cierta peculiaridad: entre los adultos predominan quienes entienden que se trata de un problema menor. Asociación de vecinos y comerciantes —en principio, especialmente sensibles a estas cuestiones— insisten en desmentir una imagen tópica respecto a la inseguridad y afirman que ésta, además de no ser elevada, ha remitido, visión que es compartida por trabajadores y amas de casa. La cohesión social existente en el barrio y la intensidad de las relaciones personales entre los vecinos actuarían como contención contra una delincuencia más extendida.

Preguntados acerca de las medidas aplicadas hasta el presente para combatir el declive, los gijoneses tienden a mostrarse muy críticos con las mismas. «A mí me parece que cosas efectivas que hayan dado resultado no se hizo nada» (Intgij. 12). Las reconversiones industriales abordadas en el pasado son identificadas con meras destrucciones de empleo carentes de contrapartidas.

> A fin de cuentas la reconversión ¿qué es? Quedar gente en la calle y no hay más... Entonces yo no veo ninguna reconversión. Yo veo un despido y ya está (Intgij. 12).
>
> Una reconversión sin crear nuevos puestos de trabajo. Si quitan mil puestos y no hacen ni cien es perder todo. Todo el tejido industrial se está perdiendo (Intgij. 50).

Fuera de las políticas de reconversión industrial, impera un general desconocimiento de los distintos planes de reactivación económica planteados hasta la fecha. La total desinformación acerca de iniciativas que han recibido un destacado tratamiento en los medios de comunicación, como ocurre con el Plan de Dinamización de Asturias, denotaría una actitud de distanciamiento por parte de los ciudadanos ante mensajes que son percibidos como campañas propagandísticas que posteriormente no se traducen en realizaciones concretas. Frente a los discursos oficiales, impera la experiencia práctica.

> —Sí, lo de siempre: planes, planes, planes...
>
> —Yo es que ya no me lo creo, entonces... pude haberlo leído u oído, pero ya desconecto. Me digo: bueno, vale, sí, otra cosa más.
>
> —Yo es que no veo nada hecho. Mucho hablar y ahí se acabó todo. ¿Efectivo? Nada. Yo me remito a decir, bueno, pues eso, ¿quién encontró trabajo?, ¿a quién le cambió la situación?, ¿cómo están mirando por las ofertas de empleo que hay? A fin de cuentas, esas cosas, que son las que importan, están cada día peor (Intgij. 12).

La presencia en las calles de la ciudad de los parados incluidos en el PILES (ver anteriormente) convierte a éste en excepcional en cuanto al grado de conocimiento, que resulta muy generalizado. Los juicios son contradictorios: una mayoría valora sus efectos amortiguadores de las situaciones de necesidad causadas por el desempleo, pero son igualmente muy frecuentes las críticas por la imagen proyectada («seis personas reunidas para colocar una sola baldosa») y por no constituir una solución al problema, siendo un mero «parche».

La mayoría de los entrevistados carece de una opinión formada acerca de las medidas que deberían ser adoptadas para combatir las dificultades económicas, y sus propuestas resultan a menudo vagas e inconcretas. El fin (creación de empleo) aparece en ocasiones como un medio, planteando sin más la contratación de trabajadores en paro.

La permanente reestructuración a que está siendo sometida la industria pública parece haber dado lugar a un sentimiento de frustración que alienta opiniones marcadamente críticas. Se trata de un discurso novedoso en una comunidad donde, hasta fechas recientes, el sector público apenas era puesto en cuestión. Un estado de ánimo desconocido hasta que se impone la sensación de que se está asistiendo a un proceso irreversible de desmantelamiento.

El corolario de estas opiniones consiste en un desvío de las expectativas de reactivación económica hacia la inversión privada, descartando el papel activo del Estado como empresario que formaba parte de las demandas de la década pasada. La perspectiva de planes reindustrializadores basados en la inversión pública se ha desvanecido ante la evidencia de su imposibilidad, viéndose reducida a una defensa de las empresas estatales ya existentes, cuya supervivencia se juzga amenazada. Cada vez más, las esperanzas se cifran en alternativas basadas en la iniciativa privada. Ello no obsta, sin embargo, para que la responsabilidad sea situada en instancias políticas, hacia las cuales son dirigidas sistemáticamente las demandas.

La coincidencia en identificar las causas de la presente situación con una crisis industrial, y el recuerdo de una pasada pujanza basada precisamente en una industria floreciente llevan a una mayoría a defender el mantenimiento de esa orientación en la economía local, aun cuando se juzgue necesario promover, de forma complementaria, otras actividades. La idea de prosperidad sigue asociada a la de desarrollo industrial. Se produce, a este respecto, una convergencia de las opiniones de los gijoneses con la de las fuerzas sociales y políticas de la ciudad, tan distantes en otros aspectos. La defensa del carácter industrial de la economía local se justifica por la escasa confianza que se deposita en el sector servicios como motor del desarrollo. Tan sólo, en el Centro, unas pocas voces discordantes apuntan que el futuro no pasará por la industria o que ésta debe ser reducida.

Las perspectivas orientadas hacia las actividades terciarias merecen muy escaso crédito. La expansión conocida por el turismo en los últimos años y cierta insistencia de los discursos oficiales en resaltar sus potencialidades no dejan de suscitar desconfianza, siendo objeto incluso de comentarios irónicos. La opinión más compartida insiste en que «lo que importa de verdad en la economía es la industria», mientras que comercio o turismo son trabajos no productivos y de escasa solidez que precisan de una base industrial que los sustente. Asociada a esta idea viene la baja calidad de los empleos generados en estas actividades, que, por sí solas, ofrecerían negras perspectivas. Algunas visiones pesimistas respecto al futuro de la ciudad recurren a la imagen de ésta convertida en «un inmenso bar» o un restaurante en el que sólo habrá trabajo como camareros:

> no te voy a decir como una ciudad fantasma, ¿no? Pero sí mucha gente por la calle paseando, gente desocupada (Intgij. 12).

Los pasados procesos de reconversión industrial y las promesas de reactivación económica que los acompañaron han dejado un profundo excepticismo frente a cualquier reestructuración o ajuste, dado que estos se convierten en meras amputaciones sin alternativas. Incluso entre los parados, cuyas esperanzas de encontrar empleo en las industrias tradicionales son prácticamente nulas, la idea de garantizar su consolidación es expresada con fuerza:

> —Sí, vamos, la industria, que hay que defenderla, eso por supuesto. Hay que hacer el máximo posible, una actitud de resistencia, ¿no? Eso es fundamental (Intgij. 12).

Sobre estos argumentos, las actitudes de resistencia pueden encontrar comprensión también en quienes carecen de un puesto de trabajo que puedan defender:

> —Eso es lo que teníamos que hacer. Defender la empresa como si fuera, vamos, el último bastión.
> —... que se mantenga lo que hay, porque en el momento que dejemos marchar lo que hay no ponen otra cosa, eso está claro. (...) la industria pesada, que no desaparezca.
> —Turismo... Me parece cojonudo, pero cuando me demuestres que el turismo da de comer (Intgij. 52).

Más relevante aún resulta la opinión de los comerciantes, quienes comparten el criterio de preservar el carácter industrial de la economía local. Más allá de falsas disyuntivas entre una ciudad industrial y una ciudad de servicios, ambos componentes se complementan porque «sin industria, en Gijón no hay comercio».

> —El futuro de Asturias entiendo no es que no pueda, es que no debe renunciar a esa tradición industrial porque, si no, no podría sobrevivir como región (Intgij. 51).
> —Lo que criticamos es que se quiera trasvasar la importancia industrial de la ciudad al sector servicios.

—El turismo no va a dar valor añadido a la ciudad.

—El problema de la política turística... no es que la vayamos a echar abajo, pero estuvimos haciendo una operación de maquillaje sobre la ciudad (Intgij. 11).

El modelo de ciudad que está siendo diseñado recibe alguna crítica por considerarlo artificial. La preocupación hace referencia al riesgo de que Gijón pueda ser concebida «para jubilados: bancos frente al mar por toda la costa» (Intgij. 51).

... a veces tengo la impresión de que estamos creando un gigante con los pies de barro... Creo que el desarrollo de esta ciudad se basa en algo que es mentira... se trabaja mucho en infraestructuras que eran necesarias, en obras, en playas, se potenció mucho el sector turístico, pero no se soluciona la perspectiva de futuro (Intgij. 12).

De forma particularmente clara, el Ayuntamiento es la institución mejor valorada por los gijoneses y el único escalón de las administraciones públicas en el que los elogios superan a las críticas. Cuenta para ello con la ventaja de no ser visto como responsable del desmantelamiento industrial ni como principal agente de las políticas de reactivación, lo que no le exime de ser destinatario de una demanda que reclama el desempeño de un papel activo frente a la problemática socioeconómica. No se considera, en consecuencia, que pueda permanecer ajeno al tratamiento de la crisis industrial y sus efectos sociales.

El principal argumento en que se basan las valoraciones favorables de la gestión municipal hace referencia a las obras de infraestructura ejecutadas en los últimos años, que han constituido, por otra parte, el eje de los programas puestos en marcha por el equipo de gobierno en ese período. Al mismo tiempo, los juicios emitidos presentan un alto grado de personalización en la figura del alcalde, a menudo identificado con la propia institución. Las críticas más duras provienen de los estudiantes de La Calzada, que censuran especialmente una excesiva preocupación por la imagen y los aspectos propagandísticos, frente a la falta de diálogo y de atención a los deseos de los ciudadanos. La percepción de estos jóvenes coincide, en este caso, con la de los responsables de buena parte de las asociaciones del barrio, que expresan su disconformidad con lo que consideran escasa disposición al diálogo por parte del Ayuntamiento en los contenciosos que permanecen abiertos (NE, 13.1.1995).

Mucho más desfavorables son los juicios expresados acerca de los gobiernos autonómicos, que son duramente descalificados. La frustración generada entre los ciudadanos lleva a respuestas contundentes: «es una pantomima», «para mí no existe», «yo creo que no hace nada», «a mí me parece que es la sucursal de Madrid y no hay más». Su más grave responsabilidad vendría dada por una renuncia a desempeñar la que se considera su tarea primordial, consistente en hacer valer la voz de los asturianos ante el Gobierno central. La dependencia de partidos cuya dirección se encuentra en Madrid se convierte a menudo en explicación de la inoperancia mostrada, al subordinar los intereses regionales a disciplinas de partido:

¿Por qué todas las autonomías que no coinciden con la Administración central son las que mejor funcionan? Debe ser porque no están sumisas a lo que manden desde allá (Intgij. 51).

Yo, la verdad, es que no lo valoro en absoluto al Gobierno regional porque no somos una autonomía de primera, ni de segunda, ni de tercera. No somos nada. ...en vez de solucionar problemas están por temas de poder (Intgij. 52).

Ese estado de opinión, que valora de forma contrapuesta la gestión de las instituciones municipal y autonómica, hasta 1995 regidas por la misma fuerza política, ha tenido un reflejo en el comportamiento electoral de los gijoneses en este año. Unos 13.000 votantes han apoyado la candidatura del PSOE en las elecciones locales pero no en las autonómicas.

Respecto al trato que Asturias recibe por parte del Gobierno central, el sentimiento de marginación resulta dominante. Ocasionalmente, la propia falta de una presión reivindicativa lo bastante intensa por parte de los asturianos y la excesiva tendencia a buscar en la tutela del Estado remedio para todos los males expresan dos autocríticas en buena medida contradictorias.

—O en Madrid no saben de nosotros o los políticos nunca supieron ir allí. Yo creo que nos toman el pelo.

—No debemos estar en el mapa (Intgij. 14).

—Claro, si a mí me olvidan será porque dejo que me olviden, es decir, no estoy teniendo una presencia activa en los organismos o las instituciones en que las tengo que tener.

—Si peleamos tendremos quizá más... ¿Marginación entonces? Porque nos automarginamos (Intgij. 51).

—La verdad es que echamos la culpa a Madrid y la culpa no la tiene Madrid, la tenemos nosotros (...) Nadie va a venir a arreglar nuestros problemas si nosotros no pretendemos arreglarlos (Intgij. 12).

La evaluación de las repercusiones del ingreso en la Comunidad Europea resulta igualmente negativa:

—Yo, la verdad, es que no me aclaro... Vamos, tendría partes buenas, ¿no?, pero ya te digo que no te sé decir.

—Yo también pienso que fue negativo. Tampoco lo tengo claro (Intgij. 12).

—... una operación de imagen, no hubo nada más. No se adecuó el conjunto del Estado para esa entrada en un mercado competitivo como es el europeo, y mejor no entrar en esas condiciones. (Intgij. 12).

—Yo creo que es la Europa de los ricos. Se han juntado los más ricos de Europa y han decidido crear la CEE. No nos han preguntado a los trabajadores... Simplemente son un club de gente para defender sus intereses. No hay ciudadanía europea, no hay participación a ningún nivel (Intgij. 52).

La desconfianza ante los discursos oficiales, cualquiera que sea su procedencia, resulta coherente con la pésima valoración que, en general, merecen los partidos políticos y sus responsables en todos los niveles. En consonancia con el clima dominante en la opinión pública española, caracterizado por un profundo desprestigio de la función política, se condena la falta de ejemplaridad (relacionada con el fenómeno de la corrupción) y su alejamiento de los problemas de la gente para dedicarse a luchas de poder. En cuanto a la solución de los problemas socioeconómicos, la escasa credibilidad de los mensajes institucionales obedece igualmente al desgaste provocado por la reiteración de los llamamientos al optimismo:

Mientras, siempre están diciendo: (la crisis) ya tocó fondo, y el fondo no aparece. Y cada vez está peor (Intgij. 12).

La gente está cansada de promesas falsas..., hay que vivir de realidades (Intgij. 51).

Frente a la concentración de responsabilidades en la esfera de la política, el papel de los agentes sociales aparece relegado a un segundo plano, sin convertirse en destinatarios preferentes de críticas y demandas. Las valoraciones de que son objeto resultan, en todo caso, contradictorias, respondiendo en buena medida a la distinta composición sociológica de los barrios estudiados. Las centrales sindicales son objeto de críticas que, en ocasiones, las asimilan a los partidos políticos. Su protagonismo en las respuestas sociales ante el declive económico no encuentra correspondencia en la opinión de los gijoneses, que denotaría un considerable desconocimiento de su actuación. En referencia a procesos concretos de reestructuraciones o defensa del empleo, su intervención es evaluada de forma muy contradictoria. En el Centro hay incluso quien les hace responsables de la crisis económica y pone en cuestión su razón de existir (Intgij. 15 y 14).

La contrapartida viene dada por una visión acrítica del papel del empresariado asturiano en la resolución de los problemas económicos, puesto que «está amarrado por las fuerzas sociales». Entre los más jóvenes aparecen defensas de la figura del empresario expresadas en términos que remiten a valoraciones de carácter ideológico, cuestionando la imagen del capitalista como explotador y los esquemas de la lucha de clases. Incluso en La Calzada, la tendencia mayoritaria consiste en obviar la responsabilidad de los empresarios, tanto en el origen de la crisis como en sus posibles soluciones. A su vez, a diferencia del Centro, los trabajadores son vistos de forma casi unánime como víctimas de un proceso frente al que apenas pueden hacer nada.

Existiría, en todo caso, una mala organización. «El trabajador hace lo que le mandan... Puede ser un problema de estructura» (Intgij. 50). La contraposición entre ambos barrios se hace igualmente patente en las reacciones suscitadas por las movilizaciones obreras, tan frecuentes en la historia reciente de la ciudad. La comprensión encontrada en La Calzada por luchas tan duras como las sostenidas por los trabajadores de astilleros alcanza incluso a quienes más perjudicados resultarían. Los comerciantes participan sin reservas del sentir general:

> —Yo las viví. Sobre todo las famosas del Dique, hace cinco o seis años. Fueron muy duras, porque, prácticamente, La Calzada estuvo incomunicada. Pero creo que lo soportamos porque veíamos que a esta gente había que buscarle una salida y creo que en La Calzada éramos conscientes del tema (aunque) lo pasábamos mal... Quizás en otros barrios, no lo habrían entendido. La Calzada lo entendió.
>
> Y hay que buscar al culpable. ¿Por qué hay conflictividad? ...por lo visto, las presiones valen para algo. A veces uno no tiene más remedio que ser conflictivo. Y es triste que por el diálogo no se llegue a un entendimiento. (...) hay que ser solidarios y comprender a esa gente (Intgij. 51).

VIII.7. CONCLUSIONES

Por razones diversas, entre las cuales podrían ser señaladas el tamaño de la ciudad, su mayor articulación social, la fluidez alcanzada en las relaciones entre las fuerzas sociales y políticas, la existencia de ciertos liderazgos y una conciencia de la crisis industrial que ya data de antiguo, Gijón ha avanzado en la definición, de forma consensuada, de una estrategia propia de desarrollo en mayor medida que cualquier otra zona de Asturias.

La progresiva convergencia de las fuerzas sociales y políticas gijonesas en torno a las líneas generales de una política de desarrollo local, incluido el generalizado acuerdo acerca de un plan estratégico para la ciudad, contrasta con el creciente escepticismo de los gijoneses al respecto. La actitud ampliamente dominante entre los ciudadanos se caracteriza por su desconfianza y desinterés ante la formulación de tales propuestas, cuyo contenido —e incluso existencia— desconocen. Las causas no obedecerían tanto a una deficiente transmisión de las informaciones cuanto a un distanciamiento por parte de la opinión pública, que ha dejado de cifrar sus esperanzas en una salida colectiva y parece impermeable a los discursos provenientes de ámbitos políticos.

La mayor implicación de los gijoneses en la demanda de planes dirigidos a resolver la problemática socioeconómica de la comarca corresponde a una época ya pasada, caracterizada por niveles de conflictividad muy elevados y por un menor entendimiento entre las organizaciones sociopolíticas. Cuando éstas han evolucionado hacia una aproximación de sus posiciones, las esperanzas de soluciones colectivas de la mayoría de la población se habían desvanecido, restando tan sólo la búsqueda de salidas individuales, aun cuando éstas sean percibidas como muy inciertas. El desánimo y un profundo pesimismo constituyen una actitud ampliamente dominante que impediría la ilusión en torno a un proyecto colectivo.

Aparte del distanciamiento mostrado por la mayoría de los gijoneses, el despliegue, a partir de fines de los años ochenta, de una serie de instrumentos e iniciativas destinadas a promover una política de desarrollo local encuentra serias limitaciones. Hasta el presente, los resultados son bastante más modestos que las ambiciones expresadas y el consenso entre los agentes sociales y políticos no asegura por sí solo el éxito de una estrategia de desarrollo. La dinamización del potencial endógeno choca, como en toda la región, con la ausencia de un sector empresarial autóctono que dé muestras de dinamismo, mientras el incierto futuro de la empresa pública industrial gravita sobre cualquier posible reactivación. A su vez, las propuestas de intervención pública en materias como infraestructuras o fomento de la inversión realizadas desde instancias locales precisan para su concreción del apoyo de otras administraciones, dando lugar a importantes bloqueos o retrasos. La persistencia de enfrentamientos políticos de corto alcance pero de larga duración no ha hecho sino agravar tales carencias.

A la dificultad para coordinar las prioridades y captar los recursos necesarios se superponen obstáculos procedentes de rivalidades localistas en una comunidad que no ha sido capaz de aplicar una estrategia integradora y coherente de desarrollo regional que dé cabida a la diseñada en Gijón. Así como la secular rivalidad entre Oviedo y Gijón se asienta, en parte, sobre una competencia de intereses y presenta un arraigo que favorece los reflejos populistas de los rectores de ambas ciudades, la reciente aparición de diferencias entre Gijón y las cuencas mineras presenta un carácter artificial y responde casi en exclusiva a pugnas de poder y conflictos personales en el seno de ciertas élites políticas. Ello no obsta para que su existencia gravite sobre los esfuerzos emprendidos desde instancias locales como un problema añadido.

El Ayuntamiento aparece como el agente que lidera la búsqueda de una estrategia de desarrollo, estando presente en la práctica totalidad de las iniciativas emprendidas en tal sentido. La situación se ha transformado sustancialmente a este respecto, al asumir funciones que le resultaban ajenas casi por completo hace tan sólo diez años, cuando la institución municipal apenas desempeñaba papel alguno en el tratamiento de los problemas económicos. En el marco local, las organizaciones sindicales son su interlocutor preferente, con quienes ha consensuado buena parte de los acuerdos suscritos, incluidos los de mayor contenido y un alcance más general. Los restantes agentes sociales han mostrado de forma continuada una preocupación por aspectos muy parciales, sin superar la carencia de una visión global y de propuestas que ofrecer fuera de su campo de acción específico.

Respecto a las fases iniciales del proceso, el movimiento obrero ha perdido fuerza y audiencia de forma apreciable. Sus bases de asentamiento más sólidas y activas han sufrido una constante erosión que lo ha debilitado cualitativamente, al verse privado de buena parte de sus cuadros, incluyendo a los colectivos con mayor poder de convocatoria, que en el pasado han sido capaces de trasladar al conjunto de la ciudad la inquietud por el proceso desindustrializador que la afectaba. El restablecimiento de la unidad de acción entre las formaciones mayoritarias y su acuerdo en torno a propuestas sustancialmente coincidentes ha permitido compensar este retroceso. Los núcleos obreros que siguen conservando recursos organizativos y voluntad de lucha se mueven dentro de un mayor aislamiento, confinados a actitudes defensivas, de resistencia.

Las experiencias extraídas de los años ochenta, en especial a partir de las luchas de los trabajadores de astilleros, han tenido un efecto de irradiación hacia otros sectores obreros que tienden a adoptar sus formas de movilización. Los poderes públicos se encuentran de este modo ante una criatura de la que en buena medida son responsables. La perversa pedagogía derivada de una práctica que atendía las demandas de los afectados por procesos de destrucción de empleo en la medida en que se convertían en un problema de orden público ha engendrado una propensión a radicalizar los conflictos. El convencimiento de que «sólo la lucha paga», tanto más cuanto más radical sea en sus formas, estaría en la base de la reproducción de ese modelo por parte de diversos colectivos laborales y también explicaría la notable comprensión que encuentran en la opinión pública.

El debilitamiento del movimiento obrero y de sus organizaciones ha desarticulado al bloque social que, en la primera mitad de los años ochenta, expresaba demandas genéricas pero ampliamente compartidas en masivas movilizaciones. Eran los obreros industriales quienes, en ese período, dinamizaban la protesta y la dirigían hacia objetivos de reindustrialización. Su pérdida de protagonismo como eje de la respuesta ciudadana frente a la crisis no ha sido suplida por otra fuerza, de modo que, en buena medida, el malestar social ha dejado de expresarse colectivamente y ha perdido la perspectiva de reivindicaciones concretas.

Pese a todo, la tradición de movimiento obrero sigue ejerciendo un considerable influjo en la ciudad. Frente al confinamiento de las organizaciones patronales en cuestiones sectoriales y el desprestigio que aqueja a los partidos políticos, los sindicatos mantienen una presencia activa en los foros donde son discutidas las iniciativas de desarrollo local. Dentro de una constante preocupación por las repercusiones sociales del declive, disponen de una visión global acerca de los problemas de la comarca que les lleva a formular propuestas generales cuyos contenidos trascienden los intereses de sus representados y, más aún, de sus afiliados. Por otra parte, la subsistencia de valores y comportamientos propios de la cultura obrera tradicional, particularmente en los barrios históricos del proletariado gijonés, sigue actuando como factor de cohesión social que amortigua los efectos desvertebradores de la crisis.

El mantenimiento de una extensa cobertura de prestaciones sociales (prejubilaciones, subsidios, pensiones...) y la pervivencia de estructuras familiares tradicionales que permiten distribuir esas rentas en favor de las nuevas generaciones actúan como factores retardatorios de los fenómenos de desintegración y deterioro social propios de situaciones de declive como la asturiana. La delincuencia, la drogadicción, las situaciones de miseria y marginación permanecen dentro de márgenes «tolerables» en comparación con áreas sometidas a procesos semejantes. La pervivencia de valores propios de la tradición del movimiento obrero, la integración de una mayoría con el medio social en que vive, la identidad colectiva de barrios obreros muy afectados por la crisis... siguen operando aún. En tanto el nuevo contexto no consume un proceso disgregador que ya puede ser atisbado, los costes sociales están siendo atenuados.

Capítulo IX

DuPont y Suzuki: dos multinacionales en una región de antigua industrialización

IX.1. INTRODUCCIÓN

Asturias está marcada en muchos aspectos por el dominio que las grandes empresas estatales ejercen en sectores industriales tradicionales. Esto significa, por otra parte, una falta de empresas de orientación internacional en sectores con perspectivas de futuro. Para contrastar el punto que se refiere a «industrias antiguas» del proyecto, exploramos dos fábricas de los pocos consorcios multinacionales que desarrollan su actividad en Asturias. Nuestro interés se concentró en los aspectos siguientes:

1) Para poder evaluar el potencial de las inversiones exteriores como factor dinamizador en una región de antigua industrialización, deben estudiarse las experiencias existentes. ¿Qué criterios han aplicado las empresas multinacionales para tomar sus decisiones de inversión? ¿Qué factores tienen una influencia positiva sobre la decisión y cuáles una influencia negativa? ¿Qué conclusiones pueden extraerse para una política frente a potenciales inversores extranjeros?

2) Las experiencias de muchos países y regiones nos remiten a la problemática de las «catedrales en el desierto». Con esta expresión se pretende designar el hecho de que las fábricas multinacionales con frecuencia operan directamente en redes internacionales sin integrarse en la economía y sociedad regionales, sin generar los esperados «efectos de difusión» (cfr. cap. X.1). Por lo tanto, el interés de nuestro estudio se orientó al grado de regionalización de las multinacionales en Asturias. ¿Cómo se integran en la región las filiales de los consorcios multinacionales? ¿Existen en una región de antigua industrialización factores específicos en su relación con las empresas multinacionales? ¿Cómo reaccionan los agentes sociales de la región a la presencia de empresas multinacionales? ¿Cómo se organiza la cooperación con la Administración y otras instituciones regionales y locales?

3) Las multinacionales son pioneras para efectuar un cambio fundamental de las estructuras de organización interna de la economía. Por el contrario, las regiones de antigua industrialización y sus agentes se consideran tradicionales o incluso conservadores, puesto que defienden modelos de organización de las industrias en declive. Esto se aplica de modo muy particular a las relaciones laborales, donde el comportamiento de los sindicatos y el número relativamente elevado de huelgas con frecuencia saltan a la palestra como un factor negativo para un cambio estructura regional. Por ello la configuración de las relaciones laborales y la organización del trabajo en comparación con otras empresas de la región constituye un segundo interés central en el marco de nuestro proyecto de investigación. ¿Cómo reaccionan las plantillas de trabajadores y sus representantes a la introducción de nuevos métodos de trabajo, a menudo poco habituales, y nuevos estilos de dirección? ¿Constituyen las multinacionales una puerta de entrada para el cambio en la cultura laboral de una región industrial antigua?

Tomando por base estos intereses de estudio, debíamos recurrir a diferentes conceptos teóricos para evitar un enfoque aislado de la planta, la empresa y la región. El punto de partida lo constituye el centro de trabajo como «campo de acción social... como lugar donde se entabla la lucha de intereses y se dirimen los conflictos entre diferentes agentes» (Lauschke, 1994, p. 7). Estos agentes no son cuasindividuos fijos, sino grupos de personas con estructuras institucionales en perpetuo cambio. Actúan en el marco de estrategias y constelaciones de poder que por principio son asimétricas y en modo alguno obtienen sus recursos exclusivamente del centro de trabajo o de la empresa. Las condiciones políticas generales, las relaciones con la Administración, la situación económica general, los medios de comunicación públicos, los discursos predominantes, la fortaleza de las asociaciones, etc., determinan directamente la actuación dentro de la empresa. La «empresa de la sociología industrial», en la que la mayoría de las veces la región se reduce a una condición del entorno, tenía que reducirse y hacerse extensiva a todos los agentes. Y no sólo ocurre que los agentes a nivel empresarial se convierten en agentes regionales (p. ej., trabajadores en ciudadanos, comités de empresa en sindicalistas...), sino que también emergen agentes regionales directamente en la actuación a nivel de empresa (p. ej., la Administración como subvencionador, los grupos ecologistas como organizaciones de defensa de intereses generales frente a la dirección empresarial).

La selección de las dos filiales de multinacionales para efectuar el estudio fue relativamente sencilla. La presencia de empresas multinacionales en Asturias es muy reducida. Dentro de ésta hay exactamente tres (DuPont, Suzuki, Thyssen) que en la última década han realizado inversiones considerables y que han desarrollado un papel importante en el debate de política regional. DuPont es el proyecto donde más éxito ha tenido toda la política asturiana de captación de inversores extranjeros. Además, por lo que respecta al estilo empresarial es el inversor más innovador de la región. Por el contrario, en el caso de Suzuki, resulta interesante cómo ha reaccionado la plantilla de trabajadores a la llegada de métodos de gestión y medidas de modernización japoneses. En ambos casos las inversiones se fomentaron con considerables subvenciones públicas, lo que ejerce una presión de legitimación política tanto sobre el Gobierno como sobre las empresas.

La comparación de actitudes y percepciones de plantillas de trabajadores de sectores típicos de las industrias antiguas y de modernas filiales de consorcios con orientación de futuro no sólo pretende mostrar los posibles contrastes existentes, sino también cuestionar los estereotipos sobre las mentalidades en las regiones de antigua industrialización. Las dos filiales de multinacionales seleccionadas ofrecen un material de observación excelente para ello, puesto que, en primer término, están atravesando coyunturas económicas diferentes (Suzuki se vio afectada por una grave crisis del mercado de motocicletas, mientras que los productos DuPont son relativamente estables a las coyunturas) y, en segundo lugar, porque las plantillas de trabajadores ofrecen premisas totalmente contrapuestas para la introducción de nuevos métodos de gestión. La plantilla de Suzuki es experimentada y está organizada sindicalmente, mientras que DuPont está componiendo una plantilla nueva para levantar nuevas fábricas aplicando costosos procesos de selección y muchos aspectos novedosos.

Por lo que respecta al procedimiento metodológico del estudio debemos mencionar que la diversidad existente entre ambas empresas también se manifiesta en el modo de acceso del investigador. Mientras que en Suzuki pudo realizarse sin problemas un gran número de entrevistas individuales y en grupo, con apoyo de todos los grupos sindicales, y pudimos asistir, además, a varias asambleas de empresa, DuPont se mostró mucho más cerrada. En ella los sindicatos no existen, y la dirección empresarial está sobrecargada de visitas y es muy cautelosa frente a la opinión pública. De forma que el número de entrevistas que pudo realizarse y completarse con las manifestaciones y documentos recopilados es muy reducido. Por lo tanto, la base empírica utilizada en ambas factorías es bastante dispar. La única barrera en Suzuki es el acceso a los directivos japoneses, que en general son poco propensos a las entrevistas y cuando las conceden lo hacen con intérpretes. En este aspecto, además de algunas entrevistas en periódicos, se recurrió a una encuesta publicada en España y realizada entre directivos japoneses (Cfr. Díaz/Kawamura, 1994).

IX.2. DUPONT

IX.2.1. La llegada de un gigante químico

En 1802 el emigrante francés Eleuthère Irenée DuPont fundó en el estado norteamericano de Delaware (Wilmington) una fábrica de pólvora negra. Durante cien años éste fue el único producto de la fábrica, hasta que en este siglo el auge de la empresa la hizo convertirse en el primer productor del mundo de productos químicos. En la actualidad DuPont da empleo a más de 100.000 personas, tiene una cifra de negocio cercana a los 40.000 millones de dólares, produce aproximadamente 1.800 productos diferentes en 60 países y 200 sucursales. Desde que la empresa desarrolló en 1934 la fibra de nailon, esta rama del negocio es una de las más importantes del consorcio.

DuPont dispone en Europa de 45 centros de producción distribuidos en 14 países, con aproximadamente 20.000 empleados. Esta multinacional norteamericana fundó la primera sucursal europea en 1956 en Gran Bretaña. En 1981 se constituyó DuPont Ibérica S. A., si bien la cuota de mercado en España continúa muy por debajo de la de los competidores de nivel mundial. Sin lugar a dudas esto ha desempeñado un papel en la selección del emplazamiento. (cfr. ERA, Doc. 4).

Para comprender el papel de la nueva delegación en Asturias dentro de la política del consorcio es necesario echar una breve ojeada a la más reciente evolución del mismo. El 14 de agosto de 1991 la revista *Chemicalweek* informó que, bajo el presidente del consorcio Edgar S. Woolard jr., DuPont «ha estado poniendo a cargo de unidades de negocios... a ejecutivos jóvenes, agresivos, con un punto de vista global» en el marco de «algunos cambios muy agresivos en DuPont». El gigante había entrado en crisis y desde entonces se está aplicando un concepto de ajuste profundo, suprimiendo las partes no rentables del consorcio (petróleo y carbón —parcialmente—, productos de película de plástico y productos farmacéuticos), experimentando nuevos estilos de producción y gestión y recortando estratos administrativos completos. En los años ochenta una reducción de empleo en torno al 20% permitió aumentar la productividad por empleado de 6.000 a 16.000 dólares (*Forbes*, 8.5.1991). Esto indica que son sobre todo las factorías de Estados Unidos las más afectadas por la reducción masiva de empleo, mientras que Europa se ha convertido, al menos provisionalmente, en un campo de experimentación para nuevos tipos de gestión y proyectos. Igualmente en Europa debe remozarse en profundidad la imagen medioambiental. De esta forma, el proyecto de Asturias forma parte de una estrategia global de ajuste y reducción de personal, aun cuando se creen aquí nuevos puestos de trabajo. Las factorías asturianas se concibieron «ligeras» desde un principio. La evolución positiva experimentada por el consorcio desde la crisis a principio de los noventa parece confirmar el éxito de esta estrategia.

Tabla 1: **Evolución del empleo del consorcio DuPont en todo el mundo**
(en miles a final de año)

1980	1989	1990	1991	1992	1993	1994
177	146	144	133	125	114	107

Fuente: *Forbes* del 8.5.1991, DuPont Annual Reports.

El 30 de noviembre de 1989 DuPont hizo público que para los años noventa tenía planificada la construcción de siete a doce factorías en Asturias. El monto total de las inversiones ascendería aproximadamente a 1.000 millones de dólares, permitiendo crear unos 1.000 puestos de trabajo directos y hasta 5.000 indirectos. Estos planes representan la culminación provisional de las largas negociaciones mantenidas con el gobierno regional y sobre todo con el IFR (Instituto de Fomento Regional). Las primeras reacciones rebosan el correspondiente entusiasmo. La consejera de Industria, Comercio y Turismo, Paz Fernández Felgueroso, hablaba del «primer paso para la modernización y reestructuración del tejido industrial» y el arzobispo de Oviedo añadía: «Ojalá sea el comienzo de un nuevo resurgir de Asturias». También el sindicato socialista del sector minero y químico, SOMA-FIA-UGT, apoyaba «sin reservas» (SOMA-FIA-UGT Informa 1/1994, p. 24) el proyecto de DuPont. Por el contrario, la opinión de un jubilado de setenta años establecido en el valle del Tamón (lugar planeado para las inversiones) tiene un valor en todo caso anecdótico: «Soy diabético, no puedo comer, no puedo beber, cobro dos pensiones. La verdad es que no me hacía falta. Si me pidieran mi voto, diría que no» (LVA, 2.12.89).

El presidente de DuPont, Edgar S. Woolard, formula su estrategia de relaciones públicas con las siguientes palabras: «Nuestro objetivo es que en Asturias se considere a DuPont una empresa local, no una multinacional» (cfr. Información Principado de Asturias). El 26 de enero de 1990 la Junta General del Principado promulga la ley que declara de interés social la instalación de DuPont. El 1 de enero de 1990 se suscribe el convenio de cooperación entre DuPont y la Consejería de Industria asturiana, formalizándose así el proyecto. En abril del mismo año el Principado abre una oficina de apoyo a DuPont.

En favor de la decisión de inversión adoptada, DuPont aduce los siguientes criterios (DuPont en España '94):

— Capacidad de ser una sede multiproducto.
— Localización en sur de Europa. Capaz de suministrar mercados del norte y sur europeos.
— País estable política, social y económicamente.
— Disponibilidad de personal cualificado.
— País con potencial de crecimiento.
— Acceso a materias primas.
— Gobiernos activos y dispuestos a ayudar en el desarrollo del complejo.
— Condiciones para desarrollar las inversiones con agilidad.
— Área atractiva para nuevos empleados y transferidos.

Junto a las considerables subvenciones y al hecho de que DuPont estaba buscando una localización en el sur de Europa, los puertos y los recursos naturales como abundancia de agua de excelente calidad son dos factores importantes para elección del emplazamiento. En cualquier caso, los puertos industriales bien equipados presentan la desventaja de que hasta ahora se han especializado predominantemente en ENSIDESA, y no se han integrado en una red de líneas comerciales internacionales (de ahí el transporte de Nomex a través de Bilbao). En ningún caso debería despreciarse la competente comisión asturiana de negociación y preparación. Edgar S. Woolard alabó el trabajo de los funcionarios del principado calificándolo de «la mejor cooperación que hemos tenido en el mundo» (LVA, 20.2.91) y comprometió a algunos directamente en posiciones directivas de su empresa. Comparativamente el gobierno central salió considerablemente peor parado. En primer lugar paga su cuota de subvenciones con retraso considerable (una crítica efectuada por la casi totalidad de empresas afectadas) y, en segundo lugar, la política económica de los años ochenta, con la sobrevaloración de la peseta, reveló ser desventajosa. Aquí podría incluirse también la política energética, que hace de España uno de los países de Europa en el que los costes de la electricidad son más caros. Por todo ello, en conjunto habría que relativizar bastante la importancia de las subvenciones, toda vez que en la actualidad se ofrecen prácticamente por doquier.

Para la primera fase (1991-1993) estaba planeado construir tres factorías con una inversión total de 32.198 millones de pesetas. El empleo al final de esa fase (noviembre 1994) corresponde a los planes establecidos: en total en DuPont trabajan 725 personas, 528 de las cuales son de Asturias. De estos 528 empleados de la región, 247 corresponden a DuPont y 281 al total de 31 empresas contratistas. La segunda fase (1994-1996) no aporta ninguna novedad sustancial, sino que culmina las inversiones iniciadas. Se aspira a poner en funcionamiento la factoría THF en 1996. El personal, aproximadamente 50 empleados, fue contratado en 1995 para incorporarlo de antemano a los preparativos de puesta en marcha de la producción y cohesionarlo en el marco de un proceso de formación costoso para formar «una comunidad operativa». Según datos facilitados por la empresa, a finales de 1995 trabajaban en DuPont aproximadamente 800 personas, de las cuales 300 son empleados fijos de DuPont.

La factoría Nomex: en el gran premio de San Marino 1989 el piloto austríaco de Fórmula 1 Gerhard Berger chocó con su automóvil contra un muro a 270 km/h y se vio de inmediato rodeado por las llamas. Gracias al Nomex, las lesiones fueron leves y un mes después volvía a incorporarse a las carreras. La fibra Nomex (fibra ignífuga de aramida) es extremadamente resistente al calor y se utiliza para fabricar trajes de astronautas y bomberos, estructuras de aviones y nichos filtrantes para gases. Con esta fibra también se pueden fabricar envolturas de protección para máquinas y muchos otros productos. Nomex fue desarrollada por DuPont antes de 1965, siendo en aquella época la primera fibra ignífuga existente, y hasta la fecha sólo existía una fábrica de Nomex de DuPont en los EE. UU. La fábrica asturiana aumenta la capacidad de producción de esta marca en torno al 40%. Doscientos cincuenta empleados se encargarán de producirla para el mercado europeo. El producto de desecho reciclable se embarca con destino a Richmond (DuPont EE. UU.), desde donde una gran parte de los productos preelaborados fabricados por ellos mismos llega a Bilbao por vía marítima a través de Holanda y desde allí a Asturias con el ferrocarril FEVE. William Walker jr., director de DuPont Asturias, explica el porqué de estas complicadas vías de suministros: «Tengo que reconocer que en Nomex no estamos hablando de volúmenes grandes. Tenemos que utilizar las líneas marítimas comerciales y éstas no llegan a Asturias... En España tenemos dos o tres clientes y por casualidad uno de éstos está instalado en Corvera, haciendo trajes de Nomex para ENSIDESA y Asturiana de Zinc» (NE, 2.5.1993).

La fábrica Nomex es hasta la fecha la más importante de DuPont en Asturias por varias razones. En abril de 1993 es la primera fábrica que ha entrado en funcionamiento. Nomex es un producto de gran futuro para el mercado, mientras que los restantes productos se fabrican para su transformación interna. El procesamiento posterior del Nomex (p. ej., en la industria textil) no es rentable para DuPont. La fábrica es, con diferencia, la más grande y la de mayores tasas de inversión y empleo de las tres primeras fases de inversión. «Nomex es el producto con mejores perspectivas de beneficio de nuestro negocio» (William Walker, NE, 14.12.94). En la construcción de la fábrica se invirtieron 25.272 millones de pesetas, de los cuales 7.488 millones pertenecían a subvenciones. El procedimiento de fabricación y las instalaciones de la fábrica Nomex asturiana obtuvieron en noviembre de 1994 el certificado de calidad ISO 9002 de la sociedad Lloyd's Register Quality Assurance.

La fábrica THF: El tetrahidrofurano (THF) es un disolvente y detergente líquido cuyo ámbito de aplicación principal es la fabricación de la fibra textil Lycra, es decir, centrada en el procesamiento posterior interno del consorcio. La Lycra se utiliza sobre todo para ropa interior y ropa de baño y para la fabricación de productos plásticos. También para este producto hasta la fecha sólo existía una fábrica en La Porte (Texas, EE. UU.). El líquido se fabrica a partir del gas butano, que es importado y suministrado por Repsol, la mayor empresa energética española, y que llega a la fábrica desde el puerto de El Musel a través de un sistema de tuberías, de reciente creación de 13 km de longitud. Otras materias primas como el hidrógeno y el oxígeno también recorren este camino, que exigió considerables inversiones en los puertos. El producto fluye en sentido contrario hasta el puerto, donde es embarcado a los lugares de destino para su procesamiento posterior. Para garantizar el suministro de agua necesario para la producción se construyó un nuevo embalse. Después de una modificación de los planes, en la fábrica de THF se producirá también adicionalmente GBL, un producto farmacéutico semielaborado.

La fábrica de THF incide con intensidad extrema en las materias primas y el capital, siendo su efecto en los puestos de trabajos reducido. Aquí trabajan 98 personas: 71 operarios, 11 técnicos y 16 administrativos. En 1995 se contrataron aproximadamente 50 empleados para la inminente entrada en servicio en 1996. Los costes de construcción de la fábrica se estiman en 21.000 millones de pesetas. DuPont ha desarrollado un nuevo procedimiento menos costoso de procesamiento del butano.

La fábrica de SC: la producción de silicio (silicio coloidal) existe hasta ahora sólo como proyecto piloto y en el futuro se experimentarán las posibilidades de este versátil producto (p.ej., sirve como aglutinante en la fabricación de placas, semiconductores, textiles y catalizadores). En la primera fase está previsto emplear a doce personas.

La planificada fábrica de Sontara: en diciembre de 1995 la empresa anunció la construcción de una tercera fábrica, cuya inversión total ascenderá aproximadamente a 75 millones de dólares, y en la que trabajarán entre 40 y 55 personas una vez que se haya puesto en funcionamiento, previsiblemente a finales de 1997. Se trata de la producción de una nueva fibra (un textil no tejido 'nonwovens') que, entre otros usos, se utilizará para la fabricación de materiales absorbentes de limpieza y medicina y para la fabricación de piel artificial. Al igual que en el caso de Nomex y THF se trata de la primera fábrica de este tipo fuera de EE. UU. Según datos facilitados por la empresa, en la selección realizada entre los numerosos emplazamientos que competían en todo el mundo para acoger a la planta, han desempeñado un importante papel las positivas experiencias recopiladas con Nomex (cfr. NE, 6.12.1995). Probablemente la fábrica cuente con un edificio anexo destinado al perfeccionamiento de esta fibra y que cobijará un centro de investigación.

IX.2.2. Relaciones laborales

Evidentemente la construcción del nuevo complejo de producción sirve también a la multinacional americana como campo de experimentación para nuevas formas de organización del trabajo, que en muchos aspectos pueden considerarse innovadores. En Asturias, DuPont está intentando enlazar nuevos métodos de «producción ligera» como el trabajo en equipo, los *profit centers*, etc., con un alto grado de trabajo autorresponsable y productividad. Esto forma parte de una reestructuración orientada a los costes dentro del consorcio en todo el mundo bajo criterios de descentralización, desburocratización, supresión de jerarquías y orientación al cliente.

El objetivo estratégico de DuPont es la formación de una identidad corporativa: «Haciendo que cada empleado, cliente y proveedor actúe como embajador de DuPont ante la comunidad» (DuPont Asturias - Directrices). La dirección de personal aspira a conseguir un sentimiento de grupo y de comunidad dentro de la nueva plantilla, más allá de las jerarquías tradicionales. «El papel de líder no está reservado ni a ciertas personas ni a ciertos puestos. Todos los miembros de la organización disfrutan de la oportunidad de ejercer el liderazgo y se espera que lo hagan» (ibíd.).

Un elemento central de las relaciones laborales en DuPont es la selección de personal:

Sólo aquellos candidatos que poseen las cualidades necesarias para llevar a cabo la misión de los negocios de DuPont y los principios operativos son seleccionados para formar parte de este equipo. Ellos mismos participan en el proceso de selección para su propio desarrollo (DuPont Asturias - Directrices).

El valor añadido que nosotros esperamos de nuestros empleados es su capacidad para tomar decisiones. Esperamos que colaboren con sus ideas para mejorar de forma continua nuestro proceso y producto. Para poder lograr eso, debemos ayudarles a desarrollarse, proporcionándoles una formación continua, con experiencias diversificadas y oportunidades de participar en los procesos de mejora, trabajando en equipos y, a menudo, en asuntos sobre los que tienen ninguna experiencia previa (William Walker en Conferencia Anual de Financial Times, Madrid 2.12.1993).

Como se trata de construir una plantilla completamente nueva, desaparecen algunos problemas de adaptación típicos que se presentan en los obreros industriales tradicionales, como en el caso de Suzuki. No obstante lo expuesto, surge la pregunta de cuáles son los criterios de selección y los métodos que deben aplicarse para crear esta comunidad DuPont.

Nos gusta observar cómo trabajan en equipo. Puede haber individualidades muy brillantes, pero no saben trabajar en equipo… Hemos encontrado gente muy cualificada, con mucho entusiasmo, flexibles y con muchas ganas de aprender y hacer cosas en un DuPont nuevo (William Walker, NE, 21.2.1993).

Tres meses después:

Estamos muy contentos con los trabajadores que están empleados aquí. Se han integrado perfectamente bien (William Walker, NE, 22.5.1993).

Estoy convencido de que nuestro mayor valor es la gente que tenemos en DuPont Asturias. Ella es la clave de nuestro éxito (Douglas Webb, director de la fábrica de Nomex, NE, 22.5.1993).

Las personas seleccionadas describen este proceso con las siguientes palabras:

1: La selección te choca mucho… la verdad, estamos hablando de fútbol, una entrevista informal, preguntan el gusto (risa)… Éramos nosotros mismos, no como en otras empresas donde hay un jefe de personal, es la propia gente de la compañía que selecciona a sus compañeros… a dos o tres semanas ya entramos nosotros en la selección del personal nuevo.

2: Las entrevistas, la verdad, fueron distendidas, porque me llamó la atención de que no me preguntaron absolutamente nada con respecto a mi profesión. Y luego en el grupo, con unas ocho, nueve personas… Estaban personas muy preparadas. Su formación era mejor que la mía, o al menos eso pensaba yo, y me dieron muy buena impresión. Y pensaba que cogieran esas personas, pero no fue. Era un poco quizás por didáctico, igual recapacitándolo después y haber pasado por muchos procesos de selección, por cierta superioridad. Como un viejo sistema, no, de la pirámide y ellos quedan arriba y los demás están abajo.

1: Después haces el ejercicio y tal, y te das cuenta porque muchos que estaban ahí, una gente que se expresaba muy bien, conocían mucho, incluso eran maestros en ENSIDESA y tal, dices la gente tiene que entrar. Y después te dabas cuenta por qué no habían entrado. Porque querían imponerse a toda costa, detalles que te das cuenta cuando ves el proceso desde la parte dentro, que no se buscaba ese tipo de gente. Y bueno, después te dabas cuenta también que toda la gente más o menos... mhm, éramos muy entusiastas, muy similares.

Sin hacer publicidad, anuncios ni similares, se presentaron para conseguir un puesto de trabajo en DuPont aproximadamente 20.000 personas. La cautela aplicada en la selección de personal se muestra tanto en los métodos como en el gasto. Se invirtieron 90 horas por cada candidato empleado; los candidatos preseleccionados fueron sometidos a un intenso proceso de tres días de duración en el que los criterios abiertamente personales predominaban claramente sobre los profesionales. Una apariencia decidida o cualidades personales similares parecían demandarse menos que la disposición para cooperar, aprender e innovar. «El que empieza desde abajo crece más rápidamente y se integra con más facilidad», satisface mejor el proceso de selección de DuPont. Al cabo de poco tiempo, los recién empleados participaron en la selección de sus futuras compañeras y compañeros. El único requisito formal para ser empleado era haber completado una formación profesional (FP II).

El segundo paso fue generar un clima de trabajo autosustentado para la construcción y puesta en funcionamiento de las instalaciones de producción. La estrategia en este caso va mucho más allá de las ideas tradicionales de cooperación intraempresarial entre dirección y plantilla. En el momento en que los empleados prestan servicio en las instalaciones construidas por ellos mismos, las consideran como propias y las tratan como corresponde. «Llevan la camiseta de la compañía puesta» (William Walker, NE, 21.2.1993 sobre sus empleados).

Los empleados describen la primera fase en la empresa de la siguiente forma:

2: Lo primero que me chocó fue el sitio. Yo tenía muchos contactos con empresas locales, pequeña y mediana empresa, cuando entré ahí, ya en el edificio aquel, fue un poco (pffhh) impresionado, los cuadros, la seguridad, me parecía una especie de isla, sinceramente. ¿Dónde estoy? no es lo que estoy habituado. Es simplemente el impacto visual. Me dio un poco de miedo (sonrisa de todos).

1: La verdad es que llevabas una etapa de unos meses que ibas de sorpresa en sorpresa. Era completamente distinto a lo que estabas acostumbrado... Lo más importante es que el protagonismo siempre lo llevábamos nosotros. Elegíamos qué puesto queríamos ocupar en la planta o para qué puestos nos creíamos mejor capacitados para ocupar.

Pregunta: ¿Tenéis cierta identificación con la fábrica que habéis levantado vosotros?

1: Sí, sí, por supuesto. Un sentimiento de propiedad. Esto lo parimos nosotros (risa), lo arrancamos y todo... Yo creo que hay un sentimiento general en decir: lo que tenemos claro es que lo que estamos haciendo aquí lo estamos haciendo para nosotros. Nuestro futuro depende de nosotros y nuestro futuro va ligado a la empresa.

3: Bueno, DuPont es más con tecnologías nuevas y con visión de futuro. DuPont es una empresa mucho más diversificada, con muchos más productos..

1: Bueno, Nomex es Nomex, yo dependo de Nomex y no de Lycra.

3: Ya lo sé, pero quiero decirte que la corporación se ayuda entre sí.

1: Sí, yo tengo claro que si Nomex no va y se puede hacer una remodelación de la fábrica, hacer otro producto, en el momento que Nomex no sea rentable nosotros acabamos.

Durante el debate en grupo con personas involucradas en diferentes áreas de la empresa, la propia atmósfera y el ambiente de comunicación permitían reconocer que dentro de la plantilla domina un alto grado de identificación con la empresa y un sentimiento de grupo distendido. Por ejemplo, resultaba llamativa la capacidad para discutir temas espinosos en el grupo, escucharse, estimularse, etc., algo que en conjunto representa una diferencia palpable respecto a las entrevistas de grupo efectuadas en otras empresas. Los encuestados transmiten la imagen de una «isla del futuro». Sus anteriores experiencias y contactos profesionales con el mundo laboral regional lo definen con el concepto de «empresa tradicional», una expresión que se ha introducido plenamente en el uso normal del lenguaje de los empleados de DuPont. Por ejemplo, describen de la siguiente forma las diferencias fundamentales respecto a la cultura laboral regional:

1: Aquí no ocurre, como puede ocurrir antes, no, en otras empresas decir que yo cuando más sepa, más me callo porque así más progreso... Aquí es al revés, cuando más sé, más crezco yo.

2: Yo tengo que decir una cosa. ¡Estamos trabajando mucho aquí! Con una diferencia: identificados con ello y con un grado de satisfacción muy alto. Aquí nadie te pone que te quedes hasta más tarde. Lo haces porque quieres.

1:... muchas veces hablando si no hay, por ejemplo, alguien que esté mandando, y al cabo de tres o cuatro meses te das cuenta que este trabajo se está realizando y no hay nadie que está mandando y estamos gestionando en todo el equipo y tal, se puede. Esto a veces a nosotros incluso nos suena utópico y te sales fuera y te pones a contar y... este, tú estás loco, te tienen el coco comido (risas).

3: Todo esto implica una responsabilidad tremenda.

1: Hay otro tema. Ayer estaba un primo, decía él: ¿Aquí entras a las ocho de la mañana? No.

¿Y te pagan las horas? No. ¿Las coges el día? Dije: no tampoco. ¿Y entonces te quedas por amor al ácido? Bueno, no, si tengo necesidad por cuestión de trabajo, me quedo, y si necesito una mañana para salir con el crío por ahí, pues me quedo una mañana en casa. Y eso, dicho así, en frío, pues resulta increíble.

Para tareas tradicionalmente reguladas por el departamento de personal, como la formación de categorías, los ascensos, la capacitación, las vacaciones, etc., en DuPont se forman equipos de trabajo con empleados de las distintas áreas, que elaboran los planes de la empresa. De esta forma se liman de antemano muchos puntos de fricción entre la dirección y el personal.

A la vez que los afectados tienen evidentes dificultades para transmitir a las personas ajenas a la empresa su extraordinaria situación dentro de la misma, en sus manifestaciones establecen claros puntos de crítica a la cultura laboral y empresarial de la región. Muchos interpretan la identificación con la empresa como «comer el coco», en la que la multinacional manipula a los empleados con personal especialmente entrenado. Frente a esta opinión, los presuntamente «manipulados» no sólo tienen una clara idea de sus ventajas, sino también de las deficiencias y problemas de la región.

«En DuPont, muchos trabajadores hemos tenido la oportunidad de conseguir un empleo digno precisamente porque no existe ningún 'comer el coco', a lo que lamentablemente en este país estamos acostumbrados» (carta al director de NE, 14.7.1994). El enchufismo, la ausencia de participación y el pensamiento jerárquico emergen como continuos puntos de crítica frente a la «empresa tradicional». Por el contrario, los empleados de DuPont manifiestan que para ellos las condiciones de trabajo en DuPont les han abierto posibilidades de desarrollo personal que no existen en otras empresas.

Un papel importante es el desempeñado por el estilo de dirección, caracterizado por el compañerismo y el convencimiento personal, en el que se prescinde de cualquier símbolo jerárquico. Por ejemplo, todas las oficinas tienen el mismo tamaño y equipamiento, incluida la del director; en las puertas existen letreros con el nombre sin título ni denominación de la función e, igualmente, en las tarjetas de visita se imprimen los nombres sin ningún otro aditamento. Suprimir todo miedo a los umbrales es inherente al estilo de la «corporación DuPont».

3: Y no preguntas al cabo de esto: ¿qué es lo que hacen los directores? (risas de todos). Sabemos que en un momento dado necesitas lo que sea, tú entras en su despacho, de Bill [William Walker], sin tener que pasar por su secretaria y hablas con él para que él te ayude con sus guías, vamos, con sus *guide lines*, dándote un poco su opinión de cómo puedes proceder tú (!) a realizar lo que… pero no es lo mismo que tú… para consultar, que vayas a él para que él te diga: ¡hazlo así! Es muy distinto. Son como si fueran libros de referencia, como un faro que está como iluminando el camino para que tú puedas llegar al puerto... lo bueno de esto es que te ayudan a conseguir lo que la labor que estás haciendo, es que encima luego te apoyan. Eso sí que nunca lo he visto en ninguna empresa tradicional aquí en Asturias, todo lo contrario, incluso vas con una idea y olvídate. Eso, que te apoyan.

Y es un poco más, y con esto no quiero aparentar ser feminista ni mucho menos porque ya sabes que ya suena..., pero es verdad, en una empresa una secretaria no tenía más techo que ser secretaria, decir «sí, sí, sí» y punto. Y aquí te apoyan y encima te motivan y venga, venga, quiero más, quiero más, quiero más, a mí como mujer profesional y viniendo de estar de secretaria pues, es algo que es muy agradecido, ¿no? Están sacando lo mejor de ti con una forma muy agradable, porque estás sintiendo bien, estás sintiendo necesitar...

En comparación con Suzuki es interesante observar la reacción que encuentra en DuPont la introducción de contenidos americanos de una cultura ajena. En las empresas americanas el tabaco y el alcohol tienen la misma importancia que la limpieza y el orden en las fábricas japonesas, aun cuando DuPont también dispone de unas instalaciones llamativamente limpias debido a las estrictas medidas preventivas de seguridad.

2: Aquí no se puede fumar dentro en ningún sitio. Hay unos puntos concretos donde se puede fumar, pero tampoco te van a controlar si vas a salir a fumar o no. Al final es clarísimo que fumar es perjudicial para las personas que están a tu alrededor también, es absurdo que se pueda fumar en las oficinas. Yo fumo de vez en cuando, aquí dentro no fumo.

1: Estás en el programa para dejar de fumar, ¿no? (risas).

3: A ellos no les gusta que dentro de la construcción y de los departamentos se fume ni se beba. Intentan eliminar todas las...

Otros: ¿quién son «ellos»?

3: ¿Ellos? Pues... (risas), yo qué sé, ellos. Es verdad.

2: Quien quiere puede participar en un programa para dejar de fumar, por supuesto voluntario, y abierto también a los familiares, porque consideramos que es un apoyo importante si dejas de fumar y llegas a casa y tienes a cuatro echándote humo...

3: Bueno, en general es una política que no les dejan fumar, que no les gusta ver la gente fumando en las oficinas, pero si tú eres fumador tampoco lo pasas muy mal.

Otros: no.

3: Sales fuera y echas tu pitillo y punto.

1: Y yo te digo que es más. Sigo con los compañeros ahí fumando cuando salen al sitio de fumar, a lo mejor voy con ellos, ellos fumando y charlando con ellos y bueno.

3: También hay otra norma aquí dentro, que no se puede beber alcohol. Y nuestro comedor que tenemos aquí fuera, y claro, los contratistas, ahí se puede fumar, pero hay áreas de fumar y no fumar, pero el alcohol aquí no se vende. Entonces, los contratistas que quieren beber alcohol, pues, se van a los bares que están alrededor. Esto es una norma general que viene derivada de nuestros valores de seguridad en todo DuPont en el mundo.

2: De hecho ofrecemos un buen menú y de buen precio para que la gente se quede aquí, si no sería absurdo. Aquí hay mucha costumbre...

3: ... de tomarse vino en las comidas y a mí, si un día me apetece tomarme una comida acompañarla con un vino, voy al bar que está allá cerca de la recepción. Cuando vuelvo, nadie me va a hacer la prueba de alcohol, vamos.

2: El alcohol es un tema; yo cuando estaba en EE. UU., todo me pagaron, pero mis copas no me las pagaron.

3: Oye, eso ya es pasarse, porque si vas allí y luego tomas unas copas y luego quieres cargar a la compañía.

1: Sí, que sí. Pero si voy a una cena y pido el menú y bueno...

En este tema es la primera vez que en la entrevista aparece un distanciamiento (en el lenguaje y en el sentimiento, «ellos») respecto a la dirección de la empresa. La prohibición de fumar y de consumir alcohol les ha sido impuesta, aun cuando la aceptan. La aceptación proviene, a su vez, de la estrategia cooperativa integradora de la dirección y de la hegemonía interiorizada de las normas dentro de la empresa. Los propios obreros se encargan de organizar la campaña antifumadores y las comidas sin alcohol se hacen más sabrosas con otros estímulos.

Comparativamente, en Asturias, es decir, en una sociedad con pocos contactos con el exterior, el carácter intercultural de DuPont merece ser mencionado. Según informa la empresa, actualmente trabajan en DuPont empleados de aproximadamente veinte nacionalidades distintas, muchos de ellos viajan a otras fábricas de Europa y América. Para todos los empleados se ofrecen cursos de inglés.

DuPont utiliza su fuerza en un entorno de debilidad económica con el objetivo de aglutinar la plantilla y los objetivos empresariales. Habida cuenta de la relativa seguridad de los puestos de trabajo, de los altos niveles existentes en seguridad, higiene, prestaciones sociales, salarios, etc., así como de las posibilidades de participación, mucho más amplias que en las empresas que han constituido hasta ahora el horizonte de experiencias de los obreros asturianos, la adaptación individual y colectiva, consciente e inconsciente, a la cultura empresarial que se aspira conseguir en DuPont es para la mayoría de las personas involucradas la vía más cómoda y con más posibilidades de éxito. Durante el proceso de integración en la empresa, los empleados celebran con ella un contrato implícito (e inconsciente) que les obliga a un esfuerzo y a identificarse con los objetivos empresariales, y que como contrapartida les garantiza ventajas de tipo material e inmaterial (puesto de trabajo moderno y con viabilidad para el futuro, atmósfera innovadora). Puede ser que este «contrato» implícito sea celebrado por cada uno de los trabajadores con diferentes sentimientos y grados de voluntariedad, pero en todos los casos constituye la base de la relación de empleo, que sólo se puede burlar al precio del exilio interior.

Como resultado provisional, puede constatarse que la dirección de la empresa ha conseguido alcanzar un alto grado de identificación de los empleados con los objetivos empresariales y las formas de trabajo y que la plantilla ha aceptado muy bien desde un principio el estilo empresarial basado en la cooperación, la autorresponsabilidad y la integración. Los empleados se ven como en una isla de futuro en un mar de viejas tradiciones industriales que se hunden. Además, el hecho de ser de nueva implantación con una amplísima integración de los jóvenes elegidos permite superar sin grandes fricciones los elevados requisitos exigidos por la producción «ligera». En este contexto, quedan por aclarar dos cuestiones: la representación de los intereses de los trabajadores y la relación con los contratistas.

El 4 de marzo de 1992 aparece en la prensa asturiana la siguiente noticia: «DuPont no soporta a los sindicatos. DuPont está determinada a no tener los sindicatos en el complejo químico» (NE, 4.3.1992). A primera vista esto muestra dos fenómenos: en primer lugar, la falta de conocimientos de inglés de los periodistas, que tradujeron la palabra inglesa *support* por «soporta», en lugar de por «sostener»; y en segundo lugar, la falta de sensibilidad de los representantes de DuPont por la región de Asturias, con su fuerte influencia sindical. Desde entonces, la imagen que DuPont tiene en la opinión pública es la de una multinacional hostil a los sindicatos. Esta imagen es alimentada por acontecimientos como la huelga general en toda España del 28 de mayo de 1992, cuando en Asturias sólo hubo dos grandes empresas que no secundaron la huelga: Asturianas de Zinc y DuPont. Comisiones Obreras ha solicitado sin éxito al gobierno de Madrid la suspensión del pago de subvenciones debido a su actitud hostil a los sindicatos. Antes de la siguiente huelga general, el 27 de enero de 1994, William Walker declaró:

> Lo que vamos a hacer aquí es respetar los derechos laborales de nuestros empleados y las opiniones de la gente. Lo que esto significa es que si ellos deciden individualmente no trabajar o bien hay otros que quieren y no pueden, no vamos a descontar su sueldo (LVA, 23.1.1994).

Un año antes había declarado públicamente:

> Cualquier empleado puede ser miembro de un sindicato y decirlo en la empresa o no (NE, 21.2.1993).

Fernández Villa, secretario general del sindicato socialista de la minería y la industria química SOMA-FIA-UGT, exhorta a la empresa a deshacerse de su carácter de «colonia en Asturias» y de integrarse «en la realidad sociológica de la región en todos los sentidos». Esto significa ante todo «permitir el acceso a los sindicatos de clase» (NE, 16.4.1994). Como argumento para la continuada inexistencia de actividad sindical en la empresa la dirección aduce la falta de interés de los empleados, a quienes se deja la libre decisión en el asunto. ¿Cómo argumentan los afectados su abstinencia sindical?

3: ¿Qué ocurre? Si tú lo cuentas a una persona que trabaja en una empresa tradicional, que está acostumbrado a lo que en Asturias llamamos «el puteo», porque es la verdad, siempre oyes que te está puteando, exprimiendo el jugo, el patrón está portándose mal con ellos, y esto se oye de la gente por ahí, ¿no?, que la compañía está solamente a sacarte, chuparte la sangre lo máximo posible, son ellos que tienen que poner el dinero y los trabajadores son los pobres. ¿Qué ocurre? Aquí el sentimiento es distinto, es que para mí DuPont es como si fuera mi propia compañía, yo soy parte de la compañía.

1: En la empresa tradicional siempre estás tú luchando...

3: El patrón y el empleado.

1: Queremos participación en la empresa, queremos gestionar no sé qué, queremos desarrollarnos tal, queremos no sé cuánto y resulta que aquí te dicen: ¡Toma! Por eso estoy contento y lucho por ello.

3: Y todo esto implica una responsabilidad tremenda. A lo mejor aquí estamos trabajando muchísimo más y con muchísima más responsabilidad que en otros sitios.

2: Y luego claro, ¿quién gestiona las vacaciones? Pues, dentro de las necesidades de producción y tal, los propios interesados. Aquí no tenemos la sirena para parar los 15 minutos por la mañana para bocadillo, paras cuando quieras.

3: Claro, tú tienes un problema, vas al sindicato y el sindicato pone la cara por ti. Aquí eso no lo hay. Aquí tú tienes un problema y tú mismo... y también te digo, aquí no hay sindicato, pero si alguna vez aquí la gente dijera aquí también se pone un sindicato. No hay nadie que te impida poner un sindicato.

2: Se puede constituir en cualquier momento un comité de empresa, se convoca unas elecciones y tal. Pero ¿qué ocurre? es que hoy día no ha surgido la necesidad porque aquí la cosa funciona de otra manera.

1: Ya te digo, ahora mismo no hay necesidad de un sindicato por la política que se sigue aquí de puertas abiertas, yo, si tengo que hablar con alguien, hablo con quien sea.

Estas manifestaciones confirman de forma clara la imagen de alta identificación con la empresa y la crítica a la «empresa tradicional». Los sindicatos y el sistema de representación de intereses en la empresa se asignan a la empresa tradicional y, por lo tanto, a un mundo distinto de desconfianza mutua, del control ejercido desde arriba, del estilo directivo autoritario y de la lucha perpetua por pequeñas parcelas de autogestión frente al poder del patrón. Frente a él, el mundo laboral de DuPont se percibe con una autogestión tan amplia que los sindicatos (tal como los conocemos y hemos experimentado en otras empresas) se consideran superfluos. Los empleados están en alguna medida involucrados en la organización de las relaciones laborales, en la organización del tiempo libre, las vacaciones, la capacitación, y disfrutan de medidas de seguridad e higiene sin parangón en otras empresas de la región influidas o no sindicalmente. El proceso de comunicación intraempresarial se desarrolla de forma más directa y fluida que en las empresas que disponen de comité de empresa y sindicalistas de confianza. Los conceptos sindicales tradicionales ni siquiera afectan a los salarios y las categorías profesionales:

Pregunta: ¿Cómo funcionan las categorías profesionales y de qué dependen los salarios?

1: Categorías no hay. No sé ni cómo estamos.

2: Ni en qué categoría estás (risas). Lo de las categorías es una distinción que viene del convenio colectivo de la industria química. Pero te puedo decir que la mayoría de la gente ni siquiera, a pesar de que tiene su nómina y todo, no sabe en qué categoría está. Se nos exige la ley. Es una cuestión de cosmética, tenemos que ponerlo. Pero los salarios están encima de categoría profesional.

¿Los salarios, cómo se establece? Pues ten en cuenta que el principio corporativo de DuPont. DuPont sea la empresa que mejor paga tanto dentro del sector en cuestión, en el país, como en el área individual. La que más paga no tiene porqué. Hay unas comparaciones y luego hay unos criterios de promoción interna. ¿Cuáles son estos criterios? Pues los hemos preocupado todos y los hemos creado. También se aleja mucho del sistema tradicional. Las categorías profesionales que fueran muy pocas y altas. No hicimos nunca distinciones entre nosotros y la categoría profesional es algo que distingue. Aquí empezamos de eliminar todo tipo de distinciones desde lo meramente externo. Las oficinas, todas son iguales. ¿Qué pasaría con las categorías, si tú tienes la 3 y tu compañero la 6? Es algo que aleja. Que no está en concordancia con lo que tenemos aquí.

1: No, es muy difícil decir, ¿qué trabajo desarrollas tú en la empresa? A mí me preguntan y puedo decir: mira, estoy trabajando en un equipo de calidad de la planta para tal; como soy operador de la planta de *recover* que fue donde empecé, como estoy trabajando en temas de personal. Y realmente pues una persona que está operando en una máquina, a lo mejor las dos primeras horas y entonces hay un problema de calidad, y esa persona es la que tiene la responsabilidad de calidad. Entonces, lo de categorías específicas es muy difícil. ¿Y dónde está el líder del turno? Es una autogestión completa.

2: Con una enorme flexibilidad. Es decir, lo que siempre pretendíamos y se nos explicaron desde el primer día muy abiertamente: por qué tenemos que ser flexibles y dominar muchos campos y adaptarnos. Pues los negocios hoy día, los mercados, cambian mucho. Y la forma de adaptarse no es: ¡Oye, a mí no me muevas de aquí, yo estoy en esta máquina y no me saques de aquí!

¿Qué pueden ofrecer los sindicatos a estos empleados? En la actualidad, aparentemente nada; lo que no excluye en modo alguno que en el futuro pueda ser mucho. La aparente armonía de las relaciones laborales en DuPont depende, como en todas las empresas, de las condiciones económicas generales. Hasta ahora éstas han estado determinadas por la nueva implantación, las incorporaciones, la demanda estable de la producción y la fuerza económica de una multinacional líder del mercado. Aquí viene la comparación con las experiencias de crisis empresarial y las situaciones de trabajo precario en otras empresas de la región. DuPont aún está pendiente de pasar las pruebas de fuego, es decir, los conflictos en las situaciones de crisis.

Aún permanece sin respuesta la cuestión de si el comportamiento esquirol en las huelgas generales no significa una falta de solidaridad con la población y los problemas de la región. Con esa actitud siempre se potencia la conciencia de isla frente al entorno asturiano y los prejuicios antimultinacionales. Un representante de la empresa explica el proceso de decisión como fruto de la coerción ejercida por los pedidos. En una asamblea celebrada sobre el tema se adoptó la decisión de no secundar la convocatoria de huelga, puesto que había que cumplir pedidos urgentes de Nomex y el cliente desempeñaba un papel destacado en el esquema de la empresa. Otra persona añadió que el futuro de la región dependía más de la satisfacción de las necesidades del cliente que de «gestos». Asturias se había concentrado durante demasiado tiempo en una política de «gestos» y había olvidado la competitividad. Como cautela hay que mencionar que no todos los empleados interiorizan en igual medida la mentalidad corporativa. Habida cuenta la falta de alternativas en la región y la apariencia de supremacía de la multinacional, además del atractivo y de la libertad de decisión, también desempeñará un papel la presión psicológica y la coerción del grupo.

La integración de los numerosos contratistas en el complejo de DuPont representa un segundo punto de conflictos, toda vez que aquí falta el acceso al mundo laboral y persisten las relaciones laborales tradicionales. Los «contratistas» empleados aquí deben adherirse a las estrictas normas de seguridad y de comportamiento dentro del recinto de DuPont, sin estar integrados en la filosofía de la empresa. De hecho, en esta área es donde se produjo el único conflicto laboral fuerte dentro de la historia asturiana de DuPont. Tras infringir reiteradamente las normas de seguridad, se prohibió el acceso al recinto a dos empleados de contratistas.

La estrategia de DuPont en este ámbito se basa, por un lado, en la colaboración con un conocido y acreditado intermediario, la empresa de ingeniería Fluor Daniel (ver más adelante) a través de la cual se coordinan e informan las empresas contratistas y se consigue una vinculación parcial de los empleados en el sistema de DuPont.

2: Hace poco hubo unos premios de seguridad y en eso participamos todos, contratistas y empleados de DuPont. Estos incentivos se dan a todos.

3: Sí, eso fue también innovación dentro de DuPont-Corporación, ¿eh? Normalmente en ninguna construcción de DuPont se hace abierto el premio a los contratistas. Eso fue también una innovación que puso Asturias. Si tú no tienes ningún accidente en x horas, te dan tal regalo, elegir entre un radiocassette, un chándal, una bolsa de no sé qué..., cuando cumplimos las x millones de horas sin ningún accidente. Y ahora estamos en camino en conseguir el siguiente regalo cuando cumplimos los tres millones de horas sin accidente. Y entonces se hace extensivo también a los contratistas, reciben el regalo y estás motivándolos también a ellos.

1: Ni les tratamos como contratistas ni mucho menos. También nosotros muchas veces tenemos un trabajo más fuerte, así tampoco hay como en otros sitios, ¿entiendes?

Como elemento restrictivo debemos decir aquí que, al igual que en las demás empresas, sólo se entrevistó a los empleados de la sociedad matriz. Pero incluso de ellas se obtiene una imagen absolutamente diferente de la de HUNOSA y sobre todo de la de ENSIDESA, con claras delimitaciones, actitudes de segregación y conflictos entre las plantillas de la sociedad matriz y de los contratistas.

El hecho de que no todos los principios de la Corporación DuPont encuentran la misma acogida en las normas de comportamiento de los empleados asturianos se demuestra por la débil participación en los programas *shares*. En todo el mundo, DuPont fomenta la participación de sus empleados en el capital social mediante ofertas para adquirir certificados de participación (certificados que dan derecho a suscripción de acciones). Uno de los objetivos es fomentar la conciencia de copropiedad. Hasta ahora, esta iniciativa ha tenido poca resonancia dentro de la plantilla asturiana.

En enero de 1995 el director de DuPont Asturias, William Walker jr., fue ascendido a director general de DuPont Gran Bretaña y reemplazado por el director de DuPont Ibérica, Pascual Sisto.

He pasado aquí los mejores cinco años de mi vida... La política de DuPont es formar gente local para los cargos directivos... Creo que los buenos resultados del proyecto asturiano fueron los que animaron a DuPont a promocionarme. Si esto no hubiese salido tan bien, me mandarían a Siberia (William Walker, NE, 14.12.1994).

La construcción simultánea de un nuevo complejo fabril y una nueva plantilla con una cultura laboral innovadora constituyen el núcleo central del éxito. Una vez consideradas las relaciones internas, en el capítulo siguiente vamos a plantear la cuestión de la integración regional de la empresa, es decir, de las relaciones externas.

IX.2.3. DuPont y la región

Las relaciones externas de la multinacional química con la región van a analizarse recurriendo a cuatro puntos de vista: la imagen, el empleo, la ecología y la cooperación en actividades de política regional como investigación y educación. Los empleados reaccionaron de la siguiente forma a la pregunta por la imagen en su entorno social:

3: ¡Qué horror!

2: Como decía: «¡Ah, trabajas en la DuPont!», como eres notario o registrador de la propiedad (risas de los otros), pues deben pensar que somos multimillionarios.

3: Sí, es un poco... te apetece decirlo porque estás orgulloso pero, sin embargo, te miran como un bicho raro, como eres una persona que vas a mirar por encima del hombro porque trabajas en DuPont y justamente aquí lo tenemos es todo lo contrario.

En Asturias la imagen de una empresa multinacional choca con una mezcla de prejuicios de naturaleza anticapitalista y regionalista - antiextranjera. Al mismo tiempo, con frecuencia las compañías multinacionales se consideran prepotentes u omnipotentes. Junto a prejuicios de «izquierdas» ampliamente difundidos contra el gran capital explotador, destructor del medio ambiente y meramente especulador en busca de beneficios (como se sabe, los prejuicios no suelen ser totalmente falsos, pero sí simplificados), en Asturias se añade la experiencia de la historia industrial de que aquí casi todas las grandes empresas han sido de capital extranjero (incluido vasco y catalán) y de que las empresas volvían a desaparecer de la región en épocas de crisis. Por ello, la desconfianza frente a los inversores extranjeros está particularmente marcada en Asturias, aun cuando, por el contrario, la experiencia con multinacionales modernas sea extremadamente reducida.

En la cuestión ecológica es donde más claramente destaca esta constatación regional. Además, con este ejemplo pueden observarse dos estrategias diferentes del movimiento ecologista frente a las empresas potencialmente dañinas para el medio ambiente, y la correspondiente respuesta de la empresa.

Como ya se ha mencionado, la seguridad y la ecología son dos de los elementos más importantes de la estrategia de relaciones públicas de DuPont. Echando una mirada retrospectiva, William Walker confiesa: «Yo llegué a Asturias con mucho miedo a esos colectivos [grupos ecologistas] porque nunca me había enfrentado con ellos» (NE, 14.12.1994). Después de cinco años de actividad en Asturias ya lo ha aprendido.

Una vez que se conoció el proyecto de DuPont, en los municipios del valle del Tamón afectados se constituyó una «Plataforma Anti-DuPont». Esta iniciativa, puesta en marcha por defensores del medio ambiente de izquierdas, organizó foros de ciudadanos que tenían por objetivo movilizar a la población contra el asentamiento de la multinacional química. Al principio la asistencia a estos actos fue buena, lo que cabe achacar ante todo a la necesidad de información de la población. El 22 de enero de 1991 la plataforma presentó el «manifiesto ciudadano contra la instalación de la multinacional americana: DuPont de Nemours» (extracto):

1. Rechazamos la instalación de empresas tan contaminantes como la DuPont, que dejará en nuestra región los desechos y llevará a EE. UU. los beneficios.
2. No queremos pagar de nuestros bolsillos los cuarenta millones de pesetas por puesto de trabajo.
3. Que dicho dinero pueda crear empleo en otros sectores actualmente «desatendidos» por la Administración.
4. Que sin que nos demos cuenta (...), se está convirtiendo Asturias en el basurero de España y de Europa.
5. Que se está dejando caer la economía asturiana, para que en la desesperación, los asturianos acepten cualquier cosa que les echen, aún con riesgo para su salud.
8. Que ya va siendo hora de que haya una planificación real y con futuro. Y no sorpresas de última hora, envueltas en papel regalo y con lacito.

Paralelamente se repartieron octavillas y pegatinas con símbolos demonizadores y visiones del horror que supone la industria química (calaveras y humo negro asfixiante procedente de chimeneas, monstruos que destruyen la naturaleza) y referencias a espectaculares catástrofes químicas ocurridas en el pasado como Bhopal, Seveso y Basilea en el Rin.

El 25 de marzo de 1991 AEDENAT (Asociación Ecologista de Defensa de la Naturaleza) redactó un informe titulado «Alegaciones al Estudio de impacto ambiental para la instalación de la multinacional DuPont». Lo más criticado era la falta de información por parte de la empresa. La prestigiosa organización ecologista internacional Greenpeace recabó un informe en el que se certifica que DuPont es uno de los mayores destructores e infractores de las normas ecológicas de los Estados Unidos. La iniciativa trata de contrarrestar el argumento de los puestos de trabajo con el argumento de que las ingentes sumas a que ascienden las subvenciones impedirá crear y mantener muchos más puestos de trabajo en la pequeña y mediana empresa ya establecida localmente. Después de unos éxitos de movilización iniciales, el movimiento volvió a dormir en el olvido. La convocatoria de manifestación no encontró eco ni seguimiento y una campaña de recogida de firmas contra el asentamiento de DuPont se convirtió en papel mojado. Su final lo describió en una entrevista un portavoz del movimiento con las siguientes palabras: «No puedes luchar contra una multinacional con tan pocos medios».

Si bien la multinacional no reaccionó a las invitaciones cursadas por la plataforma para los actos, reconoció rápidamente la necesidad de preocuparse por la imagen ecológica. Las Cámaras de Comercio y los políticos hicieron hincapié en la compatibilidad medioambiental y en la necesidad económica que suponía DuPont para Asturias. Una delegación de personalidades asturianas de la política y de la economía visitó la fábrica de Nomex en Richmond (EE. UU.) para que les informaran in situ de la inocuidad de este producto. Pero ante todo se encargó a la empresa británica ERL, especializada en estos temas, que realizara un estudio detallado de impacto medioambiental. Un estudio semejante representa una novedad dentro de la economía asturiana.

El 20 de febrero de 1991 se presentó el informe de ERL a la opinión pública. El coordinador del estudio, Javier Odriozola, considera «poco significante, y por lo tanto asumible» las consecuencias de las factorías químicas planificadas. Consecuencias que además quedarán limitadas por «unas medidas de control prácticamente imposible de aumentar» (NE, 21.2.1991).

La organización ecologista ANA (Asociación Asturiana de Amigos de Naturaleza) fue también uno de los primeros críticos del proyecto DuPont, pero siguió una estrategia menos radical. Planteó públicamente a la empresa seis preguntas sobre las plantas de producción proyectadas y sobre sus consecuencias ecológicas. Después de conocer los productos cuya producción se planificaba y las medidas preventivas de seguridad, ANA retiró sus objeciones e incluso se inició una colaboración entre la empresa química y la organización ecologista. El líder de ANA, Enrique Pascual Jarero, fue contratado como encargado de medio ambiente de DuPont y desde entonces gestiona sobre todo el proyecto paisajístico en el recinto de DuPont. Su labor consistía en dotar de contenido a lo que en las directrices de DuPont Asturias se formula con las siguientes frases:

> Todas las plantas e instalaciones del emplazamiento gozarán de un diseño y mantenimiento consecuente con el respeto hacia la belleza natural de la región, constituyendo un motivo de orgullo para los empleados y un foco de admiración para la comunidad circundante y los visitantes.

En abril de 1994 se presentó un éxito visible de su trabajo, al inaugurarse el estanque «El Humedal de la Furta» en el terreno de la fábrica. Se represó el curso del riachuelo Alvares para crear un humedal que permitiera el asentamiento de muchas especies piscícolas y sobre todo de aves acuáticas. Al mismo tiempo se plantaron alrededor de 140.000 árboles y arbustos, siempre respetando las especies autóctonas tradicionales de la región. Los típicos hórreos y otros estilos arquitectónicos rurales tradicionales asturianos sirvieron para ornamentar el paisaje. El asentamiento de qunice vacas y bueyes asturianos de pura raza y de un pequeño rebaño de ovejas de diecisiete cabezas representó un interesante hallazgo, no sólo desde el punto de vista cultural y ecológico, sino también económico. Estos animales cuidan las extensas superficies verdes con menos gasto que una empresa de jardinería que utilice cortadores de césped. Este novedoso diseño de paisaje industrial culminó con la concesión a DuPont en noviembre de 1994 del premio medioambiental WHC (Wildlife Habita Council), la primera vez que se adjudicaba a Europa.

Evaluar las diferentes estrategias del movimiento ecologista asturiano es una cuestión meramente política. Con toda seguridad ambas han tenido un efecto estimulante sobre la conciencia ecológica, tanto de la empresa como de la población. Mientras no se produzcan consecuencias negativas ni accidentes y la empresa cumpla sus compromisos de empleo, la estrategia moderada puede considerarse un éxito. Frente a las críticas de los radicales, ANA se defiende: «Esas acusaciones son producto de una concepción histórica de un ecologismo infantilista... Estamos practicando un ecologismo amarillo porque cuando actuábamos desde las trincheras los resultados no eran buenos» (LVA, 10.1.91). A esto se añade el hecho de que, frente a la «sucia» cultura industrial de las empresas circundantes, tanto privadas como estatales, DuPont aparece como «el hombre limpio». Mientras que, por ejemplo, la vecina fábrica de ENSIDESA no cumple ni siquiera las normas legales, contamina el agua, el aire y el suelo y no encuentra una resistencia considerable entre la población.

> Estos tres productos se encuentran actualmente en fabricación en plantas de EE. UU., bajo unas normas de respeto medioambiental mucho más severas de las que rigen en España... bajo un estricto control informático y en unas condiciones de seguridad e higiene que harían sonrojar a cualquier fabricante nacional. (LVA, 20.2.91)

También el tratamiento de los residuos y los procesos de reciclado forman parte del acerbo tecnológico de DuPont en contraposición a la gran masa de empresas asturianas. En esta área de la investigación y perfeccionamientos continuos, podría existir un posible campo de futura cooperación con la Universidad y otras institucionales regionales.

En enero de 1994, los habitantes de Tamón exigieron al municipio al que pertenecen los terrenos de DuPont que la empresa diera prioridad a la contratación de desempleados del municipio. Una de sus acciones fue bloquear las vías de acceso a la fábrica. En abril protestaron los ciudadanos y pescadores de Laviana contra el vertido de una conducción de aguas residuales de DuPont en este acceso al mar. Según informa la empresa, por ese conducto únicamente fluye agua salada inocua. En junio de 1994 la protesta procedió de los habitantes afectados y de la fábrica de cementos Tudela Veguín contra las expropiaciones destinadas a la construcción del gaseoducto desde el puerto a DuPont. Los ejemplos muestran que los conflictos de la población afectada en torno al proyecto DuPont continúan produciéndose y que representan un continuo desafío político para la empresa. Si desea cumplir sus autoimpuestas exigencias y destruir los prejuicios existentes, debe desarrollar una política de información transparente frente a la opinión pública y buscar compromisos con los intereses del entorno humano y natural. A este respecto, las protestas y la sensibilidad pública pueden ser un necesario y positivo estímulo. Una reacción visible de la empresa tuvo lugar en 1995 con el «plan de comunicación al valle», en el que se pretendía informar a los habitantes del valle sobre la producción y sus repercusiones, así como sobre las medidas de protección del medio ambiente. Además se pretendía ofertar el proyecto paisajístico para su aprovechamiento vecinal.

El cuarto ámbito del estudio, la cooperación con la investigación y educación regionales, confirma el relativo carácter de isla que tiene DuPont en Asturias. El emplazamiento asturiano es a todas luces un emplazamiento dedicado puramente a la producción. La investigación y el desarrollo tienen lugar en otros países, en particular en el centro de investigación central de Wilmington (EE. UU.) y en el centro de técnica europea de Ginebra. En todo caso, las excepciones a esta regla son las áreas no productivas, como el mencionado proyecto paisajístico, en el que se colaboró con el Instituto Universitario de Recursos Naturales y Ordenación del Territorio, INDUROT, y algunos ornitólogos.

La cooperación con entidades formativas regionales se limita al aprovechamiento de subvenciones públicas, como, por ejemplo, las procedentes de la UE a través de la FORCEM (Fundación para la Formación Continua de las Empresas. Con ellas se financian cursos impartidos en el Centro de Formación en Nuevas Tecnologías, radicado en Gijón, para operadores de plantas químicas, que siguen el modelo de los *Open Colleges* de Gran Bretaña.

Otro de los puntos en que se critica a DuPont es que se trata de una industria de producción de materias básicas cuyo procesamiento posterior y, por lo tanto, su ulterior explotación, se realiza fuera de Asturias. «Hay muchos aspectos relacionados con la estrategia, funcionamiento, mercados, suministros y productos de la DuPont, que parecen apuntar hacia una configuración del complejo químico asturiano como una especie de enclave, con efectos difusores de arrastre limitados... Las plantas asturianas no constituyen sino una pieza más en la estrategia global de la multinacional.» (Programa ERA, Doc. 4, pp. 46 y ss.). El propio William Walker observa en su estilo refrescantemente transparente: «DuPont vino a Asturias por razones meramente estratégicas, nuestro objetivo no era reindustrializar la región. Tampoco hemos venido a Asturias a cambiar la cultura de trabajo» (ElCom, 25.4.93). El efecto sobre el empleo es asimismo reducido en comparación con la inversión de capital, la cifra de negocio, el consumo de energía y materias primas y el tamaño del recinto.

Para la construcción de fábricas químicas se precisan empresas especializadas que no existen en Asturias. Por ello, DuPont trajo a Asturias la empresa de ingeniería Fluor Daniel, para encargarle la construcción y mantenimiento, reparación de las instalaciones y para que les asesorara en la intermediación con contratistas. Fluor Daniel lleva treinta años colaborando con DuPont, tiene 40.000 empleados en todo el mundo y cincuenta y dos filiales repartidas por treinta países. Para la construcción del THF se recabaron los servicios de la empresa especializada Butler TDCI. Sin embargo, la mayor parte de los trabajos de construcción los ejecutan empresas asturianas. Según manifiesta el director de Fluor Daniel en Asturias, Manuel Junco, la empresa tiene la intención de permanecer en Asturias después de la construcción de DuPont y ofertar su técnica de ingeniería en España. Aunque esto dependerá en última instancia de la evolución del mercado (cfr. NE, 22.5.1993).

Respecto a la selección de los constructores para la fábrica de THF se produjeron protestas de los licitantes locales rechazados que anteriormente habían participado en la construcción de Nomex. El desagrado no fue generado sólo por las denegaciones, sino también por los elevados requisitos exigidos en las solicitudes, que debían presentarse en inglés. En tales casos, las empresas afectadas se adherían a los prejuicios habituales frente a las grandes empresas:

> Se está aprovechando de la demanda de trabajo que hay para irse a empresas grandes que saben que les dan por lo menos los mismos precios que las pequeñas e incluso más baratos porque tienen una gran capacidad financiera que los pequeños no tenemos (...). DuPont fue subvencionada por el Principado con 35.000 millones de pesetas y solamente hay que dividir esa cifra por los 200 o 300 empleos que han creado para saber cuánto cuesta cada puesto de trabajo, mientras empresas pequeñas o medianas como las nuestras a lo mejor no podemos financiar lo del mes que entra y tenemos que cerrar (ElCom, 2.4.1994).

Sin pretender mermar el efecto positivo que ha tenido el asentamiento de DuPont o las futuras posibilidades de desarrollo, sino más bien imbuidos por un espíritu de crítica hacia las expectativas exageradas y sobre todo hacia las proclamas políticas, resumiendo podemos considerar que el efecto de difusión del proyecto DuPont es limitado. Si exceptuamos la construcción de las instalaciones de la fábrica y las inversiones en infraestructura, la integración en la economía regional es reducida. Tampoco es de esperar que en Asturias se establezcan empresas secundarias dedicadas al procesamiento de productos de DuPont. Hasta ahora los impulsos de investigación y desarrollo son marginales. Aquí podría producirse un impulso más intenso en el futuro si se dota de contenido real al convenio de cooperación suscrito en otoño de 1995 con la Universidad. En todo caso, aquí existe un potencial campo de actuación para las instituciones regionales de fomento de la economía y la investigación, que pueden involucrarse en las inminentes ampliaciones del complejo DuPont. El «gran efecto psicológico» sobre el que se hizo hincapié desde múltiples lados cuando se conoció la decisión de efectuar las inversiones, y que debía destruir las «barreras que impedían las inversiones extranjeras en Asturias» (LVA, 1.12.89) pronto se vio solapado por el «Petromocho» (cfr. cap. X.5) y la recesión producida. En el favor de las empresas multinacionales que buscan lugares para inversión, no sólo Asturias, sino toda España, ha sucumbido ante los países centroeuropeos y sobre todo ante las regiones asiáticas. De esta forma, tanto en cuanto a la realidad económica, como en cuanto a la conciencia regional, DuPont se presenta más como un enclave que como un polo de desarrollo integrado en la región.

IX.3. SUZUKI

IX.3.1. «Vienen los japoneses»

En 1988 el fabricante de automóviles y motocicletas japonés Suzuki se convirtió en único accionista de la fábrica Avello-Puch en Gijón y esta fábrica tradicional cambió su nombre por el de Suzuki Motor España S. A., después de que la dirección ya hubiera pasado a manos japonesas en septiembre de 1987. Con ello se ejecutó una nueva vuelta de tuerca en la agitada historia de esta fábrica situada en el suburbio obrero gijonés de La Calzada.

Avello y Compañía S. L. había dado sus primeros pasos en junio de 1940, dedicada a la construcción de máquina-herramienta. Doce años después comenzó el contacto con el negocio de las motocicletas y con empresarios extranjeros. Con patentes de la marca italiana Meccanica Verghera (MV Agusta) se fabricaron motocicletas para el mercado español. Poco a poco fueron desapareciendo de la gama de productos de la empresa las restantes áreas de producción y se convirtió en una fábrica que producía exclusivamente motocicletas. Después de una grave crisis empresarial en 1968/1969, en 1970 la compañía austríaca Steyr-Daimler-Puch se hizo con el 50% de las participaciones y poco a poco con toda la empresa. No sería la última crisis existencial ni tampoco la última operación de salvamento realizada por una multinacional extranjera.

El mercado de motocicletas español, sobre todo en las categorías de baja cilindrada, es uno de los más dinámicos de Europa. El líder del mercado es Moto Vespa, seguido de Derbi Motor España, quien además distribuye en España las motos Kawasaki. Los demás competidores japoneses (desde entonces, las motocicletas japonesas son las claras dominadoras del mercado y desde principios de los años ochenta se han instalado masivamente en las fábricas españolas) son Montesa-Honda y Yamaha Motor España.

En 1983 amenazaba con producirse el fin de Avello-Puch, cuando Puch se desembarazó de la producción de motocicletas y vendió sus patentes a Piaggo en Italia. Se dio a la fábrica un plazo de dos años para encontrar un nuevo propietario. Después de duros conflictos y negociaciones, los despidos finalmente se transformaron para la mayoría de la plantilla en regulaciones de empleo. En esta situación, el interés de Suzuki parecía una tabla de salvación. Una marca de categoría mundial prometía un futuro garantizado para la plantilla y se esperó que la llegada de la primera multinacional japonesa tuviera un efecto dinamizador.

> Entonces había una luz a final del túnel, había una luz que era Suzuki... Era una multinacional fuerte, moderna, que venía con una inversión y que veíamos que nos podía solucionar el futuro (Suzint. 5).
>
> Había dos esperanzas: una que era una solución para la situación que veníamos y dos que eran japoneses (Suzint. 1).

En la conciencia de la población asturiana, las multinacionales japonesas eran consideradas como la cúspide internacional. Después de una fase de prueba basada en un contrato de transferencia tecnológica, Suzuki se decidió por el emplazamiento asturiano y por efectuar las necesarias inversiones de modernización. Junto a la producción de *scooters* y de motocicletas de 50 cc para el mercado europeo, debía apoyarse la distribución de motos de importación.

La fábrica y su plantilla vivieron la movida historia de crisis de la industria gijonesa desde principios de los años ochenta hasta el presente. En el momento de la llegada de Suzuki en 1983-1985, 190 empleados, más de la mitad de la plantilla de aquellos años, trabajaban con reducción de jornada, organizada de forma que durante seis meses del año recibían salario y durante otros seis meses subsidio de desempleo, de forma rotatoria. De esta forma, se consiguió mantener la vinculación de toda la plantilla con la empresa. Paralelamente se produjeron violentos conflictos y amenazas de cierres empresariales en los astilleros vecinos, en la fábrica de metal Talleres de Moreda, en la fábrica de electromecánica A.E.I. Crady y en muchos otros talleres. Sólo en este año los despidos ligados a la crisis afectaron a aproximadamente 7.000 puestos de trabajo en Gijón (cfr. *Región*, 26.1.1983 y cap. VIII). En enero de ese año, Gijón vivió su primera huelga general contra la inminente desindustrialización (era la primera que ocurría en España bajo el gobierno socialista) con la mayor manifestación en la historia de la ciudad (aproximadamente 100.000 participantes).

Una vez que se consolidó Puch-Suzuki, algunos antiguos trabajadores de astilleros fueron recolocados en la fábrica por el denominado Fondo de Promoción de Empleo. En vista de estos hechos resulta sorprendente que la plantilla, al observar retroactivamente las crisis y conflictos, los interprete casi exclusivamente desde la perspectiva de la empresa y no establezca ninguna relación con el desarrollo local o regional. En este contexto constituyen la excepción los afiliados de la Corriente Sindical de Izquierda (CSI, «la Corriente») que en esa época culminaron su proceso de escisión de Comisiones Obreras y que se esforzaron por encabezar las movilizaciones.

3: Aquello para mí no era crisis. La crisis vivimos ahora.

2: La diferencia era que aquella era más una crisis empresarial y no una crisis general como ahora. La Puch estaba prácticamente hundida, problemas de la casa madre en Austria. Ya había cierta crisis aquí en la región por el sector naval y demás, pero se vivió de otra manera, no se notaba tanto. Es que ahora es muy cierto que el mercado bajó, cayó (Suzint. 5).

Era una crisis de mercado, de mala presentación, de no adaptarse, se sacó un modelo que era obsoleto, motor muy bueno, muy resistente y tal pero no era muy moderno. Paralelamente el grupo Puch se deshacía… Y Japón quería entrar aquí. Pero Japón quería una fábrica con poca gente (Suzint. 7).

> El problema era que la empresa entró en crisis y nos planteaba ciento noventa despidos, es decir, la mitad de la plantilla. Tuvimos miedo porque en aquella época había despidos en Gijón en muchas empresas, en Moreda,... en Gijón había la primera huelga general del Gobierno socialista, el 23 de enero de 1983, un gran éxito. Antes de la huelga, «la Corriente», con manifestaciones, alguna barricada y tal, había creado el ambiente, la señal que los demás sindicatos se subieron (Suzint. 1).

Para las fuerzas sindicales de la empresa, la crisis y el proceso de absorción por parte de Suzuki también significó un cambio (ver tabla 2). La UGT, que hasta entonces apenas contaba con representación, comenzó a ascender como el sindicato más votado en las elecciones sindicales, entre otras cosas por su compromiso en las negociaciones con el Gobierno, y porque se benefició de la ascensión al gobierno de Madrid y Oviedo del Partido Socialista, que se produciría muy pronto. Varios productores de motocicletas nacionales trataron de impedir, a través del Gobierno central, que se concedieran permisos para la entrada de los competidores japoneses en el mercado español. Aquí la presión de UGT de Asturias favoreció la decisión en favor del proyecto Suzuki y representó el comienzo de un campo de actuación sindical en el triángulo empresa-sindicato-Gobierno, rechazado con más o menos virulencia por los grupos sindicales restantes. Por cuanto respecta al grado de organización, el ascenso de UGT se produjo con mayor rapidez que en las elecciones. Se llegó a dar el caso de que en las votaciones para los comités de empresa alcanzaron menos votos que el número de afiliados con que contaban. Esto indica que una parte de los afiliados a UGT consideraban a este sindicato un seguro contra el desempleo y un apoyo para motivos personales; pero que no lo consideraban como una representación de intereses en política empresarial. Este fenómeno se muestra claramente en los trabajadores estacionales, que esperaban obtener de UGT ayuda para lograr un empleo fijo o una renovación de su empleo actual. También desempeñó su papel el ascenso general de los socialistas y de la UGT durante esa época, así como la incorporación de algunos sindicalistas activos procedentes de otras organizaciones.

Sin embargo, el ascenso de UGT no fue el único cambio que se produjo en el panorama sindical de Avello-Suzuki. En los años de la transición predominó CC. OO., que, asimismo, controló el primer comité de empresa elegido libremente. A principios de los años ochenta se produjo una serie de acontecimientos que desembocaron en una diferenciación de la distribución de fuerzas sindicales y en una pérdida de hegemonía por parte de CC. OO. En Comisiones Obreras de Gijón se produjo la escisión de un sector radical que se denominó *Corriente Sindical de Izquierda*, CSI (cfr. Vega García, 1991). Estos procesos también repercutieron en la plantilla de Avello y además se añadió un tercer factor: hubo un grupo de la plantilla que se reunió para formar un grupo sindical independiente

Tabla 2: **Elecciones sindicales en Avello-Suzuki**

	Plantilla	**UGT**	**CC. OO.**	**CSI**	**CNT**	**Independientes**
1978	349	1	12	-	-	-
1982	374	3	5	2	1	2
1986	331	4	4	1	-	4
1990	406	5	3	2	-	3
1994	284	5	2	2	-	4

1986 por colegios (plantilla: 328 fijos, 3 eventuales):

	UGT	**CC. OO.**	**CSI**	**Independientes**
Especialistas/no cualificados	73	70	16	70
(248 trabajadores) delegados:	3	3	1	3
Técnicos/administrativos	16	19	26	
(83) delegados:	1	1	1	

1990 por colegios (plantilla: 327 fijos, 79 eventuales):

	UGT	**CC. OO.**	**CSI**	**Independientes**
Especialistas/no cualificados	99	69	51	62
(301 trabajadores) delegados:	4	2	2	2
Técnicos/administrativos	48	22		20
(105) delegados:	1	1		1

1994 por colegios (plantilla: 284):

	UGT	**CC. OO.**	**CSI**	**Independientes**
Especialistas/no cualificados	65	28	29	56
(198 trabajadores) delegados:	3	1	2	3
Técnicos/administrativos	31	12		30
(86) delegados:	2	1		1

dentro de la empresa con el nombre de *Grupo Sindical Independiente*, GSI. Otros sindicatos, como el anarcosindicalista CNT o USO, tenían miembros aislados, pero no disponían de la suficiente fuerza para conseguir un puesto en el comité. Para una plantilla que nunca superó los 400 empleados fijos, esta situación significaba un considerable fraccionamiento sindical y una perpetua lucha de competencia intersindical.

Tabla 3: **Evolución de ventas en España**

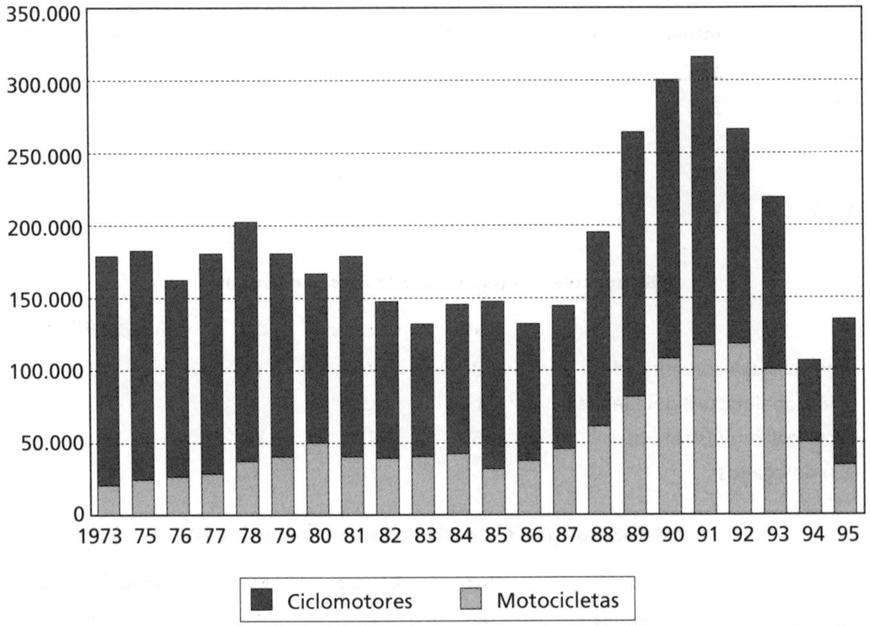

Tabla 4: **Ventas de Suzuki Motor España (entre paréntesis cuota de mercado)**

	España		**Exportación**	
	Ciclomotores	**Motocicletas**	**Ciclomotores**	**Motocicletas**
1984	21.634 (14,7%)	370	22.004	
1985	22.920 (17,4%)	721 (1,9%)	23.641	4.557
1986	25.176 (17,5%)	1.831 (4,0%)	27.007	6.409
1987	34.085 (17,5%)	2.889 (4,8%)	36.974	5.085
1988	37.323 (14,2%)	6.532 (8,1%)	43.855	5.780
1989	34.922 (11,7%)	11.681 (10,8%)	46.603	4.158
1990	37.778 (12,0%)	14.168 (12,0%)	51.946	5.262
1991	43.507 (16,3%)	16.172 (13,6%)	59.679	8.934
1992	42.710 (19,5%)	10.589 (10,5%)	53.299	13.989
1993	12.315 (11,5%)	4.956 (10,2%)	17.271	3.093
1994 (e)	14.500 (17,1%)	4.000 (11,4%)	18.500	2.750

Los mercados de exportación más importantes para Suzuki Motor España son Francia, Alemania, Austria e Italia.

Tabla 5 : **Datos de Avello/Suzuki Motor España**

	EMPLEO directo	EMPLEO indirecto	EMPLEO total	RESULTADOS	INVERSIONES	SUBVENCIONES
1980				31	113	
1981				-62	51	
1982				-301	23	
1983				-188	122	
1984	129	114	243	-135	128	
1985	171	149	320	-130	186	
1986	178	157	335	- 55	93	
1987	216	172	388	110	102	
1988	222	192	414	250	140	29
1989	200	185	385	348	212	43
1990	234	183	417	806	182	
1991	230	188	418	723	629	49
1992	223	188	411	409	1425	3
1993	151	172	323	-371	930	132
1994(e)	161	130	291			14
1995			229			

Resultados, inversiones y subvenciones percibidas en millones de pesetas.
Fuente: Suzuki Motor España, S. A.

Hubo un doble aspecto en el que Suzuki logró reconocer con astucia una coyuntura favorable para entrar en Asturias. En primer lugar, el mercado de las motocicletas, sujeto siempre a fluctuaciones extremas, tendía al alza (ver tablas 4 y 5) y, en segundo lugar, había nuevos instrumentos de promoción económica regional que permitían las subvenciones estatales para las inversiones. Después de establecerse definitivamente en Asturias, la empresa inició negociaciones con el gobierno regional para la construcción de una nueva fábrica como núcleo de su estrategia de ampliación de capacidades y modernización.

Con su entrada progresiva en una empresa española ya existente, Suzuki continuó la política de inversiones habitual de las empresas japonesas en España. La absorción de la fábrica de automóviles Santana Motor en la ciudad andaluza de Linares por parte de Suzuki, que la compró al grupo británico Austin Rover, transcurrió de forma casi paralela y según el mismo esquema. Además de estas dos empresas, Suzuki dispone en España de un tercer emplazamiento en Manzanares (Ciudad Real). Su adhesión a la CE y el continuo crecimiento del mercado interior español convirtió en los años ochenta a España en uno de los destinos de inversión preferidos. Además de Suzuki, en los años ochenta establecieron o compraron centros de producción en España Nissan, Yamaha, Honda y Kubota. La mayoría de los empresarios españoles se mostraron poco dispuestos a la cooperación y rechazaron ofertas de *joint ventures* (empresas de capital compartido). Prefirieron retirarse del negocio y dirigirse al mercado financiero que involucrarse con directivos japoneses y mercados industriales difíciles. De esta forma, los inversores japoneses en España se vieron obligados, frecuentemente contra su voluntad, a convertirse en propietarios con el cien por cien de las participaciones (cfr. Díaz/Kawamura, 1994, p. 87).

Por regiones, la más atractiva es Cataluña, debido a su desarrollada estructura industrial, en particular de material y suministros, y a sus buenas redes de comunicaciones, seguida de Madrid y Andalucía, mientras que la cornisa cantábrica apenas existe para los inversores japoneses. Esta brecha regional se constata muy especialmente en el sector de las motocicletas, puesto que Cataluña es la única región que dispone de una red de recambios y suministros desarrollada. En la toma de decisión para la construcción de una nueva fábrica, Suzuki también estuvo dudando entre Cataluña y Asturias. En este caso las subvenciones de los gobiernos regional y central fueron un factor absolutamente decisivo para permanecer en Asturias.

Tabla 6: **Inversión de Japón en España y de España en Japón (millones de ptas.)**

	1981	1982	1983	1984	1985	1986
De Japón	417	4.536	4.248	15.614	14.133	9.906
A Japón	23	186	-	133	0,3	77
	1987	**1988**	**1989**	**1990**	**1991**	**1992**
De Japón	33.289	13.201	23.475	36.170	47.496	25.242
A Japón	136	407	30	3.900	71	-

Fuente: Díaz/Kawamura, 1994, p. 93.

Por lo tanto, la decisión de Suzuki en favor de este emplazamiento fue menos estratégica que la de DuPont. Se basó más bien en la coincidencia temporal de una fábrica de motocicletas huérfana y de la búsqueda de un emplazamiento en el sur de Europa. Y además era acorde con la práctica de las inversiones japonesas en el extranjero, realizadas mediante absorciones progresivas de empresas con fábricas ya existentes.

La preferencia por el sur de Europa tiene sus razones en la incorporación a la CE y sobre todo en la cercanía de los mercados, puesto que es allí donde se sitúan los principales mercados de salida para las motocicletas de baja cilindrada.

Después de la absorción, Suzuki invirtió 2.275 millones de pesetas en el polígono industrial recién inaugurado de Porceyo, construyendo la nueva fábrica según el modelo japonés con capacidad considerablemente ampliada. El gobierno regional fomentó la inversión aportando 140 millones de pesetas y el gobierno central estaba dispuesto a pagar otros 308 millones de pesetas si se creaban puestos de trabajo adicionales (NE, 25.4.1995). Actualmente estas subvenciones están congeladas, puesto que la nueva fábrica, si bien se inauguró en 1993, sólo ha dado empleo a 229 trabajadores (1995), en lugar de los 411 previstos (1990). La racionalización y la evolución del mercado impiden hasta la fecha cumplir el objetivo de empleo negociado. Más bien lo que se ha producido son regulaciones de empleo y reducción de plantilla. Al menos para el caso de Europa, resulta cuestionable si en el futuro el mercado recuperará los niveles de 1990 y sobre todo si una previsible recuperación puede tener continuidad. De forma que el futuro estará en una competencia cada vez más intensa y en la exportación, es decir, que será complicado para Suzuki-Gijón.

IX.3.2. Reestructuración de las relaciones laborales

La absorción de la fábrica por parte de Suzuki fue pareja con una reestructuración de la organización empresarial con el objetivo preestablecido de adaptarla a los patrones japoneses. En este punto la dirección también siguió la táctica del salchichón (o, dicho en japonés, el sistema *ringi*) (cfr. Díaz/Kawamura, 1994, pp. 63 y ss.), que consiste en ir introduciendo sus métodos lonchita a lonchita en busca del consenso, o al menos de la aceptación de los involucrados.

> ... ellos son muy lentos. Ellos no imponen así, de entrada. Ellos van poco a poco, pero poco a poco imponiendo (Suzint. 1).

En esta táctica se topó con una plantilla con cierta antigüedad y que poseía experiencias con diferentes tipos de influencia de multinacionales y modelos de organización. Además, la plantilla de Suzuki estaba fuertemente sindicalizada aunque, como se ha descrito anteriormente, muy fragmentada. Por otra parte, la escisión sindical refleja en parte la segmentación en diferentes áreas de trabajo (soldadura, montaje, administración, etc.). Muchos miembros de la plantilla describen la organización sindical más bien como una formación de camarillas dentro de la fábrica en la que en primer plano se sitúan las relaciones personales y no la orientación de política sindical. A esto hay que añadir la existencia de personalidades líderes con influencia en sectores concretos de la empresa.

Bajo estas condiciones, la organización de un consenso dentro de la plantilla es dificultosa tanto para los representantes de los trabajadores como para la dirección.

Además, los delegados japoneses tienen dificultades para comprender la mentalidad sindical de la clase trabajadora española, profundamente opuesta a las experiencias de su país. La rivalidad de intereses en lugar de la conjunción empresarial permite reducir a un común denominador esta diferencia.

No entienden su falta de motivación para aumentar la productividad ni la actitud poco dialogante de los sindicatos, los cuales no reconocen la rivalidad y competencia actual que rige los mercados internacionales (Díaz/Kawamura, 1994, p. 107).

Los sindicatos españoles son grupos dominados y dirigidos por intereses ajenos a la empresa (ibíd., p. 120).

Desde un principio la plantilla notó un distanciamiento humano y cultural respecto a la dirección japonesa, que se veía aumentado por las barreras del idioma. El contacto personal directo con los jefes se perdió.

—... no son nada europeos, quiero decir, un alemán, un español se ven, se saludan, se miran... ellos no.

Pregunta: ¿Son muy distantes, muy fríos?

— Sí, sí, sí, se quedan entre ellos. En el aspecto personal, muy distantes.

Los japoneses son salvajes (Suzint. 1).

Antes más desordenada, más revuelta, más humana, ahora más impersonal, más frío, la forma de pensar es completamente distinta de los asiáticos y los europeos, no es que sean malos (Suzint. 2).

Lo más con ellos es mental, hay cosas que no nos entendemos, es muy difícil la negociación. Ellos al final se dieron cuenta que no pudiesen, contrataron un responsable español. Ni nosotros nos explicábamos las posiciones de ellos, ni ellos las nuestras, en la negociación, ya sabes, el significado de *les* palabras y tal, y bueno hasta la fecha vamos a decir que las relaciones son malas.

Es difícil la relación con ellos. Muy difícil (Suzint. 8).

En muchas manifestaciones de los trabajadores en las que se refieren a conflictos y problemas, además de la interpretación del conflicto de intereses o de clases aparece también una contraposición de civilización o cultura entre la cultura europea y la asiática. El prejuicio típicamente europeo y particularmente doloroso para los japoneses de equiparar «japonés» a «asiático» es moneda corriente. Esta forma de oposición cultural, que los medios de comunicación llegaron a utilizar con el extremadamente desafortunado concepto de «racismo industrial» (*El País*, 13.3.1994), también se presenta en conflictos de otras fábricas japonesas en España. Con motivo del conflicto ocurrido en la fábrica de Suzuki Santana en 1994 uno de los afectados se manifestaba de la siguiente forma:

Si el capital procediera de un país vecino europeo, no se identificaría el capital con el pueblo en sí, como se hace ante el problema de Santana Motor (directivo japonés en Díaz/Kawamura, 1994, p. 99).

Son principalmente los miembros del comité de empresa, es decir, aquellos que tienen un contacto directo con los gerentes japoneses, los que destacan la existencia de meras dificultades de compresión debido a las barreras idiomáticas. Unas mismas palabras pueden traducirse al otro idioma y adquirir un significado diferente. Según una anécdota, se cuenta que un día la anonadada plantilla de producción recibió la orden de que nadie podía acceder al piso superior de administración sin la compañía de un responsable. Posteriormente se recuperó la tranquilidad cuando se constató que esta orden era debida a un error de transmisión condicionada por la traducción. A esto se añaden culturas de negociación notablemente diferenciadas. Los representantes de los trabajadores españoles se asombran de los aburridos y engorrosos procesos de decisión que llevan a la constatación final de que las decisiones adoptadas son incontestables (cfr. también Díaz/Kawamura, 1994, pp. 60 y ss.). Además del distanciamiento personal, se subraya continuamente el carácter jerárquico militar de los japoneses. Algunas medidas se perciben como un secuestro de los derechos de libertades individuales.

> ... de hecho, y no estoy inventando, una situación que se dio, si yo te dijera los mandos españoles les mandan barrer el suelo, lo friegan.., oye este tío está diciendo demasiado, no. Pero una situación que se dio: hubo una reunión con los japoneses y Casero, de los altos jefes de área, y uno de ellos llegó tarde, en vez de a las cinco, a las cinco y tres minutos. Y se fue a sentar y dijo el japonés: ¡Vd. de pie! Llegó tarde y se pone de pie y estuvo hora y veinte minutos de reunión de pie, eh (Suzint. 1).

En DuPont no hemos encontrado manifestaciones equiparables con respecto «a los americanos» o a un «imperialismo de gestión norteamericano», aun cuando la imagen general de los Estados Unidos en la población asturiana adolece más bien de prejuicios negativos. A pesar de todo, al principio los gestores japoneses pudieron alcanzar algunos éxitos de confianza, en tarea en la que se vieron beneficiados por la favorable coyuntura que atravesaba el mercado de motocicletas.

> Yo me acuerdo el primer año que tomaron el cien por cien de las acciones; estaba el director, la traductora y dijo: bueno, este año, de beneficios, cincuenta mil pesetas lineales a cada uno. Los directores españoles dijeron: no, deben ser cinco mil pesetas para cada uno. Entonces ella tradujo: no, no, cincuenta mil pesetas lineales. La gente no se lo creía, ni los dirigentes españoles, coño. Entonces con ese tema puedes empezar a negociar y en tiempos malos apretar el cinturón porque sé que me responden, ¿no? Ellos tienen su forma de eso pero tienen también su forma de repartir. Bueno, algo que la gente le prestó (Suzint. 6).

> En principio la gente lo aceptó bien. La clase trabajadora de Suzuki colaboró incluso con unos ánimos. Lo que ocurre con el tiempo, y estos señores tienen una mentalidad muy diferente a la española, no se daban cuenta que los trabajadores españoles no podían cambiar tan rápidamente y quisieron imponer, y de hecho intentan imponer, su criterio, si no por las buenas por las malas. Entonces la clase trabajadora de esa empresa se dio cuenta de que no eran tan buenos ni tan respetuosos como nosotros pensábamos que eran (Suzint. 5).
>
> La forma de trabajar los japoneses, pues hubo cambios. Además para mejor, hay que reconocer que ha mejorado la calidad y la limpieza en el trabajo, *ye* bueno *pa'* todo el mundo, *pa'* la empresa y para los trabajadores también, pues no sé... las motos salen con menos defectos y tal. Y la limpieza les gusta a todos (Suzint. 4).

El primer conflicto prolongado giró en torno a la organización de los descansos y las zonas de fumadores, cuya instalación iba pareja con un estricto control de limpieza de la fábrica. Aquí se manifestó de forma meridianamente clara la diferencia cultural.

> Son muy aficionados a los letreros: que la fábrica es tuya, que la cuides, no permanecer en los pasillos; hay mucho orden en lo material y en lo físico, en las personas, casi nos militarizaron... Luego, lo que más obsesión tienen es la limpieza, pintar los pasillos, todos señalizados.
>
> Aparte de eso, a largo del año hacen uno o dos concursos sobre un eslogan, que tú digas «Aquí somos unos cojonudos porque curramos más que nadie» y la empresa diga pues éste nos gusta, te regalan pues una camiseta o yo qué sé (Suzint. 1).
>
> Lo primero fue la limpieza. Los suelos quedaron brillantes, igual la oficina como el taller, estudios muy muy metódicos de organizar el trabajo, áreas de descanso. Antes se fumaba ahí mismo, se comía el bocadillo sobre la marcha... hoy se toma el café muy ordenadamente, eso es muy bueno (Suzint. 2).
>
> Eso nosotros no entendíamos ni estamos entendiendo hasta ahora. Si nosotros teníamos un trabajo, lógicamente continuamos, y si alguien tiene deseo de ir al servicio, va en el momento en que lo tiene. Nosotros no pretendíamos que nuestra empresa fuera una cárcel donde se fuma a una hora (Suzint. 4).
>
> 1: Fueron implantando las áreas de descanso, que todos nos sentamos al golpe de pito, fumamos todos ahí, luego ya no se puede, controlando los descansos. Antes cualquier trabajador paraba y echar un cigarrín y volvía a trabajar ahí mismo, ahora no, no se puede porque ahora está controlado el descanso.
>
> 2: Es decir, tú no *descanses* cuando estés realmente cansado, sino cuando todos, militarizar el sistema. Empezaron por ahí, y pim pam y pim pam y no consiguieron nada, y cuando se cansaron de tener paciencia entonces vinieron: «o esto o no hacemos una fábrica nueva». Emplearon la fábrica nueva como una vía de presión. A Japón no iba gustar la decisión tomada por los trabajadores y a lo mejor el proyecto de la nueva fábrica queda en

nada. *Eso es una pérdida de derecho constitucional de los trabajadores, la libertad personal.* Si trabajas ocho horas y te entra en un momento hambre, no puedes comer hasta que tengas el descanso. Y si estás cansado, te aguantas de pie, y si te caes, te caes. Pues estos llegaron hasta ahí, los trabajadores decidieron que no, pero luego el comité, los mayoritarios, cedieron (Suzint. 1).

En este conflicto emergió la forma de presión tan frecuentemente repetida por parte de la dirección empresarial: si no cedéis, entonces nos vamos. La coacción por la elección de un emplazamiento continúa siendo uno de los métodos de negociación a los que recurren las empresas multinacionales, sabedoras de la internacionalización del mercado y del capital y de la aceleración que en el tiempo sufren los ciclos de inversión. El consejero delegado de Asturias, Tomohiro Yamanaka, también recurrió a este método en el conflicto laboral de 1995.

Si comunicamos lo sucedido en la fábrica gijonesa a la cabecera de Suzuki en Japón, existe una posibilidad muy alta de que la multinacional cuestione la necesidad de continuar su actividad en Asturias. Si en Japón saben, además, que no existe colaboración por parte de los trabajadores, temo que tomen la decisión de abandonar Asturias (NE, 22.4.1995).

Una de las novedades más visibles fue la supresión de los despachos para toda la administración, incluida la del director gerente, y que se reunieran todos en una gran oficina ordenados por criterios jerárquicos fijos. Todo el trabajo se organizó según el principio de transparencia para todos los involucrados, hasta los armarios o las puertas. El orden japonés debía sustituir a la improvisación española.

Los trabajadores opinan que se trata de una fábrica muy racional, lógica y práctica. En las oficinas no hay despachos. Las salas de reuniones son acristaladas, para que todo el mundo pueda ver quién está dentro. Los armarios no tienen puertas, para que las cosas se mantengan ordenadas y no haya impresión de secretismo. Las mesas son todas iguales para evitar jerarquías y de pequeño tamaño, con el fin de que no puedan acumularse en ellas los papeles. Sólo se puede fumar en los descansos y en los espacios habilitados para tal fin. La dirección premia las iniciativas del personal... hasta el punto de que el autor de la mejor idea del año viaja gratuitamente a Japón (NE, 20.3.1994).

Cambiaron la fábrica totalmente. Antes había despachos particulares. Hoy están todos como si fuese una escuela (Suzint. 4).

Ahora hay una sala sólo. El autocontrol. Antes en tu despacho, incluso leías el periódico, se fumaba tranquilamente. Esto se acabó. Tampoco hay como antes muchos papeles encima de la mesa... No tiene que haber muchos papeles en la mesa. Son cosas que yo lo veo bien. Cuando hay muchos papeles, hay algo que no funciona; igual como en la fábrica cuando hay averías y la gente trabaja mucho (Suzint. 2).

No hay archivadores en la gestión, todos tenemos la misma mesa del mismo tamaño, no hay concepto patrimonialista, no hay ni secretaria para cada director. Antes cada director tenía su secretaria, su ordenador, cada departamento su área de trabajo, cada uno defendía su territorio como los lobos, con signos tan primitivos como las plumas diferentes. Eso existía hasta hace cuatro años. Ahora nadie tiene su territorio, hay una área informática común. El concepto de favorecer la comunicación, que es un tiempo real. Todo el mundo se puede vigilar mutuamente, no vigila la dirección (Suzint. 3).

Cuando empezaron a ponerles todos juntos, la verdad que tienen que trabajar. Disimular es muy difícil ya. No me preocupa la gente de oficina porque antes se pasaba. Antes eran bunkers todo. Todos tenían su despacho, cerrados con llave. Estaban celebrando fiestas dentro, o trabajaban, nunca lo sabías. Empezaron a quitar las mesas, papeles, una mesa para la máquina de escribir; una, para pantallas; parece un despacho de... ordenador; empezaron a quitar *les coses;* las máquinas de escribir, una persona igual la utilizaba cada tres meses, una máquina de doscientas mil pesetas, un cacho de mesa, a quitar... y ahora, un teléfono en medio, y si tú estás llamando a casa, un teléfono para cuatro personas, si están esperando, pues, tú mismo cuelgas... quitamos paredes, y todas, todas menos las que aguantan el techo (risa). Y entonces tú quieres hablar con aquél y hablas (Suzint. 7).

Mientras que los empleados de la administración que se vieron afectados por la medida se sintieron de repente controlados y observados por todos los lados, sus colegas del departamento de producción abrazaron de inmediato la filosofía de racionalización. Posteriormente, rechazarían agriamente la introducción de medidas semejantes en su área. En los años sucesivos se introdujeron métodos de gestión japoneses, como incentivos por propuestas de mejora individuales *(Teian)* o de índole colectiva (círculos de calidad), que encontraron en la plantilla reacciones divididas.

Funcionaron bien al principio, lo que es producción funcionaron bien. La gente colaboró, no había problemas por aportar medios ni tiempo por parte de la dirección, se premiaba con viajes a Japón, la gente puso interés. Aunque los círculos de calidad no son círculos de calidad. Son círculos de productividad. Lo que pasa es que el *boom* primero, que había círculos en cada esquina, entonces empezaron ya como una cosa obligatoria que «¿oye, porqué no hiciste ningún círculo este mes?», «hay que hacer círculos», la gente se mosqueaba. Y después intentaron meternos en gestión. Círculos en contabilidad, en personal, en recambios, en venta, y lo dejamos ya. Los encargados de los círculos se volvieron locos. Pero funcionaron. Ahora están estancados porque hay una petición de no colaboración hasta que no pase el problema este, y ya veremos, pero ya la gente no toma los círculos como antes (Suzint. 7).

Está muy bien. Presentas una idea, cómo se puede mejorar, y el ahorro, el cinco por ciento te lo dan en dinero. Hay varios equipos que piensan... Presenté varios trabajos, conseguí unos premios. La mayoría participa, unos pocos no, «que lo piense la fábrica»... pero pocos (Suzint. 2).

> Antes yo, por ejemplo, donde estoy trabajando, hay buena luz ahí y estoy aquí y no hay luz. Hay que poner la luz aquí, no ves... y no la ponen. Hoy haces un *teian* y mándaslo *pa'* allá y te pagan y te lo ponen (Suzint. 5).
>
> Otro compañero también lo fue a decir: «por qué no viene mi hija a trabajar aquí»; le dijeron: «lo primero que tiene que usted hacer para que venga su hija es participar en los círculos de calidad y colaborar con la empresa, quien no colabora con la empresa está de mas» (Suzint. 5).
>
> Hay un imperialismo lingüístico de los trabajadores, porque hay tres modalidades: los círculos de calidad, los *teian* y los *kaizen*. Nos están imperializando, imponiendo hasta sus palabras. Los círculos se reúnen, presentan sugerencias, la dirección decide si las toman o no y después llevan el cinco por ciento del ahorro del costo durante un año entre todos. Pero luego si eso funciona durante siete años en la producción de una moto, ahí no cobran nada (Suzint. 1).
>
> Yo no estoy en los círculos y no voy estar aunque me despidan, esto tengo clarísimo, ¿eh? (Suzint. 5).

También se aspira a cumplir el principio de *just-in-time* sin almacén ni almacenes provisionales, con las correspondientes relaciones con los proveedores. Pero en virtud de la amplia dispersión y en parte de la gran lejanía de los proveedores (muchas piezas provienen de Cataluña, el País Vasco o Italia), este principio se topó con dificultades que repercuten en otras áreas de la reestructuración de la producción, como puede ser el trabajo en equipo.

> También los proveedores, los presionan mucho. No quieren almacén porque produce unos costos, dinero parado, tienen que fabricar muy poca cantidad para servir a tiempo. Eso crea problemas porque los proveedores hay de todas partes, problemas de avería de un camión, huelga de transporte y hay que parar la producción.
>
> Incluso había una polémica cuando se construyó la nueva fábrica se hacía con empresas de Catalunya y el comité de empresa preguntamos por qué no se había dado a empresas asturianas y nos enseñaron las ofertas para que comparáramos y eran mucho más baratas las catalanas y punto. La Asociación Empresarial Asturiana protestó por eso (Suzint. 1).

Un problema típico en la introducción de nuevos métodos de gestión es el que genera el nivel directivo medio (maestro, jefe de área, etc.), pues su ámbito de funciones se trastoca fuertemente o incluso se ve afectado por las medidas de ahorro. Por una parte ellos desempeñan importantes funciones de intermediación, pero por otro lado ven restringida su posición y sus posibilidades de ascenso debido a los superiores japoneses. En el mencionado estudio de Díaz/Kawamura (p. 142) un gerente español manifiesta su aversión a la introducción de métodos japoneses, que le llevaron a abandonar la empresa, con la siguiente metáfora:

Antes de abandonar la compañía he intentado explicar al nuevo presidente qué fue el motín de Esquilache, cuando Carlos III trajo a un italiano para dirigir el país. (En la época del auge del despotismo ilustrado en España, en el siglo XVIII, el rey Borbón, Carlos III, llamó a su gabinete al ministro italiano Esquilache. Éste desencadenó un levantamiento popular al prohibir costumbres típicas como llevar chambergo o los juegos de azar, entre otros.)

En Suzuki también se muestran algunos de estos problemas de adaptación en el personal directivo español.

... siempre digo que no son los japoneses los peores, no son nada buenos, pero los peores son los españoles al lado de ellos. Son los que de alguna manera estropean todo lo que se podría hacer de verdad. No está demasiado asimilado por los mandos españoles (Suzint. 5).

Los mandos españoles tienen pánico. No se enfrentan a ellos. Al no enfrentarse parece que estás hablando con los japoneses en vez de españoles. Intentan asegurar el puesto, entonces pierden personalidad... Echo más culpa a los mandos intermedios que a la dirección japonesa (Suzint. 7).

El juicio general negativo que merecían los directivos españoles de nivel medio aumentó con la introducción de formas de trabajo japonesas. Los empleados hacen hincapié repetidamente en que los jefes españoles son peores que los japoneses, que el auténtico problema de los conflictos radica más en los españoles que en los japoneses.[1] No obstante, a medida que se agudizan los conflictos se produce también una creciente decepción, la desilusión y el rechazo de los empleados frente a los dueños japoneses de la fábrica. Un conflicto que ejerció funciones de catalizador se desarrolló en el transcurso de las negociaciones colectivas de 1990. Se trataba de la primera huelga violenta desde la absorción de la fábrica y por lo tanto también de una especie de prueba de fuerza. Al cabo de cuarenta días, el frente de la huelga se desmoronó y aproximadamente la mitad de la plantilla atravesó una barricada guiados por militantes de UGT para reincorporarse al trabajo. Habría que darse por satisfechos con un resultado que correspondía al nivel de las negociaciones tras quince días de huelga. Además, los esquiroles cobraron el sueldo el día que se reincorporaron al trabajo, mientras que los demás se quedaron a las puertas.

Como consecuencia, se produjeron algunos cambios en el clima empresarial. La dirección contrató a un nuevo director español para organizar con menos fricciones la gestión de personal. Los gestores japoneses eran conscientes de sus deficiencias

[1] El estudio de Lincoln y otros (1995, p. 426) muestra que este problema no es específicamente español, sino que también se presenta, por ejemplo, en Alemania: «Algunos miembros de comité de empresa dijeron que preferirían tener mandos intermedios japoneses».

para comprender la mentalidad de los trabajadores. El gerente español seleccionado dijo:

> Los japoneses, asustados sobre los extremos del conflicto, tomaron la consecuencia que los españoles son unos señores muy suyos y lo mejor es que se traten entre ellos. Las relaciones con comité, etc. lo llevamos los españoles. Eso es mi trabajo (Suzint. 3).

La plantilla salió de este conflicto profundamente escindida y desorganizada. Las actividades sindicales se redujeron fuertemente. Las formas de comunicación establecidas entre la plantilla y el comité de empresa, entre los sectores empresariales y sindicales, estaban dañadas.

> Yo *acuérdome*, la solidaridad que había en todo Asturias, en todo Gijón, yo *acuérdome* que en la empresa recogieron bastantes kilos de comida para Sevilla, no sé en qué pueblos era. En *les últimes movides* del sector naval, de Duro Felguera, hay un ambiente de apatía, no hay la solidaridad… cambió a raíz del salto de la barricada entre la gente que entró y la que quedamos fuera. Hoy por hoy la gente está muy mal, estamos muy quemados con toda la situación que se nos vino por encima. Cada día nos están quitando un poco de lo que nosotros teníamos conseguido, nosotros no, lo que tienen generaciones anteriores conseguido, beneficios sociales, todo esto, que nosotros podíamos tomar un café, leer, tú hacías tu puesto de trabajo, tu forma, y hoy por hoy no puedes hacer (Suzint. 6).

Después siguieron algunos años de tranquilidad por ambas partes y la inauguración de la nueva fábrica promovió una actitud más positiva por ambos bandos. De esta forma, incluso la fuerte caída de la demanda de 1993 pudo regularse con un consenso relativamente aceptable. En esta fase, la plantilla de Suzuki salió favorecida de la situación general en Asturias. En las empresas líderes del sector del metal y la construcción naval (Duro Felguera, Naval Gijón) se desencadenaron violentos conflictos y el gobierno regional estaba sumamente preocupado por evitar una nueva escalada de los mismos.

> Lo que no podía hacer la administración era tratar a unos como pobres y a otros como ricos. Íbamos en el furgón de cola pero íbamos en el tren. Eso se debatía en la fábrica, no en la asamblea, pero sí en la fábrica. Se transmite lo que se está discutiendo en la calle, que «oye en Naval están consiguiendo esto y esto», y en el bar tal dicen que en Duro han conseguido esto. Eso nos valió para montar en el tren, el vagón en marcha, y eso fue la suerte que tuvimos (Suzint. 1).

No obstante, al igual que se ha hecho anteriormente hay que notar aquí el hecho de que sólo una pequeña minoría percibió esta relación existente con los problemas de la región, mientras que la gran mayoría limitó su perspectiva del problema a la empresa. Este hecho se mostró también en los años sucesivos en la huelga que la plantilla de Suzuki mantuvo en la fábrica andaluza de Santana en Linares. En este punto hay que indicar que esta estrechez de miras no es un fenómeno único de las plantillas, sino también un problema de la sociología industrial, que con frecuencia sólo analiza los agentes y las estrategias internas de la empresa y engloba todo lo demás como una condición del entorno al que hay que adaptarse. El concepto de empresa como campo de acción social tampoco se sustrae a este peligro (cfr. para este problema Lauschke/Welskopp, 1994).

Durante la recesión económica generalizada que sufrió España a principios de los noventa, el prestigio de los consorcios multinacionales se hundió debido a la desinversión. El atractivo de España para el capital internacional había descendido claramente y en algunas empresas se produjeron violentos conflictos debido a los cierres y a la reducción de puestos de trabajo. En la fábrica de Suzuki de Linares, donde después de la intervención del Gobierno se redujo un tercio de los 2.859 puestos de trabajo (en lugar de la mitad, como se había amenazado anteriormente), la comarca entera se movilizó durante semanas contra la multinacional. La fábrica de motocicletas de Gijón lo notó de inmediato en el hundimiento del mercado: «No compres Gillette, no montes un Suzuki» era el eslogan contra las dos multinacionales que se retiraban en la principal zona de salida en España para las motocicletas de baja cilindrada. Aproximadamente el 50% de la producción de Suzuki de Gijón se vende en el sur de España. Pero, por lo que respecta a la solidaridad con los obreros que veían amenazado su puesto de trabajo no se produjo ningún tipo de contacto ni de manifestación de solidaridad. Suzuki ha obtenido en 1993/1994 considerables subvenciones en sus tres emplazamientos españoles y en todos ellos ha reducido puestos; es decir, ha hecho que le financien con dinero público una forma «no traumática» de reducción de personal exigida por el mercado (en palabras de la jerga utilizada por la dirección de la empresa).

En el desenlace posterior del conflicto de Gijón se produjo un acuerdo sobre la jubilación anticipada para mayores de cincuenta años, que si bien encontró resistencia en algunos de los afectados, en general fue aceptado con la esperanza de tener garantizada para algún tiempo la supervivencia regulada de la empresa. A unos pocos se les motivó para que se marcharan voluntariamente con indemnizaciones. En una región en crisis como es Asturias, con falta de puestos de trabajo alternativos, los estímulos de indemnización apenas surten efecto. El comité de empresa no logró imponer su idea de una regulación de jornada reducida válida para más años que habría permitido a toda la plantilla permanecer en la empresa. Para la empresa esta regulación habría tenido más ventajas a largo plazo. Se habría hecho un filtrado selectivo de los obreros de más edad, que podrían haber sido sustituidos en caso necesario por otros más jóvenes, más capacitados y con mayor voluntad de adaptación. El número de empleados fijos decrece y en el futuro pueden realizarse nuevas contrataciones temporales. Todo ello supone una importante ventaja de costes en un negocio como el de las motocicletas fuertemente fluctuante, sobre todo si no quiere producirse para aumentar los stocks. En cualquier caso, los costes salariales por puesto de trabajo se reducen, puesto que desaparecen los pluses salariales por antigüedad y los aumentos de las prestaciones sociales. Además, para las futuras inversiones se abre una posibilidad más de acceder a subvenciones públicas. Como el número de empleados fijos había bajado por debajo del margen de 250, Suzuki se incluía formalmente entre las medianas y pequeñas empresas y podría beneficiarse de los múltiples programas de promoción del sector medio.

Los prejubilados vieron su disposición como acto de solidaridad con la plantilla. Igualmente la regulación se calificó como «que les echaron de la fábrica»; es decir, una medida forzosa de la empresa contra los empleados. A esto se añadió una decepción respecto a la nueva fábrica, que fue inaugurada en 1993. En lugar de la deseada seguridad en el trabajo y de las deseadas mejoras se produjeron reducción de jornada, crisis y amenazas de despido. Esto se mostraría claramente en el siguiente conflicto colectivo cuando el tono de las voces en la plantilla se alteró considerablemente en vista de las continuas novedades y de la permanente presión ejercida por la dirección (cfr. carta al director, NE, 27.5.1995, NE, 4.6.1995). La dirección de la empresa se empeñó en ligar el nuevo convenio colectivo de 1995 a la introducción del trabajo en equipo. Por el contrario, la plantilla únicamente quería un aumento de salarios y tratar todo lo restante en una negociación aparte. Se produjo la huelga.

La plantilla trabajó en 1994 sometida a regulaciones de empleo y basándose en el antiguo convenio colectivo. Después de consumada la reducción de personal e iniciarse la fabricación del nuevo modelo *scooter* quiso lograr un convenio colectivo con equiparación salarial acorde con la evolución de los precios. La dirección de la empresa presentó una oferta que junto a la dirección del trabajo en equipo y la correspondiente concentración de categorías preveía un nuevo sistema de determinación de salarios y una regulación más flexible de la jornada laboral. Aumentando simultáneamente los objetivos de producción, el salario no debía computarse individualmente, sino en función de los resultados del grupo. Durante ciento diez días laborables al año debían trabajarse nueve horas, y adicionalmente debían trabajarse doce sábados, tiempo que se compensaría en los meses de baja producción. Además, la plantilla debía aceptar la «movilidad total» dentro de la fábrica, debido a la cual en concreto diez empleados de la administración debían trasladarse a producción. Con esto se anunciaba el fin del sistema Bedaux,[2] término con el que se designa el taylorismo, según el cual los puestos de trabajo y las jornadas deben contabilizarse y valorarse

[2] El asesor empresarial Charles Bedaux gestionó en España una de las consultorías más influyentes después de reunirse personalmente con Franco (cfr. Guillén, 1994, p. 168).

individualmente. El deseo del comité de empresa de negociar el convenio separadamente de las medidas de reestructuración fue rechazado por la dirección, incluso de forma muy estricta, cuando el comité de empresa declaró la disposición a aceptar un período de prueba para el trabajo en equipo. Con estos frentes endurecidos, el conflicto laboral se había hecho prácticamente inevitable.

> Cuando ellos hicieron la nueva fábrica, eran unos millones de inversiones y de aquello estábamos 411 en plantilla y *decíen* que nosotros pasábamos a tener a aumentar 71 puestos de trabajo, iban a dar 309 millones de pesetas la Administración. ¡Esto el 27 de marzo de 1992! Y ahora somos 288 y no crean puestos de trabajo, sino intentan eliminarlos (Suzint. 6).
>
> Un trabajador si le dices que trabaje en equipo y no va a ser perjudicial para él, lo va a intentar. Pero si a un trabajador vienes con la espada: ¡Hay que entrar en el equipo! Cuando los españoles siempre fuimos muy reacios al equipo, porque siempre nos gustó quizás destacar un poco, trabajamos con los austríacos y también premiaban el esfuerzo individual, estos no. En Japón no existe fuerza individual. Para cambiar esto así tienen que reunir, son incapaces. ¿Qué pasa con los españoles? Te dicen cómo vas a poner este paquete de tabaco, pero vas a hacerlo en equipo (Suzint. 5).

El gerente y asesor de empresas Klaus-Dieter Frühauf nombra dos grupos de empleados que se ven perjudicados con la introducción del trabajo en equipo: «los empleados y empleadas que de alguna forma tienen miedo por sus puestos de trabajo... y los empleados y empleadas que tienen cinismo productivo. En el fondo éstos han acabado con su capacidad de compromiso, han dimitido internamente y... les gusta llevar esos cambios al terreno de lo ridículo» (*Express*, 2/1992). Ambos grupos están presentes y parcialmente solapados en la plantilla de Suzuki, sin que sean tomados en serio por la dirección. Las reiteradas amenazas de abandonar Asturias o de despedir a empleados en caso de que los trabajadores no se mostrasen dispuestos a cooperar, continuaban calentando los ánimos. Evidentemente, la dirección de la empresa no tenía muy claro el malestar que se había ido acumulando, o incluyó sus cálculos sobre el mismo en una estrategia a más largo plazo de sucesivas reducciones de personal y de sustitución del mismo por mano de obra temporal nueva más joven.

La actitud de la dirección se manifiesta en las siguientes citas:

> El trabajo en equipo es «fundamental para aumentar la productividad» y «rebajar los costes de producción... Los procedimientos aplicados hasta la fecha estaban basados en el control y asignación de una actividad a cada trabajador, con lo que el resultado global de la cadena estaba condicionado por las posibilidades individuales de cada uno. Lo que ahora planteamos es la colaboración entre todos los operarios y un reparto del trabajo más acorde con la capacidad de cada uno, para que el resultado global no esté condicio-

nado por la capacidad del más inhábil, sino, en todo caso, por la media de la plantilla». (Enrique Casero, directivo de Suzuki, NE, 22.3 y 26.3.1995).

El empleo fijo ya no existe... Este es un país maravilloso para los trabajadores. La mentalidad del personal de Suzuki ha cambiado para bien, pero todavía no estamos del todo satisfechos... Desde que planteamos la necesidad de reducir plantilla, los trabajadores dejaron de hacer sugerencias para mejorar el funcionamiento de la fábrica... Los trabajadores tienen que poner de su parte para mantener e incluso aumentar las posibilidades de empleo en la fábrica. Si el personal no comprende eso, Suzuki no tendrá futuro (Tomohiro Yamanaka, consejero delegado de Suzuki Motor España, NE, 31.11.1994).

Las posturas adoptadas por el comité de empresa y los afectados fueron las siguientes: Estos métodos de trabajo son formas «de fábricas en los países del Tercer Mundo». Esto se refiere a la amenaza de desplazar la producción a la fábrica de Suzuki en Tailandia. «En España hay unas condiciones de trabajo establecidas, pero para ellos no existen y creen que su fábrica no es territorio español, y por ahí no podemos pasar... Ellos siguen empeñados en querer meternos una forma de trabajo a la asiática que no estamos dispuestos a aceptar» (NE, 11.3.1995).

¿Sabes qué pensamos? Que si no salen por ahí *pa'* delante, hicieron la fábrica nueva, pero si no valen de salir de ahí *pa'* delante vale más que cogen y marchen de una puta vez (Suzint. 5).

Si hoy hubiese sitio para trabajar, yo me marchaba de la fábrica, porque veo la peor relación ya a nivel personal... Voy a otro sitio, aunque gano menos, trabajo más a gusto (Suzint. 6).

Al final de nuestro período de estudio, la actitud negativa contra la dirección de la empresa había seguido generalizándose, a lo que probablemente había que añadir el efecto agudizador y distorsionador de la cercanía inmediata de las entrevistas a un conflicto directo. En muchas entrevistas se manifiesta también un sentimiento de explotación cualitativamente nueva. Ahora junto a las energías físicas se explotan también las mentales. El capital desea «to reach the gold in the gold in the workers heads» (Roth, 1992a, p. 16) (hacerse de oro en las cabezas de los trabajadores). La resistencia contra el trabajo en equipo es inconscientemente también una resistencia contra una nueva dimensión de la explotación.

... son dos aspectos, mejora del proceso y represión (Suzint. 1).

La dirección japonesa, chico, de las que yo he vivido, he vivido con franceses, con austriacos y la peor raza, y la peor totalitaria y mala es la japonesa, ¿eh?, para mí: la japonesa. No se puede hacer con ellos bajo ningún concepto, no son personas dialogantes, siempre y cuando le dieras razón a ellos. Mira, con los austriacos trabajamos mucho mejor. Porque los austriacos eran más europeos, más dialogantes, eran personas sensatas... Estos señores no (Suzint. 5).

No aceptan ningún sistema que no sea de ellos y hasta ahora no han demostrado nada, no traen nada nuevo; fue como pasamos de la dictadura a la democracia y al socialismo, que resulta que ahora estamos fastidiados, pues con estos pasa igual, muchos pensábamos: los japoneses y tal… y no hay nada de eso, es pura fantasía (Suzint. 1).

Hay otra organización del trabajo. Ahora, de trabajar no nos enseñaron nada (Suzint. 5)

Quieren sacar a la luz todo lo que sabemos pero sin otra tecnología, el recurso humano aprovechado al máximo (Suzint. 9).

La dirección de Suzuki pretende dominar no sólo el cuerpo del trabajador, sino también su mente. Cuerpo de trabajador, cabeza de empresario (miembros de comité de empresa en NE, 29.3.1995).

Compañeros/as: ¡¡BANZAI, BANZAI!!

Ante este imperialismo Japonés, ante esta fiebre amarilla con sus nuevas formas de explotación, con una tiranía manifiesta al mando Shogun, con el fascismo clásico de una dictadura militar incrementada por el carácter feudalista Japonés que la vemos reflejada día a día alrededor nuestro y a través de los secuaces de turno apátridas, que quieren acabar con el carácter intrínseco familiar, social, solidario que tenemos desde los tiempos primarios como ibéricos que somos… Quieren deshumanizar el trabajo, robotizar nuestras vidas cambiando nuestras normas de convivencia social y familiar… Impongamos ante estos poderes fácticos, ante estos colonizadores orientales que quieren que seamos sus siervos. ¡¡Basta ya!! (octavilla anónima, dic. 1995).

Durante la huelga tuvieron lugar incidentes esporádicos en los que se produjeron pintadas y algún destrozo en la fábrica, que los gerentes japoneses recibieron con visible consternación. La incomprensión mutua en la mesa de negociaciones, emparejada con el malestar acumulado durante largo tiempo en la plantilla, hizo que se produjera una escalada y se pasara a las acciones callejeras, difícilmente defendibles para los japoneses. Y a la inversa, hay que preguntar por qué precisamente en esa situación la dirección trató de insistir con toda dureza en la introducción del trabajo en equipo, un sistema de categorías modificado, una regulación más flexible de la jornada laboral con nueve horas diarias y trabajo los sábados y una movilidad plena de todos los empleados.

¿Dispone la organización de sistemas de retribución, formalización y de control que favorezcan la implantación de los equipos de trabajo? ¿Disponen de poder y prestigio quienes abanderan la implantación de los equipos de trabajo?, pregunta el profesor del IESE José María Rodríguez. La respuesta tiene que ser claramente positiva. En caso contrario es mejor seguir como se está (*El País Negocios*, 5.11.1995).

Al actuar así, la dirección de la empresa desoyó todos los conocimientos de los expertos sobre la introducción de nuevos métodos de gestión en empresas occidentales. «A pesar de todos los esfuerzos realizados en el pasado para aprender de los japoneses, sus éxitos de productividad no se comprendían del todo en la gestión occidental. Esto se debe en parte a la errónea estimación al querer integrar factores individuales como círculos de calidad, *just-in-time* y otros en las estructuras existentes en la organización occidental del mundo del automóvil, y hacerlo como medidas aisladas, sin ver la estrategia integral en su conjunto» (Roth, 1992b, p. 38). El coautor del estudio del MIT sobre *lean production* (producción ligera), Daniel T. Jones, incide en el mismo aspecto: «La *lean production* no es plenamente funcional si no se instalan todos los módulos y actúan de forma compatible» (citado según Roth, 1992a, p. 29). Los directivos japoneses en la planta pionera en la colaboración americano-japonesa para la introducción de la «producción ligera», una *joint venture* entre GM y Toyota en Fremont (California) NUMMI, describen su fórmula del éxito, «una nueva cultura basada en la sinceridad, la confianza y el mutuo respeto», completada con una «política de no-despido» (Wilms/Hardcastle/Zell, 1994, p. 105).

Estos análisis, que pueden ampliarse a voluntad, acentúan sobre todo dos aspectos de la nueva producción «ligera» que no fueron suficientemente tenidos en cuenta por la dirección de Suzuki en Gijón: una nueva cultura empresarial basada en la confianza mutua y una orientación a medio plazo. Por el contrario, una estrategia de racionalización tendente a la consecución de rápidos beneficios o a una rápida reducción de los costes amenaza con fracasar en el contexto de unas relaciones laborales distorsionadas. A esto se añade el hecho de que las condiciones de la fábrica de Gijón apenas pueden ofrecer un proceso de producción sin fricciones como premisa técnica de la producción ligera. Las deficiencias en el sistema de proveedores y en el flujo de material conducen con frecuencia a un paro de las líneas de producción y retrasos en las mismas. El futuro inmediato demostrará si en la fábrica Suzuki de Gijón pueden solucionarse estos problemas y cómo se podrán solucionar en caso afirmativo.

Según la experiencia de los expertos, deben transcurrir entre cuatro y diez años hasta que el trabajo en equipo despliega todas sus ventajas de eficacia. En todo caso, una premisa necesaria es que la empresa logre superar los miedos y resistencias existentes. El sociólogo Schumann dice: «aquí se abre una caja negra y nadie sabe lo que va a salir de ella» (*Der Spiegel*, 16/1995).

Los gerentes de la fábrica NUMMI:

Uno de los conceptos clave es el respeto por el trabajador, por el miembro del equipo. Los japoneses saben que para lograr un mayor rendimiento y facilitar los procesos tienen que trabajar con sus gentes, escuchar sus ideas y trabajar con ellos para apoyar las suyas (Gary Convis).

¡Tus amigos académicos dicen que importamos técnicas de gestión japonesas pero, lo que hicimos en NUMMI no se encuentra aquí, en Japón! (cita en Wilms/Hardcastle/Zell, 1994, p.105).

Finalmente el 30 de mayo de 1995 se firmó el convenio colectivo para introducir el trabajo en equipo. Este convenio prevé un período de tres años con aumentos progresivos de sueldos, jornadas provisionales de nueve horas hasta compensar la pérdida de producción sufrida durante los dieciséis días de huelga y en fases altas de producción, así como en turnos de sábado por año y empleado. El contenido más importante es el referéndum al final de la fase de prueba de seis meses para dilucidar la aceptación del trabajo en equipo, que afecta a 121 del total de 229 empleados fijos. A su vez, las diferencias en las primas de aumento derivadas de la introducción del trabajo en equipo para diferentes áreas de trabajo produjo tensiones internas en la plantilla. Durante la fase de prueba se produjo una aceleración continua de las velocidades de las líneas de producción, que se compensaron con pagos de primas. Llamó la atención la negativa de la dirección de la empresa a negociar sobre una reglamentación del trabajo en equipo.

Evidentemente creyó que podía comprar la aprobación sólo con los sensibles aumentos de sueldo por primas de producción, que en cualquier caso no estaban garantizados para el futuro en ningún sitio. Sin embargo, la desconfianza de la plantilla frente a la dirección había aumentado tanto que en el referéndum la mayoría votó en contra del trabajo en equipo y tuvo que asumirse el retorno al antiguo convenio colectivo. De esta forma, al final de nuestro período de investigación, la situación en la empresa seguía abierta y complicada.

IX.3.3. ¿Efectos de difusión?

Desde su entrada en Avello-Puch, Suzuki persiguió el objetivo de aprovechar la promoción del Estado. Aun cuando desde entonces el número de puestos de trabajo fijos se había reducido prácticamente a la mitad (de 411 a 229 con el objetivo declarado de 200), se ingresaron considerables subvenciones destinadas a ampliar la inversión para la construcción de una nueva fábrica. En cualquier caso, una parte considerable de estas subvenciones depende de que para 1998 se cumpla el objetivo de empleo declarado de 490 empleados. Queda por dilucidar si se tratará de mano de obra fija o temporal y si el Gobierno mantendrá su firmeza e insistirá en que se cumplan los pactos acordados. La amenaza de cierre podría utilizarse no sólo contra la plantilla, sino también contra el Estado. Además, la dirección de la empresa se muestra interesada en recibir subvenciones adicionales procedentes del programa de promoción de las medianas empresas, que se aplica para empresas hasta un máximo de 250 empleados. Con ellas podrían subvencionarse, por ejemplo, los costes de desarrollo de nuevos modelos. De forma que algunos observadores esperan un sistema flexible de congelación y reducción de personal, que dependerá de las condiciones de la promoción pública, aprovechando las múltiples modalidades de contratación que son posibles en España de acuerdo con las reformas del mercado laboral emprendidas por el gobierno socialista.

Como resulta comprensible, el gobierno regional y el Ayuntamiento tratan por todos los medios de mantener a Suzuki en la región. Una salida, además de una pérdida de puestos de trabajo tendría otras consecuencias negativas para la imagen de la región y para la política regional. Así, por ejemplo, el nuevo modelo de *scooter* «Adress-R» ha sido galardonado con un premio público de diseño y entre los premios otorgados por la Caja de Ahorros regional se encuentran motocicletas Suzuki. Desde la perspectiva empresarial, esto supone campañas publicitarias gratuitas.

La principal zona de salida para la producción de Gijón se sitúa en el sur de España, pero una parte cada vez mayor de la producción se dedica a la exportación. Junto a los países europeos destinatarios de la exportación (Francia, Alemania, Austria, Suiza e Italia) se están abriendo mercados de ultramar en México, en las islas turísticas de Bermudas y Tahití y en otros países latinoamericanos. En Europa se está haciendo perceptible una desventaja de la imagen de productos españoles. Así, algunos países reciben suministros a través de un rodeo vía Alemania, para evitar complicados controles de calidad, aun cuando ello está vinculado a costos adicionales. En el suministro a países de ultramar llama la atención que con frecuencia intervienen intermediarios comerciales japoneses ligados a Suzuki (los denominados *sôgô shôshas*, cfr. Díaz/Kawamura, p. 70), que se embolsan beneficios en perjuicio de la filial de Gijón. Esto apunta al hecho de que en el negocio de la exportación existen, consciente o inconscientemente, potenciales de beneficio sin agotar, a la vez que espacios para la libre manipulación de la contabilidad, típica de las empresas multinacionales.

El hecho de que la mayoría de los proveedores de Suzuki estén establecidos fuera de Asturias se debe ante todo a la estructura económica de Asturias, que carece de un sector propio de motocicletas. Una fábrica relativamente pequeña, aislada, con una demanda limitada, no atrae a la industria proveedora. Por ello, los efectos de difusión en este ámbito están constreñidos a límites estrechos. En conjunto, el pequeño tamaño de la fábrica limita un efecto de difusión directo en la región. Una fábrica japonesa en funcionamiento podría ejercer a lo sumo un efecto psicológico de señal si otros inversores extranjeros buscaran emplazamientos para dirigir sus inversiones. Y para ello debía relanzarse el atractivo general de España. Actualmente en este terreno pueden conseguirse, en el mejor de los casos, éxitos aislados.

Sin duda alguna los conflictos y crisis han influido en la imagen de Suzuki y de las empresas multinacionales en el conjunto de la región.

> Hoy día igual que todos, con los mismos problemas, sueldos pequeños, amenazas de despidos… estamos todos igual aquí. No hay fábrica buena. HUNOSA tiene problemas, ENSIDESA

tiene problemas, Naval tiene problemas, nosotros tenemos problemas, es que no somos modernos si no tenemos problemas (risa). Antes sí, cuando se hizo la fábrica nueva y tal, «joee, qué pedazo de fábrica os van a meter, hostias, estáis contentos» (Suzint. 7).

El mito de la multinacional japonesa omniponente se ha difuminado bastante y en parte ha dejado su sitio a la imagen negativa latente sobre las empresa extranjeras, que vienen a Asturias para hacer dinero que después invierten o gastan en cualquier otro lugar. Suzuki vino; obtuvo beneficios durante la coyuntura favorable del sector de las motocicletas, recaudó pingües subvenciones y cuando se reclamaba capacidad, iniciativa y poder financiero empresariales debido a la crisis no produjo mas que amenazas y despidos. Así puede resumirse la opinión ampliamente difundida entre la población y entre muchos empleados. Los problemas y las desinversiones de otras multinacionales en España y las frustradas esperanzas de que las inversiones extranjeras se establezcan en Asturias («Petromocho», Euro Metals) contribuyeron al creciente rechazo del «gran capital» que no aporta nada bueno a la «pequeña Asturias».

Junto al empeoramiento de la imagen de la gestión japonesa, en las fases de conflicto se produjo también una actitud negativa en los medios de comunicación y en sectores de la población frente a los obreros y sindicatos. Esta tendencia alcanzó su punto culminante en abril de 1995, cuando durante la huelga se produjeron hechos vandálicos que destruyeron elementos de la fábrica y pintadas con difamaciones personales contra miembros del consejo de administración. Esos sucesos se enmarcaron en una interpretación general que buscaba la culpa de la ausencia de inversiones y de la carencia de dinamismo económico en el radicalismo y la conflictividad de la parte trabajadora y sus sindicatos. De esta forma, la percepción global de Suzuki en la región se vio influida por un ascenso de ideologías conservadoras y/o críticas contra los sindicatos dentro de la sociedad asturiana.

Aunque se me escandalice alguno de los cabecillos sindicales de turno, la verdad es que a la Suzuki le están sirviendo la huida en puente de plata. La irresponsabilidad demostrada estos días, la violencia y la falta de civismo demostradas son causa suficiente para desanimar al más paciente de los inversores (NE, 23.4.1995, cfr. también NE, 26.5.1995).

IX.4. OBSERVACIONES FINALES COMPARADAS

En los casos de DuPont y Suzuki el tópico tan difundido de que «los americanos imponen y los japoneses convencen» (NE, 15.1.1994), parece invertir su sentido. La multinacional americana ha sido capaz de introducir su sistema de producción con muchas menos fricciones que sus colegas japoneses, hecho del que es responsable toda una serie de razones de las cuales vamos a resumir brevemente las más importantes:

- DuPont construyó un complejo fabril completamente nuevo con una plantilla joven que desde un principio se integró en el sistema de producción «ligera» y en la filosofía empresarial que casaba con ella. Por contra, Suzuki se hizo cargo de una plantilla ya asentada, relativamente vieja y fragmentada tanto a nivel interno de empresa como a nivel sindical y de condiciones de producción vinculadas a este tipo de plantilla.
- Los productos DuPont sirven mayoritariamente para su procesamiento posterior a nivel interno o se distribuyen en mercados más estables, mientras que las motocicletas y *scooters* de Suzuki están expuestas a violentas oscilaciones coyunturales y a duras condiciones de competencia.
- No sólo la plantilla de DuPont, sino también su dirección mostraron ser mucho más sensibles y tener más capacidad de adaptación frente a la cultura laboral existente, las tradiciones regionales y la opinión pública de la región. El efecto de iniciar conjuntamente un nuevo futuro se hizo extensivo tanto a los directivos estadounidenses desplazados como a los nuevos directivos autóctonos contratados. De esta forma, DuPont pudo evitar los problemas de intermediación incluso a nivel de directivos medios, problemas que evidentemente han desempeñado un gran papel en Suzuki.
- Finalmente, el poder financiero y la estrategia de DuPont permitió pagar salarios elevados para la región y crear condiciones sociales ejemplares en el contexto regional. Se recalca una y otra vez que DuPont quiere seguir siendo líder en todos los niveles, incluido el de los salarios y las condiciones laborales. Por el contrario, Suzuki lucha con pérdidas y medidas forzosas de austeridad, que entre otros medios deben atajarse con medidas de reducción de costes en el ámbito de personal.

Con el tiempo los gerentes japoneses parecen haber tomado conciencia de estos problemas, y para la fábrica NUMMI se consideró como una *start-up advantage* (ventaja para el arranque) el hecho de que la antigua fábrica de GM había cerrado algunos años antes.

> Todo comenzó con un equipo de gestión totalmente renovado, con una filosofía de gestión distinta y el recorte de plantilla nos brindó la oportunidad de crear un sistema de relaciones completamente nuevo en vez de cambiar gradualmente el viejo (Brown/Reich, 1989, p. 34).
>
> Los directivos cuyas empresas recurrieron en su momento a la compra de una empresa española, sólo un 19 por 100 considera que la decisión fue acertada. El resto, junto con el 95 por 100 de los que se introdujeron a través de una nueva compañía, considera que éste es el método más conveniente... evitando de este modo herencias de hábitos y conductas que no encajan dentro de los métodos organizativos a los que los japoneses están habituados (Díaz/Kawamura, 1994, p. 113).

Resulta interesante que esta comparación confirma los resultados de un estudio comparativo de ocho empresas japonesas trasplantadas en los Estados Unidos (cfr. Cutcher-Gershenfeld y otros, 1994). Los autores diferencian entre «producción ligera» y «sistemas de producción socio-técnicos» (STS), este último mucho más cercano al ejemplo escandinavo de grupos de trabajo parcialmente autónomos que a la rígida y normalizada organización japonesa con pocos espacios libres de actuación. «Un sistema ligero optimiza la fluidez en la fabricación pero reduce el margen de autonomía del trabajador. Un sistema socio-técnico consigue la autonomía del trabajador optimizando el equilibrio entre los subsistemas social y técnico, pero muchos lo hacen a expensas de la eficiencia o de los costes de logística» (ibíd., p. 58). Las empresas con sistema STS se diferencian de las otras por el predominio de gerentes americanos frente a los accionistas japoneses. Por otra parte, no había ninguna diferencia entre empresas sindicalizadas o no sindicalizadas. Naturalmente, en las primeras el sindicato participaba activamente en la organización del trabajo en equipos. Pero con ello no debe despertarse la impresión completamente falsa de que esta forma de organización corresponde al estilo de gestión americano, pues en realidad ocurre al contrario.

Volviendo a nuestras consideraciones teóricas iniciales sobre la empresa como campo de acción social (cfr. Lauschke Karl, 1994; Lauschke/Welskopp, 1994) pueden constatarse claras diferencias de estructuración interna y de relaciones con el exterior en ambos tipos de empresas estudiadas. La constitución de las empresas se basa en agentes y estrategias sociales diferentes (condiciones generales/mercados/empresas, comité, gestión, experiencias de la plantilla y fragmentaciones, organización del cambio empresarial frente a creación de una nueva empresa).

En los contactos mantenidos con ambas empresas se hizo patente que la tendencia inversora ha disminuido fuertemente en los años noventa en España, tanto por parte de las empresas japonesas como de las norteamericanas. «En 1982, el 92% de los encuestados creía que España es un buen país para invertir, ahora sólo el 12% opina así» (Kawamura/Díaz, NE, 5.1.1995, basándose en sus encuestas efectuadas entre directivos japoneses en España). En el contexto europeo han aparecido nuevos emplazamientos competidores en los países centroeuropeos con niveles de salarios más bajos. A nivel mundial, en la actualidad las regiones asiáticas son más dinámicas que el continente europeo. En el marco de la política regional directa apenas puede influirse sobre esta evolución, pero, a la inversa, esta evolución sí tiene consecuencias considerables para las posibilidades de la promoción regional. Aun cuando se efectúen considerables esfuerzos por el lado ofertante (como mejoras de la infraestructura, formación, centros tecnológicos o subvenciones) resulta muy difícil atraer las inversiones extranjeras.

En una comparación con las dos grandes empresas estatales de la región, ambas filiales de las multinacionales extranjeras salen muy bien paradas en muchos aspectos. Un miembro de la dirección de Suzuki con experiencia en HUNOSA ilustra su impresión:

> Yo te puedo hablar de la experiencia de la empresa española pública y la japonesa privada. Es como si hablamos de planetas diferentes. Un sentido de cooperación, normalmente tendría que ser lo contrario, y un planteamiento empresarial muy claro que en la empresa pública no existe (Suzint. 3).

Si bien es cierto que existen problemas como el enchufismo, la falta de transparencia en las decisiones empresariales y la crítica a la dirección de la empresa y a la administración en las sociedades de capital privado, y aun cuando en la adjudicación de subvenciones se manifiestan puntos de sospecha debido al favoritismo político, también es cierto que estos fenómenos se presentan prácticamente aislados y en una escala incomparablemente menor, mientras que en HUNOSA y ENSIDESA (por lo menos así lo perciben los afectados) parecen constituir el núcleo de la cultura empresarial. Por lo que respecta a la seguridad de los puestos de trabajo, en esta comparación deben distinguirse dos planos. Habida cuenta de la crisis permanente y de la continua reducción de personal, ha decrecido bastante la seguridad general de futuro con vistas a la empresa en el caso de las grandes empresas estatales. Con todo, los empleados se sienten socialmente más protegidos y prácticamente a salvo de la amenaza del desempleo directo y de la pérdida de ingresos. Esta seguridad social personal, que se convierte en un privilegio de excepción, sobre todo en una región en crisis, es algo de lo que carecen los empleados de las empresas privadas.

Llama la atención el aumento de la presión de la opinión pública, la constante atención de los medios de comunicación y las organizaciones políticas, sindicales y sociales, frente a los procesos empresariales en su conjunto y de las empresas extranjeras en particular. Este hecho está relacionado con toda seguridad con el aumento de la tensión social en una región de antigua industrialización enfrentada a problemas muy variados. Algún inversor podría preferir para su inversión un entorno más sosegado, equivalente al *Southern Strategy* de las empresas norteamericanas (desplazamientos hacia el sur, sin implantación industrial y sindical). La «estrategia de isla» de DuPont, de desligarse lo más posible de las relaciones sociales de la región e incluso asentarse en una verde pradera ópticamente delimitada, es un indicio de ello. Compensar esta desventaja de emplazamiento, que en modo alguno debe sobrevalorarse, es una de las tareas de política regional que exige la perpetua involucración de los agentes sociales de la región.

En cualquier caso, el estudio de ambas fábricas de empresas multinacionales en Asturias ha mostrado las limitadas posibilidades de la política regional. Los factores de emplazamiento sobre los que puede influir el fomento económico regional desempeñan con frecuencia un papel secundario en las decisiones de inversión de las empresas multinacionales. Estas últimas se orientan más en función de los movimientos del mercado mundial y desarrollan estrategias empresariales globales. Además, en la competencia entre las regiones, cada vez más difundida, por buscar emplazamientos, existe la tendencia a ofertar por doquier condiciones tales como polígonos industriales bien urbanizadas, servicios de infraestructura y subvenciones, y no a hacerlo sólo en las regiones en crisis. Las inversiones creadoras de puestos de trabajo se han convertido en una mercancía escasa a nivel mundial por la que se pugnará cada vez con más fuerza.

Capítulo X
Política regional en el cambio estructural

Este capítulo persigue el objetivo de mostrar y analizar las estrategias de política regional en Asturias para superar el declive industrial. Se presta una atención especial a la interacción de los agentes e instituciones implicados, entre los que se encuentran no sólo instancias regionales, sino también locales, nacionales e internacionales. Se dedica un apartado especial a la política estructural regional de la CE y del gobierno central español, habida cuenta de la enorme importancia que tiene para la región por tratarse de condiciones generales (aproximadamente 80% de los recursos financieros provienen de estas fuentes). La inabarcable multiplicidad de medidas e instituciones que han surgido en este ámbito exige un procedimiento de ejemplificación, en el que se estudian áreas concretas de la política, de las sociedades de promoción económica y de los campos de actuación para relacionarlas con la evolución global de la política estructural regional. Al final se realizan unas consideraciones a modo de resumen sobre los éxitos, barreras y déficit estructurales de las anteriores estrategias de política regional. Conforme a nuestra visión científica, de ello no pueden derivarse directamente instrucciones técnicas de actuación para las futuras políticas. Éstas deben ser sobre todo el resultado de procesos de formación de voluntad política, para los que nuestros estudios pretenden aportar el material necesario para la reflexión y el debate.

X.1. NUEVAS TENDENCIAS EN LA POLÍTICA REGIONAL

Según la OCDE, la política regional es «la más política de todas las políticas económicas» (Sáenz de Buruaga, 1988, p. 94), con lo cual se están haciendo dos alusiones. En primer lugar, la política regional es una intervención necesariamente activa en el proceso de mercado, una redistribución dirigida. En segundo lugar, es política económica. Ambas alusiones son cuestionables desde varios puntos de vista. En la práctica el desarrollo económico sigue siempre premisas y condiciones políticas y culturales, nunca es resultado de procesos de mercado «libres» y espontáneos. La política regional se diferencia mucho más por sus objetivos y criterios que por el grado de intervención en el mercado de otras políticas. Pero, sobre todo, la política regional es mucho más que política económica, aun cuando se centre en la redistribución y en la promoción selectiva de recursos. La política regional efectiva se está convirtiendo cada vez más en una política integral de ordenamiento social dentro de un territorio (cfr. cap. II sobre el cambio de los territorios) en la que los componentes económicos son un elemento relacionado con muchos otros (ver también Nohlen/Schultze, 1985, pp. 47 y ss.; Velasco/Castillo, 1988).

Hasta los años setenta, la política regional era considerada como una política de redistribución en época de apogeo que sustraía el flujo de inversiones de los espacios de aglomeración por medio de «incentivos negativos» para servirlos a las regiones de desarrollo más débil mediante los «incentivos positivos». Aún a principios de los años ochenta un estudio comparativo a nivel europeo llegó al resultado de que, con la crisis económica generalizada derivada de la crisis del petróleo, la política regional había superado su cenit y había que volver a dejar espacio para una política de crecimiento global (cfr. Yuill y otros, 1981). Con ello se habían sobrevalorado las posibilidades de la política de crecimiento global y se había subestimado ampliamente la presión que ejercían los problemas de diferencias de desarrollo regionales. Desde la segunda mitad de los años ochenta, la política estructural regional está experimentando una continua revalorización.

Una mirada a los debates de política estructural de los últimos años muestra la complementariedad existente entre la tendencia a la internacionalización y globalización de la economía y la regionalización y localización de la política. El común denominador de esta aparente contradicción es la pérdida de competencia de los estados nacionales en política económica y las crecientes limitaciones de las políticas nacionales o globales, tal como caracterizaron la época keynesiana de la posguerra. Simultáneamente, en la actualidad la política estructural internacional continúa siendo inimaginable, e incluso dentro de los bloques económicos regionales que se están formando (la «tríada» Norteamérica-Europa-sudeste asiático) apenas existe más que un embrión de la misma. De esta forma, el plano microeconómico se contempla necesariamente como lugar para ejercer influencia política sobre decisiones económicas.

Como compuesto de carácter político, la «región» siempre se ha orientado al Estado nacional, del que exigía los recursos y competencias. Ahora, a medida que decrece el apoyo de los Estados centrales, debe moverse dentro de una competencia internacional que se intensifica de modo continuo, a lo que el viejo Marx añadiría: «en castigo por la decadencia». La política económica activa que no se abandona al libre juego de las fuerzas de mercado se convierte forzosamente en política de localización. Debe crear condiciones atractivas para las inversiones, ya sean «endógenas» o «exógenas». Tanto si quieren como si no, las regiones tienen tendencia a transformarse desde subdivisiones de estructuras de Estados nacionales a agentes independientes en la competencia internacional. En este proceso, la pérdida de los paraguas protectores nacionales y el drástico cambio de las premisas de competencia para las regiones conducen a reestructuraciones territoriales de ámbito mundial y generan no pocas regiones en declive. Claree (1989, p. 218) habla de «la paradoja de que las localidades son a la vez menos importantes y más importantes que antes».

Si en el fordismo el centro de gravedad de las funciones de la política local se situaba en ejecutar y administrar, amortiguar, filtrar y desmenuzar la política establecida por el Estado central, las nuevas condiciones desregularizadas y la nueva estructura de competencia interregional exigen el desarrollo de estrategias empresariales propias (Mayer, 1991, p. 40).

El «dictado de la política de localización» (Hirsch, 1995, p. 104) obliga, tanto a los agentes políticos nacionales como regionales, a canalizar y hacer converger los recursos disponibles sobre un objetivo: el continuo aumento de su competitividad internacional. El hecho de que al hacerlo se releguen otros criterios políticos, como, por ejemplo, el equilibrio social y la redistribución o la estabilidad de los puestos de trabajo, es uno de los problemas acuciantes y cada vez más agudizados de este «desarrollo postfordiano», problemas que no pueden afrontarse sólo con una perspectiva global. Los «pactos regionales de productividad» que tienen éxito ofrecen al menos para los débiles la garantía de «tener que perder menos que los demás» (ibíd., p. 172).

De modo que la lógica de funcionamiento del Estado nacional competitivo se basa, expresado de forma un tanto exagerada, en orientar a la sociedad, abarcando a todas las esferas sociales, hacia el objetivo de la competitividad global, cuyo fundamento es la capacidad de obtener beneficio de las «localidades» para un capital internacional cada vez más flexible. Se trata de un amplia movilización para una «guerra económica» que será más fácil de ganar si la nación se comprende a sí misma como empresa capitalista: estructurada jerárquicamente, orientada a un objetivo económico, subdividida en centros de beneficio, nivelada y con un funcionamiento eficiente, dirigida autoritariamente, con plantillas centrales y marginales, derechos de cogestión restringidos, círculos de innovación, productividad y calidad leales (ibíd., 1995, p. 109).

La virtud de esta transformación hacia una sociedad internacional de competencia, la mejora de las condiciones locales se convirtió en el centro de la política estructural regional, donde puede observarse una convergencia entre las regiones líderes y las regiones atrasadas. Charles Sabel (1989, p. 19) llama a esto «la lenta transformación de los gobiernos locales proveedores de bienestar en agencias de creación de empleo». Actualmente, el desvío de las inversiones desde las zonas prósperas a las subdesarrolladas que caracterizaba los antiguos esquemas de política regional fracasa por la resistencia de los ricos, pues ellos mismos padecen problemas de adaptación estructural y no pueden ni quieren prescindir de su papel de competidores locales activos.

> En la época de las vacas gordas de la producción en masa, las regiones más empobrecidas eran consideradas como espacios en blanco sobre el mapa industrial nacional que habría que rellenar utilizando las mismas estrategias de desarrollo que se aplican en el Tercer Mundo. En zonas más prósperas, la región o municipio se tenía como unidad administrativa apropiada para ofrecer servicios sociales. Hoy, al tiempo que la creciente competitividad mina el sentido de seguridad incluso en las zonas más favorecidas y los sistemas de bienestar social a nivel nacional se esfuerzan por mantener sus compromisos, las perspectivas de futuro pasan por abrir camino a una imagen única de la región como entidad económica, con recursos infra-utilizados o no utilizados y que comprenden desde la artesanía tradicional al comercio menudo. La prosperidad de una región depende, según la nueva doctrina de desarrollo endógeno, de la capacidad para desarrollar esos recursos en vez de importar equipamiento y mano de obra cualificada de regiones más ricas (Sabel, 1989, p. 41).

Entre tanto la evolución de la política estructural regional puede dividirse groseramente en dos fases, una vertical y una horizontal. «Se ha pasado de la articulación de una política regional de corte vertical que priorizaba la atracción de inversiones foráneas (factores exógenos) a una concepción horizontal y autocentrada que enfatiza los factores endógenos» (Landabaso/Díez, 1989, p. 73). Las estrategias de los años sesenta y setenta estaban marcadas por una fe en un crecimiento económico general que permitía sustituir los puestos de trabajo perdidos de las industrias antiguas mediante el asentamiento de fábricas con perspectivas de futuro de sectores florecientes, como la industria automovilística o química. La política regional creía poder redirigir los flujos de inversión mediante sistemas de estímulos/sanciones. Al igual que en Bochum, en la cuenca del Ruhr, los hijos de los mineros fueron a la fábrica Opel, en general las grandes inversiones de los consorcios multinacionales debían dirigirse a las regiones industriales tradicionales.

> La búsqueda de inversiones foráneas fue durante mucho tiempo el modo más corrientemente utilizado para estimular la economía local. Tanto las regiones como los municipios intentaban que se instalaran en ellos empresas e individuos ofreciéndoles subvenciones, exenciones fiscales, préstamos de interés bajo y otros incentivos, entre ellos la promesa de «un ambiente económico propicio y seguro». El coste de tales alicientes, que en los Estados Unidos llaman «la caza de búfalos», no solamente era muy grande y ocasionaba un fuerte déficit financiero en muchas zonas y ciudades, sino que resultó ineficaz con gran fre-

> cuencia: el capital se iba en cuanto empeoraba la situación económica y no había más incentivos que ofrecer; las fábricas atraídas por las subvenciones eran muchas veces meras prolongaciones o «talleres auxiliares» de grandes compañías particularmente sensibles a las fluctuaciones de la economía. En algunos casos, los estímulos económicos incitaron a construir enormes fábricas que no entraron nunca en funcionamiento, cual «catedrales erigidas en el desierto». La competencia entre regiones resultó catastrófica. En aplicación del principio de «desnudar a un santo para vestir a otro», los inversores se aprovechaban de la pugna entre zonas y lugares en beneficio propio (Sengenberger, 1993, pp. 553 y ss.).

Las medidas de política estructural de esa época estaban orientadas a medidas sectoriales y desconocían los componentes regionales del cambio estructural. La crisis del empleo en los sectores líderes de la denominada *segunda revolución industrial* (automóvil, electrotecnia, aparatos electrodomésticos, química), el surgimiento de los países de reciente industrialización como competidores en los mercados mundiales y la ralentización del crecimiento económico en todo el mundo pusieron fin a estas esperanzas. Simultáneamente, los estudios realizados sobre las condiciones de éxito de las regiones económicamente punteras (la tercera Italia, la segunda Dinamarca, Baden-Württemberg en Alemania) prueban la importancia que adquieren las estructuras de pequeñas y medianas empresas frente a las debilidades de los territorios caracterizados por un monocultivo de grandes empresas con integración vertical dependiente de unas pocas grandes empresas. También para el caso de España se formaron esos «distritos industriales» y *clusters* interconectados, por ejemplo, con la industria del juguete, de la cerámica y del mueble en Valencia, o con la industria electrotécnica en Navarra (cfr. Castillo, 1994 y 1995).

De esta forma, en los años ochenta se llegó a un cambio general de paradigmas para acentuar los potenciales endógenos de una región y para promocionar dirigidamente a las pequeñas y medianas empresas. El desarrollo de un «amplio y variado tejido económico de pequeña y mediana empresa» en lugar del «monocultivo industrial» (Landabaso/Díez 1989b, p. 69), se convirtió en el objetivo de los esfuerzos de política regional.

> El objetivo de tales estrategias locales debe ser el mantener o recrear las economías regionales emergentes basándose en distritos de manufacturación, con redes de pequeñas y medianas empresas que se apoyen mutuamente en un cúmulo diversificado de líneas industriales (Hirst, 1989, p. 277).

Aquí los «potenciales endógenos» no deben interpretarse en el sentido de una mera ampliación y modernización de lo existente, sino como una búsqueda y selección más dirigida de futuras vías de desarrollo y de sus puntales dentro de la región (cfr. Lehner/Nordhause-Janz, 1992, p. 35). Esto llevaba emparejada una orientación hacia el desarrollo de una adecuada cultura empresarial, infraestructura y los denominados «factores locales blandos» o *invisible factores in local economic development* (Doeringer y otros, 1987) en contraposición a los modelos económicos clásicos que únicamente se basaban en ventajas comparativas de costes. Los estudios comparativos empíricos habían mostrado que «los factores visibles, tales como impuestos, energía y salarios, no pueden explicar las variaciones en las tasas de crecimiento económico local» (ibíd., p. 63).

Landabaso/Díez (1989b, pp. 67 y ss.) enumeran los siguientes factores endógenos de competitividad, que simultáneamente estipulan campos de política local diferenciados y que deben coordinarse (cfr. también Hesse, 1986; Argüelles Vélez, 1994, p. 1.016):

— Existencia de un tejido de PYMES: estructura industrial diversificada.
— Nivel de infraestructura industrial y tecnológica.
— Evolución de la pirámide de población y saldo migratorio.
— Cultura industrial: mentalidad empresarial y nivel de formación de la mano de obra.
— Entorno medio ambiental atractivo.
— Organización administrativa y competencial del sector público: margen de maniobra.
— Situación geo-económica: acceso a los grandes mercados.

Casi siempre se destaca la particular importancia de la cualificación de la mano de obra, de las capacidades innovadoras y de gestión de los empresarios establecidos y de las relaciones de cooperación entre las empresas locales y la Administración. Para que la promoción de potenciales endógenos no se quede en una mera confesión de labios afuera perfectamente adaptada a la moda en boca de los propagandistas de la política regional, deben desarrollarse las correspondientes estrategias políticas que muevan a los potenciales agentes endógenos a actuar de palabra y obra. Donde mayor impulso ha recibido esta filosofía de política regional es en la cuenca del Ruhr en Alemania occidental, con los conceptos de «regionalización de la política estructural» (en contraposición a la política estructural nacional sectorial) y del «corporatismo escenificado» (cfr. Heinze/Voelzkow, 1992). Los contenidos esenciales de esta estrategia son la integración de propuestas concretas de agentes tanto regionales y locales como privados y públicos dentro de la planificación del desarrollo, la permanente coordinación de un consenso social regional (p.ej., mediante conferencias regionales regulares para elaborar conceptos de desarrollo regionales) y la confluencia de cada una de las medidas de promoción individuales. Ahora el Estado está echando marcha atrás frente a los conceptos de política presupuestaria dominantes anteriormente, retrocediendo hacia un papel de moderador y de garante institucional de una *Public private-partners-*

hip (cooperación público-privada) orientada al desarrollo (cfr. Mayoral, 1992; Heitkamp, 1992; Kremer, 1994; Tank, 1988). No obstante, la condición para el éxito es la existencia o la formación de agentes regionales con competencia en política regional y la correspondiente voluntad política.

Todas las hipótesis de política estructural regionalizada se basan en la promoción del diálogo social cooperativo regional, que debe movilizar el potencial de desarrollo endógeno (es decir, inherente a la propia región) y potenciar la economía regional por encima de las propias fuerzas regionales (Ziegler, 1993).

Utilizando la terminología de la teoría de sistemas, un problema fundamental de semejantes estrategias políticas podría calificarse como la reducción necesaria de la complejidad. Actualmente las redes políticas regionales deben abarcar desde el nivel comunitario hasta el nivel de barrio, integrando a su paso los planos del Gobierno y la Administración con empresas, sindicatos, organizaciones sociales y sociedades de planificación. Esto oculta peligros como la burocratización y la inefectividad, contra los que no existe fórmula de validez general. En la práctica, a pesar de toda la tecnología más elaborada, lo más efectivo ha demostrado ser las relaciones personales orientadas a un objetivo, que continúan funcionando como lubricante de los contactos institucionales, posiblemente el secreto del éxito de los mencionados distritos industriales.

Si bien respecto a la creación de objetivos pueden constatarse ciertas tendencias convergentes de los diferentes conceptos de política regional (promoción de una estructura diversificada de pequeñas y medianas empresas), en las estrategias existen claros antagonismos. Albers (1993b, 1994, pp. 220 y s.) los resume esquemáticamente en dos tendencias. La vía neoliberal trata de reestablecer la competitividad reduciendo los costes salariales, mediante la desregulación y la liberalización de fuerzas de mercado desinhibidas. Donde con más intensidad se ha seguido esta vía es en el norte de Inglaterra y en algunas regiones industriales tradicionales de los EE. UU. «Los traumas de los cambios estructurales son un mal necesario» para los representantes de esta concepción (Rodwin, 1989, p. 12). Frente a ella, una política de regeneración dirigida al consenso social trata de seguir una política gradual y socialmente amortiguada de cambio estructural en el marco de la concertación social y de políticas locales estatales dirigidas (I+D, inversiones públicas, saneamiento del medio ambiente...). Renania del Norte Westfalia es casi el ejemplo paradigmático de esta variante. Probablemente su éxito dependa de factores sobre los que no siempre resulta fácil influir (estructuras regionales, equipamientos con recursos públicos, localización geográfica, entorno político, etc.), pero trata de evitar un peligro fundamental de la vía neoliberal: la dualización y la polarización social. Así, por ejemplo, el caso de Pittsburgh en los EE. UU. nos enseña de modo ejemplar cómo la capital puede evolucionar hasta convertirse en un moderno centro de servicios, mientras que la vecina región siderúrgica se hundía en la pobreza y la depresión.

En vista de las desfavorables condiciones iniciales y de la debilidad de las potenciales fuerzas de mercado en Asturias, el sociólogo Manuel Castells, catedrático de la Universidad de Berkeley (EE. UU.) y director del programa Estrategias para la Reindustrialización de Asturias, resume con las siguientes palabras la crítica al discurso de modernización neoliberal:

> Asturias... no presenta excesivos problemas para un cierto discurso económico, cada vez más obsoleto, que reduce las regiones a ajustes entre oferta y demanda de los factores de producción. ¿Que se acaba la industria? Pues pasemos a los servicios. ¿Que se hunde la empresa pública? Pues privaticemos lo que se pueda y cerremos lo demás. ¿Que no es rentable el carbón y el acero? Pues produzcamos electrónica. Y si todo ello implica que una región está demasiado anclada en la antigua economía, la emigración es la opción más razonable (*El País*, 16.8.1994).

Con toda probabilidad una política de desregularización neoliberal y de liberación de las fuerzas del mercado llevaría a Asturias a la marginación y la desindustrialización forzada y amenazaría a la población con un depauperamiento social y cultural, frente a los cuales la única escapatoria individual que queda es la emigración. Pero en las actuales condiciones de desempleo a nivel internacional y de problemas estructurales económicos cada vez más agudizados, esta alternativa no abre ya el rayo de esperanza que caracterizó a anteriores épocas de emigración a América o el norte de Europa. De forma que la búsqueda de estrategias activas de política regional se convierte precisamente en una obligación para las personas y los agentes sociales de la región. El debate internacional en torno a la política industrial en el sentido de una recuperación de la competencia inversora estatal, frente a los procesos de desindustrialización que amenazan por doquier después de la década neoliberal, parece querer rendir cuentas a este hecho.

> De hecho, lo que distingue el debate de política industrial es el intento de diseñar nuevos patrones de regulación económica que escapen de la oposición entre el libre mercado y la provisión estatal (Hirst/Zeitlin, 1989, p. 1).

Con independencia de las estrategias, pueden diferenciarse cinco campos de actuación interdependientes en política regional (cfr. Vázquez, 1994d):

1) Política de infraestructuras.
2) Política de educación y cualificación.
3) Política científica y tecnológica.
4) Política de ordenamiento territorial.
5) Fomento directo de la economía.

A continuación, vamos a observar sistemáticamente las actividades de los agentes regionales de Asturias en estos campos políticos. No pretendemos afirmar que la enumeración hecha de los campos políticos sea exhaustiva, sino que sólo hemos querido hacer una selección procedimental orientada a la práctica en política regional. Tomando como ejemplo la política cultural se aludirá a la posibilidad de que también aquí se hayan relegado elementos decisivos. Los déficit de la política asturiana de ordenación territorial se deben en parte a la no existencia de una política cultural regional, es decir, de una política de formación de identidad regional. Ningún minero de la cuenca, ni ningún trabajador del puerto de Gijón se interesará por un teatro o una exposición en Oviedo, situado a sólo unos pocos kilómetros, si clasifica a esa localidad como perteneciente a otro espacio cultural, a otro territorio. La cuestión de un espacio metropolitano no puede responderse recurriendo sólo a la infraestructura de transportes, pero hasta ahora es ahí el único sitio donde se ha planteado en Asturias (además de en el folclore por parte de los «asturianistas»). Esta cuestión de la cultura regional se irá haciendo más acuciante a medida que desaparezca la cultura del trabajo en la industria pesada, que hasta ahora era la formadora de la identidad, y vaya dejando a su paso un gigantesco vacío (cfr. cap. VII).

Por otro lado, en el debate en torno a los potenciales endógenos, con frecuencia se olvida que no hay que confundirlo en absoluto con el rechazo de la política macroeconómica, sino que sólo puede tener éxito si se coordinan permanentemente las políticas micro y macroeconómica, como recalcan con razón los representantes de la política industrial activa (cfr. Hirst, 1989). Las instituciones nacionales y transnacionales se convierten de inmediato también en agentes de la política regional.

Para concluir estas observaciones preliminares sobre los actuales debates de política regional hay que hacer referencia a un problema estructural que tiene su importancia para Asturias. Para tener éxito, los programas de política regional no pueden diseñarse en un plano general, puesto que socavarían el propio suelo que pisan. Si todas las regiones actúan según los mismos principios, se crean condiciones de competencia desfavorables y se generan efectos de arrastre para los inversores migratorios que se desplazan a los lugares donde las subvenciones son más lucrativas en cada momento. La competencia local en política regional amenaza con dotar al potencial inversor de una posición de cuasimonopolio en la que puede determinar los precios y las condiciones. Este hecho se muestra de forma particularmente drástica en la carrera subvencionadora de los imitadores que copian esquemas de otras regiones. Por ejemplo, en una época determinada los parques tecnológicos pueden tener éxito, y sin embargo, mudarse después en auténticas ruinas de la inversión. Por lo tanto, en política regional la eficiencia depende de particularidades locales que no existen o son más caras de tener en otros lugares, y del correspondiente *timing* (ajuste en el tiempo).

Por esta razón las experiencias realizadas hasta ahora con anteriores políticas de superación no llaman la atención por ser precisamente demasiado positivas:

> ... acabar con los chimeneas, conservar el empleo, la planificación industrial, los incentivos a la localización, las pequeñas iniciativas empresariales, los parques tecnológicos, el capital-riesgo, la promoción de las exportaciones y las estrategias orientadas a mejorar el capital humano. Algunas de estas medidas han demostrado ser mejores que otras pero, en su conjunto, no han tenido éxito a la hora de contrarrestar la marea de fuerzas reestructuradoras aquí documentadas (Markusen/Carlson, 1989, p. 49).
>
> La mayoría de las políticas regionales fracasan porque nadie está dispuesto a formular objetivos realizables. Nadie está dispuesto a establecer las alternativas factibles y a la gente se le promete lo imposible (Thurow, 1989, p. 198).

X.2. AGENTES DE LA POLÍTICA REGIONAL

La política regional surge como consecuencia de las estrategias y actuaciones de agentes regionales y colectivos frente a los planteamientos siempre cambiantes de los problemas. En el centro se sitúan los agentes de nivel regional, pero precisamente el caso asturiano muestra que sus competencias y posibilidades están decisivamente determinadas por agentes internacionales, nacionales e incluso locales. Por ello hemos dedicado capítulos especiales a las políticas regionales española y europea, por cuanto son determinantes para Asturias, mientras que el plano local aparece a título de ejemplo en los capítulos dedicados a Gijón y Turón.

En general, los agentes relevantes en política regional en Asturias se reducen al tradicional triángulo Estado-patronal-sindicatos, si bien con algunas diferencias respecto a la constelación de fuerzas existentes en otras regiones. Así, por ejemplo, las dos grandes empresas estatales constituyen al mismo tiempo los centros sociales de las organizaciones políticas y sindicales de la región, mientras que la presencia de los empresarios privados es relativamente más débil. A diferencia de lo que ocurre en muchas otras regiones industriales tradicionales, en Asturias otros potenciales agentes, como las asociaciones ciudadanas y vecinales, los grupos ecologistas, los movimientos regionalistas, etc., sólo desempeñan en el mejor de los casos un papel puntual o coyuntural (cfr. los caps. sobre Turón y Gijón). Por ello vamos a restringir nuestra exposición a los tres agentes principales mencionados y su entorno.

La *Administración pública* es el agente que se organiza en más estratos diferentes, y se articula en municipios, mancomunidades, el gobierno regional, el gobierno central y la UE. Además aquí se mezcla el papel político y empresarial con un panorama de intereses en general menos definido. Los agentes estatales tienen tanto un «interés burocrático propio» en el crecimiento del poder y los recursos, como un papel de intermediarios en la lucha de intereses sociales.

La época de los gobiernos socialistas de Madrid y Oviedo está marcada por un intento de controlar centralizadamente las decisiones políticas. La prioridad de la influencia personal ejercida de forma directa utilizando canales internos de los partidos evitó que se ejerciera una presión para agilizar el desplazamiento de competencias institucionales hasta el nivel regional y evitó, asimismo, que los municipios tuvieran un papel más intenso dentro de Asturias. A modo de ejemplo puede mencionarse aquí el conflicto en torno a la formación de una Federación de Concejos en Asturias. Con el apoyo de treinta y ocho alcaldes, el alcalde de Gijón había iniciado este proyecto de cooperación y coordinación de los municipios asturianos, en contra de la dirección de su propio partido e incluso del Partido Popular, pero el proyecto fue bloqueado hasta el cambio de gobierno en 1995 (cfr. NE, 6.12.1994). Evidentemente el gobierno regional y la presidencia del partido que dominaba la minería temían este potencial contrapoder municipal.

La politización y el predominio de los intereses particulares, la pesadez e ineficiencia burocráticas, la falta de profesionalidad, el localismo, etc., se cuentan entre los puntos críticos mencionados repetidamente en nuestros estudios como características de la Administración pública y de la gestión de las empresas estatales. Estos no son fenómenos específicos de la industria antigua, pero en una región cuya dependencia de la iniciativa estatal es superior al promedio, se convierten en una desventaja de competencia adicional. La actuación del gobierno asturiano en política regional sigue una lógica de reacción a la presión social y a los incentivos exteriores de instancias superiores (Comisión Europea, gobierno central) y por tanto desprovista de una clara estrategia a largo plazo.

Los *sindicatos* tienen en las regiones de antigua industrialización feudos tradicionales, lo que no significa que por ello hayan alcanzado una gran competencia en política regional (cfr. Albers, 1994). Por el contrario, algunos ven incluso el peligro de que se conviertan en «dinosaurios de la historia industrial» (Albers, 1993b).

> Hay muchos síntomas que indican que los conflictos laborales de las regiones y sectores industriales tradicionales, dirigidos casi siempre a la defensiva, y lo específico de su declive, que con frecuencia está unido a la pérdida de capacidades innovadoras regionales, en los sindicatos han fomentado más bien el enclaustramiento y el agarrarse al statu quo... Sin embargo, la dinámica del mercado interior y la creciente presión de competencia de las regiones industriales tradicionales apuntala la urgencia de alternativas sindicales propias. Ni la mera defensa de logros tradicionales ni la obediente adaptación a las nuevas y con frecuencia peores condiciones de la política sindical pueden representar una solución (ibíd).

Esta tendencia conservadora de los sindicatos no proviene tanto de una visión de futuro deficitaria o de la falta de voluntad de modernización, sino que es más bien expresión de intereses estructurales contradictorios:

> En las crisis estructurales el cierre de algunas empresas significa en primer término la supresión de puestos de trabajo, mientras que la creación de nuevos puestos de trabajo sólo

> puede efectuarse en el futuro, y además no puede garantizarse. Con ello, de los intereses de los empleados se deriva la contradicción entre conservadurismo estructural y política de modernización. Simultáneamente esta contradicción se ve intensificada por el principio de sindicato industrial. Porque normalmente ocurre que las empresas amenazadas de cierre pertenecen a ramos distintos en los que se crearían nuevos puestos de trabajo... Por lo tanto en los sindicatos la contradicción entre conservadurismo estructural y política de modernización y organización se manifiesta como una pugna de intereses que resulta muy difícil conciliar (Albers, 1993a, p. 172).

En Asturias este conflicto interno de intereses se presenta con una especial agudeza, puesto que el movimiento sindical está determinado por las presencia de las dos grandes empresas estatales HUNOSA y ENSIDESA. La protección de la estabilidad de las empresas y el mantenimiento de estos puestos de trabajo constituyen la máxima prioridad de los sindicatos regionales, completada por otras luchas por obtener puestos de trabajo en otras empresas industriales. No obstante, las líneas de escisión de los sindicatos asturianos muestran claras diferencias locales y el defecto de no haber evolucionado hasta convertirse en un agente regional sino de modo puntual.

Junto a la escisión ideológica en un sindicato socialista y uno predominantemente comunista, escisión que en los años ochenta llevó a violentas luchas de competencia y conflictos hasta que en los años noventa se consolidó la estrategia de la unidad de acción, en Asturias se añade una palpable división sectorial que es a la vez división territorial. Mientras que los sindicatos del metal dominan los centros costeros de Avilés y Gijón, las federaciones mineras tienen bajo control las cuencas y, hasta cierto punto, la capital Oviedo. El alcance de este influjo desborda el terreno sindical y se contagia a la política, y aquí tenemos la causa central de muchos conflictos y luchas sectoriales que han existido hasta la actualidad. Donde esta influencia política tiene mayor alcance es en el sindicato minero socialista SOMA-UGT, que controla la mayor parte de los ayuntamientos de las cuencas mineras y además ejerce una considerable influencia sobre la Federación Socialista Asturiana (FSA) y sobre el gobierno regional, que ha ocupado hasta 1995. Frente a esta situación, la composición social de las restantes zonas industriales es mucho más heterogénea, y los sindicatos del metal no cuentan con una base de afiliados equiparable ni en términos cuantitativos ni cualitativos. En Gijón se añade la existencia de una variedad sindical mayor, donde USO y la Corriente Sindical de Izquierda son otros sindicatos influyentes.

Programáticamente las diferencias de los sindicatos mayoritarios son más bien de grado. Todos recalcan temas como infraestructuras, suelos industriales, promoción de las PYMES, protección del medio ambiente, formación profesional y en general una política industrial activa. La «reindustrialización o neoindustrialización» es la palabra clave de todos los sindicatos; es decir, también el futuro de Asturias se ve predominantemente en el sector industrial. El destinatario principal de las reivindicaciones es el gobierno central de Madrid. CC.OO. atribuye al sector público un papel más destacado del que le atribuyen otros sindicatos, que en cualquier caso son unánimes en cuanto al mantenimiento de las empresas estatales de la región.

> La iniciativa pública ha de ser el motor fundamental de la reactivación económica en nuestra región (programa de CC. OO. de Asturias, VI Congreso Regional, marzo 1992).

Por el contrario, sindicatos menores y más radicales (CSI, CGT, CNT) hacen hincapié casi exclusivamente en la lucha y las movilizaciones para defender los puestos de trabajo, mientras que sus manifestaciones políticas alternativas quedan limitadas a comunicados anticapitalistas más bien abstractos.

En estas condiciones, mientras las uniones regionales de los sindicatos se han involucrado en el casi siempre vago y superficial discurso sobre la necesaria dinamización y renovación de Asturias en el marco de la concertación regional, las acciones e intervenciones locales y sectoriales son más comprometidas y eficaces. Con toda seguridad, su mayor y más inmediato éxito es la conservación de la industria siderúrgica y del carbón estatal en Asturias (aun cuando, sobre todo en el caso de la siderurgia, hayan tenido que registrar déficit estratégicos considerables), (cfr. cap. IV), y el mantenimiento del poder adquisitivo por medio de garantizar los ingresos tanto de los empleados en activo como de los despedidos. También los obreros de los astilleros gijoneses tienen mucho que agradecer a sus luchas desde principios de los años ochenta (cfr. cap. VIII). Por añadidura, la capacidad de movilización de los sindicatos es imprescindible para la región si quieren que su voz y su peso se transmitan al exterior.

En general, desde finales de los años ochenta puede constatarse un cambio de estrategia cuya coincidencia en el tiempo con el inicio de la unidad de acción estable de los sindicatos mayoritarios no es pura casualidad. Habida cuenta del continuado agudizamiento de las crisis de todos los sectores industriales líderes de la región, el mantenimiento de los puestos de trabajo existentes no puede seguir sosteniéndose como una orientación de futuro. La reindustrialización se convirtió en la nueva filosofía directriz de los sindicatos asturianos.

Desde entonces quienes más decididamente la han seguido han sido los sindicatos mineros, que, en primer lugar, disponen de la mayor influencia en política local, y, en segundo, han tenido que aceptar el declive imparable de un sector, el suyo, que dominaba todo. Así, los sindicatos fomentaron la diversificación y el compromiso de la promoción económica de HUNOSA (SODECO, Fucomi, central eléctrica de La Pereda, Museo de la Minería e Industria) y colaboraron activamente en planes locales de desarrollo para ambas cuencas. También en otros municipios, sobre todo en Gijón y Avilés, los sindicatos se comprometieron más intensamente en programas de desarrollo locales. En Gijón, por ejemplo, consiguieron un cambio de prioridades de la Administración municipal, de más actividades de política industrial en lugar de proyectos urbanísticos (cfr. cap. VIII).

Independientemente de las dificultades y escisiones que hemos mencionado, hay que considerar a los sindicatos como el agente regional más activo y fuerte con gran diferencia respecto a sus inmediatos seguidores. Tenderles por ello un lazo crítico y hacerles responsables de la falta de capacidad de regeneración de la región, como se hace con frecuencia desde el lado conservador de la política y el empresariado o como hacen incluso muchos sociólogos y científicos de procedencia neoliberal u olsoniana, es, cuando menos, erróneo. El problema no es la relativa fortaleza de los sindicatos, sino la debilidad de los demás agentes regionales potenciales, que entre otras cosas podrían actuar como correctivo contra las políticas de intereses sindicales unilaterales. Sin la fortaleza de los sindicatos, no cabe duda de que la marginación de Asturias habría progresado considerablemente más.

En las regiones industriales tradicionales el *empresariado* está marcado en general por una jerarquía de monocultivo en cuya cúspide se sitúa una pequeña camarilla de grandes empresas de la industria del carbón y del acero que mantienen estrechas relaciones con la dirección política de la región, cúspide a la que se subordina una capa empresarial de pequeñas y medianas empresas más o menos dependiente. Esta estructura determina la mentalidad empresarial de la región y ha impedido durante largo tiempo el establecimiento de nuevas empresas de otros sectores. Si bien con el declive de las empresas industriales tradicionales está decreciendo rápidamente la resistencia contra nuevos asentamientos alternativos, la herencia cultural de la época de la CECA se revela como un pesado lastre del cambio estructural que hay que arrojar por la borda.

> Un pensamiento guiado por los tonelajes y la producción indiscriminada, la orientación a los costes en lugar de al mercado, el alto grado de centralización y burocratización de los procesos de decisión, la rígida división del trabajo y la preferencia por las soluciones rutinarias son programaciones mentales y organizativas que se interponen como barreras en el camino hacia la innovación y hacia nuevos mercados. Esto se aplica también, y quizá sobre todo, a los niveles directivos del sector del carbón y del acero: «La gestión de toneladas y masas, alimentada por las subvenciones estatales, continúa resultando más fácil a muchos de estos directivos de la vieja escuela que acomodarse a los vivaces ramos tecnológicos y ajetreados saltos innovadores» (Hilbert/Potratz, 1992, p. 91).

En Asturias esta problemática se presenta por el hecho de que los empresarios privados se han retirado de la región en el momento en que su capacidad de imposición ya no era suficiente para garantizarles la protección estatal ante las condiciones de mercado. Así, por la presión social y el auge del movimiento obrero, el Estado, a través del INI, se ha visto forzado a ocupar el papel de la gran empresa, sin que jamás haya estado capacitado para esa tarea. Pero el Estado no fue el único afectado: también el tercer agente significativo, los sindicatos, se vio enfrentado a un complicado aumento de sus tareas. Los sindicatos se convirtieron en el lobby regional más importante, puesto que ni las fuerzas políticas ni las fuerzas empresariales podían asumir un papel de liderazgo a nivel regional.

La Federación Asturiana de Empresarios (FADE), presentada oficialmente en diciembre de 1977, fue desde un principio una asociación defensiva y limitada surgida de la necesidad de organizarse frente al poder regional de los sindicatos. Según sus propios datos, en 1994 eran miembros de la Federación alrededor de 5.000 empresas en una región que contaba con unas 22.000 empresas, 18.000 de las cuales tenían menos de cinco empleados. Aproximadamente la cuarta parte de los delegados al congreso de la FADE proviene del sector de la construcción, seguido a bastante distancia por el comercio, el sector de hostelería y el metal (NE, 4.12.1994).

En vista de la tradicional debilidad de la burguesía y del predominio de las empresas industriales estatales, la patronal asturiana nunca consiguió una fuerza digna de mención como agente regional. De aquí se deriva una actitud comparativamente apolítica y moderada. «El empresario ni es de derechas ni de izquierdas, es empresario» (entr. FADE). Esta actitud se ve fomentada por el hecho de que un importante sector, la industria de la construcción y las empresas proveedoras de las empresas estatales, tiene menos interés en una política liberal de economía de mercado y más en los pedidos y subvenciones estatales, al igual que la clase trabajadora.[1] Con frecuencia, tanto el catálogo de reivindicaciones como las críticas efectuadas a la política económica regional se diferencian poco de las de los sindicatos. En cualquier caso, en los criterios de promoción surgen opiniones discrepantes. Así, por ejemplo, los representantes patronales critican que las subvenciones se orienten únicamente en función del número de puestos de trabajo y de la existencia de un capital fijo. Precisamente las pequeñas empresas y las empresas que se encuentran en fase de constitución no pueden crear puestos de trabajo de inmediato con los riesgos que ello lleva asociados, ni tampoco pueden adquirir edificios y máquinas. Tienen que recurrir al alquiler o al *leasing* y no dan empleo a mano de obra hasta después de una cierta consolidación.

Algunos empresarios del metal y la empresa Duro-Felguera siguieron durante un tiempo una línea antisindical más dura y se separaron provisionalmente de la FADE.

[1] Un ejemplo visible de esta identidad de intereses fue el apoyo que la FADE prestó a la huelga general de los sindicatos en favor de un futuro para Asturias el 23 de octubre de 1991 (cfr. Vega García, 1995, pp. 342 y ss.). Por otro lado, los empresarios amenazaron con salirse de la concertación regional por falta de inversiones públicas (NE, 16 y 17.12.1994).

Más allá de la independencia política oficial, a éstos se les atribuía una cercanía a AP, mientras el que fuera durante largos años presidente de la Confederación Asturiana de la Construcción, Serafín Abilio Martínez, era miembro del CDS.

Otro punto conflictivo dentro del empresariado asturiano se manifiesta en la siguiente cita. Mientras que un sector se ha instalado privilegiadamente a la sombra de las grandes empresas estatales, los demás ventean en el horizonte vientos de mercado duros.

> Un fenómeno en la transición… Unos señores que están al servicio de ENSIDESA con los famosos bloques, y para mí no son empresarios ni son nada porque tuve muchos follones en la asociación de empresarios con ellos. Son empresas de prestación del personal; bueno, pues van a arrastrar a todo lo poco que queda en Asturias, porque como ellos en su época boyante, que prestando personal ganaban la de Dios, y se permite el lujo de tener Mercedes de trece millones…; pero el resto de empresarios no podemos y resulta que ahora le vuelven a subir un veintitanto por ciento los sueldos (Intempr.).

En cualquier caso, en el bando de los empresarios hay un conflicto estructural de intereses por lo que respecta a la política de promoción económica. Mientras que los puestos de trabajo adicionales para la mano de obra mejoran la posición de competencia en el mercado laboral, las nuevas empresas constituyen competidores potenciales para las ya existentes. Esta situación se intensifica por el hecho de que con frecuencia las subvenciones sólo se pagan a las nuevas empresas, y las empresas ya establecidas se quejan de la merma de competitividad que sufren cuando tienen que pagar a plazos al banco, por ejemplo, los créditos que pidieron en otro tiempo para su constitución.

> Se dice que se están dando facilidades para la pequeña y mediana empresa, y realmente en parte es cierto, pero se está dando dinero a unas empresas siniestras que cogen ese dinero que les dan y desaparecen a los dos meses. Yo creo que no hay que dar nada. Lo que hay que hacer es bajar el nivel de presión de los impuestos (Intempr.).

A diferencia de los sindicatos, la FADE no dispone de estructura organizativa territorial por debajo del nivel regional, lo que tiene por consecuencia que a nivel de comarca y de municipio los empresarios sólo están representados con asociaciones de intereses sectoriales. Su colaboración en las planificaciones de desarrollo local se limita a una representación indirecta de intereses individuales o sectoriales. La búsqueda de nuevos empresarios innovadores se realiza, en gran medida, sin el apoyo del empresariado ya existente. Las declaraciones y actividades de Severino García Vigón (elegido nuevo presidente de la FADE en junio de 1995), como son, por ejemplo, la inauguración de una segunda oficina en Gijón junto a la sede central de Oviedo y la autocrítica de localismo, individualismo y falta de presencia en política regional de los empresarios asturianos, pueden apuntar a una nueva dirección (cfr. NE, 12.6, 3.9, 23.9 y 10.10.1995).

Los pequeños comerciantes constituyen una cierta excepción: en primer lugar están bien organizados, y en segundo lugar sienten de forma directa las crisis regionales (ver cap. VIII). Ellos constituyen un *lobby* activo en los municipios y tienen un interés (cuyo alcance va más allá de su propio ámbito comercial) por mantener los puestos de trabajo en la industria y el bienestar económico de la región. Organizados al margen de la FADE, su relación con la misma puede considerarse distante, hasta, en ocasiones, tensa.

La evolución que hemos descrito también tiene algunos componentes psicológicos. Mientras que en el discurso académico y político oficial la pérdida de confianza en el Estado está siendo sustituida por el fomento de la iniciativa privada, esta última choca entre la población con una desconfianza marcada por la experiencia. ¿Van a sacar a la región del arroyo precisamente quienes pusieron pies en polvorosa llevándose todas sus riquezas cuando vieron acercarse la crisis? ¿Cómo van a convertirse en protagonistas de una renovación regional los pequeños empresarios de la región que están atrasados y que siempre han sacado beneficio a la sombra del Estado? Estas preguntas y otras similares reflejan la imagen de los empresarios en Asturias. Imagen que se ve reforzada por la de la juventud, a la que no se le atribuye ningún espíritu empresarial y pionero y que, en cambio, busca cobijarse bajo las grandes empresas y la Administración.

X.3. LA POLÍTICA REGIONAL ESPAÑOLA EN RELACIÓN CON ASTURIAS

Hasta los años ochenta España ha sido un Estado centralista y todas las decisiones importantes se han tomado en Madrid. Por lo tanto, en el análisis del desarrollo regional es ineludible hacer una reconstrucción de las repercusiones de la política regional española. A esto se añade el hecho de que las empresas públicas son dirigidas desde Madrid, es decir, desde el INI/AIE en calidad de propietario, y desde el Ministerio de Industria en calidad de institución políticamente responsable. De esta forma, las decisiones empresariales más importantes para Asturias se adoptan en el ámbito del gobierno central. Si bien la tendencia es decreciente, el gobierno central no ha dejado de ser el agente más importante de política regional en Asturias, además de históricamente el primero.

Hasta los años sesenta el desarrollo regional no se consideró un objetivo político independiente del Estado español. La decisión de política regional que quizás ha sido la más efectiva para Asturias fue la construcción de ENSIDESA y la reubicación de la industria siderúrgica que llevó asociada, aun cuando dicha construcción siguió una lógica de política autárquica nacional y de sustitución de importaciones. Aquí vamos a limitarnos a las medidas de política regional en sentido estricto. Entre ellas se cuentan en primer lugar los «polos de desarrollo» de la época de industrialización franquista instituidos legalmente con el I Plan de Desarrollo Económico y Social. Estos «polos de desarrollo» fueron la filosofía directriz de la política regional española desde los años sesenta hasta principios de los años ochenta (cfr. Nohlen/Schultze, 1985, pp. 33 y ss.). El telón de fondo lo constituía la liberalización de la economía española aconsejada por el FMI y el Banco Mundial. El informe del Banco Mundial sobre «El desarrollo económico de España» entregado en 1962 al gobierno español recomendaba las siguientes medidas de política regional (cfr. Rodríguez Saiz y otros, 1986, pp. 183 y ss.):

— Buscar el crecimiento de la economía en su conjunto como objetivo primario.
— Facilitar el movimiento del excedente de población agrícola a un empleo más remunerativo en otros lugares de España o en el extranjero.
— La selección de un número limitado de regiones con mejores perspectivas de desarrollo para que aceleren su crecimiento.

La idea directriz no era la compensación regional, sino la política de crecimiento bajo una promoción dirigida de las zonas industriales a costa de la agricultura, que en todo caso fue completada por el gobierno español mediante un programa de modernización de la agricultura. La promoción consistió, por un lado, en inversiones en infraestructura, sobre todo en vías de comunicación y en polígonos industriales, y, por otro, en dar facilidades a la inversión (subvenciones, reducciones fiscales). El futuro de la nación se vio en las grandes empresas industriales, mientras que se prestó poca atención a las PYMES y a los servicios. El subdesarrollo actual que padecen estos últimos es por tanto producto de anteriores decisiones estratégicas erróneas. En conjunto es cierto que la política de los polos de desarrollo creó nuevos centros industriales, pero globalmente agudizó la brecha de diferencias regionales a lo largo del segundo impulso de industrialización español.

> En ningún caso se consiguieron los efectos de difusión en el entorno que aseguraba la teoría que servía de apoyo a la política de polos (Alcaide y otros, 1990, p. 43).

El gobierno español levantó sucesivamente doce de estos polos de desarrollo, centrados en ciudades de mediano tamaño con favorables condiciones de desarrollo. Con el III Plan de Desarrollo se completaron y ampliaron los polos de desarrollo instituyendo las denominadas grandes áreas de expansión industrial, por ejemplo en Andalucía y Galicia, cuya aspiración era una política de desarrollo regional coordinada en grandes áreas.

Oviedo fue declarado polo de desarrollo en 1970 en el transcurso del II Plan de Desarrollo Económico y Social (1968-1971). «Su ámbito territorial comprendía una estrecha e irregular franja del territorio del área central asturiana que se extendió desde la costa hasta los principales municipios de las cuencas hulleras de la región y que suponía el 3% de la superficie regional y el 50% de su población» (Pérez Rivero, sin fecha, p. 26). Las inversiones estatales ligadas al mismo en la región intensificaron la orientación unilateral hacia la producción de materias básicas de la industria pesada. En sus dieciocho años de vigencia (1971-1984) se promocionaron 665 proyectos del programa con 19.401 puestos de trabajo, y adicionalmente se concedieron incentivos generales, como incentivos arancelarios y fiscales.

Los tempranos intentos de promocionar de forma dirigida las cuencas mineras fracasaron por falta de estrategia y ausencia de voluntad política. Por ejemplo, ya en 1968 Langreo fue declarada «zona de preferente localización industrial», pero las ayudas fueron a parar a empresas ya existentes sin mejorar la infraestructura general y de servicios (Ojeda/Vázquez, 1988, p. 118).

La transición democrática de los años setenta y principios de los ochenta desplazó la política regional a las zonas inferiores del orden del día político. «Durante el período 1975-1985 la política regional prácticamente desaparece de la escena española» (Alcaide y otros, 1990, p. 43). Además de urgentes problemas nacionales y de economía global, el ente político institucional de las comunidades autónomas (un proceso muy contradictorio y conflictivo con muchos retrasos y desequilibrios) devoró considerables energías y recursos. Sí tuvo efectos descentralizadores, pero ninguno compensador a nivel regional; por el contrario, fortaleció más regiones líderes tanto política como económicamente. El equilibrio social y económico desapareció completamente tras los objetivos más urgentes acumulados. Sólo las medidas de saneamiento de sectores industriales tradicionales que se habían hecho inevitables en los años ochenta exigieron de nuevo un compromiso político-económico más intenso en el que únicamente los componentes sectoriales y coyunturales superaron claramente en peso a los regionales. Las zonas de urgente reindustrialización (ZUR), creadas en 1984, entre las que se encontraban, además de Asturias, Barcelona, Cádiz, Galicia-Ferrol, Galicia-Vigo, Madrid y Nervión/Vizcaya, eran menos instrumentos de política regional y más instrumentos de administración de la crisis siderúrgica y de los astilleros.

> Hasta el momento, no puede decirse que en España exista o haya existido política regional», [a lo sumo] «intentos fallidos de política regional (Vázquez Barquero, 1984).

Con la entrada en la CE se despertó una conciencia de política regional más intensa, y coincidiendo puntualmente con la adhesión el 1 de enero de 1986, en diciembre de 1985 se promulgó la Ley 50/1985 sobre los incentivos regionales para la corrección de desequilibrios económicos interterritoriales, con lo que se instituía un instrumento legal para la promoción económica regional. Este instrumento permitió a Asturias acceder a una política de promoción económica bien equipada e institucionalizada (ver más adelante). Con la ampliación de los fondos estructurales, la actividad del Gobierno en política regional experimentó un gran salto. En 1989 se aprobaron el Plan de Desarrollo Regional, el Plan de Reconversión Regional y Social y el Plan de Desarrollos en Zonas Rurales para introducir una estructura paralela a la de los fondos estructurales de la CE y poner a disposición los recursos necesarios para las cuotas de autofinanciación de las ayudas de la CE. En 1990 se reformó finalmente el Fondo de Compensación Interterritorial (FCI) y se adaptó a la estructura de la promoción de la CE, que hasta entonces había sido más bien un instrumento general de financiación de las regiones sin un carácter redistributivo selectivo (cfr. Lázaro Araujo, 1991).

Con los recursos de la CE y la promoción del Estado central, Asturias estuvo en condiciones de ampliar sus vías de transporte, en particular la red de carreteras, de efectuar inversiones de saneamiento medioambiental y urbanización, de modernizar los puertos pesqueros y de mejorar el abastecimiento de regiones rurales. También el turismo disfrutó de medidas de promoción dirigidas. En parte los inversores pudieron solicitar considerables subvenciones (ver más adelante). No obstante, la orientación neoliberal del gobierno central impidió un compromiso de política industrial, aun cuando en el INI se disponía del instrumento adecuado para ello. Así, la Comisión de Coordinación de los Representantes del Principado en la Empresa Pública (CREP) exigió repetidamente:

> Asturias constituye un caso absolutamente singular de dependencia respecto del sector público del Estado, sin paralelo, ni semejanza siquiera, con cualquier otra región española, y semejante a algunos países de Europa oriental. Esa situación perfectamente atípica justifica y hace necesario un planteamiento igualmente singular, específico y excepcional.» (Informe CREP, 1988, p. 21)
>
> Empresarialmente es imprescindible el compromiso por parte del INI con esta región en la modernización de las estructuras productivas, abordando el problema desde una óptica territorial y no sólo sectorial..., no se trata que el INI continúe creando empresas en la región, sino que más bien su trabajo se dirija a la consolidación racional de las empresas con las que opera en la región y a la participación —directa o indirectamente— en otras empresas y sociedades que sean el motor impulsor de nuevas actividades que palíe la pérdida de empleos habida en sus empresas en los últimos años... Esta diversificación hacia otras actividades que el INI debe potenciar es perfectamente complementario con el sector privado, aunque lo que cambiará será la concepción actual que tenemos de las relaciones entre lo público y lo privado... Por no encajar en la filosofía del Instituto, no prosperan diversas propuestas formuladas desde Asturias y encaminadas a la promoción de nuevas actividades empresariales significativas (Informe CREP, 1992, pp. 7 y ss., p. 56).

Como resultado de la adhesión a la CE, la política de desregulación y altos tipos de interés de los gobiernos socialistas atrajo provisionalmente a España una gran cantidad de capital financiero e inmobiliario de carácter especulativo, y así financió el crecimiento económico de finales de los años ochenta con grandes agujeros en el balance comercial. «España es el país donde más se puede ganar dinero a corto plazo de toda Europa y casi de todo el mundo», proclamaba orgullosamente el entonces ministro de Economía, Carlos Solchaga, en febrero de 1988. El ex-presidente de la FADE, Jesús Martínez Álvarez, explicaba lo que esto significó para la base industrial y la necesaria renovación del potencial productivo (NE, 20.3.1993):

> En estos momentos es muy difícil que a una persona que tenga dinero le apetezca meterse en una inversión empresarial para crear empleo, y no me estoy refiriendo sólo a Asturias, sino al país en general. Si mi empresa tuviera liquidez lo más fácil es invertir en deuda pública y no correr riesgos.

Esto apunta a la existencia de un claro déficit en la política regional española en su conjunto, a lo que debería añadirse que las regiones, incluida Asturias, no generaron la necesaria presión política para imponer aquí una orientación diferente.

> Nunca el Gobierno central, pues, asumió la necesidad de un plan global y específicamente diseñado para la crisis asturiana. El mayor compromiso estatal se logró a través de las condiciones pactadas para los excedentes laborales (ausencia de despidos, prejubilaciones) (NE, 16.7.1995).

X.4. LA ENTRADA DE LA CE* EN ASTURIAS

La adhesión de España a la Comunidad Europea en 1986 coincidió con la fase de construcción del segundo gran campo político de la CE. Hasta entonces la política agraria había sido la partida presupuestaria que todo lo eclipsaba, frente a la cual los restantes instrumentos de importancia en política regional, como el Fondo Social Europeo y el Fondo Europeo de Desarrollo Regional (FEDER) creado en 1975 arrastraban una existencia más bien marginal. Con todo, la CE ya había publicado en 1965 un estudio sobre la problemática de las regiones industriales tradicionales con contenidos absolutamente pioneros. Así, por ejemplo, se hacía referencia a la necesidad de aprovechar la coyuntura de crecimiento generalizada y de superar los obstáculos psicosociales para afrontar a tiempo los inminentes problemas del futuro (cfr. Landabaso/Díez, 1989c, pp. 137 y ss.). La proposición de constitución de un fondo social europeo, sin embargo, tuvo que esperar una década.

Con la integración de Estados relativamente poco desarrollados (Grecia en 1981, Portugal y España en 1986) y los problemas industriales emergentes, creció la nece-

* Hemos mantenido la sigla CE aunque la Comunidad Europea ha cambiado su nombre recientemente por Unión Europea.

sidad de actuación de la CE en política regional, que en el «libro blanco sobre el mercado único» de 1985 constataba:

> La Comisión es, sin embargo, consciente de que puede haber riesgos de que, al trasladarse recursos humanos y financieros sin obstáculos hacia áreas con mayores ventajas económicas, se pueden exacerbar las actuales disparidades entre regiones y que el objetivo de convergencia se vea en peligro (citado por de la Dehesa, 1994, p. 11).

En 1986 se incorporó al Tratado de la CE el artículo 130a:

> La Comunidad se propondrá, en particular, reducir las diferencias entre los niveles de desarrollo de las diversas regiones y el retraso de las regiones menos favorecidas.

El segundo factor que fomentaba un compromiso más intenso de política regional resultó ser la política de profundización en la integración, hasta la consecución de la unión económica y monetaria. De aquí surgió una necesidad de legitimación frente a los miembros «más débiles». La Comisión de la CE encargó a un grupo de investigadores dirigidos por el vicedirector general de Banca d'Italia, Tommaso Padoa-Schioppa, elaborar un informe sobre la eficiencia, la estabilidad y la justicia distributiva de la CE. Este informe Padoa-Schioppa, publicado en 1988, se convirtió en la base de la reforma de los fondos estructurales de la CE de ese mismo año y constituyó un cierto correctivo al informe Cecchini, basado sobre hipótesis demasiado globales y demasiado euro-optimistas.

El informe Padoa-Schioppa recalca los peligros de una creciente brecha entre las regiones de la Comunidad Europea, por lo que demanda explícitamente una «función redistributiva» de la CE.

> Dado que la Comunidad es una institución política con funciones predominantemente económicas, también debe preocuparse obligatoriamente de que las ventajas económicas que ofrece a sus estados miembro se compensen en cierta medida... Con toda seguridad la apertura de los mercados de mercancías y factorizados aportará como efecto final un beneficio económico. Pero la distribución territorial de este beneficio será menos segura y, con toda probabilidad, menos equitativa (Padoa-Schioppa, 1988, pp. 87 y 91).

Justo antes de que se firmara el Tratado de Maastricht, el presidente de la comisión presupuestaria del Parlamento Europeo, Thomas von der Vring, escribió lo siguiente:

> En la actualidad el único ámbito en el que aún pueden afrontarse las tendencias de centralización del mercado es la política regional. Por ahora la política regional es dentro de la CE el ámbito más importante de la política de empleo (citado por Albers, 1993a, p. 19).

La reforma de los fondos estructurales de la CE de 1988 se orientó por los debates predominantes en política regional y recalcó dos aspectos: la planificación programática integral y la promoción de los potenciales endógenos. A continuación vamos a resumir brevemente las características más importantes de la reforma de los fondos estructurales de la CE, que fueron retocados y ampliados en los años subsiguientes, pero no modificados sustancialmente:[2]

1) El artículo 130 del Acta Única Europea atribuye una significación especial al objetivo de la «cohesión social y económica». El Art. 130c menciona por vez primera de forma explícita la política regional de la CE.
2) La reforma se caracteriza por cuatro orientaciones fundamentales:
   a) La promoción de proyectos de empresas individuales basados en solicitudes nacionales debe reemplazarse por una promoción de programas integral en cooperación directa con las regiones. El centro debe constituirlo la promoción del potencial endógeno de la región.
   b) La CE desarrolla una visión comunitaria propia del desarrollo regional, un perfil independiente de política regional e influye correspondientemente sobre los estados miembro.
   c) Debe aumentarse considerablemente la transferencia de recursos con el objetivo de alcanzar un mayor equilibrio económico.
   d) El objetivo de la convergencia económica y social debe ir más lejos de la política regional y dirigir también las restantes políticas de la CE, por ejemplo la política agraria.
3) Se definieron cinco objetivos concretos (el fondo estructural correspondiente) (cfr. Lázaro Araujo, 1992, p. 24):
   1) Fomentar el desarrollo y ajuste de las regiones menos desarrolladas (FEDER, FSE, FEOGA).
   2) Reconvertir las regiones, regiones fronterizas o zonas de las regiones gravemente afectadas por la crisis industrial (FEDER, FSE).
   3) Luchar contra el desempleo de larga duración (FSE).
   4) Facilitar la inserción profesional de los jóvenes (FSE).
   5a) Adaptar las estructuras de producción, transformación y comercialización en la agricultura y silvicultura (FEOGA).
   5b) Fomentar el desarrollo de las zonas rurales (FEDER, FSE, FEOGA).

   Los objetivos a), b) y e) afectan directamente a la política regional.
4) Las principales características de la reforma:
   — Duplicación de recursos.

[2] Las modificaciones más importantes de la reforma de 1993 son un nuevo Fondo de Pesca, la fusión de los objetivos 3 y 4 («facilitar la integración en la vida productiva de las personas que están amenazadas de quedar excluidas del mercado laboral») y un nuevo objetivo 4 «para facilitar la adaptación de los trabajadores a las mutaciones industriales y a la evolución de los sistemas de producción» (cfr. Alvargonzález, 1993, p. 19).

— Concentración territorial más intensa de las medidas de promoción.
— Documentación de todas las intervenciones estructurales de la CE en un «esquema de promoción comunitario».
— Determinación de las cuotas de participación (máx. 75% de los gastos totales para el grupo de objetivos 1, 50% para otras regiones de promoción).
— Acuerdos especiales sobre financiación de préstamos de proyectos de infraestructura con el Banco Europeo de Inversiones (BEI).
— Medidas regionales dirigidas en el marco de la política agraria común, como, por ejemplo, el apoyo a los productos mediterráneos.

Tabla 1: **Distribución de los fondos estructurales 1994-1999 de la UE**
(millones de ecus)

Países	Objetivo 1	%	Objetivo 2	%	Fondo de cohesión* (en %)
España	26.300	28,0	1.130	16,2	52-58
Alemania	13.640	14,5	733	10,5	
Bélgica	730	0,8	160	2,3	
Dinamarca	-	-	56	0,8	
Francia	2.190	2,3	1.763	25,3	
Grecia	13.980	14,9	-	-	16-20
Holanda	150	0,1	300	4,3	
Italia	14.860	15,9	684	9,8	
Irlanda	5.620	6,0	-	-	7-10
Luxemburgo	-	-	7	0,1	
Portugal	13.980	15,0	-	-	16-20
Reino Unido	2.360	2,5	2.142	30,7	
TOTAL	938.10	100	6.975	100	100

*El presupuesto total del Fondo de Cohesión para el período comprendido entre 1993 y 1999 asciende a 15.150 millones de ecus.
Fuente: Martín Lobeto y Rodríguez Cañas, 1996.

Los fondos de la CE ya existentes, como el Fondo Social Europeo instituido en 1971, y sectores de la política como la política agraria, la política del carbón y la política del acero, deben integrarse en la política regional. Con la ratificación de los Tratados de la Unión Europea en 1993 en Maastricht se introdujo el concepto de «cohesión» (literalmente se refiere a la fuerza de atracción que mantiene unidas a las moléculas de un cuerpo) como etiqueta para la política estructural regional. Complementariamente a los fondos estructurales existentes o como ampliación indirecta y selectiva de los mismos se instituyó el denominado Fondo de Cohesión para países de la UE cuyos ingresos per cápita fueran inferiores al 90% del promedio de la UE (Irlanda, España, Portugal, Grecia) para facilitar sus esfuerzos de convergencia, en particular con vistas a la unión económica y monetaria. También hay regulaciones institucionales de los Tratados de Maastricht, como el principio de subsidiariedad y el Comité de las Regiones, que deben promover la política regional. Tras la incorporación de los nuevos Estados federados alemanes, en total el 52% de la población comunitaria vive en regiones con fondos estructurales (Comisión Europea 1994, p. 128).

El desarrollo de la política regional de la CE puede describirse como un aumento continuado de las posibilidades de influencia directa sobre los países miembro, aun cuando hasta hoy los Estados nacionales (no las regiones afectadas) se reservan la última palabra por lo que respecta a la elaboración y aprobación de los programas (cfr. Lázaro, 1992). No obstante, la difusión de los recursos junto con la afinación de los criterios de adjudicación obliga a las Administraciones regionales y nacionales a adaptarse cada vez en mayor medida a criterios de la CE para no salir con las manos vacías. A esto se añaden posibilidades de influencia directa de la CE, como el derecho al control de los subsidios para prohibir subvenciones indeseadas que distorsionen la competencia, y la determinación de la capacidad de promoción de una región.[3] En total entre 1989 y 1993 la CE gastó 58.300 millones de ecus en fondos estructurales de la CE. Para 1994-1999 están previstos 155.000 millones de ecus.

La entrada en la CE y sobre todo la reforma de los fondos estructurales deben verse como un impulso decisivo para el desarrollo de una política regional en España. «Hay que tener en cuenta que el 76,1% del territorio español y el 58,2% de la población del país se benefician de la promoción del objetivo 1, y que en esas regiones el desarrollo económico está en la actualidad esencialmente determinado por la proporción de los fondos estructurales europeos» (Albers, 1993a, p. 68).

Además del fuerte aumento de los ingresos del fondo de la CE desde finales de los años ochenta, la tabla muestra que, proporcionalmente a la población, Asturias es la región receptora más beneficiada, antes incluso que el caso especial de las islas Canarias. Para España, en general, y para Asturias, en particular, la entrada en la CE significó una nueva calidad de la política estructural regional.

[3] Mientras en muchos países con un Estado predominantemente centralista las regiones lo concibieron más bien como posibilidad de fortalecerse, en la República Federal Alemana, con una estructura federalista, se alzan voces críticas contra los derechos de intervención de la CE en asuntos regionales (cfr., p. ej., B. Ehring, 1992).

Tabla 2: **Transferencias del FEDER y del FSE a España durante el período 1986-1991**
(millones de pesetas)

	1986	1987	1988	1989	1990	1991	% sobre total ayudas	% de la población
Andalucía	26.620	33.163	35.569	54.638	70.879	68.464	(17,4%)	(17,8%)
Aragón	995	1.807	3.473	8.718	7,482	6.323	(1,6%)	(3,1%)
Asturias	**786**	**6.841**	**4.798**	**12.964**	**5.603**	**28.157**	**(7,1%)**	**(2,8%)**
Baleares	515	734	849	658	672	795	(0,2%)	(1,8%)
Canarias	2.360	5.765	7.527	7.257	9.587	24.632	(6,2%)	(3,8%)
Cantabria	426	662	3.868	1.289	4.088	3.330	(0,8%)	(1,4%)
Cast. y León	11.512	9.008	12.623	21.497	27.016	24.681	(6,3%)	(6,6%)
Cast.-La Mancha	6.506	8.180	18.477	21.414	19.852	24.630	(6,2%)	(4,2%)
Cataluña	6.781	10.041	12.922	13.319	22.834	30.785	(7,8%)	(5,5%)
Com. Valenciana	3.640	4.984	8.334	11.191	8.780	28.632	(7,3%)	(10,0%)
Extremadura	8.571	3.792	6.492	9.007	7.237	18.888	(4,8%)	(2,7%)
Galicia	7.223	7.766	8.542	10.776	15.194	10.305	(2,6%)	(7,0%)
Madrid	3.911	6.530	6.190	9.998	9.768	12.529	(3,2%)	(12,6%)
Murcia	1.494	8.078	2.704	4.678	7.306	11.283	(2,9%)	(2,7%)
Navarra	601	765	729	1.121	1.423	1.930	(0,5%)	(0,3%)
País Vasco	4.630	3.900	3.991	6.906	11.908	14.714	(3,7%)	(5,5%)
Multirregionales	1.996	1.615	752	433	4,187	83.563	(21,2%)	
Total	**88.751**	**113.925**	**138.205**	**196.287**	**234.256**	**394.098**		

Fuente: Ministerio de Economía y Hacienda.
Observación: El porcentaje relativo correspondiente al FEDER aumenta continuamente, y por lo tanto también la redistribución interregional, puesto que en principio los recursos del FSE son accesibles a todas las regiones y, por lo tanto, apenas logran ningún efecto redistributivo.

La adhesión es una apuesta por la modernidad y el progreso, y toda apuesta comporta unos riesgos que Asturias está dispuesta a afrontar; pero, a diferencia de un juego, en esta apuesta no cuenta el azar, sino el esfuerzo. Así pues, el resultado de esa apuesta, el progreso de Asturias, está en nuestras manos (documento del Gobierno regional, abril 1986, citado en Cervilla/Ordóñez, 1994, p. 740).

La Comunidad Europea define cuatro tipos de regiones-problema: «regiones atrasadas, regiones industrializadas en declive, regiones periféricas y regiones rurales» (Benavides 1994, p. 765). En el catálogo de los fondos estructurales europeos Asturias figura como «región de objetivo 1» (región atrasada) por la sencilla razón de tener derecho a un máximo de ayudas, pero también es una región industrial en declive, una región con mayor peso agrario que la media de la CE y una región periférica apartada de las vías de comunicación europeas. Actualmente (datos 1993 EUROSTAT) Asturias ocupa el puesto 139 (según el PIB/hab.) de las 179 regiones de la UE 12, es decir, bastante por detrás de las demás regiones de antigua industrialización salvo la antigua República Democrática de Alemania. En la clasificación en función del índice de desempleo Asturias se encuentra en la posición 162. Desde la adhesión en 1986 Asturias ha retrocedido relativamente.

La considerable afluencia de recursos de la CE tuvo amplias repercusiones sobre la política y economía asturianas. La administración regional aprendió a elaborar, conducir y compensar programas de desarrollo regional integrales. Un ejemplo pionero de ello fue el Programa Nacional de Interés Comunitario de Asturias 1988-1991 (PNIC). Este plan incluía un conjunto de medidas de promoción económica (promoción de las PYMES y de la artesanía, del turismo y de la tecnología), saneamiento medioambiental (limpieza de ríos, procesamiento de residuos, mejora del entorno de las viviendas) y mejora de la infraestructura (carreteras, abastecimiento de agua). El Instituto de Fomento Regional experimentó un visible crecimiento de su importancia y una correspondiente ampliación de recursos. No obstante, la concreción del PNIC muestra un campo de acción menos extenso de lo que permite suponer la formulación general de objetivos. De los 40.800 millones de pesetas, 32.300 (79%) de los recursos se dirigieron a la ampliación de carreteras y a la limpieza de ríos.

Junto a los programas de desarrollo integrales, la CE dispone de una serie de programas especiales de importancia en política regional («iniciativas comunitarias»). Entre ellos se encuentran RECHAR, RESIDER, KONVER y RENAVAL, que financian ayudas para superar crisis estructurales en las zonas de minería de carbón, siderúrgicas, de fábricas de armamento y de construcción naval, todas ellas importantes para Asturias. Su vigencia previsible finalizará en 1999. También LEADER, un programa para fomentar el desarrollo local en zonas rurales, URBAN para el fomento de proyectos urbanísticos, el programa de telecomunicaciones STAR y el programa de fomento de la energía VALOREN traen ayudas financieras desde Bruselas a Asturias, por mencionar sólo los programas especiales más importantes. «Un rasgo importante que diferencia a las iniciativas comunitarias de sus predecesores es la casi absoluta capacidad de decisión que sobre ellas tiene la Comisión» (Lázaro, 1992, p. 27).

Los esfuerzos de la CE por adjudicar más iniciativa a las regiones se muestran en la promoción de la cooperación interregional. Asturias se ha integrado en ella como miembro de «Arco Atlántico», una federación de las regiones costeras atlánticas desde Escocia hasta las islas Canarias que abarca aproximadamente el 30% de la superficie y el 16% de la población de la Comunidad. En septiembre de 1994, el Comité Económico y Social aprobó una iniciativa para la «planificación regional y estrategias de desarrollo para las regiones costeras atlánticas», con el objetivo de fomentar el desarrollo de estas regiones mediante la cooperación interregional incluso con países externos al ámbito europeo (cfr. Boletín Asturiano sobre la Unión Europea, 56/1995, pp. 70 y ss.). El futuro mostrará si tales iniciativas han sido fructíferas, lo que en último término depende de la capacidad y de la fuerza de voluntad de las regiones involucradas.

Asturias es una de las regiones más afectadas por la política de la CE. La política agraria toca sobre todo al débilmente competitivo sector lechero asturiano. Pero algunas regiones rurales también se benefician de los programas de desarrollo específicos (LEADER I y II). El sector pesquero es un campo político particularmente delicado tanto a nivel intraeuropeo como exterior, con violentas disputas sobre cupos y regulación de las capturas. Todos los sectores industriales importantes entran dentro de programas especiales de la CE, y a esto se añade la catalogación de la región como región de objetivo 1.

Puede decirse sin exagerar que la política estructural regional asturiana es una política inducida por la CE tanto en cuanto a orientación como en cuanto a equipamiento financiero. En vista de la falta de iniciativas en política regional por parte del gobierno central y de la reducida capacidad financiera propia de Asturias, la producción de las cuotas propias que permiten acceder a los recursos de promoción de la CE se convierte en el contenido esencial de la política regional. Probablemente la actual fase de planificación (1994-1999) es el punto álgido de esta política en Asturias.

Tabla 3: **Fondos europeos para Asturias 1994-99 (millones de ptas.)**

FEDER	128.662
FONDO DE COHESIÓN	47.700
FEOGA	12.971
FSE	±38.000
RECHAR II	2.584
RESIDER II	4.360
LEADER II	2.080
TOTAL	236.357

Fuente: *La Nueva España*, 3.1.1995.

Sin embargo, a esta destacada importancia de la CE no se contrapone en modo alguno una orientación administrativa. La conferencia sobre asuntos relacionados con las Comunidades Europeas, integrada por el ministro para las Administraciones Públicas y un consejero de cada uno de los gobiernos autonómicos y concebida en 1988, necesitó cuatro años para constituirse en octubre de 1992, fecha hasta la cual ha estado privada de una operatividad perceptible (cfr. Cervilla/Ordóñez, 1994, p. 744). Asimismo, hubo que esperar hasta mayo de 1995 para constituir en Bruselas una representación asturiana como contacto directo e inicio de un *lobby* regional in situ. Por regla general, los contactos pasan por un gobierno regional que actúa frecuentemente con parsimonia y se limitan sustancialmente a la redacción del programa. Muchas de las posibilidades de la Unión Europea y de la cooperación internacional que transcurre a través suyo se desaprovechan imperdonablemente por falta de información y ausencia de infraestructuras institucionales. Una representante de la Unión de Comerciantes gijoneses efectúa una crítica semejante:

> Es que en Bruselas los políticos asturianos caminan peor que nosotros, y luego, abren una oficina para inaugurarlo, claro, durante las elecciones, en Bruselas, que vale un porrón de pasta, y la abren al margen de las Cámaras de Comercio, al margen de las asociaciones empresariales, porque se nos había olvidado que teníamos que abrir una oficina en Bruselas. ¿No es un poco chocante? (Intgij. 11).

La opinión de la población frente a la CE está más marcada por coyunturas generales del ambiente reinante y de los problemas que por las repercusiones reales de la política comunitaria sobre la región. La tendencia más bien positiva existente al principio de la adhesión, en el sentido de una incorporación inmediata a la moderna Europa, se torna crecientemente en una crítica a la CE, en el sentido de que Bruselas tiene la culpa por los problemas regionales. «Asturias está pagando la Entrada en el Mercado Común» (cfr. ERA, 1994, Doc. de Trabajo 25, pp. 72 y ss.). Para los puntos de vista aún más pesimistas, la CE ha significado «el tiro de gracia» (ERA, Doc. de Síntesis, p. 120), la encarnación del final de una vía de desarrollo que ya no es practicable y para la que no hay alternativa de futuro. Una vez más confluían varios componentes del discurso regional. Bruselas emerge junto con Madrid como segundo centro decisorio alejado que descuida y perjudica a la región. Simultáneamente, la culpa nacional aparece en forma de una Asturias, región carbonífera siderúrgica, pesquera y lechera que paga por toda España los costes de la entrada en la CE. En general, la CE se utiliza como recurso indiferenciado de atribuciones de culpa para problemas regionales que son mucho más viejos que la propia institución inculpada.

> En todos los sectores citados el marco general de las acciones de ajuste se acomodó a los mandatos emanados de la CE, que aprobó ajustes de capacidad y ayudas para el carbón y esta-

bleció el sistema de cuotas lácteas. Pero, aunque resulta fácil imputar a la política comunitaria la responsabilidad de dichas acciones, lo cierto es que la propia apertura del mercado las hubiera impuesto, y tal vez con mayor rigor, dramatismo e imprevisión, porque la causa última de que fueran necesarias estriba en la falta de competitividad (de Silva, 1994, p. 728).

Y a la inversa: no se perciben o se relegan las considerables prestaciones que fluyen a Asturias procedentes de los fondos de la CE y los efectos indirectos de dinamización que tienen sobre la política regional. Esta relegación no es tanto un problema de imagen como de insuficiente aprovechamiento de los recursos de la CE, cuya utilización óptima exige las correspondientes estrategias regionales.

Para evaluar los efectos de los fondos estructurales de la CE sobre la política regional asturiana y sobre la región en su conjunto queda por constatar que probablemente la CE ha sido el factor más innovador y dinamizador de la política estructural regional de la última década y junto a los sindicatos tal vez el agente más importante, si bien poco visible. Esta opinión puede que sorprenda a primera vista, pero es resultado del análisis de los contenidos políticos y su financiación. Naturalmente la CE se oculta tras muchas instancias intermediarias y muros burocráticos, lo que explica la enorme discrepancia de percepción que existe por parte de la población y hasta en los directamente afectados por la ejecución de la política.

Del resultado de este análisis se plantea la cuestión de los intereses de la CE, que hasta ahora no ha sido prácticamente mas que una federación de Estados aislada con un modesto aparato funcionarial (menor que el de muchas grandes ciudades europeas). Al buscar los intereses no deberíamos dejarnos llevar ni por los objetivos declarados ni por las críticas al uso, sino tratar de decantar las estrategias y efectos universales de las medidas. Los estudios efectuados en profundidad han mostrado que la «política de cohesión» de la CE no sirve tanto para compensar socialmente la brecha interregional como para estimular las fuerzas de mercado en cada una de las regiones en el marco de una política general de fomento de la competitividad europea en la lucha de competencia internacional (cfr. Bianchi, 1992, p. 314). Precisamente el objetivo de cohesión de la política estructural regional se obstaculiza estructuralmente por un fortalecimiento de la competitividad en el contexto internacional (p. ej., política de investigación y política tecnológica), que aspira a la promoción de las multinacionales europeas y sus redes, provocando más una concentración que una descentralización. Se descubren campeones regionales para transformarlos en campeones europeos, y prepararlos así para el mercado mundial.

Las reformas de la CE dirigidas al aumento de la competitividad tienden a favorecer a las regiones más avanzadas, puesto que el fortalecimiento de las condiciones oligopólicas fomentará las ventajas organizativas y comerciales de las empresas líderes del mercado, las cuales en su mayor parte se localizan en las regiones avanzadas. Al mismo tiempo, las regio-

> nes menos favorecidas tienden a sufrir cuando el Mercado Único remueve las barreras comerciales que protegen a las empresas más débiles y menores o ayuda a reducir a las regiones menos favorecidas al *status* de economías satélite sirviendo a las necesidades de grandes compañías en las áreas centrales (Amin y otros, 1992, p. 322).

Pero en cuanto a su efecto y en sentido estricto, las medidas de política regional sirven más para movilizar recursos competitivos ya existentes y para la comercialización de la actuación estatal que para ofrecer un apoyo compensatorio a los débiles y a los amenazados por la lucha de competencia. De esta forma, por ejemplo para las empresas con gran actividad en investigación y que actúan a nivel internacional se ofrecen numerosas posibilidades de cofinanciación y subvención desde las arcas de la CE, mientras que para las pequeñas empresas tradicionales con una elevada utilización del trabajo, como las predominantes en la economía privada asturiana, no es interesante presentar solicitudes de unos pocos puntos porcentuales de subvención de intereses, dado el gasto burocrático necesario y comparándolo con los métodos de reducción de costes informales incluso ilegales (evasión de impuestos, trabajo sumergido, ahorro de costes salariales secundarios).

> La política regional de la CE... potencia en particular las actividades que en el conjunto europeo disponen de una buena posición de competencia o satisfacen funciones complementarias. De esta forma, la política regional de la CE no es tanto un instrumento de compensación como una estrategia orientada al futuro que ayuda a empresas de regiones periféricas con relativas ventajas de competencia a irrumpir en mercados europeos. Por lo tanto, la política regional tampoco compensa las desventajas económicas que se derivan del mercado interior, sino que actúa en sentido inverso como instrumento para un mejor aprovechamiento de las ventajas potenciales que se ofrecen aparte de la economía periférica a consecuencia de la integración del mercado. Pero la consecuencia que encierra es la siguiente: la utilización de instrumentos de política regional potencia aún más los efectos económicos selectivos resultantes de una creciente integración de mercados en Europa... La forma tradicional de desarrollo dependiente mediante la marginación es rescatada por la integración selectiva de estructuras de pequeña empresa en un proceso paneuropeo de reorganización industrial e innovación (Tömmel, 1992, pp. 413 y s. y p. 382).

De este análisis se desprenden para Asturias consecuencias que tienen un gran alcance y que hasta ahora apenas se han percibido. En primer lugar, existe una obligación estructural de adaptarse a las exigencias de la política regional de la CE, si se quiere aprovechar el considerable alcance de los recursos ofertados. Esto significa orientar la actuación estatal a los requisitos de potenciación de las fuerzas de mercado, y por tanto una despolitización del Estado. Una región con fuerzas de mercado débilmente desarrolladas y un grado de politización extremadamente alto, precisamente en las estructuras económicas, tendrá que enfrentarse a exigencias particularmente elevadas en la lucha de competencia internacional e interregional si quiere aprovechar de forma óptima los instrumentos de la CE. Se vislumbra el peligro de que el dinero de Bruselas se utilice para muy poco más que construir un par de carreteras y refinar las relaciones clientelistas ya existentes, mediante una distribución selectiva de los recursos, mientras que otras regiones no los utilizarán sólo para movilizar su potencial económico, sino también para modernizar y profesionalizar su burocracia estatal y para construir redes informales supranacionales que sirvan como importantes canales de información e influencia. Asturias se integraría así en la tendencia que ya se ha observado en otras regiones de Europa.[4]

> Sin embargo, las diferenciaciones más intensas entre las regiones se derivan de las diferentes capacidades y cualidades de implementación de cada una de las Administraciones. Si en el marco de la promoción de proyectos ya se mostraron claras diferencias, éstas continuarán intensificándose con la introducción de implementaciones de programas... Así, las regiones con mayores problemas de implementación se orientan más a prestaciones previas en infraestructuras de tipo estatal (es decir, más generales) y menos a medidas que promuevan directamente la economía o estén específicamente dirigidas a la innovación (Tömmel, 1992, p. 375)

En segundo lugar, esta adaptación y la utilización eficiente de recursos debe realizarse de inmediato. El director general de política regional de la Comisión Europea, Eneko Landaburu, manifestó abiertamente en Madrid, en octubre de 1995, lo que todo el mundo es capaz de imaginarse. La continuidad de esta costosa política de fondos estructurales durante todo el Plan 1994-1999 en vigor es muy cuestionable. Es probable una reducción y una utilización más selectiva, y quien hasta entonces no haya desarrollado suficientemente su poder económico, ya no podrá seguir esperando la bendición de ecus procedente de Bruselas (cfr. NE, 11.10.95). La posible incorporación de países de Centroeuropa a la UE agudiza aún más este problema.

En tercer lugar, en este aprovechamiento Asturias debe superar algunas desventajas de competencia específicas. Entre ellas se cuentan en particular la ausencia de potentes entidades de investigación y desarrollo y el bajo nivel tecnológico y el aislamiento de sus empresas. La política de fomento de la competitividad de la UE se dirige precisamente a esas áreas, y donde no existen potenciales de desarrollo (es decir, donde no existen centros de I+D ni empresas punteras que cooperen internacionalmente) tampoco podrán reclamarse programas de fomento. De forma que también en la recepción del fomento de la CE Asturias presenta un centro de gravedad unilateral en las ayudas coyunturales como amortiguador social, mientras que el obje-

[4] Respecto al sur de Italia, cfr. Tömmel, 1992; respecto a Grecia, Axt, 1989.

tivo a más largo plazo de la UE de identificar y revitalizar potenciales económicos no utilizados y aprovecharlos para la competencia internacional continúa sin contenido. No resulta difícil imaginarse lo que esto significará para la futura posición de Asturias en la competencia interregional internacional.

X.5. EL ORIGEN DE LA POLÍTICA ESTRUCTURAL REGIONAL EN ASTURIAS

En el fondo, el capítulo III ha mostrado que la región industrial de Asturias estaba caracterizada, desde un principio, por una política estructural regional, sin la que no habría existido. Las fuerzas libres de mercado y los pioneros de las empresas privadas nunca fueron predominantes. Sin embargo, para el objeto de nuestro estudio sólo tienen importancia las reacciones políticas a los problemas estructurales que han surgido desde los años sesenta como consecuencia de la apertura de los mercados. De forma que en un principio se tenían las ya mencionadas repercusiones de la política de desarrollismo llevada a cabo en la fase tardía del régimen de Franco. En esa época no sólo se afianzó la estructura económica polarizada y del monocultivo, sino también el estilo de Asturias en política regional. La clase política asturiana ruega al gobierno central que subvencione las empresas públicas, proceso en el que los criterios de eficacia económica desempeñan un papel subordinado. En principio, la democratización y la introducción de un gobierno regional no modificó muchas cosas.

El primer gobierno autonómico democrático se formó con una gran voluntad de política regional y muchas ilusiones, que el presidente del gobierno autonómico Pedro de Silva había descrito programáticamente en su libro *Asturias. Realidad y Proyecto* (1982) publicado poco tiempo antes. Una de ellas era un *esquema de ordenación territorial*, que pretendía reintegrar económica y socialmente en la región las alas subdesarrolladas de Asturias mediante programas especiales de desarrollo. Sobre todo con ayuda de los fondos de la CE se iniciaron numerosos planes de desarrollo para las regiones subdesarrolladas del oeste y del este, planes que no vamos a tratar aquí en más profundidad. A buen seguro han prestado una considerable contribución al desarrollo de las zonas hasta entonces fuertemente abandonadas y con infraestructuras apenas existentes. Sin embargo, difícilmente se podrá hablar de una región cohesionada por la inclusión de las alas.

Un segundo factor de ordenación territorial de la política regional autonómica lo constituye la posición especial de las comarcas mineras (cfr. cap. X.6.4), que no sólo se debe a su especial problemática, sino también al peso político preponderante de los valles hulleros centrales. La sustancial afluencia de recursos, una vez más con elevada participación de los programas estructurales de la CE, modifica visiblemente el rostro de las cuencas. El transporte por carretera se ha ampliado notablemente, los ríos están saneados, se han instalado grandes parques e instalaciones de ocio y se han urbanizado nuevos polígonos industriales. Igualmente se han restaurado edificios históricos e instalaciones industriales (p. ej., Bustiello). En la actualidad los problemas de desarrollo de las cuencas no pueden achacarse apenas a razones de infraestructura o físicas, aun cuando deberá aún pasar mucho tiempo hasta que se saneen los destrozos urbanos y medioambientales de un siglo de explotación de carbón.

Un debate permanente en la política asturiana de ordenación territorial es la construcción de un centro (metropolitano) interrelacionado.

> El Plan Director de Infraestructuras define el área metropolitana como «una superficie ocupada y urbanizada amplia, en la que normalmente coexisten varios núcleos poblacionales (pertenecientes generalmente a municipios distintos), claramente interrelacionados a través de las correspondientes infraestructuras y que, en conjunto, alcanzan un volumen de población lo suficientemente elevado como para que sea rentable la localización de actividades productivas dirigidas al abastecimiento de la población del propio área» (Ministerio de Obras Públicas y Transportes). El rasgo principal de un área metropolitana es que, una vez alcanzada la masa crítica, un determinado potencial, se desencadena un proceso autónomo de crecimiento que atrae nuevas actividades productivas, nuevos empleos y, por tanto, nueva población (Hernández Muñiz, 1994, p. 876).

Con frecuencia el debate tiene más el carácter de un discurso que de un análisis de la realidad. El punto de partida es la constatación de que ninguna ciudad o zona existente puede alcanzar un tamaño suficiente para desarrollar ventajas asociadas a su nivel de aglomeración y convertirse en un centro de desarrollo regional. En vista de las actuales tendencias de desarrollo está cristalizando un eje central Gijón-Oviedo, con posibles refuerzos transversales Gijón-Avilés y Pola de Siero-Llanera. No obstante, el fomento de este desarrollo choca con decididas resistencias, sobre todo en las cuencas mineras, que en este caso se sienten apartadas y reducidas a meros enclaves dormitorio para la población emigrante. Este conflicto surge cada vez que se ocupan los cargos de un órgano o se habla de un trazado de carretera o de una línea ferroviaria, de combinar los puertos de Gijón y Avilés, de cualquier subvención para urbanizar superficies industriales, etc. Conflicto que se ve potenciado por los tradicionales antagonismos entre el sector del metal y el sector del carbón, por una parte; y entre las ciudades costeras, con Gijón a la cabeza, y el centro administrativo de Oviedo en el interior.[5] En estas líneas de conflictos, una política de ordenación territorial transparente amenaza con fracasar y hundirse en compromisos indolentes e ineficaces.

[5] Un ejemplo significativo es el veto a un representante gijonés en la comisión de control de la Caja de de Asturias en septiembre de 1995. La caja de ahorros regional, al menos potencialmente, es uno de los más importantes instrumentos de financiación para medidas de inversión.

Hasta ahora la política de acción territorial ha estado privada de una estrategia coherente y universal y es una víctima más de los conflictos interasturianos y de los localismos.[6] En vista de la localización geográfica marginal y de la reducida extensión de la Asturias industrial, las estrategias de revitalización económica sin una política de integración territorial y concentración parecen una empresa sin perspectiva. La idea de enlazar las cuencas mineras (alejadas sólo 20 km) directamente con los ejes centrales Gijón-Oviedo y Llanera-Pola de Siero han fracasado hasta ahora más por obstáculos de mentalidad que por obstáculos técnico-económicos. Por cuanto respecta a las regiones periféricas rurales, que reciben dinero del programa LEADER de la UE para su desarrollo, inmediatamente después del cambio de gobierno de 1995 ha surgido un conflicto entre el nuevo gobierno regional y los municipios. El nuevo gobierno argumentó su intención de ejercer un control más intenso de la utilización de recursos con estas palabras: «impedir que se desvirtúe la naturaleza del programa y de las inversiones, en vez de orientarse al desarrollo de un territorio, se apliquen más bien al desarrollo de un grupo más o menos reducido de personas.» Los alcaldes que lo critican ven en el planificado órgano de control un «comisariado político» (NE, 19.11.1995).

Directamente vinculada con la política de ordenación territorial está la política de infraestructuras, el equipar a la región con vías de transporte, redes de comunicación y suelo industrial, para viviendas y zonas de ocio. Para una región geográficamente periférica como Asturias esto es una realidad más que para cualquier otra. Sólo una política de conceptos claros que aspire a la urbanización e interrelación interna enlazando con las redes de comunicación nacionales e internacionales impedirá que se agudice el proceso de marginalización. Además, la perspectiva histórica de la Asturias industrial ha demostrado que las vías de tráfico han representado en la Asturias periférica un material permanente de conflictos y un factor de determinación a lo largo de los dos últimos siglos. En estas condiciones, los esfuerzos asturianos por disponer de unas mejores vías de enlace tanto hacia el sur con el centro del Estado español, como a lo largo de la costa cantábrica hasta Francia, equivalen a una carrera perdida contra el tiempo. En la «red esmeralda», el primer plan de transporte del desarrollismo franquista en 1961, se presentó un proyecto de autovía desde la frontera francesa hasta Galicia, que después de numerosas modificaciones aún sólo se ha llevado a la práctica de forma fragmentada (cfr. NE, 27.9.1993). La modernización de los ferrocarriles, que en Asturias circulan sobre dos anchos de vías diferentes, ninguno de los cuales

[6] Otro ejemplo es la constitución de la empresa de gestión del suelo (Gesuosa) de la ciudad de Oviedo en el verano de 1995, aun cuando para estos fines existe y funciona desde 1984 la sociedad regional SOGEPSA, en la que participa la ciudad de Oviedo. Evidentemente, aquí desempeñan el papel principal las necesidades de poder político locales (cfr. Gutiérrez de Terán, en NE, 9.11.1995 y NE, 15.11.1995).

corresponde al ancho de vía europeo, parece un asunto archivado *ad acta*. Asturias se incorpora con considerable retraso a la red de carreteras europeas y amenaza con quedar completamente excluido del tráfico ferroviario internacional de alta velocidad.

En el lado contrario, hay que decir también que las infraestructuras por sí solas no son suficientes para revitalizar una región, habida cuenta de la debilidad general del crecimiento y de la «loca carrera en que se han embarcado las regiones europeas para dotarse de nuevas autopistas, trenes de alta velocidad o modernas redes de telecomunicaciones» (Hernández Muñiz, 1994, p. 871). A esto se añade el problema de España de tener que establecer centros de gravedad nacionales y dar prioridad a ejes como Lisboa-Madrid-Barcelona para enlazar con las redes europeas, es decir, que la necesidad nacional de recuperarse de los retrasos se prolonga en retrasos regionales de medidas de infraestructura urgentemente necesarias.

Además de la política de ordenación territorial y de la política de infraestructuras, otro elemento importante de la política regional se considera que es el *fomento de las inversiones*. La institución central para ello debía ser el Instituto de Fomento Regional (IFR) fundado en 1983, en torno al cual se crearon entidades complementarias como la Sociedad Regional de Reconversión (SRR), la Sociedad Regional de Promoción (SRP, capital-riesgo), el Servicio de Asesoramiento y Promoción Empresarial (SAYPE, promoción de PYMES) y la Sociedad de Gestión y Promoción de Suelo (SOGEPSA). Hasta 1988, la actividad del IFR y sus sociedades se limitó esencialmente al fomento de estudios, actos, participación en ferias e infraestructuras, y en particular a la urbanización de polígonos industriales. Con la incorporación del Instituto de la Oficina de Incentivos Económicos Regionales, que gestiona las medidas de fomento de la inversión, una reestructuración interna y una ampliación, el IFR acabó convirtiéndose a partir de 1988 en la entidad de fomento económico central de Asturias. Sin embargo, la estructura institucional de política regional asturiana surgida en ese momento ha sido con frecuencia objeto de las críticas.

> La política industrial seguida por el Principado de Asturias posee una base institucional muy compleja aunque insuficiente, poco coordinada y jerarquizada y predominantemente pública, es decir, con una reducida capacidad de incorporación de éste en el diseño y ejecución de las actuaciones (ERA, 1994, doc. 23, p. 34).

En la tabla siguiente se relacionan sólo las entidades de fomento regional más importantes, donde se ve claramente que muchas de las prestaciones y actividades se trata de duplicaciones y solapamientos (a este respecto, ver también los distintos campos de la política y las instituciones, que potencian esta tendencia):

Tabla 4: **Entidades regionales de fomento**

Organismo	**Personal**	**Presup.* 1992**	**Subv.**	**Crédito blando**	**Avales**	**Capital riesgo**	**Infraestr. industr.**	**Inform.**	**Formac.**	**Otros serv.**
IFR		32	954	x				x	x	x
SRP		10	76				x			
SAYPE		25	964	x	x					x
ASTURGAR		2				x				
SODECO		7	2.058		x		x	x		x
Centro de Empresas Mieres		**						x		x
Centro de Empresas Valnalón		8	30	x				x		x
Parque Tecnológico		**								
Centro de Empresas Gijón	2	22					x			x
Agencia de Desarrollo Gijón	1									
EXPORTASTUR			3	36						x
Ferias										
FICYT	8	500	x	x				x	x	I+D
Agencia Regional de Empleo	16									x
Cámara de Com. Oviedo	22	270								x
Cámara de Com. Gijón	10	139								Feria
Cámara de Com. Avilés	6	35								
ENISA	1			x		x			x	x
Total	**153**	**5.084**								

*En millones de pesetas. **Personal adscrito a otros organismos.
Fuente: ERA, 1994, doc. 23.

En el caso asturiano puede hablarse de un cambio forzado de paradigma durante la transición del gobierno de Vigil al de Trevín en 1993. Hasta ese momento el discurso del Gobierno se dirigía a una renovación de la región mediante grandes inversiones de empresas multinacionales en sectores con perspectivas de futuro.

El objetivo esencial establecido por el Gobierno que presidía el socialista Pedro de Silva era conseguir inversiones en sectores de nueva tecnología para lograr un inicio de regene-

> ración y cambio de tejido industrial, telecomunicaciones, nuevos materiales, petroquímica, aeronáutica y automoción eran algunos de los sectores preferentes. La búsqueda de El dorado tecnológico y de capital foráneo se ha desarrollado en un peligroso in crescendo... El canje de cromos fue calando en la sociedad asturiana y en la mayoría de los agentes sociales, que coincidían en reclamar una SEAT de 20.000 trabajadores... a pedir obsesivamente un gran proyecto multimillonario. (LVA, 1.6.1993)

El establecimiento de DuPont (cfr. cap. IX) fue un primer rayo de esperanza; los sindicalistas y políticos socialistas hablaron durante mucho tiempo sobre la posibilidad de una fábrica de automóviles, y finalmente, en mayo de 1993, el presidente Vigil anunció los 366.000 millones de pesetas de inversión saudita en una refinería en Asturias, con 5.000 puestos de trabajo. De inmediato se reveló que este anuncio había sido una gigantesca metedura de pata en la que el Gobierno había caído candorosamente víctima de un intermediario falso. El 24 de mayo de 1994 el presidente anunció su dimisión. «Con Vigil se marchó también la esperanza de encontrar, aunque fuera a bandazos, alguna salida de urgencia para la crisis asturiana» (NE, 19.7.1995). También otros proyectos de inversores extranjeros (General Electric, EuroMetals, Siemens) habían fracasado. Posteriormente el consejero asturiano de Industria Julián Bonet habló con toda franqueza de que «el Gobierno autónomo abandona su política de captación de grandes inversiones extranjeras» (ElCom, 24.7.1993).

De esta forma las pequeñas y medianas empresas (PYMES) aparecieron como la nueva esperanza de futuro en el discurso del Gobierno. Las PYMES se consideran flexibles, innovadoras y con capacidad de crear empleo, con lo cual se trasladan sin más ni más groseras ideas sobre el Sillicon Valley, la Tercera Italia o Baden Württemberg a las pequeñas empresas. Las empresas que hasta hace poco habían sido consideradas atrasadas, subdesarrolladas, minifundistas y tradicionales, se transforman súbitamente en la encarnación de la modernidad; pero pronto la realidad quedará descolgada de este cambio discursivo. Los programas de fomento para empresas hasta 250 empleados son amplios, pero en Asturias se reclaman en muy reducida medida (cfr. NE, 21.4.1993, 11.12.1994). En noviembre de 1994 el gobierno regional aprobó un programa complementario para potenciar la competitividad de las PYMES, con el que se pretendía subvencionar hasta el 80%, prioritariamente las inversiones en calidad y productividad. Una parte considerable de los polígonos industriales urbanizados continúan vacíos hoy día; otros, como los de Gijón, se están llenando con empresas previamente existentes que emigran del centro de la ciudad. En 1995, los treinta y cuatro polígonos industriales asturianos estaban ocupados al 11,4% (NE, 1.12.1995). Este fenómeno se debe a diversas razones. Por un lado el nivel de inversiones y la tendencia a las mismas de las PYMES asturianas es absolutamente reducido. En segundo lugar existen barreras como la ausencia de información, una burocracia incómoda y penosas condiciones de pago que arredran a los pequeños empresarios y a los potenciales fundadores de empresas ante la posibilidad de solicitar recursos de fomento públicos. Así por ejemplo la guía de ERNST & YOUNG «Todo sobre ayudas e incentivos al sector industrial» contiene 337 tipos diferentes de medios de fomento (cfr. Rodríguez López, 1993, p. 4).

> Entre tramitación y resolución, la subvención tarda en llegar más de un año... Los que más se benefician son las grandes empresas extranjeras. Claro, la Thyssen negocia directamente con Rodríguez-Vigil, que con los acuerdos que alcanza en su despacho, alivia y agiliza todo el proceso (Jesús Manuel Suárez Peón, pequeño empresario, NE, 26.5.1992).
>
> Las dificultades a nivel burocrático son enormes; unos trámites infinitos; te puedes pasar meses cubriendo impresos, y esto hace que mucha gente se eche para atrás (Ana Cancelas, vicepresidenta de la Asociación Independiente de Jóvenes Empresarios de Asturias, entrevista propia).
>
> Montar un negocio, hoy, supone participar en una difícil carrera de obstáculos contra la maraña burocrática de la Administración en la que hay que solicitar hasta 50 trámites diferentes que pueden demorar la creación de una empresa más de 12 meses, en el mejor de los casos, o dar al traste con el proyecto... Lo peor de todo es que la mayoría de estos permisos y licencias no se conceden si no tienes hecho el trámite anterior a ese. El proceso es en cascada... La mejor política de apoyo a las PYMES debería empezar por racionalizar la tramitación (intervenciones del Congreso de la Pequeña Empresa en San Sebastián, *El País*, 17.4.1994).

En tercer lugar, muchos pequeños empresarios se mueven rayando en la economía informal y, en consecuencia, temen las inspecciones fiscales y de la Seguridad Social, o bien no pueden ofrecer garantías que son imprescindibles para los recursos de promoción pública. Un estudio sobre nuevas empresas creadas en Gijón (Ayuntamiento de Gijón 1995), casi en su totalidad muy pequeñas empresas con un máximo de cinco empleados, recalca:

> Una minoría de las empresas entrevistadas atraviesan una difícil situación, y una proporción apreciable del resto han tenido diversos problemas a lo largo de su desarrollo. Probablemente, una buena parte de estas dificultades hubieran podido evitarse, de haber contado los interesados con una mayor cantidad de información previa, o una formación empresarial más cualificada. Este aspecto es sin duda de los que más relevancia tienen en el proceso de iniciación a las actividades empresariales.

En Asturias no se ha seguido una política coordinada de fomento económico utilizando los instrumentos de la CE y del Estado central hasta 1988, bajo la influencia del fondo estructural de la CE y de la Ley de Incentivos Regionales (LIR). Entonces las cuencas mineras centrales fueron declaradas Zona Industrial en Declive (ZID), lo que permitía subvencionar inversiones hasta el 45%, y el resto de Asturias fue declarada Zona de Promoción Económica (ZPE), con límites máximos de subvención graduales hasta el 40% (zonas rurales) o el 30% (centro). Una vez expirados estos planes de promoción en mayo de 1992 se declaró a toda Asturias como ZPE, subdivida en una zona de tipo I (cuencas mineras, con un límite máximo de subvención del 50%), una zona de tipo II (a las rurales del oeste y del este de la región, 40%) y una zona de tipo III (centro, 30%). Finalmente en noviembre de 1995 la Comisión Europea modificó de nuevo sus directivas y permite para el conjunto de todo Asturias subvencionar proyectos de inversión hasta el 50%. Esto ha podido ser mal recibido en las cuencas mineras, puesto que aquí no concurría la ventaja relativa respecto al resto de Asturias, pero globalmente para la región ha sido un hecho positivo dado que para otras regiones españolas y europeas de objetivo I los límites superiores se rebajaron del 75 al 60% debido a una reducción generalizada de los máximos.

Adicionalmente en los años noventa surgieron planes de reactivación económica dentro de la política regional asturiana. En enero de 1992 se aprobó el primer Plan de Dinamización, al que en octubre de 1994 siguió una segunda versión. Sin embargo, estos planes no constituyen más que declaraciones de voluntad de carácter general que no presentan ni planes de plazos concretos ni partidas presupuestarias y cuya realización depende en gran medida del dinero del gobierno central. Los propios componentes del Gobierno han presentado varias veces quejas sobre la falta de operatividad y concreción (cfr. NE, 16.12.1993, 18.5.1994).

Tabla 5: **Resultados de los programas de incentivos y promoción (1985-1994)**

	Proyectos	Inversión millones ptas.	Empleos	Empleos proyecto	Inversión proyecto	Inversión empleo
Polo	130	9.380	873	6,7	72,2	10,7
PAUR	661	5.380	1.778	2,7	8,1	3,0
SAYPE	1.529	33.087	3.947	2,6	21,6	8,4
ZUR	123	25.763	2.154	17,5	209,5	12,0
ZPE	222	155.464*	3.712	16,7	700,3	41,9
ZID	42	23.604	2.551	60,7	562,0	9,3
TOTAL	**2.707**	**252.678**	**15.015**	**5,5**	**93,3**	**16,8**

Polo: Polo de Desarrollo, hasta Mayo 1988
PAUR: Programa de Actuaciones Urgentes 1985-88
SAYPE: Servicio de Asesoramiento y Promoción Empresarial, sucesor de PAUR, subvenciones a PYMES
ZUR: Zona de Urgente Reindustrialización, 1985-88
ZPE: Zona de Promoción Económica de Asturias, desde mayo 1988, subv. según LIR
ZID: Zona Industrial en Declive de Asturias

* Aquí se incluye la inversión total de DuPont para diez años.
Fuente: Vázquez, 1993, p.117, IFR Memorias, cálculos propios.

Tabla 6: **Proyectos de la Sociedad Regional de Promoción**
(datos absolutos o en millones de pesetas)

	1984	1985	1986	1987	1988	1989	1990	1991	1992	1993	1994
Proyectos autorizados	1	25	16	8	7	6	6	4	3	4	5
Empleo directo acumulado		101	121	359	549	628	731	785	843	844	730*
Capital invertido		610.600	2.256.600	3.078.600	4.321.033	5.608.233	5.959.833	5.761.433	5.939.934	8.419.190	8.536.190
Inversión SRP	227.820	507.180	822.580	1.258.560	1.400.164	1.538.761	1.607.374	1.700.281	2.843.531	2.827.294	
Inversión SRP/Empleo	2.250	4.192	2.291	2.292	2.229	2.105	2.047	2.017	3.369	3.873	

* El retroceso del empleo se explica por la venta de las participaciones en Asturpharma (41 empleados) y Muebles Lena (52 empleados). Igualmente el resultado de un saldo neto de puestos de trabajo creados aproximadamente de 900 después de una década no puede considerarse satisfactorio.
Fuente: Programa ERA, n.° 23, p. 53, IFR Memorias, cálculos propios.

Tabla 7: **Ayudas del SAYPE a las PYMES en 1993 y 1994 por sectores**

	Proyectos		Inversión*		Empleo		Subvención*	
	1993	1994	1993	1994	1993	1994	1993	1994
Agroalimentación	20	6	1.035,1	311,5	105	35		
Industrial	104	104	4.009,8	4.943,0	467	220		
Artesanal	4	7	9,2	30,5	8	1		
Comercio	73	78	2.125,5	934,7	284	113		
Turismo-Hostelería	34	34	2.034,5	1.072,9	126	119		
Servicios	75	73	1.134,2	1.084,1	93	82		
Transporte	21	3	337,1	46,6	0	1		
Total	**331**	**305**	**10.685,5**	**8.423,5**	**1.083**	**571**	**839**	**747**

*En millones de pesetas.
Aproximadamente el 50% de los proyectos y del dinero recaen sobre las comarcas de Oviedo y Gijón.
Fuente: Consejería de Economía.

Si se observan los programas de fomento de la inversión y el empleo en términos meramente cuantitativos llama inmediatamente la atención el desequilibrio existente entre puestos de trabajo creados y perdidos. No obstante, esta diferencia se corresponde con un desequilibrio entre los recursos financieros para subvenciones y los planes sociales para empresas industriales estatales, a diferencia de los medios para creación de nuevos puestos de trabajo. Habida cuenta del retraso con el que se manifiesta la desindustrialización, que provocó después un ajuste tanto más vertiginoso, y de que la reacción política a la misma fue demasiado tardía, resulta un hecho prácticamente inevitable, dado que además no se comenzó a acudir a los instrumentos de fomento más que cuando se produjo un valle coyuntural en la economía española. La única excepción, en condiciones similares a las de Asturias, vendría dada por la comarca belga de Limbourg, en el centro de la UE, donde con un programa de 100 billones de francos se crearon 39.000 puestos de trabajo entre 1987-91 y se compensó la pérdida de 17.000 puestos de trabajo en la minería.

Los diferentes instrumentos de fomento son difíciles de comparar entre sí. El hecho de que la creación de nuevos puestos de trabajo sea más fácil y barata y que se lleve al cabo en mayor número en las pequeñas y medianas empresas, por lo que estadísticamente SAYPE sale mejor parada que ZPE, es un fenómeno completamente lógico y que dice poco en cuanto a la calidad, la durabilidad y los efectos subsiguientes de las medidas de promoción. Sin embargo, llama la atención la fuerte concentración territorial de los proyectos de SAYPE en Gijón, Oviedo y Avilés y en pequeñas empresas industriales, mientras que los restantes instrumentos tienen un efecto territorialmente más amplio. En lugar de efectuar una comparación cuantitativa corriendo el peligro de hacer deducciones precipitadas (por ejemplo, concentración de todos los recursos sobre el instrumento que estadísticamente ha tenido más éxito), debería intentarse una complementación, coordinación y potenciación más racional.

Hasta ahora, Asturias no ha abandonado su papel de rezagado y demandante de ayudas frente al gobierno central. Mientras que más adelante se considerarán detalladamente algunos puntos del programa, aquí vamos a concluir este apartado con unas cuantas observaciones generales. Una crítica general (que también surge continuamente en nuestras entrevistas) a los instrumentos de fomento regionales es su «excesiva politización» (Cámaras Oficiales de Comercio, 1993, p. 105), su instrumentalización para fines políticos de partido o clientelistas y la falta de profesionalidad. Cuando en 1995 el nuevo gobierno minoritario del PP quiso recortar la influencia de los partidos sobre el IFR e introducir más profesionalidad, se vio enfrentada a una coalición de todos los partidos que lo impidió y que lo aumentó el Consejo de Dirección en lugar de reducirlo. Las instituciones de fomento carecen de capacidad de decisión autónoma y de orientación profesional, de forma que en muchos aspectos comparten los típicos déficit funcionales de una administración pública. Sus directores utilizan los puestos como trampolín en su carrera política, que no está vinculada al éxito o al futuro de la institución, sino relacionados con elecciones e intrigas de partidos, y los empleados satisfacen criterios funcionariales. Esto se ve aún intensificado por el alto número de instituciones apenas coordinadas entre sí. De forma que probablemente la sociedad de capital-riesgo SRP podría mejorar considerablemente sus débiles resultados como parte de una agencia de promoción integral que también oferte instrumentos ZPE. Un estudio comparativo internacional llega al siguiente resultado:

> Al comparar las agencias europeas en este estudio la primera cosa que destaca es que todas las agencias regionales cuentan con el apoyo de agencias locales y vice-versa. En Asturias, hay poca colaboración entre la agencia regional y las agencias locales, entrando a veces casi en competencia. Este problema puede ser fruto de que en Asturias las agencias locales nacieron antes que la regional y dependen de distintos organismos políticos para su financiación y políticas de desarrollo no siendo siempre coincidentes a nivel regional y local. No obstante, las otras agencias europeas parecen haber superado este problema, con los dos niveles trabajando hacia un mismo fin (Castillón, 1994, p. 65).

En nuestras entrevistas y en los estudios competentes vuelve a surgir como barrera frente a un efecto más duradero la falta de un empresariado innovador. Las PYMES sólo tienen intereses en las reducciones de impuestos y de los costes salariales secundarios, así como en los créditos de interés favorable. Por el contrario, la cooperación con instituciones públicas orientada a la tecnología, exportación y cualificación encuentra muy poco interés en ella (cfr. ERA, 1994, Doc. 11). Precisamente aquí es donde se sitúan importantes déficit competitivos de la empresa asturiana.

En todos los estudios de orientación eminentemente técnica sobre el tema (cfr. Cámaras Oficiales de Comercio, 1993; Centro de Estudios y Debate Manuel Llaneza, 1993; ERA, 1994, Doc. 23) se reivindica una concentración institucional de los instrumentos de fomento bajo un mismo techo en el IFR, pero esta racionalidad de los expertos choca sobre la realidad política y social enteramente contrapuesta de una región parcelada y politizada. Como además faltan los requisitos necesarios de economía privada, el IFR está muy lejos del ideal de política industrial según el cual el centro debe estar constituido por «una red institucional formada por entidades públicas, semipúblicas y privadas» (ERA, 1994, Doc. 23, p. 21).

La dependencia de la política regional respecto al exterior, tanto financiera como en cuanto a contenidos, también repercute negativamente sobre el carácter programático estricto, aunque mayoritariamente insiste en la ejecución de programas nacionales y de la UE. Con estas condiciones hasta ahora no ha podido conseguirse una planificación a más largo plazo con concentración sectorial, un esquema de ordenación territorial más amplio y una infraestructura institucional eficiente, dado que además las empresas públicas (y hasta 1995 la Universidad), ambas importantes instituciones de desarrollo potenciales, estaban bajo administración nacional.

Los dos sociólogos asturianos José M.ª García Blanco y Rodolfo Gutiérrez resumen con las siguientes palabras su crítica al gobierno regional asturiano:

> De una parte, por la existencia de una escasa y difusa conciencia diferencial, incapaz de generar una decidida voluntad de autogobierno..., la ausencia de fuerzas regionalistas o nacionalistas mínimamente relevantes y la resistencia del partido en el gobierno a ampliar significativamente las competencias autonómicas; y de otra parte, por la permanente pretensión de la clase política central de convertir a sus representaciones asturianas en meros apéndices electorales. Si a todo ello añadimos las fuertes limitaciones operativas impuestas por el «tamaño» de la comunidad autónoma para alcanzar aquellos umbrales a partir de los cuales las políticas de desarrollo y reindustrialización pueden ser más eficaces, podemos entender mejor la indecisión e inoperancia de un agente con pocas competencias y graves límites operativos, atenazado además entre su fuerte dependencia de la administración y clase política centrales y unos apoyos autóctonos esencialmente localizados en las zonas y actividades más declinantes (García Blanco/Gutiérrez, 1989, p. 17).

X.6. ÁMBITOS POLÍTICOS E INSTITUCIONES SELECCIONADOS

Como en el marco del presente proyecto es imposible realizar una exposición global de todas las actividades de política regional, en lo que sigue hemos seleccionado unas instituciones y medidas políticas concretas para utilizarlas de ejemplo que nos permitan mostrar algunas estructuras, éxitos, dificultades y obstáculos.

X.6.1. Formación profesional y cualificación

La cualificación de la mano de obra se considera un factor esencial de la competitividad regional y se sitúa en el centro de muchas estrategias de política regional. En este terreno, Asturias se enfrentó durante mucho tiempo al problema de la falta de competencias y recursos y dependía de las medidas de agentes del Estado central, en particular del Instituto Nacional de Empleo (INEM). Naturalmente comparte las deficiencias del sistema de formación profesional español en su conjunto, que es uno de los menos desarrollados de Europa occidental. Con la Ley de Reforma Educativa de 1991, en especial con la creación de los denominados *módulos profesionales* o *ciclos formativos*, se puso en marcha un proceso de aproximación de los institutos de formación profesional al mundo empresarial, cuyos éxitos todavía se hacen esperar. Las principales dudas se ciernen sobre los requisitos que deben de cumplir las empresas para organizar las prácticas profesionales como auténticos ciclos de formación.

El tradicionalmente bajo nivel de educación general ha mejorado fuertemente en los últimos años y la juventud asturiana dispone en el conjunto del contexto español de una educación escolar superior al promedio (cfr. ERA, doc. 13; Informe CES, 1995). También se ha corregido el desequilibrio existente entre las carreras de letras (en particular, magisterio) y las carreras técnicas, en favor de estas últimas, si bien todavía un número considerable de alumnos se aferran a las facultades de humanidades en contra de sus preferencias por la ausencia de *numerus clausus*. En cuanto a las carreras de formación profesional elegidas, se está produciendo un alejamiento exacerbado de la industria hacia las profesiones administrativas y sociales, de modo que en casos aislados puede haber una carencia de mano de obra cualificada en sectores tradicionales como la construcción y el metal (cfr. ERA, doc. 13). La mayoría de los jóvenes asturianos entran en el bachillerato y la universidad, confirmando la negativa imagen de la formación profesional (cfr. Informe CES, 1995). La desviación más clara respecto al promedio nacional se presenta en la proporción de estudiantes de «oposiciones» (8,5% de todos los estudiantes frente al 3,1% del promedio español, Informe CES, 1995, p. 106). En vista de la catastrófica situación del mercado laboral juvenil y de la tradicional orientación al sector público, el deseo de convertirse en funcionario está muy extendido entre los jóvenes asturianos.

Una vez más, la reforma de los fondos estructurales de la CE en 1988 supuso un impulso decisivo para la formación en Asturias. Con dinero del Fondo Social Europeo (FSE) se conformaron ante todo tres clases de ofertas de formación (cfr. ERA, doc. 13, p. 62):

- Cursos rápidos para enseñar habilidades específicas, dirigidos predominantemente a desempleados.
- Cursos de formación cualificada de varios años de duración con contratos de formación y remuneraciones en escuelas-taller y casas de oficio.
- Programas de formación especiales promovidos por la CE.

Además de los programas de fomento habituales del FSE, en Asturias se añaden los siguientes:

El programa RECHAR para la formación en zonas mineras sujetas a reconversión; el programa HORIZON de integración económica, profesional y social de minusválidos y grupos desfavorecidos; el programa EUROFORM de nuevas cualificaciones de empleo derivadas de la constitución del mercado interior y de los cambios tecnológicos; el programa PETRA de inserción laboral de jóvenes; el programa NOW para promover la igualdad de oportunidades en favor de las mujeres y el programa STRIDE de recualificación de trabajadores en zonas mineras (ERA, doc. 13, p. 68, Memorias Agencia Regional de Empleo).

Donde es necesario redistribuir tanto dinero aparecen rápidamente grupos de intereses. Así, junto al sistema de institutos de FP oficial, se ha establecido en los últimos años un segundo mercado de formación cuyo efecto de estimulación sobre el desarrollo regional aún no puede estimarse. En 1991 el gobierno regional creó la Agencia Regional de Empleo para la «planificación, coordinación y evaluación de las competencias que tiene la región en esta materia, así como de la ejecución de programas sobre Fomento de Empleo y Formación Ocupacional» (cfr. García Espejo/Ibáñez, 1995, p. 134). En total, veintisiete instituciones se reparten entre sí en porciones jerárquicamente graduadas el pastel de las subvenciones en formación. Para 1993-1997 el gobierno regional ha elaborado un plan de formación para el empleo en el marco de la concertación con los sindicatos y la confederación de empresarios. La recualificación, el aumento de la cualificación y la promoción de la constitución de empresas son algunos de los objetivos que deben alcanzarse en la práctica, sobre todo mediante la financiación de cursos que son realizados por las organizaciones más favorecidas (sindicatos, federaciones de empresarios, municipios, fundaciones). Este tipo de financiación abre de par en par las puertas en una estructura parcelada y heredada políticamente como la de los criterios de adjudicación por enchufismo típicos de Asturias, una sospecha que hemos confirmado múltiples veces en entrevistas pero que en este punto no vamos a tratar en mayor profundidad.

> El incremento progresivo de la oferta formativa de carácter ocupacional está generando una «industria de la formación» compuesta por varios participantes. Sólo los cursos del INEM suponen la intervención de 159 empresas, 33 ayuntamientos, 8 centros dirigidos por organizaciones sindicales y patronales, y 6 centros pertenecientes a diferentes ámbitos de las administraciones públicas... Hay sospechas de que una parte de esta «industria» está creando una demanda ficticia, estimulando ella misma la provisión de cursos subvencionados, generalmente en cualificaciones que requieren escasos equipamientos y de las que hay ya un excedente de títulos del sistema reglado en los niveles secundario y postsecundario (ERA, doc. 13, p. 81).

El número de medidas educativas crece de forma continuada desde principios de los años noventa, y junto a las ofertas generales se ofertan cursos especiales para desempleados, jóvenes, mujeres y minusválidos. Para 1994-1997 el plan de formación para el empleo se negoció con las partes sociales por valor de 45.101 millones de pesetas. En 1994 se impartieron 82.402 horas de clase a un total de 6.536 alumnos y alumnas repartidos en 376 cursos. El mayor porcentaje dentro de los veintisiete organizadores corresponde Centro de Nuevas Tecnologías de Gijón (2.554 asistentes), Fucomi (ver más adelante, 1096), FADE (734), UGT (500) y CC. OO. (360) (NE, 10.4.1995). Para que esta cantidad conduzca a una mejora duradera del sistema educativo, tendría que producirse una coordinación y reintegración de la oferta de cursos, frecuentemente aleatoria y arbitraria, en el sistema de formación profesional general. En cualquier caso esto habría contradicho fácilmente los intereses de grupo de los actuales organizadores de los cursos, y por ello es difícilmente aplicable desde el punto de vista político mientras no se forme un corporatismo regional más estable y eficiente. La función secundaria de la capacitación profesional de contribuir a la financiación de organizaciones regionales y locales impide una eficiente planificación de programas y el control de calidad.

Entre la población, la creciente oferta de formación y capacitación ha encontrado una recepción básicamente positiva, pero no como inversión de futuro para superar problemas estructurales regionales, sino más bien como razonable terapia de ocupación. Los mayores se expresan con palabras como estas: «ahora les meten en cursillos...», o los jóvenes «llenan el currículum» («para rellenar tu currículum está muy bien con los cursos», Intgij. 00).

Respecto a la calidad hay que destacar de forma muy particular a las escuelas-taller y las casas de oficio, como un primer intento de formación profesional dual con un seguro contractual. En ellas se imparten relacionadamente conocimientos de varias profesiones (por ejemplo carpintero, albañil, pintor, soldador, vidriero, restaurador) y los aprendices, en los que se aspira a mantener una relación equilibrada por sexos,[7] reciben una remuneración que asciende al 75% del salario mínimo interprofesional vigente. Paralelamente estos talleres con frecuencia cumplen funciones socialmente útiles, como la restauración de edificios históricos, saneamiento del medio ambiente, etc. Tampoco la distribución territorial por toda la región asturiana sigue las tendencias de centralización de la oferta de escuela profesional del Estado. Proyectos pequeños, concretos y flexibles pueden adaptarse a la práctica totalidad de necesidades locales por diferentes que sean.

En 1993, gracias a la presión ejercida por los sindicatos mineros en el marco de las negociaciones del plan HUNOSA 1991-1993 con la Fundación Comarcas Mineras (FUCOMI) se fundó una institución muy especial para aplicar medidas de formación y capacitación para los jóvenes de las cuencas mineras de Asturias. Además de los sindicatos, en él participan los gobiernos regional y central y también HUNOSA. Para ello se reunieron las medidas educativas que existían previamente paralelas entre sí pero de forma descoordinada y sin planificación, ofertadas por agentes locales, regionales y nacionales, y simultáneamente se aportaron los recursos necesarios. Los jóvenes de las cuencas están particularmente afectados por el declive industrial. Más de la mitad de los desempleados tiene menos de veintinueve años, y la gran mayoría no ha trabajado nunca. El nivel educativo se sitúa por debajo del promedio regional, y el consumo de drogas por encima del promedio (cfr. LVA, 17.2.1993; NE, 31.12.1994). «Las cuencas tienen aún los parados más jóvenes y menos formados de la región» (NE, 4.2.1996). La cultura minera de generaciones precedentes estaba marcada por la transición directa del mundo educativo al mundo laboral sin cualificación profesional, de forma que aquí fue necesario introducir un proceso de reeducación. Hay estudios comparativos que muestran que entre los jóvenes varones de las cuencas mineras prima más la cuantía de los salarios y la seguridad del puesto de trabajo que los contenidos del propio trabajo (cfr. García González, 1992, pp. 27 y 124).

[7] La directora de una escuela-taller de un valle minero dio una respuesta interesante a la pregunta de por qué en carreras de profesiones tradicionalmente masculinas (albañil, metalúrgico...) la equilibrada relación por sexos de los dos primeros años no puede mantenerse en los años siguientes. Las que abandonaban tenían que constatar que con su cualificación y siendo mujeres apenas tenían posibilidades de ser empleadas en ramos profesionales masculinos. Por el momento las oportunidades de formación equitativas distan mucho de significar equiparación en el mercado de trabajo.

Por un lado, FUCOMI pretende ayudar a eliminar las carencias respecto al nivel educativo general, y por otro lado contribuir a la cualificación y especialización en ramos seleccionados, de forma coordinada con las empresas regionales y con las instituciones públicas. En 1994 participaban en los cursos de FUCOMI 1096 alumnos (45% de sexo femenino y 55% de sexo masculino); los cursos eran financiados a partir del Fondo Social Europeo, con recursos del INEM y del gobierno regional. Para 1995 se esperaba un nivel de asistencia similar. Por el momento no se puede efectuar un juicio fundado sobre los efectos duraderos del posterior historial de los titulados y de la reorientación general de la juventud hacia la obtención de una mayor cualificación e iniciativa propia. Pero indudablemente en las cuencas mineras ha aumentado el nivel y el alcance de la oferta de medidas de formación profesional.

Otra institución específica de grupos perteneciente al sector de la formación profesional en el ámbito regional y al mercado de trabajo para la juventud es el *Centro de Empleo de Mujeres Jóvenes de Asturias*. Este centro, fundado en 1991, pretende ofrecer a las mujeres jóvenes programas integrales de formación y promoción que las capaciten para acceder a un puesto de trabajo. El centro actúa en la intersección de dos grupos problemáticos del mercado laboral. Pertenece a una red de ámbito nacional de centros comparables, promocionados por el Ministerio de Asuntos Sociales. A diferencia de otras instituciones, aquí el perfil individual de las jóvenes ocupa la atención central de la ayuda para elaborar una estrategia de búsqueda de un puesto de trabajo adecuado y de las cualificaciones necesarias para ello. Con ello se intenta enfrentar el problema de la orientación y desinformación desde el mismo momento de elegir la medida de capacitación adecuada. Durante los cursos de capacitación y mientras se busca un puesto de trabajo, al que también puede aspirarse mediante la constitución de una empresa, las cuatro empleadas del centro ofrecen asesoramiento, intermediación y asistencia. Al mismo tiempo tratan de iniciar y de asesorar a grupos de autoayuda de mujeres que buscan un puesto de trabajo, los denominados *clubs de empleo*, una forma que en otros países ha obtenido en parte buenos resultados. En Asturias, los resultados de los primeros grupos piloto son más bien modestos y muestran dificultades entre las jóvenes para cooperar en grupos y una generalizada falta de esperanza en vista de las dificultades de acceso al mercado de trabajo.

Tabla 8: **Evolución del paro por sexos y edad en Asturias (en %)**

	Masculino	Femenino	< 25 años	Masculino	Femenino	Total
1991	11,09	24,17	39,70	33,97	47,75	15,85
1994	18,7	28,4	52,1	48,1	57,3	22,5

Fuente: EPA.

Los orígenes de la iniciativa del centro hay que buscarlos en un sector del movimiento feminista que quería superar el carácter estéril de la reivindicación mediante el desarrollo de programas y proyectos concretos. En nuestra sociedad el trabajo remunerado se considera como un acceso esencial a las posibilidades de desarrollo personal, y en este sentido las mujeres tienen que luchar con barreras adicionales. Por su entorno sociocultural, son empujadas hacia profesiones tradicionalmente desempeñadas por mujeres, no son tratadas con equidad por los empresarios cuando se presentan como candidatas y, en una sociedad industrial tradicional como la asturiana, se enfrentan al predominio de los valores masculinos. Por esta razón la depresión generalizada del mercado de trabajo juvenil afecta de manera especial a las mujeres jóvenes y las empuja cada vez más hacia los papeles tradicionalmente subalternos desempeñados por las mujeres.

Naturalmente esta forma de discriminación sexual también se muestra en el trabajo del centro. Entre 1991 y 1995 se pusieron en contacto con el centro aproximadamente 6.500 mujeres jóvenes menores de treinta años (a título comparativo, según el INEM se encuentran desempleadas aproximadamente 13.000 asturianas de menos de 25 años), de las que aproximadamente el 30% participó en medidas de formación y promoción. Aproximadamente el 20-22% de mujeres jóvenes han encontrado posteriormente un empleo, en parte a través del trabajo de intermediación del centro y en parte por sus propios medios. No obstante, la inmensa mayoría de los puestos de trabajo pertenece a las áreas tradicionalmente dedicadas a las mujeres en hostelería y otros servicios, frecuentemente con malas condiciones de trabajo y salarios bajos. Muchos empresarios aprovechan las deficiencias de información sobre derechos laborales e incluso una actitud sumisa bastante difundida de «agradecimiento» por un puesto de trabajo, lo que conduce a aceptar condiciones indignas sin ninguna vergüenza. Una iniciativa del centro de contactar con aproximadamente 5.000 empresas de la región, con el objetivo de intermediar ofreciendo mano de obra femenina joven cualificada, arrojó los resultados acostumbrados. Aun cuando la mano de obra que se estaba gestionando siempre satisfacía las expectativas, las llamadas se restringieron a los puestos de trabajo tradicionalmente dedicados a las mujeres. En ese aspecto, las pocas empresarias que había se comportaron exactamente igual que sus colegas masculinos. En vista de las numerosas barreras existentes, no se ha podido alcanzar el objetivo de ampliar a nuevos campos el mercado laboral femenino y la orientación profesional de las mujeres. Aquí es necesario aún un gran trabajo general de explicación y concienciación.

Una ventaja del centro es su gran libertad de actuación gracias a que disfruta de una relativa autonomía frente a los sectores de política regional. Es cierto que uno de los pilares financieros es la Consejería de Educación, Cultura, Deportes y Juventud, pero la gran mayoría del dinero proviene de Madrid o Bruselas (FSE, y actualmente se están esperando recursos de la iniciativa *New Oportunities for Women* —NOW— puesta en marcha por la UE).

En general, respecto al tema de la formación profesional hay que constatar que existe una urgente demanda de modernización del sistema de formación general, que actualmente está parcialmente cerrado por medidas especiales. Los recursos que actualmente llegan, ante todo de los fondos estructurales de la UE, no deberían aplicarse como se ha hecho hasta ahora exclusivamente para la financiación de un segundo mercado de formación, que amenaza con hundirse cuando se terminen los recursos de los fondos, sino también para una mejora continuada del sistema educativo en general, para que pueda desplegar así un efecto a largo plazo de aumento de la calidad.

> De todos modos, también hay que ser conscientes de que la adaptación a la demanda de la oferta formativa de un pequeño territorio choca siempre con dos serias dificultades: por un lado, la dificultad de proyectar las necesidades futuras de especialidades formativas por las pocas señales que ofrece un mercado de trabajo deprimido y con escasa presencia de «nuevas industrias»; por otro lado, las exigencias de equidad social que obligan al sistema educativo regional a ofrecer oportunidades de educación profesional para todos los jóvenes que lo demanden, manteniendo su libertad de elección de especialidad, lo cual resulta casi incompatible con la exigencia de ofrecer con suficiente calidad toda la oferta de especialidades que el mercado de trabajo reclama (Gutiérrez, 1994).

X.6.2. Universidad e investigación

En muchas regiones de antigua industrialización, las universidades y el fomento de capacidades regionales en investigación constituyen los componentes básicos de una política de cambio estructural activo (cfr., p. ej., la cuenca del Ruhr). Esto también se hace palpable en Asturias donde, en primer lugar existe una universidad con tradición y renombre, y en segundo, los expertos llevan tiempo recalcando que «un verdadero sistema de ciencia-tecnología-industria (...) es quizá de lo que más se carece en nuestra región» (Vázquez, 1994d, p. 114). «Centros de investigación y desarrollo, parques tecnológicos e instituciones universitarias, en estrecha relación con empresas» (Benavides, 1994, p. 758) parecen ser importantes ventajas de aglomeración de las regiones económicas dinámicas y objetivos de dinamización regional a los que debe aspirarse. Además las universidades se consideran como importantes instituciones educativas para un cambio estructural mental, la formación de una nueva generación que rompe estructuras encostradas y abraza nuevas iniciativas de índole económica, política y cultural.

> La modernización tecnológica de la estructura económica es un imperativo para el desarrollo de la región, pero ésta no puede depender, exclusivamente, del recurso a la compra directa de los factores tecnológicos necesarios en el mercado mundial, sino que debe basarse, y de forma muy importante, en el desarrollo tecnológico endógeno, entendido éste como

> la creación y desarrollo de una cultura técnica y científica en la zona, que sustente y apoye el proceso de innovación tecnológica (Cámaras Oficiales de Comercio, 1993, p. 16).

El primer gobierno regional persiguió un decidido discurso de modernización tecnológica, y para ello trató de crear los requisitos institucionales necesarios. Así, por ejemplo, en 1984 se constituyó la Fundación para el Fomento de la Investigación Científica Aplicada y la Tecnología (FICYT) y en 1990 el Instituto Tecnológico de Materiales y en 1991 el Parque Tecnológico, todos en una área industrial que disfrutaba de un emplazamiento céntrico pero que hasta ahora había permanecido holgazanamente vacío. Evidentemente, aquí se creó la oferta de infraestructura, asesoramiento y promoción, pero sin la correspondiente demanda de empresas de alta tecnología que quisieran asentarse allí. El parque tecnológico es una prueba más de la falta de vinculación entre la promoción económica regional centralizada y la economía regional real.

> El concepto de parque tecnológico se remonta a los años cincuenta en la Universidad de Stanford (California), creándose el primer parque tecnológico del mundo... El desarrollo de un parque tecnológico constituye uno de los mayores esfuerzos que una región realiza para promocionar y evolucionar las estructuras de I+D y, a través de ellas, su tejido empresarial (IFR: Parque Tecnológico de Asturias, 1993).
>
> Respecto a la política estructural y tecnológica regional, la idea fundamental de los centros tecnológicos consiste en aglutinar las actividades innovadoras de una región y concentrarlas en un emplazamiento. Los efectos de sinergia que se derivan de ello irradian a su vez a la región... en Renania del Norte-Westfalia, 46 centros tecnológicos componen junto con 50 oficinas de transferencia tecnológica, 13 agencias de tecnología, 8 centros de investigación y desarrollo de economía y las instituciones de asesoramiento de las cámaras, una infraestructura tecnológica que abarca una superficie prácticamente universal y que trabaja orientada a los problemas y las aplicaciones como eslabón de unión entre la economía y la ciencia (Baranowski, 1995).

El acceso a los múltiples programas de fomento de tecnología de la CE a partir de 1987 creó las premisas financieras necesarias para una política regional de investigación y tecnología. También la ampliación de las capacidades investigadoras universitarias fue financiada en gran parte con dinero de los fondos estructurales de la CE, lo que confirma una vez más la ya mencionada destacada importancia de la CE para la política regional. Desde 1989 se han elaborado Planes Regionales de Investigación (PRI) cuatrienales. Sin embargo, la realidad de la cooperación regional en investigación y en desarrollo tecnológico muestra que además de la voluntad política se requieren requisitos institucionales que en Asturias sólo existen, a lo sumo, en estado rudimentario.

> Las empresas asturianas apenas invierten en investigación y desarrollo (I+D), ya que adquieren en el exterior las tecnologías (máquinas, patentes y *know how*) necesarias para la fabricación de sus productos... Tampoco colaboran con la Universidad para obtener tecnología, al considerar que ésta vive en una torre de marfil. (Fernández Sánchez, 1994, pp. 901 y s.; ver también Mazón, 1994, p. 1.029; Fernández Pérez, 1989, p. 14).

Por ejemplo, las empresas asturianas no disponen en absoluto de los departamentos de investigación que harían atractivo desplazarse al parque tecnológico. La participación de la Universidad en el 90% de los recursos del PRI (cfr. ERA, Doc. 22, p. 3) es asimismo una prueba de la abstinencia investigadora del empresariado privado.

> Por parte de la Universidad de Oviedo, es preciso, además, que se realice un esfuerzo interno de definición de su propia estrategia investigadora, de manera que ésta no acabe siendo tan sólo el resultado, mejor en unos casos y peor en otros, de lo que los investigadores individualmente hacen, sin orientaciones ni líneas prefijadas, sin ordenación y criterios claros (ERA, doc. 22, p. 34).

Un factor central de los distritos industriales líderes en tecnología es la cooperación entre empresas y entidades de investigación universitarias. El director de la Fundación Universidad-Empresa, Antonio Sáenz de Miera («La misión de la Universidad», *El País*, 5.9.1995), se lamenta de la deficitaria situación del conjunto de la universidad española:

> Nada se oye, nadie habla desde hace tiempo, ni de la misión de la Universidad ni de cosas parecidas o relacionadas... Hasta hace unos años, una parte al menos de la misión de la Universidad era muy clara para todos: tenía que preparar a la gente para los empleos que existían en el mercado, sencillamente. Hoy sabemos que esto ya no es así de sencillo, que el empleo no se puede dar por supuesto, sino que hay que contribuir a crearlo, y ésta es una responsabilidad de todos, también de la Universidad.

Asturias registra aquí un claro déficit, como lo prueban los estudios y encuestas realizados:

> Desconexión entre el mundo empresarial y la actividad investigadora de la Universidad (Fernández Pérez, 1989, p. 14).
>
> De los estudios realizados sobre este problema, parece deducirse que la investigación universitaria se centra en objetivos que se marcan las propias cátedras o departamentos, poco o nada conexionadas con las necesidades del sector productivo. También hay que constatar la escasa demanda de la industria hacia la Universidad (Mazón, 1994, p. 1.030).

> La conexión con las empresas aún es insuficiente, hay poca demanda de proyectos concertados, pocas empresas se dirigen a la Universidad todavía, y una parte de las colaboraciones empresariales registradas (como ocurre sobre todo en las áreas de ingeniería) responden más a labores de prestación de servicios que propiamente de investigación (ERA, doc. 22, p. 45).

El director saliente de la Escuela de Ingenieros Industriales e Informáticos de Gijón, Alfonso Fernández Canteli, aprovechó su última entrega de diplomas el 23 de junio de 1995, para «transmitir mis frustraciones» y manifestar su «profundo desánimo» (NE, 28.6.1995). En su larga enumeración de la eterna carrera de obstáculos burocráticos que, entre otras cosas, retrasaron siete años el proyecto del Instituto Universitario de Tecnología Industrial y desalentaron a los comprometidos profesores con laberintos administrativos totalmente baldíos (una descripción que hemos constatado siempre en las entrevistas con profesores de departamentos próximos al ámbito investigador, cfr. también Mazón, 1994, p. 1.029) habla sobre dos causas estructurales de la miseria: la estructura administrativa opaca e inoperante de la Universidad y la competencia entre departamentos, en particular entre el rectorado de la Universidad de Oviedo y la Escuela Universitaria de Ingenieros de Gijón.[8] La búsqueda de apoyo de las facultades de Gijón (p. ej., para el planificado Campus Tecnológico) ante la Administración municipal gijonesa, que afronta sus intereses con una postura mucho más abierta que otras instituciones asturianas y sobre todo que los colegas de Oviedo, hasta la reivindicación de una Universidad Autónoma para Gijón (cfr. NE, 9.4.1995) son las consecuencias tan lógicas como perjudiciales de esta situación. Un localismo lleva al otro. Un éxito de estas preocupaciones y de la presión política es el proyecto, finalmente aprobado en 1995, de un parque tecnológico de Gijón con enlace directo al nuevo campus, en el que pretenden evitarse los errores del predecesor asturiano central.

Junto al desinterés del mundo de la economía y de la política, los interesados por la investigación y los responsables mencionan como obstáculos ante todo la falta de infraestructura interna de la Universidad, la ausencia de recursos y de personal y el desinterés y la mentalidad funcionarial de muchos colegas. También es llamativa la alta proporción de vocaciones doméstica, «una cierta endogamia», indicio de aislamiento y de falta de contactos y experiencias internacionales.[9]

[8] Por ejemplo, la Escuela de Gijón organiza cursos de economía de empresas con profesores de otras universidades debido a la falta de apoyo de la Facultad de Ciencias.

Económicas y Empresariales de Oviedo. Una estudiante declara lo siguiente sobre los profesores: «Se nota que hay muchos de paso en la Escuela, que buscan un puesto mejor en Oviedo.» (NE, 30.10.1994).

[9] Las excepciones constituidas por los profesores venidos de fuera, en particular de la primera generación de ingenieros, muestran hasta nuestros días la estabilidad de los contactos científicos con las universidades de origen y la mayor facilidad de acceso a cooperaciones internacionales.

> La fragmentación geográfica de los departamentos y la correspondiente creación de diferentes grupos de trabajo en los respectivos centros, en unos casos con una discutible localización de la sede departamental y en otros casos con un manifiesto aislamiento e insuficiencia de equipamiento de grupos de trabajo, alejados del núcleo director de investigación, sin acceso real o práctico a medios o equipamiento existentes en otros departamentos, no promueve la colaboración real de diferentes grupos de trabajo, al haber perdido el centro un posible papel de coordinador y de representación en la captación y realización de proyectos multidisciplinares... Por otro lado, la estructura actual no propicia la resolución ágil de trámites derivados de la realización de proyectos, mucho menos cuando intervienen diferentes áreas de conocimiento o departamentos. (Propuesta del Instituto Universitario de Tecnología Industrial de Asturias, Universidad de Oviedo, 1994, p. 10; ver también ERA, doc. 22, pp. 36 y ss.)

Por ende, la masificación de la Universidad, que para muchos jóvenes se ha convertido en una especie de «sala de espera» debido a la falta de perspectivas profesionales, también tiene consecuencias negativas sobre el clima universitario en su conjunto.[10] Estas carencias son ampliamente reconocidas por el órgano responsable, sin que ello genere una presión por cambiarlas. Las fuerzas conservadoras y sustentadoras de la estructura mantienen la sartén por el mango en las estructuras burocráticas.

Una estructura universitaria hiperburocratizada, disfuncional y con mentalidad funcionarial que abandona la investigación a la voluntad particular de los profesores (un interés que no sólo les exige horas extraordinarias no remuneradas, sino también complejas tareas administrativas) se corresponde con una abstinencia investigadora del empresariado. En estas condiciones la investigación aplicada a la industria se convierte en un fenómeno casual realizado por algunas personas. Además, según afirman nuestros entrevistados, con Pedro de Silva desapareció la voluntad política de fomentar la investigación. Las dos grandes empresas que más intensa actividad desarrollan en investigación en toda la región tampoco modifican este panorama. Mientras que DuPont concentra su investigación de todo el mundo en delegaciones centrales y contempla a Asturias como un mero emplazamiento destinado a producción, en ENSIDESA el caos empresarial también repercute en este ámbito.[11] La empresa tradicional asturiana Duro Felguera, dedicada a la técnica de ingeniería y al procesamiento de metales, se retiró en los años noventa de la cooperación con la Universidad

[10] Un profesor dijo en la entrevista: «Muchos estudiantes parecen despistados, sin perspectivas claras. Muchos están en la *Uni* porque algo hay que hacer. La *Uni* tiene la función social de guardería. Es muy difícil de motivarlos».

[11] Un entrevistado afirma: «La empresa pública no hace nada, son funcionarios. La investigación, para ellos, es una obligación más, un desastre».

en materia de investigación a consecuencia de sus dificultades económicas y a las inestabilidades en la dirección. Por el contrario, la abstinencia investigadora de la gran empresa eléctrica asturiana (Hidroeléctrica del Cantábrico) proviene más bien de su situación privilegiada de monopolio, que le permite obtener beneficios incluso con una producción ineficaz y antiecológica. Así, por ejemplo, no tienen ningún problema tecnológico y cuando desean una nueva central térmica se la construyen, incluso cuando sea innecesaria y cuando sería mucho más razonable aplicar las inversiones en otras energías más eficientes, aunque ante la próxima liberalización del mercado energético pueden ser advertidos algunos indicios de cambio a este respecto.

Durante las I Jornadas sobre Innovación Tecnológica celebradas en mayo de 1983, los representantes líderes del empresariado asturiano reconocieron que la orientación de los beneficios a corto plazo y la falta de visión empresarial son un impedimento para una actividad más intensa en I+D (cfr. LVA, 21.5.1983). Incluso se prefiere la producción bajo licencias extranjeras, cuando los desarrollos autóctonos serían mucho más favorables tanto desde el punto de vista técnico como económico. Un investigador entrevistado habló de una ideología de marcas conservadora que caracteriza a los empresarios españoles y también a los funcionarios públicos. Y se produce un distanciamiento mutuo: los empresarios no conocen ni tienen confianza en las capacidades de investigación de la Universidad (una desconfianza que en parte proviene de la tradición elitista y autoritaria de las escuelas superiores españolas) y quieren a lo sumo ayudas técnicas a buen precio. Las universidades refutan que ellos no desean ser prestadores de servicios técnicos baratos, sino que lo que quieren es ampliar su nivel de conocimientos científicos. Además, las subvenciones de entidades que promocionan la investigación sólo se pueden fundamentar con el correspondiente trabajo científico.

Respecto a las experiencias prácticas de cooperación en investigación entre la Universidad y el mundo económico quedan por mentar algunos proyectos puntuales de cátedras concretas con pequeñas empresas, que por regla general surten efecto a través de contactos personales casuales. Los catedráticos involucrados no sólo se ven ante el problema de tener que solventar sin apoyo fatigosas actividades administrativas, desde solicitudes a diversas instituciones hasta la contabilidad (hay que puntualizar aquí que con el FICYT se ha introducido una mejora palpable), sino que de tapadillo y sin contar con la cualificación correspondiente deben transformarse en asesores empresariales para salvar los déficit de las pequeñas empresas. Los pequeños talleres y explotaciones necesitan los planos de instalación más precisos posible y ayudas para experimentar nuevas tecnologías; es decir, además del conocimiento deben crearse planes de producción precisos. En algunos casos el asesoramiento llegó a hacerse extensivo hasta el marketing del nuevo producto desarrollado. A juzgar por las entrevistas realizadas en la Escuela Técnica Superior de Ingenieros Industriales de Gijón, el departamento de investigación que más frecuentemente mantiene contactos con las empresas es el área de informática; es decir, la entidad más próxima a los servicios. No olvidemos que un nuevo sistema de control, un sistema de mantenimiento de almacén automatizado, un módem, etc., arrojan beneficios directos a corto plazo.

Las capacidades universitarias en investigación se encuadran claramente entre los tantas veces nombrados y no agotados potenciales endógenos de Asturias. Los déficit en el campo de la investigación y de la tecnología o de la interrelación y colaboración en desarrollo de entidades universitarias, públicas y privadas pueden resumirse en las siguientes causas:

- Las iniciativas del Gobierno siguen siendo demasiado centralizadas y no llegan a los agentes económicos.
- Falta una política de investigación a largo plazo y ajustada con campos de investigación y objetivos estratégicos claramente definidos.[12]
- Localismos, burocracia universitaria ineficaz.
- No existencia de agentes políticos (movimiento estudiantil, partidos, gobiernos...) que se involucren en una reforma del sistema de investigación y educación.
- Empresariado poco innovador y cooperador; ni las grandes empresas estatales ni las filiales de las multinacionales sostienen en Asturias centros de investigación y las PYMES carecen de los requisitos para ello.
- Tradicionales barreras de desconfianza entre la empresa y la Universidad.

X.6.3. Economía social

Paralelamente a la moda del fomento de las pequeñas y medianas empresas privadas, el fenómeno cooperativista parece ir cayendo en el olvido, aun cuando es una forma empresarial que presenta varios elementos ventajosos para los fines de la política regional, y además en algunas regiones (Italia central, País Vasco) ha aportado contribuciones muy positivas a la estabilización social y económica. Algunas de las excelencias de la empresa cooperativa son las siguientes:

- el carácter social integrador de las empresas autogestionadas, el fomento de la cooperación y la solidaridad en la empresa y la región;
- el montante promedio de inversión, claramente menor, que es necesario por cada puesto de trabajo establecido en comparación con la industria privada; es decir, la creación de nuevos puestos de trabajo es relativamente más barata;

[12] A este respecto, ver las ponencias de Jesús A. Pajares Somoano, profesor de Investigación del Consejo Superior de Investigaciones Científicas, NE, 10.3.1994, y Juan A. Vázquez, ex-decano de la Facultad de Ciencias Económicas y Empresariales de la Universidad de Oviedo en NE, 3.11.1993 y ERA, doc. 22.

— la estabilidad de los puestos de trabajo creados y la elevada motivación que existe para mantenerlos (un factor importante en vista de la precarización de las condiciones laborales en España);
— la escasa movilidad del capital; es decir, las empresas permanecen en la región y no están, como muchas filiales de multinacionales, continuamente a la búsqueda de nuevos emplazamientos más favorables.

En España las formas de economía cooperativa se reúnen bajo el concepto genérico de «economía social». Este concepto, prestado del francés y que también se ha introducido en la jerga de la CE, de la «economía social» (cfr. Köhler, 1994c) se basa en un modelo trisectorial según el cual las modernas economías se articulan en un sector público, uno privado capitalista y otro social. Este último abarca en España a las cooperativas, las sociedades anónimas laborales y a una serie de formas empresariales de menor importancia como las sociedades agrarias de transformación o algunas instituciones de seguros sociales como las denominadas *mutuas* o *mutualidades*.

> Entendemos por Economía Social toda actividad económica, de carácter privado, basada en la asociación de personas y entidades de tipo democrático y participativo, con primacía de las aportaciones personales y de trabajo sobre las de capital (ASATA, 1993, p. 5).

Las sociedades anónimas laborales surgieron como típica reacción a la crisis en los años ochenta, cuando en España el desempleo superó la cota del 20% y las plantillas sólo veían una posibilidad de mantener su puesto de trabajo haciéndose cargo de su empresa en quiebra. Como para muchos la transformación en una cooperativa parecía ser una tarea demasiado compleja y costosa, surgieron sociedades capitalistas que desde el punto de vista de la organización apenas presentan diferencias con las empresas privadas, pero en las que los trabajadores y trabajadoras poseían el capital. El Estado reaccionó a esta evolución en 1986 promulgando una ley que confería *status* oficial a las sociedades anónimas laborales y les concedía algunas ayudas para su constitución y ventajas fiscales. Al menos el 51% del capital debe estar en manos de los trabajadores, y ninguno de los accionistas puede poseer más del 25% del capital.

Por el contrario, las cooperativas ya estaban reconocidas en la Constitución Española y en los estatutos de varias comunidades autónomas. El artículo 129.2 de la Constitución española de 1978, que por otra parte contiene muchas bellas declaraciones de intenciones nunca llevadas a la práctica, reza así:

> Los poderes públicos promoverán eficazmente las diversas formas de participación en la empresa y fomentarán, mediante una legislación adecuada, las sociedades cooperativas. También establecerán los medios que faciliten el acceso de los trabajadores a la propiedad de los medios de producción.

A diferencia de lo que ocurre en las sociedades anónimas laborales (S. A. L.), en las cooperativas el derecho a voto no se rige por la proporción de participación en el capital, sino por el principio democrático de «un socio, un voto». Las leyes españolas sobre las cooperativas distinguen trece tipos de cooperativas, que pueden agruparse en cuatro grupos:

1. Empresas cooperativas individuales (campesinos, camioneros, comerciantes...).
2. Cooperativas de trabajo asociado, empresas autogestionadas por los trabajadores y trabajadoras.
3. Cooperativas de servicios, fundadas por consumidores (consumo, construcción de vivienda, educación).
4. Cooperativas de ahorro y de crédito.

Las condiciones generales que hemos mencionado provocaron que el movimiento cooperativista español fuera sustancialmente iniciado «desde arriba», es decir, por la política. Forma parte de la política de fomento social y económico durante las crisis, pero no se ve afectado por los movimientos sociales y no tiene tradición o sustancia cultural. Bien es cierto que por una parte esto significa una debilidad de las cooperativas españolas, pero por otra parte indica que en este campo la política tiene amplias posibilidades de organización y actuación, que la voluntad política puede producir algo.

Las posibilidades de promoción pública más importantes para las cooperativas (una parte de las cuales se consideran de forma genérica como pequeñas empresas) son las siguientes:

- Subvención parcial de los gastos de asesoramiento técnico y económico, análisis de rentabilidad y de mercado, empleo de gerentes experimentados.
- Ayudas en intereses para créditos a la inversión.
- Ayudas a asociaciones de cooperativas (cooperativas de 2.º grado).
- Programas de formación y capacitación para cooperativistas.
- Beneficios tributarios del impuesto de sociedades.
- Ayudas para la integración laboral de emigrantes retornados.
- Subsidios personales para desempleados menores de veinticinco años y para desempleados de larga duración en caso de entrada en una cooperativa hasta un máximo de 250.000 de pesetas.
- Posibilidad de capitalizar el subsidio de desempleo en un único pago en caso de entrada en una cooperativa o como socio-trabajador de una S. A. L.

Al iniciarse la democratización, en Asturias faltaba una tradición y un movimiento de fundación de cooperativas. Aquí la alternativa al capital privado se vio, precisamente por parte del movimiento obrero, en las empresas públicas. Un estudio sobre las empresas autogestionadas en Asturias durante los años ochenta llegó al siguiente resultado:

> No se ha constatado una demanda expresa en tal sentido por parte de los trabajadores. Como hemos podido mostrar, una amplia mayoría de éstos no demanda ni orienta su conducta por un planteamiento autogestionario, sino que parecen, más bien, seguir optando por un esquema organizativo de carácter representativo, en el que se respetan los instrumentos habituales de actuación de la jerarquía empresarial (García Blanco/Gutiérrez ,1990, p. 126).

A su vez, entre los pequeños empresarios faltaba el necesario espíritu de cooperación mutua y con las plantillas, y predominaba la perspectiva del «dueño de su casa». Entre las empresas estatales y el capital privado no surgió ningún espacio cooperativo.

Hubo que esperar hasta principios de los años ochenta para que, en vista de la ola de cierres de empresas, se llegara a un movimiento de asumir empresas con el objetivo de conservar en autogestión el puesto de trabajo, movimiento frecuentemente sostenido por los activistas sindicales. Sin embargo, posteriormente, estas empresas asumidas por sus empleados apenas mostraron capacidad de supervivencia debido a su débil estructura de capital (en parte también se habían heredado las deudas), a la continua crisis económica, a la falta de cualificación empresarial y a las dificultades que se encontraban en un mercado que ya había motivado anteriormente el abandono del empresario. La difusión de una imagen negativa de las empresas autogestionadas por cuanto respecta a su eficiencia económica dificultaba aún más el negocio a estas explotaciones. A pesar de ello, sobrevivieron y se consolidaron algunas de estas empresas, constituyendo el punto de partida para posteriores intentos de reavivar en Asturias la «economía social».

El resultado institucional de la asunción de empresas fue la fundación de la Agrupación de Sociedades Asturianas de Trabajo Asociado (ASATA) en 1983. En los años noventa se organizaban en torno suyo alrededor de cuarenta cooperativas y sociedades anónimas laborales, que integraban a cerca de 1.300 personas. Este grado de organización relativamente bajo (aprox. del 10%) apenas puede explicarse tomando como base la cuantía de las cuotas de los miembros (dependiendo del tamaño de la empresa, entre 2.500 y 10.000 ptas. mensuales), sino por la falta de un espíritu cooperativista en la región. ASATA mantiene en Gijón desde 1991 una Escuela de Economía Social, en la que organiza cursos en colaboración con el INEM, particularmente para desempleados, con el objetivo de cualificar a las personas para el empleo independiente.

Habida cuenta de los crecientes recursos presupuestarios que comenzaron a afluir preferentemente a través del Fondo Social Europeo, fue creciendo el interés político por la economía social. Una consecuencia de este interés fue la constitución de la Fundación para el Fomento de la Economía Social en 1989, resultado de las negociaciones mantenidas entre el gobierno regional y los sindicatos. Junto a éstos, en el consejo de administración se sientan representantes de la Unión de Cooperativas Agrarias de Asturias (UCAPA) y de ASATA. A pesar de esto, la citada Fundación fue considerada por ASATA como competencia estatal en el campo en que tradicionalmente trabaja.

El motivo central para constituir la Fundación para el Fomento de la Economía Social no fue una vez más tanto una fuerte demanda o un movimiento social, sino más bien la posibilidad de recibir recursos del Fondo Social Europeo. Éste promueve medidas para reducir el desempleo a través del empleo autónomo o la fundación de cooperativas o sociedades anóminas laborales. A esto se añaden las posibilidades de promoción para cooperativas y sociedades anónimas laborales establecidas por las leyes españolas.

Tabla 9: **Número y tipos de sociedades por sectores en Asturias 1995**

	Total	**Primario**	**Industria**	**Construcción**	**Servicios**
Cooperativas	448	133	68	41	206
S. A. T.	50	49			
S. A. L.	182		49	15	118
Total	680	182	182	56	324

Algunos sin clasificar.
Fuente: Fundación para el Fomento de la Economía Social, memorias de actividades.

Desde 1990 hasta 1994 la Fundación participó en la constitución de 106 empresas de trabajo asociado con 644 socios (memorias, 1994). Aproximadamente el 70% de estas nuevas constituciones de empresas se produjo en el triángulo central Avilés-Oviedo-Gijón, siendo Gijón la zona más dinámica.

Tabla 10: **Evolución del Plan de Ayudas al Autoempleo y la Economía Social**

	1992	**1993**	**1994**
AUTOEMPLEO:			
Puestos de trabajo	135	333	687
Subvención	59.050.000	138.950.000	154.000.000
S. A. L.:	2	15	28
Puestos de trabajo	3	48	99
Subvención	1.650.000	27.710.000	23.900.000
COOPERATIVAS:	11	21	19
Puestos de trabajo	34	148	106
Subvención	10.950.000	39.485.000	17.322.786
Subvención total	**71.650.000**	**206.145.000**	**195.222.786**

Fuente: Espejo/Ibáñez, 1995, p. 139.

La tabla siguiente, que se refiere al año 1991, muestra para el ejemplo asturiano que la creación de puestos de trabajo cooperativistas es más barata que en otras formas empresariales.

Tabla 11: **Inversión, préstamo, subvención y empleo medio para cada tipo de empresa en los programas de apoyo a las PYMES del Principado de Asturias**
(valores medios)

Sociedad	Inversión	Préstamo	Subvención	Empleo	Inersión/empleo
S. A.	74.220	25.713	3.116	6,9	10.756
S. L.	34.689	19.043	2.100	4,9	7.079
S. A. L.	11.820	7.830	593	4,5	2.626
Cooperativa	14.948	7.605	752	3,2	4.671
Otras	12.400	7.493	744	1,2	10.333

Fuente: Moreno Fernández, 1992, p. 71.

Con la extensión de las posibilidades de promoción y la constitución de la Fundación se reactivaron las empresas de economía social. En la actualidad, el motivo más frecuente por el que se constituye una cooperativa o una sociedad anónima laboral es la capitalización del subsidio de desempleo, unida a otras posibilidades de fomento. Respecto a los sectores, el centro de gravedad se ha desplazado del sector industrial al sector servicios.

Mientras que a mediados de los años ochenta el 56% de las cooperativas y sociedades anónimas laborales pertenecían al sector industrial (ASATA, 1989), este porcentaje se había reducido al 20% en 1993; es decir, se produjo una fuerte terciarización del sector cooperativista (47%) (Fundación para el Fomento de la Economía Social, memoria 1994). Esto no está relacionado con la preponderancia de las nuevas constituciones en el sector servicios y algunas diferencias estadísticas del censo, sino que apunta también al cierre de muchas cooperativas industriales o a su transformación en otro tipo de sociedades de capital privado. Se ha producido un cambio respecto a la función de «colchón atenuante del incremento del paro» (ASATA, 1989, p. 84) pasándose a la posibilidad de hacerse autónomo en forma de pequeña empresa colectiva. Desde entonces, la cooperativa se ha convertido en la forma jurídica más habitual de las empresas, puesto que admiten mayores subvenciones y tienen menos barreras de entrada. La norma legal que impone la aportación de un capital mínimo de diez millones de pesetas para las sociedades anónimas laborales es considerada como un obstáculo por los defensores de la economía social.

A nivel interno de la empresa, las actitudes económicas instrumentales predominan sobre las ideales. Por lo general la participación de los miembros de la cooperativa se limita a participar en las elecciones anuales de la gerencia en la junta general. La satisfacción laboral depende esencialmente de la prosperidad económica y de una dirección competitiva, aún cuando no hay que menospreciar la conciencia de ser un socio propietario y poder despedir al consejo de administración. La relación con los sindicatos se describe como moderadamente fría y distanciada, aún cuando el fomento de la economía social es uno de los puntos programáticos de los sindicatos y entre los fundadores de la empresa se encuentren muchos activistas sindicales.

En conjunto las empresas de la economía social se encuentran entre los potenciales apenas explotados en el fomento económico y en la difusión de una cultura cooperativa regional. Su importancia cuantitativa es marginal. Este hecho depende menos de la voluntad política de la Administración y más de la falta de cultura de autogestión y de tradición dentro de la región. Los déficit del sector empresarial autogestionado se solapan en gran parte con los de las PYMES dentro del conjunto de Asturias.

X.6.4. SODECO : Sociedad para el Desarrollo de las Comarcas Mineras

Este capítulo ofrece un breve resumen sobre el trabajo de la Sociedad para el Desarrollo de las Comarcas Mineras (SODECO). Tomaremos como ejemplo una sociedad de desarrollo local como las que realizan su actividad en otros países industriales, si bien con estructuras e instrumentos diferentes. La definición que habitualmente se daba en tiempos anteriores de estas sociedades como agencias para regiones problemáticas específicas actualmente ya no tiene vigencia.

> La intensa competencia entre las regiones del mundo para atraer y animar al sector privado, han hecho que las agencias de desarrollo no sean una opción para las áreas problemáticas sino que son una necesidad básica de todos los gobiernos regionales (Castillón, 1994, p. 134)

Para las regiones problemáticas como las cuencas asturianas las dificultades y exigencias son mayores. SODECO es uno de los instrumentos más importantes y concretos del fomento económico regional en Asturias y trabaja en las cuencas mineras, cuyas perspectivas de futuro resultan más adversas que las del triángulo Oviedo-Avilés-Gijón. Esta problemática especial de las cuencas mineras centrales en el marco del desarrollo económico asturiano es por tanto lo primero que vamos a esbozar para aclarar el marco de actuación de SODECO (cfr. también los caps. VI y VII). En la segunda parte se explicarán las condiciones en que surgió, los objetivos y las formas de funcionamiento de SODECO, antes de terminar con un par de observaciones sobre su evolución y los resultados del trabajo de SODECO.

Las cuencas mineras centrales de Asturias

> Las cuencas mineras han pasado de la fortaleza, si alguna vez no fue mítica, a la languidez. Su población resiste al borde del drama, narcotizada por las buenas rentas y por el arraigo a una tierra sembrada de cenizas por los años de sudor y callo. La comarca hullera vive, desde 1960, un proceso escalonado de amputación industrial y arruinamiento. Eso, junto a los desfases en los equipamientos, la carencia de servicios urbanos y el alarmante envejecimiento de la población obstaculizan la recuperación económica de un territorio que representa el quince por ciento de la superficie de Asturias, pero que, en sus mejores años, contribuyó a la mitad de la riqueza regional (ElCom, 14.5.1995).

Con el inicio de la extracción industrial de carbón en la segunda mitad del siglo XIX, los dos valles hulleros a lo largo de los ríos Nalón y Caudal-Aller, al sur de la capital de Oviedo, adquirieron una destacada importancia dentro de la región. Hasta mediados del presente siglo fueron el centro económico indiscutido de Asturias (cfr. cap. III). Hasta nuestros días constituyen una gran parte de las élites políticas y sindicales, aun cuando su peso relativo haya ido reduciéndose lenta pero continuamente desde los años cincuenta. El sector hullero asturiano alcanzó su punto culminante en 1958 con una plantilla de 51.852 personas (actualmente continúan empleadas en las dos cuencas centrales aproximadamente 11.000) y una extracción de 7.646 millones de toneladas (el rendimiento de extracción pudo superarse una vez más en 1961, alcanzándose los 7.904 millones de toneladas). En esta fase dos acontecimientos, ligados entre sí, introdujeron el inicio del declive de la hulla (cfr. cap. III.3):

1. Con el denominado *plan de estabilización de 1959*, el Gobierno de Franco inició la apertura económica y el final de la fase de autarquía. Esto significó la posibilidad de importar carbón y puso de manifiesto la debilidad competitiva del carbón asturiano.
2. El complejo asturiano del carbón y del acero se quiebra, y la industria siderúrgica se traslada a la costa, es decir, a los puertos donde se embarca el producto de la siderurgia y donde atraca el carbón importado.

De esta forma comenzó la retirada del empresariado privado de unas cuencas que ya no tenían perspectivas de futuro, y al mismo tiempo se produjo la nacionalización del sector hullero (cfr. cap. VI.1). Aun cuando desde entonces la producción ha descendido continuamente, la dependencia que los valles tenían de la hulla siguió aumentando (cfr. cap. IV.2), hasta tal punto que en la actualidad se encuentran ante una situación prácticamente desesperada. La tasa de desempleo se sitúa en el 23%, mientras que la de desempleo juvenil es superior al 30% (aún mayor incluso en las mujeres jóvenes) y todo ello con una tasa de actividad inferior al 40% (datos de SADEI). El número de habitantes desciende continuamente y el porcentaje de jubilados, incluidos los muchos mineros en situación de jubilación anticipada, ascendió al 25% (NE,

28.8.1995).[13] Las dos capitales de los valles del Caudal y del Nalón, Mieres y Langreo respectivamente, recorrieron una evolución prácticamente idéntica. Mieres alcanzó su cenit demográfico en 1960 y Langreo en 1965, cada uno de ellos con 71.000 habitantes. En 1996 Mieres tenía 51.388 habitantes y Langreo 50.418. Entre los dos censos de población de 1981 y 1991 la población total de las cuencas se ha reducido un 8%, pasando de 197.634 habitantes a 181.871. Esto no sólo significa una regresión económica (amortiguada por las pensiones relativamente altas y por los sueldos de jubilación anticipada), sino también una regresión cultural, social y política (cfr. cap. VII).

La fortaleza de los sindicatos mineros provocó que el cierre de los pozos se retrasara hasta finales de los años ochenta y sobre todo logró buenas condiciones de jubilación anticipada evitando los despidos (cfr. cap. VI). Esto permitió trenzar una red para las familias, el comercio y las condiciones de vida que hace soportable el presente sin abrir sin embargo ninguna perspectiva de futuro. «Se dice que los mineros van para casa en buenas condiciones, pero en muchas familias hay tres generaciones viviendo de una pensión» (Enemérito Álvarez, IU de Langreo, NE, 29.12.1991). A esto se añade el hecho de que los proveedores y las pequeñas empresas de las cuencas cerraron a consecuencia de la crisis, sin poder ofrecer a sus empleados los seguros sociales de HUNOSA.

En los años noventa los sindicatos mineros intensificaron su presión para conseguir programas de desarrollo específicos para las cuencas. Junto a SODECO, los éxitos de estos esfuerzos fueron, por ejemplo, el Museo de la Minería y de la Industria inaugurado en 1994, Fucomi, (ver anteriormente), dedicada a la formación profesional, o el Programa de Actuación del Gobierno del Principado de Asturias en las comarcas mineras para el período 1994-1996. No obstante, los contrastes a nivel político entre PSOE e IU son mucho más fuertes que a nivel sindical entre SOMA y CC. OO., puesto que el sindicato socialista también controla al partido, lo que no ocurre en el caso de los comunistas. En estas circunstancias, la política municipal consensuada apenas existe. Incluso las mancomunidades de municipios existen más sobre el papel que en la realidad.[14]

Entre ambas cuencas (Nalón/Langreo - Caudal/Mieres) también se producen situaciones de competencia en pugna por los recursos. La zona del Caudal tiene ventajas geográficas por su emplazamiento junto a la autopista Oviedo-León y su cercanía a la capital de Oviedo. Por el contrario, el valle del Nalón es políticamente más fuerte y está mejor organizado.

[13] Según datos del censo de Langreo de 1991, el 21,2% de la población eran jubilados, el 7,4% desempleados registrados y el 25,3% empleados en activo; es decir, el número de jubilados y desempleados era superior al de empleados (SADEI, Censo de población de Asturias 1991).

[14] El geógrafo asturiano y especialista en las cuencas mineras, Aladino Fernández, hace notar al respecto lo siguiente (NE, 18.4.1993): «La mancomunidad necesita de un período más o menos largo para cargarse de competencias y afianzarse institucionalmente. Pero las fuerzas políticas y los representantes de los ayuntamientos hacen lo posible para que la mancomunidad no madure».

Las perspectivas de ambas cuencas se ven aún más ensombrecidas por la carga heredada por la minería del carbón y por las condiciones geográficas desfavorables. Las ciudades han crecido sin intervención urbanística conforme a los intereses inmediatos de la industria del carbón, y en su mayor parte están formadas por grandes cuarteles de vivienda sin superficies de esparcimiento, de reducido atractivo y escasa calidad de vida. Los valles están llenos de escombreras formadas por la ganga inservible de carbón. Los ríos estaban, hasta fechas muy recientes, altamente contaminados. La angostura de los valles ofrece poco espacio para superficies productivas y las desfavorables vías de comunicación dificultan adicionalmente el nuevo asentamiento de industrias. Por último, la mentalidad de la población se ha orientado a lo largo de generaciones hacia el trabajo asalariado en grandes empresas y al proteccionismo estatal, y hay carencia de una conciencia empresarial innovadora. Con este panorama la situación de las cuencas mineras dentro de la región en crisis de Asturias representa una problemática especial.

Los problemas socioculturales derivados del declive económico de las cuencas son el consumo de alcohol en los mayores y de otras drogas en los jóvenes (cfr. NE, 8.9.1994, 5.7 y 10.7.1995). También la criminalidad es superior a la existente en otros municipios (cfr. NE, 2.2.1995).

Por lo que respecta a la calidad de vida y a las infraestructuras, sustancialmente impulsadas por los fondos de la CE, en los años noventa se han conseguido sensibles mejoras. La red de carreteras se amplió y se consiguió enlazar las cuencas con el centro asturiano. Los ríos se sanearon en costosos programas hasta permitir la repoblación de salmones y truchas (NE, 17.4.1995). Sólo en estas medidas de infraestructura se gastaron, entre 1985 y 1994, 70.000 millones de pesetas (NE, 24.10.1995). Sin embargo, los representantes políticos de las cuencas temen que con ello se haya convertido a sus municipios en agradables ciudades dormitorio y residenciales, pero que hayan perdido la batalla como lugar de destino de la reindustrialización. En cualquier caso la pérdida de puestos de trabajo es continua desde hace treinta años, y desde 1988 se ha acelerado aún más. La reivindicación repetida una y otra vez para que se diversificase HUNOSA no fue atendida hasta hace muy poco, y además de una forma titubeante. El futuro nos dirá si la sociedad Inpasa (Iniciativas y Proyectos de Asturias, S. A.), fundada en 1994, y que procede de la Dirección Industrial y de Diversificación de HUNOSA significa realmente una reorientación, lo cual parece improbable. En los años noventa la CE, el gobierno nacional y el gobierno regional han aportado recursos considerables para crear nuevos puestos de trabajo, pero sólo con dinero no podrá superarse el cambio estructural en la minería.

Fundación y objetivo de SODECO

En la segunda mitad de los años ochenta todos los involucrados, y en particular los sindicatos mineros, tenían claro que la defensa del carbón ya no podía guiar por sí sola la actuación, habida cuenta del desorbitado crecimiento de las sumas subvencionadas y del aumento de la presión política (también ejercida por la CE). El futuro a medio plazo debe buscarse más allá de la minería. Por ello el tema de la diversificación de HUNOSA y del fomento dirigido de alternativas económicas salió con más intensidad a la orden del día. En las negociaciones del plan empresarial para HUNOSA de 1987, los sindicatos y el gobierno asturiano reivindicaron por primera vez inversiones sostenibles con el asentamiento de industrias alternativas. Esto condujo a la construcción de la central térmica de La Pereda en Mieres, que aprovecha la combustión de las escombreras de carbón y utiliza tecnología que reduce la contaminación, y a la fundación de SODECO en 1988.

La fundación oficial de SODECO se realiza por orden ministerial del gobierno español de fecha 30 de septiembre de 1988 (Real Decreto 1108/88) y mediante una ley complementaria asturiana sobre la concesión de créditos extraordinarios aprobada en junio de ese mismo año. La sociedad tuvo dificultades iniciales y necesitó de algún tiempo para conseguir una posición clara y un campo de actuación adecuado. Los cambios de dirección condicionados políticamente, con prolongadas fases sin director (1992, 1995), muestran que en este caso la burocracia politizada del Estado y de la empresa pública también impide la realización de un trabajo más eficiente.

SODECO es una sociedad de capital de riesgo cuyos recursos propios ascienden a 2.500 millones de pesetas, y que está participada al 50% por HUNOSA (o por el INI/IAE) y por el Gobierno asturiano (por medio de la Sociedad Regional de Promoción). El objetivo de los siete empleados que deben responder ante los treinta miembros del consejo de administración compuesto por representantes de la empresa, del Gobierno, de los sindicatos, de los municipios y de los partidos, es apoyar puestos de trabajo alternativos («alternativos» se refiere a la minería y al Estado) en las cuencas mineras. Y esto pretende conseguirlo mediante el asesoramiento, los servicios empresariales, los cursos y la intermediación crediticia; pero sobre todo SODECO participa en el capital de empresas nuevas o ampliadas.

La participación de SODECO en el capital social está limitada al 45% y a una duración de diez años. A más tardar en dicho plazo la empresa debe caminar sobre sus propios pies y habrá tenido que devolver a SODECO el capital para fomento de nuevos proyectos. Conjuntamente con las subvenciones y facilidades crediticias, que hacen llegar los potenciales inversores a través de los fondos regionales de la CE, los gobiernos español y asturiano y los programas de fomento para PYMES, la gestión del capital social realizada por SODECO y el acompañamiento que esta sociedad brinda a los promotores de proyectos para la obtención de subvenciones, suponen una considerable ayuda inicial y de inversión para los empresarios locales.

Los servicios ofertados por SODECO:

— Estudios de viabilidad para todo tipo de proyecto industrial o empresarial.
— Gestión de centros de empresas y realización en ellos de inversión en infraestructuras para la ubicación de nuevas empresas (pequeñas o micro).

— Asesoramiento en la elaboración de estudios sobre la comercialización de productos y viabilidad de proyectos.
— Colaboración en la financiación de proyectos por medio de participación minoritaria en el tiempo en el capital o mediante concesión de préstamos a tipos de interés especiales.
— Intermediación ante socios comerciales asturianos, españoles o extranjeros que puedan contribuir a la consolidación de los proyectos a nivel comercial y técnico.
— Intermediación en la concesión de subvenciones y créditos especiales y recopilación de la documentación necesaria.
— Intermediación en créditos blandos en condiciones ventajosas y anticipo de cantidades parciales de las subvenciones otorgadas basándose en la ley para los incentivos regionales en la inversión.
— Desarrollo de planes específicos referidos a la formación profesional para empleados, adaptados a las necesidades concretas de cada empresa o proyecto.
— Colaboración en la realización y aplicación práctica del proyecto.
— Asesoramiento permanente de las empresas en las que participa SODECO así como aprovechamiento de los amplios contactos que dicha sociedad mantiene con empresas e instituciones.

(de: SODECO: *Hacemos futuro*)

SODECO mantiene dos centros empresariales con naves fabriles y oficinas de diferentes tamaños. La función de estos centros es poner a disposición de las nuevas empresas dependencias adecuadas y una infraestructura con secretaría, salas de juntas, teléfono, fax, ordenador, fotocopiadora, etc. El alquiler se aumenta de forma pausada con el objetivo de que, al cabo de cierto tiempo, la empresa ya consolidada se traslade a sus dependencias propias y deje de nuevo el espacio libre para nuevos proyectos. En el centro se organizan regularmente actos y cursos de capacitación. Con el apoyo de SODECO en el valle del Nalón se organizó una nueva área industrial, aprovechando instalaciones fabriles históricas cerradas (Valnalón).

Entre los objetivos declarados de SODECO se encuentra la cooperación europea, por lo que participa en asociaciones de sociedades de desarrollo general de cuencas carboníferas de la UE y en sociedades de capital de riesgo y de desarrollo europeas (Eurodevelopment). También aspira a intermediar en el establecimiento de contactos con empresas de otros países y regiones, pero la base empresarial de las cuencas está mostrando ser demasiado estrecha para despertar intereses cohesionados en el extranjero.

Si nos olvidamos del éxito que representan las fábricas de la multinacional Thyssen, y la excepción que constituye la empresa de servicios ESMI, formada en su mayoría por mujeres y dedicada a la realización de servicios temporales para empresas, se ve con claridad que los años de difícil trabajo de SODECO son sólo una gota en un inmenso mar, cada vez más vasto. Con un montante de inversiones de 6.150 millones de pesetas, de los que SODECO aportó 1.387,4 millones de pesetas, se crearon 637 puestos de trabajo directo. Un nuevo puesto de trabajo cuesta en la actualidad 9,6 millones de pesetas. Si se confrontan estas cifras con el hecho de que sólo HUNOSA ha eliminado en el mismo período más de 7.000 puestos, podrán verse con claridad las dimensiones de los problemas para revitalizar económicamente las cuencas mineras asturianas.

Tabla 12: **Resumen de los proyectos de SODECO**

Proyecto	Actividad	Inversión total	Plantilla planeada (actual)	Participación de SODECO en el capital	Créditos de SODECO
SAMÍN	Mantenimiento y reparación de maquinaria minera	114,0	19 (19)	9,6(29%)	
PREFASA	Prefabricados de hormigón	1.046,0	23 (35)	30,0 (8,6%)	
INBULNES	Mantenimiento e instalaciones	196,0	49 (49)	10,7 (19,5%)	26,9
HOTEL MIERES	Hotel (***)	240,0	13 (-)	10,8 (18%)	
THYSSEN NORTE	Escaleras mecánicas y pasillos rodantes	1.478,0	133 (225)	225,0 (45%)	507,2
INOXIBÉRICA	Caldería en acero inoxidable	87,0	12 (-)		15,0
MADERAS DE CENERA	Transformación de madera	61,4	8 (-)		13,8
PUERTAS VIDECO	Puertas de madera y acorazadas	18,9	5 (10)		4,0
MENASA	Fundición	564,5	25 (-)		25,0
INDRILL	Barrenas integrales	297,0	17 (-)	32,0 (40%)	45,0
MADERNALÓN	Carpintería de puertas y ventanas	68,2	11 (-)	15,0 (34%)	19,0
MADERAS PRINCIPADO	Madera de castaño	60,0	5 (7)	8,0 (40%)	
ALLASA	Construcciones mecánicas	61,0	5 (-)		9,0
TCA	Ingeniería de la documentación	117,0	11 (15)	14,0 (34%)	19,0
COMENOR	Componentes de naves industriales	172,0	10 (-)		25,0
PRELANS	Prefabricados de hormigón	34,5	3 (3)		7,9
EIMA	Equipos de medioambiente	228,0	45 (45)	25,0 (40%)	36,0
AGUAS DE CUEVAS	Agua mineral	666,0	18 (27)	57,0 (30%)	68,5
MEDINA METAL	Elementos de cobre para construcción	308,8	15 (20)	20,0 (22%)	20,0
ESMI	Servicios auxiliares de empresa, mantenimiento, limpieza y jardinería	70,0	250 (160)	1,0 (10%)	

(sigue) *Tabla 12:* **Resumen de los proyectos de SODECO**

PROYECTOS EN FASE DE INICIACIÓN

Proyecto	**Actividad**	**Inversión total**	**Plantilla planeada (actual)**	**Participación de SODECO en el capital**	**Créditos de SODECO**
ASVI S. A.	Servicio de seguridad privada	152,1	181 (15)	2,0 (20%)	
BIOFERMENT	Aditivos biotecnológicos	110	9 (2)	15,0 (43%)	
INBESA	Bebidas «nuevas»	140,8	17 (2)	150,0 (25%)	
RALSA	Mecanizado del metal	125	7 (2)	24,0 (40%)	
Cárnicas KUAK	Producción de carne de pato	130	8 (8)	27,0 (45%)	
Puertas VIDECO II	(ampliación)	79	8		30,0
Total		**6.150,4**	**787 (637)**	**475,1**	**912,3**
(real después de desinversiones en diciembre 1994)		**3.420,4**		**377,7**	**736,5**

Fuente: SODECO (actualizado: octubre 1995, datos en millones de pesetas).
Observación: las cifras de la plantilla actual real en algunos casos son estimativas, al igual que el futuro de las empresas de las que SODECO se ha retirado y que no siempre podían reconstruirse con claridad. Hasta la fecha SODECO sólo ha registrado pérdidas directas en un único proyecto (Madernalón), mientras que en las otras empresas que no iniciaron su actividad (Hotel Mieres, Indrill) o que han cerrado posteriormente (Inoxibérica, Maderas de Cenera, Allasa, Comenor) ha podido recuperar el capital invertido. El proyecto de ampliación planificado en MENASA fue reconvertido en un proyecto de saneamiento para salvar los puestos de trabajo existentes, en vista de la crisis de la empresa. En la actualidad, la empresa trabaja con una plantilla ligeramente reducida, pero presenta una estructura económica de nuevo saneada.

En el curso de su trabajo, SODECO tampoco se libró de la crisis política de Asturias ni de los reveses. Algunos grandes proyectos de inversores internacionales como Eurometals Processing, una sociedad metalúrgica norteamericana del sector aeronáutico, o Absorbent Technologies, que elabora materiales de uso médico, reventaron después de largas negociaciones y costosos preparativos por la retirada de los inversores en el último momento.[15] Esto muestra claramente la estrategia de las empresas multinacionales en la competencia de los países y de las regiones por cap-

[15] Eurometals adujo que se desplazaba a Álava debido a las condiciones más favorables, pero el hecho de que hasta ahora no se haya realizado el proyecto en ninguna parte es un indicativo del carácter poco serio del proyecto, aun cuando primero el gobierno regional asturiano y después el vasco prometieron altas subvenciones. SODECO rechazó igualmente el proyecto de investigación de la empresa norteamericana en biomédica, por falta de garantías después de un examen en profundidad, con lo cual la empresa se acogió a las subvenciones prometidas en León. A pesar de que el gobierno regional de Castilla y León ha urbanizado el área industrial deseada, hasta ahora no se ha producido ninguna inversión (cfr. NE, 27.10.1994). Probablemente SODECO impidió un nuevo escándalo, como el ocurrido en el caso de la mencionada refinería de petróleo de Arabia Saudita («Petromocho»).

tar las inversiones. Las presuntas multinacionales negocian simultáneamente con varias potenciales fuentes de subvenciones para decidirse finalmente por la oferta más atractiva o incluso para retirarse completamente de la inversión planeada. En estas condiciones la presión sobre los gobiernos que negocian o las sociedades de fomento regional son enormes, y en consecuencia la posición negociadora débil. Por otro lado, concentrándose únicamente en pequeñas empresas autóctonas, no se está en condiciones de solucionar el problema del desempleo de una región de antigua industrialización en crisis.

En el fomento de las empresas autóctonas, la falta de garantías y de recursos propios y la ausencia de calidad de los proyectos de inversión, que impiden una subvención, ha llevado en casos aislados a la crítica de los solicitantes afectados, una crítica que no sólo ha sido rechazada por SODECO, sino también por la federación regional de empresarios (cfr. NE, 31.1., 17.2.1995). Una dificultad que a este respecto menciona un empleado de SODECO es la falta de cualificación profesional. «A muchos se les ocurre montar una empresa, pero no son empresarios. Empresarios, aquí, hay muy pocos y estos estamos buscando» (Intsod.).

Con la entrada de un nuevo equipo directivo en agosto de 1992 puede notarse en SODECO una clara revitalización de las actividades. El realismo y la profesionalidad debían sustituir al desbordado entusiasmo inicial con su orientación a grandes proyectos internacionales. Sin embargo, este proceso volvió a detenerse en 1995 debido al cambio de gobierno y a la nueva falta de dirección que implicaba. SODECO es un ejemplo de la dañina y aparentemente inevitable politización y parcelación del fomento económico en Asturias. Para garantizar a los intereses locales (en particular a los políticos y sindicatos de las cuencas mineras) el control y la influencia, pero también para no someter a SODECO a las instituciones regionales, se fundó como sociedad de capital de riesgo complementaria a la ya existente SRP, y al IFR. Al igual que estas dos sociedades, es objeto continuo de debates de política partidista. Justo en el momento en que la sociedad se había consolidado y pudo registrar éxitos de consideración comparados con los de otras instituciones de fomento regionales (p. ej., Thyssen decidió en diciembre de 1995 construir una segunda fábrica para producción de piezas de automóvil en la cuenca minera del Caudal) los dos accionistas de SODECO (HUNOSA con una nueva dirección, pero sobre todo el nuevo gobierno regional conservador) pusieron en cuestión su futuro y la dejaron durante meses sin director. La designación del actual director general, por primera vez, no sido política, lo que abre un camino para la esperanza.

Como bloqueo importante en el trabajo se menciona repetidamente la mentalidad de la población de las cuencas mineras. Transmitir un espíritu de riesgo empresarial frente a una juventud cuyos padres percibían buenos ingresos en la minería protegida por el Estado y que hoy obtienen con frecuencia rentas y sueldos de jubilación anticipada mejores de los que puede prometer el pequeño empresariado, es una tarea que sólo se puede superar a largo plazo. Los empleados de SODECO opinan que «la atonía empresarial» es el mayor problema en la búsqueda de nuevos puestos de trabajo.

X.7. CONSIDERACIONES FINALES

Para resumir el análisis de la política estructural regional seguida hasta ahora en Asturias es recomendable acordarse primeramente de algunas tendencias generales y condiciones marco que señalizan los contenidos y posibilidades de este campo de la política para todos los agentes involucrados.

En vista de la montaña de problemas creciente a la que se enfrenta Asturias y los modestos resultados obtenidos hasta la fecha por los esfuerzos emprendidos en política regional, puede decirse con carácter general que todos los agentes regionales y locales deben confluir hacia una forma de actuación mucho más decidida y coordinada si desean ver para la región un futuro iluminado por algún rayo de esperanza, si no a corto plazo, sí al menos a medio plazo.

En vista del enorme crecimiento que ha tenido la complejidad de los problemas, los agentes regionales por sí solos apenas serán capaces de superar el cambio estructural regional.

> Incluso si numerosas economías regionales emergen es poco probable que sobrevivan sin la ayuda de instituciones nacionales todavía no definidas... Para el ajuste, las regiones en crisis tendrán que depender de la asistencia de las florecientes y esto bien podría requerir la creación de un nuevo sistema nacional de asignación de recursos. Nadie tiene una clara idea de cómo funcionaría tal sistema, todavía menos de cómo integrarlo con las instituciones de la democracia parlamentaria. Para empeorar el asunto, la devolución de facto de la responsabilidad de la política económica nacional a las empresas y a gobiernos y sindicatos locales debilita precisamente a aquellas instituciones —confederaciones nacionales de empresarios y sindicatos y agencias estatales con las cuales tratan— lo cual bien podría jugar un papel central en la reconstrucción de los instrumentos de coordinación (Sabel, 1989, pp. 19 ss.).
>
> Las investigaciones han demostrado que la consecución de una masa crítica de nuevas empresas pequeñas en regiones en las cuales tal tradición empresarial es débil es un lento y muy costoso ejercicio, ofreciendo sólo resultados limitados a corto y medio plazo (Amin, y otros, 1992, p. 321).

Aquí radica un déficit de Asturias cuya renovación no recibió apenas apoyo nacional al menos hasta la llegada de la política estructural de la CE, y que a su vez no posee competencias regionales de actuación. En general el Estado central reaccionó con una política de paz social mediante subsidios que garantizaban los ingresos.

Las repercusiones de la política regional de la CE rara vez se analizan de forma sobria en función de su contenido y de sus repercusiones efectivas. Predominan las críticas de burocratización, de dirigismo centralista y del reducido equipamiento de medios debido a las grandes disparidades regionales. Con independencia de irracionalidades aisladas, deficiencias y desarrollos erróneos, cada vez se muestran más claras las repercusiones estructurales de esta política sobre las regiones afectadas. Y entonces se hace visible la subordinación del objetivo del equilibrio social al objetivo de la competencia internacional; es decir, el fortalecimiento de la competitividad europea en la «competencia a tres bandas» con Japón y EE. UU. (cfr. Albers, 1994, p. 45). Formulado con mayor crudeza puede decirse que la política regional de la CE organiza bajo el manto protector del equilibrio regional una selección regional en todo el ámbito de la CE de potenciales competitivos y con capacidad de modernización, en el que las brechas regionales existentes se reorganizan pero en modo alguno se suprimen. En este juego sólo ganará quien esté en condiciones de aprovechar las ayudas aportadas para dar el salto a la sociedad competitiva internacional.

Igualmente, en vista de la reducción de las capacidades de gobierno de los Estados nacionales, la CE cobra cada vez más importancia como campo de actuación y como plano político con posibilidades de organización. Pero hasta ahora este crecimiento de la importancia no se ha percibido con la suficiente intensidad o nos enfrentamos a él con rechazo en lugar de aplicarse a él activamente. En la competencia interregional los primeros serán una vez más los que más cosechen y Asturias vuelve a correr a la zaga de ellos.

En general pueden distinguirse dos líneas políticas para superar el cambio estructural: la gestión del declive y la política de regeneración económica (cfr. ERA, 1994, Doc. de Síntesis, pp. 147 y ss.). La primera preside el objetivo de mantener lo más reducido posible los costos sociales, de mitigar el sacrificio social y de controlarlo. La segunda es la política de competencia regional y desarrollar medidas para aumentar la calidad del emplazamiento y para activar la economía regional.

> La reducción de las disparidades regionales está a nuestro entender ligada a dos premisas decisivas. Por un lado se trata de aprovechar mejor los potenciales endógenos de la región, y por otro de crear dichos potenciales con ayuda de la redistribución nacional europea, y de estabilizarlos (Albers, 1993c).

Al comparar las regiones industriales en declive con las que disfrutan de un relativo éxito, entre otras cosas llama la atención que no se produzca un fomento de las estructuras económicas cooperativas e innovadoras en el sentido de un programa político, sino que las instituciones políticas y la Administración tengan que emprender ellas mismas elementos de moderna organización flexible. Aquí probablemente radique una de las deficiencias no advertidas de Asturias, y simultáneamente dentro del contexto español un gran potencial de ventajas de competencia comparativas.

A la formación de las redes de política regional que hemos mencionado al principio, en Asturias se oponen barreras difíciles de superar. Los contrastes internos y los localismos, el aislamiento cultural, la falta de voluntad política y de capacidad e incluso las líneas de división geográfica conducen más bien a una competencia interna por los recursos en vías de desaparición y no tanto a una cohesión de las fuerzas en busca de una vía de transformación regional coherente. El territorio asturiano está dividido en espacios claramente diferenciados, cada uno de ellos con intereses sectoriales autónomos, que defienden sus propios intereses frente a la región en lugar de incorporarlos a un proyecto regional común. Además, un corporatismo regional (consenso regional organizado), en torno a una estrategia de desarrollo, se ve condicionado por la debilidad del empresariado privado asturiano. Si el Estado desaparece en calidad de empresario y no existe ninguna estructura de autogestión económica (cooperativas, entidades de autoayuda...), la clase empresarial privada es un factor imprescindible para la realización del desarrollo regional.

La política asturiana de fomento económico se halla ante dos dificultades especiales, la pérdida irrecuperable del tiempo y la generalización de la competencia interregional. Esas dificultades marcan también los déficit centrales y las razones de la falta de éxito: falta de dinamismo y falta de imaginación. «A veces, las políticas de promoción parecen conducir a esquemas miméticos que llevan a todas las regiones por el mismo camino» (ERA ,1994, Doc. de Síntesis, p. 159). La estrategia empresarial obsoleta de la competencia de precios y costes laborales seguida por los empresarios asturianos equivale a la competencia de subvenciones sin perspectiva de futuro emprendida por la administración política regional. En este proceso se ve cada vez con mayor claridad que unos pocos puntos porcentuales de subvención no atraen inversiones, sino que, junto a los mencionados «factores invisibles en el desarrollo económico», ante todo son decisivos los mercados. Un ejemplo puede ilustrar esto.

En verano de 1995 el ministro de economía de Sajonia en la Alemania del Este, tuvo que enterarse con gran decepción de que la multinacional electrónica alemana Siemens construiría su nueva fábrica de «chips» (que costaría 2.000 millones de marcos alemanes) en Newcastle (Inglaterra), a pesar de la generosa oferta de subvenciones de hasta el 35% que habría recibido en su país. Aún cuando es cierto que las subvenciones directas por los 1.500 nuevos puestos de trabajo en alta tecnología planificados eran menores en Inglaterra, también es cierto que las oficinas del trabajo británicas están equipadas con ordenadores Siemens, que el ejército británico utiliza un nuevo sistema de comunicación, que los peajes automáticos de las autopistas deben equiparse... Por lo demás, los chips se prueban y se ensamblan definitivamente en Malasia, Singapur e Indonesia.

Una reorientación del fomento económico regional lejos de los regalos fiscales y de las subvenciones y dirigida a mercados públicos para potenciales inversores (la denominada *industria medio ambiental* es, por ejemplo, un gran campo de futuro para la demanda por el Estado) podría, por una parte, ofrecer incentivos más eficaces para la inversión y, en segundo lugar, permitir una utilización más razonable del dinero público al fomentar con él producciones socialmente razonables. En el caso asturiano, la utilización de capital de riesgo nacional es razonable como estimulante complementario. Una política nacional, regional, sectorial y local plenamente cotejada y un horizonte de planificación a más largo plazo son dos premisas imprescindibles para ello.

Capítulo XI

El discurso de crisis en la región

Distanciándonos del diseño original de nuestro proyecto de investigación, junto a las continuas referencias a los discursos regionales y sectoriales efectuadas en cada uno de los capítulos hemos incorporado un capítulo independiente para exponer, al menos de forma concentrada, algunos aspectos generales de la percepción y las actitudes regionales ante la crisis. Con ello queríamos rendir cuentas al numeroso material del mayor estudio empírico de carácter cualitativo realizado hasta la fecha, basado en entrevistas abiertas, realizadas entre los distintos colectivos afectados por el declive industrial de Asturias.[1] Igualmente, dentro del marco limitado de nuestro proyecto no es posible presentar un análisis detallado de las cintas de vídeo y los muchos cientos de páginas transcritas, lo que debería ser objeto de un proyecto posterior independiente.

En general, el discurso sobre la crisis en la Asturias industrial presenta una fuerte cohesión que relega a un segundo plano diferencias intrarregionales y económicas como las que se dan entre las cuencas mineras y Gijón. En nuestras entrevistas se confirmaron algunos resultados de estudios precedentes.

> Casi todos los discursos dan tres pasos: Constatan la falta de alternativas, confiesan que no ven qué puede hacerse y que, en consecuencia, creen que no hay salida para los problemas actuales, y concluyen que Asturias es hoy una región sin futuro (ERA, 1994, Doc. de Síntesis, p. 107).
>
> Las mentalidades más extendidas, parecen otorgar a la crisis un carácter irreversible y una raíz exógena, derivada del carácter dependiente de la economía asturiana de un Estado

[1] Gran parte de este material se recopiló en dos tomos de documentación que pueden consultarse en las áreas de Sociología e Historia Contemporánea de la Universidad de Oviedo y en el Instituto de Investigación del Movimiento Obrero europeo de la Universidad del Ruhr en Bochum. En dicho instituto se encuentran también las cintas de vídeo y sonido que grabamos con entrevistas de grupos.

que habría abandonado a su suerte a una región castigada en el proceso de integración europea y que nos colocaría en posición acreedora y con una deuda moral aún por saldar ante el gobierno central... El pesimismo y la pasividad, la apreciación de la gravedad de la crisis y la acomodación personal a ella, la percepción de una situación crítica y una impotencia resignada, el negativismo y la crítica sin alternativas, la mezcla de insensibilidad e hipercriticismo, parecen haberse impuesto en esas circunstancias como una particular idiosincrasia ante la crisis (Vázquez, 1994d, p. 119).

También aparecen claros paralelismos y similitudes con otras regiones de antigua industrialización, como prueba la siguiente cita referida a la cuenca del Ruhr:

Desde hace dos décadas los políticos de la cuenca del Ruhr hacen continuas referencias a «las prestaciones que este territorio y sus habitantes y centros de producción han prestado en el pasado para la reconstrucción económica después de la segunda guerra mundial y para el desarrollo técnico industrial del conjunto de la población» (Gobierno regional Renania del Norte-Westaflia, programa de desarrollo del Ruhr, Düsseldorf, 1968). De tal discurso derivan un compromiso muy especial de la política y de otras regiones de la República Federal para apoyar a la cuenca del Ruhr en sus esfuerzos por superar la crisis de sus sectores (Petzina, 1992, p. 100).

Junto a esta imagen de la «deuda nacional» (ver más adelante), la argumentación en defensa del carbón como «sector estratégico para el autoabastecimiento energético» (cfr. cap. VI) a menudo presenta coincidencias literales dentro de las regiones afectadas de muchos estados. Lo mismo puede decirse de los selectivos mecanismos del inconsciente colectivo que se aplican a los primeros síntomas de crisis y del correspondiente retraso en la percepción del carácter estructural de los problemas. Las fases extraordinarias de prosperidad se convierten en la conciencia en la normalidad permanente, frente a la cual el cambio estructural difícilmente y a duras penas encuentra un hueco en nuestras mentes. A este respecto, Lutz (1989, pp. 39 y ss.) habla de un «paradigma de continuidad» en la conciencia del tiempo.

Es una crisis anunciada, sobre la que se ha mantenido un autoengaño, pasado en silencio con la complicidad de todos. Todos sabían que la región se sostenía en falso, sobre bases imposibles de conservar indefinidamente, sin futuro, pero todos preferían prorrogar esa ficción mientras no se hundiese el suelo bajo sus pies. Así, al menos, lo piensa ahora la gente, proyectando retrospectivamente su angustia y su pesimismo actuales; al hacerlo, además, descargan la responsabilidad sobre los dirigentes políticos, los agentes económicos, las instituciones regionales, que, sabiendo que se caminaba hacia un abismo, han preferido vivir al día en vez de buscar nuevos caminos para la región, siempre problemáticos y erizados de dificultades (ERA, 1994, Doc. de Trabajo 25, p. 13).

Mientras que el retroceso del sector agrícola, estadísticamente igual de intenso, es percibido por la población más bien como una evolución «natural», el declive industrial adopta formas dramáticas. La transición de la sociedad agrícola a la industrial se considera progreso y modernización (si bien se discuten las más recientes intervenciones de la CE en el sector agrario), mientras que, por el contrario, el modelo de terciarización producido en la transición industrial a la sociedad de servicios (cfr. cap. II) no se acepta, o por lo menos se considera inviable para Asturias. El carácter industrial es considerado en la conciencia de la población una característica esencial de la región.

En la misma medida, el pasado industrial se sublima sistemáticamente, casi se glorifica. En Asturias no sólo vibraba la vida económica y social, sino que, con ella, la nación española entera se alzó desde la ciénaga de la miseria preindustrial o posteriormente desde las ruinas de la guerra civil.

> Para mí eran tiempos increíblemente buenos; yo llegué en el 76 y si entonces era mejor que ahora, entonces ¿cómo era? Porque la verdad que era un funcionamiento enorme todos los días, dieciocho horas diarias, una actividad continua; los fines de semana era desbordador; las fiestas, impresionantes, y a partir del 84, 85, exactamente, empezó a notarse ya mal (Inttur. 33).

Las imágenes de rechazo como la de este grupo de profesionales liberales y funcionarios ovetenses entrevistados raramente salen a la luz.

> Podemos partir de la idea de que Asturias es una provincia que fue hinchada con la industria... y fue una provincia que subió de nivel a base de empresas públicas, que siempre fueron deficitarias... que fue artificialmente hinchada (ERA, 1994, Doc. de Trabajo 25, pp. 33 y ss.).

Aquí la industrialización no se presenta como una gran prestación y una contribución nacional de Asturias, sino como un desarrollo antinatural ajeno a la región e inyectado desde fuera que produjo los síntomas regionales de la enfermedad.

Como resultado de la «construcción» de un magnífico pasado industrial vienen, por una parte, la oscuridad sin escapatoria del presente y del futuro, que se viven como una imparable y profunda caída, y por otro lado el modelo argumentativo de la deuda histórica de la nación española respecto a la región. He aquí algunas imágenes del futuro:

> 1: Dentro de diez años lo veo catastrófico.
> 2: Muy negro, muy negro (Inttur. 33).
> ... una provincia de jubilados... Asturias está quedando borrada del mapa... (Inttur. 32).

Pregunta: ¿Qué intentas hacer en el futuro?
—No lo sé.
P.: ¿Pero te interesa?
—No, prefiero no pensarlo (Intgij. 00).

Con una frecuencia inusitada aparecen aquí ideas de una «solución» explosiva para esta situación catastrófica y cada vez más insoportable, un brutal desentrañamiento del, por otro modo, inextricable nudo gordiano: «tiene que estallar». Lo que para unos es un segundo «1934» (cfr. cap. VI), para otros es la tercera guerra mundial.

Los jóvenes:

1: Yo siempre creo que va a estallar una guerra, que va a haber una tercera guerra mundial...
2: Yo también creo que va a haber una guerra...
3: Yo lo veo bastante negro, tanto el ahora como el mañana, pero tengo una pequeña esperanza de que salgamos pronto de esto (Intgij. 53).

Los jubilados:

Tenía que venir una guerra y desaparecerlo todo (Intgij. 55).
1: Asturias tuvo muchas cosas, era porque se temía un poco a Asturias.
2: Mientras duró el efecto de la revolución del 34.
1: Efectivamente (Intgij. 51).

Entre el luminoso pasado y el oscuro futuro se desliza el llamamiento a la deuda nacional o la queja sobre el injustificado agravio sufrido por la región. «Asturias levantó el país», es el tenor que se palpa en muchas entrevistas, en las que el carbón se convierte en el producto regional por antonomasia.

El resto de España lo que tiene que darse cuenta es que cuando hubo la segunda guerra mundial vivía media España, ¡media España!, o España entera vivía a cuenta de la minería, fueron los mineros los que sacaron a España arriba (Inttur. 33, cfr. p. 228).

A este respecto, haciendo referencia a un nuevo retraso de un proyecto de autovía del Cantábrico achacable al gobierno de Madrid, un intelectual asturiano comenta:

Hemos perdido la batalla de la deuda histórica... España ya olvidó la contribución que hicimos a la Ilustración, a la industria gracias al carbón y a la democracia gracias a nuestra lucha por la libertad... Las deudas históricas no se cobran, son pura literatura (Germán Ojeda, «La autovía», NE, 5.11.1995).

Como ya se ha mostrado en nuestra exposición sobre el débil regionalismo asturiano (cfr. cap. III.4), el argumento de la deuda nacional se aúna con la comparación respecto a otras regiones presumiblemente mejor tratadas. En esta comparación no sólo salen a la palestra las ya tradicionales regiones del País Vasco y Cataluña como ejemplos de aspiraciones autonómicas más marcadas, sino que se esboza un variopinto panorama de «comunidades autónomas» más hábiles, más influyentes y favorecidas. Simultáneamente se desentierran e instrumentalizan mitos históricos sobre la Reconquista, que partió de Asturias.

No hay, pues, que independizarse. Asturias se afirma en la pertenencia a una nación que, en sus comienzos, es una creación asturiana, para exigir un trato de igualdad, que remueva los obstáculos al progreso... mientras otras regiones españolas (Sevilla, con la Expo; Barcelona, gracias a las Olimpiadas) han enlazado con la vanguardia (editorial NE, 27.11.1994).

... sencillamente, los vascos son más listos... (Intens. 5).

Yo siempre pienso que teníamos que haber copiado un poco de los catalanes. Son partidos regionalistas o nacionalistas y luchan más por los intereses de la cuenta de los demás. O sea, que se está viendo que si pudieran barrerlo todo para Cataluña, lo llevaban. O los vascos... también hubieran hecho eso (Inttur. 11).

Galicia también estaba un poco olvidada. Pero parece que entró Fraga,... y puso un gobierno que, aunque sea del PP, pues con bastante carga nacionalista y parece que resurgió el espíritu y el orgullo gallego... Yo creo que están por el buen camino, es lo que tendríamos que hacer aquí (Intgij. 15).

Abandonada. Todo para Barcelona... para esos catalanes... (Intgij. 14).

Para mí, una de las provincias más listas es Santander. Está dirigida por unos señores que tienen una banca muy fuerte y aquello está muy limpio, muy verde y no hay humos por ningún sitio y los demás nos estamos envenenando (Intempr.).

... aquí en Asturias; ya quisiéramos tener un Jordi Pujol porque... los presidentes de la autonomía de Asturias lo único que valieron fue para ir a inaugurar algún salón, a descubrir alguna placa y al pincheo, nada más. No saben ni ir del puerto de Pajares para allá (Inttur. 41).

En el caso asturiano también los políticos conservadores, cuyos partidos suelen cuidar por lo general un discurso de libre mercado, ceden con frecuencia a la presión pública después de asumir una argumentación moral.

No se puede decir que los asturianos somos beneficiados porque el coste social de la minería jamás lo podrán pagar los españoles, al menos moralmente (Isidro Fernández Rozada, presidente del PP de Asturias, NE, 10.1.1992).

En este punto puede constatarse la primera discrepancia fundamental entre realidad y percepción. El cambio estructural que se ha iniciado en los años sesenta y que en los años setenta afectaba a todos los sectores industriales relevantes se percibe en la conciencia de la gran mayoría como una crisis que comenzó en algún punto de los años ochenta (cfr. pp. 234-235).

Lo sabíamos pero no nos lo creíamos (Inttur. 4)
La palabra crisis es reciente (Inttur. 23)

En el debate que transcribimos a continuación, entre las tres mujeres que intervienen se manifiesta claramente la discrepancia que hemos mencionado:

Pregunta: ¿Cuándo empezó aquí la crisis?
2: ¿Que iba a suceder esto?
3: En el 90.
1: No se supo antes, la empezamos a sentir en el 90.
2: No nena, mujer, la crisis en la minería... ya venía, empezó ya en el 60.
P.: Tú dices 90 y tú 60, hay una diferencia.
2: Sí, sí, de años...
1: La crisis en la minería, yo entiendo que se empezó a sentir desde que empezaron, pues, a ver, a cerrar pozos y a... ¿quién lo veía venir?
2: Todos, mujer... a partir de la primera huelga, la del 62, se sabía positivamente de que Turón o el carbón...
1: No lo sabían, hay mineros que cerraban San José y yo diciendo el año antes, precisamente en un comentario que estábamos haciendo unos cuantos: cierran San José. Y decían: mentira, hay carbón, no se cierra. Y cuando se cerró digo: se cierra San José, y mucha gente, la mayoría, ¡ni lo suponía!
3: Entonces vivimos por encima de nuestras posibilidades, entonces no lo considero crisis (Inttur. 7).

Inconscientemente la prosperidad se equipara a producción y actividad, con independencia de la racionalidad económica. Donde las chimeneas escupen humo, las motocicletas van a toda pastilla o el carbón se saca a montones de la tierra, no puede haber crisis. Esta última sólo comienza cuando se apagan las luces y se paran las líneas de las fábricas (cfr. p. 229).

Yo todavía no puedo creer que cierran Santa Bárbara. Todavía yo hoy en día, yo mismo, a veces: bueno ¿cómo pueden cerrar Santa Bárbara y decir que tiene una falla plana y resulta que están cerrando setecientos vagones de carbón con trescientos y pico obreros? no lo entiendo yo eso, todavía no (Inttur. 34).

Yo no veo una empresa en crisis cuando normalmente no dejaron cinco minutos ni paaa... o sea, había mucho trabajo. Yo veo la crisis cuando en una empresa no tienes nada que hacer, ahí se ve la crisis. Pero cuando una empresa producía tantas motos y vendía la mercancía y trabajábamos a tope... (Intsuz. 6).

HUNOSA, yo creo que podría ser rentable explotando de otra forma y de otra manera... cualquiera del interior es rentable (Inttur. 34).

A esto se añade que a partir de mediados de los años ochenta las grandes empresas estatales aceleraron la reducción de personal hasta tal punto que no se producía ninguna nueva contratación. La tardía reacción política a la crisis, concretada en forma de planes de reconversión y ajuste de los años ochenta, se asocia en la conciencia de la población con el inicio de la crisis. En ese momento se hizo visible una nueva cualidad de la realidad de la crisis y una forma de percibirla que se manifestaba especialmente en las cuencas mineras. El último refugio frente a la crisis desaparecía.

Entonces el último recurso que nos quedaba por aquí a los asturianos cuando empezó la crisis por ahí era volver a la mina... habría dado a gusto, qué sé yo, un par de dedos de la mano derecha por no volver a la mina (Inttur. 11).

A partir del año 1987, la propia clase trabajadora minera va asumiendo cuestiones que hasta ese momento parecían herejía... el valoramiento de otras cuestiones hasta ahora impensables. Términos como la reindustrialización, reconversión, de forma muy tenue, pero yo creo que marcan ya un proceso distinto. (Inthun. 2).

Otro factor que, cuando menos en el recuerdo de los afectados, traslada el inicio de la crisis a mediados de los años ochenta, es el sensible efecto que tuvo en sectores secundarios y en el ánimo de la población. Muchos proveedores y empresas auxiliares tuvieron que cerrar y el comercio se ve, cada vez más, arrastrado al mismo padecimiento.

Una ciudadana de Gijón:

Se nota, pues, en detalles. En... simplemente en la peluquería, hace años, pues la peluquería estaba así, y ahora no... La gente acude menos... Allí, en la compra diaria, también se nota que la gente, pues, no compra con aquella abundancia que compraba. Los ves ya restringir, y mirar y preguntar precios, y comparar y tirarse a lo más barato... (Intgij. 00).

Una antigua dueña de un bar:

Hace un año que lo dejamos y hace un año había crisis, y bastante. Pues, la gente no era la misma. En el negocio no era la misma. Estaban de mal humor, estaban aburridos. Había de todo. No era la gente, la misma gente que conocí yo ya tantos años, que derrochaban alegría por todas partes. Daba gusto hablar con ellos. Además tenía una satisfacción de vivir, ahora no (Intgij. 00).

También los jóvenes informan:

—Mi padre es pintor. (...) Y me acuerdo hace cuatro años que tenía una lista de espera de dos meses de clientes. Tú llamabas: no, no, hasta dentro de dos meses no puedo atenderte. Tenía clientes muchísimos. Y hoy por hoy trabaja con una lista de clientes de una semana o dos semanas. Sí, se nota. Se nota muchísimo. Y en invierno sobre todo. En invierno, el año pasado se pasó un mes sin dinero..., sin trabajar ni un día. (...) Y además si las familias en general lo pasan mal, no van a ponerse a pintar. Lo primero es comida.

—Yo, por ejemplo, mis padres, hace cosa de años, tuvieron un bar, un bar durante tres años, y tuvieron que dejar. Sí, porque vamos, el nivel de gente fue bajando hasta tal punto que estaban trabajando muchas horas para muy poco dinero. Entonces, se nota muchísimo. La gente, pues, claro, cuando no hay..., pues no vas a tomar ni copa en un bar, ¿no? (Intgij. 00).

Los siguientes ejemplos muestran que la ocultación de los problemas estructurales que tiene lugar en Asturias tampoco se para ante los análisis científicos:

El carbón es hoy un sector en expansión desde cualquier perspectiva desde la que se observe en el contexto económico nacional, y es evidente que la larga etapa de recesión provocada por la competencia de los productos petrolíferos, que se inició a raíz del Plan de Estabilización de 1959, ha sido felizmente superada... Las perspectivas de la actividad carbonera nacional son por tanto favorables (Fernández Felgueroso, 1983, pp. 167 y 170).

Mientras unos alaban el futuro del carbón español, otros proclaman el fin de la reconversión de la industria de la siderurgia, cegados por el beneficio coyuntural extraordinario del año 1989 (cfr. cap. IV.4):

La nueva acería es el principio del fin de la reconversión de la siderurgia integral... Atrás queda un proceso de reestructuración que exigió la reducción de más de la mitad de las sociedades... y la pérdida de cerca de 24.000 empleos, hasta permitir que el conjunto del sector anuncie beneficios (Germán Ojeda, «ENSIDESA y AHV: adiós a las chimeneas», *El País*, 8.3.1989).

ENSIDESA parece haber afrontado exitosamente la administración de su declive, en claro contraste con la evolución crecientemente negativa de HUNOSA (García Blanco/Gutiérrez, 1989, p. 23).

Los años posteriores mostrarían rápidamente una faceta peor que estos buenos deseos de los economistas y sociólogos.

En esta percepción que tiene la población afectada, un proceso a largo plazo (cambio estructural, desindustrialización) se transforma en un suceso repentino y de corto plazo (crisis), se transmuta en un golpe del destino y provoca desorientación y una amplia pérdida de confianza. «Desorientación... pérdida de referencias y anclajes,... profundo desconcierto» (ERA, 1994, Doc. de Trabajo 25, pp. 12 y 22) y reacciones semejantes se constatan como fenómenos de crisis subjetivos. Las imágenes más frecuentes son las de un laberinto sin salida o de un oscuro pozo, y la palabra «salida» se convierte en el concepto clave. No se trata de superar el cambio estructural, sino de una salida, un paso súbito de la oscuridad a la luz, a la esperanza de los cada vez más desesperados. Los medios de comunicación y la política se adaptan a esta imagen.

> Los consejos de la comarca se unen para buscar salidas a las crisis (titular NE, 3.2.1993).

En general las propias palabras seleccionadas muestran una tendencia a desplazar lo más lejos posible la responsabilidad sobre los problemas actuales y sus posibles soluciones. Un «ellos» totalmente indeterminado sustituye a la reflexión sobre quiénes han sido los que han adoptado las decisiones y qué procesos han sido los que han llevado a la situación actual. «Ellos cierran todo», «ellos nos metieron en el Mercado Común»... o «ellos... metieron la droga para estropear a la juventud» son algunas formulaciones fatalistas utilizadas para describir la situación. Este «ellos» abstracto ha pasado con tanta fuerza al uso cotidiano del lenguaje que ya nadie pregunta a quién se refiere y todos parecen saber lo que se quiere decir con ello.

Aquí se presenta la segunda discrepancia como un círculo que bloquea la comunicación entre el discurso político oficial y la percepción que tiene la población. Debido a esta actitud de expectativa los políticos se ven compelidos a ofrecer una salida, una solución, pero saben tan bien como la población que no existe ninguna salida a una crisis estructural prolongada, sino que a lo sumo lo único que puede haber es un proceso de renovación igualmente prolongado. De esta forma se genera un discurso político oficial que intensifica aún más la sensación de falta de escapatoria y de total desorientación. Los gobernantes proclaman continuamente el cercano fin de la crisis, y en 1990 el presidente saliente del gobierno regional de Asturias, Pedro de Silva, arremetió contra «quienes tratan de dar un mensaje de decadencia: En el horizonte del año 2000 Asturias puede convertirse en una región modélica.» (NE, 6.7.90).

> La crisis de Asturias tocó fondo... El ascensor ha llegado al tope y ahora empezaremos a colocar los instrumentos y la maquinaria para que empiece a subir pisos (Julián Bonet, Consejero de Industria, Turismo y Empleo, ElCom., 21.6.1993).

> Lo peor de la crisis ya ha pasado. Estamos construyendo una nueva Asturias; no será la Asturias del carbón, ni del hierro, ni de la ganadería, ni de la pesca, sino la suma de múltiples actividades diversificadas. Asturias está cambiando, que la crisis económica no es más grave que en otras comunidades, que cada vez somos más paraíso natural, que nuestros ríos bajan más claros, que nuestras playas son las más limpias de España, que tenemos las únicas montañas preservadas del acoso de la sociedad consumista actual (Antonio Trevín, presidente del Gobierno, NE, 7.8.1994, ElCom., 13.9.1993).

Frente a estas opiniones, la reacción de los entrevistados era la siguiente:

> No me hace gracia que me diga el Gobierno o la Comunidad Europea, que no me creo nada, «hemos tocado fondo»... ¡Ni lo más mínimo...! Llevamos tocando fondo ya... Ya estamos perforando... No se lo cree nadie... Bueno, hay gente que se lo cree, pero está hundido (ERA, 1994, Doc. de Trabajo 25, p. 29).
>
> ... palabrería... (Intgij. 12).
>
> ... en la política, aparte de llegar tarde siempre, es casi todo *mentires* (Inttur. 34).
>
> ... nos tenían engañados al pueblo (Inttur. 33).

Probablemente sería erróneo interpretar esto únicamente como resignación, rechazo y decepción frente a la política, aun cuando ésta en su conjunto, y en particular los gobiernos socialistas, hayan sufrido en los últimos años una considerable pérdida de prestigio debido a las olas de corrupción y escándalos y a la incapacidad mostrada para encontrar una «salida». Aquí deben de tenerse en cuenta otros dos factores. En primer lugar, en Asturias el análisis de la crisis se concentra casi exclusivamente en los agentes políticos, el Estado, y olvida ampliamente otros factores sociales. En segundo lugar, esta forma de tratar la crisis permite un establecimiento relativamente cómodo en el presente. Como ya se ha mostrado más arriba al tratar de esbozar el inicio de la crisis, en Asturias todo se relaciona con la política y, en parte, también todo se achaca a la política.

Sobre todo en el espectro de izquierdas persiste obstinadamente una idea del mundo según la cual la riqueza es distribuida desde un centro monopolístico de poder. Y con ello se pierden de vista las condiciones para generar esta riqueza a distribuir. Es lo que puede llamarse la variante de izquierda del discurso político del «ellos» mencionado anteriormente. Esta idea se conjuga con la referida injusticia frente a Asturias, que es agraviada o no está representada en ese imaginario centro de poder. A menudo se encuentran especulaciones de carácter casi conspirativo sobre las oscuras maquinaciones de este supuesto poder, que a veces son el gran capital y los bancos, a veces los políticos, que gobiernan y manipulan a la humanidad. Y acorde con la tendencia, este centro de decisión se localiza a alturas cada vez más abstractas o en lugares cada vez más alejados (Bruselas sustituye a Madrid).

Cuando se pregunta por las causas y la responsabilidad del declive de la economía asturiana en primer lugar surge siempre «el Gobierno»:

> La culpa la tienen los que están por arriba, la Administración (Inttur. 41).

Las posturas autocríticas que se remontan a los valores tradicionales de la industria asturiana, como la solidaridad combativa, constituyen las excepciones y aparecen casi tan solamente en las cuencas mineras (para más detalles, ver capítulo VII):

> La culpa *tenémosla* todos... *inclúyome* yo también, porque si fuéramos todos unidos no pasaba esto que está pasando (Inttur. 31).

Con una abrumadora frecuencia, sobre el problema del endeudamiento privado y del ser presa del consumismo se apunta como causa principal el que ya no somos tan combativos, persistentes y solidarios como nuestros padres, que incluso llegaban a padecer hambre cuando se prolongaban las huelgas (cfr. p. 246).

> Ahora el nivel de vida es más superior y todo el mundo quiere estar en ese nivel, entonces *méteste* en el sistema de que el que inventó los créditos, pues claro que fue el Gobierno, porque es una forma clara de tenerte sujeto (Inttur. 34).
>
> Fueron grandes luchadores, no me cabe la menor duda... se han acomodado, y claro, también influye mucho la situación, los créditos famosos, comprarte un piso o un coche con un crédito, y la gente se confía y hay que pagar eso, y para pagar hay que hacer; si te quedas un día de huelga, pierdes... (Inttur. 33).

Las posturas autocríticas más divergentes que encontramos en nuestras entrevistas se presentaron curiosamente entre los comerciantes:

> Vivimos en una situación en la que siempre apelamos a las culpas de otro. Yo creo que toda, porque primero decías las fuerzas políticas, los empresarios, los sindicatos, pues todo ello es una emanación de la sociedad. Es decir, al final, tanto los partidos políticos como los sindicatos y tal, son lo que va emanando de la sociedad, ¿no?... Hay, hoy, metida hasta el tuétano en esta sociedad una idea que a mí me revienta, que es que yo, por el mero hecho de ser ciudadano español y europeo, tengo una serie de derechos antes que obligaciones y contra eso sí que me rebelo. Entonces dices: ¿qué responsabilidad tenemos los ciudadanos y demás? Yo creo que toda (Intgij. 51).
>
> No creo que es cuestión de política, es cuestión de economía. España no tiene. España nunca tuvo trabajo para sus ciudadanos. Al principio del siglo fueron a América, en los setenta fueron a Alemania, fueron a Francia. España nunca tuvo de trabajo (Intgij. 00).

Y es justamente entre la juventud, la más afectada por la pérdida de perspectivas de futuro, donde puede constatarse un sorprendente desplazamiento de la crisis y una cómoda instalación en un presente subvencionado (cfr. cap. VIII.6).

—Las perspectivas son muy malas, pero la situación en este momento no está mala.

—Vivimos bien. Sabemos que hay una crisis, que la gente en el Gobierno está rogando todo lo que puede. Y como vemos que no hay salida, no hay forma de mejorar las cosas con lo que tenemos. No intentamos crear otras cosas nuevas para mejorar. Y todo el mundo lo sabe, y todo el mundo lo acepta (Intgij. 00).

Pregunta: Todo el mundo habla de la crisis económica en Asturias. ¿Te das cuenta de que hay esta crisis?

—Yo no, porque no me estoy metiendo en eso. Yo estoy así en mi casa y libre de todo (Intgij. 00).

—Yo, por ejemplo, yo no lo noto. Vivo con mis padres, y claro, no me toca, siempre hay dinero (Intgij. 00).

En parte todas estas opiniones se adaptan obstinadamente a un prejuicio muy difundido entre los mayores sobre la falta de voluntad de los jóvenes para el trabajo y su comodidad y afán consumista.

Lo tiene todo. Entonces estudiar es un trabajo como otro cualquiera. Entonces un joven que no vea necesidad de estudiar porque vea la necesidad, bien porque se pase mal en casa o bien porque le falte algo,... pero el que no quiere eso y andar por ahí de discotecas si es sólo eso, meterse a la droga, beber y de fiesta, y después, si no, estar en casa escuchando música y no quieren trabajar (Inttur. 11).

Entre los mayores son muy raras opiniones como la siguiente:

No es que la juventud se encuentra sin trabajo, es que los adultos los hemos dejado sin trabajo (Intens. 3).

En cualquier caso, el desplazamiento que se hace de la crisis desde el ámbito personal al ámbito general no es un fenómeno específico de la juventud.

La visión de la situación regional que la gente manifiesta en los discursos de los grupos, no da la impresión de que los sujetos que así se expresan se sientan directamente afectados y estuvieran hablando por experiencia propia. Más bien al contrario, parece como si todos fueran espectadores de un desastre general del que cada uno está exceptuado. Profetizan el Apocalipsis universal como sentados en una nube (ERA, 1994, Doc. de Trabajo 25, p. 20).

Antes de tomar posesión de su cargo como presidente regional, Pedro de Silva se manifestó en un sentido parecido:

> Todo ello tiene como marco, resumen y caldo de cultivo un sentimiento de crisis generalizada, que se percibe con fatalismo, y que despierta reacciones defensivas, en lugar de aceptar el reto de la superación, única fórmula a la postre para salir de la crisis. Percibir que los expuestos en grandes líneas son algunos de los rasgos más definitorios del «cuerpo» y el «alma» de la Asturias de hoy puede, a su vez, ser manifestación de ese mismo pesimismo colectivo (Pedro de Silva, 1982, p. 37).

A veces la resignación, la imagen que se tiene de sí mismo y el desplazamiento de la culpa se complementan hasta formar un panorama general casi fatalista de una región presa de los agravios y al mismo tiempo satisfecha de sí misma, situada en una margen del mundo. Las imágenes de «insularidad», «los asturianos viven de cara al mar y de espaldas al resto del mundo», «muy enraizado» aparecen para referirse al carácter asturiano. Y se sigue arrastrando la existencia sin la atención del resto del mundo. «En Madrid no saben de nosotros» (Intgij. 14) «somos una autonomía de tercera. No somos nada.» (Intgij. 12) «No sé si aquí en Asturias estamos muy atrasados» (Inttur. 39).

Los representantes políticos y sindicales de la región llevan algunos años haciendo hincapié en su disposición para colaborar en «alternativas» y nuevas actividades que puedan reemplazar los sectores tradicionales atrasados de la economía asturiana. Y éstas sólo podrán defenderse hasta que se perfilen las inversiones que absorberán los puestos de trabajo perdidos. En particular, desde finales de los años ochenta los sindicatos han movilizado a sus bases para reclamar «reindustrialización» y el «futuro de la región». Esto no contradice en modo alguno el problema fundamental de la región, que el antiguo presidente del gobierno asturiano Pedro de Silva acentuaba una y otra vez en conversaciones con nosotros: el «construir cosas nuevas sobre las estructuras antiguas». El punto débil de este discurso de renovación de los agentes regionales radica en que el destinatario, el agente dominante del pasado tanto desde el punto de vista político como empresarial, ya no puede desempeñar su función de la misma forma. Las capacidades y competencias del Estado se han constreñido tanto que ya no entra en juego como el único protagonista del desarrollo futuro. Simultáneamente no existe un sustituto equivalente, y todo depende de la actitud que se tenga hacia la dinámica de la economía de mercado. Ésta no ofrece ninguna alternativa segura y obliga a los afectados a hacer precisamente un complicado número de equilibrismo en la defensa de los logros existentes, sin allanar por ello el camino para el acceso de nuevas actividades.

La actitud de la población respecto a los agentes regionales sigue en muchos aspectos la tendencia descrita de creciente pérdida de confianza y orientación, pero también de progresiva aceptación de la lógica del mercado capitalista, en vista de la pérdida de alternativas realistas.

Los sindicatos, a los que de modo general y con independencia de las valoraciones positivas o negativas se les atribuye una posición fuerte en la región, se encuentran cada vez más metidos en la resaca de la imagen política negativa, puesto que a menudo se les equipara con «la política». En el caso de los mineros se produce una clara línea de delimitación entre el pozo, es decir, el nivel sindical del contacto personal, y los campos de actuación más alejados, en los que «empieza la política». De esta forma, la elevada disposición a secundar las huelgas y movilizaciones se compagina con una crítica que atribuye a los sindicatos un alto grado de corresponsabilidad en el declive industrial. Esto afecta con mayor dureza al sindicato socialista UGT, más cercano al Gobierno y más moderado. Con frecuencia se suma a esta crítica un abandono de las virtudes tradicionales de la lucha solidaria. Esta tendencia, vinculada con la pérdida generalizada de entidad industrial, se encuentra muy marcada en las bases de CC. OO. y de otros sindicatos radicales de menor tamaño. No es casualidad que el sector «crítico», minoritario dentro de CC. OO., sea comparativamente muy fuerte en Asturias.

En nuestras entrevistas apareció un segmento de afiliados sindicales que probablemente en cuanto a número constituyen la mayoría, pero que en el discurso público sobre los sindicatos están completamente ausentes: los afiliados de base que ingresaron en el sindicato en parte por presión o por tradición y en parte por consideraciones de seguridad y promoción, pero que interiormente mantienen una gran distancia respecto a las organizaciones (cfr. p. 202).

A las preguntas que se referían a la razón para afiliarse, con frecuencia aportaron respuestas como «porque los compañeros estaban» (Intens. 6), «No sé por qué» (Inttur. 33), «Qué sé yo», (Inttur. 31), «ha sido mi padre» (Inthun. 4)... Cuando se preguntó por la responsabilidad de la situación de crisis actual, los sindicatos fueron mencionados en primer lugar con una frecuencia que resultaba sorprendente. Igualmente se halla muy difundido el rechazo del estrecho vínculo de los sindicatos con los partidos políticos:

> Yo culpo a los sindicatos muchísimo (Inttur. 33).
>
> Uno de los problemas, creo, que el cierre de todos estos pozos fue la confrontación de más de seis o siete años de los sindicatos. Un sindicato quería hacer un poco la política que hacía el Gobierno y el otro quería enfrentarse (Inttur. 11).
>
> Los de UGT son los de Felipe, ¿no? (Intgij. 39).
>
> No veo nada más que lo mismo que hacen los partidos políticos, criticarse unos a otros y ponerse impedimentos unos a otros. En vez de ayudarse y tratar de buscar una salida... (Intens. 3).
>
> El principal problema de los sindicatos es ser correa de transmisión de los partidos (Intgij. 12).

—Sí, creo que están muy mal. O sea, que han perdido el norte. Los grandes sindicatos, UGT y CC. OO., no me merecen más respeto que el que pueda merecer cualquier partido político o cualquier cosa (Intgij. 53, jóvenes).

... *luchen* nada más para tener sus puestos de trabajo; ellos, buenos, y los demás, cuento. El que lleva los palos es el que está trabajando. Tiene que trabajar para todos ellos. Para los sindicatos y para toda la jerarquía que hay alrededor. Está todo manchado (Inttur. 32).

1: ... un problema con mi marido: no pertenecía a ningún partido político, también por ver eso, y después de pagar muchos años a CC. OO., pues en un tejemaneje o en una riña, lo que sea, se borró. Entonces estuvo de baja una vez, lo siguieron mandado por la empresa, que prácticamente eran mandados por ellos mismos, lo siguieron y lo despidieron sacando una fotografía subiendo la persiana de la carnicería, que no despachaba en la carnicería, pero se agarraron a que despachaba en la carnicería; o sea, que tenía esa carnicería estando a mi nombre y todo, y te quiero decir que lo siguieron hasta que lo despidieron, porque no pertenecía a ningún partido; bueno, al ver cómo se podía arreglar, al ver que no pertenecía a ningún partido, no tuviste que hacer nada. Se quedó despedido en la calle después de veinte años de trabajar en la mina, y lo despidieron y punto, ni más para arriba, ni más para abajo. Despedido sin nada ¡eh! vamos, sin ni siquiera indemnizarlo. Despedido a la calle, al paro, después de veintidós años que tenía me parece de mina. Si perteneces a un partido, además se lo dijeron a la cara, otro gallo hubiera cantado; como te lo estoy diciendo... y yo sé además de gente que tienen un hermano o un primo drogadicto, los metieron en HUNOSA, y al año de trabajar ese tío está en casa con 140.000 pesetas de paga...

2: Yo igual, pienso lo mismo; sí, es más, me han contado historias parecidas (Inttur. 8).

También se mencionan individualizadamente déficit concretos de los sindicatos, como la discriminación de los jóvenes, las mujeres o los obreros con empleo precario.

... los sindicatos solamente miran para los puestos fijos. A gente joven, los sindicatos, como si no existieran; la gente joven, que bueno, el sindicato no mira para mí, para qué voy a mirar yo para ellos. Y desde el propio sindicato, los únicos que les interesan, son los fijos. Eso es clarísimo, es fundamental. Y dentro de los fijos, pues muy poca gente que encontré yo allí, contenta con los sindicatos. Y por mí me hablaban más que nada personalmente, de la gente que estaba allí en los sindicatos, de que todos que se metieron en los sindicatos, pues era como índice para tener un sitio mejor, pero desde luego no era por ansia de mejorar el papel del trabajador (Intens. 15).

La gente en el sindicalismo es muy machista... Sindicatos era como el coñac, «cosa de hombres» (Intens. 1).

Esta actitud crítica con los sindicatos no refleja en modo alguno una carencia de disposición para secundar las movilizaciones sindicales, sino que es más bien expresión de la pérdida generalizada de confianza en los agentes regionales y del declive de los sistemas de valores tradicionales. A este respecto, se destaca con frecuencia a los sindicatos como los agentes que, por su función, sus ideas y su tradición, deberían defender más claramente los intereses de la población.

> ... todas las cosas que hay conseguidas, todas son a base de huelgas y de luchar (Inttur. 34).

El creciente distanciamiento de los sindicatos va parejo por un lado con un aumento de la crítica a las empresas estatales, y por otro lado con una actitud más sopesada frente a las empresas privadas, que antiguamente merecían un juicio generalmente negativo.

La dirección empresarial de las empresas estatales se estima que ha sido crónicamente catastrófica, y las causas de esta gestión catastrófica se considera que son, además de la «politización» (es decir, la ocupación de los cargos directivos y la adopción de decisiones siguiendo criterios políticos y no económicos) la influencia sindical. Después de analizar los cuestionarios que repartimos en HUNOSA y ENSIDESA, ante todo hay que diferenciar entre una mejora generalizada producida por la influencia de los sindicatos desde la democratización, y las carencias perennes que los sindicatos no sólo no suprimieron, sino que incluso ayudaron a infectar. Un ejemplo mencionado frecuentemente de este último caso es el enchufismo (cfr. caps. V y VI).

Junto a esta valoración generalizada se presenta una diferencia entre HUNOSA y ENSIDESA . Mientras que los mineros consideran que su trabajo en las entrañas de la tierra es rentable, de acuerdo con la mencionada ideología de la productividad, y achacan el mal de la empresa al exterior y a las capas superiores («dirección», «fraude», «Gobierno», «Bruselas»), los trabajadores siderúrgicos de ENSIDESA consideran que su propio mundo laboral y su moral laboral están penetrados de la penosa situación de las empresas estatales. Esto no sólo apunta a la existencia de diferencias fundamentales respecto a la identidad obrera, sino que también tiene consecuencias para la política y cultura sindicales. Adicionalmente no deja de tener un cierto grado de ironía el hecho de que los mineros, cuya rentabilidad económica no resiste ni los cálculos más benévolos, insisten obstinadamente sobre ella, mientras que los trabajadores del acero, cuyo sector podía tener perfecta viabilidad económica con una gestión empresarial y una política siderúrgica diferentes (cfr. caps. IV.4 y V.4) cuestionan su propia rentabilidad.

> La gestión de HUNOSA, mal hecha; como la empresa no es de ellos... (Inttur. 34).
>
> Lo que nos sobra en HUNOSA es dirección. HUNOSA entre dirección y sindicatos la hunden (Inttur. 11).
>
> HUNOSA, que es una empresa estatal del Gobierno, hay mucha gente atechada, mucha gente que gana mucho dinero y que no pertenece a HUNOSA ni está mejor vinculada con

ella. Sí, está vinculada a la hora de cobrar, a la hora de la nómina, el otro no tiene nada por qué estar cobrando de HUNOSA cuando no ejerce nada por HUNOSA, están liberados en un sitio, en otro, en ayuntamientos, en eso, y están cobrando de HUNOSA, claro, por eso empeñamos, pero el que trabaja, el que está hoy día trabajando en HUNOSA, no empeña...; que no gaste tanto por ahí, verás como las pérdidas de HUNOSA *les* rebajan (Inttur. 33).

El funcionarismo..., todo el mundo era un funcionario, hacer lo mínimo... como ENSIDESA es una empresa pública, aquí no pasaba nada, todo el mundo estaba tranquilo... Dentro de esta casa yo creo que hay algo que es común a todos: no queremos ver la realidad... aquí no ha cambiado nada, la estructura directiva es la misma, gente que va subiendo como el ejército (Intens. 2).

Cuando yo empecé a estudiar Derecho mi tía... me decía: hija, y tú, ¿por qué estudias tanto? Cásate con un ingeniero de ENSIDESA. Y la mentalidad de mi tía Marta era la calle. Verdaderamente cuando me veía con aquellas ojeras hasta aquí me decía, claro: ¡Cásate con un ingeniero de ENSIDESA! Claro, y ahora estaba casada con un parado. Bueno, es su problema, pero esa es la mentalidad asturiana en el fondo (Intgij. 11).

El que está trabajando en la empresa pública parece ser que está obligado, yo no sé, a trabajar menos que el que trabaja en una empresa privada, y a ganar más. Y entonces el que trabaja en la empresa privada pues está siempre deseando entrar en la empresa pública porque lo consideran una fortuna ¿no?... creó malos hábitos, no nos ha hecho ningún favor la empresa pública (Inttur. 26).

Además, en ambas empresas estatales nos han informado de negocios oscuros y fraudulentos y de formas de enriquecimiento que intensifican aún más el sentimiento generalizado de una cultura empresarial podrida e irregenerable. Del lado de los empresarios proviene una actitud de extremo rechazo, tanto hacia las empresas estatales como hacia las organizaciones de los trabajadores:

2: Si la empresa pública pagara lo que debe, sobraría dinero a la seguridad social...

1: Al ser tan importante la industria pública lo que hace es ahogar la industria pequeña.

4: Los mejores oficiales se marcharon a ENSIDESA...

1: El problema actual... viene dado por el crecimiento de la empresa pública desorbitado (Intempr.).

En la empresa pública los sindicatos son auténticos *gangsters;* como la película de Marlon Brando *La ley de silencio;* pues poco más (Intfade.).

Esta opinión de ineficiencia crónica y de ineptitud funcional, profundamente anclada en la conciencia incluso de los directamente involucrados, coloca a una política económica, que en principio no puede prescindir de las empresas estatales (cfr. caps. IV y X), ante problemas adicionales en la búsqueda de apoyo, legitimidad y recursos. Una encuesta realizada en Asturias arrojó los siguientes resultados:

Mientras en 1988 un 31% de los encuestados señalaba el mantenimiento de la empresa pública como factor clave para la recuperación económica, en el realizado este mes, sólo es mencionado por el 4,4% (NE, 31.5.1993).

Opinión que incide además en una postura de los responsables políticos y de la inmensa mayoría de la opinión pública, que se manifiesta en las siguientes citas:

Creemos que debemos facilitar la creación de grupos industriales privados del tamaño necesario para moverse en condiciones competitivas en el nuevo marco global de la economía. Hasta ahora este papel lo ha desempeñado la empresa pública. Hay que plantear de forma sosegada, seria y rigurosa hasta qué punto sigue siendo necesario y hasta qué punto el capital privado puede y debe tomar el relevo (Felipe González, presidente del Gobierno, ante un millar de empresarios en la Cámara de Comercio de Barcelona, *El País*, 16.12.1994).

La siderurgia es el corazón industrial de Asturias... El objetivo es hacer una siderurgia competitiva. Si no lo conseguimos, estaremos apostando por el cierre (ministro de Industria Juan Manuel Eguiagaray en una visita a ENSIDESA, NE, 19.10.94).[2]

La actitud negativa hacia la política que hemos expuesto afecta en general a los agentes políticos de todos los niveles. Únicamente la administración municipal encuentra en casos aislados palabras positivas (cfr. cap. VIII). Pero desde el gobierno regional al nacional, pasando por la Comisión Europea (cfr. cap. X.4), las instancias políticas son blanco de un juicio globalmente despreciativo. En tal juicio se muestra también una pervivencia de antiguas ilusiones autárquicas en la tradición del proteccionismo.

El impacto de la Unión Europea aparece a los ojos de la gente como el «tiro de gracia» (ERA, 1994, Doc. de Trabajo 25, p. 74).

Pregunta: ¿Por qué rompió el tejido industrial de Gijón?

1: Porque durante mucho tiempo miramos a ver si «papá Estado» iba bajando dinero de los presupuestos. Hemos sido muy inconscientes, todos.

[2] Estas manifestaciones hechas durante una visita a la acería asturiana son esclarecedoras por varias razones: los trabajadores protestaban para que se aceleraran las inversiones y se garantizara su futuro, pero sin embargo nadie volcaba sobre el ministro, en calidad de jefe supremo de esta empresa estatal, la responsabilidad de hacer esta empresa competitiva, como debía corresponderle en función de su cargo. A nadie se le ocurrió exigir lo siguiente: si usted, como supremo responsable de la empresa, no está capacitado para dirigirla eficazmente, debe nombrar un ministro de industria mejor y dimitir en lugar de ponernos a nosotros en la calle y privar a la región de su «corazón industrial». Ningún director de empresa que sea razonable puede dirigir su empresa con esta amenaza carente por completo de responsabilidad: o arrojáis beneficios u os cierro la empresa.

2: Yo creo que el entrar en la Comunidad Económica Europea todo eso fue un cotarro...; yo, para mí que nos autoabastecíamos con lo nuestro; ahora viene a descargar a Gijón, al Musel, barcos con carbón que vienen de... ¿de dónde dicen que vienen?, de África, ¿no? (Intgij. 39).

Si exceptuamos la moda existente en los programas de gobierno y de partido de promocionar las PYMES, el empresariado privado apenas emerge en los discursos regionales en calidad de agente relevante, lo que se corresponde con su débil presencia en la realidad social. Igualmente, en los últimos años ha ido perfilándose la imagen general del empresario que durante mucho tiempo tuvo connotaciones negativas en la Asturias industrial. Cada vez son más las ciudadanas y ciudadanos asturianos, en especial los jóvenes, que comprenden a los empresarios y se quejan al mismo tiempo de la falta de empresariado en la región.

1: ... está a la defensiva también...

2: Hay poco empresario...

4: La visión que debe tener el empresario, que tampoco la hay.

3: El empresario arriesga poco... (Intgij. 12).

En Asturias las patronales eran o belgas o alemanes o vascos o riojanos, los terratenientillos asturianos nunca quisieron trabajar ni poner su capital a trabajar, y bueno, los resultados son Asturias en el 1994 (Inttur. 18).

Esta es una región de subsidiarios, sin capacidad para regenerar el tejido industrial (Fernando Fernández-Kelly, presidente de la Asociación de Jóvenes Empresarios del Principado de Asturias (AJE), NE, 2.10.94).

La falta de espíritu empresarial en la región se relaciona cada vez con más frecuencia con la habituación a una mentalidad subvencionadora, y en este punto muchos entrevistados aluden a uno de los temas más contradictorios y versátiles del declive industrial: las regulaciones de jubilación anticipada, que han generado una multitud creciente de prejubilados cada vez más jóvenes.

Sobre la situación de trabajo, éstas repercuten de forma manifiestamente negativa. La profesionalidad y la motivación ceden terreno:

... hay una descapitalización humana en este proceso de reconversión, en esta modalidad. Pues jubilar a los cuarenta y siete años es un disparate, pero aparte de todo es una descapitalización, porque están accediendo las funciones intermedias, que son las vitales del pozo, no son los jefes del pozo, sino que son el facultativo jefe, los vigilantes, que son los que organizan en definitiva la mina todos los días; está accediendo gente con poca cualificación, que no tiene experiencia de años, de esa valoración del trabajo minero, que no es sólo que tengan cabeza, sino que son los más adiestrados en el trabajo. Que la gente confía en ellos. Eso ya no existe en la mina (Inthun. 2).

La preocupación de la gente de ENSIDESA es saber si van a jubilar pronto, o cuánto va a quedar (Intens. 3).

... van tapándolo bien con jubilaciones anticipadas, con bajas incentivadas,... pero el problema está ahí (Inttur. 11).

A mí me da pena oír a la gente con cincuenta años decir: que lástima que no me coge el plan... Me niego a considerarme jubilado pero estoy absolutamente desmotivado (Intens. 4).

... las prejubilaciones fue el maná que cayó aquí, es el sostén de muchas familias... Algunos dicen que es un narcótico... algún otro dice que somos unos carteristas, que robamos la cartera al resto de los españoles y demás. Bueno, fue una solución política que no vino mal. ¡Cómo voy a hablar yo mal de esa cuestión! (Inttur. 26).

... las prejubilaciones... el sistema de prejubilaciones es un robo a mano armada. Pero no tenemos la culpa nosotros, ojo, ¿eh?, es el que implantó el sistema... (Inttur. 41).

Las contradicciones aparecen de inmediato en una discusión entre un minero y su mujer:

1: Yo muy bien, porque ya que están cerrando; las jubilaciones dentro de la mina, hay gente que está bastante mal y que podía estar retirada. Y si tienen que esperar, por ejemplo, otros cinco o seis años, seguramente tendrían que acabar jubilados de enfermedad.

2: Yo no lo veo bien porque mira, si cien obreros de la HUNOSA se van con ocho millones cada uno, son 800 millones; si la HUNOSA invirtiese esos 800 millones, metería esos obreros a trabajar en algo que hiciera cambio...; a mí no me gusta, no me parece justo... en vez de ayudar a reindustrializar pues lo que hace es que con cuarenta y cinco años anda tranquilo por ahí (Inttur. 43).

1: Negativo para todos en general... Dentro de diez años, sus hijos van a tener treinta y cinco años o treinta o veinticinco, se han acomodado a una vida muy cómoda, está el padre dándoles todos los días comida, cama y dinero para salir por ahí, y cuando pasen diez años, ¿quién los hace trabajar a ellos? No toman iniciativa...

2: Es durísimo, claro, y no lo puedo decir en público, que tienen la culpa por haber aceptado la prejubilación, que hubiera hecho igual que ellos. ¿A quién le amarga un dulce?, como se dice en España. Si te ofrecen más dinero que trabajando quedándote en casa. Aceptaríamos todo el mundo; pero ¿está bien aceptarlo?: no está bien aceptarlo. ¿Que lo hubiera hecho yo? Quizás sí, pero que estaría muy mal de mi parte que yo hubiera hecho eso... es una discriminación social enorme (Inttur. 33).

Nuestro estudio no ha arrojado luz sobre el profundo cambio que este desarrollo ha tenido sobre el papel desempeñado por las mujeres y sobre la situación interna de las familias. La carga debida a la función de amortiguación social, tanto para los jóvenes carentes de perspectivas como para los trabajadores de la industria jubilados anticipadamente, no habituados a la vida casera y a las labores del hogar, repercute sin lugar a dudas sobre la situación de las mujeres, quienes habitualmente ven detenidas sus posibilidades de acceso al mercado de trabajo (cfr. cap. X.6.1). Un sociólogo explica lo siguiente:

> Las mujeres tienen un papel muy ambivalente, por una parte de soporte extraordinario, en los momentos de solidaridad, de lucha, son la vanguardia en muchos casos. En los momentos difíciles salen a la calle, pero sin embargo en la normalidad tienen un papel secundario, incluso el factor machista, está muy arraigado en la minería. De hecho son los problemas que ha ocasionado la introducción de la mujer en la minería, en HUNOSA en los últimos años, donde hubo una oposición… de puertas afuera, aduciendo que el trabajo en la mina no era un trabajo para la mujer y puertas adentro intentaban poner todas las cortapisas para parar eso (Inthun. 2).

Amas de casa gijonesas discuten su situación con el trasfondo de la crisis:

> 1: La Algodonera fue lo primero que se cerró. En La Algodonera como eran todo mujeres no se sintió tanto. La crisis para mí es cuando empiezan los hombres a quedar en casa.
>
> 2: La Naval.
>
> 1: No es que el sueldo de la mujer no hiciera falta en casa, porque hacía falta, pero ya era otra cosa.
>
> 2: La mercería, la zapatería, la peluquería, todo eso se va…
>
> 1: Es que la mujer está encasillada en una cosa,… es como si las mujeres no valieran para otra cosa: psicología y magisterio. ¡Hala, guapina, estudia eso que es la tu carrera! Yo no sé por qué estamos encasilladas así. Yo no sé por qué. Si yo hubiera estudiado, como tenía pensado, llegar a ser ingeniero naval o de la NASA, que es lo que me gusta, y no sé por qué las mujeres, todas, o maestras o psicólogas. Y lo que dice Lola, la formación profesional: peluquera… (Intgij. 4).

La cultura industrial tradicional y el declive económico constituyen un marco desfavorable para que irrumpan distribuciones de roles por sexos heredadas de la tradición y jerarquías familiares. Y a la inversa, las consecuencias sociales del declive económico, de la pérdida de identidad, de la prolongación del período de juventud y de la «tercera edad» significan una enorme carga adicional para la mujer en su posición tradicional en el centro de la familia.

Al final de muchas conversaciones, las personas suelen acabar hablando de un tema que ha acompañado siempre la historia de la Asturias industrial: la emigración. Hasta ahora ésta se ha restringido a la migración dentro de la propia Asturias, hacia el dinámico triángulo Gijón-Avilés-Oviedo, y la emigración no ha sido un fenómeno de masas. Pero está cada vez más presente en las visiones de futuro.

—¿Qué remedio tiene Asturias?

—Ninguno, no tiene ninguno. Mis hijos asturianos van a tener que hacer como los cazurros en Asturias, los maquetos en el País Vasco, los charnegos en Cataluña. Van a tener que emigrar y van a ser despreciados en todas las partes... Asturias sólo salió de la pobreza durante las dos guerras mundiales. Como no haya otra guerra.

Pregunta: ¿La habrá?

—La habrá (el escritor asturiano Ramón Cavanilles en la entrevista con NE, 10.4.94).

Queremos terminar este capítulo con una cita sobre la situación de Francia a finales de la era Mitterand y dejar al criterio del lector si «Francia» puede reemplazarse por «Asturias».

En su libro *Une fin de siècle*, que ha cosechado gran éxito, François Reynaert escribe: «En Francia ya no se tiene futuro, pero se tiene una herencia. Ya no se tienen obreros, campesinos ni pescadores, pero, por el contrario, se tienen museos del trabajo, museos de la agricultura y museos de la pesca». Francia se sentía como un neumático viejo: sin aire (Fredy Gsteiger, *La democracia feudal*, Die ZEIT, 16/1995).

Capítulo XII

Bibliografía

ADARO RUIZ-FALCÓ, Luis

1968 *175 años de la sidero-metalurgia asturiana*, Cámara Oficial de Comercio, Industria y Navegación de Gijón.

AGÜERA, José Manuel

1972 *La empresa pública en la minería de hulla. Antecedentes histórico-económicos de la rama y causas fundamentales de su nacionalización*, monografía cursos de doctorado, Bilbao.

1982 *Aproximación a los procesos de centralización e internacionalización del capital en la siderurgia de la Comunidad Económica Europea*, tesis doctoral (mimeo.),Oviedo.

1989a *La siderurgia en el futuro industrial de Asturias*, Primer encuentro Departamentos de Economía Oviedo-Strathclyde (patrocinado por el British Council), Glasgow.

1989b *La internacionalización del capital: Un análisis de rama*, Universidad de León.

1992 «Las infraestructuras de Asturias, el Estado y el Mercado Único Europeo», *Ábaco, Revista de Ciencias Sociales*, n.º especial, Oviedo.

1994a «La siderurgia asturiana en el proceso de integración europea», *Noticias de la Unión Europea* , 111, Valencia.

1994b «El síndrome de Asturias y el síndrome de España», *La Nueva España*, 22.09.1994, Oviedo.

1995 *Estrategias de las empresas públicas industriales en el futuro de Asturias*, CC. OO, Oviedo.

AGÜERA, José Manuel, P. MARTÍNEZ y J. VILLAMERIEL

1988 *Política de Transportes y Comunicaciones en el Principado de Asturias*, Junta General del Principado, Oviedo.

AGÜERA, José Manuel, y Humberto VALLINA

1981 «Crisis siderúrgica, Crisis regional», *Xera*, 1, Oviedo.

1988a «La siderurgia mundial 1986-87», *Boletín de Información sobre las Comunidades Europeas*, 13, Universidad de Oviedo y Principado de Asturias, Oviedo.

1988b «La política siderúrgica en perspectiva: La reconversión de la siderurgia integral», *Boletín de Información sobre las Comunidades Europeas*, 14, Universidad de Oviedo y Principado de Asturias, Oviedo.

1988c «La política siderúrgica de la CE», *Boletín de Información sobre las Comunidades Europeas*, 15, Universidad de Oviedo y Principado de Asturias, Oviedo.

AGÜERA, José Manuel, y otros

1982 *Problemas originados en el hábitat rural de Gijón, Villaviciosa y Siero ante la entrada de España en la CEE*, Caja Rural Gijonesa, Gijón.

AKAL/LA DÉCOUVERTE

1994 *El estado del mundo 1995*, Akal, Madrid.

1995 *El estado del mundo 1996*, Akal, Madrid.

ALBERS, Detlev (ed.)

1993a *Regionalpolitik der europäischen Gewerkschaften*, Colonia.

1993b *Altindustrielle Regionen als europäiches Gewerkschaftsproblem*, Vortragsmanuskript auf der Fachtagung «Erfahrungen und Perspektiven gewerkschaftlicher Praxis in den altindustriellen Regionen der Europäischen Gemeinschaft», Schloß Genshagen, Sept. 1993.

1993c *Die Gewerkschaften in den strukturschwachen Regionen der Europäischen Union*, Referat zur internationalen Fachkonferenz «Erfahrungen und Perspektiven gewerkschaftlicher Praxis in strukturschwachen Regionen der Europäischen Gemeinschaft», Bremen 1993.

1994 *In der Region für die Regionen Europas*, Abschlußbericht Projekt EUREG, Universidad de Bremen.

ALCAIDE INCHAUSTI, Julio, Juan R. CUADRADO ROURA y Enrique FUENTES QUINTANA

1990 «El desarrollo económico español y la España desigual de las autonomías», *Papeles de Economía Española*, 45, pp. 2-61.

ALONSO, Avelino

1994 «El Ateneo Obrero de La Calzada», *El Comercio*, 1, 10 y 19 de diciembre.

ALONSO, William

1989 «Deindustrialization and regional policy», en Ll. RODWIN y H. SAZANAMI (eds.): *Deindustrialization and Regional Economic Transformation*, Unwin Hyman, Boston, pp. 221-237.

ÁLVAREZ ARECES, Miguel

1984 «Los movimientos ciudadanos en Asturias», en *Historia general de Asturias*, Silverio Cañada, Gijón.

ÁLVAREZ GARCÍA, María Jesús

1991 «Notas sobre un estudio de la pobreza en Asturias», *Ábaco*, 10, pp. 68-76.

ALVARGONZÁLEZ, Ramón María

1977 *Gijón: Industrialización y crecimiento urbano*, Ayalga Ed., Salinas.

1982 «Las ciudades industriales y portuarias: Gijón y Avilés», en *Geografía de Asturias*, vol. 2, Ayalga Ed., Salinas, pp. 139, 214 y 142-143.

1985 *Industria y espacio portuario en Gijón*, Junta del Puerto, Gijón.

1992 «La ciudad de Gijón», en *Geografía de Asturias*, vol. 3, p. 288, Ed. Prensa Asturiana, Oviedo.

1993 «El complejo industrial portuario de Gijón», en *Geografía de Asturias*, vol. 5, p. 86, Ayalga Ed., Oviedo.

ALVARGONZÁLEZ RODRÍGUEZ, Ignacio

1993 «Asturias ante las nuevas iniciativas comunitarias», *Boletín de Información sobre las Comunidades Europeas*, 48, pp. 17-21.

AMIN, Ash, y John GODDARD (eds.)

1986 *Technological change, industrial restructuring and regional development*, Unwin Hyman, Londres.

AMIN, A., D. R. CHARLES y J. HOWELLS

1992 «Corporate Restructuring and Cohesion in the New Europe», en *Regional Studies*, vol. 26.4, pp. 319-331.

ANES ÁLVAREZ, Rafael

1985 «Límites de la industrialización en Asturias», en SÁNCHEZ-ALBORNOZ (comp): *La modernización económica de España 1830-1930*, Alianza, Madrid, pp. 252-265.

1988 «La industrialización de Asturias en el siglo XIX: una transformación económica parcial», en E. FERNÁNDEZ DE PINEDO y J. L. HERNÁNDEZ MARCO: *La industrialización del nor-*

te de España, Crítica, Barcelona, pp. 99-112.
ANES ÁLVAREZ, Rafael, y Germán OJEDA
1994 «La emigración a ultramar», en J. A. VÁZQUEZ GARCÍA y G. OJEDA (dirs.): *Historia de la Economía Asturiana*, Ed. Prensa Asturiana, Oviedo, pp. 337-352.
ANES, Gonzalo
1994 «Asturias a comienzos de la era industrial», en J. A. VÁZQUEZ GARCÍA y G. OJEDA (dirs.): *Historia de la Economía Asturiana*, Ed. Prensa Asturiana, Oviedo, pp. 65-80.
ARGÜELLES VÉLEZ, Margarita
1994a «La reindustrialización como objetivo», en J. A. VÁZQUEZ GARCÍA y G. OJEDA (dirs.): *Historia de la Economía Asturiana*, Ed. Prensa Asturiana, Oviedo, pp. 1.009-1.024.
1994b «El declive de la economía asturiana y sus posibilidades de reindustrialización», *Ábaco*, 3, pp. 79-91.
ARIAS, Ángel, y Juan VÁZQUEZ
1986 «Situación y perspectivas del sector industrial en Asturias», *I. C. E.*, 635.
1988 «Asturias: crisis y declive industrial», *Economía Industrial*, 263/264.
ASATA (Agrupación de Sociedades Asturianas de Trabajo Asociado)
1989 *El Trabajo Asociado en Asturias*, Gijón.
1993 *Economía Social*, Gijón.
ATENEO DE LA CALZADA
1992 *Proyecto de dinamización*, mimeo., Gijón.
AXT, Heinz-Jürgen
1989 «Griechenland und die Europäische Gemeinschaft. Erfahrungen mit der Mitgliedschaft und Aussichten für 1992», en *Südosteuropa Mitteilungen*, vol. 29, 2/89, pp. 126-138.
AYESTA GALLEGO, Teresa
1995 «La evolución de Asturias a través de los informes periódicos sobre la situación y la evolución socioeconómica de las regiones comunitarias», *Boletín de Información sobre las Comunidades Europeas*, 56, pp. 19-30.
AYUNTAMIENTO DE GIJÓN
1986 *Gijón vivo. Guía del asociacionismo*, Gijón.
BANCO BILBAO VIZCAYA
serie *Renta nacional de España*, Bilbao.
BARANOWSKI, Guido
1995 «Zentriert», *Die Mitbestimmung*, 10/95.
BARREIRO MALLÓN, Baudilio
1988 «Agricultura e industria en Asturias en el siglo XVIII», en E. FERNÁNDEZ DE PINEDO y J. L. HERNÁNDEZ MARCO: *La industrialización del norte de España*, Crítica, Barcelona , pp. 37-53.
BARRIO ALONSO, Ángeles
1982 *El Anarquismo en Gijón*, Silverio Cañada, Gijón.
1988 *Anarquismo y anarcosindicalismo en Asturias, (1890-1936)*, Siglo XXI, Madrid.
BAUSKE, Bernd
1994 *Asturianisch: Erste Schritte*, Plochingen/Neckar.
BECKER, J.
1981 «La crisis manifiesta de la industria siderúrgica», *Comunidad Europea*, 6, Madrid.
BENAVIDES GONZÁLEZ, Carmen
1994 «Asturias en el marco de las regiones europeas», en J. A. VÁZQUEZ GARCÍA y G. OJEDA (dirs.): *Historia de la Economía Asturiana*, Ed. Prensa Asturiana, Oviedo, pp. 753-768.
BENAVIDES GONZÁLEZ, Carmen, y José Manuel FARIÑAS GIL
1992 «Asturias frente a la integración europea: la importancia de la Política Regional», *Boletín de Información sobre las Comunidades Europeas*, 38, pp. 9-19.
BENITO DEL POZO, Paz
1991 «Asturias como región de tradición industrial en declive», *Estudios Territoriales*, 35, pp. 201-218.
1992 *El espacio industrial en Asturias*, Oikos Tau.

1994 *Estrategias territoriales para el desarrollo de Asturias*, mimeo.

BERCIANO, Roberto
1993 *Estudio sobre las necesidades y carencias de las empresas industriales de Gijón*, mimeo.

BERNECKER, Walther L.
1990 *Sozialgeschichte Spaniens im 19. und 20. Jahrhundert*, Fráncfort a.M.
1990 (ed.) *Spanien Lexikon: Wirtschaft, Politik, Kultur und Gesellschaft*, Múnich.

BIANCHI, Patrizio
1992 «Levels of policy and the nature of post-fordist competition», en M. STORPER y A. J. SCOTT (eds.): *Pathways to industrialization and regional development*, Routledge, Londres/Nueva York, pp. 303-315.

BRAUDEL, Fernand
1977 *Écrits sur l'Histoire*, París.

BROWN, Clair, y Michael REICH
1989 «When does union-management cooperation work? A look at NUMMI and GM-Van Nuys», *California Management Review*, 4, vol. 31, pp. 26-44.

BRUGOS SALAS, Valentín
1994 *El asturianismo durante la Transición*, trabajo de investigación, Facultad de Historia y Artes, Universidad de Oviedo.

BULNES, Ramón
1966 «Asturias frente a su reconversión industrial», *Cuadernos de Ruedo Ibérico*, 4, pp. 37-53.

CABA RALL, Marina
1994 «Kleine Einführung in die Geschichte des Stahlunternehmens ENSIDESA», en H. D. KÖHLER: *Altindustrielle Regionen und Strukturkrise*, HBS, Dusseldorf, pp. 46-52.

CÁMARA DE COMERCIO (Oviedo)
1989 *Cien años de vida 1889/1989*, Oviedo.

CÁMARAS OFICIALES DE COMERCIO, INDUSTRIA Y NAVEGACIÓN
1993 *La Política de Promoción Industrial en Asturias*, Avilés, Gijón, Oviedo.

CARROUÉ, L.
1993 «Crisis de las industrias militares y nueva carrera armamentista», *Cuatro Semanas* y *Le Monde Diplomatique*, Madrid.

DEL CASTILLO, Jaime, y Juan RIVAS
1988 «La cornisa cantábrica: una macroregión industrial en declive», *Papeles de Economía Española*, 34, pp. 115-140.

CASTILLO, Juan José
1994 «¿De qué postfordismo me hablas?», *Sociología del Trabajo*, 21, pp. 49-78.
1995 «Distritos y Detritos Industriales. La nueva organización productiva en España», *Revista Internacional de Sociología*, 10, pp. 29-58.

CASTILLÓN VÉZINA, André
1994 *Estudio comparativo de las agencias de desarrollo regionales europeas y norteamericanas*, Universidad de Oviedo, Dpto. de Geografía.

CENTRO EUROPEO DE LA EMPRESA PÚBLICA (CEEP)
1994 *Encuesta 1993*.

CENTRO DE ESTUDIOS Y DEBATE MANUEL LLANEZA
1993 *La Re-Industrialización en las Cuencas Mineras*, Mieres.

CERVILLA, Pedro, y David ORDÓÑEZ
1994 «La economía asturiana en la integración europea», en J. A. VÁZQUEZ GARCÍA y G. OJEDA (dirs.): *Historia de la Economía Asturiana*, Ed. Prensa Asturiana, Oviedo, pp. 737-752.

CLARKE, Gordon L.
1989 «US regional transformation in the context of international economic competition», en Ll. RODWIN y H. SAZANAMI (eds.): *Deindustrialization and Regional Economic Transformation*, Unwin Hyman, Boston, pp. 199-220.

COLEGIO OFICIAL DE INGENIEROS TÉCNICOS Y FACULTATIVOS DE MINAS DE ASTURIAS-GALICIA
1985 *Hunosa. Un cambio necesario*, Oviedo.

COMISIÓN EUROPEA
1991 *Informe sobre la aplicación de las normas en materia de ayudas estatales a la siderurgia.*
1992 *Restructuring of de Spanish Integrated Steel Company*, SEC (92) 1916 final, Bruselas.
COMISIONES OBRERAS, UNIÓN REGIONAL DE ASTURIAS
1986 *Aportaciones a una alternativa de progreso para Asturias*, Unión Regional de CC. OO. de Asturias, Oviedo.
1991a 1992, 1993, 1994, 1995. *El mercado laboral en Asturias*, Oviedo.
1991b *Apuntes de UGT y CC.OO. sobre la crisis industrial asturiana durante la década 1980-1990*, Oviedo.
1993 *La realidad de los mecanismos de reindustrialización en Asturias*, Oviedo.
CONSEJERÍA DE HACIENDA DEL PRINCIPADO DE ASTURIAS
Programas de desarrollo regional 1985-89 y 1989-93.
CONSEJO ECONÓMICO Y SOCIAL DEL PRINCIPADO DE ASTURIAS
Serie de nformes sobre la situación económica y social del Principado de Asturias.
CORTIZO ÁLVAREZ, Tomás
1992 «Las ciudades asturianas en la segunda mitad del siglo XX», en G. MORALES MATOS (dir): *Geografía de Asturias*, Ed. Prensa Asturiana, Oviedo, pp. 49-64.
CREP (Comisión de Coordinación de los Representantes del Principado en la Empresa Pública)
1988 y 1992. *Informe sobre la empresa pública industrial del INI en el Principado de Asturias*, Oviedo.
CUADRADO ROURA, Juan R.
1988 «Políticas regionales: hacia un nuevo enfoque», *Papeles de Economía Española*, 35, pp. 68-95.
CUENCA VALDIVIA, Miguel
1989 «Nuevas tecnologías y empleo en el grupo INI: repercusiones sobre la formación», *Revista de Economía y Sociología del Trabajo*, 6, pp. 125-131.
CUERVO, Álvaro (coord.)
1985 *Incidencia del proceso de adhesión de España a la CEE sobre los principales sectores de la actividad económica asturiana*, Servicio de Publicaciones del Principado de Asturias, Oviedo.
1995a «El futuro de la economía asturiana», en J. A. VÁZQUEZ GARCÍA y G. OJEDA (dirs.): *Historia de la Economía Asturiana*, Ed. Prensa Asturiana, Oviedo, pp. 1.057-1.072.
1995b *Discurso de la investidura de Honoris Causa de la Universidad de Oviedo*, Boletín de la Universidad de Oviedo, enero 1995.
CUERVO, Álvaro, y Juan VÁZQUEZ
1990 «Asturias: recuperación con ajustes pendientes», *Papeles de Economía Española*, 45.
CUTANDA, Antonio, y Joaquina PARICIO
1994 «Infrastructure and Regional Economic Growth: The Spanish Case», *Regional Studies*, vol. 28, pp. 69-77.
DAHEIM, Hansjürgen, Karl KRAHN y Renate SCHNEIDER (eds.)
1994 *Standortfaktor Industrielle Beziehungen*, Múnich y Mehring.
DANIEL, Martin, y Eric JAMIESON
1992 «Coal production prospects in the European Community», *IEA Coal Research*, Londres.
DE LA DEHESA, Guillermo
1994 «Regiones y Unión Económica y Monetaria Europea», *Revista Asturiana de Economía*, 1, pp. 9-25.
DELMIRO COTO, Benigno
1994 «La industrialización asturiana y la literatura», en J. A. VÁZQUEZ GARCÍA y G. OJEDA (dirs.): *Historia de la Economía Asturiana*, Ed. Prensa Asturiana, Oviedo, pp. 625-640.
DÍAZ, Adenso, y Yoyoi KAWAMURA
1994 *La cultura empresarial japonesa en España*, Cívitas, Madrid.

DÍAZ-FAES INTRIAGO, Manuel
1979 *La minería de la hulla en Asturias*, Universidad de Oviedo.
DÍEZ FERNÁNDEZ, María Eugenia
1982 *Consumo de Bebidas Alcohólicas en el Concejo de Aller*, Excmo. Ayuntamiento de Aller.
DÍEZ ALONSO, «UNO», Marcelino
1981 *Turón*, Ed. Baraza, Oviedo.
DOERINGER, Peter B., David G. TERKLA y Gregory C. TOPAKIAN
1987 *Invisible Factors in Local Economic Development*, Oxford University Press, Nueva York - Oxford.
DURAN, A.
1992 *La inversión en I+D en los Presupuestos de 1993*, mimeo., Madrid.
ECKART, Wolfgang, y otros
1987 *Arbeitsplatzerzeugung und Regionalentwicklung: ein Literaturüberblick*, Universidad de Dortmund, Arbeitspapiere en Wirtschaftstheorie und Stadtökonomie, Nr. 8.702.
EHRING, Walter
1992 «EG-Strukturfonds und Regionalförderung der Länder - Aushöhlung des Föderalismus?», en P. EISENMANN y B. RILL (eds.): *Das Europa der Zukunft: Subsidiarität, Föderalismus, Regionalismus*, Regensburg, pp. 24-41.
EISENMANN, Peter, y Bernd RILL (eds.)
1992 *Das Europa der Zukunft: Subsidiarität, Föderalismus, Regionalismus*, Regensburgo.
ERA
1994 *Programa de Investigación sobre Estrategias de Reindustrialización de Asturias*, Madrid-Oviedo 1994, Documentos de Trabajo.
ERICE SEBARES, Francisco
1980 *La burguesía industrial asturiana (1885-1920)*, Silverio Cañada, Madrid.
1981a «La Sociedad», en D. RUIZ y otros: *Asturias contemporánea 1808-1975*, Siglo XXI, Madrid, pp. 265-337.
1981b «La Industrialización», en D. RUIZ y otros: *Asturias contemporánea 1808-1975*, Siglo XXI, Madrid, pp. 223-263.
1990 «El Franquismo en Asturias», en *Historia de Asturias*, vol. IV, Ed. Prensa Asturiana, Oviedo, pp. 873-888.
1994a «Los orígenes del sindicalismo y las organizaciones obreras», en J. A. VÁZQUEZ GARCÍA y G. OJEDA (dirs.): *Historia de la Economía Asturiana*, Ed. Prensa Asturiana, Oviedo, pp. 225-240.
1994b «Nacimiento y consolidación de la burguesía industrial», en J. A. VÁZQUEZ GARCÍA y G. OJEDA (dirs.): *Historia de la Economía Asturiana*, Ed. Prensa Asturiana, Oviedo, pp. 289-304.
1994c «Las organizaciones sindicales y la conflictividad social (1910-1936)», en J. A. VÁZQUEZ GARCÍA y G. OJEDA (dirs.): *Historia de la Economía Asturiana*, Ed. Prensa Asturiana, Oviedo, pp. 449-464.
1995 *Propietarios, Comerciantes e Industriales. Burguesía y Desarrollo Capitalista en la Asturias del Siglo XIX (1830-1885)*, Universidad de Oviedo.
ERICE SEBARES, Francisco, y Jorge URÍA
1990 *Historia básica de Asturias*, Silverio Cañada, Gijón.
ESPITIA ESCUER, Manuel, y Yolanda POLO REDONDO
1991 «Industria asturiana: la segunda reconversión», *Economía Industrial*, 279/280, pp. 49-65.
EUROPÄISCHE KOMMISSION
1994 *Wettbewerbsfähigkeit und Kohäsion: Tendenzen in den Regionen*, Luxemburgo.
EVANS, Neil
1989 «Two paths to economic development: Wales and the north-east of England», en P. HUDSON: Regions and industries, Cambridge University Press, pp. 201-227.

FEDERACIÓN ESTATAL DE MINERÍA-UGT
1981 *El Fraude de Hunosa*, Adra, Madrid.

FERNÁNDEZ, Adolfo
1988 «La Política», en *Historia de Asturias*, t. 10, Ayalga, Vitoria, pp. 1-89.

FERNÁNDEZ CONDE, Francisco Javier (dir.)
1990 *Historia de Asturias*, Ed. Prensa Asturiana, Oviedo.

FERNÁNDEZ FELGUEROSO, José Manuel
1983 «El carbón en España», *Papeles de Economía Española*, 14, pp. 166-170.

FERNÁNDEZ FERNÁNDEZ, Felipe
1986 *La Franja periurbana de Gijón*, Ayuntamiento de Gijón

FERNÁNDEZ FERNÁNDEZ, Felipe, y Francisco MACÍAS MATEO
1986 «Situación actual de la economía asturiana», *I. C. E.*, 635.

FERNÁNDEZ GARCÍA, Aladino
1982 *Langreo. Industria, población y desarrollo urbano*, Ayuntamiento de Langreo.
1988 «La reconversión industrial en España: impacto regional y transformaciones espaciales», *Ería*, 17, Oviedo.
1992 «La cuenca hullera central», en G. MORALES MATOS (dir): *Geografía de Asturias*, Ed. Prensa Asturiana, Oviedo, pp. 73-92.

FERNÁNDEZ LORENZO, Guillermo
1989 *Apuntes para una posible historia de la minería asturiana*, Mieres.

FERNÁNDEZ PÉREZ, Bernardo
1989 «Asturias ante la crisis y el mercado único europeo», *Boletín de Información sobre las Comunidades Europeas*, 24, pp. 11-17.

FERNÁNDEZ DE PINEDO, Emiliano, y José Luis HERNÁNDEZ MARCO
1988 *La industrialización del norte de España*, Crítica, Barcelona.

FERNÁNDEZ SÁNCHEZ, Esteban
1994 «El comportamiento competitivo de las empresas asturianas», en J. A. VÁZQUEZ GARCÍA y G. OJEDA (dirs.): *Historia de la Economía Asturiana*, Ed. Prensa Asturiana, Oviedo, pp. 897-912.

FERNÁNDEZ SUÁREZ, Guillermo
1988 *La minería del carbón en Asturias*, Mieres.

FLEITES, Óscar
1994 «Expansión y reordenación de la siderurgia. ENSIDESA y UNINSA», en J. A. VÁZQUEZ GARCÍA y G. OJEDA (dirs.): *Historia de la Economía Asturiana*, Ed. Prensa Asturiana, Oviedo, pp. 593-608.

FONTANA, Josep
1978 *La quiebra de la monarquía absoluta 1814-1820*, Ariel, Barcelona.
1981 *Cambio económico y actitudes políticas en la España del siglo XIX*, Ariel, Barcelona.
1988 «Prólogo» de *Historia de Asturias*, t. 10, Ayalga, Vitoria.

FOURASTIÉ, Jean
1954a *La productivité*, Presse Universitaires de France, París.
1954b *Die große Hoffnung des 20. Jahrhunderts*, Colonia.

FOURASTIÉ, Jean, y Jean-Paul COURTHEOUX
1968 *La planification économique en France*, Presse Universitaires de France, París.

FPSS (Fundación Pública de Servicios Sociales)
1992 *Mujer y vejez en el municipio de Gijón*, Ayuntamiento de Gijón.

FRITSCH, Michael y Christopher HULL (eds.)
1987 *Arbeitsplatzdynamik und Regionalentwicklung*, Berlín.

GARCÍA ALONSO DE LA FUENTE, José María
1986 «La minería del carbón», *Papeles de Economía Española*, 29, pp. 110-140.

GARCÍA BLANCO, José María, y Rodolfo GUTIÉRREZ
1989 «El declive de las áreas de antigua industrialización. Un análisis sociológico del caso asturiano», *Sociología del Trabajo*, 8, pp. 3-29.
1990 *Defendiendo el empleo*, MTSS, Madrid.

García Delgado, José Luis, y Luis Fernández de la Buelga (comps.)
1994 *Economía y Empresa en Asturias*, Cívitas, Madrid.

García Fernando, Manuel
1982 *Regionalismo y Autonomía en España 1976-1979*, CIS, Madrid.

García González, Arturo (coord.)
1992 *Las necesidades formativas en función del mercado de trabajo en el Municipio de Mieres*, Oviedo.

García López, José Ramón
1994 «El nacimiento de un sector financiero», en J. A. Vázquez García y G. Ojeda (dirs.): *Historia de la Economía Asturiana*, Ed. Prensa Asturiana, Oviedo, pp. 241-256.

García Piñeiro, Ramón
1990 *Los mineros asturianos bajo el franquismo*, Fundación Primero de Mayo, Madrid.

García Piñeiro, Ramón, y Francisco Erice Sebares
1993 «La reconstrucción de la Nueva Vanguardia Obrera y las Comisiones de Asturias (1958-1977)», en D. Ruiz (dir.): *Historia de Comisiones Obreras (1958-1988)*, Siglo XXI, Madrid, pp. 141-190.

Gillespie, Eversley y O'Neil
1985 *A study of industrial decline in the regions of the European Community*, Universidad de Newcastle upon Tyne.

Giordano, Christian
1984 «Ethnizität - soziale Bewegung oder Identitätsmanagement», *Schweizerische Zeitschrift für Soziologie*, 7, pp. 179-198.

Girón Garrote, José
1990a «La transición a la democracia», en *Historia de Asturias*, vol. IV, Ed. Prensa Asturiana, Oviedo, pp. 889-904.
1990b «El camino hacia la autonomía», en *Historia de Asturias*, vol. IV, Ed. Prensa Asturiana, Oviedo, pp. 925-929.

González Corugedo, Rosa
1985 «Estancamiento económico y desarrollo urbano en Gijón», en *Crisis, autonomías y desarrollo regional*, Universidad de Santiago de Compostela.

González González, Manuel Jesús
1981 «La intervención del Estado en la economía española: el caso de Asturias», *Papeles de Economía Española*, 7, pp. 203-209.
1988 «Minería, Siderurgia y Empresa Pública en Asturias: el siglo XX», en E. Fernández de Pinedo y J. L. Hernández Marco: *La industrialización del norte de España*, Crítica, Barcelona, pp. 128-146.
1994 «El INI en Asturias», en J. A. Vázquez García y G. Ojeda (dirs.): *Historia de la Economía Asturiana*, Ed. Prensa Asturiana, Oviedo, pp. 545-560.

González Enciso, Agustín
1984 «La Protoindustrialización en España», *Revista de Historia Económica*, 1, pp. 11-44.

Grebing, Helga
1990 *Wirtschaftsregionen im Vergleich*, Braunschweig.

Guillén, Mauro F.
1994 «La organización de la empresa española bajo el Franquismo», *Revista Asturiana de Economía*,1, pp. 163-180.

Gutiérrez Palacios, Rodolfo
1984 «El absentismo laboral en las minas de carbón de Asturias (1966-1980)», *Boletín del Instituto de Estudios Asturianos*, 112, pp. 709-731.
1985 «Huelga y conducta laboral en las minas de carbón», *Boletín del Instituto de Estudios Asturianos*, 116, pp. 967-991.
1994 *Reindustrialización y recursos humanos*, mimeo., Universidad de Oviedo.

Gutiérrez Palacios, Rodolfo, y José M.ª García Blanco

1988 «El declive industrial de las cuencas mineras asturianas: una aproximación sociológica», *Ábaco*, 4.

GUTIÉRREZ PALACIOS, Rodolfo, y Juan VÁZQUEZ

1991a «La gestión del declive minero», *Revista de Economía*, 11, pp. 89-93.

1991b *Análisis comparativo del declive de las comarcas mineras en la CEE*, mimeo., Universidad de Oviedo.

HÄRTEL, Hans-Hagen, y otros

1986 *Neue Industriepolitik oder Stärkung der Maktkräfte? Strukturpolitische Konzeptionen im internationalen Vergleich*, Hamburgo.

1989 *Entwicklungslinien im internationalen Strukturwandel*, Hamburgo.

HATEM, F. (coord.)

1991 *Industries de base: le retour*, Economica, París.

HEINZE, Rolf G., y Helmut VOELZKOW

1992 «Verbesserung von Standortqualitäten durch regionalisierte Strukturpolitik?», en P. KLEMMER y K. SCHUBERT (eds.): *Politische Maßnahmen zur Verbesserung von Standortqualitäten*, Berlín, pp. 123-140.

HEITKAMP, Thorsten

1992 «Recuperación de espacios industriales en la Cuenca del Ruhr», en J. MAYORAL y M. A. MONTERO (dirs.): *Cambio industrial, revitalización de economías urbanas y desarrollo local*, IRMASA, Madrid, pp. 254-263.

HERNÁNDEZ MUÑIZ, Manuel

1994 «Las infraestructuras de transportes y comunicaciones», en J. A. VÁZQUEZ GARCÍA y G. OJEDA (dirs.): *Historia de la Economía Asturiana*, Ed. Prensa Asturiana, Oviedo, pp. 865-880.

HESSE, Jens Joachim

1986 *Erneuerung der Politik von unten? Stadtpolitik und kommunale Selbstverwaltung im Umbruch*, Speyer Arbeitshefte 68, Verwaltungshochschule Speyer.

1988 (ed.) *Die Erneuerung alter Industrieregionen: ökonomischer Strukturwandel und Regionalpolitik im internationalen Vergleich*, Baden-Baden.

1990 *Die Modernisierung der Staatsorganisation*, Baden-Baden.

HESSE, Jens Joachim, y Christoph ZÖPEL (eds.)

1990 *Der Staat der Zukunft*, Baden-Baden.

HESSE, Jens Joachim, Angelika BENZ, Artur BENZ y Holger BACKHAUS-MAUL

1991 *Regionalisierte Wirtschaftspolitik. Das Beispiel Zukunftsinitiative Montanregionen*, Baden-Baden.

HILBERT, Josef, y Wolfgang POTRATZ

1992 «Mit alten Industrien und neuen Produktionskonzepten zum modernen Standort?», en P. KLEMMER y K. SCHUBERT (eds.): *Politische Maßnahmen zur Verbesserung von Standortqualitäten*, Berlín, pp. 83-97.

HIRSCH, Joachim

1995 *Der nationale Wettbewerbsstaat*, Berlín/Amsterdam.

HIRST, Paul

1989 «The politics of industrial policy», en P. HIRST y J. ZEITLIN (eds.): *Reversing Industrial Decline?*, Berg Publishers, Oxford/Nueva York/Hamburgo, pp. 269-287.

HIRST, Paul, y Jonathan ZEITLIN (eds.)

1989 *Reversing Industrial Decline?*, Berg Publishers, Oxford/Nueva York/Hamburgo.

1991 «Flexible specialization versus post-Fordism: theory, evidence and policy implications», *Economy and Society*, 1, pp. 1-56.

HUDSON, Pat

1989 *Regions and industries*, Cambridge University Press.

ITOH, Maketo

1992 «The Japanese Model of Post-Fordism», en M. STORPER y A. J. SCOTT (eds.): *Pathways to industrialization and regional development*,

Routledge, Londres/Nueva York, pp. 116-134.

JIMÉNEZ BLANCO, José
1977 *La conciencia regional en España*, CIS, Madrid.

JUNCEDA MORENO, Francisco Javier
1994 «Sobre el regionalismo en Asturias», *Ábaco*, 3, pp. 93-97.

KEIL, Hans-Joachim
1982 *Segmentierte Arbeitsmärkte und regionale Entwicklung*, Paderborn, Múnich, Viena, Zúrich, pp. 83 y ss.

KEYNES, John Maynard
1925 «¿Soy un liberal?», en *Ensayos de Persuasión*, Crítica, Madrid, 1988.

KLEMMER, Paul y Klaus SCHUBERT (eds.)
1992 *Politische Maßnahmen zur Verbesserung von Standortqualitäten*, Berlín.

KÖHLER, Holm-Detlev
1993 *Spaniens Gewerkschaftsbewegung*, Múnster.
1994a *Altindustrielle Regionen und Strukturkrise*, HBS, Dusseldorf.
1994b «Turón», *Tranvía*, 34.
1994c «Die neue spanische Genossenschaftsbewegung», en Wieland JÄGER y Wolfgang BEYWL (eds.): *Wirtschaftskulturen und Genossenschaften im vereinten Europa*, Wiesbaden, pp. 105-137.
1995 *El Movimiento Sindical en España*, Fundamentos, Madrid.
1995a «Die asturische Oktoberrevolution 1934» (entrevista con el anarquista Ramón Álvarez), *Tranvía*, 36.
1995b «Prólogo» en R. VEGA GARCÍA: *Comisiones Obreras de Asturias en la Transición y la Democracia*, CC. OO. de Asturias, Oviedo.
1995c *Asturias: ¿Un prototipo de Región de Tradición Industrial en Declive?*, mimeo., Universidad de Oviedo.

KREMER, Uwe
1992 «Industriepolitik auf dem Vormarsch?», *WSI-Mitteilungen*, 5, pp. 274-283.
1994 «Beteiligung an der regionalisierten Strukturpolitik in NRW», en H. DAHEIM y otros (eds.): *Standortfaktor Industrielle Beziehungen*, Múnich y Mehring, pp. 73-81.

KRUGMAN, Paul
1993 *Economía Internacional. Teoría y política*, McGraw-Hill, Madrid.

KYRTIS, Alexandros-Andreas
1993 «Sozialer Wandel, politische Kultur und transnationale Orientierung. Probleme der Entstehung einer europäischen Identität im Süden Europas», en B. SCHÄFERS (ed.): *Lebensverhältnisse und soziale Konflikte im neuen Europa. Verhandlungen des 26. Deutschen Soziologentages in Düsseldorf 1992*, Fráncfort/Nueva York pp. 477-484.

LANDABASO, Mikel, y M.ª Ángeles DÍEZ
1989a «Regiones de Antigua Industrialización: orígenes, evolución y características», en SPRI: *Regiones Europeas de Antigua Industrialización*, Bilbao, pp. 19-63.
1989b «PYMES y dinamización de potencial endógeno», en SPRI: *Regiones Europeas de Antigua Industrialización*, Bilbao, pp. 65-116.
1989c «Regiones de antigua industrialización y política regional comunitaria», en SPRI: *Regiones Europeas de Antigua Industrialización*, Bilbao, pp. 117-203.

LANGDON WHITE, C., P. F. GRIFFIN y T. L. MC KNIGHT
1964 *World Economic Geography*, Belmont, California, Wadsworth.

LAUERSEN, Walther
1965 *Stahlwirtschaftliche Länderberichte*, Heft 11, Kiel.

LAUSCHKE, Karl, y Thomas WELSKOPP (eds.)
1994 *Mikropolitik im Unternehmen*, Essen.

LÁZARO ARAUJO, Laureano
1991 «El Fondo de Compensación Interterritorial y la nueva política regional española», *Ciudad y Territorio*, 13, pp. 297-308.

1992 «La política regional comunitaria y los Fondos Estructurales ante el Mercado Único», *Estudios Territoriales*, 38, pp. 17-41.

LEE, Clive H.

1993 «Industrialisation and Structural Change: Growth and Decline in the North East of England», en R. SCHULZE (ed.): *Industrieregionen im Umbruch*, Essen, pp. 146-175.

LEHNER, Franz, y Jürgen NORDHAUSE-JANZ

1992 «Vom Produktionsstandort zum Innovationsverbund: Strukturwandel und Standortqualitäten in Nordrhein-Westfalen», en P. KLEMMER y K. SCHUBERT (eds.): *Politische Maßnahmen zur Verbesserung von Standortqualitäten*, Berlín, pp. 29-48.

LINCOLN, James R., Harold R. KERBO y Elke WITTENHAGEN

1995 «Japanese Companies in Germany: A Case Study in Cross-Cultural Management», en *Industrial Relations*, vol. 34, 3/95, pp. 417-440.

LÓPEZ FERNÁNDEZ, Berta

1988 *El espacio social de la ciudad de Gijón*, tesis doctoral, Universidad de Oviedo.

1992 «La población de Asturias», en G. MORALES MATOS (dir): *Geografía de Asturias*, Ed. Prensa Asturiana, Oviedo, pp. 81-96.

LUTZ, Burkhard

1989 *Der kurze Traum immerwährender Prosperität*, Fráncfort/Nueva York.

LLORDÉN MIÑAMBRES, Moisés

1994 *Desarrollo económico y urbano de Gijón en los siglos XIX y XX*, Universidad de Oviedo.

MADERA FERNÁNDEZ, José Ramón

1994 «La minería de la hulla asturiana en el período 1967-1980», en J. A. VÁZQUEZ GARCÍA y G. OJEDA (dirs.): *Historia de la Economía Asturiana*, Ed. Prensa Asturiana, Oviedo, pp. 577-592.

MALUQUER DE MOTES, Jordi

1988 «Factores y condicionantes del proceso de industrialización en el siglo XIX: el caso español», en E. FERNÁNDEZ DE PINEDO y J. L. HERNÁNDEZ MARCO: *La industrialización del norte de España*, Crítica, Barcelona , pp. 13-36.

MARKUSEN, Ann R., y Virginia CARLSON

1989 «Deindustrialization in the American Midwest: causes and responses», en Ll. RODWIN y H. SAZANAMI (eds.): *Deindustrialization and Regional Economic Transformation*, Unwin Hyman, Boston, pp. 29-59.

MARTÍN ACEÑA, Pablo, y Francisco COMÍN

1991 *INI. 50 años de industrialización en España*, Espasa Calpe, Madrid.

MARTÍN, C., y J. VELÁZQUEZ

1992 «Importancia de las empresas con mayoría de capital extranjero en el empleo, la producción y el valor añadido. Datos de C.B.B.E. (citado por la Secretaría de Política Industrial Confederal de CC. OO. Documento de trabajo sobre la situación de la industria española), mimeo., Madrid.

MAURÍN ÁLVAREZ, Manuel

1987 «Introducción al estudio geográfico de las cuencas mineras españolas», *Ería*, 12, pp. 5-24.

MAYER, Margit

1991 «'Postfordismus' und 'Lokaler Staat'», en Hubert HEINELT y Helmut WOLLMANN (eds.): *Brennpunkt Stadt*, Basel, pp. 31-52.

MAYORAL LOBATO, Juan

1992 «Introducción», en J. MAYORAL y M. A. MONTERO (dirs): *Cambio industrial, revitalización de economías urbanas y desarrollo local*, IRMASA, Madrid., pp. 45-100.

MAYORAL LOBATO, Juan, y M.ª Ángeles MONTERO RODRÍGUEZ (dirs.)

1992 *Cambio industrial, revitalización de economías urbanas y desarrollo local*, IRMASA, Madrid.

MAZÓN, Félix

1994 «Hacia una economía asturiana más competitiva», en J. A. VÁZQUEZ

GARCÍA y G. OJEDA (dirs.): *Historia de la Economía Asturiana*, Ed. Prensa Asturiana, Oviedo, pp. 1.025-1.040.

MIGUÉLEZ, Faustino
1976 *La lucha de los mineros bajo el franquismo*, Laia, Barcelona.

MONASTERIO ESCUDERO, Carlos
1994a «La Hacienda del Principado de Asturias», *Papeles de Economía Española*, 59, pp. 267-276.
1994b «El sector público en Asturias», en J. A. VÁZQUEZ GARCÍA y G. OJEDA (dirs.): *Historia de la Economía Asturiana*, Ed. Prensa Asturiana, Oviedo, pp. 993-1.008.

MORADIELLOS GARCÍA, Enrique
1989 «El proceso de formación de la clase obrera de las minas en Asturias», *El Basilisco*, 2, pp. 43-50.

MORALES MATOS, Guillermo
1982 *Industria y espacio urbano en Avilés*, Silverio Cañada Ed., Gijón.
1992 (dir.) *Geografía de Asturias*, Ed. Prensa Asturiana, Oviedo.

MORALES MATOS, Guillermo, y Ramón María ALVARGONZÁLEZ RODRÍGUEZ
1990 «El hábitat urbano en Asturias», en F. J. FERNÁNDEZ CONDE (dir.): *Historia de Asturias*, Ed. Prensa Asturiana, Oviedo, pp. 669-700.

MORALES MATOS, Guillermo, y Benjamín MÉNDEZ GARCÍA
1992 «Las Migraciones», en G. MORALES MATOS (dir): *Geografía de Asturias*, Ed. Prensa Asturiana, Oviedo, pp. 97-112.

MORENO FERNÁNDEZ, María Dolores
1992 *Evolución de las ayudas a la inversión de las Sociedades Cooperativas: aplicación empírica al Principado de Asturias*, Universidad de Oviedo, Dpto. de Administración de Empresas y Contabilidad.

MORO, José María
1981 «Actividades agrarias», en D. RUIZ y otros: *Asturias contemporánea 1808-1975*, Siglo XXI, Madrid, pp. 191-222.
1994a «La agricultura en el siglo XIX», en J. A. VÁZQUEZ GARCÍA y G. OJEDA (dirs.): *Historia de la Economía Asturiana*, Ed. Prensa Asturiana, Oviedo, pp. 81-96.
1994b «Campo e industria: el medio rural», en J. A. VÁZQUEZ GARCÍA y G. OJEDA (dirs.): *Historia de la Economía Asturiana*, Ed. Prensa Asturiana, Oviedo, pp. 321-336.

MOYS, Ronald
1995 *The new Structural Funds programmes for the declining areas*, ponencia en la Conferencia Internacional: Transiciones de las Regiones de Antigua Industrialización, El Entrego, junio 1995.

MTSS (Ministerio de Trabajo y Seguridad Social) (ed.)
1992 *Libro Blanco de la Economía Social en España*, Madrid.

MYRO SÁNCHEZ, Rafael
1987 «La empresa pública en la economía española (1940-1985)», *Revista de Historia Económica*, año V, 2, pp. 371-379.
1994 «Líneas de orientación para una política de desarrollo regional», *Revista Asturiana de Economía*, 1, pp. 27-43.

NADAL, Jordi
1991 (1975) *El fracaso de la Revolución Industrial en España, 1814-1913*, Ariel, Barcelona.

NADAL, Jordi, Albert CARRERAS y Carles SUDRIÀ
1987 *La economía española en el siglo XX*, Ariel, Barcelona

NAVARRO, Mikel
1989 *Crisis y reconversión de la siderurgia española 1978-1988*, MOPU, Madrid.
1990 *Política de reconversión: balance crítico*, Eudema, Madrid.

NIETHAMMER, Lutz (ed.)
1983 -1986. *Lebensgeschichte und Sozialkultur im Ruhrgebiet 1930 bis 1960*, 3 tomos, Berlín/Bonn.

NOHLEN, Dieter, y Rainer-Olaf SCHULTZE
1985 *Ungleiche Entwicklung und Regionalpolitik in Südeuropa*, Bochum.

OCAMPO SUÁREZ-VALDÉS
1994 «Las manufacturas», en J. A. VÁZQUEZ GARCÍA y G. OJEDA (dirs.): *Historia de la Economía Asturiana*, Ed. Prensa Asturiana, Oviedo, pp. 97-112.

OHMAE, Kenichi
1991 *Die neue Logik der Weltwirtschaft*, Hamburgo.

OJEDA, Germán
1985 *Asturias en la industrialización española, 1833-1907*, Siglo XXI, Madrid.
1994a «La economía asturiana en el siglo XIX: una visión de conjunto», en J. A. VÁZQUEZ GARCÍA y G. OJEDA (dirs.): *Historia de la Economía Asturiana*, Ed. Prensa Asturiana, Oviedo, pp. 33-48.
1994b «Las primeras empresas industriales», en J. A. VÁZQUEZ GARCÍA y G. OJEDA (dirs.): *Historia de la Economía Asturiana*, Ed. Prensa Asturiana, Oviedo, pp. 145-160.
1994c «La época de las chimeneas», en VÁZQUEZ/OJEDA, pp. 369-384.

OJEDA, Germán, y Juan VÁZQUEZ GARCÍA
1988 «La economía», en *Historia de Asturias. Edad contempoánea*, vol. III, Ayalga Ed., pp. 91-143.

OLSON, Mancur
1982 *The rise and decline of nations*, Yale University Press, New Haven, EE. UU. (versión esp.: *Auge y decadencia de las naciones*, Ariel, Barcelona, 1986).

PADOA-SCHIOPPA, Tommaso
1988 *Effizienz, Stabilität und Verteilungsgerechtigkeit. Entwicklungsstrategie für das Wirtschaftswachstum der Europäischen Gemeinschaft*, EG-Kommission, Wiesbaden.

PALACIOS, Francisco
1992 *Caciquismo, lucha localista y revolución en el Langreo contemporáneo*, Lidergraf, Gijón.

PAÑEDA FERNÁNDEZ, Cándido
1981 «La economía rural en Asturias», en *Enciclopedia Temática de Asturias*, t. 7, Silverio Cañada, Gijón, pp. 79-110.

PAÑEDA FERNÁNDEZ, Cándido, y Javier BLANCO GONZÁLEZ
1994 «Las transformaciones del sector agrario», en J. A. VÁZQUEZ GARCÍA y G. OJEDA (dirs.): *Historia de la Economía Asturiana*, Ed. Prensa Asturiana, Oviedo, pp. 785-800.

PARRILLA, José Manuel, y José Ramón ÁLVAREZ
1995 *El desafío postindustrial. Estudio sociológico del barrio de La Calzada*, Parroquia de Fátima, Gijón.

PASCUAL RUIZ-VALDEPEÑAS, Henar
1993 *Reconversión y Reindustrialización en España*, Universidad de Valladolid.

PÉREZ GONZÁLEZ, Patricio
1992 «Evolución de las economías regionales de la Cornisa Cantábrica: 1886-1955», *Estudios Territoriales*, 40, pp. 63-84.

PÉREZ LEDESMA, Manuel
1987 *El obrero consciente*, Alianza, Madrid.

PÉREZ MENÉNDEZ, Manuel Alfredo
1987 *Caja de Ahorros de Asturias. Historia de cien años 1881-1980*, Caja de Ahorros de Asturias, Oviedo.

PÉREZ MENÉNDEZ, M. A.
1994 «La primera reconversión (Siderurgia y Construcción Naval)», *La Nueva España*, suplemento n.° 45, Oviedo.

PÉREZ RIVERO, José Luis
(s. a.) *La política regional española y Asturias*, mimeo., Universidad de Oviedo.

PETZINA, Dietmar
1988 «The Ruhr Area: Historical Development», en J. J. HESSE: *Erneuerung der Politik von unten? Stadtpolitik und kommunale Selbstverwaltung im Umbruch*, Speyer Arbeitshefte 68, Verwaltungshochschule Speyer, pp. 467-510.
1992 «Standortprobleme und Standortpotentiale im Ruhrgebiet», en P.

KLEMMER y K. SCHUBERT (eds.): *Politische Maßnahmen zur Verbesserung von Standortqualitäten*, Berlín, pp. 99-111.

POLLARD, Sidney (ed.)
1980 *Region und Industrialisierung*, Göttingen.

PRIAMUS, Heinz-Jürgen, y Ralf HIMMELMANN (eds.)
1993 *Stadt und Region - Region und Stadt*, Essen.

PRINCIPADO DE ASTURIAS
1992 *Plan Integrado para la Reindustrialización de Asturias 1992-1997.*

PUMBERGER, Klaus, y Wieland STÜTZEL (eds.)
1992 *Streik im Strukturwandel*, HBS-Manuskripte 95, Dusseldorf (ver. ingl. y franc.: *Strike and Structural Change*, ETUI, Bruselas).

QUEVIT, Michel, y otros
1989 *Consequences socio-economiques du Marché Interieur pour les RETI, RIDER-AIRES*, mimeo., Bruselas.

REULECKE, Jürgen
1993 «Stadtgeschichte, Urbanisierungsgeschichte, Regionalgeschichte: einige konzeptionelle Bemerkungen», en H. J. PRIAMUS Y R. HIMMELMANN (eds.): *Stadt und Region - Region und Stadt*, Essen, pp. 13-25.

RODRÍGUEZ GUTIÉRREZ, Fermín
1989 *La organización agraria de la montaña central asturiana*, Principado de Asturias, Oviedo.
1993 «Y Mientras Tanto, ¿Qué Hacemos? Ideas para cambiar la cara a un valle minero: Turón», *Ábaco*, 2, Oviedo, pp. 61-67.
1994 «Cooperación territorial. Cooperación transversal para el desarrollo local», *Revista Asturiana de Economía*, 1, pp. 181-192.

RODRÍGUEZ LÓPEZ, Rosa
1993 «Incentivos públicos para la creación de empresas en Asturias», *Boletín de Información sobre las Comunidades Europeas*, 48, pp. 4-16.

RODRÍGUEZ MUÑOZ, M.
1981 «Asturias. Una autonomía pasada por agua», *Xera*, 4.

RODRÍGUEZ SAIZ, L., J. MARTÍN PLIEGO, J. PAREJO GÁMIR y A. ALMOGUERA GÓMEZ
1986 *Política económica regional*, Alianza, Madrid.

RODWIN, Lloyd
1989 «Deindustrialization and regional economic transformation», en Ll. RODWIN y H. SAZANAMI (eds.): *Deindustrialization and Regional Economic Transformation*, Unwin Hyman, Boston, pp. 3-25.

RODWIN, Lloyd, y Hidehiko SAZANAMI (eds.)
1989 *Deindustrialization and Regional Economic Transformation*, Unwin Hyman, Boston.

ROMERO GONZÁLEZ, Juan, y Juan M. ALBERTOS PUEBLA
1993 «Retorno al sur, desconcentración metropolitana y nuevos flujos migratorios en España», *REIS*, 63, pp. 123-144.

ROTH, Siegfried
1992a «Japanization or going our own way?», en Hans-BÖCKLER-STIFTUNG: *Japanization or going our own way?*, Dusseldorf, pp. 4-71.
1992b «Die Auswirkungen neuer Produktionskonzepte auf die industriellen Beziehungen - vom Konflikt zum Konsens?», en K. PUMBERGER y Wieland STÜTZEL (eds.): *Streik im Strukturwandel*, HBS-Manuskripte 95, Dusseldorf (ver. ingl. y franc.: *Strike and Structural Change*, ETUI, Bruselas), pp. 37-53.

RUIZ, David
1979 *El movimiento obrero en Asturias*, Júcar, Gijón.
1988 *Insurrección defensiva y revolución obrera. El octubre español de 1934*, Labor, Barcelona.

RUIZ, David, y otros
1981 *Asturias contemporánea 1808-1975*, Siglo XXI, Madrid.

RUIZ FERNÁNDEZ, Encarnación
1995 *Estudio integrado del Valle de Turón. Módulo de Promoción y Desarrollo de las Comarcas Mineras*, Universidad de Oviedo.

SABEL, Charles
1989 «Flexible Specialisation and the Reemergence of Regional Economies», en P. HIRST y J. ZEITLIN (eds.): *Reversing Industrial Decline?*, Berg Publishers, Oxford/Nueva York/Hamburgo, pp. 17-70.

SADEI (Sociedad Asturiana de Estudios Económicos e Industriales)
1977 *Asturias ante Europa*, Oviedo.
1988 *Atlas electoral de Asturias*, Oviedo.
1990 *HUNOSA y ENSIDESA. La incidencia de dos empresas públicas en Asturias*, Oviedo.
1994 *Datos y cifras de la economía asturiana 1993*.
1995 *Datos y cifras de la economía asturiana 1994*.
Coyuntura regional de Asturias (trimestral).
La renta de los municipios asturianos (bianual).

SÁENZ DE BURUAGA, Gonzalo
1988 «Ayudas y política regional», *Economía Industrial*, 259, pp. 93-102.

SALAS, Javier
1991 *Presentación del curso: El reto de la empresa pública*, mimeo., Madrid.

SAN MIGUEL CELA, José Luis
1994 «La política de promoción económica en Asturias», en J. L. GARCÍA DELGADO Y L. FERNÁNDEZ DE LA BUELGA (comps.): *Economía y Empresa en Asturias*, Cívitas, Madrid, pp. 657-677.

SÁNCHEZ-ALBORNOZ, Nicolás
1977 *España hace un siglo: una economía dual*, Alianza, Madrid.
1985 (comp.) *La modernización económica de España 1830-1930*, Alianza, Madrid.

SANTULLANO, Gabriel
1978 *Historia de la minería asturiana*, Ayalga Ed., Salinas.

SCHÄFERS, Bernhard (ed.)
1993 *Lebensverhältnisse und soziale Konflikte im neuen Europa. Verhandlungen des 26. Deutschen Soziologentages in Düsseldorf 1992*, Fráncfort/Nueva York.

SCHÄFFER, Wilhelm D.
1990 «Neue Pfade der regionalen Strukturpolitik in Nordrhein-Westfalen», *WSI-Mitteilungen*, 7, pp. 461-468.

SCHONEWEG, Egon
1993 *Die Zukunft der Strukturpolitik der Europäischen Gemeinschaft*, Kommission der EG, GD XVI, Bruselas.

SCHULZE, Rainer (ed.)
1993 *Industrieregionen im Umbruch*, Essen.

SCHUMPETER, Joseph A.
1964 *Theorie der wirtschaftlichen Entwicklung*, 6.ª edición, Berlín (vers. esp.: *Teoría del desenvolvimiento económico*, Fondo de Cultura Económica, México, 1963).

SCHWARTZ, Pedro, y Manuel Jesús GONZÁLEZ
1978 *Una historia del Instituto Nacional de Industria (1941-1976)*, Tecnos, Madrid.

SEDLACEK, Peter (ed.)
1989 *Programm und Praxis qualitativer Sozialgeographie*, Universidad de Oldenburgo.

SEGURA, J.
1991 «Política microeconómica, política industrial y el Instituto Nacional de Industria», en *El reto de la empresa pública industrial*, mimeo., Madrid.
1992 *La industria española y la competitividad*, Espasa Calpe, Madrid.

SENGENBERGER, Werner
1993 «El desarrollo local y la competencia económica internacional», *Revista Internacional del Trabajo*, vol. 112, 4, pp. 547-564.

SERVÉN, Luis
1987 «La empresa pública en un sector estratégico: Hunosa», en A. NOVALES, C. SERASTIÁN y J. A. TRUILLO: *La*

empresa pública industrial en España, Fedea, Madrid, pp. 383-388.

SFDL (Servicio de Formación y Desarrollo Local)
Observatorio local, Ayuntamiento de Gijón, (anual desde 1989).
1995 *Estudio sobre nuevas empresas creadas en Gijón (1991-1993)*, Ayuntamiento de Gijón.

STDL (Servicio Técnico de Desarrollo Local)
1992a *Estudio de PYMES industriales de Gijón.*
1992b *Plan Estratégico de Gijón Fase I. Diagnósticos*, Ayuntamiento de Gijón.

SHUBERT, Adrian
1984 *Hacia la revolución*, Crítica, Barcelona.

SIERRA ÁLVAREZ, José
1990 *El obrero soñado. Ensayo sobre el paternalismo industrial (Asturias, 1860-1917)*, Madrid.
1994 «Las condiciones de vida de los trabajadores mineros e industriales hasta la Guerra Civil», en J. A. VÁZQUEZ GARCÍA y G. OJEDA (dirs.): *Historia de la Economía Asturiana*, Ed. Prensa Asturiana, Oviedo, pp. 209-224.

DE SILVA, Pedro
1976 *El regionalismo asturiano*, Ayalga Ed., Salinas.
1982 *Asturias. Realidad y Proyecto*, Ed. Noega, Oviedo.
1994 «La economía asturiana durante la construcción autonómica (década de los 80)», en J. A. VÁZQUEZ GARCÍA y G. OJEDA (dirs.): *Historia de la Economía Asturiana*, Ed. Prensa Asturiana, Oviedo, pp. 721-736.

SPRI (Sociedad para la Promoción y Reconversión Industrial, S. A.)
1989 *Regiones Europeas de Antigua Industrialización*, Bilbao.

STEINER, Michael
1990 *Regionale Ungleichheit*, Viena; Köln; Graz.

STORPER, Michael, y Allen J. SCOTT (eds.)
1992 *Pathways to industrialization and regional development*, Routledge, Londres/Nueva York.

STURM, Roland
1992 «Regionalisierung der Industriepolitik», en *Aus Politik und Zeitgeschichte* (Beilage zu Das Parlament 10-11/1992), pp. 25-35.

SWEEZY, P. M., y H. MAGDOFF
1978 «La siderurgia y la crisis: el estancamiento de un sector clave», *Monthly Review*, 11.

SZÉLL, György
1989 *Konzepte alternativer Regionalentwicklung*, Osnabrück.

TAMAMES, Ramón
1989 *Estructura Económica de España*, Alianza Editorial, Madrid.
1992 *Estructura Económica de España*, Alianza Universidad, Madrid.

TANK, Hannes
1988 *Public-Private Partnership: Eine Hilfe bei der Bewältigung von Problemen und bei der Erschließung des Entwicklungspotentials im Ruhrgebiet*, FES, Bonn.

TIMMER, H. K.
1990 *La situación de la minería del carbón en la RFA, la producción del Carbón en la CE y la reindustrialización de las cuencas mineras*, Colegio Oficial del Colegio de Ingenieros de Minas del Noroeste de España, Oviedo.

THUROW, Lester C.
1989 «Regional Transformation and the service activities», en Ll. RODWIN y H. SAZANAMI (eds.): *Deindustrialization and Regional Economic Transformation*, Unwin Hyman, Boston, pp. 179-198.

TÖMMEL, Ingeborg
1992 *Staatliche Regulierung und europäische Integration: Die Regionalpolitik der EG und ihre Implementationen in Italien*, Universidad Libre de Berlín.

UGT
1983 *Encuentro sobre la reconversión naval en Asturias.*

UGT-ASTURIAS
1991 *Informe sobre la situación económica de Asturias*, Oviedo.

UGT-Gijón

1993 *Informe sobre la comarca de Gijón, año 1993*, Gijón.

UGT y PSOE

1986 *Jornadas de reindustrialización de Asturias.*

Uría González, Jorge

1990 «La crisis de la Restauración (1898-1931)», en *Historia de Asturias*, vol. IV, Ed. Prensa Asturiana, Oviedo, pp. 773-788.

1994 «Sobre historia e historiografía en la edad contemporánea asturiana», *Bulletin d'Histoire Contemporaine de l'Espagne*, 20, pp. 267-306.

1995 *Una historia social del ocio, UGT.* Centros de Estudios Históricos, Madrid.

Valdés Peláez, Luis

1991 *El proceso de extinción de la rama de Construcción naval en la CE*, tesis doctoral, mimeo., Universidad de Oviedo.

1992a «Análisis de la presencia de la empresa en el ajuste estructural de la rama construcción naval en España», *ICE*, 712, Madrid.

1992b «La intervención de la CE en la construcción naval. Las directivas», *ICE*, 712, Madrid.

1994 «La primera reconversión industrial (siderurgia y construcción naval)», en J. A. Vázquez García y G. Ojeda (dirs.): *Historia de la Economía Asturiana*, Ed. Prensa Asturiana, Oviedo, pp. 705-720.

Vaquero, Julio, y Adolfo Fernández

1981 «Demografía», en D. Ruiz y otros: *Asturias contemporánea 1808-1975*, Siglo XXI, Madrid, pp. 157-189.

Vázquez Barquero, Antonio

1984 *Los programas territoriales, nuevo enfoque para la política regional de España*, mimeo., Oviedo.

1990 «Dinámica regional y reestructuración productiva», *Sociología del Trabajo*, 10, pp. 41-68.

Vázquez García, Juan A.

1993 «Asturias: La Reindustrialización como Objetivo», *Papeles de Economía Española*, 55, pp. 111-122.

1994a «Asturias: Recesión y Estrategias de Reindustrialización», *Papeles de Economía Española*, 59, pp. 78-84.

1994b «La minería del carbón (1940-1967). Expansión y crisis», en J. A. Vázquez García y G. Ojeda (dirs.): *Historia de la Economía Asturiana*, Ed. Prensa Asturiana, Oviedo, pp. 561-576.

1994c «Asturias como región de tradición industrial en declive», en J. A. Vázquez García y G. Ojeda (dirs.): *Historia de la Economía Asturiana*, Ed. Prensa Asturiana, Oviedo, pp. 673-688.

1994d «Estrategias para la reindustrialización de Asturias», *Revista Asturiana de Economía*, 1, pp. 111-120.

Vázquez García, Juan A., y Manuel Hernández Muñiz

1991 «La industria asturiana: ¿podemos pasar la página del declive?», *Documentos de Trabajo*, 38, Univ. de Oviedo.

Vázquez García, Juan A., y Germán Ojeda (dirs.)

1994 *Historia de la Economía Asturiana*, Ed. Prensa Asturiana, Oviedo.

Vázquez García, Juan A., y José Luis Pérez Rivero

1994 «La economía asturiana en el franquismo. Autarquía y desarrollismo», en J. A. Vázquez García y G. Ojeda (dirs.): *Historia de la Economía Asturiana*, Ed. Prensa Asturiana, Oviedo, pp. 529-544.

Vázquez García, Juan A., y Santiago R. Martínez

1992 «El carbón en Asturias», *Papeles de Economía Española*, 50, pp. 181-185.

Vega, Juan Carlos

1993 *Turón. Un marco geográfico e histórico*, mimeo., Turón/Asturias.

VEGA GARCÍA, Rubén
1991 *La Corriente Sindical de Izquierda. Un sindicalismo de movilización*, Ed. de la Torre, Gijón.
1993a «Aproximación a una experiencia de sindicato radical: la Corriente Sindical de Izquierda», *Boletín Del Real Instituto De Estudios Asturianos*, 142, pp. 691-704.
1993b *Un balance de la reconversión naval en Asturias: la trayectoria de los trabajadores excedentes*, Congreso de Socioloxía no Camiño de Santiago, Santiago de Compostela, mimeo.
1994a «Asturien: eine Industrieregion im Abwind», *Tranvía*, 33.
1994b «Die Industriestadt Gijón», en H. D. KÖHLER: *Altindustrielle Regionen und Strukturkrise*, HBS, Dusseldorf, pp. 63-65.
1995 *Comisiones Obreras de Asturias en la Transición y la Democracia*, CC. OO. de Asturias, Oviedo.

VELARDE FUERTES, Juan
1994 «La vía asturiana de industrialización», en J. A. VÁZQUEZ GARCÍA y G. OJEDA (dirs.): *Historia de la Economía Asturiana*, Ed. Prensa Asturiana, Oviedo, pp. 1-32.

VELASCO, Roberto, y Jaime DEL CASTILLO
1988 «Posibles soluciones para las Regiones Industriales en Declive», *Papeles de Economía Española*, 35, pp. 208-218.

VIEJO GONZÁLEZ, Manuel Ignacio
1986 *Estructura y evolución demográfico-social del concejo de Gijón. Siglos XVI-XIX*, memoria de licenciatura, Universidad de Oviedo, mimeo.

VILLAVERDE, José
1994 «La Cornisa Cantábrica: ejemplo de declive permanente», *Revista Asturiana de Economía*, 1, pp. 93-110.

WADLEY, David
1988 «Estrategias de desarrollo regional», *Papeles de Economía Española*, 35, pp. 96-114.

WALKER, William O.
1994 «La cultura de trabajo en DuPont Asturias», *Revista Asturiana de Economía*, 1, pp. 123-129.

WIESER, Ilse
1984 «Die Formung der Hausfrau am Beispiel der Eisenerzer Hauswirtschaftsschule», en Gesellschaft zur Förderung Interdisziplinärer Forschung (GIF) (ed.): *Bergmann oder Werkssoldat. Eisenerz als Fallbeispiel industrieller Politik.* Dokumente und Analysen über die Österreichisch-Alpine Montangesellschaft in der Zwischenkriegszeit, Graz, pp. 95-120.

WILMS, Wellford W., Alan J. HARDCASTLE y Deone M. ZELL
1994 «Cultural Transformation at NUMMI», *Sloan Management Review*, otoño 1994, pp. 99-113.

YUILL, Douglas, Kevin ALLEN y Chris HULL
1981 *Regionale Wirtschaftsförderung in der EG: Anreize für die gewerbliche Wirtschaft*, Königstein/Ts.

ZIEGLER, Astrid
1993 «Tatort Region», *Die Mitbestimmung*, 10/93, pp. 42-44.